Histoire de la civilisation occidentale

5ᵉ ÉDITION

GEORGES LANGLOIS
GILLES VILLEMURE
AVEC LA COLLABORATION DE KARINE LAPLANTE

CONCEPTION ET ÉLABORATION DES OUTILS PÉDAGOGIQUES EN LIGNE
KARINE LAPLANTE
BORIS DÉRY
GILLES LAPORTE
LOUISE-ÉDITH TÉTREAULT

Histoire de la civilisation occidentale
5ᵉ édition

Georges Langlois et Gilles Villemure

© 2012 Chenelière Éducation inc.
© 2005, 2000, 1996, 1992 Groupe Beauchemin, Éditeur Ltée

Conception éditoriale : Luc Tousignant
Édition : Frédéric Raguenez
Coordination : Jean-Philippe Michaud
Recherche iconographique : Marie-Chantal Laforge
Révision linguistique : Jean-Pierre Leroux
Correction d'épreuves : Marie Le Toullec
Conception graphique : Alain Lapointe
Conception de la couverture : Tatou communication visuelle
Réalisation des cartes : Carto-Média
Impression : Imprimeries Transcontinental

Édition des activités interactives : Frédérique Grambin
*Coordination éditoriale des outils pédagogiques
  en ligne :* Daphné Marion-Vinet
Coordination des outils pédagogiques en ligne : Valérie Côté

Source iconographique

Photo de la première de couverture : Enluminure représentant le port de Venise au Moyen Âge, Snark/Art Resource, NY.

Dans cet ouvrage, le masculin est utilisé comme représentant des deux sexes, sans discrimination à l'égard des hommes et des femmes, et dans le seul but d'alléger le texte.

Le matériel complémentaire mis en ligne dans notre site Web est réservé aux résidants du Canada, et ce, à des fins d'enseignement uniquement.

L'achat en ligne est réservé aux résidants du Canada.

Catalogage avant publication
de Bibliothèque et Archives nationales du Québec
et Bibliothèque et Archives Canada

Langlois, Georges, 1939-
    Histoire de la civilisation occidentale
    5ᵉ éd.
    Comprend des réf. bibliogr. et un index.
    Pour les étudiants du niveau collégial.
    ISBN 978-2-7616-5600-9

    1. Civilisation occidentale – Histoire. I. Villemure, Gilles, 1933-   .
II. Titre.

CB245.L35 2011   909'.09821   C2011-941952-1

CHENELIÈRE ÉDUCATION

5800, rue Saint-Denis, bureau 900
Montréal (Québec) H2S 3L5 Canada
Téléphone : 514 273-1066
Télécopieur : 514 276-0324 ou 1 888 460-3834
info@cheneliere.ca

TOUS DROITS RÉSERVÉS.
Toute reproduction du présent ouvrage, en totalité ou en partie, par tous les moyens présentement connus ou à être découverts, est interdite sans l'autorisation préalable de Chenelière Éducation inc.
Toute utilisation non expressément autorisée constitue une contrefaçon pouvant donner lieu à une poursuite en justice contre l'individu ou l'établissement qui effectue la reproduction non autorisée.

ISBN 978-2-7616-5600-9

Dépôt légal : 1ᵉʳ trimestre 2012
Bibliothèque et Archives nationales du Québec
Bibliothèque et Archives Canada

Imprimé au Canada

1 2 3 4 5   ITIB   15 14 13 12 11

Nous reconnaissons l'aide financière du gouvernement du Canada par l'entremise du Programme d'aide au développement de l'industrie de l'édition (PADIÉ) pour nos activités d'édition.

Gouvernement du Québec – Programme de crédit d'impôt pour l'édition de livres – Gestion SODEC.

Vos ressources numériques en ligne !

Un ensemble d'outils numériques spécialement conçus pour vous aider dans l'acquisition des connaissances liées à

HISTOIRE DE LA CIVILISATION OCCIDENTALE

5ᵉ édition

- 14 tests de lecture
- 14 grilles de mots croisés
- 12 ateliers de visites virtuelles
- 21 réseaux à compléter
- Médiagraphies
- Portraits de personnages historiques

Achetez en ligne
En tout temps, simple et rapide !
www.cheneliere.ca

Accédez à ces outils en un clic !
www.cheneliere.ca/langlois

HCO5-17478E82

Ce livre porte encore la marque indélébile de Gilles Villemure, son coauteur depuis les tout débuts, décédé en 2005 après une longue et fructueuse carrière dans l'enseignement collégial. Professeur dans le plus noble sens du mot, il a formé des milliers d'étudiants captivés tant par l'étendue de ses connaissances que par son charisme personnel. Conférencier recherché, aussi bien au Québec qu'en France, il était également un voyageur infatigable et passionné. Cette cinquième édition est dédiée à sa mémoire.

Avant-propos

L'histoire de la civilisation occidentale devient passionnante sous la plume de Georges Langlois et de Gilles Villemure. Ces deux « mordus » d'histoire nous entraînent dans une folle aventure au cours de laquelle le temps file à vive allure, mais où l'on s'arrête avec plaisir pour découvrir les richesses des sociétés grecque, romaine, médiévale, industrielle, ainsi que toutes celles à l'origine de notre société d'aujourd'hui.

Dès sa première parution, en 1992, l'ouvrage a connu un grand succès et n'a cessé depuis de voir croître sa renommée. Sa réussite tient avant tout à la préoccupation fondamentale des auteurs d'offrir un manuel adapté à l'étudiant de niveau collégial. Le résultat : un ouvrage d'une grande qualité, écrit dans un langage simple et efficace, qui se lit facilement.

Cette cinquième édition de *Histoire de la civilisation occidentale* a été conçue dans le même esprit que les précédentes, et aussi fortement enrichie. Voici les principaux changements apportés.

- Le nombre de chapitres a été réduit afin de tenir compte du nombre effectif de semaines de cours dans une session.
- Le texte a été entièrement revu et largement remanié, particulièrement dans les premiers chapitres.
- Le chapitre d'introduction intègre maintenant l'étude des civilisations du Proche-Orient, de sorte que le chapitre 1 marque vraiment le début de l'histoire occidentale avec la Grèce antique.
- Les anciens chapitres 4 et 5 ont été fusionnés pour former un tout sur le Moyen Âge (chapitre 3).
- Les anciens chapitres 6 et 7 ont également été fusionnés, offrant maintenant un ensemble intégré de connaissances sur la période charnière de la Renaissance, de la Réforme et des Grandes Découvertes (chapitre 4).
- Les exercices en fin de chapitre ont été refaits ; les médiagraphies, mises à jour ; le glossaire, enrichi ; l'iconographie, renouvelée.

De plus, l'enseignant et l'étudiant trouveront une gamme complète de ressources numériques qui leur permettront de mettre à profit les avantages des technologies de l'information et des communications. Pour en bénéficier, il suffit de se rendre à l'adresse www.cheneliere.ca/langlois.

Remerciements

Les changements apportés à la présente édition tiennent compte des commentaires, des critiques et des recommandations d'enseignants de différents collèges de la province qui ont volontiers accepté de participer aux diverses consultations menées par l'éditeur depuis l'automne 2009 jusqu'au printemps dernier: Dominique Baby, Collège François-Xavier-Garneau; Nathalie Battershill, Cégep de Lanaudière (Joliette); Évelyne Beaudry, Cégep de Saint-Jean-sur-Richelieu; François Bisson, Cégep de Trois-Rivières; Roger Blanchette, Cégep de l'Outaouais; Rémi Bourdeau, Collège François-Xavier-Garneau; Éveline Bousquet, Collège Édouard-Montpetit; Matthieu Boutet-Lanouette, Campus Notre-Dame-de-Foy; Guillaume Couture, Cégep de Saint-Laurent; Éric David, Collège de Valleyfield; Martine Dumais, Cégep Limoilou; Véronique Dupuis, Collège Ahuntsic; Cynthia Fabi, Cégep de Lanaudière (L'Assomption); Nicolas Fleury, Cégep de Saint-Laurent; Virginie Fleury-Potvin, Cégep Limoilou; Christian Gagnon, Cégep de Saint-Jean-sur-Richelieu; Viviane Gauthier, Collège Montmorency; Marie-Andrée Gélinas, Cégep de Saint-Hyacinthe; Marco Gilbert, Cégep de Sainte-Foy; Sophie Gosselin, Collège Montmorency; Julie Guyot, Collège Édouard-Montpetit; François Journault, Collège Ahuntsic; Christiane Leduc, Collège de Valleyfield; Jean-François Millette, Collège Ahuntsic; Éric Ouellet, Cégep de La Pocatière; Catherine Ouellet-Fortin, Cégep Limoilou; Normand Paquette, Cégep de Trois-Rivières; Nathalie Picard, Cégep André-Laurendeau; Jacques Pincince, Collège de Rosemont; Christine Pronovost, Cégep de Sainte-Foy; Simon Rainville, Cégep de Lanaudière (Terrebonne); Patrice Regimbald, Cégep du Vieux Montréal; Simon Roy, Collège François-Xavier-Garneau; Jonathan Royer, Cégep de Lévis-Lauzon; Michael Rutherford, Collège Gérald-Godin; Hélène St-Denis, Collège Montmorency; Geneviève Tremblay, Cégep de Saint-Jérôme; Jean-Louis Vallée, Centre d'études collégiales de Montmagny; André Yelle, Cégep de Saint-Laurent. Je leur sais gré de la qualité et de la pertinence de leurs suggestions.

Je tiens à remercier également les personnes suivantes pour leur aimable contribution à la présente édition: Karine Laplante (Cégep du Vieux Montréal) pour ses travaux et exercices en fin de chapitre et ses activités interactives; Boris Déry (Cégep de Victoriaville) pour ses présentations PowerPoint; Gilles Laporte (Cégep du Vieux Montréal) pour ses cartes-réseaux; enfin, Louise-Édith Tétreault (Cégep de Saint-Jérôme) pour ses exercices d'analyse de documents historiques.

Je désire enfin rendre hommage au travail méticuleux et professionnel de l'équipe rassemblée par l'éditeur, sans laquelle ce livre n'existerait pas. Je remercie en particulier Luc Tousignant, éditeur-concepteur, Frédéric Raguenez, éditeur, Jean-Philippe Michaud, chargé de projet, Frédérique Grambin, éditrice des activités interactives, Marie Le Toullec, correctrice d'épreuves, et Jean-Pierre Leroux, réviseur linguistique, dont les conseils et l'accompagnement sans faille m'ont été d'une aide irremplaçable.

Georges Langlois

Caractéristiques de l'ouvrage

Plan, chronologie et ligne du temps

L'ouverture du chapitre révèle au lecteur, en un coup d'œil, les grandes lignes du thème à l'étude. Le plan du chapitre détaille les notions importantes qui seront abordées, tandis que la chronologie fait état des principaux événements de la période. Une ligne du temps permet de situer le chapitre par rapport aux quatre grandes périodes historiques.

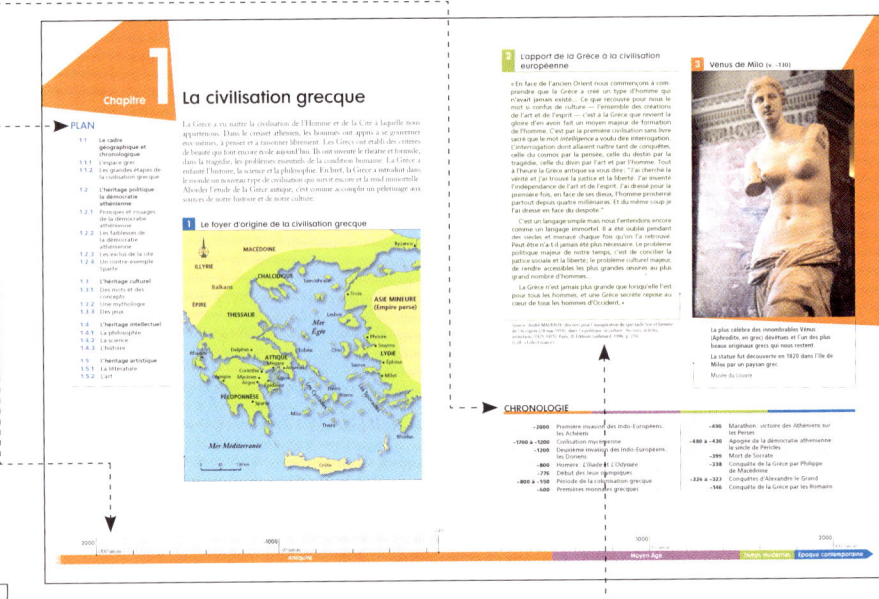

Documents historiques percutants

De nombreux documents historiques et textes d'analyse ponctuent le manuel de témoignages écrits ou visuels saisissants de l'époque. Photographies, caricatures, illustrations et reproductions d'œuvres d'art offrent au lecteur un regard vivant sur les événements majeurs de la période. De plus, le texte est étayé de nombreuses cartes qui permettent au lecteur de situer certaines réalités géopolitiques.

Pastilles

De nombreux renvois à des sources primaires ou à des documents historiques sont intégrés dans le texte. Un code de couleurs permet de distinguer chaque type de documents et de repérer ceux-ci aisément. Le bleu est associé aux cartes, le vert aux textes historiques et aux portraits, le orange aux photos et aux reproductions d'œuvres d'art, et le mauve aux figures et aux tableaux.

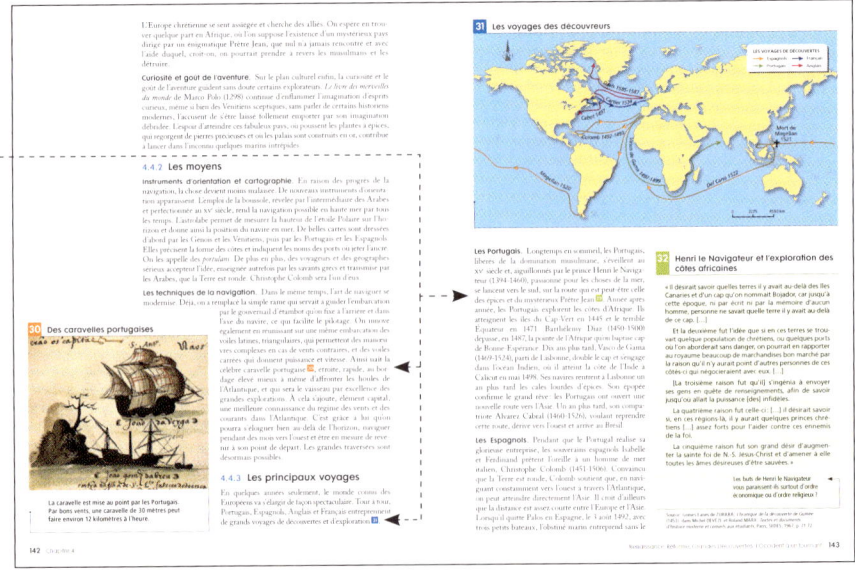

Faisons le point

À la fin de chaque section, des questions numérotées permettent au lecteur d'évaluer sa compréhension de la matière et de s'assurer qu'il maîtrise bien celle-ci.

Pour aller plus loin

Le lecteur trouvera dans cette rubrique une liste de publications fiables à consulter s'il souhaite approfondir un sujet ou une période donnés. Le cas échéant, il pourra également compléter l'exploration de la matière grâce aux cédéroms proposés. Enfin, le manuel se démarque tout particulièrement en offrant, pour la plupart des chapitres, une sélection de films fascinants qui abordent les thèmes à l'étude : un moyen efficace d'en apprendre davantage tout en se divertissant !

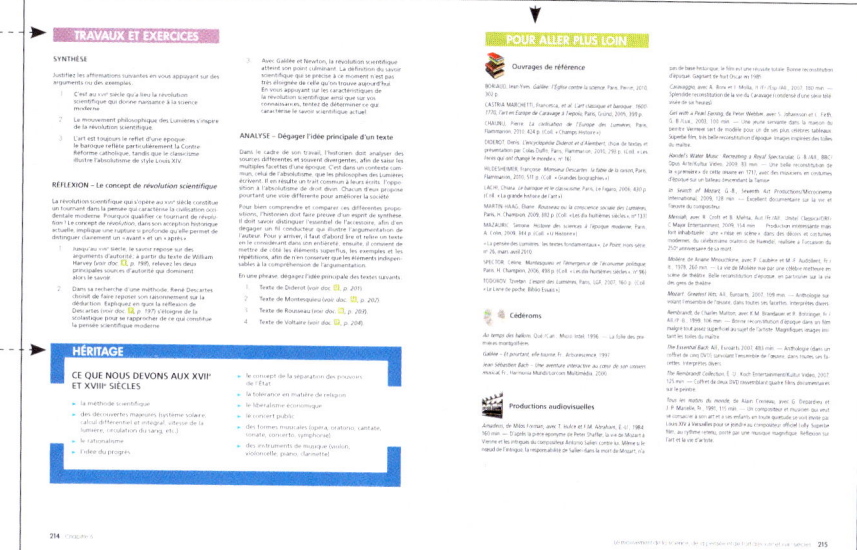

Travaux et exercices

À la fin de chaque chapitre, une série d'exercices permettent au lecteur de s'initier progressivement au travail d'analyse, de réflexion et de synthèse. Les exercices portent sur des textes, des cartes, des images, des concepts, des événements ou des personnages historiques.

Héritage

Cette rubrique fait ressortir en quelques points le legs ou l'héritage de la période étudiée.

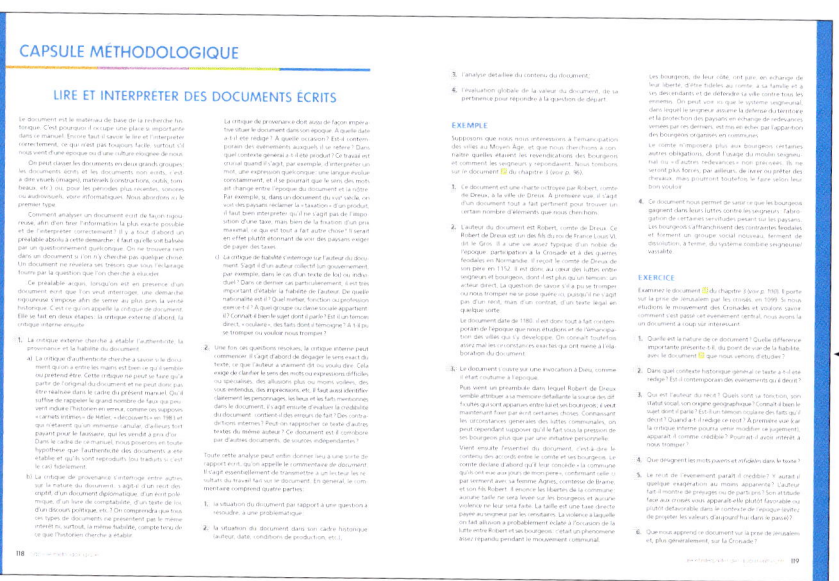

Capsule méthodologique

Cette rubrique, dont l'objectif est d'initier le lecteur à la méthode historique, présente des conseils sur l'analyse de documents. On y apprend ainsi comment lire un manuel, un document écrit, une image et un tableau statistique.

Table des matières

Liste des cartes XII

Introduction 1
Histoire, civilisation, Occident 1
    « Faire » de l'histoire… 1
    Qu'est-ce qu'une civilisation ? 4
    Le cadre de la civilisation occidentale 5

De la préhistoire aux premières civilisations méditerranéennes ... 8
    L'héritage de la préhistoire 8
    Les civilisations fluviales : Égypte et Mésopotamie 9
    Les civilisations maritimes : Crétois et Phéniciens 11
    Canaan : l'émergence du monothéisme 12

Capsule méthodologique Lire et interpréter un manuel 16

Chapitre 1 La civilisation grecque 18
1.1 Le cadre géographique et chronologique 20
    1.1.1 L'espace grec 20
    1.1.2 Les grandes étapes de la civilisation grecque 21
1.2 L'héritage politique : la démocratie athénienne 26
    1.2.1 Principes et rouages de la démocratie athénienne ... 26
    1.2.2 Les faiblesses de la démocratie athénienne 27
    1.2.3 Les exclus de la cité 28
    1.2.4 Un contre-exemple : Sparte 30
1.3 L'héritage culturel 31
    1.3.1 Des mots et des concepts 31
    1.3.2 Une mythologie 32
    1.3.3 Des jeux 34
1.4 L'héritage intellectuel 35
    1.4.1 La philosophie 36
    1.4.2 La science 37
    1.4.3 L'histoire 38
1.5 L'héritage artistique 38
    1.5.1 La littérature 38
    1.5.2 L'art 41

Chapitre 2 La civilisation romaine 46
2.1 Le cadre géographique et chronologique 48
    2.1.1 L'espace : une ville au centre du monde 48
    2.1.2 Les origines et la monarchie (jusqu'à la fin du ~VIe siècle) 49
    2.1.3 La République (de ~509 à ~27) 49
    2.1.4 L'Empire (de ~27 à 476) 52

2.2 L'héritage politique 54
    2.2.1 La notion d'État 54
    2.2.2 Le droit romain 55
    2.2.3 *Pax romana* 56
2.3 L'héritage matériel 57
    2.3.1 Rome au centre du monde 57
    2.3.2 Villes et romanisation 59
    2.3.3 « Tous les chemins mènent à Rome » 60
2.4 L'héritage spirituel 62
    2.4.1 Naissance et diffusion du christianisme 62
    2.4.2 Le christianisme face au pouvoir impérial 64
2.5 L'héritage littéraire et artistique 66
    2.5.1 La langue et la littérature 66
    2.5.2 L'art 68

Chapitre 3 La civilisation médiévale 74
3.1 Le monde méditerranéen fracturé 76
    3.1.1 La fin de l'Empire romain d'Occident 76
    3.1.2 La survivance de l'Empire romain d'Orient 77
    3.1.3 L'avènement de l'Empire arabe 80
    3.1.4 Du royaume des Francs à l'empire de Charlemagne 82
    3.1.5 L'Occident disloqué 84
3.2 La féodalité 87
    3.2.1 Le régime seigneurial 87
    3.2.2 Le régime vassalique 89
3.3 Le renouveau économique et social 91
    3.3.1 Les progrès de l'agriculture 91
    3.3.2 La renaissance du commerce 93
    3.3.3 L'essor des villes et le mouvement communal 95
3.4 Le renouveau religieux 97
    3.4.1 L'Église et la féodalité 97
    3.4.2 La Croisade 99
3.5 Le renouveau intellectuel et artistique 102
    3.5.1 La naissance des universités 102
    3.5.2 L'architecture : de l'art roman à l'art gothique 103
    3.5.3 La musique : du chant grégorien à la polyphonie 107
3.6 L'évolution des monarchies féodales 108
    3.6.1 La France des Capétiens 108
    3.6.2 L'Espagne de la reconquête 108
    3.6.3 L'Angleterre des Plantagenêts 109
    3.6.4 Le Saint Empire romain germanique 111
3.7 Le déclin des XIVe et XVe siècles 112
    3.7.1 Les grands fléaux 112
    3.7.2 Une société en crise 114
    3.7.3 La crise religieuse 114

Capsule méthodologique Lire et interpréter des documents écrits 118

Chapitre 4 Renaissance, Réforme, Grandes Découvertes : l'Occident à un tournant 120

4.1 La Renaissance littéraire et intellectuelle : l'humanisme 122
    4.1.1 Origines et caractères de l'humanisme 122
    4.1.2 La diffusion de l'humanisme 123
    4.1.3 Les limites de l'humanisme 124

4.2 La Renaissance artistique 125
    4.2.1 Caractères généraux et foyer principal de la Renaissance artistique 125
    4.2.2 Deux géants : Léonard de Vinci et Michel-Ange 127
    4.2.3 La Renaissance artistique hors d'Italie 128

4.3 La Réforme 130
    4.3.1 Les causes générales 130
    4.3.2 La réforme luthérienne 132
    4.3.3 La réforme calviniste 134
    4.3.4 La réforme anglicane 135
    4.3.5 La réforme catholique, ou Contre-Réforme 136
    4.3.6 Les guerres de religion 138

4.4 Les Grandes Découvertes 141
    4.4.1 Les motifs 141
    4.4.2 Les moyens 142
    4.4.3 Les principaux voyages 142

4.5 Les premiers empires coloniaux 145
    4.5.1 Le cadre général 145
    4.5.2 L'Empire portugais 145
    4.5.3 L'Empire espagnol 146
    4.5.4 L'Empire hollandais 148

4.6 La France et l'Angleterre en Amérique du Nord 149
    4.6.1 La Nouvelle-France 149
    4.6.2 Les colonies anglaises 151
    4.6.3 Le choc des colonisations 152

4.7 Les conséquences des Grandes Découvertes 153
    4.7.1 La « naissance du monde » 153
    4.7.2 L'Amérique bouleversée 154
    4.7.3 L'Europe transformée 156

Chapitre 5 La formation des États modernes 162

5.1 L'État moderne 164
    5.1.1 La lutte contre la féodalité 164
    5.1.2 Le jeu des forces sociales 165

5.2 La monarchie absolue en Espagne et en France 167
    5.2.1 Grandeur et décadence de l'Espagne des Habsbourg 167
    5.2.2 L'absolutisme triomphal : la France des Bourbons 170

5.3 La monarchie parlementaire en Angleterre 174
    5.3.1 Les spécificités du cas anglais 174
    5.3.2 La révolution puritaine 175
    5.3.3 La restauration et la Glorieuse Révolution 176

5.4 Une république : les Provinces-Unies 178
    5.4.1 Les Pays-Bas espagnols et la « révolte des Gueux » 178
    5.4.2 Une république fédérale, bourgeoise et tolérante 178
    5.4.3 Un éclat éphémère 180

5.5 L'émergence de l'Autriche, de la Prusse et de la Russie 180
    5.5.1 Des États à bâtir 180
    5.5.2 Le despotisme éclairé 182

5.6 Les luttes pour l'hégémonie 183
    5.6.1 Sur le continent : de l'hégémonie à l'équilibre 183
    5.6.2 Sur mer et aux colonies : de l'équilibre à l'hégémonie 184
    5.6.3 Une première guerre « mondiale » : la guerre de Sept Ans 185

Capsule méthodologique Lire et interpréter des images 190

Chapitre 6 Le mouvement de la science, de la pensée et de l'art aux XVIIe et XVIIIe siècles 192

6.1 La révolution scientifique 194
    6.1.1 L'Univers réinventé 194
    6.1.2 À la recherche d'une méthode 196
    6.1.3 Les progrès des sciences 198
    6.1.4 Les conditions nouvelles 198

6.2 La philosophie des Lumières 200
    6.2.1 « Philosopher »… 200
    6.2.2 Les idées-force 201
    6.2.3 La diffusion des Lumières 204

6.3 L'art entre le baroque et le classicisme 206
    6.3.1 L'art baroque 207
    6.3.2 Le classicisme 208
    6.3.3 La musique 210

Chapitre 7 La grande révolution atlantique 216

7.1 La naissance des États-Unis 218
    7.1.1 Les origines 218
    7.1.2 L'indépendance des États-Unis et le schisme de l'Amérique anglaise 219

7.1.3 Les Constitutions 220
7.1.4 Une révolution ? 222
7.2 **La Révolution française** 223
    7.2.1 Les origines 223
    7.2.2 La révolution libérale et démocratique (1789-1792) ... 225
    7.2.3 La révolution égalitaire et totalitaire (1792-1794) ... 229
    7.2.4 Le retour vers l'absolutisme (1794-1815) 231
    7.2.5 Le bilan 233
7.3 **Les révolutions européennes** 234
    7.3.1 Le nouvel ordre international et les
          conquêtes françaises 234
    7.3.2 L'échec de la tentative impériale 235
    7.3.3 L'Europe entre réaction et révolution
          (1815-1848) 236
7.4 **Les indépendances en Amérique latine** 237
    7.4.1 L'Amérique latine au début du XIXe siècle 238
    7.4.2 L'émancipation 238
    7.4.3 Les difficultés 239
7.5 **La crise dans la vallée du Saint-Laurent** 241
    7.5.1 Les facteurs de crise 241
    7.5.2 La rébellion 242
    7.5.3 Durham et l'Union 243

Chapitre 8 La révolution industrielle 248
8.1 **L'« ancien régime » technique** 250
    8.1.1 L'agriculture et la production d'énergie 250
    8.1.2 L'industrie de transformation 250
    8.1.3 Transports, commerce, finance 251
8.2 **L'explosion démographique : un facteur décisif ?** 252
    8.2.1 L'« ancien régime » démographique 252
    8.2.2 La transition 253
    8.2.3 Les conséquences 253
8.3 **La première phase de l'industrialisation
    (de la fin du XVIIIe au milieu du XIXe siècle)** 254
    8.3.1 L'Angleterre initiatrice 254
    8.3.2 Les innovations dans l'agriculture et le textile 255
    8.3.3 L'apparition du machinisme 257
    8.3.4 La révolution des transports 258
8.4 **La deuxième phase de l'industrialisation
    (du milieu du XIXe au milieu du XXe siècle)** 259
    8.4.1 Les innovations 260
    8.4.2 La concentration des entreprises 260
    8.4.3 La mondialisation des échanges 261
    8.4.4 La montée de nouvelles puissances 261
8.5 **Une économie nouvelle** 262
    8.5.1 Croissance, fluctuations et crises 262
    8.5.2 La structure économique générale 263
    8.5.3 Le capitalisme industriel et financier 264
    8.5.4 Développement et sous-développement 264

**Capsule méthodologique Lire et interpréter
des tableaux et des graphiques** 268

Chapitre 9 L'Europe conquérante, 1850-1914 270
9.1 **La société** 272
    9.1.1 Les classes dominantes 272
    9.1.2 Les classes moyennes 273
    9.1.3 La condition ouvrière 273
    9.1.4 Le mouvement syndical et la législation sociale .. 274
    9.1.5 Les femmes 276
9.2 **Les États : libéralisme, démocratie, nationalisme** 277
    9.2.1 La démocratie libérale : progrès et limites 277
    9.2.2 Le mouvement des nationalités 278
    9.2.3 Les empires autoritaires multinationaux 279
    9.2.4 Destins du fédéralisme en Amérique du Nord 280
9.3 **La domination mondiale** 283
    9.3.1 Les facteurs de domination 283
    9.3.2 Mobiles et formes du colonialisme 285
    9.3.3 Les remises en question 286

**Chapitre 10 Le mouvement des idées, des
              sciences et des arts au XIXe siècle** 290
10.1 **Les grandes idéologies** 292
     10.1.1 Le libéralisme 292
     10.1.2 Les socialismes 293
10.2 **Les sciences** 294
     10.2.1 Les sciences biologiques 294
     10.2.2 Les sciences humaines 296
     10.2.3 Les sciences physiques 297
10.3 **Les arts** 298
     10.3.1 La révolution romantique 298
     10.3.2 Du réalisme à l'impressionnisme 303
     10.3.3 Fin de siècle : l'art en mutation 305

**Chapitre 11 La grande crise de la civilisation
              occidentale** 312
11.1 **Trente années de bouleversements (1914-1945)** 314
     11.1.1 La « Grande Guerre » (1914-1918) 314
     11.1.2 La grande dépression et la montée du fascisme .. 317
     11.1.3 La Seconde Guerre mondiale (1939-1945) 320
11.2 **Un nouveau grand schisme** 323
     11.2.1 La naissance de la Russie soviétique 324
     11.2.2 Le stalinisme 326
     11.2.3 La guerre froide 327
     11.2.4 Le monde capitaliste pendant la guerre froide .. 329
     11.2.5 Le monde soviéto-communiste pendant
             la guerre froide 331

11.3 De l'impérialisme européen à l'hégémonisme étasunien 332
   11.3.1 La fin des empires coloniaux 332
   11.3.2 L'effondrement de l'Empire soviéto-communiste 335
   11.3.3 L'hégémonie mondiale des États-Unis 336

11.4 Art et culture en mutation 337
   11.4.1 Médias et culture de masse 337
   11.4.2 L'émancipation des femmes 338
   11.4.3 Contestation et contre-culture 339
   11.4.4 L'art, témoin de son temps 340

Chapitre 12 En guise de conclusion : éléments pour un bilan 343

12.1 Mille ans d'histoire 343
12.2 Démocratie et liberté 344
12.3 Les droits de la personne 345
12.4 L'égalité entre les femmes et les hommes 347
12.5 Progrès et développement 348
12.6 Laïcité et religion 350
12.7 Science et technologie 351
12.8 L'Occident et le monde 351

Glossaire 353
Bibliographie 361
Sources iconographiques 366
Index 367

Liste des cartes

Introduction

Les espaces de la civilisation occidentale 5
Le Proche-Orient du ~IIIe au ~Ier millénaire......................................9
La Crète : première puissance maritime
dans l'histoire 11

Chapitre 1 La civilisation grecque

Le foyer d'origine de la civilisation grecque..18
Le mouvement des Indo-Européens 21
La colonisation grecque (du ~VIIIe au ~Ve siècle) 22
L'empire d'Alexandre..25

Chapitre 2 La civilisation romaine

Le monde romain à l'apogée de l'Empire (IIe siècle) 46
La péninsule italienne 48
L'expansion romaine.. 50
Le partage de l'Empire (395) 53
« La pieuvre »..61

Chapitre 3 La civilisation médiévale

Les invasions germaniques 76
Les royaumes germaniques... 77
L'Empire byzantin sous Justinien... 78
L'Empire arabe vers 750... 81
Les conquêtes et l'empire de Charlemagne.. 83
Le partage de Verdun (843) 85
Les nouvelles invasions.. 85
L'économie européenne à la fin du XIIIe siècle..................................... 93
Les États chrétiens d'Orient après la première Croisade 101
Les grandes universités médiévales.. 103
La France à la mort de Louis XI..108
Le Saint Empire au XVe siècle... 111
La chrétienté à l'époque du Grand Schisme 114

Chapitre 4 Renaissance, Réforme, Grandes Découvertes : l'Occident à un tournant

La diffusion de l'humanisme...123
L'Europe religieuse à la fin du XVIe siècle 134
Les voyages des découvreurs...143
L'empire colonial portugais : principaux comptoirs
et éléments du trafic...146
La route des galions..147
Français et Anglais en Amérique du Nord vers 1750.........................151
Les grands courants du commerce au XVIe siècle...............................156

Chapitre 5 La formation des États modernes

Les principaux États européens vers 1700..162
L'empire colonial des Provinces-Unies vers 1650 180
L'empire européen de Charles Quint...183
L'Empire britannique en 1763 186

Chapitre 6 Le mouvement de la science, de la pensée et de l'art aux XVIIe et XVIIIe siècles

Les hauts lieux du savoir et de l'art
aux XVIIe et XVIIIe siècles 192

Chapitre 7 La grande révolution atlantique

Le mouvement de la vague révolutionnaire 216
Les colonies anglaises d'Amérique du Nord en 1763.....................218
Les colonies anglaises d'Amérique du Nord en 1774.....................219
Le schisme de l'Amérique anglaise
et la formation des deux Canadas, 1783-1791............................... 220
« La patrie en danger »..229
L'Europe en 1810 235
Les principaux foyers révolutionnaires
dans l'Europe de Vienne, 1815-1850 236
Les indépendances en Amérique latine 239
Le Canada en 1840 244

Chapitre 9 L'Europe conquérante, 1850-1914

L'Europe dans le monde vers 1900 271
La formation de l'Italie et de l'Allemagne unifiées...........................279
L'empire d'Autriche-Hongrie vers 1910 280
Les Balkans en 1913 280
La formation du Canada, 1867-1912 282
La plus grande migration de l'histoire humaine............................. 284
Les débuts de l'impérialisme étasunien 286

Chapitre 11 La grande crise de la civilisation occidentale

Les alliances, 1914-1918..315
L'Europe en 1922..316
L'Europe à l'apogée de l'Empire hitlérien (1942) 321
La révolution en danger 324
La formation de l'URSS 325
L'Europe des blocs, 1955..328
La construction de l'Europe occidentale..331
L'éclatement de l'URSS 335
L'Union européenne : les élargissements successifs 336

INTRODUCTION

PLAN

Histoire, civilisation, Occident
- « Faire » de l'histoire…
- Qu'est-ce qu'une civilisation ?
- Le cadre de la civilisation occidentale

De la préhistoire aux premières civilisations méditerranéennes
- L'héritage de la préhistoire
- Les civilisations fluviales : Égypte et Mésopotamie
- Les civilisations maritimes : Crétois et Phéniciens
- Canaan : l'émergence du monothéisme

Histoire, civilisation, Occident

« Faire » de l'histoire…

Le mot et la chose

L'histoire vécue. Le mot *histoire* peut avoir deux sens. Dans le premier sens, il désigne une série d'événements qui se sont déroulés dans un passé plus ou moins lointain : c'est l'histoire vécue, telle qu'elle s'est produite. Cette histoire-là est à jamais disparue dans la nuit des temps, et nul n'a le pouvoir de la « faire », ou plutôt de la refaire. Dans ce sens, la seule façon de faire (de) l'histoire, c'est de vivre et, si possible, d'apporter sa contribution à l'évolution de la société d'aujourd'hui.

L'histoire écrite. C'est donc le deuxième sens du mot *histoire* qui nous intéresse tout au long de ce livre. L'histoire, c'est la connaissance que nous pouvons avoir du passé, et c'est le récit que nous pouvons en faire. C'est ce qu'on appelle l'*histoire écrite*. À ce titre, l'histoire est une science, mais avec des caractéristiques particulières.

L'histoire comme science

Son objet. Comme toute science, l'histoire a un objet. Cet objet, nous le définirons comme suit : le passé humain dans son enchaînement. Le passé est tout ce qui « a été », même s'il s'agit de faits très récents. Quant au passé humain, c'est-à-dire celui de l'Homme en société, il est différent du passé cosmique qu'étudie l'astronome, ou du passé biologique de l'Homme en tant qu'espèce en évolution. Enfin, ce passé que nous voulons connaître, il n'est pas formé que d'événements bruts, isolés : ces événements n'ont de sens que replacés dans leur enchaînement, dans les relations de cause à effet qui les lient les uns aux autres. Et c'est précisément cet enchaînement qui forme le cœur de même que le défi essentiel de la recherche historique.

Sa méthode. Mais puisque l'histoire porte sur un objet qui, par définition, n'existe pas, ou n'existe plus, il lui faut une méthode spéciale pour accéder à son champ d'investigation. Cette méthode se fonde essentiellement sur la recherche et l'analyse des traces, des témoignages de lui-même que le passé a pu nous léguer. Témoignages de toutes sortes (écrits, visuels et, plus récemment, audiovisuels

1 « La plus humaine des sciences humaines »

« Au sens strict des termes, l'histoire ne répond pas à la définition de la science ; elle ne consiste pas en démonstrations abstraites comme les mathématiques ; elle n'est pas vérifiable par l'expérimentation comme les sciences de la nature ; enfin, elle n'aboutit pas à des lois qui permettent la prévision. […]

L'histoire comporte trop d'inconnues et de variations pour permettre des lois, c'est-à-dire des conclusions valables à la fois pour le passé et pour l'avenir. Le rythme de l'histoire totale échappe à nos prises. Le devenir de l'histoire est unique et irréversible. Les jugements des historiens peuvent être adéquats ; ils ne seront jamais nécessaires. Si les événements se prolongent et se survivent dans leurs conséquences, les situations ne reparaissent en aucun temps identiques à elles-mêmes. […]

L'histoire se fait avec des témoignages, non avec des expériences, et on ne peut répéter une bataille dans un laboratoire. L'événement qui ne se reproduira jamais plus est bien l'objet de l'histoire. D'autre part, la science ne pouvant se fonder sur le fortuit et l'accidentel, le concept même de loi historique paraît inacceptable.

L'histoire n'est scientifique que par sa méthode, la critique historique […]. C'est pourquoi, au sens large, on pourrait soutenir que l'histoire est une science — la plus humaine des sciences humaines — à cause de la rigueur de son mode d'investigation, d'explication et de contrôle. »

Source : Léon-Ernest HALKIN, *Éléments de critique historique*, Paris, Dessain, 1966, p. 19-20.

et informatiques), d'une variété prodigieuse, et qui forment le paysage mystérieux, immobile et fascinant dans lequel, tel un explorateur, l'historien s'avance à la découverte de l'Homme dans le Temps.

Une science ? Cet objet qui n'existe plus, cette méthode où le chercheur est totalement dépendant d'informations préexistantes sur lesquelles il ne peut avoir aucune influence font souvent douter du caractère « scientifique » de l'histoire. De fait, le passé est rigoureusement non reproductible ; l'historien ne peut pas travailler en laboratoire. Chaque événement du passé est unique, irréductible à tout autre ; l'historien ne cherche pas, et ne saurait énoncer, des « lois » scientifiques comme celle de l'attraction universelle.

Mais si l'histoire n'est pas une science au sens strict de « connaissance exacte, universelle et vérifiable par des lois » (*Le Petit Robert*), elle utilise cependant une démarche scientifique, marquée par la rigueur et par l'honnêteté. L'historien se doit d'inventorier les témoignages de la façon la plus systématique et la plus étendue, de leur appliquer un regard critique rigoureux et de se départir le plus possible de sa subjectivité dans cette démarche.

En fait, l'histoire est « la plus humaine des sciences humaines » **1**. À travers l'immense diversité de son objet, à travers le caractère approximatif de ses résultats toujours fragmentaires, elle développe, chez l'individu qui en « fait », le sens du Temps, c'est-à-dire le sens du relatif, de l'incertain, du provisoire. Tout est toujours en mouvement, rien ne se répète ; les hommes ne sont jamais placés exactement deux fois dans la même situation ; les solutions qu'ils apportent aux défis qui se présentent à eux sont toujours remises en question ; l'histoire elle-même, l'histoire écrite, est toujours à refaire parce qu'elle n'est toujours, en fin de compte, qu'une série de questions, parfois angoissées, que nous posons au passé depuis notre présent, ce présent qui demain sera déjà du passé…

À quoi sert l'histoire ?

La présence du passé. De là découle la nécessité de l'histoire. Comprendre le passé, c'est réduire les incertitudes du présent. On tend fortement aujourd'hui, notamment dans les médias, à considérer le monde qui nous entoure dans la durée fort brève du temps court, du fait immédiat. Parfois, pourtant, il est nécessaire de remonter très loin dans le passé pour comprendre un phénomène, par exemple les conflits apparemment insolubles du Proche-Orient d'aujourd'hui. Ainsi, de grands moments d'hier continuent de nous être contemporains. Nous ne sommes plus le passé, mais le passé est présent en nous ; passé et présent se côtoient, se mélangent au creux de nous-mêmes.

Le sens de la continuité. Ce passé risque de nous paraître trop lointain pour nous concerner, trop étrange pour éveiller en nous quelque intérêt. Pourtant, il contient des richesses insoupçonnées et insoupçonnables parce que cachées dans les profonds replis de notre inconscient collectif. Car l'histoire vécue pèse

2 La Terre dans l'Univers

Imaginons… En esprit, je me construis une petite fusée à ma taille. Elle est capable de faire 300 000 kilomètres par seconde, soit la vitesse de la lumière. Je pars. Destination : l'étoile la plus proche du Soleil. Le temps de compter jusqu'à deux, j'ai déjà dépassé la Lune, cette banlieue de la Terre. Huit minutes plus tard, le Soleil est atteint à son tour. Une heure s'écoule, rien en vue ; une semaine, rien non plus ; un mois, un an, rien encore à l'horizon. Pourtant, j'ai parcouru maintenant 9 460 milliards de kilomètres (une année-lumière) ! Ce n'est qu'à la fin de la quatrième année de voyage dans mon bolide que j'atterris (!) sur Proxima du Centaure, l'étoile la plus proche du Soleil. Au compteur, 38 000 milliards de kilomètres, 5 000 fois la dimension du système solaire.

Et dire que le Soleil, avec sa Terre et ses planètes, n'est qu'un minuscule élément de la Voie lactée, une galaxie de 100 000 années-lumière de diamètre où 100 milliards d'astres exécutent un ballet dont chaque ballerine est à 56 000 milliards de kilomètres de la suivante (6 années-lumière). Et cette galaxie n'est qu'un point dans l'immense Univers, puisqu'il en existe d'autres : un demi-milliard de galaxies ! Cinq cents millions de cités d'étoiles de 100 milliards de fenêtres chacune !

Quelque part dans ce vertigineux, dans ce fantastique Univers, sur une poussière appelée Terre, va se jouer la destinée humaine…

Source : Gilles VILLEMURE.

---

de tout son poids sur les peuples : économie, société, vie politique, croyances et idéologies tendent à se mouler dans les cadres préparés par nos ancêtres. La civilisation occidentale repose sur le labeur silencieux et le courage inépuisable d'innombrables générations qui, en cherchant à mieux vivre, ont fait de nous ce que nous sommes. L'histoire, c'est l'expérience des femmes et des hommes d'hier au bénéfice des femmes et des hommes d'aujourd'hui.

La finalité de l'histoire a toujours été et demeure d'établir, dans l'esprit de l'individu qui s'y adonne, le sens de la continuité humaine à travers la suite des siècles 2.

Les mesures du temps

Des échelles diverses. Le temps lui-même est relatif, du moins la mesure qu'on peut en prendre et qui dépend de l'objet de notre étude. Ainsi, à l'échelle du temps cosmique, celui de l'Univers (15 milliards d'années), l'humanité est presque invisible 3. À l'échelle du temps terrestre (la Terre compte 4 milliards d'années), elle apparaît à peine. Même à l'échelle du temps humain (3 millions d'années), il est difficile d'apercevoir ce qu'on appelle le *temps historique*, et presque impossible d'en délimiter les grandes périodes. Il nous faut donc réduire encore notre échelle : on fait généralement débuter l'histoire proprement dite avec l'invention de l'écriture et l'organisation des premières grandes civilisations au Proche-Orient. C'est sur cette échelle d'à peu près 5 000 ans que nous pouvons pointer notre civilisation occidentale et en délimiter les périodes 4 (*voir page suivante*).

Les grandes périodes de l'Occident. Quatre divisions principales se sont traditionnellement imposées, du moins pour l'histoire de la civilisation occidentale : l'Antiquité (du IIIe millénaire avant notre ère au Ve siècle de notre ère), le Moyen Âge (du Ve au XVe siècle), les « Temps modernes » (du XVIe au XVIIIe siècle) et l'Époque contemporaine (les XIXe et XXe siècles).

Des calendriers différents. Quant à cette numérotation des années, des siècles et des millénaires en deux grandes « ères », elle est fixée par un point de départ que l'Occident a établi à la date présumée de la naissance de Jésus-Christ. D'autres civilisations ont choisi d'autres dates charnières : pour l'Islam, par exemple, le point de départ se situe au moment du départ de Mahomet pour Médine, soit l'an 622 de notre calendrier. Ces différences de calendrier ne sont pas fortuites ; elles

3 L'Homme sur la Terre

Si nous ramenons à un an les quatre milliards d'années de l'histoire de la Terre, nous observons les correspondances suivantes : vers le 1er août, la vie apparaît au fond des mers ; vers le 20 novembre, le premier vertébré se meut ; le 12 décembre apparaît le premier mammifère ; le 31 décembre, à 18 heures, voici le premier « homme » archaïque, l'australopithèque.

L'*Homo sapiens* apparaît à minuit moins sept. Toute la prodigieuse histoire de notre espèce va se jouer dans ces sept dernières minutes. À minuit moins cinq, l'homme dit de Cro-Magnon vit encore dans des grottes, où il peint d'admirables fresques (Lascaux, Altamira). Trente-cinq mille ans le séparent de nous.

Entre la civilisation du pharaon Ramsès II et la nôtre, moins d'une minute ! De la naissance du Christ à l'ère atomique, 15 secondes. Au moment où l'année s'achève, une demi-seconde avant la fin — la durée d'un soupir —, c'est toute ma vie comparée à l'histoire terrestre.

Source : Georges LANGLOIS et Gilles VILLEMURE.

révèlent des conceptions différentes du Monde et de l'Homme qui sont parmi les éléments fondamentaux qui définissent une civilisation.

Qu'est-ce qu'une civilisation ?

Les variations du vocabulaire

Le sens originel. Le mot *civilisation* apparaît au XVIIIe siècle. Il désigne alors l'état d'une société qui a atteint un certain niveau de développement économique, politique et culturel. Ce mot est toujours employé au singulier ; il y a la civilisation, par opposition à la barbarie qui désigne l'état des peuples primitifs, « sauvages » (comme les « barbares » qui envahissent et détruisent l'Empire romain au Ve siècle de notre ère).

Le sens actuel. Au XIXe siècle, le mot prend un sens nouveau. Il désigne maintenant l'ensemble des caractéristiques que présente la vie collective d'un groupe ou d'une époque. On l'emploie donc au pluriel : il y a des civilisations, et même les peuples qu'on qualifiait autrefois de *barbares* ont une civilisation propre. Ce sens pluriel rejette les prétentions à la supériorité intrinsèque de l'une ou de l'autre des multiples civilisations qui font la richesse de l'expérience humaine. C'est ce sens qui s'impose dans le vocabulaire actuel.

Les éléments d'une civilisation

L'espace. Une civilisation est d'abord et avant tout conditionnée par l'espace géographique dans lequel elle se déploie. Civilisations fluviales ou maritimes, insulaires ou continentales, des forêts ou des déserts, tropicales ou polaires, toutes sont marquées par leur environnement : climat, relief, faune, flore, voire richesses du sous-sol.

L'organisation sociale. Dans ces environnements divers et infiniment variés naissent des sociétés humaines organisées. Une civilisation, c'est aussi cela : des systèmes de production et d'échange, des rapports sociaux entre individus et entre groupes, des institutions politiques, des systèmes de lois, etc.

La culture et les mentalités. À l'environnement et à l'organisation sociale s'ajoutent enfin une culture et une mentalité qui définissent aussi une civilisation. Logement, vêtement, nourriture, mœurs et coutumes, qu'on pourrait appeler *façons de vivre*, sont complétés par des *façons de voir* : interprétation du réel à travers la création artistique, vision du monde, de son origine et de son destin à travers la religion ou la philosophie. La place de l'individu dans l'univers et dans la

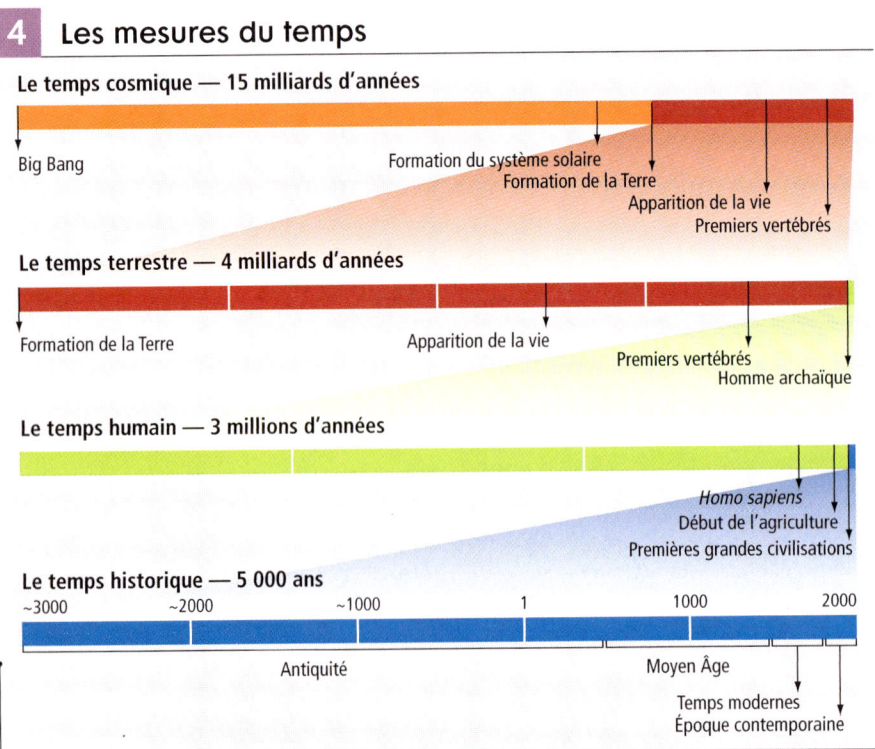

4 Les mesures du temps

5 | Destins des civilisations

Le texte qui suit a été écrit après les carnages de la Première Guerre mondiale ; qu'aurait pu écrire l'auteur après la Deuxième ?

« Nous autres, civilisations, nous savons maintenant que nous sommes mortelles.

Nous avions entendu parler de mondes disparus tout entiers, d'empires coulés à pic avec tous leurs hommes et tous leurs engins ; descendus au fond inexplorable des siècles avec leurs dieux et leurs lois, leurs académies et leurs sciences pures et appliquées, avec leurs grammaires, leurs dictionnaires, leurs classiques [...]. Nous savions bien que toute la terre apparente est faite de cendres, que la cendre signifie quelque chose. Nous apercevions à travers l'épaisseur de l'histoire, les fantômes d'immenses navires qui furent chargés de richesse et d'esprit. Nous ne pouvions pas les compter. Mais ces naufrages, après tout, n'étaient pas notre affaire.

Élam, Ninive, Babylone étaient de beaux noms vagues, et la ruine totale de ces mondes avait aussi peu de signification pour nous que leur naissance même. Mais France, Angleterre, Russie,... ce seraient aussi de beaux noms. [...] Et nous voyons maintenant que l'abîme de l'histoire est assez grand pour tout le monde. »

Source : Paul VALÉRY, « La crise de l'esprit » (1919) ; repris dans *Variété*, Paris, Gallimard, 2002, p. 13-14. (Coll. « Folio », n° 327)

société, l'attitude face à la mort et la perception des différenciations sexuelles sont d'autres aspects de ce riche domaine des mentalités, des sensibilités et des croyances.

Un organisme vivant. Une civilisation, c'est tout un ensemble de ces éléments les plus divers organiquement liés par une sorte de cohérence interne, mais dont l'équilibre précaire est sans cesse remis en question par des apports nouveaux. Ainsi, les civilisations, quelles qu'elles soient, n'échappent pas plus que les individus et les communautés à l'inéluctable loi de l'évolution historique 5. C'est pourquoi « il n'y a pas de civilisation actuelle qui soit vraiment compréhensible sans une connaissance d'itinéraires déjà parcourus, de valeurs anciennes, d'expériences vécues. Une civilisation est toujours un passé, un certain passé vivant » (Fernand Braudel, *Grammaire des civilisations*, Paris, Flammarion, 1993, p. 56).

Le cadre de la civilisation occidentale

Née au bord de la Méditerranée, la civilisation occidentale s'est étendue comme une marée, à l'Europe d'abord, à plusieurs parties du monde par la suite. Aujourd'hui, son domaine englobe le continent d'origine, l'Amérique et les pays de colonisation blanche dans le monde. Il s'agit donc d'une civilisation qui se déploie de nos jours autant hors d'Europe que sur le vieux continent 6. Elle est de ce fait le produit d'une longue histoire dont chaque âge a laissé des traces. Elle est à la fois localisée et universelle.

La Méditerranée

Le domaine géographique initial de la civilisation occidentale, c'est celui de la Méditerranée. Trois péninsules déchiquetées, profondément baignées par la mer, occupent sa rive nord : la Grèce, l'Italie et

6 | Les espaces de la civilisation occidentale

Introduction 5

7 L'espace méditerranéen : la Grèce

Décret impérial
Décision politique ou administrative prise par un empereur romain.

l'Espagne. Terres exiguës où sont disposées de petites plaines isolées, très vite limitées et encadrées par la montagne toujours proche, avec un arrière-pays difficile à traverser, souvent hostile. Quant à la mer, en dépit de ses colères brusques, elle ne paraît pas trop redoutable, et les multiples replis des côtes constituent de bons abris pour les navires. Source d'échanges multiples, elle unit des populations que le relief divise. À tout prendre, l'espace méditerranéen offre des conditions favorables d'épanouissement **7**.

À la suite des Grecs qui essaiment sur tout son pourtour, les Romains unifient tous les territoires riverains de cette mer et en font, littéralement, un lac romain (*mare nostrum*), sur lequel circulent cargaisons marchandes et **décrets impériaux**. Grâce à l'Empire romain, la Méditerranée est devenue, au début de notre ère, le centre d'un monde s'étendant depuis le Tigre jusqu'à la Tamise, depuis le Rhin jusqu'au Nil. Ainsi naît la civilisation occidentale, de la rencontre toujours renouvelée entre la mer et la terre.

L'Europe

Du IVe au VIIIe siècle, une série d'invasions bouleversent le monde méditerranéen. Les Germains envahissent la partie occidentale de l'Empire romain, pendant que la partie orientale s'éloigne vers un destin particulier. L'Islam conquérant détache à son tour du monde occidental le Proche-Orient, l'Afrique du Nord et la majeure partie de l'Espagne. L'unité antique se trouve rompue, l'autorité politique se disloque en États rivaux, et c'est l'Église de Rome qui assure à l'Occident son homogénéité profonde et sa cohésion spirituelle, de même que la continuité de son patrimoine culturel.

À ce moment, la civilisation occidentale a cessé d'être spécifiquement méditerranéenne. Elle est devenue européenne **8**. Aux étés méditerranéens secs, brûlants, s'ajoutent les hivers tièdes et pluvieux de l'Atlantique. Au versant latin de l'Europe — celui de l'Empire romain — s'ajoute le versant germain — celui des forêts du Nord, un monde neuf qui exige plus de travail patient, plus de constance dans l'effort. À la Méditerranée, mer chaude, s'ajoutent la mer du Nord, mer fraîche mais libre de glace toute l'année, et la Baltique prise par le gel tous les hivers. Par ailleurs, ouverte désormais sur l'Atlantique, la civilisation occidentale voit peu à peu apparaître de nouveaux horizons.

8 L'espace européen : la vallée du Danube

L'Amérique et le monde

Au cours du XVe siècle, le progrès de la géographie et le développement des techniques maritimes, entre autres, lancent les Européens sur les océans. En moins d'un siècle, de prodigieuses découvertes agrandissent l'espace et élargissent les horizons de la civilisation occidentale, qui s'en trouve profondément transformée. De là date vraiment sa prépondérance dans le monde.

Les Portugais montrent la voie, reconnaissent la côte atlantique de l'Afrique puis, avec Vasco de Gama, ouvrent la première route maritime vers l'Inde. Pendant ce temps, Christophe Colomb, s'élançant résolument vers l'ouest pour le compte de l'Espagne, se heurte à l'Amérique en 1492. Plus tardivement, Anglais et Français abordent l'Amérique du Nord.

Aux explorations succèdent les installations. La civilisation occidentale étend son influence sur toute l'Amérique. Portugais et Espagnols parviennent très tôt à fonder une Amérique « latine » depuis le Mexique jusqu'à la Terre de Feu. Des dizaines de milliers de colons sont installés dans le Nouveau Monde, où ils introduisent, avec leur langue, leurs coutumes et leur foi, les cultures du blé et de la vigne, l'élevage des chevaux et des bovins. Les populations indigènes sont presque anéanties, leurs civilisations détruites. Une civilisation ibéro-américaine se développe progressivement, unifiée par le christianisme.

9 L'espace américain : le Québec (Montréal)

En Amérique du Nord, les Français s'établissent dans l'intérieur, sur l'axe Saint-Laurent – Grands Lacs – Mississippi **9** tandis que les Anglais s'échelonnent le long de la côte atlantique jusqu'à la Floride. Tous deux s'affrontent pour le contrôle du continent, lutte à mort qui s'achève par la défaite de la Nouvelle-France. À côté d'une Amérique latine s'installe une Amérique anglo-saxonne, au sein de laquelle un rameau francophone de la civilisation occidentale continuera toutefois de s'affirmer jusqu'aujourd'hui.

Au XIXe siècle, de nouveaux espaces sont ouverts à la suprématie occidentale. L'Australie, la Nouvelle-Zélande, voire, jusqu'à un certain point, l'Afrique du Sud, deviennent les lointains avant-postes où la civilisation occidentale finit par s'imposer. Des civilisations anciennes y survivent cependant jusqu'à nos jours, de plus en plus fragiles.

Née sur les bords de la Méditerranée, la civilisation occidentale a gagné l'Europe pour ensuite se propager sur d'autres continents. En franchissant les océans, elle a trouvé des conditions naturelles (climat, végétation, ressources) fort différentes et des populations autochtones qu'elle a plus ou moins assimilées. Aujourd'hui, elle est répandue dans le monde entier et il n'est point de pays où elle ne soit présente de quelque façon et qui ne l'enrichisse à son tour. Localisée à son origine, elle est devenue mondiale par son aire d'influence.

Faisons le point

1. Décrivez l'objet et la méthode de l'histoire. Est-elle une science ? Justifiez votre réponse.
2. Nommez et datez les quatre grandes divisions chronologiques traditionnelles de l'histoire occidentale. Quel événement central divise cette chronologie en deux « ères » ?
3. Nommez les éléments fondamentaux d'une civilisation.
4. Situez sur une carte du monde les espaces géographiques sur lesquels la civilisation occidentale s'est progressivement étendue.

De la préhistoire aux premières civilisations méditerranéennes

La civilisation occidentale, pas plus qu'aucune autre, n'a été le fruit d'une génération spontanée. Avant même la naissance de la civilisation grecque antique, son ancêtre direct le plus ancien, d'autres civilisations avaient fleuri autour de la Méditerranée, laissant des héritages déjà fondamentaux.

L'héritage de la préhistoire

L'*Homo sapiens*

L'espèce à laquelle nous appartenons, appelée *Homo sapiens*, est l'une des plus récentes à être apparue sur Terre ; c'était probablement en Afrique de l'Est, il y a près de 200 000 ans. C'est le début de la préhistoire. Essaimant lentement de proche en proche, l'*Homo sapiens* se trouve en Palestine vers ~100 000, puis en Europe 65 000 ans plus tard (l'homme de Cro-Magnon, ~35 000). Il vit de chasse, de pêche et de cueillette, maîtrise le feu, fabrique des outils et des armes en bois ou en pierre, enterre et honore ses morts en les parant de colliers. Il s'exprime déjà par l'art, en sculptant des statuettes dans l'ivoire ou la pierre et surtout en peignant sur les parois de ses cavernes d'admirables peintures qui suscitent encore notre fascination et nous transmettent une vive sensation de mystère, par-delà les millénaires 10.

10 Une fresque de la grotte d'Altamira, en Espagne (~17 000/~13 000)

Bison dessiné en utilisant la courbe naturelle de la paroi pour faire ressortir la force de l'animal.

Image d'un saisissant réalisme si l'on prend conscience que ces chefs-d'œuvre ont été peints dans des cavernes obscures éclairées par de pauvres torches.

La révolution néolithique

Près de 25 000 ans se sont encore écoulés depuis l'apparition de Cro-Magnon lorsque soudain, vers le Xe millénaire avant notre ère, commence l'une des révolutions les plus décisives de l'aventure humaine. Ayant vécu jusque-là en prédateur, prenant tel quel ce que la nature lui offre pour se nourrir, l'*Homo sapiens* a déjà commencé à se sédentariser lorsque lui vient une idée de génie : au lieu de consommer tout ce qu'il trouve en graminées pour se nourrir (surtout des céréales comme le blé et l'orge), il va réserver une partie des graines et les semer dans un sol qu'il a préparé. Il vient d'inventer l'agriculture ; il devient producteur. Il peut dès lors accélérer la sédentarisation déjà en marche, au lieu de se déplacer d'un endroit à un autre pour trouver sa subsistance. Mieux encore : il se lance dans la domestication des plantes et des animaux. La sélection des graines et le croisement de certaines variétés lui permettent d'améliorer les rendements agricoles, tandis que des animaux domestiqués lui fournissent à la fois un supplément de nourriture carnée riche en protéines (chèvre, mouton, porc) et une source importante d'énergie pour les travaux des champs (bœuf, âne, cheval). Sans compter tout ce qu'on peut tirer de ces animaux pour se vêtir et s'abriter. La « révolution néolithique » est en marche.

Les conséquences en sont immenses. Des métiers naissent, celui de la laine, par exemple, ou du potier. Pour faire face aux raids des nomades, les sédentaires se rassemblent derrière une enceinte fortifiée: la ville apparaît. Et qui dit agriculture dit irrigation: il faut élever des digues, creuser des canaux, «domestiquer» des cours d'eau. Cela exige une organisation sociale assez poussée, avec une autorité politique centralisée: c'est l'État qui pointe à l'horizon.

Toute cette évolution se déroule, à peu près au même moment (de ~8000 à ~6000), tant en Asie qu'en Amérique du Sud et, pour ce qui nous occupe dans ce livre, au Moyen-Orient, dans

11 Le Proche-Orient du ~IIIe au ~Ier millénaire

ce qu'on appelle justement le *croissant fertile*, qui s'étend des plaines de la Mésopotamie à celle du Nil en passant par le couloir syro-palestinien **11**. C'est là qu'apparaissent les premières civilisations historiques, c'est-à-dire, selon la définition traditionnelle, celles qui nous ont laissé des témoignages écrits.

Les civilisations fluviales : Égypte et Mésopotamie

Les premières sociétés organisées apparaissent le long des rives du Nil, du Tigre et de l'Euphrate, en ces régions chaudes et humides où les plaines sont fertiles parce que l'eau vivifie la végétation.

L'Égypte

Un «don du Nil». Quelque 3 000 ans avant notre ère, la vallée du Nil est déjà habitée grâce à son fleuve qui, débordant chaque année de son lit, inonde les terres riveraines pendant trois mois et y laisse une couche de limon qui fertilise le sol. Mais cette crue n'est bienfaisante que si elle est judicieusement utilisée: cela suppose d'incessants travaux d'irrigation, de rétention et de répartition que seul un gouvernement centralisé et fort peut imposer à la collectivité. Sans pharaon puissant, il n'y a pas d'unité, et sans unité, il n'y a pas de prospérité. C'est autour de l'an ~3000 que se réalise l'unité de l'Égypte, où s'épanouira pendant près de trois millénaires une civilisation qui suscite encore notre intérêt, voire notre admiration.

La vie après la mort. Les Égyptiens croient ardemment à une vie après la mort. Mais l'âme ne peut survivre dans ce *royaume d'Osiris* que si le corps est préservé. C'est cette croyance qui a porté les Égyptiens au plus haut point de la technique de la conservation des corps par la momification, et c'est elle également qui a donné naissance à un premier chef-d'œuvre de la littérature: *Le livre des morts*.

Limon
Terre entraînée par un cours d'eau et qui se dépose sur les rives.

12 Le temple d'Abou Simbel

Ce temple, entièrement creusé dans la montagne, est orienté de telle sorte que deux fois par année seulement, les jours d'équinoxe, les rayons du soleil levant frappent directement dans l'axe de l'allée centrale et illuminent pendant quelques minutes les statues des dieux, au fin fond de la galerie.

13 Les pyramides de Gizeh

Près du Caire, les trois plus grandes pyramides d'Égypte sont construites pour recevoir les tombeaux de trois pharaons de la IVe dynastie (milieu du ~IIIe millénaire). Celle du centre porte encore les restes du recouvrement de pierre lisse qui l'enveloppait en entier.

Pyramides et calcul. Les Égyptiens érigent, en l'honneur de leurs dieux, des temples aux colonnes gigantesques (Karnak, Louxor, Abou Simbel) 12 et, pour les pharaons morts, des tombes colossales, les pyramides 13. Ces monuments bien proportionnés attestent que les Égyptiens savent mesurer exactement les surfaces, les volumes et les poids. Ils connaissent les fractions ordinaires. Ils calculent π à 3,1623, ce qui n'est pas mal. Ils pratiquent l'astronomie et divisent l'année en 12 mois de 30 jours, plus 5 jours complémentaires.

Les hiéroglyphes. Les Égyptiens sont aussi les créateurs d'une écriture où un dessin représentant un objet désigne non plus l'objet lui-même, mais le son qu'il représente. Ainsi, un dessin représentant des vagues désignera le son « o »; c'est le principe du rébus. À l'usage des dirigeants, cette écriture compliquée, qu'on appelle les *hiéroglyphes*, réclame des spécialistes. Ce sont les scribes, qui utilisent le rouleau de papyrus, sorte de papier tiré des fibres de cette plante très abondante autour du Nil.

Entourée de déserts, donc relativement isolée, la civilisation égyptienne a pu vivre quelque peu repliée sur elle-même, hormis durant quelques périodes de conquêtes avec Thoumosis III et Ramsès II (~1298/~1235). Aussi, malgré la fascination qu'elle a exercée notamment chez les Grecs, elle a eu peu d'influence à l'extérieur. Aujourd'hui, avec sa démesure, ses raffinements et son mystère, elle exerce toujours un étrange pouvoir de séduction, mais elle demeure surtout le témoignage d'une humanité encore à son aurore.

La Mésopotamie

À l'autre extrémité du croissant fertile se trouve la Mésopotamie, le pays « au milieu des fleuves » Tigre et Euphrate. Les empires s'y sont succédé sans relâche, depuis les Sumériens jusqu'aux Perses, en passant par les Babyloniens et les Assyriens, et s'étendant parfois jusqu'au Nil lui-même. Chacun y a laissé des vestiges, souvent extrêmement impressionnants, qui font de cette région l'une des plus riches concentrations archéologiques du monde.

L'écriture cunéiforme. C'est aux Sumériens que l'on doit la plus ancienne écriture connue. On écrit sur des briques d'argile encore molle avec un roseau pointu, ce qui donne des traits en forme de coin, d'où le nom d'*écriture cunéiforme* (du latin *cuneus*, « coin »). Les textes parlent de commerce et de lois, mais aussi ils chantent la vie, l'amour et la mort (l'épopée de Gilgamesh). Vers ~1750, l'empereur babylonien Hammourabi impose dans tout son territoire des lois uniformes, réunies dans le premier code de lois écrit, auquel il a laissé son nom 14.

Astrologie et mesures du temps. Les peuples de la Mésopotamie sont aussi à l'origine de l'astrologie. Interrogeant le Soleil, la Lune et les étoiles, Assyriens et Babyloniens dressent les premières cartes du ciel où ils croient discerner les volontés des dieux. Du haut des ziggourats, ces observatoires astronomiques, les prêtres scrutent la voûte céleste et accumulent des observations. Ils apprennent à prévoir les éclipses, à distinguer les planètes, à grouper les étoiles. Ils divisent l'année en 12 mois lunaires et chaque mois en semaines de 7 jours dont chacun est consacré à un astre. (C'est l'origine des noms actuels : lundi pour la Lune, mardi pour Mars, etc.). De plus, le jour est divisé en 24 heures, l'heure en 60 minutes et la minute en 60 secondes.

Les Mésopotamiens, comme les Égyptiens, inventent des procédés d'arpentage très précis. Ils mettent au point, à peu près en même temps qu'on le fait en Égypte, les premiers systèmes de chiffres, de calcul, d'arithmétique, de poids et de mesures.

Les civilisations maritimes : Crétois et Phéniciens

Les Crétois

C'est en Crète, une île étroite et longue (la distance Québec-Montréal environ), au cœur de la Méditerranée orientale, que s'épanouit la première puissance maritime connue dans l'histoire, et dont la brillante civilisation est à l'origine de la civilisation grecque.

Le premier empire maritime de l'histoire. Les marins crétois sont à l'origine de la « grande Méditerranée des échanges ». Pour la première fois, un peuple fonde sa puissance sur la maîtrise de la mer. Point de rencontre des routes commerciales, la Crète devient en quelque sorte le trait d'union entre l'Occident européen et les civilisations de la Mésopotamie et de l'Égypte. Ainsi, en face des premiers grands empires continentaux, apparaît le plus ancien empire maritime de l'histoire 15.

Dans son immense palais de Cnossos que ne protège aucune fortification, Minos, le roi de Crète, règne sur un peuple heureux qui vénère ses dieux en plein air. D'admirables fresques retrouvées y montrent des courses de taureaux sans mise à mort et des exercices acrobatiques où des athlètes cabriolent sur le dos et les cornes de la bête qui les charge.

Après avoir affirmé sa puissance et son originalité pendant un millénaire (de ~2400 à ~1400), la civilisation crétoise disparaît, d'une mort brutale et encore mal expliquée, au milieu du ~XVe siècle. Il en survivra, entre autres, la légende grecque du Minotaure, monstre mi-taureau mi-homme dévorant de jeunes Athéniens au fond de son labyrinthe.

14 Le code Hammourabi

Partie supérieure d'une grande stèle contenant le code entier, en écriture cunéiforme. La scène représente l'empereur devant son dieu Shamash.

Musée du Louvre, v. ~1700.

15 La Crète : première puissance maritime dans l'histoire

16 Alphabets

Phénicien	Grec	Latin
⌑	A	A
⌑	B	B
⌑	Γ	G
⌑	Δ	D
⌑	E	E
⌑	Λ	L
⌑	M	M
⌑	N	N

Polythéisme
Religion qui reconnaît l'existence de plusieurs dieux.

Monothéisme
Religion qui ne reconnaît l'existence que d'un seul dieu.

17 Le seul Yahvé

« Écoute, Israël : Unique est Yhwh [Yahvé], Yhwh notre dieu ! Et tu aimeras Yhwh ton Dieu de tout ton cœur, de toute ton âme et de toute ta force. Conserve présentes au plus profond de toi ces paroles que je te révèle en ce jour. […] Ne suivez pas d'autres dieux, parmi ceux des peuples vous entourant. Car Yhwh ton Dieu, en ton sein, est un Dieu jaloux : veille à ce que la colère de Yhwh ton Dieu n'éclate pas contre toi : il t'éliminerait de la surface de la terre. […] Observez scrupuleusement édits, décrets et commandements prescrits à votre intention par Yhwh votre Dieu. »

Source : LA BIBLE, Deutéronome, VI : 4-6, 14-17, trad. par Jean-Luc Benoziglio et Léo Laberge, Paris/Montréal, Bayard/Médiaspaul, 2001, p. 375-376.

Les Phéniciens

Les maîtres des mers. Au moment où la civilisation crétoise disparaît, les Phéniciens prennent la place de maîtres des mers laissée vacante. Les Phéniciens habitent la côte syro-palestinienne dans des cités portuaires souvent rivales, mais unies dans la volonté commune de conserver le monopole du commerce méditerranéen. Tyr, la plus remarquable de ces cités, domine la Méditerranée du ~XIIe au ~VIIIe siècle environ. Sur le pourtour de la Méditerranée, les Phéniciens jalonnent la route de leur commerce de comptoirs d'escales dont certains deviennent des cités coloniales, telle Carthage fondée en ~814 et qui sera plus tard la plus grande concurrente de Rome. Ils sont le relais indispensable à la vie économique des autres pays.

L'écriture alphabétique. Hommes d'affaires à l'esprit pratique, les Phéniciens ont besoin d'une écriture simplifiée. Alors, ils inventent un alphabet, c'est-à-dire qu'ils en arrivent à choisir un petit nombre de 24 signes auxquels ils donnent toujours la même valeur, soit celle d'un son émis par la bouche. Toutes les articulations de la voix humaine peuvent alors être exprimées graphiquement au moyen de cet alphabet tout en consonnes. Ce code ingénieux est vite adopté par de nombreux autres peuples. Complété par les voyelles, il deviendra l'alphabet grec. Les Romains adopteront l'alphabet grec, qui sera ainsi transmis à toutes les langues latines, tandis que le grec d'origine deviendra le cyrillique de plusieurs langues est-européennes **16**.

Habiles marins et grands commerçants, inventeurs de l'alphabet, intermédiaires entre l'Orient et l'Occident, les Phéniciens ont joué un rôle considérable dans l'histoire.

Canaan : l'émergence du monothéisme

Une religion sans pareille

C'est dans la portion palestinienne du couloir syro-palestinien, alors appelée *pays de Canaan*, que s'élabore lentement, tout au long de plusieurs siècles, une religion qui diffère radicalement de toutes celles au milieu desquelles elle prend forme : le judaïsme.

Yahvé. Alors que le **polythéisme** est partout la règle, le judaïsme affirme son **monothéisme** : il n'y a qu'un seul Dieu, créateur de toutes choses, appelé Yahvé (qu'on écrit aussi Yhwh), qu'il est interdit de représenter sous quelque forme que ce soit, humaine ou animale, et auquel on ne peut rendre de culte ailleurs que dans le temple de Jérusalem. À la différence également des autres religions de l'époque, le judaïsme se présente comme une religion « révélée », c'est-à-dire dont les croyances, les obligations, les interdits et le culte sont prescrits directement par Yahvé lui-même, souvent jusque dans les plus petits détails **17**.

La Bible. Cette Révélation est consignée dans un livre sacré, la Bible, considéré comme la propre parole de Dieu. On y trouve toute une collection d'ouvrages de droit, de récits et légendes, de poésie, de philosophie, de théologie et de prophétisme, élaborés sur une très longue période et rassemblés en corpus à partir du ~VIe siècle. C'est toute une « histoire du Salut » qui s'y déploie, depuis la faute originelle d'Adam et Ève, chassés du Paradis pour avoir désobéi à Yahvé, jusqu'à l'Alliance entre Yahvé et son « peuple élu », Israël, à qui son Dieu donne un territoire, Canaan, où il triomphera de tous ses ennemis **18** à condition d'obéir aux commandements divins, à défaut de quoi ce peuple sera châtié et passera sous domination étrangère.

Une histoire tourmentée

Israël et Juda. Cette vision historique est étroitement tributaire des événements qui se déroulent en Canaan dans la première moitié du ~Ier millénaire. Profitant d'un affaiblissement momentané des grands empires du Nil et de Mésopotamie, deux petits royaumes se sont constitués au cours du ~Xe siècle dans les hautes terres de l'intérieur : Israël et Juda. C'est là que se développe et cherche à s'imposer le culte déjà ancien de Yahvé. L'état actuel des recherches archéologiques ne permet pas de préciser avec certitude l'origine des habitants de ces royaumes, qu'on désigne sous le vocable général d'*Israélites*. Quoi qu'il en soit, Israël est conquis par les Assyriens en ~722 et Juda par les Babyloniens en ~586. La destruction du temple de Jérusalem et la déportation des Israélites vers Babylone sont interprétées par leurs chefs religieux comme une punition divine, conforme d'ailleurs aux avertissements de Yahvé transmis par la bouche de ses prophètes. Babylone ayant toutefois été conquise à son tour par les Perses en ~539, le roi perse Cyrus II le Grand (v. ~559/~529) autorise les exilés à rentrer dans leur pays et à rebâtir le temple de Jérusalem.

Le judaïsme. C'est dans ces circonstances que la Bible judaïque (correspondant à l'Ancien Testament de la Bible chrétienne) prend à peu près la forme que nous lui connaissons. Elle offre une signification spirituelle aux malheurs et aux bouleversements de l'époque en les plaçant dans le cadre général de l'histoire de l'Alliance entre Yahvé et son peuple. La Bible parle même de Cyrus comme d'un messie, c'est-à-dire un sauveur envoyé par Yahvé (« Ainsi parle Yahvé à son messie Cyrus », Isaïe, XLV : 1). Après le retour de Babylone, dans la Judée devenue province perse, le judaïsme refleurit en se précisant. On parlera désormais des Juifs (comme peuple) et des juifs (comme adeptes du judaïsme).

Le judaïsme et sa Bible vont marquer de façon incommensurable le destin de toute l'humanité, étant à la base des deux autres religions monothéistes qui rassemblent aujourd'hui plus de 3,5 milliards de personnes dans le monde : le christianisme et l'islam. Les centaines de récits contenus dans la Bible, souvent marqués par l'épopée et qui illustrent à l'infini toutes les dimensions de l'expérience humaine, inspireront jusqu'à nos jours d'innombrables œuvres d'art dans tous les domaines : littérature et théâtre, peinture, sculpture, musique et opéra, cinéma. La Bible constitue, avec la mythologie grecque, l'une des sources les plus importantes de la spiritualité et de la culture occidentales, présente jusque dans des expressions usuelles comme une traversée du désert, David contre Goliath ou les plaies d'Égypte.

Faisons le point

1. En quoi consiste la révolution néolithique ?
2. Décrivez quelques caractères généraux de la civilisation égyptienne.
3. Que devons-nous à la Mésopotamie antique ? aux Phéniciens ?
4. Quel a été l'apport capital des anciens Israélites à la civilisation occidentale ?

---

18 Le peuple élu et la guerre sainte

« Or donc, si tu obéis véritablement à la voix de Yhwh ton Dieu, gardes et pratiques tous ses commandements qu'en ce jour je te prescris, Yhwh ton Dieu te mettra au-dessus de toutes les nations de la terre. [...]

Ainsi qu'il te l'a juré, Yhwh fera de toi son peuple saint, si tu gardes les commandements de Yhwh ton Dieu et si tu marches en ses voies ! Tous les peuples de la terre verront que sur toi est invoqué le nom de Yhwh et ils te redouteront ! [...] En tête te placera Yhwh, et non à la traîne, au-dessus, non au-dessous, si tu écoutes les commandements de Yhwh ton Dieu que je te prescris en ce jour, les observes et les mets en pratique, sans dévier, ni sur la droite, ni sur la gauche, en allant suivre d'autres dieux et leur rendre culte [...]. »

Source : LA BIBLE, Deutéronome, XXVIII : 1, 9-10, 13-14, trad. par Jean-Luc Benoziglio et Léo Laberge, Paris/Montréal, Bayard/Médiaspaul, 2001, p. 406.

« Le jour où, pour que tu en hérites, Yhwh ton Dieu te fera entrer au pays vers lequel, là-bas, tu te diriges [...] il balaiera ces nations plus nombreuses et plus puissantes que toi. Le jour où, ces nations, Yhwh ton Dieu les présentera face à toi et les frappera, veille bien à les exterminer, sans passer avec elles d'alliance ni leur accorder la moindre grâce. [...] Efface jusqu'à leurs noms sous la surface des cieux ! Personne ne résistera devant toi : tu les extermineras. »

Source : LA BIBLE, Deutéronome, VII : 1-2, 24, *ibid.*, p. 376-378.

TRAVAUX ET EXERCICES

SYNTHÈSE

Justifiez les affirmations suivantes en vous appuyant sur des arguments ou des exemples :

1. La « révolution néolithique » est à la base de l'organisation sociale.
2. La géographie joue un rôle important dans le développement des civilisations égyptienne, mésopotamienne, crétoise et phénicienne.

RÉFLEXION – Le concept de *civilisation occidentale*

1. Le concept de *civilisation* désigne l'ensemble des caractéristiques que présente la vie d'un groupe. Quelles sont les caractéristiques de la civilisation occidentale en ce qui concerne l'extension géographique, l'organisation sociale, politique et économique ainsi que la culture et la mentalité ?
2. Une civilisation représente un organisme vivant, en constante évolution. Elle se transforme et s'enrichit au contact d'autres cultures. Expliquez l'influence qu'ont eue les univers culturels des peuples suivants sur la civilisation occidentale :
   a) les Égyptiens ;
   b) les Mésopotamiens ;
   c) les Crétois ;
   d) les Phéniciens ;
   e) les Israélites.
3. L'espace géographique qui constitue l'Occident a grandement évolué depuis l'Antiquité. Il s'est étendu à l'Europe, puis aux autres continents, imposant sa prépondérance et s'enrichissant des apports étrangers. Localisé à son origine, il est devenu mondial par son influence. En ce début du XXIe siècle, le concept de *civilisation occidentale* vous paraît-il encore valable ?

ANALYSE – L'histoire et le métier d'historien

L'histoire, est-ce seulement une accumulation de faits, de dates et de noms qu'on doit apprendre par cœur ? Quel est alors le travail de l'historien ?

C'est au XIXe siècle que naît le métier d'historien. Comme le suggère le premier extrait, les tenants de la science historique affirment que le travail de l'historien consiste à faire une analyse critique des documents écrits, dans le but d'établir les faits historiques, puis de proposer une vision complète et objective de la réalité passée.

Durant le XXe siècle, ces belles certitudes sont remises en cause. Les historiens ne prétendent plus faire une histoire totale ou définitive. Les deux derniers extraits illustrent les raisons invoquées par les historiens pour relativiser les prétentions scientifiques de l'histoire.

Afin de comparer ces deux visions de l'histoire, lisez les extraits, puis tentez de répondre aux questions.

Extrait 1

« Les faits passés ne nous sont connus que par les traces qui en ont été conservées. Ces traces, que l'on appelle *documents*, l'historien les observe directement, il est vrai ; mais, après cela, il n'a plus rien à observer […]. Le document, c'est le point de départ ; le fait passé, c'est le point d'arrivée. » (Charles-Victor Langlois et Charles Seignobos, *Introduction aux études historiques*, Paris, Kimé, 1992 (1898), p. 38.)

Extrait 2

« Le choix des faits ne s'appuie pas sur la qualité des faits eux-mêmes, mais bien sur un choix *a priori* de l'historien lui-même. […] Les faits ne parlent que lorsque l'historien les appelle : c'est lui qui détermine quels faits seront utilisés, et dans quel ordre ou dans quel contexte. » (Edward H. Carr, *What Is History ?*, New York, Vintage Books, 1961, p. 8-9, [notre traduction].)

Extrait 3

« On aime à affirmer [que les événements] existent en eux-mêmes à la manière d'un cube ou d'une pyramide : nous ne voyons jamais un cube sous toutes ses faces en même temps, nous n'avons jamais de lui qu'un point de vue partiel ; en revanche, nous pouvons multiplier ces points de vue. » (Paul Veyne, *Comment on écrit l'histoire*, Paris, Éditions du Seuil, 1971, p. 58.)

Comparez la vision de Langlois et Seignobos avec celles de Carr et de Veyne :

1. Qu'est-ce qu'un fait historique ?
2. À la lumière de ces réflexions, l'histoire comme discipline peut-elle déboucher sur une connaissance vraie et définitive ?

HÉRITAGE

L'APPORT DES PREMIÈRES CIVILISATIONS MÉDITERRANÉENNES

Sur le plan matériel
- l'agriculture et la vie sédentaire
- les premiers systèmes d'irrigation
- la poterie, la monnaie
- l'utilisation du métal (cuivre, étain, fer)
- le papyrus, la tablette d'argile

Sur le plan politique
- les premiers grands États
- le droit (Hammourabi, la Bible)

Sur le plan culturel et artistique
- l'écriture, l'alphabet
- l'architecture monumentale en pierre taillée

Sur le plan religieux
- le monothéisme et le polythéisme
- la littérature religieuse : la Bible, *Le livre des morts*

Sur le plan scientifique
- les premières connaissances astronomiques, médicales, mathématiques
- le système numérique duodécimal
- la magie, la superstition, l'astrologie

POUR ALLER PLUS LOIN

Ouvrages de référence

BLOCH, Marc. *Apologie pour l'histoire ou Métier d'historien*, Paris, A. Colin, 1997 (1949), 159 p. (Coll. « Références Histoire »)

BONHÊME, Marie-Ange, et Luc PFIRSCH, dir. *Le monde des Égyptiens*, Paris, Larousse, 2008, 359 p.

BORDREUIL, Pierre, et al. *Les débuts de l'Histoire : le Proche-Orient, de l'invention de l'écriture à la naissance du monothéisme*, Paris, La Martinière, 2008, 420 p.

BRAUDEL, Fernand. *Grammaire des civilisations*, Paris, Flammarion, 2008 (1987), 752 p. (Coll. « Champs Histoire »)

CHARTIER, Roger. *Au bord de la falaise : l'histoire entre certitudes et inquiétude*, Paris, A. Michel, 2009, 379 p. (Coll. « Bibliothèque de l'évolution de l'humanité »)

FINKELSTEIN, Israël, et Neil Asher SILBERMAN. *La Bible dévoilée : les nouvelles révélations de l'archéologie*, Paris, Gallimard, 2004, 554 p. (Coll. « Folio Histoire », n° 127)

Productions audiovisuelles

Ancient Civilizations. The Land of the Pharaohs, Questar, 2002, 120 min. — Documentaire.

La guerre du feu, de Jean-Jacques Annaud, avec E. McGill et R. Perlman, Can./Fr./É.-U., 1981, 100 min. — Peut-être le meilleur film traitant de la préhistoire réalisé à ce jour.

Les hommes oubliés de la vallée des rois (*The Forgotten Men of the Valley of the Kings*, 2009), Fr., Arte Video, 2008, 52 min. — Documentaire sur les tombes de Deir el-Médineh.

Land of the Pharaohs, de Howard Hawks, avec J. Hawkins et J. Collins, É.-U., 1955, 106 min. — Sur un scénario de, entre autres, William Faulkner, superproduction hollywoodienne en technicolor et cinémascope. Un pharaon cherche à se faire construire un tombeau à l'épreuve de toute déprédation. Impressionnantes scènes de construction de pyramide, les meilleures jamais tournées. Pour le reste, péplum kitsch façon années 1950 à son meilleur…

The Bible Unearthed: The Making of a Religion, Fr., Arte France/First Run Features, 2009, 208 min. — Documentaire passionnant de Thierry Ragobert basé sur le livre de I. Finkelstein et N.A. Silberman cité plus haut.

CAPSULE MÉTHODOLOGIQUE

LIRE ET INTERPRÉTER UN MANUEL

La lecture, malgré les apparences, est une opération complexe qui dépasse de beaucoup le simple balayage visuel d'un texte à la manière d'un lecteur optique. Selon le type de texte, le but de la lecture, le contexte général dans lequel elle se fait et bien d'autres considérations, il y a de multiples façons de lire : on ne lit pas de la même manière un roman policier en vacances à la plage, une recette de cuisine, un essai politique ou un manuel tel que celui que vous avez entre les mains.

Ce manuel sera en effet, pendant toute votre session, l'ouvrage de base auquel vous aurez à vous référer constamment pour suivre le déroulement du cours et vous assurer d'acquérir les connaissances et les habiletés essentielles à sa réussite. Vous devez donc faire une lecture rigoureuse, systématique, et surtout prendre des notes pour garder des traces de votre lecture. Cette opération de prise de notes est indispensable : sans elle, vous risquez fort de perdre votre temps et de devoir reprendre la lecture en entier.

Le résumé schématique constitue une technique très efficace pour conserver les traces les plus complètes de la lecture d'un manuel. Cette technique permet, d'une part, de relever les points importants et les idées essentielles du texte et, d'autre part, d'établir la structure de celui-ci, c'est-à-dire les liens que l'auteur a tissés entre tous ces éléments. On ne peut pas comprendre un texte en profondeur sans retrouver les liens par lesquels l'auteur donne un certain éclairage aux faits, et en quelque sorte les rend signifiants pour le lecteur. Si l'on néglige ces liens, le texte devient un ensemble décousu de bribes d'information dont il est difficile, voire impossible, de saisir le *sens*, dans les deux acceptions du terme, c'est-à-dire la signification et la direction (la démarche dans laquelle ces éléments s'inscrivent).

Le résumé schématique consiste donc à reconnaître les idées principales d'un texte et à les organiser sous une forme structurée, ainsi que l'auteur l'a voulu. Il s'agit, ni plus ni moins, de retracer le plan que l'auteur a suivi quand il a rédigé son texte. Le présent manuel a été spécialement conçu de façon à favoriser ce type d'exercice.

Comment faire un résumé schématique ?

1. Il faut repérer les idées principales du texte. Voici comment procéder :

    a) Vous devez trouver le thème principal de chaque paragraphe, c'est-à-dire le sujet sur lequel porte le paragraphe (comme si vous deviez donner un titre à chaque paragraphe). Le paragraphe est l'unité de base de tout le travail.

    b) Pour chaque sujet (donc chaque paragraphe), vous devez trouver une ou deux idées essentielles que l'auteur formule à propos de ce sujet. Il s'agit bien de relever des idées essentielles, et non des petits détails que l'auteur peut fournir pour illustrer son sujet. Il est important d'énoncer ces idées dans un « style télégraphique », à l'aide de quelques mots clés seulement. Il ne s'agit pas de faire des phrases complètes. En principe, chaque énoncé tient sur une seule ligne. Utilisez des abréviations et des signes graphiques au besoin.

    c) Certains paragraphes, en général plutôt courts, permettent à l'auteur de guider son lecteur à travers le texte : ce sont des sortes de balises où l'auteur dévoile, justement, les articulations de son plan. Ces paragraphes sont très précieux pour l'établissement du résumé schématique. Ils peuvent être de trois types :

    - introduction : l'auteur annonce le ou les sujets qu'il va aborder dans les paragraphes suivants ;
    - transition : l'auteur fait un « pont » entre le ou les sujets qu'il vient d'étudier et celui ou ceux qu'il va maintenant aborder ;
    - conclusion : l'auteur rappelle le ou les sujets qu'il vient d'exposer, les résume, ouvre une perspective, indique pour ainsi dire la fin d'un thème.

    Vous devez reconnaître ces « paragraphes de structure » comme tels, selon l'un de ces trois types.

2. Il faut mettre en évidence la structure du texte, c'est-à-dire le plan que l'auteur a suivi. Pour cela :

    a) Au fur et à mesure que vous résumez chaque paragraphe, recopiez tels quels, là où ils sont placés, les titres et les sous-titres indiqués dans le texte.

    b) Respectez l'ordonnance que l'auteur a choisie : il y a différents « niveaux » de titres et de sous-titres.

    c) Utilisez de façon cohérente un système de numérotation alphanumérique.

    d) À l'occasion, quand le texte le justifie, vous devrez regrouper quelques paragraphes portant sur un même sujet et introduire un troisième, voire un quatrième niveau dans la structure, en plus des deux premiers niveaux indiqués par les titres et les sous-titres inscrits dans le texte.

3. Il faut présenter le tout sous une forme schématique :

    a) Les sous-titres doivent être en retrait des titres.

    b) Les sujets des paragraphes doivent être en retrait des sous-titres.

c) Les idées essentielles doivent être en retrait des sujets.

d) La numérotation doit être cohérente : s'il y a un I, il doit au moins y avoir un II (et peut-être un III) ; s'il y a un A, il doit au moins y avoir un B (et peut-être un C), etc.

e) Les « paragraphes de structure » (introduction, transition, conclusion) ne doivent pas être numérotés ; cela permet de faire ressortir les éléments essentiels du texte.

4. Il faut suivre une méthode de travail rigoureuse, telle que celle-ci :

a) Survolez le texte en entier une première fois, rapidement, avant de vous attaquer au résumé ; voyez comment le texte est structuré globalement.

b) Soulignez le moins possible dans le texte : comme on dit, « plus on souligne, moins on souligne » ; en d'autres termes, tout souligner équivaut à ne rien souligner. Évitez absolument de souligner, dès la première lecture, des passages entiers de plusieurs lignes : cela n'est pas d'une grande utilité. Après votre première lecture, quand vous aborderez le travail de résumé, vous serez beaucoup mieux en mesure de souligner quelques mots clés, qui ressortiront d'autant plus qu'ils seront peu nombreux dans une page.

c) Lisez lentement et attentivement pour relever vraiment les idées principales, et non les précisions ou les exemples que l'auteur peut amener pour illustrer son propos.

d) Si vous butez sur un mot inconnu, suspendez votre lecture et allez vérifier le sens de ce mot dans le dictionnaire ; il est parfaitement inutile de lire des choses qu'on ne comprend pas…

EXEMPLE

Voici à quoi devrait ressembler le résumé schématique de la section 1.2 du chapitre 1 :

1.2 L'héritage politique : la démocratie athénienne

Introduction : la cité, cadre essentiel de la vie politique ; modèle démocratique athénien

  1.2.1 Principes et rouages de la démocratie athénienne

    1.2.1.1 Principes : égalité des citoyens, droits et devoirs, durée limitée des charges

    1.2.1.2 Rouages

    Introduction : 3 organes fondamentaux

      a) Ecclésia : assemblée générale (pas de députés) vote lois et impôts, élit certains magistrats, décide paix ou guerre, peut bannir

      b) Boulè : conseil exécutif de 500 ; affaires courantes, comptes des magistrats

      c) Héliée : tribunal populaire de 6 000 ; jury de 500 ; sans appel

  1.2.2 Les faiblesses de la démocratie athénienne

  Introduction : malgré tout, quelques faiblesses

    1.2.2.1 Définition de citoyen : mâle issu de parents athéniens (10 %)

    1.2.2.2 Démagogie : exploitation des instincts aveugles de la masse

    1.2.2.3 Régime éphémère : 150 ans (sur 1 000)

  Conclusion : la démocratie athénienne a libéré l'Homme

  1.2.3 Les exclus de la cité

  Introduction : femmes, étrangers, esclaves

    1.2.3.1 Les femmes

      a) exclues de la vie publique ; soumises au mari ; ménagères reproductrices

      b) confinées dans le gynécée

      c) quelques exceptions : Aspasie, Sappho

    1.2.3.2 Les étrangers : aucun droit politique, habitants de second ordre

    1.2.3.3 Les esclaves

      a) dans les boutiques, ateliers, mines

      b) instrument animé de production, condition du développement de la démocratie

  1.2.4 Un contre-exemple : Sparte

  Introduction : cité militarisée et oligarchique

    1.2.4.1 Citoyen-soldat : caste de guerriers ; appartient à l'État ; vie militaire

    1.2.4.2 Périèques et hilotes : paysans libres sans droits et esclaves

  Conclusion : meilleure armée de la Grèce, mais cité figée, ne laisse aucune réalisation marquante

EXERCICE

Poursuivez le résumé schématique avec la section 1.3, « L'héritage culturel ».

Chapitre 1 — La civilisation grecque

PLAN

1.1 Le cadre géographique et chronologique
1.1.1 L'espace grec
1.1.2 Les grandes étapes de la civilisation grecque

1.2 L'héritage politique : la démocratie athénienne
1.2.1 Principes et rouages de la démocratie athénienne
1.2.2 Les faiblesses de la démocratie athénienne
1.2.3 Les exclus de la cité
1.2.4 Un contre-exemple : Sparte

1.3 L'héritage culturel
1.3.1 Des mots et des concepts
1.3.2 Une mythologie
1.3.3 Des jeux

1.4 L'héritage intellectuel
1.4.1 La philosophie
1.4.2 La science
1.4.3 L'histoire

1.5 L'héritage artistique
1.5.1 La littérature
1.5.2 L'art

La Grèce a vu naître la civilisation de l'Homme et de la Cité à laquelle nous appartenons. Dans le creuset athénien, les hommes ont appris à se gouverner eux-mêmes, à penser et à raisonner librement. Les Grecs ont établi des critères de beauté qui font encore école aujourd'hui. Ils ont inventé le théâtre et formulé, dans la tragédie, les problèmes essentiels de la condition humaine. La Grèce a enfanté l'histoire, la science et la philosophie. En bref, la Grèce a introduit dans le monde un nouveau type de civilisation qui survit encore et la rend immortelle. Aborder l'étude de la Grèce antique, c'est comme accomplir un pèlerinage aux sources de notre histoire et de notre culture.

1 Le foyer d'origine de la civilisation grecque

2 L'apport de la Grèce à la civilisation européenne

« En face de l'ancien Orient nous commençons à comprendre que la Grèce a créé un type d'homme qui n'avait jamais existé... Ce que recouvre pour nous le mot si confus de culture — l'ensemble des créations de l'art et de l'esprit — c'est à la Grèce que revient la gloire d'en avoir fait un moyen majeur de formation de l'homme. C'est par la première civilisation sans livre sacré que le mot *intelligence* a voulu dire interrogation. L'interrogation dont allaient naître tant de conquêtes, celle du cosmos par la pensée, celle du destin par la tragédie, celle du divin par l'art et par l'homme. Tout à l'heure la Grèce antique va vous dire : "J'ai cherché la vérité et j'ai trouvé la justice et la liberté. J'ai inventé l'indépendance de l'art et de l'esprit. J'ai dressé pour la première fois, en face de ses dieux, l'homme prosterné partout depuis quatre millénaires. Et du même coup je l'ai dressé en face du despote."

C'est un langage simple mais nous l'entendons encore comme un langage immortel. Il a été oublié pendant des siècles et menacé chaque fois qu'on l'a retrouvé. Peut-être n'a-t-il jamais été plus nécessaire. Le problème politique majeur de notre temps, c'est de concilier la justice sociale et la liberté ; le problème culturel majeur, de rendre accessibles les plus grandes œuvres au plus grand nombre d'hommes...

La Grèce n'est jamais plus grande que lorsqu'elle l'est pour tous les hommes, et une Grèce secrète repose au cœur de tous les hommes d'Occident. »

Source : André MALRAUX, discours pour l'inauguration du spectacle Son et lumière de l'Acropole (28 mai 1959), dans *La politique, la culture : discours, articles, entretiens (1925-1975)*, Paris, © Éditions Gallimard, 1996, p. 256. (Coll. « Folio Essais »)

3 Vénus de Milo (v. ~130)

La plus célèbre des innombrables Vénus (Aphrodite, en grec) dévêtues et l'un des plus beaux originaux grecs qui nous restent.

La statue fut découverte en 1820 dans l'île de Milos par un paysan grec.

Musée du Louvre.

CHRONOLOGIE

~2000	Première invasion des Indo-Européens : les Achéens
~1700 à ~1200	Civilisation mycénienne
~1200	Deuxième invasion des Indo-Européens : les Doriens
~800	Homère : *L'Iliade* et *L'Odyssée*
~776	Début des Jeux olympiques
~800 à ~550	Période de la colonisation grecque
~600	Premières monnaies grecques
~490	Marathon : victoire des Athéniens sur les Perses
~480 à ~430	Apogée de la démocratie athénienne : le siècle de Périclès
~399	Mort de Socrate
~338	Conquête de la Grèce par Philippe de Macédoine
~326 à ~323	Conquêtes d'Alexandre le Grand
~146	Conquête de la Grèce par les Romains

1.1 Le cadre géographique et chronologique

Toute civilisation s'inscrit d'abord dans un espace et dans un temps où elle prend racine et qui exercent sur son développement une influence incontestable.

1.1.1 L'espace grec

Le foyer géographique d'origine de la civilisation grecque est fait de mer, de montagne et de lumière **1** (*voir p. 18*).

La présence de la mer. Son centre est une mer fameuse, la mer Égée, toute parsemée d'îles et bordée, à l'est, par la frange maritime de l'Asie Mineure et, à l'ouest, par la péninsule grecque. La Grèce est la plus déchiquetée des péninsules de la Méditerranée, la plus profondément pénétrée par la mer, qui en découpe les côtes et y creuse des golfes profonds. Entre cette Grèce d'Europe et la *Grèce d'Asie*, des milliers d'îles permettent de se déplacer en ayant toujours une terre à portée de vue. La mer enveloppe et attire les Grecs de tous côtés, faisant de ce peuple, venu à l'origine des steppes d'Europe centrale, un peuple de marins et de commerçants. Dès lors, leur civilisation sera largement ouverte sur l'extérieur, s'enrichissant des influences lointaines venues de la mer en même temps que, par la mer, leur propre influence se répandra autour du bassin méditerranéen.

Cette rencontre entre l'homme et la mer, Homère a su l'immortaliser dans *L'Odyssée*, sous les traits d'Ulysse, le célèbre marin, et de Poséidon, le grand dieu de la mer. Ce dieu, cruel, condamne Ulysse à peiner à travers toute la Méditerranée avant de regagner Ithaque, sa patrie, après la guerre de Troie **4**. Mais c'est ce même Poséidon, bienveillant, qui fait souffler une douce brise pour accompagner ceux qui, par milliers, vont fonder des établissements en terre lointaine. Car la terre grecque est moins généreuse que la mer.

Un relief tourmenté. La Grèce, en effet, offre un relief mouvementé. Les montagnes rendent les communications malaisées, compartimentent le pays, divisent la population en petites communautés, favorisent le morcellement politique. La patrie d'un Grec sera toujours sa cité, une vallée entre deux montagnes, cadre de sa liberté. Jusqu'à sa conquête par Philippe de Macédoine au ~IVe siècle, la Grèce sera donc morcelée en une multitude de petites **cités-États** indépendantes que ne chapeaute aucune autorité centrale.

Par ailleurs, les montagnes réduisent les terres cultivables à de faibles étendues. Sauf en Thessalie, qui est le grenier du pays, la Grèce n'est pas une terre favorable à la culture céréalière. Mais on fait paître moutons et chèvres en montagne, et l'on cultive la vigne et l'olivier sur des terres difficiles. Le vin et l'huile seront d'ailleurs les principaux produits d'exportation de la Grèce, de même que la poterie fabriquée avec l'argile de grande qualité que l'on trouve dans l'Attique, la région d'Athènes. La Grèce a de riches mines d'argent et ses inépuisables carrières de marbre sont d'une pureté merveilleuse.

---

4 Homère chante Ulysse

« Conte-moi, Muse, l'homme des mille détours, qui tant et tant erra quand il eut saccagé la sainte cité de Troie, qui de tant d'humains vit les villes et connut les pensers, et sur mer tant de souffrances ressentit dans le fond de son cœur, pendant qu'il assurait sa vie et le retour de ses compagnons… Il ne les sauva pas pour autant, ses compagnons, malgré son désir. […] À nous aussi, déesse, fille de Zeus, de cette histoire fais-nous quelque récit.

Tous les autres pour lors, tous ceux qui avaient échappé au précipice de la mort, étaient chez eux, rescapés de la guerre et de la mer. Lui seul soupirait après son retour, après sa femme. Une nymphe auguste, Calypso, la céleste déesse, l'arrêtait au creux de sa grotte, souhaitant fort de l'avoir pour époux. Mais quand, dans la ronde des ans, l'année vint que les dieux avaient filée pour son retour au logis, en Ithaque — et là non plus il n'avait pas échappé aux épreuves, même au milieu des siens! — les dieux eurent de lui pitié, tous hormis Poséidon, qui s'emporte avec fureur contre Ulysse […]. »

Source : HOMÈRE, *L'Odyssée* (v. fin du ~VIIIe siècle), I : 1-21, trad. par Louis Bardollet, Paris, Laffont, 1995, p. 381. (Coll. « Bouquins »)

Cité-État
Agglomération urbaine entourée d'un territoire relativement petit, le tout formant une entité politique souveraine.

Un climat lumineux. Le ciel compense la terre: sa limpidité a quelque chose d'exaltant. Six mois par année, la Grèce est baignée d'une lumière éclatante qui accuse la précision du paysage. N'a-t-on pas dit que le génie grec devait une part de sa clarté à cette exceptionnelle luminosité de l'atmosphère, où les objets se présentent avec des contours nets, sans mystère?

Malgré quelques violences du climat (coups de froid, pluies d'automne, étés très chauds), le temps, généralement beau, incite à vivre dehors où l'on prend goût aux flâneries, aux échanges, à la vie en société. Tout naturellement, l'homme s'intéresse aux affaires publiques, à la politique. Le Grec est un «animal politique». Si l'Égypte et la Mésopotamie favorisent la circulation par terre ou par les fleuves, si les inondations obligent à des travaux collectifs, rien de tel en Grèce où chaque paysan travaille pour lui-même.

Ainsi, déjà la géographie nous aide à découvrir certains traits affirmés par les Grecs: culte de l'harmonie, sens du commerce et de la colonisation, goût de l'indépendance et incapacité de se regrouper pour former un État unique.

1.1.2 Les grandes étapes de la civilisation grecque

À partir d'origines obscures et entourées de légendes, l'histoire de la Grèce ancienne se déploie sur quatre grandes étapes.

Achéens et Doriens (~1600/~800). Au début du ~IIe millénaire, la péninsule grecque est envahie par des bandes de nomades **indo-européens** venues de l'Europe centrale et qu'on appelle les *Achéens* **5**. À l'école des Crétois (*voir p. 11*), les Achéens se civilisent, affinent leurs mœurs un peu rudes, se familiarisent avec la vie maritime. Bientôt, ils savent construire des navires, deviennent marins et même pirates. Ils vont, au-delà de la mer Noire, échanger leur huile et leur vin contre le blé indispensable aux villes naissantes. Ils n'hésitent pas à soutenir par la guerre leur politique d'expansion maritime. La mythique guerre de Troie célébrée par Homère dans son *Iliade* est le récit épique légendaire amalgamant probablement plusieurs de ces conflits. Les fouilles de Mycènes, la cité la plus célèbre des Achéens (on les appelle aussi *Mycéniens*), ont fait resurgir les remparts d'une forteresse colossale **6** et livré une extraordinaire profusion d'objets précieux: boucles d'oreilles, gobelets, vases, poignées d'épée, colliers, masques d'or, etc.

Finalement, vers ~1200, les royaumes mycéniens s'effondrent pour des raisons assez mal connues. Arrive alors une nouvelle vague d'Indo-Européens: les Doriens, et les Achéens s'embarquent en grand nombre vers la côte d'Asie Mineure, où ils vont former une Grèce d'Asie. C'est dans cette Grèce d'Asie, aussi

> **Indo-européen**
> Se dit d'un groupe de peuples habitant l'Europe et une partie de l'Asie et parlant des langues qui ont une origine commune.

5 **Le mouvement des Indo-Européens**

- 1re vague, Achéens vers ~2000
- 2e vague, Doriens vers ~1200
- Migration des Achéens

6 **Mycènes : la Porte des Lionnes**

Entrée de la citadelle de Mycènes, formée d'énormes blocs de pierre.

appelée *Ionie*, que va naître lentement la civilisation grecque proprement dite. C'est là que, vers le ~VIIIe siècle, s'élaborera la poésie d'Homère. Dans cette région active et ouverte, les Grecs s'efforceront de coordonner et d'organiser les connaissances pratiques élaborées par les peuples orientaux. C'est là, avec Thalès de Milet, Pythagore de Samos et bien d'autres, que vont naître la science et la philosophie.

La Grèce archaïque (~800/~480). Nous connaissons bien mal la Grèce dite *archaïque*. Deux caractéristiques toutefois s'en dégagent : l'organisation en cités-États et la colonisation des rives méditerranéennes.

Au seuil du ~VIIIe siècle, lorsqu'elle émerge des temps obscurs, la Grèce apparaît comme un pays morcelé politiquement en une multitude de petites entités indépendantes, qu'on appelle des *cités-États*. Chacune d'elles comprend une petite agglomération urbaine établie autour d'un monticule servant d'**acropole** et entourée d'une plaine qui lui assure une subsistance minimale, le tout formant un ensemble politique souverain : un État.

Du ~VIIIe au ~Ve siècle, plusieurs de ces cités « essaiment » tout autour de la Méditerranée dans un mouvement de **colonisation** qui constitue un phénomène capital dans l'histoire grecque. Des défavorisés, des aventuriers, des vaincus des luttes politiques, des commerçants prennent la mer et vont fonder une nouvelle cité-État lointaine, qui pourra même à son tour en fonder une autre. Par ce processus d'essaimage, la colonisation fait tache d'huile dans toute la Méditerranée et jusque sur les côtes de la mer Noire où se développe la culture du blé, de la vigne et de l'olivier **7**.

Acropole
Butte servant de citadelle et de sanctuaire à de nombreuses cités grecques.

Colonisation
Installation de peuplement dans un territoire éloigné de son lieu d'origine, et mise en valeur de ce territoire.

7 La colonisation grecque (du ~VIIIe au ~Ve siècle)

Les conséquences de ce mouvement sont immenses. La colonisation du bassin méditerranéen agrandit le monde grec, car le Grec introduit partout son mode de vie, ses lois, ses coutumes et ses dieux. Par ailleurs, la colonisation grecque tisse un réseau de routes commerciales sur lesquelles les échanges se multiplient, favorisés par la diffusion de l'alphabet phénicien, auquel les Grecs ont ajouté des voyelles, et par l'apparition de la monnaie 8. En Grèce même, l'expansion contribue grandement à développer une classe d'artisans, de marchands et d'armateurs fortunés qui réclament de nouveaux droits au détriment de l'aristocratie. Le gouvernement de la cité s'en trouvera bien souvent bouleversé.

Mais le mouvement s'arrête au milieu du ~VIe siècle. À l'ouest, l'expansion bien amorcée en Sicile (Syracuse, Agrigente) et dans l'Italie du Sud appelée *Grande Grèce* (Paestum, Cumes, Sybaris, Tarente) est freinée par les Phéniciens et les Étrusques, puis par Rome. À l'est, c'est la conquête de l'Asie Mineure par les Perses (~537) qui met fin à la colonisation grecque.

Au début du ~Ve siècle, en effet, les Perses sont devenus les maîtres des côtes asiatiques de la mer Égée, y compris des cités grecques d'Asie Mineure. Avec l'appui d'Athènes, celles-ci se soulèvent contre le roi Darius, qui décide alors de soumettre la Grèce entière. Dans le conflit qui s'engage et que l'on appelle les *guerres médiques*, la petite Grèce morcelée fait figure de David contre le **Goliath** perse, formidable puissance qui étend son emprise jusqu'aux confins de l'Inde. La civilisation grecque joue son va-tout : il lui faut vaincre ou mourir. Et contre toute attente, elle vainc. En ~490 à Marathon et en ~480 à Salamine, Athènes contraint le colosse perse à s'arrêter. Quelques petites cités unies devant le danger ont triomphé d'un immense empire défendu par des mercenaires.

La Grèce classique (~480/~323). Sauvée par la victoire sur les Perses, la civilisation grecque peut enfin atteindre sa maturité. Et c'est incontestablement Athènes qui symbolise la grandeur de cette civilisation. Tandis qu'elle achève son évolution vers la démocratie, elle acquiert la maîtrise de la mer Égée et y crée un empire en soumettant à son **hégémonie** de nombreuses cités-États. Le tribut que versent les cités soumises permet, en particulier, l'entretien de la puissante flotte athénienne et la construction de monuments admirables qui font l'envie de toutes les cités grecques. Sous la gouverne incontestée de Périclès 9, qui donne son nom à tout le siècle, Athènes devient « l'école de la Grèce », sa capitale artistique et intellectuelle en même temps qu'économique. Sur son Acropole, dominant toute la plaine, va s'édifier la plus extraordinaire concentration de merveilles architecturales de l'époque, dont le célèbre Parthénon 10 (*voir page suivante*).

Pourtant, cette Grèce qui nous enchante porte en elle les germes de sa chute : les luttes entre les cités, leurs stériles oppositions. Les cités se font la

8 Monnaie grecque

Pièce représentant la nymphe Aréthuse, protectrice de Syracuse, en Italie (v. ~405), entourée de quatre dauphins.

Battre monnaie était un signe de souveraineté, et chaque cité cherchait à éclipser ses rivales par la beauté des pièces qu'elle émettait, presque toujours en argent.

Goliath

Dans le récit biblique (Livre de Samuel), géant philistin qui, ayant lancé à l'armée d'Israël le défi d'un combat singulier, est vaincu d'un lancer de pierre par le jeune berger David avec sa fronde.

Hégémonie

(du grec *hêgemôn*, « chef ») Pouvoir prépondérant, dominateur, d'un État ou d'une classe sociale sur d'autres.

9 Périclès (~495/~429)

PORTRAIT

Artiste, philosophe et homme politique, il est surtout un excellent administrateur et l'un des meilleurs orateurs d'Athènes. L'Assemblée admire sa prestance, sa parole brillante, la justesse de ses vues politiques. Élu stratège pour la première fois en ~443, il sera reconduit dans cette fonction jusqu'en ~429, se soumettant chaque année à la réélection devant le peuple. Aspasie, belle et brillante femme d'esprit, devient sa compagne. Très admirée dans l'entourage cultivé de son mari, elle subit les sarcasmes de ceux qui l'accusent d'influencer la politique du dirigeant athénien.

10 Athènes et son acropole

Toute la richesse et la puissance d'Athènes rendues visibles par de gigantesques travaux, objets d'admiration de toute la Grèce.

Suprématie
Situation dominante en matière politique, religieuse, culturelle ou économique.

guerre pour une éphémère **suprématie**. Le peuple le plus civilisé du monde s'entretue. C'est la guerre du Péloponnèse (de ~431 à ~404), marquée de tous les côtés par d'effroyables massacres. En même temps que coule en vain le sang des citoyens, les tensions sociales s'exaspèrent, le sens civique s'affaiblit.

Ces luttes fratricides favorisent les ambitions du roi de la Macédoine voisine, Philippe, qui veut dominer la Grèce. S'appuyant sur sa lourde infanterie appelée *phalange*, il mène une guerre méthodique et prudente, achetant à prix d'or ce qu'il ne peut conquérir par les armes. Une à une, les cités s'inclinent. En ~338, Philippe est maître de toute la Grèce. Pour cimenter l'union des cités à la Macédoine, il veut les entraîner contre les Perses lorsqu'il meurt assassiné (~336). Son fils Alexandre a 20 ans.

Commence alors une aventure militaire de 10 ans qui changera le destin du monde. Alexandre reprend le projet de son père, mais il lui donne un tel élan vers l'infini qu'il hausse son entreprise au niveau de l'épopée. Élève du grand philosophe Aristote (*voir p. 36*), nourri de culture grecque, lecteur fervent de *L'Iliade*, il se veut « héros »; il sera, pour la postérité, Alexandre le Grand.

Quarante mille hommes lui suffisent pour mener à bien ses conquêtes **11**. Il passe les Dardanelles et marche de victoire en victoire. L'Asie mineure, le couloir syro-palestinien et l'Égypte tombent entre ses mains. Il remonte vers la Mésopotamie, s'empare de toutes les capitales perses (Babylone, Suse, Persépolis, Ecbatane). Il chevauche vers les Indes, franchit l'Indus, rêve d'aller jusqu'au bout du monde… **12** Mais, après 10 ans de combats, ses soldats refusent de poursuivre l'expédition. Et c'est le reflux : l'odyssée s'achève à Babylone, où Alexandre meurt à 33 ans en ~323. En 13 ans, il aura parcouru la distance du pôle Nord au pôle Sud, gagné toutes ses batailles et fondé plus de 70 cités, la plupart baptisées Alexandrie. Son règne laisse le monde transformé.

11 La bataille d'Issos (~333)

Alexandre (à l'extrême gauche) affronte le roi perse Darius (au centre, monté sur un char).

Mosaïque grecque du ~Ier siècle, Museo Archeologico Nazionale, Naples.

12 L'empire d'Alexandre

La Grèce hellénistique (~323/~146). Alexandre mort, son empire se morcelle bientôt en trois grands royaumes : la Macédoine, incluant la péninsule grecque où les luttes intestines recommencent, l'Égypte des Ptolémées, qui aura pour capitale Alexandrie sur la côte, car c'est maintenant de la Méditerranée que vient la civilisation, et le royaume des Séleucides englobant la Mésopotamie et une partie du Croissant fertile.

Par ailleurs, l'éparpillement des Hellènes dans toute l'Asie ouvre à la civilisation grecque un magnifique champ d'expansion. Du Bosphore à la vallée de l'Indus, du Nil aux confins de l'Afghanistan, les villes nouvelles, semées par Alexandre partout sur son chemin, deviendront des foyers d'où rayonnera la civilisation **hellénistique**. En dépit des divisions politiques et des troubles incessants dont l'Orient sera le théâtre jusqu'à la conquête romaine, une civilisation commune, grecque dans son essence, finit par s'établir dans tout le Moyen-Orient, avec le grec comme langue dominante.

Hellénistique
Se dit de la civilisation née du contact des Grecs avec le monde oriental.

Faisons le point

1. Localisez sur une carte géographique le foyer d'origine de la civilisation grecque, et repérez la péninsule grecque, la mer Égée, la « Grèce d'Asie » et Athènes.
2. Montrez comment l'espace géographique a pu influer sur certains traits de la civilisation grecque.
3. Nommez les quatre grandes étapes qui marquent l'évolution de la civilisation grecque.
4. Localisez sur une carte les principales régions de colonisation grecque sur le pourtour de la Méditerranée et de la mer Noire.
5. Dégagez les conséquences du mouvement de colonisation grecque.
6. Tracez sur une carte géographique les limites de l'empire d'Alexandre.
7. Quelle est la conséquence majeure à long terme des conquêtes d'Alexandre ?

1.2 L'héritage politique : la démocratie athénienne

La cité est le cadre essentiel de la vie politique grecque. Le mot *politique* lui-même vient du grec *polis*, qui désigne précisément la cité. Dans ce cadre minuscule où l'homme exerce ses droits civiques et rend un culte à ses dieux, les Grecs ont expérimenté à peu près toutes les formes d'organisation politique : **monarchie**, **oligarchie**, **tyrannie**, **démocratie**. C'est toutefois cette dernière forme qui est le plus étroitement associée à l'héritage grec, plus particulièrement telle qu'elle s'exerce à Athènes, qu'on a souvent appelée le *berceau* de la démocratie. Démocratie bien imparfaite au demeurant, et à laquelle la cité de Sparte, tout aussi grecque, fournit un saisissant contre-exemple.

Le modèle politique mis au point par les Athéniens présente des caractéristiques tout à fait nouvelles pour l'époque, à la fois dans ses principes et dans son fonctionnement. Toute la tradition démocratique occidentale prend sa source dans cette expérience 13.

1.2.1 Principes et rouages de la démocratie athénienne

Les principes qui fondent la démocratie athénienne sont simples. Tous les citoyens sont égaux. Le citoyen n'a pas que des droits, il a aussi le devoir de servir la cité, comme soldat et dans les charges civiles (responsabilités publiques), et il ne peut se soustraire à cette obligation. Enfin, les charges de responsabilité dans l'administration de la cité ne peuvent être exercées que pour une durée limitée, qui peut parfois même se réduire à 24 heures seulement.

Le fonctionnement de cette démocratie s'ordonne autour de trois organes fondamentaux : l'Ecclésia, la Boulè et le tribunal de l'Héliée.

L'Ecclésia. L'Assemblée des citoyens s'appelle l'*Ecclésia*. Tous les citoyens, quels qu'ils soient, en font partie. Il n'y a pas, comme dans les démocraties actuelles,

---

Monarchie
(du grec *monos*, « un seul », et *arkein*, « commander ») Système politique dans lequel l'autorité réside dans un seul individu, généralement un roi héréditaire (d'où le mot *monarque*).

Oligarchie
(du grec *oligoï*, « quelques-uns », et *arkein*, « commander ») Système politique dans lequel le pouvoir appartient à un petit groupe de personnes ou de familles. Quand ce groupe est formé des plus riches, on parle de *ploutocratie* (du grec *ploutos*, « richesse », et *kratos*, « puissance »).

Tyrannie
Système politique dans lequel le pouvoir est exercé de manière autoritaire, par un chef qui s'en est emparé par la force. (Le mot a pris un sens péjoratif qu'il n'avait pas dans la Grèce antique.)

Démocratie
(du grec *demos*, « peuple », et *kratos*, « puissance ») Système politique dans lequel la souveraineté appartient à l'ensemble des citoyens ; elle est directe quand les citoyens participent eux-mêmes à l'exercice du pouvoir, ou représentative s'ils le font par l'intermédiaire de députés élus.

13 La démocratie athénienne, d'après Périclès

L'historien grec Thucydide (v. ~460/v. ~395) prête ce discours à Périclès.

« Notre régime politique ne se propose pas pour modèle les lois d'autrui, et nous sommes nous-mêmes des exemples plutôt que des imitateurs. Pour le nom, comme les choses dépendent non pas du petit nombre mais de la majorité, c'est une démocratie. S'agit-il de ce qui revient à chacun ? la loi, elle, fait à tous, pour leurs différends privés, la part égale, tandis que pour les titres, si l'on se distingue en quelque domaine, ce n'est pas l'appartenance à une catégorie, mais le mérite, qui vous fait accéder aux honneurs ; inversement, la pauvreté n'a pas pour effet qu'un homme, pourtant capable de rendre service à l'État, en soit empêché par l'obscurité de sa situation. [...]

La crainte nous retient avant tout de rien faire d'illégal, car nous prêtons attention aux magistrats qui se succèdent et aux lois — surtout à celles qui fournissent un appui aux victimes de l'injustice, ou qui, sans être lois écrites, comportent pour sanction une honte indiscutée. [...]

Nous cultivons le beau dans la simplicité, et les choses de l'esprit sans manquer de fermeté. [...]

La parole n'est pas à nos yeux un obstacle à l'action : c'en est un, au contraire, de ne pas s'être d'abord éclairé par la parole avant d'aborder l'action à mener. [...]

Notre cité, dans son ensemble, est pour la Grèce une vivante leçon [...]. »

> Quels sont, d'après Thucydide, les caractères d'une démocratie parfaite ? Quelles vertus développent les institutions d'Athènes ?

Source : THUCYDIDE, *La guerre du Péloponnèse*, II : 37, 40-41, trad. par Jacqueline de Romilly, Paris, Les Belles Lettres, 1973, p. 27-30.

---

de députés élus pour parler au nom de leurs électeurs. C'est donc la démocratie directe. L'Ecclésia vote les lois et les impôts, élit certains **magistrats**, décide de la paix et de la guerre. Elle dispose aussi du terrible pouvoir de l'ostracisme, c'est-à-dire d'un exil de 10 ans pour tout chef politique jugé trop ambitieux. Elle tient ses assemblées tous les 10 jours sur une colline proche de l'Acropole, la Pnyx. Ce sont surtout les habitants de la ville ou des environs qui s'y rendent. Tout citoyen peut y prendre la parole, mais il s'expose à être contredit. Le débat s'achève par un vote à main levée ou au scrutin secret.

La Boulè. Un conseil de 500 citoyens, tirés au sort annuellement, forme la Boulè, sorte de conseil exécutif. C'est l'organe principal de la démocratie athénienne. Le conseil prépare les séances de l'Ecclésia, assure la conduite des affaires courantes de la cité et reçoit les comptes des magistrats sortants, **archontes** ou **stratèges**, auxquels l'Assemblée a confié des charges administratives. Pour la plupart, les magistrats sont désignés par tirage au sort, mais les stratèges sont élus par l'Ecclésia parce que leur charge exige une compétence particulière.

L'Héliée. Enfin, le peuple souverain d'Athènes rend la justice par l'entremise des 6 000 citoyens désignés par tirage au sort chaque année et qui composent le tribunal populaire de l'Héliée. Pour chaque affaire à juger, 500 de ces citoyens forment le jury. Ils écoutent les plaidoiries et rendent un jugement sans appel. Dans la démocratie athénienne, la parole est reine.

Magistrat
Fonctionnaire public ; la charge qu'il exerce est appelée *magistrature*. (Aujourd'hui, le terme désigne plutôt un juge.)

Archonte
Magistrat chargé de hautes fonctions, surtout en matière religieuse.

Stratège
Magistrat chargé des questions militaires (d'où le mot *stratégie*).

1.2.2 Les faiblesses de la démocratie athénienne

Cette démocratie athénienne, mère de toutes les démocraties, n'est pourtant pas sans faiblesses.

La définition du citoyen. La première de ces faiblesses, et peut-être la plus cruciale, se trouve dans la définition même de *citoyen*. Qui donc, à Athènes, forme le peuple souverain ? La qualité de citoyen est réservée exclusivement aux hommes nés de père et de mère athéniens. Eux seuls possèdent des droits politiques et participent au gouvernement de la cité. Sans doute leur nombre

14 La population d'Athènes vers ~430

Citoyens	de 35 000 à 40 000
Citoyens et familles	de 110 000 à 150 000
Métèques (« étrangers »)	de 10 000 à 15 000
Métèques et familles	de 25 000 à 40 000
Esclaves	de 80 000 à 110 000
Total	de 215 000 à 300 000

Source : D'après Marie-Claire AMOURETTI et François RUZÉ, *Le monde grec antique : des palais crétois à la conquête romaine*, Paris, Hachette supérieur, 1999, p. 158. (Coll. « HU Histoire »)

n'a-t-il jamais dépassé 30 000 ou 40 000, sur les quelque 300 000 habitants d'Athènes 14. Ni les femmes, ni les « étrangers », même grecs, ni les esclaves ne peuvent accéder à la dignité de citoyen. Il s'agit d'une société étroitement fermée sur ce plan, malgré toute son ouverture commerciale, culturelle et philosophique sur le monde qui l'entoure.

La démagogie. La démocratie athénienne souffre aussi des ravages causés par la démagogie, c'est-à-dire par l'exploitation des instincts les plus aveugles de la masse par des orateurs sans scrupules. C'est ainsi que le tribunal de l'Héliée condamne à mourir par le poison le grand philosophe Socrate pour « corruption de la jeunesse » et « impiété » (~399). En ~427, l'Ecclésia vote en faveur de l'extermination de toute la population de la ville de Mytilène révoltée contre Athènes. Le vote est heureusement repris à temps pour empêcher la perpétration de ce génocide.

Un régime éphémère. Soulignons enfin que, sur plus de 1 000 ans que dure la civilisation grecque, la démocratie athénienne dans sa plénitude dure à peine un siècle et demi. Éphémère apogée, mais où la civilisation occidentale a puisé un héritage irremplaçable.

Les Grecs ont appris aux humains à se gouverner eux-mêmes. La démocratie athénienne, même restreinte aux citoyens mâles, a libéré l'Homme. Elle lui a donné l'exemple et le goût de la liberté. L'un des plus précieux dons de la Grèce à l'humanité, c'est la liberté, fondement de la démocratie.

1.2.3 Les exclus de la cité

La cité athénienne, comme la plupart des cités grecques, est cependant un milieu relativement fermé, qui exclut de la vie publique la grande majorité de ses habitants. Ces exclus de la cité comprennent surtout les femmes, quelles que soient leur condition et leur origine, mais aussi les étrangers et, bien sûr, les esclaves.

Les femmes. La condition faite à la femme dans la cité grecque traduit une réalité brutale : la vie publique, qu'elle soit démocratique ou de toute autre forme, y est rigoureusement masculine, comme d'ailleurs dans toutes les sociétés antiques. Non seulement la femme ne choisit pas, comme dans la société primitive, l'homme qu'elle épouse, mais son rôle est désormais fixé : assurer la garde du foyer et, surtout, donner à son mari des fils légitimes qui jouiront de la qualité de citoyen et qui hériteront du patrimoine familial. Juridiquement incapable de conclure un marché, d'hériter et de faire un testament, elle est entièrement soumise à son mari qui peut la répudier sans aucune formalité. Elle n'est, pour lui, qu'une ménagère reproductrice.

Confinée dans son **gynécée**, elle y vit entourée de ses filles à qui elle apprend les travaux féminins traditionnels : coudre, filer, tisser 15. Celles-ci passeront du gynécée maternel à celui de la demeure de leur mari.

Gynécée
Ensemble des appartements réservés aux femmes dans les maisons grecques.

15 Femme faisant sa toilette

Au ~VIe siècle, les figures qui ornent les vases sont appliquées avec du vernis noir sur l'argile rouge. Au siècle suivant, les figures sont en rouge sur le fond verni en noir, et une large place est faite à la vie quotidienne.

Détail d'un vase du ~IVe siècle.

Ce dernier aura sa femme pour procréer, des concubines pour « être bien soigné » et des courtisanes « pour le plaisir ». Il est significatif que, dans la comédie d'Aristophane *Lysistrata*, les Athéniennes, afin de faire cesser une guerre absurde, ne trouvent d'autre moyen d'agir que de se refuser à leurs époux et à leurs amants… Une telle condition faite à la femme reflète la réalité d'une société centrée uniquement sur l'activité politique, domaine réservé aux hommes et fondement même de la vie grecque. On ne peut l'évaluer hors de ce contexte.

Quelques figures féminines émergent malgré tout de cette société trop exclusivement masculine, figures dont le petit nombre confirme la marginalisation générale des femmes. On pense, entre autres, à la femme de Périclès, Aspasie, qui passe pour avoir eu une certaine influence sur la politique athénienne, ou à la poétesse Sappho, de Lesbos, qui a laissé une œuvre littéraire remarquable **16**. De nombreuses femmes jouaient un rôle religieux important, comme prêtresses ou **oracles**.

Oracle
Personne de statut religieux qui consulte une divinité et transmet ses réponses.

16 Un poème de Sappho, de Lesbos

Dans ce poème aux accents délicats, Sappho partage avec son amie Atthis la douleur de l'absence d'une amie commune partie en Lydie, au-delà des flots… et dont l'appel lointain se fait, la nuit, plus étrange et plus mystérieux.

« Souvent ici, je pense à elle,

Comment… nous vivions…

Toi semblable à une déesse, facile à reconnaître et, par-dessus, tout elle se réjouissait de ton chant

Mais maintenant, parmi les femmes lydiennes, elle brille, comme quand le soleil vient de plonger, la lune aux doigts de rose,

l'emportant sur toutes les étoiles. Et elle dirige sa lumière sur la mer salée, comme aussi sur les champs riches en fleurs;

et la belle rosée s'est répandue, et la rose est fleurie, et le tendre cerfeuil, et le mélilot épanoui.

Souvent elle va deça delà, se souvenant de la douce Atthis, et son faible cœur (*phrènes*) se consume de désir pour elle;

Elle nous crie de toute sa voix d'aller là-bas; mais à nous deux l'entendre est impossible, si forte soit sa clameur, à travers l'espace… »

Source: SAPPHO, *Poèmes* (fin ~VIIe siècle), 96, trad. par Jackie Pigeaud, Paris, Rivages/Payot, 2004, p. 175-176. (Coll. « Rivages poche/Petite bibliothèque »)

Les étrangers. Même lorsqu'elle est assez accueillante aux étrangers, la cité grecque les maintient hors de la vie publique, y compris lorsqu'ils sont d'origine grecque. À Athènes, on appelle ces étrangers les *métèques*. Attirés par l'assurance de trouver du travail, ils se font commerçants ou artisans, activités que dédaignent les citoyens. N'appartenant pas à la communauté civique, ils n'ont aucun droit politique, aucun moyen de défendre leurs intérêts, et ils n'ont pas le droit d'épouser une Athénienne, pas plus que les Athéniens n'ont le droit d'épouser une femme étrangère. La plupart d'entre eux demeurent, leur vie durant, des habitants de second ordre.

Les esclaves. L'esclavage a existé dans le monde grec aussi loin qu'on remonte dans le temps. À Athènes, à l'époque de Périclès, il y a peut-être 150 000 esclaves. Ce sont d'anciens prisonniers de guerre, des enfants abandonnés ou enlevés par des pirates et des *barbares*, ces non-Grecs qui ne savent que grommeler des « br br br », et, bien entendu, des enfants d'esclaves. On les retrouve dans les petites boutiques, les ateliers, peinant sous l'autorité de contremaîtres eux-mêmes esclaves. Si quelques-uns peuvent atteindre à une honnête aisance, les plus misérables mènent une vie de **forçats** dans les mines d'argent et les carrières de marbre.

Forçat
Homme travaillant dans des conditions particulièrement pénibles.

Affranchissement
Action de rendre libre un esclave.

Servile
Se dit d'un travail manuel ardu et peu valorisant.

Les droits de la personne que nous considérons de nos jours comme les plus élémentaires sont refusés à l'esclave. Il peut être acheté, vendu, donné. Il est réduit au rang d'« instrument animé » de production, de bien meuble 17. Et l'affranchissement est rare. L'esclavage apparaît cependant comme une condition du développement de la démocratie, dans la mesure où les esclaves libèrent les citoyens de maintes tâches serviles pour leur permettre d'exercer leurs responsabilités politiques.

17 L'esclavage selon Aristote (~384/~322)

« […] Sans les choses de première nécessité, il est impossible et de vivre et de bien vivre […]. Les instruments dont il [l'homme] dispose sont, les uns inanimés et les autres animés […]. L'esclave lui-même est une sorte de propriété animée, et tout homme au service d'autrui est comme un instrument qui tient lieu d'instruments. Si, en effet, chaque instrument était capable, sur une simple injonction, ou même pressentant ce qu'on va lui demander, d'accomplir le travail qui lui est propre, […] si, de la même manière, les navettes tissaient d'elles-mêmes, et les plectres pinçaient tout seuls la cithare, alors, ni les chefs d'artisans n'auraient besoin d'ouvriers, ni les maîtres d'esclaves. […]

L'usage que nous faisons des esclaves ne s'écarte que peu de l'usage que nous faisons des animaux. […]

La science du maître, c'est celle de l'utilisation des esclaves […]. Le maître doit seulement savoir prescrire les tâches que l'esclave doit savoir exécuter. C'est pourquoi ceux qui ont la possibilité de s'épargner les tracas domestiques ont un préposé qui remplit cet office, tandis qu'eux-mêmes s'occupent de politique ou de philosophie. »

> Quel type d'arguments Aristote utilise-t-il pour « justifier » l'esclavage ?

Source : ARISTOTE, *La politique* (v. ~350/~335), I : 4-5, 7, 3ᵉ éd., trad. par Jules Tricot, Paris, Vrin, 1977, p. 34-35, 41, 48. (Coll. « Bibliothèque des textes historiques »)

1.2.4 Un contre-exemple : Sparte

Sparte est une cité née de la conquête dorienne. Au ~VIIᵉ siècle, les conquérants, par rapport aux vaincus, ne sont plus qu'une infime minorité, moins de huit pour cent peut-être. Alors Sparte se replie sur elle-même, se fige pour toujours sous les traits d'une cité militarisée et oligarchique.

Caste
Groupe social attaché à ses privilèges et fermé aux étrangers.

Le citoyen-soldat. Toute la vie de Sparte est dominée par une caste de guerriers, seuls citoyens de plein droit, qui s'appellent les *Égaux* ou les *Pareils*. Ils sont à peine 5 000 sur une population totale avoisinant les 250 000. À partir de sept ans, le citoyen spartiate appartient à l'État, qui le prépare à devenir soldat 18. Le mariage n'a qu'un but dans la cité de Sparte : procréer de robustes enfants. Un mari, c'est un soldat. Une épouse n'est qu'une mère de soldats ; un enfant, un futur soldat. Jusqu'à 30 ans, le citoyen spartiate vit pratiquement en caserne avec son unité militaire. Jusqu'à 60 ans, il doit participer chaque jour aux exercices guerriers. Ceux qui, pour une raison quelconque, ne peuvent participer à la vie militaire deviennent des Inférieurs, citoyens de second rang.

Périèques et hilotes. En dehors de ces citoyens, déjà inégaux en droits, on trouve les périèques, paysans libres sans droits civiques, et surtout les hilotes, des esclaves, qui sont légion : peut-être 200 000. La loi les ignore ; on peut les tuer impunément. Chaque année, la ville déclare la guerre aux hilotes afin d'exercer ses jeunes soldats.

À la fin du ~VIᵉ siècle, Sparte dispose peut-être de la meilleure armée de la Grèce, mais elle demeure une cité isolée, figée dans un système immuable, interdisant même le commerce et l'utilisation de la monnaie d'argent. Elle ne laissera d'ailleurs à peu près aucune réalisation marquante dans l'héritage occidental. Même son site est aujourd'hui difficile à repérer, dans les paysages austères du Péloponnèse.

18 L'éducation des jeunes Spartiates

Dans son *Vies des hommes illustres*, écrit au Ier siècle de notre ère, l'historien et philosophe grec Plutarque (v. 46-v. 125) décrit la vie à Sparte à l'époque de Lycurgue, personnage très mal connu qui aurait doté Sparte d'une Constitution au ~IXe ou au ~VIIIe siècle.

« […] Sitôt qu'ils [les enfants] étaient arrivés à l'âge de sept ans, il [Lycurgue] les prenait et les distribuait par troupes pour les faire nourrir ensemble et les accoutumer à jouer, apprendre et étudier les uns avec les autres, puis choisissait en chaque troupe celui qui avait apparence d'être le mieux avisé et le plus courageux au combat, auquel il donnait la superintendance de la troupe. Les autres avaient toujours l'œil sur lui, et obéissaient à ses commandements, en endurant patiemment les punitions qu'il leur ordonnait, et les corvées qu'il leur commandait : de manière que presque toute leur étude était d'apprendre à obéir. […]

Quant aux lettres, ils en apprenaient autant qu'il leur en fallait pour le besoin ; et au demeurant, tout leur apprentissage était, apprendre à bien obéir, endurer le travail, et à demeurer vainqueurs en tout combat. À raison de quoi à mesure qu'ils croissaient en âge, on leur augmentait aussi les exercices du corps : on leur rasait leurs cheveux, on les faisait aller deschaux, et les contraignait-on de jouer ensemble la plupart du temps tout nus ; puis quand ils étaient parvenus jusqu'en l'âge de douze ans, ils ne portaient de là en avant plus de sayons, et ne leur donnait-on tous les ans qu'une robe simple seulement, qui était cause qu'ils étaient toujours sales et crasseux, comme ceux qui ne s'étuvaient ni ne s'oignaient jamais, sinon à certains jours de l'année, que l'on leur faisait un petit goûter cette douceur. Ils couchaient et dormaient ensemble sur des paillasses, qu'ils faisaient eux-mêmes des bouts des cannes et des roseaux qui croissaient en la rivière d'Eurotas, lesquels il fallait qu'ils allassent cueillir et rompre eux-mêmes avec leurs mains seules, sans aucun ferrement […]. »

> Qu'exigeait-on du jeune Spartiate ? Que souhaitait-on faire de lui ? Que penser de ce type d'éducation ?

Source : PLUTARQUE, « Lycurgue » (v. 100-110), XXXIII-XXXIV, dans *Les vies des hommes illustres*, éd. de Gérard Walter, trad. par Jacques Amyot, Paris, © Éditions Gallimard, 2000, p. 108-109. (Coll. « Bibliothèque de la Pléiade »)

Faisons le point

1. Dégagez les principes et décrivez les rouages de la démocratie athénienne.
2. Quelles sont les principales faiblesses de cette démocratie ?
3. Quelles catégories d'habitants sont des « exclus de la cité » ?
4. En quoi Sparte constitue-t-elle un contre-exemple de la démocratie athénienne ?

1.3 L'héritage culturel

Outre la démocratie politique, nous devons à la Grèce antique un immense héritage, dans une foule de domaines. Sur le plan culturel, nous pouvons retracer cet héritage dans des mots et des concepts que nous utilisons couramment, dans une mythologie qui demeure une source d'inspiration continuelle pour les écrivains et les artistes, et dans des jeux qui constituent encore périodiquement les « grands-messes » planétaires du sport.

1.3.1 Des mots et des concepts

Toutes les langues occidentales sont redevables aux anciens Grecs d'une grande quantité de mots et des concepts que ceux-ci véhiculent. Le français, notamment, doit au grec bon nombre de vocables concernant, entre autres, la politique (ainsi que le présent chapitre le prouve à l'évidence…), mais aussi des éléments employés soit comme préfixes, soit comme suffixes pour bâtir de nouveaux mots. Par exemple, le

19 Quelques racines grecques utilisées en français

Préfixes			Suffixes		
Préfixe français	Racine grecque	Signification	Suffixe français	Racine grecque	Signification
aéro-	*aèr*	air	-agogie	*agein*	conduire
anti-	*anti*	contre	-archie	*arkhein*	commander
bio-	*bios*	vie	-cratie	*kratos*	puissance
ciné-, kiné-	*kinésis*	mouvement	-gène	*genos*	naissance
géo-	*gê*	terre	-logie	*logos*	parole
hyper-	*huper*	au-dessus	-machie	*makhê*	combat
iso-	*isos*	égal	-manie	*mane*	folie
ortho-	*orthos*	droit	-nomie	*nomos*	loi
ostéo-	*ostéon*	os	-naute	*nautès*	navigateur
para-	*para*	à côté de	-pédie	*paideia*	éducation

▶ Trouvez des mots combinant ces racines. Trouvez d'autres racines grecques de mots français.

mot *philosophe* est formé par deux racines grecques : *philos*, « ami », et *sophia*, « sagesse », ce qui veut dire *ami de la sagesse*. De même, le mot *hippodrome*, qui désigne le lieu où se déroulent des courses de chevaux, est formé des deux racines grecques *hippos*, « cheval », et *dromos*, « course ». On peut ainsi créer des mots qui réfèrent même à des réalités totalement inconnues aux anciens Grecs, comme *bureaucratie*, *gigaoctet* ou *astronaute*. Ainsi se retrouve l'apport de la langue grecque dans la formation de l'esprit et de la langue française. Consciemment ou non, nous parlons grec tous les jours... 19

1.3.2 Une mythologie

Nulle religion n'a autant rapproché le monde des hommes et celui des dieux que la religion des Grecs. Non seulement leurs dieux épousent une forme humaine, mais ils rient, versent des larmes, se mettent en colère, courtisent même les mortelles. Ainsi, le Grec apprivoise, petit à petit, ces divinités primitives et se sent moins écrasé par elles comme en Égypte et en Mésopotamie.

Le monde des dieux. L'Univers se trouve d'abord dans le chaos. Puis viennent deux divinités, Ouranos (le Ciel) et Gaia (la Terre) qui donnent naissance aux Titans et aux monstrueux Cyclopes, géants qui n'ont qu'un œil au milieu du front. Un Titan, Cronos, détrône son père Ouranos et, pour éviter qu'un de ses enfants ne lui fasse subir le même sort, prend la fâcheuse habitude de dévorer tous les nouveau-nés qu'enfante sa femme Rhéa. Mais celle-ci parvient à sauver le dernier, Zeus, en donnant à son mari une grosse pierre emmaillotée de linges que Cronos avale. Zeus est alors élevé secrètement dans une grotte du mont Ida, en Crète. Devenu adulte, il renverse Cronos, ressuscite ses frères et ses sœurs et s'établit avec eux sur le mont Olympe 20.

20 Les dieux de l'Olympe

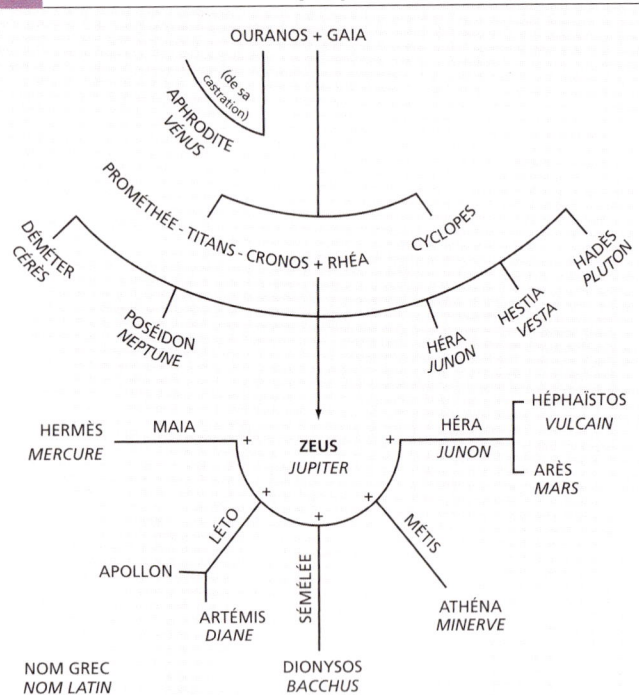

▶ À l'aide d'un bon dictionnaire, précisez l'attribut principal des dieux de l'Olympe ; retracez quelques-uns des nombreux exploits amoureux de Zeus.

Ce récit mythique des origines explique l'évolution du monde, la délimitation des éléments et la clarification des espaces (ciel, mer, terre) par des parentés divines, par des enfantements successifs et par des luttes qui cessent le jour où Zeus 21, vainqueur de son père Cronos, instaure enfin l'ordre du monde. Cet ordre, des philosophes tenteront beaucoup plus tard de l'expliquer par des éléments physiques comme l'eau, l'air ou le feu, en somme des causes naturelles, accessibles à la raison.

Les grands mythes. Créés par le Titan Prométhée, les premiers hommes sont démunis de tout et vivent misérablement. Prométhée dérobe alors une parcelle de feu arrachée à la roue du soleil et en fait don aux hommes. Il leur enseigne encore de nombreuses techniques. Zeus, furieux du fait que la puissance des hommes ne cesse de grandir, enchaîne Prométhée au sommet du Caucase où, sans répit, un aigle vient dévorer son foie qui se reconstitue sans cesse. Le mythe de Prométhée, bienfaiteur du genre humain, a traversé les millénaires sans jamais perdre de son actualité. Ce mythe est à l'origine de centaines de tragédies, de romans, d'essais, d'opéras, de films.

Pour se venger, Zeus envoie aux hommes une femme, Pandore, qu'il sait curieuse et à qui il confie une boîte où sont enfermés tous les maux de l'Univers, en lui ordonnant de la garder fermée. Pandore ne sait pas résister à la tentation : elle ouvre la boîte et laisse échapper les maux destructeurs. Vieillesse, Maladie, Guerre, Famine, Folie, Vice et Tromperie se répandent par le monde, apportant la mort. Effrayée, Pandore referme aussitôt la boîte, mais trop vite : l'Espérance y reste enfermée…

21 Zeus

Visage majestueux du dieu maître de l'Univers.
Copie romaine du IIe siècle d'un original grec du ~Ve siècle.

Les récits légendaires. Outre ces mythes concernant les origines du monde, d'innombrables récits légendaires peuplent l'univers de la mythologie grecque. Deux de ces récits ont particulièrement frappé les imaginations et ont été repris maintes fois à travers les âges : celui d'Œdipe et celui d'Orphée.

Le mythe d'Œdipe parle de conquête du pouvoir, de **parricide** et d'inceste. Après avoir tué le roi de Thèbes, lui avoir succédé sur le trône et avoir épousé sa veuve, Œdipe cherche à savoir pourquoi le malheur (la peste) s'abat soudainement sur sa ville. Il apprend avec horreur que c'est son propre père qu'il a tué sans le connaître, et donc sa propre mère qu'il a épousée, ainsi que l'oracle de Delphes le lui avait prédit. Écrasé par le destin, il se crève les yeux et quitte Thèbes à jamais. Ce mythe inspirera au fondateur de la psychanalyse, Sigmund Freud, sa théorie du complexe d'Œdipe.

Parricide
Meurtre du père ou de la mère.

La légende d'Orphée est une des plus belles. Elle célèbre la poésie et la musique, et l'amour qui transcende la mort. Ayant perdu sa bien-aimée Eurydice mordue par un serpent, Orphée la pleure avec une douleur si profonde et des accents si beaux de sa lyre que les dieux, bouleversés, l'autorisent à aller la chercher au séjour des morts et à la ramener à la vie, à la condition expresse qu'il ne jette pas les yeux sur elle avant d'être revenu à la lumière.

22 Orphée et Eurydice

L'artiste a saisi le moment où Orphée écarte le voile qui couvre le visage de sa bien-aimée. Eurydice pose une dernière fois sa main sur l'épaule d'Orphée tandis qu'Hermès, de la main, lui signifie qu'il va la ramener vers les morts.

Ier siècle, copie d'un original grec du ~Ve siècle, Museo Archeologico Nazionale, Naples.

23 Olympie : le stade

Les athlètes devaient suivre un étroit passage (tardivement voûté) avant de déboucher devant les 20 000 spectateurs du stade.

Incapable de ne pas contempler le visage de l'aimée, Orphée se retourne… et voit Eurydice lui être ravie à tout jamais 22.

Le thème de l'éternel retour. On peut déceler un thème récurrent dans plusieurs de ces histoires : celui de l'éternel retour. Pour les anciens Grecs, le temps est cyclique, et non linéaire tel que nous le concevons aujourd'hui. Outre les récits de Prométhée et d'Orphée, on retrouve cette conception dans l'histoire de Sisyphe : ayant défié les dieux, il est condamné à faire rouler jusqu'au haut d'une montagne un rocher qui, avant d'atteindre le sommet, retombe à tous coups jusqu'en bas. Sans oublier Pénélope, qui, voulant rester fidèle à son mari Ulysse parti pendant 20 ans guerroyer à Troie, défait chaque nuit la tapisserie qu'elle tisse le jour, afin d'éloigner les prétendants auxquels elle a promis de s'intéresser lorsque la tapisserie sera terminée…

Certains mythes ont fini par pénétrer jusque dans notre langage courant. Suivre un fil d'Ariane, chanter comme une sirène, être pris dans un labyrinthe, souffrir du complexe d'Œdipe, être le sosie de quelqu'un, faire un travail de Pénélope, ouvrir une boîte de Pandore, se déclarer médusé par certains propos, sentir une épée de Damoclès au-dessus de sa tête, ou simplement dire que le Soleil se lève ou se couche, c'est faire de la mythologie sans peut-être le savoir.

La mythologie grecque est un fonds d'une richesse inouïe. Depuis 2 500 ans, poètes, dramaturges, peintres, sculpteurs et compositeurs de tous les temps et de tous les pays ont puisé à pleines mains dans ces récits et ces personnages qui traduisent toutes les aspirations, les angoisses, les joies et les peines de l'âme humaine.

1.3.3 Des jeux

Les jeux sont à la fois des compétitions sportives et des fêtes religieuses. Il y en a plusieurs : jeux isthmiques à Corinthe, jeux pythiques à Delphes, et d'autres encore. Les plus connus sont évidemment les Jeux olympiques, qui réunissent tous les Grecs à Olympie, dans le Péloponnèse. Les Jeux olympiques perdurent pendant près de 10 siècles, puis disparaissent avant d'être repris à notre époque (1896), à l'instigation du baron français Pierre de Coubertin.

Les Jeux olympiques. Une fois tous les quatre ans, on suspend pour un temps les guerres, les querelles, le cours habituel de la vie. Depuis les colonies les plus lointaines, des foules se hâtent vers l'enceinte sacrée où de jeunes athlètes vont se mesurer dans des épreuves sportives pour la gloire des dieux, leur propre gloire et celle de leur cité 23.

Accompagnés par une « Trêve sacrée » dans les guerres entre cités, les Jeux olympiques durent une semaine : dans le stade, la course à pied, la course en armes, la lutte et le **pugilat** ; à l'hippodrome, les courses de chevaux attelés en quadriges (quatre chevaux). Au stade, de nouveau, se dispute la dernière compétition : le pentathlon, qui réunit cinq épreuves : saut, lancement du disque, lancement du javelot, course et lutte **24**. Aucune femme ne participe à ces fêtes sportives. Aucune ne peut d'ailleurs pénétrer, sous peine de mort, dans l'enceinte sacrée d'Olympie, même comme simple spectatrice (ce qui n'aurait pas empêché une certaine Callipateira de tenter sa chance, déguisée en entraîneur et qui fut démasquée lorsqu'elle sauta de joie lors de la victoire de son fils…).

Les vainqueurs reçoivent une simple couronne coupée à un olivier sacré. Ce n'est pas peu ; cela représente un triomphe. Ils sont les meilleurs et la victoire contient en elle-même leur récompense. Élus des dieux, ils sont honorés par leur cité, sur laquelle rejaillit leur gloire. On leur élève des statues. Parfois, on perce dans les murs de la ville une brèche par où entre le héros porté en triomphe à travers les rues. Cette idolâtrie entraîne finalement le déclin des Jeux olympiques.

Le rôle politique et culturel des Jeux olympiques. Les Jeux olympiques avaient une fonction politique importante. Vaste rassemblement de foules venues de toutes les parties du monde grec, ils étaient l'occasion de négociations diplomatiques animées : des traités de paix et des alliances se faisaient souvent durant cette semaine de compétitions sportives. Les habitants des différentes cités nouaient des relations, s'unissaient dans le culte offert au plus grand des dieux. C'était aussi l'occasion pour les Grecs de réaffirmer leur sentiment d'appartenance à une civilisation commune qui accordait aux activités du corps la même importance qu'à celles de l'esprit. Participer aux épreuves était, d'ailleurs, un privilège réservé aux Grecs.

À Olympie, de nos jours, le visiteur qui s'attarde dans les ruines silencieuses de la Palestre n'a qu'à fermer les yeux pour être soudainement plongé dans cette Grèce mythique qui a nourri les rêves de l'Occident. C'est là qu'aujourd'hui encore, tous les quatre ans, dans une cérémonie inspirée de l'Antiquité, on fait jaillir, par les rayons du Soleil, la flamme olympique qui va entreprendre son long périple planétaire jusqu'à la ville hôte des Jeux.

Pugilat
Combat entre boxeurs dont les mains sont entourées de courroies garnies de plomb, les cestes.

24 Épreuves olympiques

La course à pied.
Amphore grecque du ~IVe siècle.

Faisons le point

1. Nommez une dizaine de racines grecques dont découlent des mots français, en précisant le sens de ces racines et des mots qui en sont issus.
2. Comment Zeus instaure-t-il l'ordre du monde ?
3. Résumez certains récits légendaires grecs (Prométhée, Pandore, Œdipe, Orphée, Sisyphe, Pénélope).
4. Où et quand avaient lieu les Jeux olympiques ? Étaient-ils ouverts à tous ? Quelle était la récompense octroyée au vainqueur ?

1.4 L'héritage intellectuel

Le formidable héritage intellectuel que la Grèce a légué à l'humanité est marqué par l'humanisme, conception philosophique et morale qui exalte l'Homme et le place au centre de toutes choses, capable par lui-même de comprendre le monde

La lutte.
Amphore grecque du ~IVe siècle.

25 Socrate

Condamné à mort par la Boulè, Socrate but le poison au milieu de ses disciples.

Copie romaine d'un original grec du ~IVe siècle.

26 Platon

En ~387, dans les jardins d'Académos, Platon fonda une école philosophique : l'Académie.

Copie romaine d'un original grec du ~IVe siècle.

Syllogisme

Raisonnement rigoureux dont la conclusion découle nécessairement de deux prémisses mises en relation (exemple : tous les humains sont mortels ; or, les Grecs sont des humains ; donc, les Grecs sont mortels).

qui l'entoure. On peut retracer cet humanisme autour des trois pôles essentiels que sont la philosophie, la science et l'histoire.

1.4.1 La philosophie

Les origines. On doit aux Grecs l'invention de la philosophie, cette synthèse universelle du savoir humain basée sur la conviction que l'univers qui nous entoure est intelligible et que l'Homme est parfaitement en mesure de le comprendre et de l'expliquer par ses seules facultés rationnelles, sans recourir à la religion ou à la mythologie. C'est sur le sol de l'Ionie (Grèce d'Asie) que la réflexion philosophique s'éveille, au ~VIe siècle, autour de penseurs qui tentent de découvrir le mystère du monde. Thalès de Milet pense que l'élément premier est l'eau ; non point l'eau, objecte son disciple Anaximène de Milet, mais l'air. Pas davantage, soutient Héraclite d'Éphèse : l'élément premier est le feu. En réalité, ces penseurs ioniens sont avant tout des hommes de science et leur grand mérite est d'aiguiser l'esprit et d'ouvrir la voie aux grands philosophes athéniens.

Trois immenses génies vont alors se succéder, s'entraidant comme maîtres et disciples pour pousser la raison vers la vérité : Socrate, Platon et Aristote, tous trois Athéniens de l'époque classique. Ils ont marqué toute l'histoire de la philosophie.

Socrate (v. ~470/~399) **25** n'ayant laissé aucune œuvre écrite, c'est à travers son disciple Platon que nous connaissons sa pensée. Celle-ci constitue une philosophie d'abord morale, tournée vers la connaissance de l'âme et axée sur l'exigence du « connais-toi toi-même ». Parcourant les rues d'Athènes, Socrate arrêtait les gens, les interrogeait, et les amenait, par une suite sans fin de questions et de réponses, d'abord à la constatation qu'ils ne savaient rien, puis au vrai savoir, grâce auquel on peut mener une vie vertueuse, gage de bonheur. Le dialogue socratique (la maïeutique) a traversé les siècles et séduit encore de nos jours des disciples par milliers.

Sur les traces de son maître, Platon (~427/~347) **26** construit un système de pensée qui est un monument dans l'histoire de l'esprit humain. Pour Platon, le seul monde véritable est celui des Idées, dont le monde sensible n'est qu'une copie imparfaite, comme le reflet, sur les parois d'une caverne, de ce qui se passe à l'extérieur **27**. L'âme humaine, issue du monde des Idées mais tombée dans le monde sensible par son union avec un corps, aspire à retourner parmi les Idées : elle y arrive par la contemplation, en rentrant en elle-même pour retracer ses « souvenirs » : c'est la théorie de la réminiscence. Ainsi se trouve fondée l'une des tendances majeures de la philosophie occidentale : l'idéalisme, que nous retrouverons, à travers les siècles, chez Descartes, Kant ou Bergson.

Disciple de Platon, Aristote (~384/~322) prend souvent la contrepartie de son maître dans une œuvre immense et de nature encyclopédique (on lui attribue 400 ouvrages, dont 47 nous sont parvenus). Physique, métaphysique, logique, esthétique, politique, psychologie, astronomie, voire zoologie, tout y passe. Rejetant la théorie platonicienne des Idées, Aristote affirme que l'essence des choses, leur substance, ne peut résider qu'en celles-ci. L'objet visible n'est pas que le pâle reflet d'une Idée, mais procède d'une matière, qui est son essence, et d'une forme, qui lui donne son existence individuelle. Fondateur de la logique formelle, Aristote étudie le fonctionnement de la pensée et élabore des lois du raisonnement, entre autres en établissant les règles du **syllogisme**. On sait l'influence fondamentale qu'il aura, entre autres, sur la philosophie médiévale (*voir p. 103*) et l'inspiration qu'il apporte encore de nos jours, en particulier en matière de politique.

27 L'allégorie de la caverne

« — Maintenant, représente-toi notre nature, selon qu'elle a ou non été éduquée, sous l'aspect suivant. Imagine des hommes dans une demeure souterraine en forme de caverne, possédant une entrée ouverte à la lumière, qui s'étend sur toute sa longueur. Imagine aussi que ces hommes sont là depuis leur enfance, les jambes et le cou enchaînés, de sorte qu'ils restent toujours à la même place et ne peuvent rien voir que ce qui se trouve devant eux, leur chaîne les empêchant de tourner la tête. Imagine, enfin, que la lumière d'un feu allumé loin derrière eux, sur une hauteur, leur parvient; et qu'entre le feu et les prisonniers s'élève un chemin le long duquel un petit mur a été construit, semblable aux panneaux que les montreurs de marionnettes dressent entre eux et le public, et au-dessus desquels ils font voir leurs tours prestigieux.

— Je l'imagine.

— Envisage maintenant tout au long de ce petit mur des hommes portant toutes sortes d'objets fabriqués qui dépassent le mur, des statuettes d'hommes et des animaux, en pierre, en bois, façonnés de toutes les formes; et, bien entendu, parmi ces hommes qui défilent, les uns parlent et les autres se taisent.

— Ton image et tes prisonniers sont très étranges.

— Pourtant, ils nous ressemblent. Et d'abord, penses-tu que de tels hommes aient vu autre chose d'eux-mêmes et de ceux qui les entourent que les ombres projetées par le feu sur la paroi de la caverne en face d'eux?

— Comment pourraient-ils faire autrement, s'ils sont forcés de garder la tête immobile pendant toute leur vie?

— N'en est-il pas de même des objets qui défilent?

— Sans aucun doute.

— Mais alors, s'ils pouvaient discuter, ne penses-tu pas qu'en désignant par un nom ce qu'ils voient, ils croiraient nommer les choses elles-mêmes? »

Source: PLATON, *La république*, VII, trad. par Tiphaine Karsenti et Yannis Prélorentzos, Paris, Hatier, 2007, p. 54-55. (Coll. « Classiques & Cie »)

1.4.2 La science

Fondateurs de la philosophie, les Grecs l'ont aussi été de la science. Thalès de Milet, Anaximène et Héraclite d'Éphèse sont des noms qui illustrent la même passion dans la recherche de la vérité des choses. Ils ont été les premiers à tenter d'expliquer le monde à l'aide de la seule raison, sans faire intervenir les dieux ou la magie.

En astronomie, la curiosité des Grecs les a conduits à formuler des hypothèses audacieuses touchant l'Univers. Pythagore (~VIe siècle) est le premier à soutenir que la Terre est une sphère et non un disque et qu'elle n'est pas le centre du cosmos. Aristarque de Samos (~310/~230) émet l'hypothèse qu'elle tourne autour du Soleil; cette explication du monde sera redécouverte 17 siècles plus tard! Ératosthène (v. ~284/v. ~195) établit avec une étonnante précision (à 80 kilomètres près) la circonférence de la Terre.

En mathématiques, Pythagore, encore lui, étudie les propriétés des nombres, invente un théorème et jette les bases de l'harmonie en musique. Euclide (v. ~325/v. ~265) exprime des axiomes et ordonne les rudiments de la géométrie. Archimède (~287/~212) établit que $\pi = 3,141$. Apollonios de Perga (v. ~262/v. ~180) pressent la géométrie analytique. Hippocrate (v. ~460/v. ~377) fixe les codes de la médecine; les médecins devaient prêter un serment, toujours en vigueur 28. Ainsi, le rationalisme contemporain plonge ses racines les plus lointaines dans la pensée grecque.

28 Le serment d'Hippocrate (v. ~Ve siècle)

Hippocrate de Cos est un personnage assez mal connu, à qui l'on a attribué quantité d'œuvres écrites en fait par différents auteurs du milieu médical de son temps. Le serment qui porte son nom forme la base du serment actuel que doivent prêter les médecins à leur entrée dans la profession.

« [...] J'utiliserai le régime pour l'utilité des malades, suivant mon pouvoir et mon jugement; mais si c'est pour leur perte ou pour une injustice à leur égard, je jure d'y faire obstacle. Je ne remettrai à personne une drogue mortelle si on me la demande, ni ne prendrai l'initiative d'une telle suggestion. De même, je ne remettrai pas non plus à une femme un pessaire abortif. [...] Tout ce que je verrai ou entendrai au cours du traitement, ou même en dehors du traitement, concernant la vie des gens, si cela ne doit jamais être répété au-dehors, je le tairai, considérant que de telles choses sont secrètes.

Eh bien donc, si j'exécute ce serment et ne l'enfreint pas, qu'il me soit donné de jouir de ma vie et de mon art, honoré de tous les hommes pour l'éternité. En revanche, si je le viole et que je me parjure, que ce soit le contraire. »

Source: HIPPOCRATE, dans Jacques JOUANNA, *Hippocrate*, Paris, Fayard, 1992, p. 523.

29 Hérodote : les buts de l'historien

« Hérodote de Thourioi expose ici ses recherches, pour empêcher que ce qu'ont fait les hommes, avec le temps, ne s'efface de la mémoire et que de grands et merveilleux exploits, accomplis tant par les Barbares que par les Grecs, ne cessent d'être renommés ; en particulier, ce qui fut cause que Grecs et Barbares entrèrent en guerre les uns contre les autres. [...]

Libre à qui trouve de telles choses croyables d'accepter ces récits des Égyptiens ; quant à moi, ce que je me propose tout le long de mon histoire est de mettre par écrit, comme je l'ai entendu, ce que disent les uns et les autres. [...]

Pour moi, je dois faire connaître ce qui se dit, mais je ne suis pas tenu d'y croire entièrement (que ce que je dis là soit dit pour toute mon histoire) [...]. »

Source : HÉRODOTE, *Histoires*, I : Introduction, II : 123 et VII : 152, trad. par Philippe-E. Legrand, Paris, Les Belles Lettres, 2002-2003, p. 12, 152, 155.

Épopée
Récit poétique qui mêle la légende à l'histoire et dont le but est de célébrer des aventures héroïques.

1.4.3 L'histoire

Cet esprit scientifique, les Grecs l'étendent jusqu'aux sciences humaines en inventant l'histoire, dont l'objet, selon eux, est de relater objectivement les faits tels qu'ils se sont produits, grâce aux témoignages, sans référence à des forces surnaturelles ou aux caprices des dieux. Hérodote (v. ~485/v. ~420) fonde la démarche historique 29, que l'esprit rigoureux de Thucydide (v. ~460/v. ~400) portera, dans sa *Guerre du Péloponnèse*, à un niveau d'exigence et de perfection qui ne sera pas dépassé avant l'époque contemporaine 30.

Faisons le point

1. En quoi consiste l'allégorie de la caverne, de Platon ? Comment cette allégorie forme-t-elle une des bases de sa philosophie ?
2. En quoi la philosophie d'Aristote diffère-t-elle de celle de Platon ?
3. Nommez quelques apports des Grecs à la science, particulièrement en astronomie.
4. Comment les Grecs voient-ils le travail de l'historien ?

1.5 L'héritage artistique

L'humanisme grec éclate de tous ses feux dans le domaine artistique, tant dans la littérature que dans l'art proprement dit. La civilisation occidentale s'est abondamment nourrie de cet héritage.

1.5.1 La littérature

Les Grecs ont été les instigateurs de presque tous les genres littéraires en usage en Occident, dont ils ont fixé les noms.

L'épopée. Même s'ils n'ont pas inventé l'**épopée**, qui avait déjà été élaborée en Mésopotamie et en Égypte, les Grecs ont donné à ce genre deux de ses chefs-d'œuvre avec *L'Iliade* et *L'Odyssée* d'Homère.

L'Iliade célèbre le siège de Troie par les Achéens d'Agamemnon. Au bout de 10 longues années de combats sans issue, les Achéens font mine d'abandonner

30 La méthode de Thucydide

« On doit penser que mes informations proviennent des sources les plus sûres et présentent, étant donné leur antiquité, une certitude suffisante [...].

Quant aux événements de la guerre, je n'ai pas jugé bon de les rapporter sur la foi du premier venu, ni d'après mon opinion ; je n'ai écrit que ce dont j'avais été témoin ou pour le reste ce que je savais par des informations aussi exactes que possible. Cette recherche n'allait pas sans peine, parce que ceux qui ont assisté aux événements ne les rapportaient pas de la même manière et parlaient selon les intérêts de leur parti ou selon leurs souvenirs variables. L'absence de merveilleux dans mes récits les rendra peut-être moins agréables à entendre. Il me suffira que ceux qui veulent voir clair dans les faits passés et, par conséquent, aussi dans les faits analogues que l'avenir, selon la loi des choses humaines, ne peut manquer de ramener, jugent utile mon histoire. »

Documents 29 et 30 : comparez les comportements respectifs d'Hérodote et de Thucydide à l'égard des témoignages sur lesquels s'appuie leur documentation.

Source : THUCYDIDE, *Histoire de la guerre du Péloponnèse* (v. ~415), I : 21-22, trad. par Jean Voilquin, Paris, Flammarion, 1966, p. 42-43. (Coll. « GF »)

31 L'Iliade : le combat d'Achille et d'Hector

Depuis des semaines, Achille, le héros des Achéens, refuse de combattre les Troyens. Mais la mort de son ami Patrocle, tué par Hector, fils du roi de Troie, l'incite à revenir au combat. Hector va l'affronter dans un combat singulier.

« Tel fondit Hector, agitant son épée pointue. Et Achille s'élança, ayant rempli son cœur d'une fureur sauvage. Devant sa poitrine, il se couvrit de son beau bouclier travaillé avec art. Son casque brillant à quatre bossettes s'inclinait avec sa tête […]. Dans la pleine nuit, telle va, parmi les étoiles, l'étoile du soir, l'étoile la plus belle qui fait halte dans le ciel. Tels partaient les éclats de lumière de la javeline à belle pointe qu'Achille brandissait de sa main droite, pour le divin Hector plein de pensers de malheur, les yeux sur la belle chair, sur l'endroit de sa plus faible résistance. […] Ce fut là que, sur Hector plein d'ardeur, Achille poussa avec sa javeline. La pointe alla tout droit traverser le cou délicat […]. Il s'abattit dans la poussière, et le divin Achille de triompher […].

Il dit, et imagina d'infliger au divin Hector un traitement indigne. À l'arrière des deux pieds, il perça les tendons, du talon à la cheville. Il y adapta des courroies en peau de bœuf, les attacha à son char, et laissa traîner la tête. Il monta sur son char, et, enlevant les armes fameuses, il donna du fouet pour pousser de l'avant. Les chevaux volèrent sans maugréer. Le corps en traînant faisait un nuage de poussière. Autour, les longs cheveux, les sombres cheveux bleus étaient déployés. Et toute gisait dans la poussière la tête auparavant pleine de grâce, qu'alors Zeus avait livrée à ses ennemis, pour subir leurs outrages dans sa patrie. »

Source : HOMÈRE, *L'Iliade* (v. fin du ~VIIIe siècle), XXII : 310-328, 396-403, trad. par Louis Bardollet, Paris, Laffont, 1995, p. 314-316. (Coll. « Bouquins »)

---

le siège en laissant sur place, comme un hommage à la vaillance des Troyens, un immense cheval de bois que ces derniers s'empressent d'introduire dans la ville pour fêter leur victoire. Mais c'est une ruse, une sorte de cadeau empoisonné, un « cadeau de Grec » : le cheval est rempli de guerriers grecs qui en sortent à la faveur de la nuit et s'emparent de la ville. *L'Odyssée* raconte le retour de l'un des vainqueurs, Ulysse, roi d'Ithaque, dans sa patrie ; il erre pendant 10 ans à travers la Méditerranée, connaissant d'innombrables aventures.

Les deux récits contiennent une extraordinaire galerie de portraits plus grands que nature : Agamemnon, Hector, Achille **31**, Ajax, Ulysse, la prophétesse troyenne Cassandre qui annonce le malheur, mais aussi des figures légendaires comme le Cyclope, ou les sirènes qui, par leurs chants ensorcelés, tentent d'attirer Ulysse dans un naufrage **32**. Et, tout le temps, les dieux interviennent, se jouant des mortels, se jalousant entre eux, essayant de donner la victoire à leurs favoris.

Homère fut l'éducateur de la Grèce. Les enfants grecs apprenaient à lire dans les poèmes homériques. Aujourd'hui, on enseigne encore Homère dans les écoles de quartiers d'Athènes. « Dans mille ans, écrivait l'écrivain français Ernest Renan au XIXe siècle, on ne réimprimera peut-être que les deux plus vieux livres de l'humanité, Homère et la Bible. »

L'art oratoire. L'éloquence, que chérissent tant les avocats plaideurs et les hommes politiques, est d'origine grecque. La Grèce est un pays de soleil et de plein air, de place publique et de conversation ; la discussion permanente et le débat sont indissociables de la vie de la cité et le prestige de la parole est immense. L'éducation prépare le citoyen à triompher dans les débats. Des maîtres, que l'on nomme les *sophistes*, enseignent l'art

32 L'Odyssée : Ulysse et les sirènes

Voulant écouter « les voix admirables » des sirènes tout en résistant à leur charme ensorceleur, Ulysse se fait attacher au mât de son navire.

Vase grec, v. ~480, British Museum.

La civilisation grecque

33 Sophocle (~496/~406)

Originaire de Colone, près d'Athènes, Sophocle est le fils d'un fabricant d'armes. Poète tragique, il a écrit plus de 120 pièces dont 7 tragédies seulement nous sont parvenues, notamment *Œdipe roi*, *Électre* et *Antigone*, un des sommets du théâtre grec. Dès son premier concours dramatique, il l'emporte sur le vieux Eschyle qui, furieux qu'on lui ait préféré ce jeune premier, s'exile d'Athènes. À sa mort, sa gloire est telle que le général spartiate Lysandre, qui assiège Athènes, fait observer une trêve à ses troupes pour permettre à la dépouille mortelle de sortir de la ville. Il a été 20 fois vainqueur au concours dramatique.

d'exercer le pouvoir par la parole. Démosthène et Eschine sont les princes de la rhétorique, qui est l'art de discourir.

Le théâtre. Enfin, les Grecs ont inventé le théâtre tel que nous le connaissons. En Grèce, aux ~V^e et ~IVe siècles, on se passionne pour les représentations théâtrales. À Athènes, le prix d'entrée est modique ; il est même remboursé par la Cité aux citoyens pauvres. Mais le théâtre grec ne se joue pas dans une salle fermée. Les milliers de spectateurs prennent place sur les gradins d'un amphithéâtre en plein air aménagé à même le flanc d'une colline naturelle : c'est le *théatron*, le « lieu d'où l'on voit » ; à leurs pieds s'étend l'*orchestra*, espace circulaire où évoluent les acteurs et les chœurs ; derrière, un bâtiment étroit, la *skènè*, sert de coulisses ; le mot a donné notre « scène ». Le drame s'inscrit dans un festival annuel de compétition qui dure trois jours. À la fin, on décerne un prix à la meilleure œuvre : une couronne de laurier, sorte d'Oscar avant la lettre.

Les trois grands maîtres athéniens de l'époque classique, Eschyle (~525/~456), Sophocle 33 (~496/~406) et Euripide (~485/~406), ont donné naissance à la tragédie classique. Ils ont laissé d'immortels chefs-d'œuvre qui nous bouleversent encore. Plongeant leur scalpel jusqu'au plus profond de l'âme humaine, ils opposent leurs personnages à un destin implacable dans des intrigues qui vont droit à l'essentiel.

Que peut l'homme en face de son destin ? Pourquoi la haine et la vengeance ? Pourquoi la souffrance ? Pourquoi la mort ? Ces questions fondamentales expriment le sentiment tragique de l'existence humaine. Le héros grec se les posait déjà, il y a près de 2 500 ans. Ces chefs-d'œuvre ont franchi les barrières du temps parce qu'ils exprimaient des peurs qui sont nos peurs, des espérances qui sont nos espérances. Par le jeu et la force des passions humaines, le théâtre grec demeure, dans sa riche diversité, l'un des plus précieux messages que nous ait adressés la Grèce antique.

Aujourd'hui encore, au festival d'Épidaure, chaque année, 14 000 spectateurs, assis sur les mêmes gradins que les contemporains de Périclès 34, sont touchés jusqu'au plus profond d'eux-mêmes par le destin tragique d'Agamemnon (Eschyle), d'Œdipe roi (Sophocle) ou d'Iphigénie (Euripide).

34 Le théâtre d'Épidaure

Le plus beau et le mieux conservé des théâtres grecs. L'acoustique y est si parfaite que le son de la voix porte sans effort de la scène jusqu'aux plus hauts gradins.

1.5.2 L'art

Dans les **arts plastiques**, les Grecs ont révolutionné de façon radicale tout ce qui se faisait avant et autour d'eux, particulièrement en architecture et en sculpture. Ici encore, leur humanisme s'épanouit: l'Homme est la mesure de toutes choses. Même l'architecture s'inspire des proportions du corps humain.

L'architecture. Rompant avec les dimensions écrasantes de l'architecture égyptienne ou mésopotamienne, les Grecs construisent des temples qui sont des merveilles d'équilibre, de simplicité et d'harmonie. Le temple grec s'ouvre largement à la lumière à travers les colonnes qui en forment le pourtour rectangulaire et qui supportent les frontons triangulaires des deux extrémités. **Frontons** et **frises** sont ornés de reliefs sculptés où triomphe la forme humaine idéale, nue ou nettement suggérée sous le drapé. Les proportions sont toujours parfaites. La recherche de la perfection pousse d'ailleurs les architectes grecs à des prouesses étonnantes. Ainsi, afin de donner l'apparence d'une verticalité et d'un parallélisme parfaits aux colonnes, on les incline légèrement du haut vers le centre de la façade, à un angle de plus en plus marqué en s'éloignant du centre, corrigeant par là les défauts de la vision humaine. Pour donner l'impression de colonnes absolument identiques, on épaissit celles des angles car, se détachant sur le ciel, elles sembleraient plus minces que les autres pour un même diamètre. Pour le Grec, il est essentiel que l'observateur ait le sentiment de la perfection, car c'est ainsi que l'on communique avec la beauté et l'ordre du monde.

Construit par l'architecte Ictinos dans le marbre blanc du Pentélique, le Parthénon d'Athènes est le plus parfait exemple de cette architecture, par sa finesse et sa magnificence **35**. Quarante statues de marbre emplissent ses deux frontons. Une frise de Phidias, le plus grand sculpteur de son temps, présente plus de 360 personnages qui font revivre le moment où, chaque année, le peuple apporte en cortège à la déesse Athéna ses hommages et ses offrandes: ici, des dieux assis contemplent le défilé de tuniques somptueuses et de visages d'une beauté parfaite que le génie du sculpteur a fait éclore du marbre; plus loin, de jeunes cavaliers montent des chevaux dont les crinières s'enflent au vent et qui vont

Arts plastiques
Arts qui ont pour objet l'élaboration de formes et de volumes (peinture, sculpture, architecture).

Fronton
Ornement triangulaire ou semi-circulaire surmontant l'entrée, une porte ou une fenêtre d'un édifice.

Frise
Bordure ornementale en forme de bande continue se déroulant sur le mur ou au-dessus des colonnes d'un temple.

35 Le Parthénon (~447/~432)

Le plus célèbre de tous les temples grecs. Les travaux de construction durèrent près de 15 ans. Sa réalisation demeure l'une des plus parfaites expressions du classicisme grec.

35-A L'église de la Madeleine à Paris (1845)

La construction de cet édifice, inspiré du Parthénon d'Athènes, s'échelonna sur près de 40 ans, au milieu des bouleversements politiques de la France de l'époque.

bientôt prendre fièrement le galop **36**. Toute la frise de Phidias est une leçon de paix, un hymne à la gloire des dieux et un hommage à l'unité du peuple athénien. (Arrachée du Parthénon en 1810 par l'ambassadeur britannique en Turquie, elle se trouve aujourd'hui au British Museum.) Il faut imaginer cette frise de même que l'ensemble de l'édifice peints de couleurs vives, sous le soleil éclatant de la Grèce, pour saisir l'impact que ce chef-d'œuvre devait avoir, dominant Athènes du haut de son Acropole et proclamant la puissance et la richesse de la cité.

36 Un fragment de la frise du Parthénon

Ce fragment représente la cavalcade des jeunes cavaliers athéniens, les éphèbes, chargés d'encadrer la foule qui montait en cortège vers l'Acropole.

Amphore

Vase généralement étroit et allongé, à deux anses, dans lequel on conservait le grain, le vin, l'huile ou d'autres aliments.

La peinture. Il ne nous reste rien de la peinture grecque, trop fragile, sauf dans un domaine où les Grecs ont excellé, celui de la peinture sur vase. À Athènes, au pied de l'Acropole, dans le quartier du Céramique, les artistes potiers mettent au point deux styles successifs : d'abord la figure noire sur fond d'argile généralement rouge **24** (*voir p. 35*), puis la figure rouge sur fond noir **15 32** (*voir p. 28 et 39*). Puisant son inspiration tant dans l'immense réservoir de la mythologie que dans la vie quotidienne de ses concitoyens, le peintre met en scène, sur les vases et les **amphores**, le corps humain dans toutes ses attitudes.

La sculpture. C'est peut-être dans la sculpture des Grecs, et particulièrement dans leur statuaire, que leur humanisme trouve sa forme la plus immédiatement perceptible. Ici encore, les Grecs ont révolutionné tout ce qui se faisait avant eux et autour d'eux. La statue grecque est la première à n'être appuyée sur aucun support extérieur, pilier ou colonne. Comme l'Homme, elle est autonome, libre dans l'espace. Elle représente la plupart du temps le corps humain idéalisé, nu ou vêtu du célèbre drapé « mouillé » qui révèle le corps plus qu'il ne le voile. En général, elle est faite à l'échelle humaine. Elle est le plus souvent en bronze, matériau plus souple que la pierre ou le marbre, grâce auquel le sculpteur arrive à donner au visage une saisissante impression de vie : quelques fragments de pierre ou d'ivoire insérés dans des cavités du métal simulent des yeux, voire des dents ; les lèvres sont recouvertes de cuivre rouge. Le corps respire et veut s'élancer. Le poids reposant sur un des deux pieds entraîne une torsion des hanches et du buste pour rétablir l'équilibre ; la tête est tournée légèrement de côté, les bras en mouvement **3** (*voir p. 19*) **37**.

Il ne nous est malheureusement parvenu que très peu d'exemplaires authentiques de la statuaire grecque, le bronze pouvant être refondu pour servir à nouveau. Mais la fabuleuse impression de perfection et d'harmonie qui s'en dégage a inspiré toute la tradition occidentale. Les règles que les Grecs ont formulées, sorte de lois mathématiques de la beauté, ont conduit à la définition de ce qui a longtemps été considéré comme le «beau en soi», fait d'un merveilleux équilibre entre l'imitation de la nature et la quête de l'idéal, entre l'humain et le divin, entre le mouvement et le repos, entre l'action et la réflexion, entre l'harmonie du corps et celle de la vie intérieure. Car tel est bien l'humanisme que les Grecs nous ont légué.

Faisons le point

1. Qu'est-ce que l'épopée ? Quel poète a donné à la Grèce ses plus grands récits épiques ? Quels en sont les titres et leurs thèmes généraux ?
2. Décrivez l'organisation générale d'un théâtre grec.
3. Nommez les écrivains qui illustrent la tragédie au ~Ve siècle. Nommez une œuvre de chacun d'eux.
4. Décrivez l'aspect général d'un temple grec. Qu'est-ce qu'une frise ?
5. Sous quelle forme la peinture grecque nous est-elle parvenue ?
6. En quoi la statuaire grecque était-elle révolutionnaire, à son époque, et comment reflète-t-elle l'humanisme grec ?

CONCLUSION

La Grèce est le berceau de la civilisation occidentale. Elle a créé la civilisation de l'Homme et de la Cité à laquelle nous appartenons. Elle a appris aux hommes à se gouverner par eux-mêmes. Elle fut la terre classique des dieux, celle qui a vu naître la tragédie et les plus beaux mythes du monde, la philosophie, la science et l'histoire. Elle a enseigné au monde la beauté de toutes les formes de l'art.

Enfin, le plus précieux don de la Grèce à l'humanité, c'est son humanisme, cette foi inébranlable en la valeur de l'Homme, en ce qu'il y a de meilleur en lui. Les Grecs ont aimé l'Homme par-dessus tout, au point d'en faire presque l'égal des dieux. Cultiver son intelligence, développer sa forme physique et sa beauté ont été les règles d'or de l'humanisme grec. L'exaltation de l'Homme, « mesure de toutes choses », à la fois dans ses capacités rationnelles et dans la beauté et l'harmonie de son être, voilà la quintessence de l'héritage grec. Depuis plus de deux millénaires, l'humanité s'y abreuve comme à une source inépuisable d'énergie créatrice.

Au contact de ce haut foyer de civilisation, l'Europe méditerranéenne va pouvoir, par Rome, recueillir l'héritage grec. Ainsi, la civilisation de la Grèce est-elle devenue partie intégrante de notre propre civilisation.

37 Une statue grecque de l'époque classique

Statue grecque dite du *Guerrier de Riace* (v. ~470), du nom du lieu près duquel elle a été retrouvée, au fond de la mer, en 1972.

→ À l'aide d'ouvrages sur l'histoire de la Grèce, retracez l'évolution de la statuaire grecque (à l'époque archaïque, à l'époque classique, à l'époque hellénistique).

TRAVAUX ET EXERCICES

SYNTHÈSE

Justifiez les affirmations suivantes en vous appuyant sur des arguments ou des exemples:

1. La Grèce antique est à la base de la caractérisation des régimes politiques suivants: monarchie, oligarchie et démocratie.
2. Nulle religion n'a autant rapproché le monde des hommes et celui des dieux que la religion des Grecs.
3. La vie à Athènes est tout entière tournée vers la vie publique, comme le démontre le statut des citoyens, des femmes, des esclaves et des étrangers.

RÉFLEXION – Les concepts d'*humanisme* et de *citoyenneté*

1. Le don le plus précieux de la Grèce à l'humanité, c'est son *humanisme*, cette foi inébranlable en la valeur de l'Homme. Cet humanisme qui exalte l'Homme et le place au centre de toutes choses se retrouve dans tous les aspects de la vie grecque. Expliquez l'importance de l'humanisme dans les domaines suivants:
   a) la religion;
   b) la philosophie;
   c) la science;
   d) l'histoire;
   e) les arts.

2. La cité est le centre de la vie des Grecs. Ceux-ci ne sont pas seulement des sujets, ils en sont citoyens. Cette conception de la *citoyenneté* sera reprise par les Romains, mais disparaîtra en même temps que l'Empire romain. Durant le Moyen Âge, il sera question de *sujets*, plutôt que de citoyens. La notion de «sujet» n'est pas abordée dans ce chapitre; toutefois, à partir de l'idée selon laquelle «sujet» fait référence à l'assujettissement et à la soumission, tentez d'expliquer en quoi le fait d'être «citoyen» se distingue de celui d'être «sujet».

ANALYSE – Les sources de l'histoire: partielles et partiales?

Hérodote et Thucydide ont défini la règle sur laquelle doit reposer le modèle historique: la vérité (*voir doc.* 29 et 30, *p. 38*). L'historien doit donc faire la distinction entre le mythe et l'histoire. Son enquête consiste à recueillir, puis à confronter des témoignages, afin d'en déterminer l'authenticité et la fiabilité. Il établit ensuite la chaîne causale qui permet d'expliquer la succession des événements.

La prépondérance de ce critère de vérité signifie-t-elle que les historiens antiques disent effectivement la vérité? Pour répondre à cette question, le premier problème qui surgit est que les sources sont partielles: il existe, par exemple, beaucoup de connaissances sur Athènes, mais très peu sur Sparte. Parfois, les sources sont aussi partiales: elles ont un parti pris pour le modèle social et politique de l'une ou l'autre de ces cités. Un parti pris peut être évident, mais il peut aussi se cacher sous une apparence de vérité.

Dans le document 13 (*voir p. 27*), Thucydide offre un portrait de la cité d'Athènes dans le contexte de la guerre du Péloponnèse qui l'oppose à Sparte; dans le document 18 (*voir p. 31*), Plutarque propose plutôt un portrait de Sparte. Prenez le temps de lire les deux extraits de textes, puis de répondre aux questions ci-dessous, afin de dégager l'argument principal de chacun de ces deux historiens.

1. S'interroger sur l'auteur: quelle est la nature du lien entre l'auteur et la cité qu'il décrit? Par exemple, est-il un citoyen de cette cité? Est-il un témoin direct de ce qu'il décrit?
2. S'interroger sur les thématiques d'un texte: pour chacun des textes, relevez trois caractéristiques ou valeurs associées à la cité décrite.
3. S'interroger sur l'argument principal: en une phrase, quelle image de la démocratie athénienne donne Thucydide? Quelle image de l'oligarchie spartiate donne Plutarque?
4. S'interroger sur la valeur d'un document: à la lumière de ces deux documents, quelle conclusion pouvez-vous tirer quant au fait que les sources de l'histoire se révèlent parfois partielles ou partiales?

HÉRITAGE

CE QUE NOUS DEVONS À LA GRÈCE

Sur le plan matériel

- la diffusion de la monnaie
- le parchemin
- le phare
- l'alphabet fonctionnel (voyelles)

Sur le plan politique

- la notion de cité-État
- la caractérisation de types de régimes politiques: monarchie, tyrannie, oligarchie, démocratie

- la pratique de la démocratie directe (Athènes)
- la notion de citoyen

Sur le plan culturel

- l'humanisme
- une mythologie toujours vivante
- le culte du héros (olympisme)
- le patriotisme

Sur le plan intellectuel et scientifique

- la pensée scientifique et rationnelle (philosophie)
- les mathématiques, la géométrie, la physique
- le développement de l'astronomie
- un code de la médecine

Sur le plan artistique

- l'idéalisation du corps humain
- les canons de la beauté (en sculpture), la mesure et l'équilibre
- des styles architecturaux: dorique, ionique, corinthien
- des formes architecturales: fronton triangulaire, colonnade, théâtre en hémicycle

Sur le plan littéraire et linguistique

- le théâtre (tragédie, comédie, spectacles musicaux)
- l'épopée homérique
- l'histoire, la géographie
- l'éloquence (art oratoire)
- des mots et des racines de mots grecs

POUR ALLER PLUS LOIN

Ouvrages de référence

DETIENNE, Marcel. *Les Grecs et nous: une anthropologie comparée de la Grèce ancienne*, Paris, Perrin, 2009, 214 p. (Coll. « Tempus », n° 263)

FINLEY, Moses I., dir. *L'héritage de la Grèce*, Paris, Tallandier, 2009, 750 p. (Coll. « Texto »)

HANSEN, Mogens H. *La démocratie athénienne à l'époque de Démosthène: structure, principes et idéologie*, Paris, Tallandier, 2009, 493 p. (Coll. « Texto »)

LORAUX, Nicole, dir. *La Grèce au féminin*, Paris, Les Belles Lettres, 2009, 295 p. (Coll. « Histoire », n° 57)

MANSOURI, Saber. *La démocratie athénienne, une affaire d'oisifs?*, Paris, André Versaille Éditeur, 2010, 272 p.

MOSSÉ, Claude. *Les institutions grecques à l'époque classique*, Paris, A. Colin, 2008, 212 p. (Coll. « Cursus Histoire »)

VIDAL-NAQUET, Pierre. *La démocratie grecque vue d'ailleurs: essais d'historiographie ancienne et moderne*, Paris, Flammarion, 2009, 432 p. (Coll. « Champs Histoire », n° 359)

Cédéroms

La civilisation de la Grèce antique, Fr., Florix Multimédia, 1998.

La mythologie antique, Fr., Oda Édition/Réunion des musées nationaux, 1997. (Coll. « Mythologies »)

Productions audiovisuelles

Elektra, de Michael Cacoyannis, avec I. Papas et G. Fertis, Gr., 1961, 110 min. — Adaptation de la pièce d'Euripide. Œuvre forte, passionnante et fidèle à l'œuvre originale. Superbe photo en noir et blanc de paysages grecs.

Helen of Troy, de Robert Wise, avec R. Podestà et S. Baker, É.-U./It., 1956, 118 min. — Superproduction hollywoodienne assez réussie, basée sur *L'Iliade* d'Homère.

Œdipus Rex, de Abraham Polonsky, avec D. Campbell et E. Stuart, É.-U., 1957, 87 min. — Captation d'une production de la pièce de Sophocle au Festival de Stratford (Ontario). Très belle production. Les comédiens portent des masques, comme on le faisait en Grèce antique. La pièce de Sophocle est quelque peu raccourcie.

Orfeu Negro, de Marcel Camus, avec B. Mello et M. Dawn, Br./Fr./It., 1959, 100 min. — Le récit d'Orphée et Eurydice transposé dans le cadre du Carnaval de Rio. Superbe film, impressionnantes scènes en direct du carnaval, enlevante musique brésilienne. Palme d'Or à Cannes (1959), Oscar du meilleur film étranger (1960).

The Greeks: Crucible of Civilization, É.-U., PBS Home Video, 2000, 150 min. — Excellent documentaire du réseau PBS, magnifiques images de monuments et de paysages.

Troy, de Wolfgang Petersen, avec B. Pitt et B. Cox, É.-U./Malte/G.-B., 2004, 163 min. — Superproduction hollywoodienne basée sur *L'Iliade* d'Homère, mais qui évacue totalement l'intervention des dieux, élément essentiel de l'œuvre du poète.

Chapitre 2 — La civilisation romaine

PLAN

- **2.1 Le cadre géographique et chronologique**
  - 2.1.1 L'espace : une ville au centre du monde
  - 2.1.2 Les origines et la monarchie (jusqu'à la fin du ~VIe siècle)
  - 2.1.3 La République (de ~509 à ~27)
  - 2.1.4 L'Empire (de ~27 à 476)
- **2.2 L'héritage politique**
  - 2.2.1 La notion d'État
  - 2.2.2 Le droit romain
  - 2.2.3 *Pax romana*
- **2.3 L'héritage matériel**
  - 2.3.1 Rome au centre du monde
  - 2.3.2 Villes et romanisation
  - 2.3.3 « Tous les chemins mènent à Rome »
- **2.4 L'héritage spirituel**
  - 2.4.1 Naissance et diffusion du christianisme
  - 2.4.2 Le christianisme face au pouvoir impérial
- **2.5 L'héritage littéraire et artistique**
  - 2.5.1 La langue et la littérature
  - 2.5.2 L'art

1 Le monde romain à l'apogée de l'Empire (IIe siècle)

Les civilisations se chevauchent comme les maillons d'une chaîne. Au moment où Périclès gouverne Athènes et où la Grèce donne à l'esprit humain ses impérissables leçons de beauté, une toute petite cité d'Italie, Rome, a commencé une irrésistible ascension qui la conduira, de victoires en conquêtes, au gouvernement du monde méditerranéen tout entier. En étendant son empire, Rome recevra l'immense héritage de la Grèce qu'elle transformera en une culture gréco-romaine alliant la pureté classique de la tradition hellénique au goût romain du colossal et de la splendeur. Cette culture gréco-romaine est venue jusqu'à nous.

2 Rome : le Forum

Servant d'abord de place du marché, le Forum se couvrit peu à peu de boutiques.

Au ~IIe siècle, il était devenu le lieu des rassemblements politiques où les orateurs haranguaient le peuple de Rome.

Aujourd'hui, ces ruines rappellent que ce lieu fut le cœur de la cité impériale.

CHRONOLOGIE

~VIIIe s.	Fondation de Rome
~509	Début de la République
~312	Première grande route romaine : la voie Appienne
~49 à ~44	Dictature de César
~27	Début de l'Empire
v. ~5	Naissance de Jésus
IIe s.	Apogée de l'Empire : le siècle des Antonins
330	Transfert par Constantin de sa capitale à Byzance, qui devient Constantinople
395	Partage de l'Empire : Empire romain d'Orient, Empire romain d'Occident
406	Début des grandes invasions germaniques
410	Sac de Rome par Alaric
476	Fin de l'Empire romain d'Occident

3 La destinée de Rome

« Rome éclaire d'une vive lumière quelque douze siècles d'histoire humaine. Douze siècles où ne manquent pas, sans doute, guerres et crimes, mais dont la meilleure part connut la paix durable et sûre, la paix romaine, imposée et acceptée depuis les bords de la Clyde jusqu'aux montagnes d'Arménie, depuis le Maroc jusqu'aux rives du Rhin, parfois même à celles de l'Elbe et ne finissant qu'aux confins du désert, sur les bords de l'Euphrate. […] Comment s'étonner que ces douze siècles d'histoire comptent parmi les plus importants qui aient jamais été pour la race humaine et que l'action de Rome, en dépit de toutes les révolutions, de tous les élargissements et les changements de perspective survenus depuis un millénaire et demi, se fasse encore sentir, vigoureuse et durable ?

Cette action pénètre tous les domaines : cadres nationaux et politiques, esthétique et morale, valeurs de tous les ordres, armature juridique des États, coutumes et mœurs de la vie quotidienne, rien de ce qui nous entoure n'eût été ce qu'il est si Rome n'avait pas existé. »

Source : Pierre GRIMAL, *La civilisation romaine*, Paris, Arthaud, 1984, p. 9. (Coll. « Les grandes civilisations »)

2.1 Le cadre géographique et chronologique

Ce qui frappe, dans le cadre géographique et chronologique de la civilisation romaine antique, c'est le gigantisme : un espace qui va des abords de l'Écosse à ceux de l'Iran actuels, des forêts de l'Allemagne jusqu'au désert du Sahara, et un temps qui couvre plus de 1 000 ans, et même 2 000 ans si l'on y ajoute l'Empire byzantin qui est le prolongement de l'Empire romain proprement dit. Il n'y a guère de civilisations, dans toute l'histoire humaine, qui aient touché un si vaste territoire et duré si longtemps.

2.1.1 L'espace : une ville au centre du monde

Sept collines dans une plaine. À la différence de l'espace grec, baigné de tous côtés par la mer, l'espace d'origine de la civilisation romaine est une petite plaine marécageuse entourée de sept collines et traversée par un fleuve, le Tibre, qui débouche sur la mer à quelque distance. Cet ensemble fait partie d'une plaine plus vaste, très fertile, le Latium. Les Romains seront donc d'abord des paysans, attachés à leur terre et à leurs traditions et peu enclins aux aventures lointaines même s'ils constitueront finalement l'un des plus grands empires de l'histoire. Mais cet empire, d'un seul tenant, sera édifié patiemment, méthodiquement, par cercles concentriques autour de son noyau initial, sur un demi-millénaire.

Une plaine dans une péninsule. Le Latium est idéalement situé au centre d'une péninsule, l'Italie **4**, à la célèbre forme de botte, au relief assez montagneux mais qui est pourvue d'autres plaines fertiles, celle du Pô, la plus importante, au nord, la Toscane au centre et la Campanie au sud. Le Latium est un point de passage pratiquement obligé entre ces plaines, le Tibre pouvant être traversé à gué sur le site de Rome. La péninsule italienne fera l'objet des premières conquêtes romaines.

4 La péninsule italienne

Une péninsule dans une mer. Mais cette péninsule est à son tour au centre d'un ensemble maritime formé de la mer Tyrrhénienne, de la mer Adriatique et de la mer Méditerranée, et c'est en s'étendant sur l'Italie que Rome entrera en conflit avec les Grecs, installés au sud de la péninsule et en Sicile, et les Carthaginois, héritiers des Phéniciens, présents en Afrique du Nord et en Espagne. Ainsi aspirée par ses conquêtes, Rome devient méditerranéenne, fusionnant les apports de nombreuses autres civilisations.

Toujours plus loin. Aiguillonnée par son appétit de terres, Rome va pousser encore plus loin, vers les régions froides et humides du nord de l'Europe, jusque sur le Rhin et le Danube et même jusqu'en Angleterre (appelée Bretagne à l'époque). Elle devient alors une sorte d'empire « universel », à la fois continental et maritime, touchant trois continents, cinq mers (Tyrrhénienne, Adriatique, Méditerranée, Égée et Noire) et un océan (Atlantique).

2.1.2 Les origines et la monarchie
(jusqu'à la fin du ~VIe siècle)

Les origines de Rome sont fort mal connues. Une légende attribue la fondation de la ville, en ~753, à Romulus et Remus, des jumeaux allaités par une louve dans leur enfance. Il semble toutefois que le site ait été habité dès le ~Xe siècle. Quoi qu'il en soit, ce sont les rois étrusques qui, asséchant les marais et construisant remparts et temples, vont en faire une véritable ville, vers ~600. Sous les Étrusques, peuple voisin quelque peu mystérieux assez influencé par la culture grecque, Rome est dirigée par un roi assisté d'un Sénat consultatif. Vers ~509, une révolution chasse les Étrusques, et les Romains libérés fondent une **République** (du latin *res publica*, « chose publique », « affaire de tous »). Les Romains garderont de la période étrusque une méfiance inébranlable envers le système monarchique.

République
Forme de gouvernement dans lequel les pouvoirs de l'État relèvent de différentes autorités et sont exercés, jusqu'au niveau le plus élevé (chef de l'État), par des personnes élues par les citoyens pour un temps limité.

2.1.3 La République (de ~509 à ~27)

Une république aristocratique. Par comparaison avec la démocratie athénienne (*voir p. 26*), les institutions de la République romaine en font, à l'origine, un système aristocratique fondé sur l'inégalité des citoyens et sur le morcellement du pouvoir. Les citoyens sont divisés en deux classes : les **patriciens** et les **plébéiens**. Il n'y a pas d'Assemblée comme l'Ecclésia d'Athènes, mais plusieurs Comices, sortes d'assemblées du peuple dotées chacune de pouvoirs spécifiques. Détenteurs exclusifs des pleins droits politiques, les patriciens gouvernent au moyen du Sénat, organe central de l'autorité, qu'ils sont seuls à former. Le Sénat approuve ou non les projets de loi, autorise la levée de troupes, accorde les crédits et dirige la politique extérieure. Le pouvoir exécutif appartient à deux consuls, tous deux patriciens, élus pour un an, et dont toutes les décisions doivent être communes. À côté des grandes familles patriciennes, commerçants et petits paysans forment la plèbe. Ils sont « sans ancêtres », c'est-à-dire hors des lignées patriciennes, et sans droits politiques.

Patricien
Citoyen romain qui appartient par sa naissance à l'une des grandes familles considérées comme les fondatrices de la Cité.

Plébéien
Citoyen romain n'appartenant pas à une famille patricienne.

Plébéiens contre patriciens. Pendant 200 ans, l'histoire intérieure de la République est marquée par la lutte farouche entre patriciens et plébéiens, les premiers répugnant à céder aux seconds une part quelconque du pouvoir. Mais les plébéiens, qui fournissent la main-d'œuvre et une bonne partie des soldats dont Rome ne peut se passer, se sentent indispensables et revendiquent l'égalité des droits. Ils obtiennent d'abord leur propre Assemblée, qui vote des lois et qui élit leurs défenseurs, les tribuns de la plèbe, puis le droit d'être jugés selon un code de lois écrit, le même que pour les patriciens, puis l'accès aux fonctions publiques. Vers ~300, une égalité politique au moins théorique règne entre tous les citoyens de Rome.

Toutefois, cette égalité durement acquise va être remise en question par l'expansion territoriale déjà commencée et qui va faire de cette cité-État semblable à tant d'autres de l'époque l'un des plus grands empires de l'histoire.

Les conquêtes romaines. La prodigieuse ascension de Rome s'étend sur cinq siècles. Elle impose d'abord sa domination à toute l'Italie (~272), puis à l'Afrique du Nord, à l'Espagne et à la Provence à la suite d'un long conflit avec Carthage (de ~264 à ~146). En ~122, Rome domine toute la Méditerranée occidentale, qu'elle appelle avec fierté *mare nostrum*, « notre mer ». Entre-temps, aspirée par ses conquêtes, elle s'est tournée vers l'Orient méditerranéen. La Macédoine et la Grèce sont annexées en ~146. C'est la fin de la civilisation

5 L'expansion romaine

Quelles sont les régions conquises par les Romains en Méditerranée aux IIe et Ier siècles avant notre ère ? Quels sont les territoires annexés par Auguste ?

6 Les conséquences des conquêtes sur la société romaine

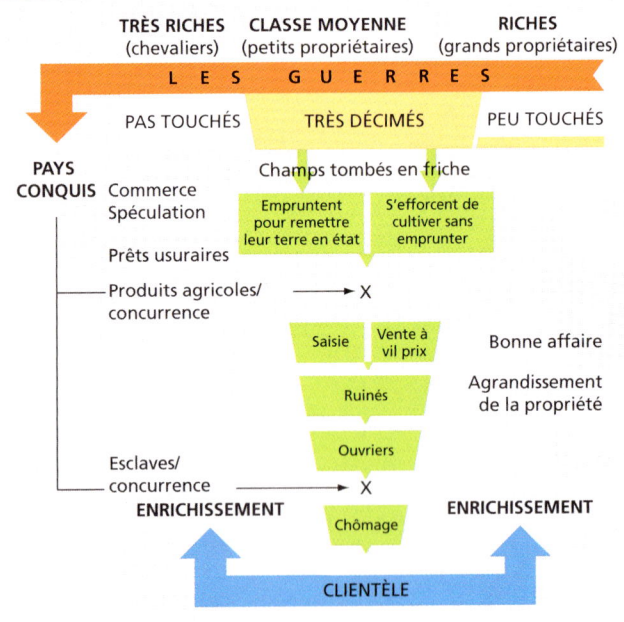

À l'aide de la figure, expliquez comment les grandes conquêtes ont eu pour effet de provoquer le déclin de la petite paysannerie libre. La disparition de la classe rurale est-elle grave ?

grecque : des milliers d'Athéniens, parmi lesquels des philosophes et des artistes, sont amenés à Rome comme prisonniers. Ils y répandent l'hellénisme. En ~63, les légions romaines entrent en Palestine, préparant sans le savoir les conditions du succès futur du christianisme. Enfin, l'annexion de l'Égypte en ~30 donne à Rome le contrôle de toutes les rives orientales de la Méditerranée. Pendant ce temps, à l'autre bout de l'Empire, Jules César a conquis la Gaule entière (de ~58 à ~51). À la fin de la République, l'aigle romain étend sa puissance de l'Espagne à la Syrie et des confins de la Gaule aux sables du Sahara 5.

Toutes ces conquêtes vont transformer profondément la civilisation romaine, aux points de vue économique, social et politique.

Les conséquences économiques. Les conséquences économiques des conquêtes sont évidentes. Rome devient le centre de gravité de toute l'économie méditerranéenne et draine vers elle des richesses inouïes venues de tous les horizons et issues tant du pillage occasionné par les guerres que de l'exploitation régulière des ressources des territoires conquis 1 (*voir p. 46*). La proverbiale frugalité romaine se dissout dans le luxe, l'esprit public s'évanouit.

Les conséquences sociales. Les conséquences sociales ne sont pas moins profondes 6. Les conquêtes et l'essor économique qu'elles suscitent favorisent l'émergence d'une nouvelle aristocratie de l'argent, les **chevaliers**, qui va affronter les grands propriétaires fonciers pour le contrôle du pouvoir. Sur la plèbe, en revanche, l'impact des conquêtes est désastreux. Artisans et salariés subissent la concurrence des esclaves raflés dans les pays conquis et dont le travail n'est pas rémunéré. Quant aux petits agriculteurs qui composent la classe moyenne mais aussi l'essentiel des armées, leurs fermes ont été laissées à l'abandon pendant de longues années de guerre. La paix revenue, ils ont été forcés d'emprunter à quelque riche voisin pour remettre leurs terres en état. Mais ils vendent difficilement leurs récoltes, parce qu'ils souffrent maintenant de la concurrence du blé d'Afrique du Nord et surtout d'Égypte. Écrasés de dettes et dépouillés de leurs terres, ils se voient contraints de déserter les campagnes pour grossir les rangs des chômeurs urbains. Affluant à Rome surtout, ils y constituent une masse flottante et turbulente, condamnée à l'oisiveté et dont les familles riches s'assurent l'appui politique (le clientélisme) en leur fournissant chaque matin leur ration de pain et en les distrayant par les jeux du cirque, de plus en plus nombreux et somptueux (*panem et circenses*).

Les conséquences politiques. Les conséquences politiques des conquêtes sont capitales. D'une part, les institutions politiques d'une petite cité-État se révèlent inadéquates pour organiser un vaste empire dans lequel les citoyens romains ne représentent plus qu'une très infime minorité. D'autre part, l'évolution sociale entraîne des tensions politiques. Après l'échec des frères Gracchus (entre ~133 et ~120), tribuns de la plèbe assassinés pour avoir voulu opérer une redistribution des terres au profit des pauvres **7**, commence une longue période de troubles et de guerres civiles. Des généraux ambitieux (Marius, Sylla) recrutent les oisifs dans leurs armées en leur promettant terre et butin et s'affrontent en des luttes sanglantes devant un Sénat de plus en plus dépassé. Finalement, Jules César, auréolé de la gloire que lui vaut sa conquête de la Gaule, marche sur Rome à la tête de ses troupes et se fait nommer dictateur pour 10 ans par le Sénat (~49).

César et la fin de la République. Maître du monde romain, César **8** emploie tout son génie à le réorganiser. Il ouvre d'immenses chantiers à Rome et distribue 20 000 lots de terre aux pauvres. Pour réduire l'autorité du Sénat, il regroupe en une classe unique sénateurs et chevaliers. Il accorde la citoyenneté romaine à tous les hommes libres de l'Italie et institue le calendrier qui porte son nom et que nous utilisons toujours (calendrier julien : 365 jours et 1/4, avec une année bissextile). Grand pontife (chef religieux), *imperator* (chef militaire victorieux), il est surtout **dictateur**, une sorte de roi sans en porter le titre, et extrêmement populaire. Mais la noblesse conspire contre celui qui a sapé ses privilèges, tandis que les partisans des institutions républicaines ne peuvent bientôt plus tolérer ce pouvoir personnel centralisé. César est assassiné en plein Sénat, le 15 mars de

7 Un discours de Tiberius Gracchus

Pour faire passer sa loi agraire, Tiberius prononce, devant le peuple de Rome, un discours aux accents pathétiques.

« Même les animaux qui vivent en Italie ont une tanière ; chacun d'eux a un endroit où dormir et où se réfugier. Mais ceux qui combattent et meurent pour défendre l'Italie n'ont que l'air et la lumière, et rien d'autre. Sans maison, sans résidence fixe, ils mènent une vie errante avec femmes et enfants. Quand les généraux invitent les soldats à lutter contre les ennemis pour défendre leurs tombeaux et leurs temples, ils leur mentent, car, aucun de ces Romains si nombreux n'a d'autel pour y honorer ses pères, ni de sanctuaire consacré à ses ancêtres. C'est pour défendre le luxe et l'argent d'autrui qu'ils font la guerre et qu'ils meurent. On les appelle les maîtres du monde, mais ils n'ont même pas une motte de terre qui leur appartienne ! »

Source : PLUTARQUE, « Tiberius Gracchus » (v. 100-110), IX : 5-6, dans *Vies parallèles*, trad. par Anne-Marie Ozanam, Paris, © Éditions Gallimard, 2001. (Coll. « Quarto »)

Chevalier
À l'origine, Romain assez riche pour entretenir un cheval pendant la guerre. Les chevaliers forment donc la cavalerie romaine. Par la suite, ils forment, à côté des patriciens, une noblesse d'argent. Ne pas confondre avec les chevaliers du Moyen Âge (*voir p. 87*).

Dictateur
Dans la république romaine, magistrat extraordinaire investi, dans des circonstances critiques, de pouvoirs illimités pour un temps déterminé (en principe, six mois).

8 Jules César (~101/~44)

PORTRAIT

Jules César est l'un des personnages les plus connus de l'histoire, à la fois chef de guerre, écrivain et homme politique de première importance. Né au sein d'une vieille famille patricienne, il prend très tôt parti pour les plébéiens. Extrêmement ambitieux, il devient consul en ~59 et, son mandat écoulé, entreprend la conquête de la Gaule, qu'il mène à bien en huit années de campagnes qui lui apportent un prestige et une popularité immenses. Sommé par le Sénat, inquiet de cette popularité, de rentrer à Rome sans son armée, il le fait malgré tout en s'écriant « *Alea jacta est !* » (« Les dés sont jetés »). Une guerre civile s'ensuit, dont il sort victorieux en ~45. Il gouverne alors en souverain absolu, implantant des réformes profondes dans la société romaine et se faisant quantité d'ennemis dans les classes dirigeantes traditionnelles. Le 15 mars ~44, il tombe sous les coups de conspirateurs, dont Brutus qu'il avait adopté comme son propre fils. Mais sa postérité traversera les siècles : considéré comme le véritable fondateur de l'Empire, son nom, devenu nom générique, sera accolé à celui de tous les empereurs, qui seront des Césars, et, bien après la disparition de l'Empire, aux empereurs d'Allemagne, les Kaisers, et à ceux de Russie, les Tsars.

9 Auguste, sauveur de l'État

« [...] la puissance militaire de Lépide et d'Antoine passa à Auguste, qui avec le titre de "prince", reçut sous son autorité absolue l'ensemble de l'État, épuisé par les guerres civiles. [...]

Une fois que, après la défaite de Brutus et de Cassius, l'État n'eut plus d'armée, que Sextus Pompée fut vaincu dans les eaux de la Sicile, que l'élimination de Lépide, la mort d'Antoine n'eurent laissé au parti julien lui-même d'autre chef que César Auguste [Octave], celui-ci abandonna le titre de triumvir, se déclara consul, se contentant, disait-il, de la puissance tribunitienne pour protéger la plèbe ; puis, quand il eut gagné l'armée par ses largesses, le peuple par des distributions de vivres, tout le monde par la douceur de la paix, peu à peu, le voici qui monte et attire à lui les prérogatives du sénat, des magistrats, des lois, sans que personne lui résiste [...]. »

> D'après Tacite, comment se manifeste l'habileté d'Auguste dans l'établissement de son pouvoir personnel ?

Source : TACITE, *Annales* (v. 110), I : 1-2, trad. par Pierre Grimal, Paris, © Éditions Gallimard, 2002, p. 3-4. (Coll. « Folio Classique »)

l'an ~44. La guerre civile reprend une dernière fois et Octave, petit-neveu de César, en sort vainqueur. Le 13 janvier de l'an ~27, Octave, qui souhaite garder le pouvoir, fait mine d'y renoncer en proposant aux sénateurs de leur remettre le gouvernement de l'État. Ceux-ci le supplient de garder les pleins pouvoirs et d'accepter le titre honorifique d'Auguste. Se baptisant lui-même *princeps* (premier) et non *rex* (roi), Auguste réussit à légaliser son propre pouvoir et à le rendre durable, tout en écartant les soupçons d'aspiration à la monarchie 9. Mais la République a vécu.

2.1.4 L'Empire (de ~27 à 476)

Le mot et la chose. Le mot *empire* peut avoir deux sens : l'un territorial, l'autre institutionnel. Au sens territorial de vaste espace rassemblé sous l'autorité d'un État, l'Empire romain a été constitué, pour l'essentiel, à l'époque de la République, comme nous venons de le voir. Au sens institutionnel, l'empire est une forme de gouvernement de type monarchique, caractérisée par la concentration du pouvoir entre les mains d'un seul dirigeant. C'est le système que Rome va connaître à partir de ~27 et qu'on nomme parfois le *Principat* (de *princeps*, titre que se donne son fondateur, Auguste).

Le nouveau régime. Le génie d'Auguste (~63/14) 10 est de créer un système de pouvoir personnel absolu en laissant intacts la forme et le nom des institutions républicaines. Le sigle de l'Empire romain demeurera, à jamais, SPQR : *Senatus PopulusQue Romanus* (« le Sénat et le peuple romain »). Mais tout en maintenant en place ces institutions, Auguste les vide de toute substance, d'une part, en accaparant toutes les hautes magistratures (consul, tribun, censeur, pontife, etc.) et, d'autre part en mettant sur pied une immense bureaucratie qui ne relève que de lui. Ce pouvoir personnel comporte cependant un défaut majeur : il ne prévoit pas de règle de succession au trône, de sorte que le titre impérial est laissé à la loi

10 L'empereur Auguste

Debout, la main droite levée, en cuirasse de cérémonie, l'empereur harangue les soldats.

du plus fort, c'est-à-dire, en définitive, à la force armée. Chaque vacance du pouvoir impérial risque ainsi de déboucher sur l'anarchie. En 68-69, il y aura même cinq empereurs en moins de deux ans, dont quatre mourront trucidés, l'un carrément lynché par la foule. Ainsi, très peu d'empereurs romains ont eu le loisir de mourir paisiblement dans leur lit, les ambitieux cherchant à hâter l'échéance… Par ailleurs, la stabilité et la longévité de l'Empire, malgré cette faiblesse au faîte du pouvoir, en dit beaucoup sur l'efficacité et le sens de l'État de la bureaucratie romaine.

L'apogée de l'Empire. Le règne d'Auguste dure 41 ans (de ~27 à 14) et reste marqué par un retour à la paix intérieure et extérieure et par une floraison artistique exceptionnelle qui a valu à la période le nom de *siècle d'Auguste*. Puis le titre impérial passe pendant de longues années (de 14 à 95) entre les mains de despotes cruels sinon fous (Caligula, Néron), avant de connaître l'apogée du *siècle d'or*, l'époque des Antonins (de 96 à 192). Trajan, Hadrien, Antonin et Marc Aurèle jouissent d'une autorité sereine et solide et donnent à l'Empire sa plus vaste expansion, jusqu'aux portes de l'Écosse, sur la ligne Rhin-Danube et au sud de la mer Noire. En Bretagne (l'Angleterre actuelle), en Europe centrale, on fortifie la ligne (*limes*) qui, espère-t-on, fixe pour toujours le périmètre de la puissance de Rome.

Au début du IIIe siècle de notre ère, l'Empire né de la Louve peut sembler à son apogée. Les frontières sont encore solides et les légions tiennent en respect les «barbares» qui se pressent le long du *limes*. Tous les hommes libres de l'Empire portent avec fierté leur titre de citoyen romain qui vient de leur être conféré par l'empereur Caracalla (212). Fait unique dans l'histoire, Rome voit sa langue, ses lois et sa culture atteindre presque les dimensions de l'univers qu'elle connaît. L'Empire paraît indestructible. Pourtant, des fissures commencent à lézarder le bel édifice.

La longue agonie de l'Empire. Les conquêtes et l'exploitation des provinces ont fait affluer à Rome l'or et les esclaves des pays vaincus, corrompant les classes dirigeantes et dégradant la masse des défavorisés dans les jeux du cirque et les combats de gladiateurs où elle cherche à oublier sa misère et sa déchéance. L'Empire, qui n'agrandit plus son domaine, ne peut plus alimenter ses finances. Les mines d'argent d'Espagne et les mines d'or de la Gaule et de la Dacie s'épuisent. Une crise monétaire s'ensuit, qui entraîne l'augmentation des prix et du marché noir. En même temps, les arrivées d'esclaves diminuent et, comme les Romains répugnent au travail, les champs sont laissés en friche ; la famine menace.

Pour éviter l'effondrement de l'économie, l'administration impériale intervient dans tous les secteurs et la bureaucratie se fait plus lourde, entraînant une pression fiscale oppressive. Pendant que les impôts écrasent le citoyen, du haut jusqu'en bas de l'échelle administrative on vole, on pille… En 395, l'Empire devenu décidément trop vaste est divisé en deux : l'Empire romain d'Occident avec Rome pour capitale, et l'Empire romain d'Orient, plus grec d'ailleurs que romain, autour de Constantinople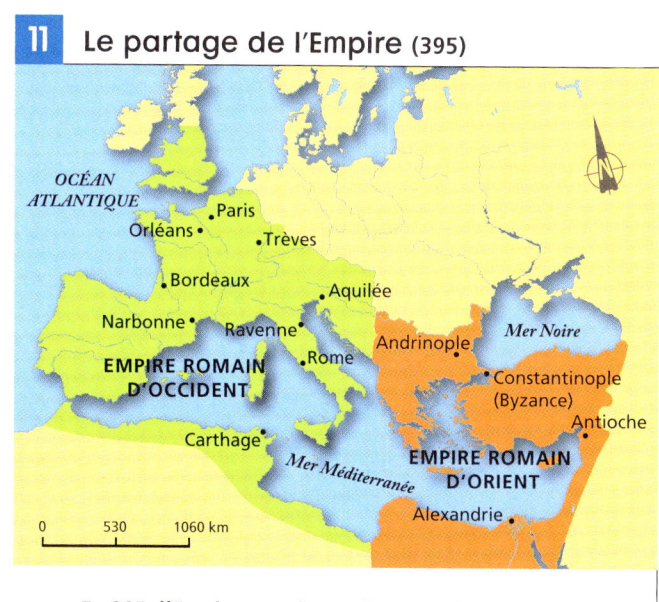

11 Le partage de l'Empire (395)

En 395, l'Empire romain est divisé en deux entités indépendantes. C'est en quelque sorte l'acte de naissance de l'«Occident».

En même temps, les vertus militaires, qui ont fait si longtemps la force de Rome, déclinent dangereusement. La jeunesse romaine ne veut plus combattre. Rome, qui fut guerrière, manque maintenant de soldats. Un paradoxe stratégique apparaît: des «barbares» protègent la frontière de l'Empire contre d'autres «barbares» qui n'attendent que l'occasion d'y entrer. Bientôt, sur les frontières, le bouclier des légions se fissure. Au milieu du IIIe siècle, des bandes de barbares déferlent sur la Gaule, pillant tout sur leur passage. Le brigandage, oublié depuis trois siècles, réapparaît. L'insécurité des routes provoque le resserrement du commerce. La mer n'étant plus protégée, les pirates y reviennent.

Finalement, la frontière cède sous la pression des tribus germaniques entassées sur le Rhin, et c'est la grande invasion de 406, qui annonce la fin de l'Empire romain d'Occident. Pendant quelque temps encore, des usurpateurs s'affublent du titre d'empereur au milieu d'un immense désordre. Mais en 476, l'empereur d'Occident Romulus Augustule, un adolescent, est déposé par un chef germain, Odoacre, qui renvoie à l'empereur de Constantinople les insignes impériaux. Il n'y a plus, désormais, qu'un empire d'Orient, d'un côté, et des royaumes germaniques, de l'autre. Le Moyen Âge est en vue.

Faisons le point

1. Localisez sur une carte les éléments suivants: Rome, Latium, Italie, mer Tyrrhénienne, mer Adriatique, mer Méditerranée, Constantinople; tracez les frontières de l'Empire romain à son maximum d'extension et la ligne de partage entre l'empire d'Occident et l'empire d'Orient.
2. Quelle influence les conquêtes territoriales ont-elles exercée sur l'évolution de la civilisation romaine?
3. Qui est Jules César, et quelle importance a-t-il eu dans l'histoire romaine?
4. Comment Auguste réussit-il à faire accepter aux Romains un régime essentiellement monarchique, malgré leur méfiance séculaire à l'égard d'un tel régime et leur attachement aux institutions républicaines?
5. Quels sont les principaux facteurs qui entraînent la chute de l'Empire romain?

2.2 L'héritage politique

L'héritage politique laissé par Rome à la civilisation occidentale est fondamental. Il est constitué, entre autres, de la notion d'État et du droit, tous deux garants de l'ordre romain.

2.2.1 La notion d'État

L'État romain. Les Romains ont fait preuve de génie en gouvernant et en administrant comme ils l'ont fait un empire aussi vaste pendant cinq siècles. Leur sens de l'ordre et de l'organisation leur a permis d'élargir la notion d'**État**,

---

État
Autorité politique souveraine, considérée comme une personne juridique et morale, à laquelle est soumis un groupement humain vivant sur un territoire donné.

conçu chez les Grecs sous la forme de la Cité, territoire restreint. Rome, elle, s'est développée. Par le fruit des conquêtes, la cité est devenue un empire groupant plus de 20 peuples de mœurs et de coutumes différentes. En s'élevant ainsi au statut d'Empire, les Romains en arrivent à concevoir l'État comme une autorité publique qui transcende les individus, les groupes et les régimes, comme un pouvoir supérieur qui incarne la continuité politique et qui garantit à tous les conditions de base essentielles à la vie en société. Partout la même loi, rigoureusement imposée, qui assure l'unité, l'ordre et la paix 12. Cette conception de l'État s'incarne dans l'encadrement de l'activité collective par une administration régulière et centralisée.

Vers l'État moderne. Une telle conception de l'État subira une longue éclipse après la chute de l'Empire romain d'Occident, dans l'environnement éclaté du Moyen Âge. Ce n'est que vers le XVIe siècle que l'Occident reviendra vraiment à la notion romaine d'État, avec la naissance des États modernes appuyés sur une administration centralisée (*voir chap. 5*). Cette conception deviendra, de fait, le fondement de toutes les constructions politiques du monde moderne.

2.2.2 Le droit romain

Les principes. Plus qu'aucun autre peuple avant eux, plus que les Grecs mêmes, les Romains ont été des juristes et des légistes. Ils ont imposé l'idée d'une société dont les membres sont protégés dans leur personne et dans leurs biens par des droits juridiquement définis. Ils sont à l'origine de la notion d'État de droit, avec ses dispositions fondamentales : l'égalité de tous devant la loi, l'interdiction des privilèges et le refus de l'arbitraire. Ils ont légué au monde la tradition d'un droit écrit et codifié, qui s'oppose tant aux simples coutumes qu'aux caprices des dirigeants. Ils ont introduit les distinctions fondamentales entre droit privé et droit public, entre droit civil et droit criminel ou pénal. Les régimes politiques passent, les hommes d'État se succèdent, mais le droit demeure. De tous les héritages laissés par Rome, le droit est celui qui caractérise le plus l'esprit romain 13.

La clarté de la législation romaine explique l'influence qu'elle n'a cessé d'avoir à travers les siècles. Les recueils de lois de la plupart des pays occidentaux plongent leurs racines dans les principes juridiques romains. Les dispositions modernes prescrivant que nul ne peut être contraint de défendre une cause, que nul ne peut être puni pour ce qu'il pense ou encore que la charge de la preuve incombe à la partie qui affirme et non à celle qui nie dérivent du droit romain. Signer un bail, rédiger un acte d'achat d'une voiture ou d'une maison, résilier un contrat de vente, etc., sont des formalités légales héritées des Romains. Le *Code civil du Québec* est en filiation, fût-elle indirecte et lointaine, avec le *Code Justinien*, promulgué en 527 par l'empereur du même nom. Enfin, le langage juridique actuel a même conservé nombre de locutions inspirées du droit romain et pour lesquelles le latin est

12 Au-dessus des individus, l'État

« Il faut donc des magistrats puisque, sans leur savoir-faire et leur vigilance, une cité ne peut subsister ; et c'est à bien définir leurs fonctions que consiste l'art de gouverner la république. Mais il ne suffit pas de leur prescrire les règles à observer dans le commandement, il faut dire aussi comment les citoyens doivent obéir. Pour bien commander en effet, il est nécessaire d'avoir obéi quelque temps, et qui sait obéir paraît digne de commander un jour. Il faut donc que celui qui obéit espère qu'il commandera plus tard et que celui qui commande n'oublie pas que bientôt il devra obéir. Il ne suffit pas que les citoyens soient soumis aux magistrats et leur obéissent, nous voulons aussi qu'ils les honorent et les aiment […].

Que les commandements soient justes et que les citoyens y obéissent de plein gré et sans faire de difficulté. Que le magistrat contraigne le citoyen désobéissant et dangereux par l'amende, la prison, le fouet, à moins qu'une autorité égale ou supérieure, ou le peuple, ne s'y oppose […]. Quoi qu'ordonne celui qui commande les opérations militaires, sa volonté a force de loi. […]

À l'armée ils [les magistrats] auront un pouvoir absolu, sans devoir obéissance à personne. Que le salut du peuple soit pour eux la loi suprême. »

Source : CICÉRON, *Des lois* (v. ~52), III : 2-3, trad. par Charles Appuhn, Paris, Garnier, 1932, p. 341, 343, 345.

Codifié
Rassemblé en un recueil formant un ensemble complet dans le domaine de la justice.

13 Quelques principes de droit romain

« Le droit tire son nom de la justice ; or, suivant la définition de Celse, le droit est l'art de connaître ce qui est bon et juste.

Les préceptes du droit sont de vivre honnêtement, de ne faire tort à personne, et de rendre à chacun ce qui lui est dû.

Le droit public regarde l'administration de l'État ; le droit particulier concerne les intérêts de chacun. […] »

Source : « Code Justinien » (529-534), I : 1, 10, dans *Digeste ou pandectes de l'empereur Justinien*, t. I, trad. par Henry Hulot, Paris, Rondonneau, 1803, p. 41, 43.

14 Quelques locutions latines utilisées en droit québécois et canadien actuel

Locution latine	Sens littéral	Sens juridique
Alibi	Ailleurs	Défense basée sur la présence de l'accusé dans un autre lieu au moment du crime
Audi alteram partem	Entends l'autre partie	Droit d'être entendu avant d'être jugé
Certiorari	Être informé	Procédure par laquelle on demande à la cour de juger de la régularité d'une décision administrative
Habeas corpus	Vous avez le corps	Requête à la cour pour vérifier la légalité d'une détention
In camera	En chambre	Procès ou partie d'un procès tenu derrière des portes closes, sans la présence du public
Nolle prosequi	Ne pas vouloir poursuivre	Déclaration par laquelle la poursuite abandonne les procédures
Pro forma	Pour la forme	Caractère d'une action non essentielle qui peut être revue ultérieurement
Quo warranto	Par quelle autorité ?	Procédure par laquelle on tente d'empêcher une personne de faire une chose pour laquelle elle n'a pas d'autorité
Sub pœna	Sous peine de	Ordre à une personne de se présenter en cour
Ultra vires	Au-delà des forces	Caractère d'une décision qui excède la juridiction du décideur

encore utilisé couramment, tant en français qu'en anglais et dans plusieurs autres langues 14.

2.2.3 *Pax romana*

***Pax romana*, la paix romaine.** Ces mots correspondent à la période la plus calme, la plus dégagée de menaces que l'Occident ait jamais connue, avant et depuis. Aujourd'hui, la paix nous apparaît comme un simple répit, une trêve entre deux cataclysmes. Il en allait bien autrement pour un citoyen de l'Empire au temps de Titus ou de Trajan. La paix était alors une réalité durable.

En Gaule, par exemple, les derniers soubresauts de la conquête ont eu lieu vers ~50 ; en Espagne, en ~19. Et jamais, jusqu'aux premières vagues d'invasions, c'est-à-dire pendant près de trois siècles, nul soldat menaçant n'est reparu dans ces terres désormais protégées par Rome. Au centre de l'Empire, dans la péninsule italienne, entre les dernières incursions carthaginoises et les premières invasions germaniques, c'est près d'un demi-millénaire de relative tranquillité, malgré les secousses des guerres civiles et des révoltes d'esclaves. Une telle quiétude, tout à fait exceptionnelle, a permis la croissance démographique et le développement économique. Cela signifie, estime l'historien Pierre Grimal, qu'on a pu cultiver son champ avec la certitude d'avoir une récolte, qu'on a pu léguer son bien à son fils et que la famille est restée sur sa terre.

Une autonomie locale. Cette relative tranquillité de l'Empire tient, entre autres, à l'organisation impériale elle-même, qui laisse aux administrations locales, aux cités, une large autonomie. Une fois victorieux, les Romains traitent généralement leurs anciens ennemis avec clémence, se montrent tolérants pour leurs coutumes, facilitent leur intégration dans l'Empire en leur permettant d'accéder progressivement à la pleine citoyenneté romaine. Dès l'instant que l'ordre règne et que s'effectue correctement la rentrée des impôts, le gouvernement impérial n'intervient pas dans les détails. La majorité des questions est réglée au niveau des cités par des magistrats élus que Rome comble de faveurs pour se les attacher et qui ont le sentiment d'être des « Romains » avant d'être des Gaulois, des Bretons ou des Syriens. Cette relative indépendance est la meilleure base de la fidélité des peuples administrés qui ne se sentent plus opprimés, mais associés au destin de l'Empire. D'ailleurs, plusieurs empereurs, à partir du IIIe siècle, seront issus des peuples conquis.

Faisons le point

1. En quoi consiste la notion d'État élaborée par les Romains ?
2. Quelles sont les caractéristiques générales du droit romain ?
3. Citez et définissez au moins trois locutions latines utilisées couramment dans le droit actuel.
4. Qu'entend-on par l'expression *pax romana* ?
5. Comment Rome assure-t-elle une relative tranquillité intérieure dans son empire ?

2.3 L'héritage matériel

Les traces matérielles de la présence de Rome, profondes, encore visibles, se retrouvent partout dans les territoires de son empire, parfois remarquablement conservées. Les plus impressionnantes se trouvent dans le vaste réseau de villes et de routes qui couvrent tout l'Empire.

2.3.1 Rome au centre du monde

La Rome impériale. L'Empire romain est un monde de villes, à l'image de la ville mère, Rome. Auguste se vantait d'avoir laissé en marbre la ville qu'il avait trouvée en briques. À l'apogée de sa puissance, largement étalée autour des sept collines primitives, avec son million d'habitants venus de tous les horizons de l'Empire, Rome est l'une des plus grandes agglomérations du monde. Elle est l'*Urbs*, la ville par excellence 15. Les monuments y sont plus nombreux et plus

15 Maquette de Rome à l'apogée de l'Empire (IIe siècle)

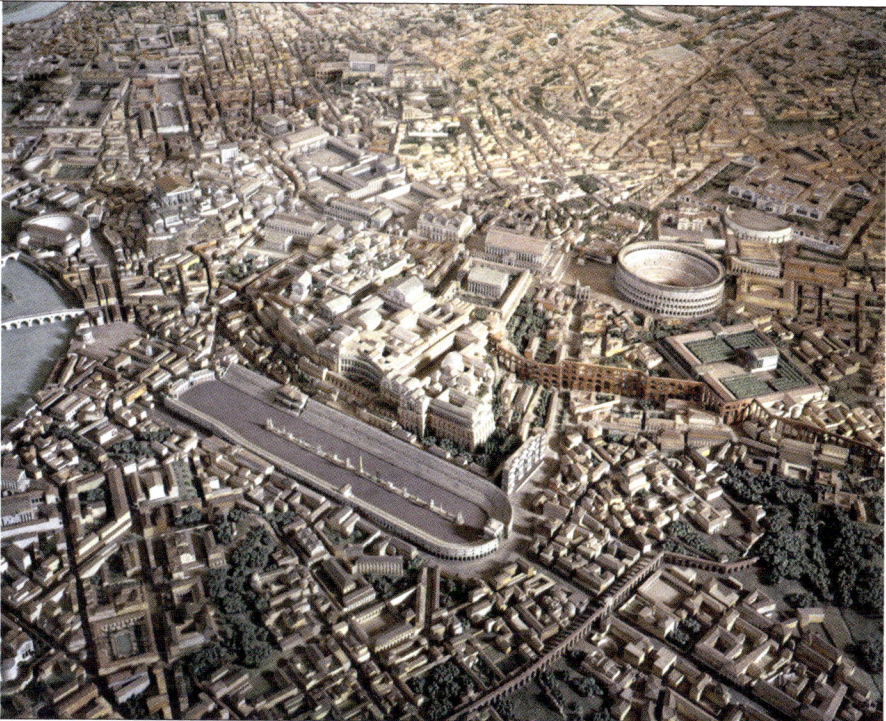

Remarquez le fouillis des rues et la taille immense des monuments publics destinés à distraire la plèbe oisive. Au centre, entre le Colisée et le *Circus Maximus*, on peut voir la série d'arches de l'un des 12 aqueducs gigantesques qui alimentent la ville en eau.

16 L'amphithéâtre du Colisée

Construit sous Vespasien et Titus (v. 72-80), il sert à des combats de gladiateurs, mais aussi à la naumachie (combat naval), très prisée par les Romains. Des chrétiens y sont livrés aux bêtes.

spectaculaires que partout ailleurs, tels le Colisée (*colosseum*, « colosse »), le plus vaste et le plus magnifique des amphithéâtres de l'Empire, capable d'accueillir 50 000 spectateurs **16**, ou le *Circus Maximus*, avec ses 350 000 places, le plus grand stade de l'Antiquité.

Les énormes constructions publiques s'y multiplient au fil des siècles, particulièrement des thermes (des bains publics), où les Romains se réunissent chaque après-midi, et qui jouent un rôle social important, puisqu'on y trouve, entourés de jardins, des bibliothèques, une palestre, un stade de compétition, des boutiques, des bureaux et, bien sûr, au centre, les salles pour bains chauds ou froids ou bains de vapeur (saunas). Mosaïques et statues en font de véritables palais collectifs **17**. Les thermes ne cessent d'ailleurs de grandir en dimension et en luxe. Les plus vastes sont ceux de Dioclétien, ouverts en 305, qui s'étendent sur plus de 13 hectares, les salles de bains à elles seules pouvant y accueillir simultanément jusqu'à 3 000 personnes. Pour les besoins de ces établissements, et pour la santé des citadins, l'approvisionnement en eau est vitale. Rome est alimentée par 12 aqueducs qui fournissent en moyenne à chaque Romain 10 litres d'eau par jour, plus qu'aux Romains d'aujourd'hui !

Toutefois, dans cette Rome superbe, luxueuse et raffinée, le magnifique côtoie le sordide. D'innombrables taudis voisinent avec les constructions grandioses. L'espace habitable manque ; les spéculateurs se disputent le terrain à prix d'or et élèvent d'énormes pâtés de maisons à cinq ou six étages, sorte de gros immeubles que l'on appelle des *insulæ*, des « îles ». Les rues s'allongent, étroites et obscures, entre ces bâtiments divisés en petits logements et dont le rez-de-chaussée est occupé habituellement par des commerces.

17 Les thermes romains

« J'habite juste au-dessus d'un établissement de bains ! Imagine les bruits de toute espèce qui peuvent harceler les oreilles ! Quand les plus costauds s'entraînent à soulever des poids de plomb, quand ils peinent ou feignent de peiner, je les entends gémir. Chaque fois qu'ils rejettent l'air qu'ils avaient inspiré, je les entends siffler et souffler violemment. Quand mon oreille tombe sur un paresseux qui se contente du massage ordinaire, j'entends la main qui claque sur les épaules avec un son différent, selon qu'elle rencontre du plat ou du concave. Mais si jamais survient le joueur de balle qui se met à crier les scores, on est fichu.

Ajoute le type qui cherche des histoires, le voleur pris en flagrant délit ou celui qui aime à faire résonner sa voix au bain. Ajoute encore ceux qui éclaboussent tout le monde avec leurs plongeons retentissants. En dehors de ces gens-là, dotés, au moins, d'une voix normale, pense à l'épilateur qui, pour se faire remarquer, n'arrête pas avec sa voix de fausset : pas un instant de silence, sauf quand il épile les aisselles et qu'il fait crier le client à sa place. »

D'après le texte de Sénèque, à quelles activités s'adonnaient les Romains dans les thermes ?

Source : SÉNÈQUE, « Lettres à Lucilius » (v. 63-64), LVI, dans *Apprendre à vivre*, t. II, trad. par Alain Golomb, Paris, Arléa, 1992, p. 74-75.

Telle est Rome, à la fois la plus belle et la plus démesurée des villes de l'Empire, et, pour cela même, inspiratrice de toutes les cités de provinces dont elle fait les instruments de la romanisation.

2.3.2 Villes et romanisation

Un monde de villes. Les Romains considèrent en effet qu'il n'y a pas de civilisation digne de ce nom sans villes. C'est pourquoi, sur tout le territoire de son empire, Rome a fait s'épanouir de belles et grandes villes. Partout, du Sahara jusqu'en Angleterre, à l'image de la capitale, jaillissent du sol des arcs de triomphe, des temples, des thermes, des amphithéâtres, des aqueducs. Aux yeux des Romains, le nombre et la splendeur des villes affermissent leur domination et suscitent la prospérité générale.

La ville romaine est fondée sur un plan d'ensemble immuable, mais adapté aux sites particuliers: plan régulier en carré, rues se coupant à angle droit. À l'intersection des deux rues principales, on trouve le Forum sur lequel s'ouvre la Curie (le Sénat de la cité) ainsi que la basilique où se traitent les affaires et se plaident les procès. Un Capitole porte le sanctuaire de Jupiter. Des arcs de triomphe commémorant les victoires militaires décorent la perspective des avenues ou les portes de la ville.

Des agglomérations se créent ainsi jusqu'aux limites extrêmes du puissant empire: Timgad, en Algérie, fondée sous Trajan au bord du désert du Sahara pour protéger les caravanes qui transportent l'ivoire et les esclaves d'Afrique centrale , Bath, en Angleterre, que les Romains transforment en ville d'eaux en utilisant des sources chaudes pour alimenter un système

18 Une ville romaine: Timgad, en Algérie

Ville construite vers l'an 100 par des vétérans de l'armée romaine cantonnés en Afrique. On distingue nettement l'arc de triomphe à l'entrée de la ville, le forum (grand espace découvert, au centre), le théâtre (à coté du forum), les thermes (en bas, à droite de la photo) et le grand temple de Jupiter (en bas, à gauche), éléments essentiels de toute ville romaine.

19 Des thermes romains à Bath, en Angleterre

Vestiges dont la source coule toujours au rythme d'un million de litres par jour, à une température constante de 46,5 °C.

20 Un arc de triomphe romain à Orange, en France

L'arc de triomphe d'une ville symbolise la force militaire de Rome, célèbre la gloire d'un général vainqueur et sert de porte d'entrée dans la cité.

de thermes 19, Strasbourg sur le Rhin, Palmyre (aujourd'hui Tadmor), en Syrie, Pétra, dans le nord de l'Arabie, et combien d'autres. Toutes ces villes possèdent encore des vestiges imposants de cités romaines 20. Elles furent toutes de petites Rome, par lesquelles s'effectua une romanisation poussée des peuples conquis.

La romanisation. Les villes sont un facteur clé dans la romanisation des provinces conquises, car c'est là que se concentrent et se déploient toute la force et toute la splendeur de l'empire de Rome. Les institutions romaines y agissent comme éléments intégrateurs. L'habileté des Romains, qui savent respecter les coutumes et ménager les susceptibilités, et le droit de cité largement accordé y sont pour beaucoup. Fascinés par la puissance politique, économique et culturelle de l'Empire, les Gaulois, par exemple, deviennent les Gallo-Romains. La langue latine pénètre partout, devenant la mère de toutes les langues dites *latines* d'aujourd'hui.

2.3.3 « Tous les chemins mènent à Rome »

Légion
Corps d'armée composé de l'infanterie et de la cavalerie et qui formait la structure de base des armées romaines.

Un réseau routier incomparable. L'héritage matériel de Rome s'incarne enfin dans l'une de ses réalisations techniques les plus ambitieuses, le réseau routier. Construites par les **légions**, puis par un corps de génie militaire, les routes passent les rivières, serpentent dans les montagnes, enjambent les vallées, s'enfoncent dans les massifs. Les ponts qui subsistent et sont encore utilisés de nos jours témoignent de l'étonnante habileté et de l'énergie audacieuse de leurs constructeurs: le pont Saint-Ange à Rome, le pont de Cordoue en Espagne, le pont du Gard en France, et de nombreux autres.

Tracé dans ses grandes lignes pendant la République, le réseau routier est la préoccupation constante des empereurs. Durant deux siècles, ils travaillent tous à améliorer cette œuvre gigantesque. De Rome à Cadix, à Constantinople, à Athènes, aux bouches du Rhin et du Danube, on peut aller sans peine sur des chaussées admirables, assises sur le roc, dallées superbement, avec relais et gîtes d'étape 21 22. À l'apogée de l'Empire, 23 routes rayonnent autour de la borne centrale érigée sur le forum de la capitale, formant un réseau de 90 000 kilomètres de chaussées qui se ramifient çà et là en 200 000 kilomètres de voies secondaires, une distance égale à 8 fois la circonférence de la Terre 23. Tel est le gigantesque arbre routier dont les racines sont à Rome et dont la sève pénètre l'Empire tout entier, et qui compose encore une bonne partie du système européen de communications terrestres.

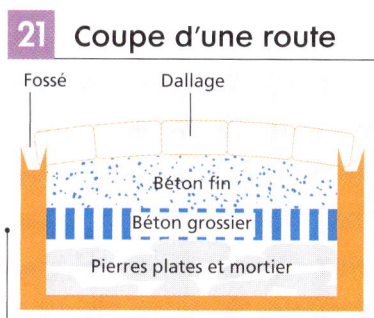

21 Coupe d'une route

22 La *Via Appia* près de Rome

La *Via Appia* fut la première route du réseau romain et l'une de ses plus importantes. On en voit encore d'impressionnants vestiges en banlieue de Rome.

23 « La pieuvre »

Le réseau des voies romaines enserre l'immense Empire comme dans un filet de tentacules : la pieuvre.

Un triple rôle. Cet immense réseau dont la construction s'est poursuivie pendant 600 ans joue un triple rôle. Il constitue un circuit parfait pour le commerce, les routes principales s'articulant aux grands ports méditerranéens en pleine prospérité : Alexandrie, Antioche, Leptis Magna, Carthage, Marseille, Arles, Carthagène et tant d'autres. Son objectif est aussi politique : il s'agit d'expédier partout les ordres de l'empereur et de recevoir au plus vite les rapports des administrateurs. Mais le réseau a surtout une valeur stratégique, dans la mesure où il permet la surveillance aux frontières, le transport des troupes et la répression rapide des rébellions.

Faisons le point

1. Nommez et décrivez les principaux types d'édifices et de monuments publics que l'on retrouve tant à Rome que dans toutes les villes romaines de l'Empire.
2. Quel plan d'ensemble les Romains adoptaient-ils pour les villes ?
3. Quels rôles jouait le réseau routier romain ?

2.4 L'héritage spirituel

La religion romaine, aux dieux innombrables, n'a guère laissé de traces dans la culture occidentale, d'autant plus que les Romains ont largement adopté la mythologie grecque après leur conquête de la Grèce. C'est plutôt par la naissance et la diffusion du christianisme, qui a pris son essor aux plus beaux jours de la paix romaine, que Rome a légué à l'Occident un héritage spirituel absolument fondamental.

2.4.1 Naissance et diffusion du christianisme

Au tournant de notre ère, la Palestine est une province romaine habitée par les Hébreux, ce « peuple de la Bible » qui a élaboré au cours des siècles une religion à caractère monothéiste et messianique (*voir p. 12*). C'est dans ce contexte d'espérance messianique confuse que surgit Jésus de Nazareth, qui apparaît d'abord comme un nouveau prophète.

Jésus. L'histoire connaît fort mal le personnage de Jésus. Son existence ne fait guère de doute, mais nous ignorons les années exactes de sa naissance et de sa mort, et même son titre de Nazaréen (de Nazareth) fait problème : il s'agirait plutôt d'une mauvaise interprétation de *nazôréen*, du nom d'une des nombreuses sectes qui proliféraient à l'intérieur du judaïsme de l'époque. Les récits évangéliques, seuls témoignages détaillés de sa vie, proviennent tous du cercle intérieur de ses disciples et ne sont pratiquement pas corroborés de l'extérieur. Mais, surtout, ces récits sont d'abord et avant tout des ouvrages de théologie, destinés à exposer les fondements d'une religion, plus que des ouvrages d'histoire. Cependant, ces récits ont eu un tel retentissement, acquis une telle importance dans la civilisation occidentale, qu'il est nécessaire d'en rappeler les grandes lignes.

Le récit évangélique. Jésus commence sa vie publique vers l'âge de 30 ans. Pendant trois ans, il parcourt le pays, prêchant aux foules. Ses paroles jetées au vent des collines de Galilée parlent d'amour et de charité, de pénitence et de pardon. Tous les hommes sont frères et égaux devant Dieu ; par amour, on pardonnera aux autres leurs offenses : c'est le sermon des Béatitudes, véritable charte d'une humanité régénérée **24**. Il apporte une espérance : mourir, c'est passer dans

---

24 Les Béatitudes

« Joie de ceux qui sont à bout de souffle, le règne des Cieux est à eux.

Joie des éplorés, leur deuil sera plus léger.

Joie des tolérants, ils auront la terre en héritage.

Joie de ceux qui ont faim et soif de justice, ils seront comblés.

Joie des compatissants, ils éveilleront la compassion.

Joie des cœurs limpides, ils verront Dieu.

Joie des conciliateurs, ils seront appelés enfants de Dieu.

Joie des justes que l'on inquiète, le règne des cieux leur appartient. »

Source : *Évangile de Matthieu*, V : 3-10, trad. par Marie-Andrée Lamontagne et André Myre, Paris/Montréal, Bayard/Médiaspaul, 2001, p. 2223.

« Aimez vos ennemis, soyez bienveillants envers les haineux, appelez le bien sur ceux qui vous veulent du mal, priez pour vos calomniateurs. Celui qui te frappe la joue, tends-lui l'autre joue, celui qui te vole ton manteau, propose-lui aussi ta tunique. […] Ce que vous voulez que les hommes vous fassent, faites-le pour eux de la même façon. […]

Ne jugez pas et vous ne serez pas jugés. Ne condamnez pas et vous ne serez pas condamnés. Acquittez et vous serez acquittés. Donnez et il vous sera donné. »

Source : *Évangile de Luc*, VI : 27-31, 37-38, trad. par Pascalle Monnier et Pierre Létourneau, *ibid.*, p. 2329-2330.

> D'après l'extrait de l'Évangile de Matthieu, quels sont les groupes sociaux les plus susceptibles d'accorder leur confiance à Jésus ? En quoi les paroles du Christ peuvent-elles porter préjudice à l'État romain ?

une vie nouvelle. Il annonce l'avènement d'un royaume de Dieu non plus terrestre mais spirituel : « Mon royaume n'est pas de ce monde. »

Le peuple est séduit. Les pauvres, les humbles et les malades suivent Jésus avec empressement et écoutent son enseignement exprimé en paraboles, ou images, au hasard des promenades sur les chemins raboteux d'un pays perdu… Son succès auprès des petites gens inquiète. Ses attaques virulentes contre le formalisme religieux, l'orgueil et la suffisance indignent les notables juifs à qui il reproche leur dureté et leur hypocrisie. Dénoncé au procurateur romain Ponce Pilate par le conseil des prêtres de Jérusalem comme un agitateur dangereux, il meurt crucifié (supplice particulièrement infamant) près de Jérusalem, sur la colline du Golgotha, vers l'an 30. Mais peu après, ses disciples affirment qu'il est ressuscité et qu'il leur a donné la mission d'annoncer cette bonne nouvelle au monde entier.

Les fondements du christianisme. Jésus n'a pas véritablement fondé une religion nouvelle. Ce sont ses disciples qui, réfléchissant sur l'expérience de ces trois années à la fois exaltantes et dramatiques, élaborent après sa mort les fondements de cette religion. Puisant ses sources dans la Bible, qu'il complète par un Nouveau Testament (une Nouvelle Alliance), le christianisme proclame que Jésus est le Messie tant attendu annoncé par les prophètes (*Christ* veut dire « Messie »), mais un Messie spirituel venu pour sauver les âmes et non pour asseoir son pouvoir sur Terre. Ce salut spirituel s'adresse à tous les humains, et non au seul « peuple élu » comme le croyaient les Hébreux. Jésus est « Fils de Dieu », il a offert sa vie pour racheter la faute originelle et effacer les péchés du monde, et sa résurrection est le gage et la promesse de la résurrection finale de tous les humains et de leur accession à la vie éternelle. Ce dogme de la résurrection est le dogme central du christianisme 25.

La diffusion du christianisme. Les disciples de Jésus tentent d'abord de répandre la « bonne nouvelle » (c'est le sens du mot *Évangile*) à l'intérieur du judaïsme, dans les synagogues. L'échec est massif. Ceux qu'on appelle déjà les *chrétiens* se situent tellement à contre-courant de la tradition judaïque d'un Messie temporel et politique, venant délivrer le peuple juif de ses oppresseurs, que leur discours suscite immédiatement méfiance et rejet. Mis devant ce fait, les chrétiens se convainquent bientôt qu'il faut sortir du judaïsme et se disséminer dans l'Empire.

L'artisan de cette expansion est Paul de Tarse, le prodigieux apôtre qui ouvre au christianisme naissant les portes du monde païen. Paul a compris que la paix romaine offre au christianisme un extraordinaire moyen d'expansion. Citoyen romain, connaissant le grec, il peut parler aux foules païennes de l'Empire 26. Voyageur infatigable, il utilise les routes romaines pour circuler, passe d'une ville à l'autre, multiplie sur son passage les communautés chrétiennes ou « Églises » (du grec *Ecclésia*) qu'il conseille et soutient par ses épîtres. Grâce à Paul, le message chrétien se diffuse de proche en proche depuis la Palestine jusqu'à Rome où une Église est en place vers 60, présidée par l'apôtre Pierre qui devient ainsi le premier évêque de Rome, le premier « pape ». De là, la « bonne nouvelle » gagne rapidement les provinces occidentales.

25 La résurrection, base de la foi

« Je porte à votre connaissance, frères, l'Annonce que je vous ai annoncée, que vous avez également reçue, et vous y tenez bon, elle sert aussi à vous sauver si vous n'oubliez pas en quels termes je vous l'ai annoncée — sinon vous auriez cru pour rien ! Oui, je vous ai transmis ce que j'ai moi-même reçu d'essentiel : Christ mourut pour nos fautes conformément aux Écritures, il fut enseveli, et le troisième jour, il est éveillé conformément aux Écritures […].

Si Christ n'est pas éveillé, notre parole est vide, notre confiance aussi est vide. »

Source : PAUL, Première lettre aux Corinthiens, XV : 1-4, 14, trad. par Frédéric Boyer et Hugues Cousin, Paris/Montréal, Bayard/Médiaspaul, 2001, p. 2526.

Synagogue
Édifice qui sert de lieu de culte, de réunion et d'enseignement religieux à une communauté juive.

26 Un discours de Paul

« Athéniens, quand je vous observe, je vous tiens pour des hommes très religieux. N'ai-je pas vu, en passant, alors que j'examinais vos monuments sacrés, un autel portant cette inscription : "Au dieu que nous ne connaissons pas" ? Celui que vous vénérez dans l'ignorance, moi je vous l'annonce. Le Dieu qui a fait l'univers et tout ce qu'il contient, le Dieu Seigneur du ciel et de la terre, n'habite pas des temples construits par la main de l'homme. […]

Et pourtant il n'est pas loin de chacun d'entre nous. En lui seul nous vivons, nous mouvons, existons. Nous sommes de sa descendance, ainsi que l'ont dit aussi certains de vos poètes. Alors, puisque nous appartenons à la descendance de Dieu, nous ne devons pas penser que la divinité est semblable à de l'or, de l'argent ou de la pierre, auxquels l'art et l'invention de l'homme auraient donné forme. »

Source : Actes des apôtres, XVII : 22-24, 29, trad. par Pascalle Monnier et Daniel Marguerat, Paris/Montréal, Bayard/Médiaspaul, 2001, p. 2450.

Le message évangélique exerce une grande attraction surtout sur les pauvres, les esclaves et les femmes, qui y trouvent l'affirmation d'une nouvelle dignité dans ce monde gréco-romain qui les marginalise tant. Ce peuple des humbles est attiré par cette religion qui enseigne la valeur de la pauvreté et le respect de la personne. Le christianisme primitif n'abolit pas l'esclavage, mais il proclame sans ambages l'égalité spirituelle de tous, comme en témoigne cette affirmation stupéfiante de Paul : « Il n'y a ni Juif, ni Grec, il n'y a ni esclave ni homme libre, il n'y a ni mâle, ni femelle, car vous ne faites qu'un dans le Christ Jésus » (Lettre aux Galates, III : 28).

Là-dessus se déroule une des grandes tragédies de l'histoire du judaïsme. En 66 éclate la Grande Révolte juive contre la domination romaine. Durant quatre années de combats acharnés, les Romains commandés par Titus mettent toute la Judée à feu et à sang, s'emparent de Jérusalem et détruisent le Temple, centre essentiel du culte à Yahvé. Cette tragédie marque la rupture définitive entre juifs et chrétiens, ces derniers tenant absolument à se démarquer des premiers aux yeux des autorités romaines. Et c'est dans ce contexte que sont rédigés les Évangiles, qui affirment la loyauté de Jésus et de ses disciples envers l'Empire (« Rendez à César ce qui est à César et à Dieu ce qui est à Dieu ») et font porter aux Juifs la responsabilité de la mort de Jésus, vision qui servira de fondement à l'antisémitisme de l'Occident chrétien.

2.4.2 Le christianisme face au pouvoir impérial

Le christianisme persécuté. Rome, qui a toujours accueilli généreusement les dieux étrangers et, en particulier, les cultes orientaux, reçoit pourtant le christianisme avec méfiance. Ces chrétiens représentent une menace contre l'ordre et l'autorité. Ils refusent de porter les armes, se recrutent parmi les pauvres et les déshérités, milieu sordide où grouillent les agitateurs. Pis encore, ils refusent de rendre un culte à Rome et à l'empereur, c'est-à-dire, en quelque sorte, de participer à la religion nationale, seul lien sacré, en fait, qui unit les sujets d'un empire polythéiste et multiculturel. Ils soutiennent, au contraire, que leur religion est la seule vraie, leur Dieu, le seul véritable. De plus, l'opinion publique méprise ce ramassis d'Orientaux parlant grec qui vivent à part, tiennent des réunions secrètes, s'entourent de mystères...

Alors vient le temps des persécutions. Elles commencent dès l'an 64, à l'occasion du grand incendie de Rome que l'empereur Néron, accusé par la rumeur publique d'en être responsable, impute aux chrétiens **27**. Jusqu'à la fin du IIe siècle alternent des phases d'accalmie assez longues et des flambées de persécutions localisées. Au IIIe siècle, celles-ci deviennent fréquentes et s'étendent parfois à tout l'Empire. Les chrétiens sont alors arrêtés, jugés et condamnés à des peines cruelles : tortures ou exposition aux bêtes sauvages dans les « jeux » du cirque.

Les persécutions n'empêchent cependant pas les chrétiens d'accroître leur nombre et de s'organiser, bien au contraire : « le sang des martyrs est une semence de chrétiens », affirme l'écrivain chrétien Tertullien (IIe siècle), et les récits héroïques du martyre de leurs coreligionnaires ne fait que consolider leur foi. À la tête de chaque communauté, on retrouve, élu par ses frères, un évêque entouré d'un conseil d'anciens. Déjà apparaissent les premiers **sacrements** avec leurs rites : l'entrée dans la communauté par le baptême, la prière en commun qui s'achève par un repas fraternel — la cène —, commémoration du dernier repas de Jésus avec ses disciples, où s'opère le partage du pain et du vin que la doctrine affirmera bientôt être changés réellement en

---

Sacrement

Rite religieux en usage dans les Églises chrétiennes, par exemple le baptême. Leur nombre varie aujourd'hui d'une Église à l'autre ; le catholicisme en compte sept.

27 La première persécution

« Mais aucun moyen humain, aucune largesse du prince, aucun rite destiné à apaiser les dieux ne pouvaient éloigner la rumeur infamante selon laquelle l'incendie [de Rome] avait été allumé sur ordre. Aussi, pour étouffer ce bruit, Néron supposa des accusés et frappa des peines les plus raffinées les gens, détestés à cause de leurs mœurs criminelles, que la foule appelait "chrétiens". Celui qui est à l'origine de ce nom est Christ, qui, sous le règne de Tibère, avait été condamné à mort par le procurateur Ponce Pilate ; réprimée sur le moment, cette exécrable superstition faisait sa réapparition non seulement en Judée, où se trouvait l'origine de ce fléau, mais aussi à Rome où tout ce qui est, partout, abominable et infâme vient aboutir et se répand. Donc, on arrêta d'abord ceux qui avouaient, puis, sur leur dénonciation, une foule immense, qui fut condamnée, moins pour crime d'incendie que pour sa haine du genre humain. Leur exécution fut transformée en jeu : on les revêtit de peaux de bêtes et ils périrent sous la morsure des chiens ou bien ils furent cloués à des croix, ou bien on y mit le feu, pour que, lorsque le jour baissait, ils brûlent et servent d'éclairage nocturne. Néron avait prêté ses jardins pour ce spectacle [...]. Aussi, à l'égard de ces hommes coupables et qui méritaient les derniers supplices, montait une sorte de pitié, à la pensée que ce n'était pas pour l'intérêt de tous, mais pour satisfaire la cruauté d'un seul, qu'ils périssaient. »

> Quelle est l'attitude de l'auteur face aux chrétiens ?

Source : TACITE, *Annales* (v. 110), XLIV : 2-5, trad. par Pierre Grimal, Paris, © Éditions Gallimard, 2002, p. 405-406. (Coll. « Folio Classique »)

---

corps et en sang du Christ (transsubstantiation). Ainsi s'élabore peu à peu le cérémonial de la messe.

Le christianisme toléré. Soudainement, en 313, le rapport des chrétiens avec le pouvoir impérial change du tout au tout : l'empereur Constantin leur accorde l'entière liberté de culte et restitue aux communautés chrétiennes tous les biens qui leur avaient été confisqués 28. Bientôt, l'Empire lui-même deviendra officiellement chrétien. Comment expliquer un changement si soudain et si radical, tout de suite après la plus longue et la plus sanglante persécution, celle de Dioclétien, et alors que la population est encore très majoritairement païenne ? C'est que l'Empire commence à se lézarder de l'intérieur, en ce début de IVe siècle, en même temps que les pressions « barbares » augmentent sur les frontières. L'Empire a besoin de resserrer ses rangs, d'assurer un contrôle accru sur sa population, et les cultes traditionnels, éclatés, ne semblent pas aptes à servir à ces fins. L'Église chrétienne, elle, se veut universelle et unique : elle peut devenir le creuset d'une renaissance impériale, à la fois politique et religieuse. Le flair politique de Constantin l'oriente dans cette direction.

Le paysage religieux est bouleversé. L'Église sort de la clandestinité. Des basiliques s'élèvent à Rome, à Jérusalem, à Constantinople. Des lois sont édictées qui protègent les faibles, les esclaves, les enfants. Le dimanche, jour du Soleil (*Sunday*), devient un jour férié obligatoire. On christianise les paysans, jusque-là assez rebelles à une religion qui s'était répandue surtout dans les villes : le nom de *païen* qu'on leur donne vient du latin *paganus*, qui signifie « paysan », d'où le mot *paganisme* (religion des païens).

Mais cette politique de préférence a son prix. En effet, l'empereur est amené à intervenir directement dans les affaires internes de l'Église. Défenseur de

28 Le christianisme toléré

L'édit de Milan (313)

« Moi, Constantin Auguste, et moi, Licinius Auguste, réunis heureusement à Milan pour discuter de tous les problèmes relatifs à la sécurité et au bien public, avons cru devoir régler en tout premier lieu [les] dispositions sur lesquelles reposent le respect de la divinité, c'est-à-dire donner aux chrétiens comme à tous la liberté et la possibilité de suivre la religion de leur choix [...]. Nous avons accordé auxdits chrétiens la permission pleine et entière de pratiquer leur religion. [...] La même possibilité d'observer leur religion et leur culte est concédée aux autres citoyens, ouvertement et librement, [...] afin que chacun ait la libre faculté de pratiquer le culte de son choix.

De plus, [...] les locaux où les chrétiens avaient auparavant l'habitude de se réunir [...] doivent leur être rendus sans paiement et sans aucune exigence d'indemnisation [...]. »

> Comment se fait-il que cet édit soit cosigné par deux empereurs, tous les deux portant le titre d'Auguste ? Comment les empereurs justifient-ils leur attitude à l'égard des chrétiens ?

Source : LACTANCE, *De la mort des persécuteurs* (v. 318-321), XLVIII : 2-13, trad. par J. Moreau, Paris, Éditions du Cerf, 1954, p. 132.

Concile
Assemblée des évêques qui décident de questions religieuses, en particulier de règles de doctrine applicables à tous les chrétiens.

Césaropapisme
Système politico-religieux dans lequel le pouvoir civil et le pouvoir religieux sont réunis dans une seule autorité, celle de l'empereur.

Diocèse
Circonscription ecclésiastique placée sous l'autorité d'un évêque ou d'un archevêque.

29 Le paganisme persécuté

« Que cesse la superstition, que soit abolie la folie des sacrifices. Car quiconque osera célébrer des sacrifices contre la loi du divin prince notre père et contre cette décision de Notre mansuétude, sera frappé du châtiment approprié et d'une sentence immédiate.

[…] Il nous a plu que les temples soient immédiatement fermés en tous lieux et en toutes villes et que leur entrée soit interdite […]. Nous voulons également que tous se tiennent à l'écart des sacrifices. S'il arrivait que quelqu'un perpètre un crime de ce genre, qu'il soit frappé d'un glaive vengeur.

[…] Nous ordonnons de soumettre à la peine capitale les individus convaincus de s'être consacrés aux sacrifices ou d'avoir honoré les statues. »

Source : « Code théodosien » (438), XVI : 10.2, 10.4, 10.6, dans *Les lois religieuses des empereurs romains de Constantin à Théodose II*, t. I, trad. par Jean Rougé, Paris, Éditions du Cerf, 2005, p. 429, 431, 433, 435.

l'orthodoxie, il participe aux débats théologiques, convoque à Nicée un grand **concile** (325) qu'il préside, prononce des sentences, définit la vérité. Cette prétention doctrinale de Constantin prélude à ce qu'on appellera par la suite le **césaropapisme**. Autrefois émanation des dieux, la monarchie impériale devenue chrétienne est désormais une émanation de Dieu. L'empereur est prédestiné par Dieu et agit inspiré par lui. Ainsi se trouve récupérée l'ancienne conception sacrale de l'État. L'Église y trouve puissance et richesse, mais elle risque d'aliéner sa liberté essentielle. Elle entre ainsi dans une mouvance fragile dont certains auteurs estiment qu'elle n'est jamais sortie totalement.

Le christianisme triomphant. L'Empire devient enfin officiellement chrétien sous Théodose, dernier empereur capable de maintenir, pour quelque temps, l'unité du monde romain. En 392, il ferme les temples païens et interdit les sacrifices aux dieux. C'était signer l'arrêt de mort du paganisme. Deux ans plus tard, le christianisme devient la religion officielle de l'Empire et le paganisme, à son tour, connaît ses martyrs 29. Désormais, l'Église participe de plus en plus à l'administration des provinces de l'Empire et adopte le latin comme langue officielle à la place du grec. Partout, les **diocèses** (mot tiré de la structure administrative impériale) s'organisent sur la base des grandes cités métropolitaines : Constantinople, Alexandrie, Antioche… placées elles-mêmes sous l'autorité de l'évêque de Rome. Ainsi naît le pouvoir des papes.

Quand l'Empire romain d'Occident meurt en 476, l'Église chrétienne demeure la seule force organisée capable de transmettre aux peuples qu'il englobe l'héritage de la civilisation gréco-romaine. En y ajoutant l'apport judéo-chrétien, elle contribuera puissamment à modeler l'Occident, sa vision du monde, sa culture, ses valeurs et sa conscience.

Faisons le point

1. Décrivez les fondements essentiels du christianisme.
2. Quels sont les facteurs qui amènent la rupture entre judaïsme et christianisme et la diffusion du christianisme dans l'Empire ?
3. Pour quelles raisons Rome se montre-t-elle méfiante envers les chrétiens, et pourquoi change-t-elle subitement d'attitude au début du IVe siècle ?
4. Comment se transforme le christianisme sous l'empereur Constantin ?

2.5 L'héritage littéraire et artistique

Peuple essentiellement pragmatique, les Romains n'ont pas apporté à la littérature et à l'art des innovations semblables à celles des Grecs. Leur génie a consisté justement à copier ces modèles qui les fascinaient tant, tout en leur apportant les dimensions particulières à leur propre sensibilité.

2.5.1 La langue et la littérature

Le latin. L'apport linguistique de Rome à la civilisation occidentale est immense. Tout d'abord, les Romains avaient adopté l'alphabet grec, en le modifiant quelque peu, avant même de conquérir les royaumes hellénistiques. Il y a donc tout un apport grec qui nous a été transmis par voie de latinisation. Et le latin populaire a contribué à former toutes les langues dites *romanes* (italien, français, portugais, espagnol, roumain, etc.), voisines les unes des autres, et a même exercé une influence sur les langues germaniques (anglais, allemand). Outre le langage juridique dont nous avons parlé précédemment (*voir p. 56*), le français courant utilise fréquemment des locutions latines telles quelles 30.

30 Quand on parle latin...

Mot ou expression latin	Sens littéral	Sens actuel
Ad hoc	Pour cela	Se dit d'un groupe formé pour un objet précis (« comité ad hoc »)
Consensus	Accord	Opinion ou décision qui rallie l'accord général des personnes concernées
Ex æquo	Conformément à un égal	À égalité
Index	Qui indique	Doigt de la main ; liste alphabétique permettant de retracer des mots, des sujets ou des noms dans un ouvrage
Per capita	Par tête	Par personne (en statistique)
Quorum	Desquels	Nombre minimal de présences requises pour qu'une réunion soit valide
Statu quo	Dans la situation	État actuel des choses

Mais le latin lui-même survivra très longtemps à la disparition de la Rome antique. Il demeurera la langue savante pendant tout le Moyen Âge et jusqu'au XVIIIe siècle, où le fameux Isaac Newton, un des plus grands scientifiques de l'histoire, publiera en latin son ouvrage clé : *Philosophiæ naturalis principia mathematica* (*Principes mathématiques de philosophie naturelle*). C'est en latin que les cérémonies du culte catholique se sont déroulées partout dans le monde jusque dans les années 1960, et continuent à se dérouler encore aujourd'hui en certains lieux, tandis que le latin est toujours la langue officielle de l'Église. Le système d'éducation créé par les Jésuites, au XVIe siècle, fera du latin, plus encore que du grec, la base de leur enseignement. Transplanté en Nouvelle-France, le cycle des humanités gréco-latines s'est maintenu au Québec sous la forme des collèges classiques jusqu'au début des années 1960, alors que l'entrée en « Éléments latins » constituait encore le passage obligatoire pour atteindre le champ privilégié des carrières universitaires.

La littérature. Dans le domaine littéraire aussi, le premier mérite de Rome est de s'être imprégnée de la culture grecque et de l'avoir transmise aux générations ultérieures. À partir du IIe siècle de notre ère, l'hellénisme l'emporte à Rome : « la Grèce conquise a vaincu son farouche vainqueur » (Horace). Sous l'Empire, les enfants apprennent Homère à grands coups de bâton sur les doigts. Le théâtre, l'épopée et la poésie lyrique reprennent les légendes grecques. L'empereur Hadrien, pour ne citer que lui, est un admirateur passionné de la Grèce, de sa littérature et de son art.

Mais, peu à peu, l'héritage culturel se latinise. Les meilleurs écrivains produisent des chefs-d'œuvre purement latins. Cicéron 31 élabore et impose une doctrine personnelle de l'éloquence. Son style élégant et ferme servira de modèle par la suite à tous ceux qui voudront écrire un excellent latin. Nouvel Homère, Virgile fait de *L'Énéide* une sorte de revanche sur *L'Iliade* en donnant à Rome, sur l'ordre d'Auguste, son épopée nationale. Tite-Live étale, dans son *Histoire*, le grandiose déroulement des gloires nationales, tandis que Martial et Horace enseignent un art de vivre très latin : la *vita beata*, la vie heureuse centrée sur la délectation de l'instant présent. Au siècle des Antonins (IIe siècle), Tacite raconte l'histoire des empereurs dans ses *Annales* et Juvénal passe au vitriol la société de son temps dans ses *Satires*. La spéculation philosophique, que les Grecs ont poussée si loin, revêt plutôt, chez les pragmatiques Romains, l'aspect

31 Cicéron (~106/~43)

PORTRAIT

Le plus grand et le plus célèbre des orateurs romains. Adolescent, il fréquente le Forum et s'intéresse aux débats des tribunaux. À 20 ans, il a déjà publié deux livres sur l'art oratoire et, à 25 ans, il plaide avec hardiesse sa première cause. À Athènes et à Rhodes, il se perfectionne dans l'art de la parole. De retour en ~77, il entame une fulgurante carrière politique qui le mène jusqu'au consulat en ~63. Il s'illustre alors par son action contre Catilina, un aventurier qui essaie de soulever la populace. Il s'oppose ensuite farouchement à Marc Antoine, qui tente de succéder à César, en prononçant un violent réquisitoire en 14 discours, qu'il nomme *Philippiques* en l'honneur des discours de l'orateur grec Démosthène contre Philippe de Macédoine. Pourchassé par son adversaire, il est assassiné par les sbires de ce dernier au moment où il s'embarque pour fuir en Grèce. On lui coupa les mains avec lesquelles il avait écrit les *Philippiques*…

32 « Pensées » de Marc Aurèle

Marc Aurèle est un adepte de la doctrine philosophique grecque appelée *stoïcisme* (sorte de gymnastique de la volonté).

« Le matin, quand tu as de la peine à te réveiller, dis-toi : je me réveille pour mon travail d'homme. Se peut-il que je sois de mauvaise humeur alors que je vais accomplir la tâche pour laquelle je suis né ? Suis-je constitué pour rester bien au chaud sous les couvertures ?

— Mais c'est agréable !

— Es-tu né pour l'agrément ? Autrement dit, es-tu fait pour subir ou pour agir ? Ne vois-tu pas les plantes, les moineaux, les fourmis, les araignées et les abeilles accomplir la tâche qui leur incombe dans l'agencement du monde ? Et toi, tu refuses d'accomplir celles de l'homme ? » (V : 1)

« La joie de l'homme, c'est de faire le propre de l'homme. Le propre de l'homme, c'est la bienveillance envers son semblable, le mépris des sensations […] et la contemplation de la nature universelle avec les éléments qu'elle détermine. » (VIII : 26)

« On est souvent injuste par omission et non seulement par action. » (IX : 5)

Source : MARC AURÈLE, *Pensées pour moi-même* (170-180), V : 1, VIII : 26, IX : 5, trad. par Frédérique Vervliet, Paris, Arléa, 1992, p. 59, 117, 132.

d'une morale élevée dont les *Pensées* de l'empereur Marc Aurèle sont un des plus beaux témoignages 32.

2.5.2 L'art

L'architecture. S'il est un domaine artistique où le génie des Romains donne sa pleine mesure, c'est celui de l'architecture, où peuvent se combiner au mieux leur pragmatisme et leur sens artistique. Bien que leurs temples ressemblent plutôt à leurs modèles grecs 33, dans l'architecture civile, par contre, des percées décisives vont leur permettre d'accomplir des réalisations monumentales et durables.

D'abord, ils prennent chez les Étrusques l'arcade de pierre, qui permet de hausser considérablement les plafonds et de diminuer le nombre des colonnes porteuses. Une succession d'arcades donne une voûte, et faire pivoter une arcade sur son axe central donne une coupole. Ainsi sont créées les trois formes typiques

33 La Maison Carrée de Nîmes, en France (Ier siècle)

▶ Comparez ce temple romain avec le Parthénon d'Athènes (*voir chap. 1, doc.* 35, *p. 41*).

34 Le pont du Gard, en France (Ier siècle)

Ce « pont », élevé à 50 mètres au-dessus de la rivière, faisait partie d'un immense aqueduc qui alimentait Nîmes en eau potable. L'étage inférieur sert encore aujourd'hui au passage des véhicules.

35 Le Panthéon de Rome (IIe siècle)

Temple élevé vers 125 pour le culte de « tous les dieux ».

35-A Réminiscence à Montréal (1847)

Ancien siège social de la Banque de Montréal, dont l'architecture s'inspire du Panthéon de Rome.

de l'architecture romaine, partout reprises depuis plus de deux millénaires. Puis, invention capitale, ils imaginent un procédé original de construction qui consiste à couler dans un coffrage un mélange d'eau, de sable, de chaux et de briques ou de fragments de pierre. Le béton est né. Durci, il devient imperméable et résistant et peut supporter des masses énormes. Il suffit, dès lors, d'en revêtir la surface de marbre ou de stuc pour lui donner une belle apparence. Cette technique appelée *blocage* permet toutes les audaces. Elle poussera le génie romain à construire des types de monuments nouveaux, comme les thermes et les amphithéâtres, destinés à accueillir des foules immenses, mais aussi des arcs de triomphe, des viaducs, des aqueducs 34. Elle permet d'élever des voûtes à des hauteurs jusque-là inconnues. Elle permet aussi de jeter au-dessus du vide des coupoles majestueuses recouvrant de vastes espaces sans le support d'aucune colonne.

Le symbole du génie romain dans cette nouvelle façon de construire demeure le Panthéon, le seul édifice de toute l'Antiquité qui nous soit parvenu intact et, de plus, consacré sans interruption à ce pourquoi il a été bâti : le culte religieux. Sa structure a la simplicité de l'absolue perfection : une coupole hémisphérique reposant sur une rotonde 35 avec, comme seule source de lumière, une ouverture circulaire (*oculus*) percée au sommet de la coupole. La rotonde a le même diamètre que la coupole (43 mètres), et le sommet de la coupole est également à 43 mètres du sol 36. Pour supporter l'énorme poids de cette coupole, les murs de la rotonde font plus de 7 mètres d'épaisseur. L'édifice est complété par un portique à la grecque, avec colonnade et fronton triangulaire. Le Panthéon demeurera jusqu'au début du XXe siècle le plus vaste espace intérieur libre (sans colonnes) au monde, et sera abondamment copié dans tout l'Occident.

36 Coupe du Panthéon

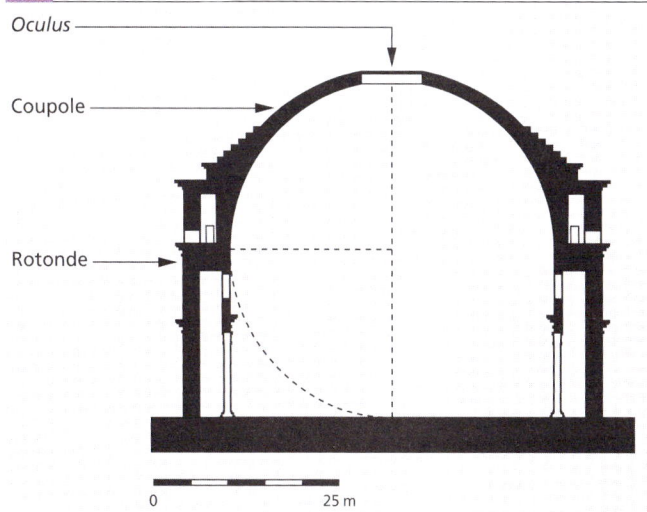

La coupole figure l'Univers, l'*oculus* représentant le Soleil.

La civilisation romaine

37 Une fresque romaine (Ier siècle)

Fresque dite du Printemps : la déesse Flore avance parmi les fleurs.

Par opposition à bien des conquérants qui furent des destructeurs, les Romains sont donc des bâtisseurs. Les formes de leur architecture, dont les ruines magnifiques disséminées à travers tout l'Empire provoquent encore l'admiration des peuples, seront partout reprises en Occident. L'arc et la voûte se perpétueront dans les églises qu'on appellera *romanes* (*voir p. 103*); la Renaissance redécouvrira la coupole (*voir p. 125*); Napoléon Bonaparte voudra s'associer aux gloires romaines en érigeant des arcs de triomphe à Paris. D'innombrables bâtiments publics et privés, dans nos villes, s'inspirent d'édifices romains, depuis le Capitole de Washington jusqu'à l'ancien siège social de la Banque de Montréal, au cœur du Vieux-Montréal 35-A (*voir p. 69*).

La peinture et la mosaïque. À la différence de celle des Grecs, entièrement disparue, la peinture romaine nous a été en partie conservée, grâce surtout à la lave du Vésuve qui a enseveli Pompéi sous sa gangue protectrice pendant plus d'un millénaire. On y découvre des décorations géométriques, des scènes mythologiques ou de la vie quotidienne et des paysages d'une grande beauté, avec une parfaite maîtrise de la perspective, peints directement sur les murs dans des couleurs très riches 37. À l'instar des sculpteurs, les peintres romains excellent aussi dans le portrait. Autre forme d'art pictural, la **mosaïque** romaine atteint un grand raffinement dont l'héritage sera recueilli surtout dans l'Empire romain d'Orient, avec l'art byzantin 38.

39 Une sculpture romaine (~IVe/~IIIe siècle)

Volonté, concentration, sévérité et courage émanent de ce visage de bronze fortement individualisé.

Musei Capitolini, Rome.

La sculpture. En sculpture, les Romains se contentent à peu près de copier les Grecs (la plupart des statues grecques ne nous sont connues que par des copies romaines). Ils y ajoutent cependant, autre marque de leur pragmatisme, un talent peu commun pour le portrait sculpté, fortement individualisé, réaliste et extraordinairement vivant 39. Ce même souci de réalisme se retrouve sur de magnifiques colonnes sculptées qui n'ont d'autre fonction (elles ne supportent rien) que d'offrir une surface sur laquelle se déploie en spirale la narration minutieuse des expéditions militaires 40. Ces colonnes constituent une source irremplaçable de renseignements très précis sur l'histoire romaine.

Faisons le point

1. Retracez quelques expressions latines utilisées fréquemment en français.
2. Nommez quelques grands auteurs latins et leurs œuvres.
3. Décrivez trois formes architecturales typiquement romaines.
4. Quelle invention capitale permet aux Romains de construire d'immenses bâtiments ?
5. Comment les Romains se distinguent-ils des Grecs en matière de sculpture ?

38 Une mosaïque romaine (IIe siècle)

Détail d'un magnifique plancher de mosaïque représentant les grands fleuves, dans une maison romaine à Merida, en Espagne. Saisissante impression de vie donnée seulement par la couleur des morceaux de pierre.

Mosaïque

Décoration faite de petits morceaux (pierres, vitres, etc.) de différentes couleurs fixés dans un ciment.

40 La colonne de Trajan à Rome (107-113)

Haute de 30 mètres, cette colonne met en relief plus de 2 500 personnages dans des centaines de scènes relatant la conquête de la Dacie par l'empereur Trajan. Une des premières bandes dessinées historiques.

CONCLUSION

Rome a servi de cadre à la diffusion de l'hellénisme. Elle a créé la notion d'empire et le principe du droit sur lequel est fondé celui des nations contemporaines. Porteuse d'unité, d'ordre et de paix, elle a contribué, par le développement des villes et le déploiement d'un admirable réseau de routes rectilignes et dallées, à bâtir un espace de civilisation dont l'Occident est encore, en de multiples domaines, l'héritier direct. Par sa langue, sa littérature et son art, elle fut notre grande éducatrice. Sans la pénétration du latin hors de l'Italie, plus de 700 millions d'humains dans le monde ne parleraient pas des langues romanes aujourd'hui. Elle a transmis des valeurs et des vertus telles que l'esprit civique, le courage et le sens de l'honneur. Elle a transmis l'essentiel de son message non par la force, mais par la persuasion. C'est pourquoi l'idée de Rome a traversé les siècles « comme un mythe vivifiant, celui d'une patrie humaine dont l'histoire a montré qu'elle n'était pas un rêve impossible » (Pierre Grimal).

TRAVAUX ET EXERCICES

SYNTHÈSE

Justifiez les affirmations suivantes en vous appuyant sur des arguments ou des exemples :

1. Bien qu'ils aient peu innové, les Romains ont apporté une contribution importante à la civilisation occidentale sur les plans culturel, religieux et politique.
2. La citoyenneté romaine diffère de la citoyenneté athénienne.
3. Les conséquences sociales et politiques de l'expansion territoriale mènent à la fin de la République.
4. C'est par la persuasion et non par la force que Rome assure la stabilité et la pérennité de son empire.

RÉFLEXION – Le concept de *christianisme*

Peu importe le jugement critique que l'on peut poser sur le christianisme, celui-ci reste indissociable de l'évolution de la civilisation occidentale. Durant tout le Moyen Âge, la religion chrétienne forge une identité commune aux Occidentaux et différencie ces derniers des peuples qui restent hors des frontières territoriales et religieuses de l'Occident. Pour mieux comprendre comment le christianisme prend naissance dans l'Empire romain et s'étend ensuite à l'ensemble de l'Occident, répondez aux questions suivantes :

1. Les Romains sont reconnus pour leur grande tolérance religieuse. Comment expliquer la persécution dont sont victimes les chrétiens durant les premiers siècles de notre ère ?
2. Après ces siècles de persécutions intermittentes, la pratique des cultes chrétiens est autorisée par Constantin en 313, puis rendue obligatoire par Théodose en 394. Comment expliquer l'attrait des empereurs romains pour le christianisme ?
3. Le christianisme a longtemps joué un rôle unificateur en Occident. À partir de la section 2.4 et plus particulièrement du document 24 (*voir p. 62*), relevez les valeurs véhiculées par le christianisme naissant. Sur la base de vos connaissances, croyez-vous que les principes judéo-chrétiens jouent aujourd'hui encore un rôle important dans la culture occidentale ?

ANALYSE – L'événement historique entre continuité et changement

La déposition de Romulus Augustule en 476 représente une date clé dans l'histoire de la civilisation occidentale. Que se passe-t-il donc en 476 ? Pour les habitants de l'Empire, les choses changent-elles alors du tout au tout ? Malgré l'importance de l'événement, il serait simpliste d'y voir une rupture totale.

Les événements historiques ne peuvent être réduits à un alignement de dates. L'histoire retient certains faits et les qualifie d'*historiques* dans la mesure où ils sont porteurs de sens. L'événement retenu permet de mieux appréhender les causes et les conséquences, qui se déroulent souvent sur une plus longue période. L'histoire s'inscrit donc dans le temps long — la continuité — tout en présentant certaines ruptures ponctuelles révélatrices. Afin d'analyser la signification profonde d'un événement historique, il convient de se poser plusieurs questions. Faites l'exercice qui suit pour expliquer la signification historique de la déposition de l'empereur Romulus Augustule :

1. Quoi ? De quoi s'agit-il ?
2. Quand ? À quel moment précis l'événement se produit-il ?
3. Où ? Dans quel lieu précis l'événement se produit-il ?
4. Qui ? Quels sont les principaux protagonistes de l'événement ?
5. Pourquoi ? Quelles sont les causes immédiates et, surtout, quelles sont les causes profondes ?
6. Et après ? Quelles sont les conséquences à court et à long terme de cet événement ?

HÉRITAGE

CE QUE NOUS DEVONS À ROME

Sur le plan matériel

- l'urbanisme (l'art de construire des villes)
- les voies romaines (le premier réseau routier intégré)
- le béton

Sur le plan politique

- la République (*res publica*)
- la notion moderne d'État souverain
- la conception de l'empire et de l'unité politique
- le droit écrit qui s'oppose aux coutumes ou à l'arbitraire

Sur le plan artistique

- la transmission de l'art grec
- des formes architecturales nouvelles : arc, voûte, coupole
- des types de bâtiments nouveaux : thermes, arcs de triomphe, aqueducs, arènes, amphithéâtres, etc.
- le goût du gigantisme
- le réalisme (dans le portrait sculpté ou peint)
- la colonne sculptée
- la mosaïque

Sur le plan culturel et littéraire

- l'amour de l'ordre et de la discipline
- la romanisation des peuples conquis
- la diffusion du christianisme
- la diffusion de la langue latine, langue de la diplomatie, de l'Église catholique, et mère de toutes les langues romanes

POUR ALLER PLUS LOIN

Ouvrages de référence

CHRISTOL, Michel. *Rome et son empire : des origines aux invasions barbares*, 3e éd., Paris, Hachette supérieur, 2007, 300 p. (Coll. « HU Histoire »)

FLOBERT, Annette, dir. *Rome sous le regard des historiens latins : anthologie*, Paris, Flammarion, 2008, 642 p. (Coll. «GF», n° 1262)

GRIMAL, Pierre. *La civilisation romaine*, Paris, Flammarion, 2009, 478 p. (Coll. « Champs Histoire »)

LANÇON, Bertrand. *L'État romain : quatorze siècles de modèles politiques*, Paris, A. Colin, 2008, 128 p. (Coll. « 128 »)

MATTEI, Paul. *Le christianisme antique de Jésus à Constantin*, Paris, A. Colin, 2008, 318 p. (Coll. « U Histoire »)

ROBERT, Jean-Noël. *Rome, la gloire et la liberté : aux sources de l'identité européenne*, Paris, Les Belles Lettres, 2008, 377 p.

Productions audiovisuelles

La chute de l'Empire romain (*The Fall of the Roman Empire*), de Anthony Mann, avec A. Guiness et S. Loren, É.-U., 1963, 188 min. — Le film porte non pas sur la chute, mais sur ce qui la prépare et l'annonce : la succession de l'empereur Marc Aurèle par son fils Commode. Superproduction hollywoodienne intéressante malgré les erreurs historiques. Impressionnante reconstitution du Forum romain et de la lutte contre les Germains qui font pression sur les frontières.

Engineering an Empire : Rome, É.-U., History Channel/A&E Home Video, 2005, 94 min. — Documentaire de la série télévisée *Engineering an Empire*. Les grandes réalisations du génie romain : aqueducs, Colisée, Panthéon, etc.

L'Évangile selon saint Matthieu, de Pier Paolo Pasolini, avec E. Irazoqui et M. Caruso, It./Fr., 1964, 136 min. — Dans une œuvre à la fois sévère et prenante, aux antipodes du Christ lénifiant de l'imagerie traditionnelle, Pasolini (qui était athée et marxiste) fait ressortir le caractère révolutionnaire de l'enseignement de Jésus. Superbe photographie en noir et blanc dans des décors naturels austères.

I, Caesar: The Rise and Fall of the Roman Empire, É.-U., Kultur Video, 2008, 300 min. — Excellente série de six documentaires sur six grandes figures de l'histoire romaine : César, Auguste, Néron, Hadrien, Constantin et Justinien.

L'origine du christianisme (*Origin of Christianity*, Facets Video), Fr., Arte Video, 2004, 520 min. — Cette série documentaire de 10 émissions télévisées est une gageure : faire de l'exégèse biblique à l'aide de spécialistes en la matière, en ne montrant à l'image que les spécialistes en question filmés en gros plan. La série porte sur le livre des Actes des apôtres, pour comprendre les défis du christianisme naissant et la manière dont il se sépare du judaïsme. Exigeant, aride, mais passionnant pour qui s'intéresse au sujet. La série a connu un grand succès d'auditoire.

Quo Vadis, de Mervyn LeRoy, avec R. Taylor et D. Kerr, É.-U., 1951, 171 min. — Un général romain sous Néron tombe amoureux d'une chrétienne au moment de l'incendie de Rome et de la première persécution. Superproduction aux décors somptueux, aux scènes de foule impressionnantes (triomphe du général, incendie de Rome, martyre des chrétiens dans l'amphithéâtre). Peter Ustinov inoubliable en Néron.

Spartacus, de Stanley Kubrick, avec K. Douglas et L. Olivier, É.-U., 1960, 198 min. — La fameuse révolte des esclaves contre Rome, en ~73/~71. Superproduction hollywoodienne un peu différente de la moyenne : on a affaire à Kubrick ! Scènes de batailles exceptionnelles. Comédiens excellents.

Chapitre 3 — La civilisation médiévale

PLAN

- **3.1 Le monde méditerranéen fracturé**
  - 3.1.1 La fin de l'Empire romain d'Occident
  - 3.1.2 La survivance de l'Empire romain d'Orient
  - 3.1.3 L'avènement de l'Empire arabe
  - 3.1.4 Du royaume des Francs à l'empire de Charlemagne
  - 3.1.5 L'Occident disloqué
- **3.2 La féodalité**
  - 3.2.1 Le régime seigneurial
  - 3.2.2 Le régime vassalique
- **3.3 Le renouveau économique et social**
  - 3.3.1 Les progrès de l'agriculture
  - 3.3.2 La renaissance du commerce
  - 3.3.3 L'essor des villes et le mouvement communal
- **3.4 Le renouveau religieux**
  - 3.4.1 L'Église et la féodalité
  - 3.4.2 La Croisade
- **3.5 Le renouveau intellectuel et artistique**
  - 3.5.1 La naissance des universités
  - 3.5.2 L'architecture : de l'art roman à l'art gothique
  - 3.5.3 La musique : du chant grégorien à la polyphonie
- **3.6 L'évolution des monarchies féodales**
  - 3.6.1 La France des Capétiens
  - 3.6.2 L'Espagne de la reconquête
  - 3.6.3 L'Angleterre des Plantagenêts
  - 3.6.4 Le Saint Empire romain germanique
- **3.7 Le déclin des XIVe et XVe siècles**
  - 3.7.1 Les grands fléaux
  - 3.7.2 Une société en crise
  - 3.7.3 La crise religieuse

La disparition de l'Empire romain d'Occident ouvre une nouvelle grande période dans l'histoire de la civilisation occidentale. On appelle cette période le *Moyen Âge*, titre quelque peu méprisant qui lui a été accolé par les intellectuels et les artistes de la période suivante. Bien que le titre lui soit resté, notre vision de cette période est maintenant tout, sauf méprisante. Le Moyen Âge, en effet, a réussi avec éclat une synthèse originale d'apports gréco-romains, judéo-chrétiens, germaniques et arabes, qui en font une étape majeure dans la constitution de la civilisation occidentale telle que nous la connaissons.

1 La ville fortifiée de Carcassonne, en France

La ville de Carcassonne est l'un des lieux emblématiques les plus connus associés au Moyen Âge, avec sa double enceinte de remparts qui la protègent des attaques. Magnifiquement restaurée au XIXe siècle, elle est inscrite au patrimoine mondial de l'Unesco.

2 « Un univers opposé au nôtre »

« Pourtant, en dépit de sa contribution à l'essor de l'Occident et à sa domination sur l'Amérique et le monde, le Moyen Âge doit être considéré comme un univers opposé au nôtre : monde de la tradition d'avant la modernité, monde rural d'avant l'industrialisation, monde de la toute-puissance de l'Église d'avant la laïcisation, monde de la fragmentation féodale d'avant le triomphe de l'État, monde de dépendances interpersonnelles d'avant le salariat. En bref, le Moyen Âge est pour nous un antimonde, […] un monde lointain, un temps d'avant, où presque tout nous devient opaque. C'est pourquoi l'étude du Moyen Âge est d'abord une expérience d'altérité, qui oblige à nous déprendre de nous-mêmes, à défaire nos évidences et à engager un patient travail pour saisir un monde dont même les aspects apparemment les plus familiers relèvent d'une logique qui nous est devenue étrangère. »

Source : Jérôme BASCHET, *La civilisation féodale. De l'an mil à la colonisation de l'Amérique*, Paris, Aubier, 2004, p. 33.

3 La société médiévale

Cette miniature présente les trois « ordres » de la société médiévale. En haut, le roi est entouré du clergé, à gauche, et de la noblesse, à droite. En bas, le troisième ordre, ou tiers état, représenté par les marchands, à gauche, et les paysans, à droite.

De informatione principum, France, v. 1450. BnF, Département des Manuscrits, Division occidentale, Français 126, fol. 7.

CHRONOLOGIE

Vᵉ-Xᵉ s.	Haut Moyen Âge
481-511	Règne de Clovis
527-565	Règne de Justinien
622	Hégire : début de l'ère musulmane
732	Expansion arabe stoppée par les Francs
768-814	Règne de Charlemagne
IXᵉ-Xᵉ s.	Invasions vikings, sarrasines et hongroises
962	Otton Iᵉʳ sacré empereur du Saint Empire
987	Début de la dynastie des Capétiens
XIᵉ-XIIIᵉ s.	Moyen Âge central : épanouissement
1054	Schisme : l'Église chrétienne orientale (byzantine) se sépare de Rome
1066	Conquête de l'Angleterre par Guillaume de Normandie
1095-1270	Croisades
v. 1150	Naissance de l'art gothique
1154-1189	Règne de Henri II Plantagenêt
1187	Reprise de Jérusalem par Saladin
1215	Grande Charte d'Angleterre
XIVᵉ-XVᵉ s.	Bas Moyen Âge : déclin
1337-1453	Guerre de Cent Ans
1348-1351	Peste noire
1378-1418	Grand Schisme d'Occident
1453	Prise de Constantinople (Byzance) par les Turcs
1479	Création du royaume d'Espagne
1492	Fin du royaume arabe de Grenade

3.1 Le monde méditerranéen fracturé

L'unité du monde méditerranéen sous l'autorité romaine est brisée au Ve siècle lorsque, au terme d'une irrésistible poussée, des peuples germaniques fondent des royaumes dans les territoires occidentaux de l'Empire romain. L'empire d'Orient, qui a résisté au flux barbare, voit fleurir, autour de Constantinople redevenue Byzance, une brillante civilisation d'inspiration hellénistique. Bientôt les Arabes accentuent la brisure du monde chrétien en créant un empire où s'épanouit une civilisation raffinée. Après une éphémère restauration impériale sous Charlemagne, l'Occident est encore disloqué par de nouvelles invasions.

3.1.1 La fin de l'Empire romain d'Occident

Ayant déjà amorcé son déclin dès la fin du IIIe siècle, l'Empire romain d'Occident succombe sous les coups de peuples envahisseurs d'origine germanique qui installent leurs royaumes sur ses ruines.

Les invasions germaniques. Des peuplades germaniques, massées le long des frontières, ont d'abord commencé à envahir pacifiquement l'Empire, attirées par sa richesse et son éclat. À la fin du IVe siècle, cette lente migration se transforme en poussée brutale sous la pression des redoutables cavaliers huns conduits par Attila. Venus des confins de la Chine, les Huns franchissent la Volga et culbutent les tribus germaniques adossées au *limes* romain. Leur subite apparition déclenche un mouvement de panique. Fuyant devant eux, Wisigoths, Ostrogoths, Vandales et autres franchissent le Rhin et le Danube et déferlent sur l'Empire. Rome tombe aux mains des Wisigoths en 410; il y avait 800 ans que la capitale de l'Empire n'avait été saccagée. Finalement, les Wisigoths s'installent en Espagne, où ils se heurtent à un autre peuple germanique, les Vandales, qui passent alors en Afrique, d'où ils ravagent Rome (455), qui perd la maîtrise de la Méditerranée et se voit coupée de sa base économique, le blé d'Égypte. Déjà l'Empire n'existe plus que de nom **4**.

4 Les invasions germaniques

La fin de l'Empire. Romains et Germains coalisés affrontent finalement Attila et l'écrasent à la bataille des champs Catalauniques (451), l'obligeant à battre en retraite dans les plaines de Hongrie (« terre des Huns »). Sa mort (453) met un terme à cette infernale aventure, mais les « Barbares » ont néanmoins submergé l'Empire romain d'Occident, qui s'écroule. En 476, Odoacre, chef de mercenaires, destitue le dernier empereur, Romulus Augustule, et renvoie les insignes impériaux à Constantinople. Des royaumes germaniques s'installent maintenant dans les territoires envahis 5.

5 Les royaumes germaniques

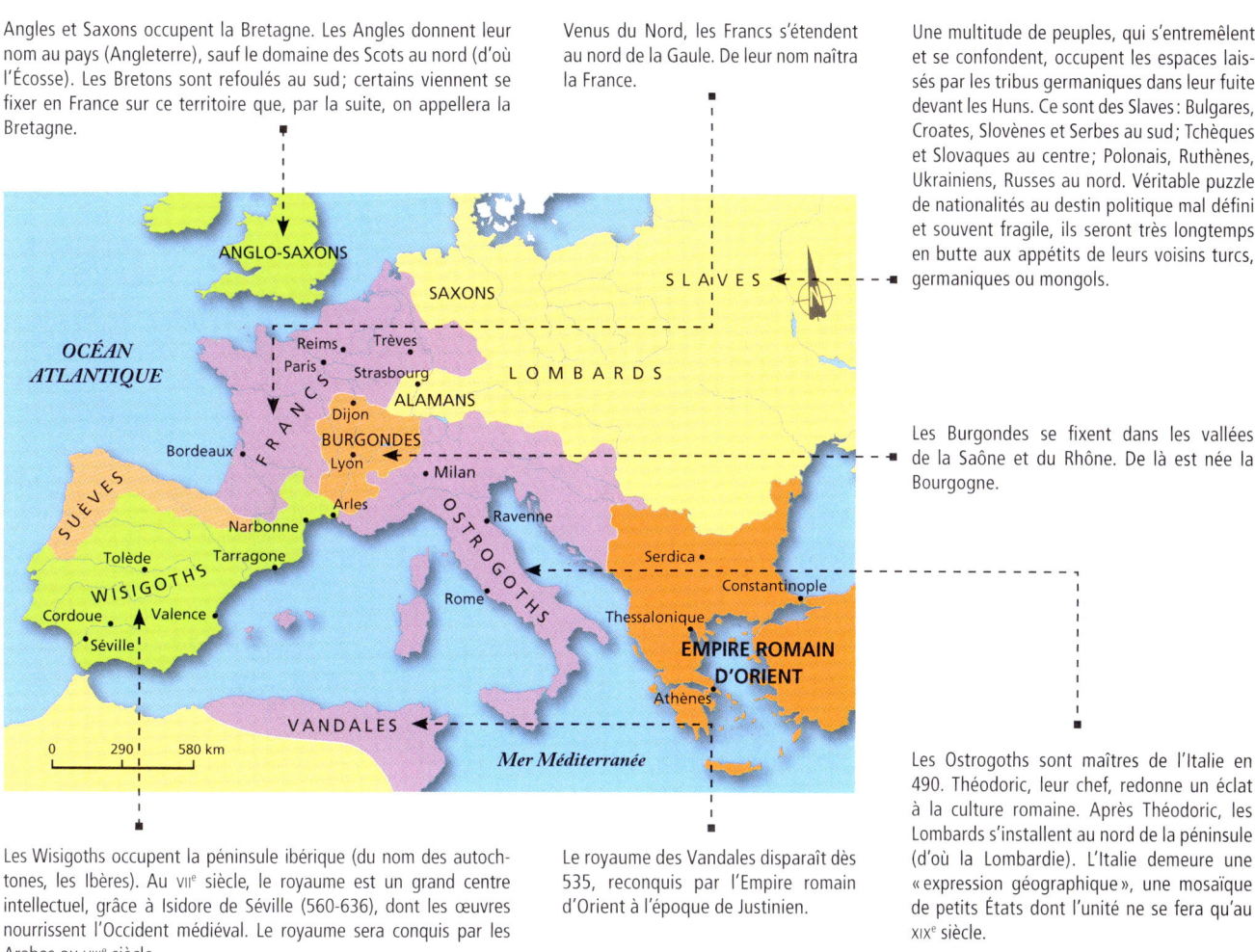

Angles et Saxons occupent la Bretagne. Les Angles donnent leur nom au pays (Angleterre), sauf le domaine des Scots au nord (d'où l'Écosse). Les Bretons sont refoulés au sud; certains viennent se fixer en France sur ce territoire que, par la suite, on appellera la Bretagne.

Venus du Nord, les Francs s'étendent au nord de la Gaule. De leur nom naîtra la France.

Une multitude de peuples, qui s'entremêlent et se confondent, occupent les espaces laissés par les tribus germaniques dans leur fuite devant les Huns. Ce sont des Slaves : Bulgares, Croates, Slovènes et Serbes au sud; Tchèques et Slovaques au centre; Polonais, Ruthènes, Ukrainiens, Russes au nord. Véritable puzzle de nationalités au destin politique mal défini et souvent fragile, ils seront très longtemps en butte aux appétits de leurs voisins turcs, germaniques ou mongols.

Les Burgondes se fixent dans les vallées de la Saône et du Rhône. De là est née la Bourgogne.

Les Wisigoths occupent la péninsule ibérique (du nom des autochtones, les Ibères). Au VIIe siècle, le royaume est un grand centre intellectuel, grâce à Isidore de Séville (560-636), dont les œuvres nourrissent l'Occident médiéval. Le royaume sera conquis par les Arabes au VIIIe siècle.

Le royaume des Vandales disparaît dès 535, reconquis par l'Empire romain d'Orient à l'époque de Justinien.

Les Ostrogoths sont maîtres de l'Italie en 490. Théodoric, leur chef, redonne un éclat à la culture romaine. Après Théodoric, les Lombards s'installent au nord de la péninsule (d'où la Lombardie). L'Italie demeure une « expression géographique », une mosaïque de petits États dont l'unité ne se fera qu'au XIXe siècle.

3.1.2 La survivance de l'Empire romain d'Orient

Née en 395 de la division de l'Empire romain (*voir p. 53*), la section orientale a su résister à la pression germanique, repoussant les attaques ou achetant à prix d'or le retrait des envahisseurs qu'on dirigeait vers l'Occident. Aux yeux des milieux raffinés de l'Empire, Byzance fait figure de refuge de la civilisation en pleine « nuit barbare ». Forte de l'héritage gréco-romain, elle se maintiendra pendant près de 1 000 ans, atteignant même parfois à une certaine grandeur.

Une grandeur politique passagère. Au VIe siècle, l'empereur Justinien (527-565) reconstitue partiellement l'Empire romain d'autrefois en reprenant

6 L'Empire byzantin sous Justinien

aux Germains l'Afrique, l'Italie et une partie de l'Espagne **6**. La Méditerranée redevient «un lac romain». Les cités des provinces reprennent vie à l'abri de remparts. Mais cette reconquête est sans lendemain. Attaqué par les Bulgares au nord, les Arabes au sud et les Lombards en Italie, l'Empire ne peut se défendre sur tous les fronts à la fois. Moins de 100 ans plus tard, il ne reste presque rien des conquêtes de Justinien. Le rêve d'un Empire romain reconstitué s'effondre. Byzance poursuivra dès lors son propre chemin, affirmant de plus en plus son caractère grec et oriental.

Une architecture somptueuse. L'art byzantin manifeste son originalité par ses églises. Justinien, voulant faire de sa capitale la «Ville lumière» de l'époque, érige la basilique Sainte-Sophie, décorée de marbre et de mosaïques admirables, et dont l'audacieuse coupole de 31 mètres de diamètre culmine à 54 mètres du sol **7**. Sainte-Sophie incarne l'art byzantin. Vues de l'extérieur, les églises à coupoles ont une apparence austère, mais l'intérieur regorge de dorures et de mosaïques **8**, d'ivoires sculptés et de fresques qui atteignent un sommet dans l'art. On admire ces temples dans toute l'Europe, on les imite même, surtout en Italie où l'architecture s'imprègne de l'influence byzantine.

7 La basilique Sainte-Sophie à Constantinople

Construite sous Justinien en 532. Son audacieuse coupole repose sur quatre énormes piliers. Les minarets ont été ajoutés après 1453, quand la ville est passée sous domination turque.

7-A Réminiscence: l'église Saint-Michel-Archange à Montréal

Construite en béton armé selon les plans de l'architecte Aristide Beaugrand-Champagne en 1914-1915. Son dôme était à l'époque le plus grand de Montréal.

Une économie prospère. L'Empire byzantin atteint un sommet de grandeur économique au XIIIᵉ siècle. Constantinople passe pour détenir alors les deux tiers de l'avoir du monde. Située au carrefour de l'Europe et de l'Asie, elle est devenue un immense entrepôt où s'entassent les marchandises provenant de Russie, d'Inde et de Chine. Elle exporte du vin, des épices et tous ces objets d'un luxe raffiné que fabriquent ses habiles artisans : tissus de soie mêlée de fil d'or, ivoires ciselés, livres de miniatures exquises. Partout circule sa forte monnaie, connue en Europe sous le nom de *besant*. Ainsi, l'Empire byzantin accumule l'or qui disparaît de l'Occident.

Le rayonnement culturel et spirituel. Byzance s'est donné pour mission de préserver l'héritage de la culture antique. Elle conserve dans ses bibliothèques et ses musées les chefs-d'œuvre de l'Antiquité gréco-romaine. Des maîtres byzantins vont enseigner en Italie et y apportent des manuscrits. De Byzance également partent d'innombrables missions religieuses. Des moines grecs prêchent le christianisme chez les Slaves, dans les Balkans et jusqu'en Russie, créant de toutes pièces un alphabet dérivé du grec, le cyrillique, du nom de son créateur, le prédicateur saint Cyrille. Pendant plusieurs siècles, Byzance apparaît aussi comme la championne de la chrétienté contre l'Islam. Elle mène la Croisade contre les infidèles longtemps avant que l'Occident ne s'y engage lui-même.

Le Grand Schisme. Le goût des querelles religieuses passionne le peuple croyant et nourrit l'audace du patriarche de Byzance, chef des chrétiens de l'Empire, qui ose discuter les ordres du pape. La rivalité croissante des deux personnages aboutit à une rupture définitive en 1054. Ce Grand Schisme sépare la chrétienté en une Église catholique romaine rattachée au pape et une Église « orthodoxe » relevant du patriarche de Constantinople. À la différence du christianisme romain, le christianisme orthodoxe n'a pas de structure d'autorité centrale comme la papauté : c'est une association d'Églises indépendantes (dites *autocéphales*) ayant une foi et une tradition liturgique communes. Des divergences doctrinales assez pointues séparent les deux confessions, dont les rites divergent également, par exemple dans l'utilisation des langues locales. Les Églises orthodoxes acceptent les prêtres mariés à certaines conditions. Elles se disent *orthodoxes* parce qu'elles affirment être fidèles aux enseignements des premiers « pères » de l'Église, dont la papauté se serait éloignée progressivement.

En 988, le prince Vladimir de Kiev, maître de la Rous qui deviendra bientôt la Russie, se convertit au christianisme orthodoxe. En 1453, quand Byzance passera sous la domination turque, le maître de la Russie prendra le nom de *Tsar* (César), se présentant comme l'héritier de l'Empire romain et faisant de Moscou la « troisième Rome ».

Un effritement progressif. Ainsi demeure l'Empire byzantin, empire oriental dirigé par un souverain tout-puissant entouré d'une cour éblouissante. Mais cet éclat est superficiel. L'édifice impérial est plus somptueux que solide. À Byzance même, une plèbe affamée, en dépit des distributions de pain, d'huile et de vin, gronde et se révolte. À l'extérieur, les Arabes, les Turcs et même les croisés, pourtant chrétiens eux aussi, menacent l'Empire. Byzance résiste, grâce à son or, à ses mercenaires étrangers, à son feu grégeois, une arme secrète qui lui permet d'incendier les navires ennemis, au savant réseau de forteresses qui couvre le pays, et surtout à sa triple muraille d'enceinte qui défie tout assaut. Mais elle finit par être abandonnée à son destin : en 1453, les Turcs achèvent une lutte de quatre siècles par la prise de la ville, qui change de nom et devient Istanbul.

---

8 Une mosaïque byzantine : l'empereur Justinien

Sur un ciment très fluide, l'artiste a enfoncé un à un, à leur place, les dizaines de petits cubes de pierre et de verre coloré qui forment le visage de l'empereur. Pour l'ensemble de la mosaïque, ce sont des milliers de pièces qu'il faut assembler.

Détail d'une mosaïque représentant l'empereur et sa cour (église Saint-Vital à Ravenne, en Italie).

Croisade
Expédition militaire à dimension religieuse dirigée principalement contre les musulmans en vue de libérer les « lieux saints » de Palestine qu'ils occupent, mais parfois aussi contre des chrétiens hérétiques, qui rejettent les doctrines officielles de l'Église.

Schisme
Séparation, division, rupture dans une organisation.

Grégeois (feu)
Se dit d'un produit incendiaire fait de soufre, de poix et de salpêtre, qui brûlait même sur l'eau.

Byzance aura brillé d'un éclat incomparable sur le monde du Moyen Âge pendant 10 siècles, laissant le souvenir d'une grande civilisation. Sous la forme grecque et orientale, elle a sauvé la civilisation antique et l'a transmise aux peuples de l'Europe orientale et même, dans une large mesure, à l'Europe occidentale.

3.1.3 L'avènement de l'Empire arabe

Des tribus sémites vivent dans le désert d'Arabie depuis la plus haute Antiquité. Elles ont fondé Babylone, la Phénicie, la Palestine et se sont frottées à l'empire d'Alexandre et aux Romains. Au début du VIIe siècle de notre ère, des Bédouins habitent cette péninsule grande comme l'Europe. Au centre de ces espaces arides se trouve La Mecque, ville marchande et grand foyer religieux.

Mahomet et son enseignement. C'est alors qu'apparaît Mahomet, un berger devenu conducteur de caravane qui affirme un jour avoir reçu, comme Moïse, la révélation de Dieu qui l'a choisi pour être son prophète. Au cœur de cette révélation, on trouve l'idée qu'il n'y a qu'un seul Dieu (le même que vénèrent les Juifs), que Mahomet appelle Allah et à qui l'homme doit sa soumission (Islam). Menacé de mort, Mahomet fuit à Médine (622) : c'est l'hégire (la « fuite »), le point de départ de l'ère musulmane. Des dizaines de milliers de disciples se rallient à lui. Ils seront les musulmans (les « soumis à Dieu »). Après la mort du Prophète, ses propos, consignés de son vivant, sont rassemblés dans le Coran (la « récitation »), livre saint d'une nouvelle religion 9. Outre la foi en un Dieu unique, les « piliers » de l'islam sont la prière quotidienne, l'aumône aux pauvres, le jeûne annuel (« ramadan ») et le pèlerinage à La Mecque.

Les conquêtes arabes. Réunis autour de cette foi nouvelle et combative, les musulmans entreprennent la « guerre sainte », le djihad. Dix ans après la mort de Mahomet, ils ont conquis la Palestine, la Syrie, la Perse et l'Égypte, qu'ils ont arrachées à des adversaires affaiblis : les Byzantins et les Perses. Moins d'un siècle plus tard, leur empire s'étend des côtes du Maroc aux rives de l'Indus. Alors, ces conquérants passent en Espagne par Gibraltar (*Djabal Al-Tàrik*, « montagne de Tàrik », Tàrik étant leur chef). Le royaume des Wisigoths s'écroule. Franchissant les Pyrénées, les Arabes ravagent le sud du royaume franc et atteignent bientôt Poitiers. C'est là, en 732, que l'infanterie lourde des Francs de Charles Martel brise leur offensive. L'envahisseur fait demi-tour et se replie au sud des Pyrénées. Quinze ans plus tôt, les Byzantins lui avaient infligé une semblable défaite sous les murs de Constantinople. L'Europe ne sera pas la proie de l'Islam, mais l'unité chrétienne du monde méditerranéen est rompue. Désormais, à côté de la croix du Christ, flottera l'étendard du Prophète 10.

---

9 Le Coran

Le devoir de charité

« Faites l'aumône des meilleures choses que vous avez acquises. [...] Ne distribuez pas en largesses la partie la plus vile de vos biens. [...]

Faites-vous l'aumône au grand jour ? C'est louable ; la faites-vous secrètement [...] ? Cela sera plus méritoire. [...] Dieu est instruit de ce que vous faites. » (Sourate II, 269, 273)

La guerre sainte (djihad)

« Tuez-les partout où vous les trouverez, et chassez-les d'où ils vous auront chassés. La tentation à l'idolâtrie est pire que le carnage à la guerre. Ne leur livrez point de combat auprès de l'oratoire sacré, à moins qu'ils ne vous y attaquent. S'ils le font, tuez-les. Telle est la récompense des infidèles. [...]

Combattez-les jusqu'à ce que [...] tout culte soit celui du Dieu unique. » (Sourate II, 187, 189)

« Il n'y a point auprès de Dieu d'animaux plus vils que ceux qui ne croient pas et qui restent infidèles [...].

Si tu parviens à les saisir pendant la guerre, disperse par leur supplice ceux qui les suivront, afin qu'ils y songent. [...]

Mettez donc sur pied toutes les forces dont vous disposez et de forts escadrons, pour en intimider les ennemis de Dieu et les vôtres, et d'autres encore que vous ne connaissez pas et que Dieu connaît. Tout ce que vous aurez dépensé dans la voie de Dieu vous sera payé, et vous ne serez point lésés. » (Sourate VIII, 57, 59, 62)

« Point de violence en matière de religion. La vérité se distingue assez de l'erreur. Celui qui ne croira point au Thagout [idoles] et croira en Dieu aura saisi une anse solide à l'abri de toute brisure. Dieu entend et connaît tout. » (Sourate II, 257)

> Les passages semblent contradictoires. Les premiers exhortent à combattre, le dernier exclut le recours à la force pour convertir. Il faut croire que la conquête des VIIe et VIIIe siècles a eu des causes autres que purement religieuses.

Source : *Le Coran*, Paris, © Éditions du Seuil, 2010, p. 58, 67, 69, 169. (Coll. « Points Classiques », no 258)

En 100 ans à peine, quelques milliers d'hommes mal équipés ont donné à l'Islam le plus vaste empire qui ait jamais existé. La force de leur foi, la promesse du paradis faite à ceux qui mourraient au combat, la mémoire du Prophète, tout cela a joué indéniablement un rôle considérable. Mais il y eut aussi le désir de conquérir des richesses et des terres. Enfin, la tactique de combat, qui privilégiait le mouvement, fut favorable. Cavaliers fougueux, les Arabes utilisaient des étriers, inconnus jusqu'alors en Europe. Tirant ainsi des flèches avec un arc tout en galopant, ils affolaient l'adversaire, enfonçaient ses lignes, les contournaient pour les encercler et provoquaient la débandade. L'effet était foudroyant.

10 L'Empire arabe vers 750

L'apport des Arabes. Si les Arabes ont beaucoup détruit, incendiant des monuments et brûlant des bibliothèques, ils ont surtout bloqué la Méditerranée aux Occidentaux. En effet, pendant des siècles, les pirates « barbaresques » y sèmeront la terreur. En revanche, une fois la tourmente des conquêtes apaisée, les Arabes deviennent les intermédiaires entre le Proche-Orient et le bassin méditerranéen. Ils propagent en Europe les anciennes techniques d'irrigation, transforment les terres arides de l'Espagne et de la Sicile en vastes jardins où ils acclimatent le riz, le coton, l'asperge et l'artichaut, l'orange et l'abricot. Par eux encore, l'Occident découvre des inventions venues de Chine : le papier qui supplantera le papyrus, la poudre, la rose des vents, la boussole et l'astrolabe. Au fil des siècles, le vocabulaire français s'est enrichi d'un grand nombre de mots venus de l'arabe, comme alambic, alchimie, alcool, algèbre, amalgame, azimut, carafe, camphre, douane, élixir, nuque, razzia, zénith, zéro, zouave.

Mathématiciens et astronomes, les Arabes transmettent le zéro et un système de numérotation qui se répand en Occident vers l'an 1000 : les chiffres arabes, universellement adoptés aujourd'hui. Leurs médecins ont exercé une influence durable, à une époque où il était interdit aux chrétiens de disséquer les cadavres. Avicenne, par exemple, forma des disciples et son influence se perpétua grâce à son immense encyclopédie médicale. À la fois médecin, mathématicien, physicien, astronome, poète et philosophe, Avicenne (980-1037) fut un génie universel, l'un des plus grands de tous les temps. Les alchimistes arabes cherchent l'élixir qui garde la jeunesse et rêvent à la pierre philosophale destinée à faire de l'or ; poètes et conteurs arabes (*Les mille et une nuits*) sont célèbres dans tout l'Occident. C'est par leurs penseurs, surtout Averroès **11**, que l'Occident redécouvre Aristote et Platon, et que la science grecque remodelée, interprétée, parfois recréée par eux, arrive en Europe.

Leurs artistes créent un style où l'arc persan en fer à cheval se mêle à la coupole byzantine. Le Coran interdisant la représentation des visages, ils ont recours aux formes géométriques, à des ornements entrelacés, appelés justement *arabesques*, où

PORTRAIT

11 Averroès (1126-1198)

Abn Ruchd, dit Averroès pour les Occidentaux, naît à Cordoue, en Espagne. Célèbre philosophe islamique, il est l'initiateur de la pensée grecque dans le monde arabe. Traduite dès le XIIIe siècle en latin, sa philosophie rationaliste essaime vite dans tout l'Occident. L'Université de Paris elle-même est l'un des principaux diffuseurs de la pensée d'Averroès. Celle-ci y est enseignée dès 1266. Esprit encyclopédique, comme tous les « philosophes » de son temps, Averroès se passionne pour le droit, l'astronomie, la physique et la médecine. Considéré par la tradition comme le plus grand philosophe de l'Islam, il est, pour les Arabes et les musulmans, beaucoup plus qu'un simple commentateur d'Aristote. Son seul nom aujourd'hui rend hommage à la pensée arabe.

La civilisation médiévale **81**

12 L'Alhambra à Grenade, en Espagne

L'Alhambra est l'ancien palais des rois maures, bâti sur une colline qui domine la ville. L'arcade de la cour des Lions met en relief les motifs sculptés dans le stuc.

les motifs se répètent à l'infini. L'architecture arabe à son apogée, c'est l'Alcazar de Séville et l'Alhambra à Grenade, où les motifs sculptés dans le stuc, les jeux de courbes, de couleurs et de lumière composent un monde de féerie 12.

Civilisation citadine, l'Islam assure la prospérité de ses villes par l'artisanat et le commerce. À l'ombre des mosquées, qui sont le cœur de la cité, se développent les souks, ces boutiques où les artisans, groupés par spécialités, travaillent sous les yeux de leurs clients. Tapis persans, cuirs de Cordoue (d'où le mot *cordonnier*) et du Maroc (*maroquin*), mousselines de Mossoul, armes damasquinées de Damas, etc., s'ajoutent au vaste réseau d'échanges dont les Arabes favorisent l'établissement entre l'Europe et l'Asie : métaux et armes d'Occident, épices, parfums, pierreries, soieries d'Orient. Ainsi, l'Occident entre peu à peu dans les circuits du grand trafic, oubliés depuis l'époque romaine.

La civilisation musulmane a brillé de tous ses feux au cours de la période qui correspond au Moyen Âge occidental. Au XVIe siècle, au moment où l'Europe se lancera à la conquête du monde, la culture arabe amorcera son déclin. Mais le réveil spirituel que connaissent les pays musulmans aujourd'hui témoigne de la vitalité d'un monde qui, outre le pétrole, produit aussi des idées, des écrivains, des artistes et des savants.

3.1.4 Du royaume des Francs à l'empire de Charlemagne

Le royaume des Francs. Au moment où agonise l'Empire romain d'Occident, un des peuples germaniques les moins importants semble celui des Francs (de 5 000 à 6 000 guerriers). C'est pourtant ce peuple qui, dirigé par Clovis qui en devient le roi en 481, sera l'élément moteur de ce monde en voie de formation. En collaborant étroitement avec l'élite gallo-romaine, notamment les évêques, Clovis pourra assurer sa domination sur l'ancienne Gaule romaine. De son côté, l'Église chrétienne, qui a résisté au choc des invasions, voudrait bien convertir les envahisseurs germaniques. L'évêque de Reims, Remi, promet à Clovis l'appui du clergé gallo-romain dans sa politique d'unification de la Gaule, en échange de quoi le roi se fera chrétien et le protecteur de l'Église. Le baptême de Clovis et de 3 000 guerriers à Reims fait de la France « la fille aînée de l'Église » et, de ses souverains, « les rois très chrétiens », qui seront toujours couronnés à Reims. Audacieux et rusé, Clovis réussit à rassembler sous son autorité presque toute la Gaule. Il choisit Lutèce (Paris) comme capitale et, désormais, la Gaule s'appellera le royaume de Francie, plus tard la France.

Après la mort de Clovis, toutefois, cette Francie connaît de longues années d'instabilité et de morcellement marquées par d'âpres luttes de pouvoir entre chefs de guerre. Car les Francs imaginent difficilement ce que peut être un État organisé. Leur conception du pouvoir est simple : les guerriers suivent le chef de bande qu'ils ont choisi, qui les nourrit et les arme. Le territoire conquis devient la propriété personnelle du chef. La notion romaine d'État est disparue avec la chute de l'Empire. Finalement, en 751, le maire du palais (sorte de premier ministre), Pépin le Bref, s'empare du pouvoir, non sans avoir sollicité et obtenu l'autorisation du pape, lequel vient en personne procéder à la cérémonie du sacre. La nature de la monarchie franque est à jamais modifiée. En effet, le sacre par des huiles saintes fait de Pépin l'élu de Dieu et rend sa personne inviolable. Par ailleurs, sacré par le pape, il devient le défenseur de l'Église contre ses ennemis. Et Pépin de courir délivrer le pape menacé par les Lombards au nord de l'Italie.

Charlemagne. Pépin a créé une nouvelle dynastie franque. Son fils aîné, Charles, hérite bientôt de la totalité du patrimoine. Il régnera pendant 45 ans (768-814). Qualifié de *Grand* (*Carolus Magnus*), il lègue à ses descendants l'épithète de *Carolingiens*. Soldat avant tout, Charlemagne se rend célèbre par ses randonnées épiques qui font de lui un personnage de légende. Il combat les Saxons à l'est du Rhin, refoule les Avars en Hongrie et pousse ses conquêtes jusqu'en Italie, où il devient roi des Lombards et défenseur de la papauté. Il triple ainsi la surface du royaume 13. Ses campagnes ont parfois l'allure d'une guerre sainte : le christianisme ou la mort. Finalement, il rassemble sous son autorité l'ensemble de l'Occident chrétien. Le cuisant échec qu'il subit aux mains des musulmans en Espagne inspirera, trois siècles plus tard, la plus fameuse épopée du Moyen Âge, *La chanson de Roland*.

Capitulaire
Décret royal dans l'Empire carolingien.

Charlemagne a la sagesse d'assurer la cohésion de son royaume à l'aide d'une solide administration. Tous les hommes lui prêtent un serment de fidélité. Les plus loyaux deviennent comtes et gouvernent en son nom des entités administratives appelées *comtés* (environ 200). Ils perçoivent les impôts, maintiennent l'ordre, rendent la justice, lèvent des soldats et veillent à l'application des **capitulaires**, sorte de décrets fixés par Charlemagne. Des ducs commandent un territoire englobant plusieurs comtés et des marquis garantissent la défense des « marches » aux portes du royaume. En récompense, ces administrateurs reçoivent un domaine qu'ils exploitent à leur profit. Tous les ans, dans chaque comté, une équipe de deux hommes, les *missi dominici* (« envoyés du maître ») transmettent les ordres du roi, surveillent les comtes, recueillent les plaintes et, surtout, veillent au bon fonctionnement des écoles.

Succès militaire, autorité et sagesse conduisent Charlemagne à la dignité suprême, celle d'empereur. Le jour de Noël de l'an 800,

13 **Les conquêtes et l'empire de Charlemagne**

- Possessions franques en 768
- Conquêtes de Charlemagne
- Zone d'occupation temporaire

➤ Précisez les quatre principales directions empruntées par Charlemagne dans ses conquêtes. Comparez l'empire de Charlemagne, à son apogée, avec l'Empire romain d'Occident tel qu'il apparaît dans le document 11 du chapitre 2 (*voir p. 53*). Que peut-on en conclure ?

La civilisation médiévale **83**

14 La renaissance carolingienne

Charlemagne demande aux évêques et aux abbés de remédier à l'ignorance des moines, et il les exhorte à ouvrir des écoles pour les enfants.

« […] Il ne suffit pas de faire observer la règle et la pratique de la vie religieuse, mais vous devez aussi vous appliquer à instruire dans les lettres ceux qui sont capables d'apprendre, suivant l'intelligence que Dieu a donnée à chacun […]. Nous avons souvent reçu des lettres […]. Nous avons trouvé dans la plupart de ces récits des intentions droites mais un langage inculte. [Les auteurs] ne pouvaient s'exprimer que dans un style grossier et rempli de fautes, à cause de leur négligence à s'instruire. […]

Que les prêtres tiennent des écoles dans les bourgs et les campagnes, et si quelqu'un des fidèles veut leur envoyer ses enfants pour les faire instruire, ils ne doivent pas refuser de les recevoir et de les instruire, mais au contraire qu'ils les enseignent avec une parfaite charité, se souvenant de ce qui a été écrit : "[…] ceux qui en auront instruit plusieurs dans la voie de la justice luiront comme des étoiles dans toute l'éternité." Et qu'en instruisant les enfants, ils n'exigent pour cela aucun prix et n'acceptent rien, excepté ce que les parents leur offriront volontairement et par affection. »

> D'après l'extrait cité, quelle est la raison profonde pour laquelle Charlemagne veut ranimer l'instruction ?

Source : Capitulaire « De litteris colendis » (794-796), dans Jean-Pierre VIVET, dir., *Les mémoires de l'Europe*, t. I, *L'Europe de la foi : 800-1453*, Paris, Laffont, 1970, p. 51-52.

Enluminure
Illustration peinte à la main sur un manuscrit.

---

dans la basilique Saint-Pierre de Rome, le pape Léon III le couronne. L'empire d'Occident restauré retrouve son unité politique. Comme il englobe à peu près toute la chrétienté latine, il devient aussi un empire chrétien et la foi devient le lien principal qui unit désormais les peuples divers regroupés sous le sceptre de l'empereur.

La « renaissance carolingienne ». Unifié par les armes et par la foi, l'empire de Charlemagne se développe dans l'ordre et la prospérité. Après quelques siècles d'affaiblissement, une vie culturelle et religieuse intense renaît autour de la capitale, Aix-la-Chapelle, sur le Rhin, et rayonne vers les cités et les églises de l'Empire. Des écoles naissent entre les murs des monastères et des cathédrales 14. Au palais d'Aix-la-Chapelle, des érudits regroupés autour d'Alcuin, un maître à penser, essaient d'inspirer à des barbares le goût de s'instruire. On crée l'école Palatine, qui devient la pépinière des futurs clercs de la chapelle impériale. Des manuscrits enrichis de magnifiques **enluminures** témoignent d'une renaissance de l'activité artistique.

Un empire fragile. Pourtant, des faiblesses apparaissent. Les rapports entre le pape et l'empereur restent pleins d'ambiguïtés : l'empereur a besoin du pape pour légitimer son pouvoir et le pape a besoin de l'empereur pour le protéger, mais chacun cherche constamment à s'imposer à l'autre.

Les relations avec l'Empire byzantin sont tendues. La nouvelle du couronnement de Charlemagne a déchaîné l'indignation à la cour de l'impératrice Irène de Byzance. Par ailleurs, l'empire de Charlemagne demeure essentiellement rural, morcelé en grands domaines vivant repliés sur eux-mêmes. Les seigneurs propriétaires cherchent à se rendre indépendants, tendance que favorise l'éloignement du pouvoir central. Il n'était pas possible à un seul homme de changer tout cela. Mais la « renaissance carolingienne » lègue à la postérité une culture qui inspirera plusieurs générations.

3.1.5 L'Occident disloqué

Charlemagne disparu, son empire est bientôt divisé entre les héritiers de son fils Louis le Pieux et dépérit sous la pression de plusieurs vagues d'envahisseurs.

Le partage de l'empire de Charlemagne. À la mort de Louis le Pieux, son empire est partagé entre ses trois fils par le traité de Verdun (843) : Francie orientale ou Germanie à l'est, Francie occidentale ou France à l'ouest, et, entre les deux, la Lotharingie (du nom de Lothaire, le fils aîné qui en hérite), une mince bande qui s'allonge démesurément de la mer du Nord jusqu'à l'Italie, incluant les deux capitales, Aix-la-Chapelle et Rome 15. Cet État tampon artificiel sera rapidement morcelé en plusieurs principautés : Hollande, Belgique, Luxembourg, Lorraine, Alsace, Rhénanie, Provence, Italie, etc. Tous ces territoires seront l'enjeu de nombreuses guerres au cours des siècles. En 1916, par exemple, lors de la Première Guerre mondiale, 500 000 hommes

15 Le partage de Verdun (843)

— Limites entre langues romanes et langues germaniques

16 Verdun, 1916

En 1916, durant des mois, Français et Allemands se disputent la crête de Verdun, s'épuisant dans des corps à corps atroces où la baïonnette a le dernier mot. Plus de 500 000 soldats y laissent leur vie, les uns pour la cause de l'Allemagne, les autres pour le salut de la France.

mourront à Verdun pour une idée qui n'était pas étrangère à celle du partage de 843 16.

Les nouvelles invasions. Tandis que se confirme la décomposition de l'Empire carolingien aux IXe et Xe siècles, voici que tour à tour Normands, Sarrasins et Hongrois vont déferler sur l'Occident 17.

Ce sont d'abord les Normands (les hommes du Nord) qui attaquent. Du fond des brumes scandinaves, ils viennent par la mer, montés sur des barques de chêne aux voiles rouges, les fameux drakkars 18 (*voir page suivante*). Eux-mêmes s'appellent les *Vikings*, les « rois de la mer ». Plus que tout, c'est l'appât du gain qui les pousse à quitter leurs contrées nordiques. Pendant deux siècles, ils vont déferler sur l'Europe. Les Suédois s'enfoncent au cœur des nations slaves, descendant vers le sud le long des fleuves et formant autour de Kiev le premier État russe. Les Norvégiens,

17 Les nouvelles invasions

La civilisation médiévale **85**

18 Des barques normandes

Longues de 25 mètres et larges de 3 mètres, les barques normandes peuvent porter une soixantaine d'hommes.

Détail de la tapisserie de Bayeux, v. 1075.

eux, ravagent les rives de l'Écosse, attaquent et occupent l'Irlande, atteignent l'Islande et poussent jusqu'au Groenland. Autour de l'an 1000, cinq siècles avant Christophe Colomb, ils abordent l'Amérique, à Terre-Neuve. Les Danois enfin règnent en maîtres sur les côtes de l'Europe occidentale et de la Méditerranée, remontant les fleuves sur leurs drakkars à faible tirant d'eau, pillant surtout les églises et les riches monastères, repartant chargés de butin (calices, chandeliers, manuscrits) et de captifs qu'ils échangent contre des rançons d'or. Souvent, les souverains préfèrent négocier plutôt que de se défendre. C'est ainsi qu'en 911 le roi de France cède à un groupe de Normands des terres dans l'estuaire de la Seine, qui formeront la Normandie. De ce territoire partiront, six siècles plus tard, des colons qui viendront planter, sur les rives du Saint-Laurent, un rameau lointain des superbes Vikings.

Les invasions normandes ne sont pas encore terminées que les Sarrasins, des Arabes et des Berbères venus des côtes d'Espagne et d'Afrique du Nord, occupent la Sicile d'où ils lancent des assauts meurtriers à travers toute l'Italie (Rome est saccagée en 846) et jusqu'en Provence, où les populations terrorisées se regroupent sur des sommets montagneux.

Entre-temps, le danger hongrois a relayé la menace normande. Surgissant des steppes de Sibérie, ces nouveaux venus se donnent le nom de *Magyars*. S'enfonçant au cœur de l'Europe, ils attaquent les régions que les Normands avaient épargnées. Venise, Bâle, Nîmes et la Bourgogne sont atteintes. Partout, ils ne laissent que des ruines fumantes, tuent ou font des prisonniers qu'ils revendent comme esclaves. Mais en 955, Otton Ier, roi de Germanie, leur inflige une défaite décisive. Ils se replient alors en Hongrie et se rallient bientôt au christianisme.

La naissance de l'Empire germanique. Auréolé par son succès, Otton Ier apparaît comme un nouveau Charlemagne. En 962, il reconquiert le titre impérial abandonné depuis une quarantaine d'années, lorsqu'il se fait couronner empereur par le pape à Rome. C'est la naissance du Ier Reich allemand, regroupant la Germanie et la Lotharingie et traversant l'Europe du nord au sud, depuis le Danemark jusqu'à Rome. On donnera plus tard à ce vaste ensemble politique le nom de *Saint Empire romain germanique*, nouvelle manifestation de l'éternelle nostalgie de la grandeur romaine. L'empereur portera d'ailleurs le titre de *Kaiser*, dérivé du latin *Cæsar*.

Archevêque
Évêque placé à la tête des évêques d'une province ecclésiastique.

La naissance de la France. En Francie occidentale, pendant ce temps, l'autorité royale s'amenuise. En 987, les seigneurs choisissent comme roi Hugues Capet, comte de Paris, qui est sacré à Reims par son ami l'archevêque du lieu. La dynastie des Capétiens est née. Le domaine propre du roi, autour de Paris, est réduit, et c'est un peu pour cette raison qu'on l'a élu roi : il ne risque pas d'être dangereux pour les grands seigneurs à qui il doit son élection. Ce choix, cependant, est un signe. Peu à peu, le royaume de l'Ouest trouve son indépendance, se sépare de l'Empire qui se reconstitue en Germanie. Un nouveau centre politique se forme autour de la Seine. Ce n'est plus l'histoire des Francs, c'est déjà l'histoire de la France.

Faisons le point

1. Localisez sur une carte les principaux royaumes germaniques qui s'installent sur les ruines de l'Empire romain d'Occident.
2. Quel est le sens politique du baptême de Clovis?
3. Localisez sur une carte l'ensemble de l'Empire arabe vers 750. Quels sont les facteurs des succès militaires arabes?
4. Dégagez les apports arabes à la civilisation occidentale.
5. Localisez sur une carte l'ensemble de l'Empire carolingien.
6. Comment se manifeste la « renaissance carolingienne »?
7. D'où viennent les nouvelles invasions qui secouent l'Europe occidentale aux IXe et Xe siècles?

3.2 La féodalité

À l'aube de l'an 1000, l'Europe occidentale vient de vivre 500 années de bouleversements, de perturbations, d'invasions et de vicissitudes de toutes sortes. Elles sont bien loin, les années de la *pax romana*! Dans ce monde où l'autorité centrale est pratiquement disparue et où la peur et l'insécurité dominent, de nouvelles structures économiques et sociales sont apparues pour faire face aux défis du moment. La vie économique s'organise sur la base du régime seigneurial, tandis que le régime vassalique règle la vie sociale et politique. Seigneurie et vassalité sont deux des caractéristiques les plus originales de ce qu'on appelle la *société féodale* 19.

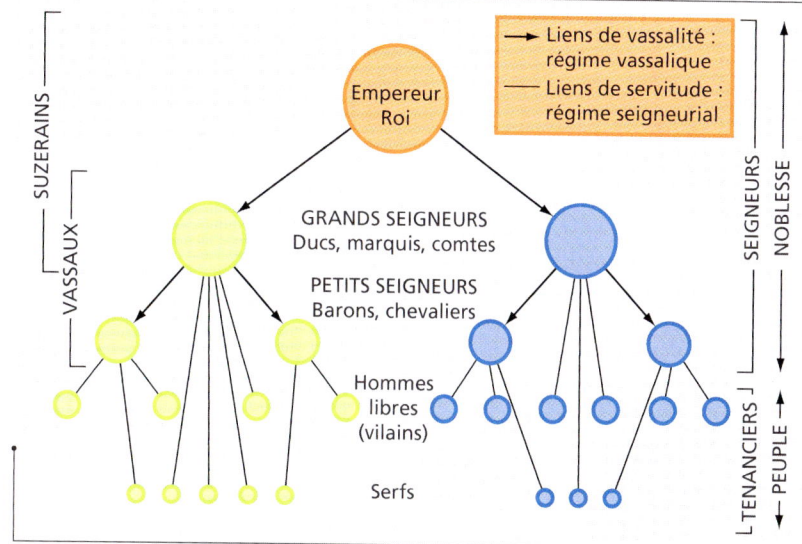

19 La société féodale

3.2.1 Le régime seigneurial

Les origines. L'effondrement des grands courants d'échange que favorisait la *pax romana* de même que l'insécurité due aux vagues d'invasions ont entraîné le morcellement à l'infini de l'espace économique occidental. Celui-ci s'organise maintenant sur la base de grandes propriétés terriennes qui cherchent à vivre en **autarcie** en produisant sur place la plus grande partie des biens de tous ordres dont ont besoin leurs habitants. Ces terres, parfois très vastes, ont été rassemblées par des chefs de guerre qui ont concédé des lopins de terre, appelés *tenures*, à des paysans cherchant leur protection en échange d'une partie des récoltes pour assurer la subsistance de ces guerriers. C'est l'origine du régime seigneurial, structure importante qui ordonne l'économie rurale durant les siècles médiévaux et qui se prolonge bien au-delà du Moyen Âge. La France, par exemple, en introduira une variante au XVIIe siècle en Nouvelle-France, où le régime seigneurial durera bien au-delà de la conquête anglaise et ne sera aboli qu'en 1854.

La seigneurie rurale. Un «domaine» seigneurial comporte toujours deux parties: la **réserve** du seigneur, fort importante, et les tenures, lopins de terre dont

Autarcie

(du grec *autos*, «soi-même», et *arkein*, «commander») État d'un ensemble économique qui n'a pas besoin de ressources extérieures pour suffire à ses besoins; économie fermée.

Réserve

Partie du domaine que le seigneur fait exploiter par les paysans pour entretenir sa famille et sa cour.

La civilisation médiévale **87**

20 Une seigneurie médiévale

Sole
Partie des terres labourables formant une unité consacrée à la même culture ou à la jachère.

21 La corvée

La scène illustre la fenaison (coupe et récolte des foins). L'intendant surveille les travaux.

Pierre de CRESCENS, *Livre des profits champêtres*, Flandre, v. 1475. BnF, Bibliothèque de l'Arsenal, Ms 5064.

disposent les paysans, appelés *tenanciers*, pour leur propre compte [20]. Chaque tenure individuelle est faite de parcelles séparées, dont certaines peuvent être minuscules, entre lesquelles le paysan doit constamment se déplacer dans son labour. De cette extrême parcellisation découlent inévitablement des contraintes pour l'organisation de la production, mais en même temps une grande vitalité des communautés paysannes. Ainsi, comme il ne saurait être question de clôturer chacune de ces parcelles, c'est la communauté du village qui décide que telle **sole** sera consacrée à telle culture ou encore laissée en jachère (en friche) pour se régénérer. C'est elle qui décide de la date des moissons et des vendanges, ainsi que de l'utilisation des terres communales qui fournissent le bois et nourrissent le bétail. Ainsi peut se développer une solidarité villageoise face à l'arbitraire seigneurial, allant parfois jusqu'à la révolte ouverte devant les exigences excessives des seigneurs.

Droits et obligations. Les paysans exploitent leurs tenures moyennant un **cens**, qu'ils paient plus souvent en nature qu'en argent; c'est pourquoi on les appelle aussi *censitaires*. Il s'agit en général d'un pourcentage du produit de leur tenure, par exemple du blé, des animaux de boucherie, des œufs ou des fruits. À cela s'ajoutent les **corvées**, travaux multiples exécutés gratuitement sur la réserve (semailles, récolte, coupe du bois, etc.) [21]. Plus lourd, cependant, est le droit du ban (on dit les droits *banaux*), c'est-à-dire le pouvoir de commander et de punir, en principe réservé au roi, mais dont les seigneurs se sont emparés peu à peu. Au nom de ce droit, le seigneur rend justice et prélève des amendes; il perçoit les péages sur les routes et les ponts, les foires et les marchés; il lève des impôts, comme la **taille**, un impôt personnel; il exige le droit de gîte, de vivres et de fourrage pour la troupe quand elle traverse le village; enfin, véritable monopole, il s'arroge le pouvoir exclusif de posséder un four, un moulin, un pressoir, que les paysans sont obligés d'utiliser moyennant paiement. On dira alors un four, un moulin, un pressoir *banal*.

Paysans et seigneurs. Dans ce régime, tous les paysans n'ont pas le même statut, du moins à l'origine. On distingue les paysans libres, souvent appelés *vilains*, des serfs, qui sont des demi-esclaves. Les **serfs** sont « attachés à la terre », ce qui signifie qu'ils ne peuvent la quitter pour une autre seigneurie ou une autre activité, et ils sont « taillables et corvéables à merci », c'est-à-dire soumis à la taille et aux corvées sans aucune limite. Les paysans jouissent d'un sort un peu meilleur: ils ne sont pas attachés à la terre, et leurs obligations sont relativement limitées. Le servage va toutefois disparaître peu à peu au cours du Moyen Âge, du moins en Europe occidentale (il ne sera aboli qu'en 1861 en Russie). De leur côté, tous les seigneurs ne sont pas égaux non plus; il se trouve toujours un seigneur plus puissant et plus riche devant lequel il faut s'incliner. Les seigneurs les plus puissants, en usant de la force ou par des mariages avantageux, finiront par rassembler tant de terres qu'ils constitueront les embryons d'États actuels. Par contre, de petits seigneurs appauvris ne sont guère plus riches que beaucoup de paysans. Ce sont eux qui partiront pour les croisades ou qui, dans les tournois, chercheront à recomposer leur fortune.

Mais, petits ou grands, affaiblis ou puissants, les seigneurs forment une classe sociale, la noblesse, qui domine l'Occident de l'an 1000. Ils sont liés entre eux par les liens vassaliques.

3.2.2 Le régime vassalique

Tirant son origine d'anciennes coutumes germaniques, le système vassalique prend forme sous la pression des invasions normandes et il atteint son épanouissement au XIe siècle lorsque les pouvoirs de l'État sont pris en charge non plus par les rois, mais par une aristocratie guerrière constituée d'une hiérarchie de suzerains et de vassaux.

Des liens d'homme à homme. À la base de cette hiérarchie pyramidale, on trouve des milliers de petits seigneurs vivant sur leur seigneurie. Chaque seigneur est lié, en théorie, à un seigneur plus puissant dont il réclame la protection en retour d'un soutien militaire en cas de guerre. On finit par appeler le protégé le **vassal** et le protecteur, le **suzerain**. Mais le suzerain peut être lui-même vassal d'un suzerain plus puissant qui le protège à son tour. C'est ce lien d'homme à homme, de protégé à protecteur, qu'on appelle la *vassalité*. Toute la classe dirigeante politico-militaire de la société médiévale est organisée autour de ce lien.

Acte de foi et hommage. Les liens vassaliques se nouent par l'hommage et la foi au cours d'une cérémonie hautement symbolique. À genoux, tête nue et sans armes, les mains jointes dans celles de son suzerain en signe de soumission, le vassal se reconnaît son « homme » : c'est l'hommage. Le suzerain referme les mains sur celles du vassal, en signe de protection, et lui donne un baiser **22**. Le vassal prête ensuite serment de fidélité ; c'est la foi. Les deux hommes se trouvent ainsi liés par un engagement personnel et réciproque ; c'est le lien vassalique. Il n'est pire crime que celui de manquer à son serment : c'est être félon ! L'hommage et la foi sont suivis de la remise

Cens
Redevance payée au seigneur.

Corvée
Travail obligatoire et gratuit effectué par le censitaire sur la réserve seigneuriale.

Taille
Impôt direct personnel.

Serf, serve
Personne en situation de demi-esclavage, privée de liberté personnelle et attachée à la terre.

Vassal
Dans la féodalité, seigneur lié à un seigneur plus puissant, appelé *suzerain*, dont il reçoit un fief en échange de sa fidélité et de divers services.

Suzerain
Dans la féodalité, seigneur lié à un seigneur moins puissant, appelé *vassal*, auquel il concède un fief en échange de sa fidélité et de divers services.

22 L'hommage (miniature du XIIIe siècle)

Édouard III d'Angleterre était vassal du roi de France pour ses terres de Normandie, d'Anjou et d'Aquitaine et, à ce titre, devait hommage à ce dernier. La scène le représente à genoux, prêtant hommage à Philippe VI de France, pendant que celui-ci referme les mains sur celles de son vassal en signe de protection.

Jean FROISSART, *Grandes chroniques de France*, v. 1375-1380. BnF, Manuscrits, Français 2813, folio 357v.

23 Acte de foi et hommage

Ce document porte sur un suzerain qui est également abbé d'un monastère, ce qui témoigne de l'engagement étroit de l'Église dans la féodalité (voir p. 97).

«Sachent tous présents et à venir que moi, Bernard Ato, seigneur et vicomte de Carcassonne, je reconnais en vérité à l'égard de toi, mon seigneur Léon, abbé par la grâce de Dieu de Sainte-Marie-de-la-Grasse, et de tes successeurs, que je tiens et dois tenir en fief les biens suivants [suivent 21 noms de châteaux et domaines] pour tous et chacun desquels biens je fais hommage et fidélité par les mains et la bouche à toi mon susdit seigneur Léon, abbé, et à tes successeurs, et je jure sur les quatre Évangiles de Dieu que je serai toujours pour toi et tes successeurs un vassal fidèle dans toute la mesure de la fidélité qu'un vassal doit à son maître, et je vous défendrai, toi mon maître, et tous tes successeurs, et le couvent susdit, et les moines présents et futurs, et vos châteaux, vos domaines et tous vos hommes, et leurs biens, contre tous malfaiteurs et envahisseurs, à ta requête ou à celle de tes successeurs, et tout cela à mes frais. [...] De plus, je reconnais que pour la reconnaissance desdits fiefs, je dois venir, et de même mes successeurs, audit couvent, à mes frais, toutes les fois qu'un nouvel abbé sera institué, et lui faire là hommage et lui rendre puissance sur tous les fiefs sus-énoncés. Et lorsque l'abbé montera à cheval, je dois [...] lui tenir l'étrier [...]; je dois encore assurer un gîte abbatial [...] à lui et à tous ceux de sa suite, jusqu'à concurrence de deux cents bêtes, lui fournissant [...] les meilleurs poissons et viandes, œufs et fromages, en tout honneur à sa volonté [...].

[Et l'abbé répond:] En conséquence, moi susnommé seigneur Léon, abbé par la grâce de Dieu de Sainte-Marie-de-la-Grasse, je reçois hommage et fidélité pour tous les fiefs des châteaux, domaines et lieux susdits de la manière et aux clauses et conditions sus-énoncées; et de même je te concède en fief à toi et à tes héritiers et à leurs successeurs vicomtes de Carcassonne, tous les châteaux, domaines et lieux susdits [...]; et je te promets à toi et à tes héritiers [...] que je me montrerai bon et fidèle seigneur relativement à toutes les choses susdites.»

Source: Norbert ROULAND, *L'État français et le pluralisme. Histoire politique des institutions publiques de 476 à 1792*, Paris, © Odile Jacob, 1995, p. 94-95.

Fief
Domaine concédé par le suzerain à son vassal, en échange de certains services.

au vassal d'une motte de terre ou de quelque autre objet qui symbolise le **fief** qu'il reçoit généralement et dont les revenus lui permettront de vivre; c'est l'**investiture** 23.

Les obligations du vassal. Le vassal assiste son suzerain quand celui-ci rend sa justice. Il lui apporte aussi son aide militaire, l'**ost**, pour un nombre de jours fixé, et une aide financière en quatre occasions: rançon du suzerain, mariage de sa fille aînée, adoubement (intronisation dans la chevalerie) de son fils aîné et départ pour la Croisade.

24 Un château fort médiéval à Ponferrada, en Espagne

Cette formidable construction, avec ses hautes tours et son mur d'enceinte, donne une idée de la durée des sièges. De telles places ne peuvent succomber qu'à la famine ou à la trahison.

Les trois ordres. La société médiévale se voyait divisée en trois ordres, ou états (au sens de situation sociale) 3 (voir p. 75). Le premier ordre, le clergé, était formé des gens consacrés aux choses divines — prière, culte religieux — considérées comme primordiales pour assurer la vie dans l'au-delà. Le troisième, ou tiers état, rassemblait ceux et celles qui avaient pour fonction de produire tout ce dont la société avait besoin pour répondre aux nécessités de l'existence ici-bas. Entre les deux, le deuxième ordre, la noblesse, était celui des guerriers, chargés de protéger l'ensemble du corps social. C'est ici que se situent suzerains et vassaux. Dédiés au métier des armes, ils recrutent des guerriers qu'ils entretiennent auprès d'eux ou sur les fiefs qu'ils leur ont concédés. Ils se font la guerre pour étendre ou défendre leurs domaines. Petit à petit, les châteaux se dressent partout, d'abord en bois, puis en pierres, hérissés de tours et de murs d'enceinte 24.

Grands propriétaires fonciers, les seigneurs protègent leurs paysans mais les exploitent bien davantage.

Grands guerriers féodaux, chacun vassal et suzerain à la fois, ils forment une aristocratie dont tous les membres sont attachés entre eux par des liens d'homme à homme qui descendent du suzerain des suzerains, le roi, jusqu'au dernier des vassaux. Cette caste peu nombreuse mais puissante laisse bien démunie la masse des paysans qui travaillent la terre, éternelles victimes des guerres féodales 25.

Le morcellement du pouvoir. Ainsi s'établit un lieu de pouvoir, le château, où commence à s'exercer à l'échelon local une autorité publique que n'assume plus le pouvoir royal. Le seigneur prend l'habitude d'administrer les affaires en son nom. Les droits royaux ou régaliens (droits de rendre justice, de battre monnaie, de percevoir les impôts, de faire la guerre) se dispersent dans les fiefs, qui tendent à former de petits États autonomes au sein du royaume. Finalement, tous les attributs de l'État passent au seigneur local, les fiefs devenant peu à peu héréditaires. Privé d'armée permanente (le service d'ost est limité), disposant de peu de ressources, le roi n'est qu'un seigneur comme les autres, resserré dans son petit domaine, un roi honoraire que les grands vassaux narguent.

Ces régimes seigneurial et vassalique, qui représentent une réponse aux défis que pose une période d'insécurité, vont toutefois devoir évoluer, à partir du XIe siècle, pour s'adapter à des conditions nouvelles créées par l'arrêt des invasions, qui cessent alors brusquement après avoir secoué l'Occident pendant près de 500 ans. Le retour à une relative tranquillité va permettre un immense renouveau de la civilisation médiévale, dans tous les domaines. Au Moyen Âge des paysans et des châteaux s'ajoutera un Moyen Âge des marchands et des villes.

Faisons le point

1. Décrivez les éléments essentiels du régime seigneurial, incluant les droits et les devoirs importants du seigneur et du tenancier.
2. Quels sont les trois ordres, ou états, de la société médiévale?
3. Décrivez les éléments essentiels du régime vassalique, incluant les droits et les devoirs importants du suzerain et du vassal.
4. Comment la féodalité amène-t-elle le morcellement du pouvoir politique?

3.3 Le renouveau économique et social

Sur le plan économique et social, le renouveau qui s'amorce vers l'an 1000 touche d'abord l'agriculture et, de là, s'étend au commerce et à la vie urbaine.

3.3.1 Les progrès de l'agriculture

L'Occident du XIe siècle connaît une véritable révolution agricole, marquée par des progrès techniques décisifs entraînant une augmentation spectaculaire de la population et une nette amélioration de la condition paysanne. Les activités agricoles touchant à l'époque près de 90% de la population, on peut affirmer qu'il s'agit là d'un phénomène capital dans l'histoire occidentale.

La révolution énergétique. L'agriculture est touchée par une révolution énergétique avec l'apparition du moulin, une technique déjà connue dans l'Antiquité

Investiture

Dans la féodalité, mise en possession d'un fief par le suzerain en faveur de son vassal. Par extension, mise en possession d'un pouvoir quelconque, civil ou religieux, par exemple un évêché (voir la querelle des Investitures, p. 98).

Ost (service d')

Service militaire d'une durée limitée (de 40 à 60 jours par année) que doit un vassal à son suzerain.

25 La guerre féodale

«Les cureurs et les boutefeux prennent les devants; à leur suite, les fourrageurs chargés de ramasser le butin. Voilà le tumulte qui commence. Les paysans jettent de grands cris; les bergers recueillent leurs bêtes et les chassent vers le bois voisin, dans l'espoir de les garantir. Les boutefeux envahissent les villages que les fourrageurs visitent et pillent. Les habitants éperdus sont brûlés ou ramenés les mains liées pour être réunis au butin. La cloche d'appel sonne de tous côtés, l'épouvante se communique de proche en proche et devient générale. On voit briller les heaumes, flotter les enseignes et des chevaliers parcourir la plaine. Ici on fait main basse sur les vivres; là on emmène les bœufs, les porcs, les troupeaux. La fumée se répand, les flammes s'élèvent; les paysans fuient, éperdus, de tous côtés.»

Source: *Garin le Lorrain, chanson de geste du XIIe siècle*, trad. par Bernard Guidot, Nancy, Presses universitaires de Nancy, 1986, p. 68.

26 Collier de cou et collier d'épaule

Le collier de cou (en haut), fait d'une bande de cuir, gêne la respiration de l'animal. Le collier d'épaule (en bas), rigide, s'appuie sur le poitrail du cheval, libérant la trachée.

Assolement
Division des terres en portions (soles) consacrées à tour de rôle à des cultures différentes ou à la jachère.

Guilde
Association de marchands ou d'artisans.

27 L'assolement triennal

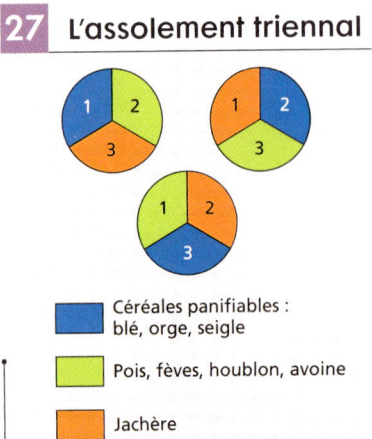

Céréales panifiables : blé, orge, seigle

Pois, fèves, houblon, avoine

Jachère

---

mais négligée à cause de l'abondance des esclaves. Mû par l'eau ou le vent, le moulin, qui se répand dans les campagnes dès le Xᵉ siècle, procure une force motrice nouvelle, libérant ainsi une importante main-d'œuvre qui s'activait jusque-là à tourner les vieilles meules à main. L'énergie animale prolonge ce progrès déterminant. Depuis l'Antiquité, les chevaux étaient harnachés par une lanière de cuir souple entourant leur cou : plus ils tiraient, plus ils s'étranglaient en comprimant leur trachée et leurs veines jugulaires. L'attelage par le collier d'épaule, rigide, rembourré et bien ajusté sur les os des épaules, permet au cheval de tirer une charge quatre ou cinq fois plus élevée qu'auparavant sans couper sa respiration 26. En même temps, la ferrure à clous lui donne un meilleur appui et l'attelage en file décuple sa force de traction, lui permettant de fournir un travail plus efficace.

Rendements et démographie. Jusqu'alors, pour permettre au sol de se régénérer, il fallait le laisser en jachère une année sur deux. Cet assolement biennal fait place à l'assolement triennal, permettant d'accroître de 50 % la surface du sol cultivable chaque année 27. Et l'outillage se perfectionne, alors qu'on remplace de plus en plus le bois par le fer. Au vieil araire, qui ne laboure qu'en surface, on substitue la charrue à deux roues et à versoir, munie d'un soc de fer, qui retourne bien les terres lourdes du nord de l'Europe jusque-là négligées 28. La rotation sur trois soles et un meilleur outillage font que l'agriculture européenne atteint des niveaux de rendement qui ne seront plus dépassés durant un demi-millénaire : on passe d'un ratio de deux grains récoltés pour un grain semé à quatre, cinq et même six pour un au XIIIᵉ siècle. Alors on mange mieux, la mortalité infantile recule, la population croît. De l'an 1000 à l'an 1300, celle-ci double, voire triple en certaines régions. Des chiffres exacts étant difficiles à établir, les historiens évaluent la population de l'Europe, au début de cette période, entre 25 et 30 millions d'habitants, passant de 60 à 70 millions en 1300 (certaines évaluations récentes vont de 43 à 86 millions pour la même période). Des bras se libèrent, dont la plupart vont s'attaquer à la forêt.

Les défrichements forestiers. Un immense travail de défrichement commence, qui ne s'achèvera qu'à la fin du XIIIᵉ siècle. On défriche d'abord des coins de terre laissés à l'état sauvage dans les seigneuries existantes, mais bientôt il faut ouvrir de nouvelles terres au peuplement. Alors s'amorcent les défrichements au cœur des zones forestières. C'est un des faits les plus importants de l'histoire de l'Europe médiévale. On peut le comparer au mouvement qui s'opérera au XIXᵉ siècle dans la conquête de l'Ouest aux États-Unis ou dans le défrichement des terres au Lac-Saint-Jean, au Québec, à la même époque. Au milieu des bois, dans des terrains sauvages, les seigneurs ouvrent de nouvelles seigneuries. Ils recrutent des travailleurs volontaires, les hôtes, qui acceptent de défricher et de cultiver pourvu que le seigneur leur consente des conditions alléchantes. Ainsi naissent des agglomérations qu'on appelle Villeneuve, Neuville. Ailleurs, ce sont des moines qui, recherchant un certain isolement, installent des abbayes en pleine forêt et défrichent les alentours pour leurs propres besoins. Au nord de l'Europe, de vastes espaces sont même conquis sur la mer, puis cultivés ; ils forment ce qu'on appelle des *polders*, si importants dans la création de ce pays qu'on appelle justement les Pays-Bas.

L'émancipation des paysans. À ces défrichements nouveaux correspondent des conditions sociales nouvelles. Les paysans des vieilles seigneuries, toujours soumis aux servitudes, menacent de s'enfuir sur ces terres nouvellement défrichées. Pour les garder, le maître doit négocier. À force de marchandages et de concessions, la situation des paysans s'améliore, même si toutes les régions et tous les paysans ne profitent pas également de l'expansion agricole. Au XIVᵉ siècle, tout de même, le servage aura pratiquement disparu en Europe occidentale.

3.3.2 La renaissance du commerce

La fin des invasions, l'augmentation de la production agricole et l'essor démographique à partir du XIe siècle favorisent le renouveau commercial en suscitant l'apparition des marchands, le développement des foires et le retour de la monnaie.

L'apparition des marchands. La terre a donc libéré des bras, qui deviennent disponibles pour d'autres occupations. Des paysans partent sur les routes, courant l'aventure ; ils trafiquent, achetant ici à bas prix ce qu'ils revendent ailleurs très cher. La plupart végètent, mais certains réussissent. On les appelle les *pieds poudreux*, c'est-à-dire des errants qui mènent une vie pleine de risques et de dangers. Ils se groupent en associations appelées **guildes**, voyagent en convoi pour mieux résister aux dangers multiples. Le négoce devient pour eux un métier. Ce sont les marchands. Ils sont au cœur du renouveau des échanges et du grand commerce.

Les grands axes commerciaux. L'activité commerciale rayonne à partir de deux zones : l'Italie et le pourtour de la mer Baltique et de la mer du Nord 29.

Dans la péninsule italienne, ce sont les villes du Nord qui amorcent le renouveau. La réouverture de

28 Charrue et collier d'épaule

Cette miniature montre bien les deux innovations capitales de l'agriculture au XIe siècle : le collier d'épaule pour le cheval et la charrue à roues et à versoir.

Extrait de *De informatione principum*, France, v. 1450. BnF, Manuscrits, Français 126, fol. 7 (détail).

29 L'économie européenne à la fin du XIIIe siècle

La civilisation médiévale

Drap
Étoffe de laine. Ne pas confondre avec le sens actuel relatif à la literie.

Hanse
Association de marchands allemands, puis de villes allemandes au Moyen Âge.

la Méditerranée, consécutive à un certain affaiblissement des Arabes, stimule l'activité commerciale. Venise, Pise et Gênes exploitent au maximum les conditions nouvelles. Elles accroissent leurs flottes, multiplient les expéditions, créent des comptoirs partout en Méditerranée. Elles renouent avec Byzance et l'Orient. Leurs galères rapportent de Constantinople ou d'Alexandrie les épices, les soieries, les parfums et mille autres produits asiatiques que les caravanes de marchands déversent sur l'Europe. En échange, elles fournissent à l'Orient le plomb, l'étain, les vins et notamment les **draps** de Flandre. Les villes italiennes en arrivent à posséder le quasi-monopole du commerce en Méditerranée.

Un autre commerce fleurit au nord de l'Europe, moins spectaculaire que celui du Sud, mais aussi efficace. Il court le long des fleuves russes jusqu'à Byzance et s'étend sur les côtes de la mer du Nord et de la Baltique, où s'établissent des ports (Stettin, Lübeck, Hambourg, Brême). Ceux-ci drainent un important négoce jusqu'à Bruges, qui est alors le plus grand entrepôt de l'Europe du Nord, le point de rencontre entre le commerce de la Baltique et le commerce méditerranéen. Des produits venus d'Italie (alun, épices, soieries) entrent dans le port de Bruges. En repartent des tapisseries flamandes et des toiles de lin hollandaises, mais aussi les beaux draps de laine que l'on fabrique dans les villes de Flandre avec la laine importée d'Angleterre. Toute l'Europe raffole de ces lainages, qu'on expédie jusqu'en Orient. Dans le but de monopoliser le commerce du Nord, les marchands allemands se groupent (1241) en une énorme association, à la fois politique et commerciale : la **Hanse** teutonique.

Le développement des foires. Entre l'Italie et la Baltique, des routes permettent aux marchands de transporter leurs marchandises. Les échanges se font en grande partie dans certaines villes bien placées le long de ces routes. Ainsi se développent les foires, dont les plus célèbres sont celles de Champagne, où se retrouvent chaque année des marchands venus de Flandre, d'Angleterre, d'Italie, d'Allemagne, d'Afrique et même d'Asie, dans un spectacle haut en couleur. On y vend les soieries et les épices de Chine, les cuirs d'Espagne, les draps de Flandre, les laines d'Angleterre, les fourrures de Russie, les vins de Bordeaux, l'ivoire d'Afrique. À leur apogée, les foires constitueront le plus important foyer commercial et bancaire de l'Occident.

Monnaie et banque. Les marchands qui se déplacent de foire en foire ont besoin d'un moyen d'échange peu encombrant et relativement léger qui se substituera au simple troc entre produits. L'usage de la monnaie se généralise, favorisé par l'essor de la production minière (argent d'Espagne, de Cornouaille, d'Allemagne ou de Bohême) et la réapparition de l'or, extrait du Soudan et acheminé vers l'Europe par l'intermédiaire des Arabes. On reprend la frappe des monnaies d'or, tels le florin de Florence (1252), le ducat vénitien (1284) ou l'écu de saint Louis (1263), qui étaient à peu près disparues depuis la fin de l'Empire romain. Or, dans les foires circule non seulement la monnaie des États, mais aussi celle qu'émettent les grands féodaux, voire certaines villes. De là vient l'importance des changeurs, métier dans lequel se spécialisent des Italiens du Nord, les Lombards. Assis sur leur banc (d'où le nom de *banque*), ils fournissent aux marchands toutes ces monnaies dont la fiabilité n'est pas toujours assurée. Pour en évaluer la proportion de métal précieux, ils les font résonner sur une plaque de marbre et les pèsent. Une économie monétaire remplace progressivement le troc des produits naturels, ce qui facilite les échanges.

3.3.3 L'essor des villes et le mouvement communal

Les déplacements incessants de foire en foire amènent bientôt les marchands à souhaiter se regrouper dans des lieux permanents d'échanges et de contacts. Se joignent à eux les artisans dont ils ont besoin, tant pour les nécessités de la vie (boulangers, menuisiers, serruriers) que pour celles du commerce (tonneliers pour les contenants, charrons pour les véhicules, changeurs pour les monnaies). C'est ainsi qu'on assiste à la renaissance des villes. Alors que la ville romaine était d'abord un centre politique et administratif, la ville médiévale sera d'abord un centre économique.

La ville médiévale. Les marchands affluent dans la ville avec leurs richesses. Ils y recherchent une garantie de sécurité et une occasion d'échanges. C'est pourquoi ils s'installent assez près des remparts protecteurs de la ville. Ils désirent aussi s'installer dans les villes les mieux situées pour le trafic. Ces hommes nouveaux, échappés de la terre ou venus de nulle part, et qu'on commence à appeler *bourgeois* parce qu'ils ont fait naître de nouveaux quartiers, les bourgs, apportent avec eux l'esprit de gain et la circulation de l'argent. Ils croissent en nombre, en fortune, donc en puissance. Ils emploient une main-d'œuvre assez abondante, participant ainsi à la croissance rapide de la ville. Ils suscitent le goût de la liberté. Leur présence attire les paysans d'alentour et stimule la production de l'artisanat.

Artisans et corporations. Car des artisans se fixent aussi dans les villes pour y exercer leur métier. La plupart d'entre eux achètent la matière première à un marchand et vendent les objets qu'ils ont fabriqués. Leurs ateliers, à la différence de nos magasins, s'ouvrent directement sur une rue, étroite et sans trottoirs : on travaille à la vue du public 30. Les artisans sont, la plupart du temps, regroupés par métier le long d'une même rue, sous les yeux d'une foule bigarrée. Comme les marchands, ils s'assemblent dans des associations appelées *confréries, fraternités, guildes*, etc. À l'origine, ce sont des associations de caractère religieux, sorte de sociétés de secours mutuel placées sous le patronage d'un saint (saint Joseph pour les charpentiers, saint Éloi pour les orfèvres, saint Marin pour les tailleurs de pierre, etc.). Peu à peu, l'association s'organise solidement en **corporation** de métier, chacune étant dirigée par le collège des maîtres qui réglemente sévèrement la qualité et le prix du produit. L'apprenti fait un stage de plusieurs années chez un maître pour devenir compagnon, c'est-à-dire ouvrier salarié. Pour accéder à la maîtrise, le compagnon doit fabriquer seul une pièce irréprochable, le chef-d'œuvre (*chef* au sens de « première »). Certains corps de métiers d'aujourd'hui (électriciens, plombiers) conservent encore les notions d'apprenti et de maître, tandis que les universités décernent toujours des diplômes de maîtrise, qui témoignent du fait que leur détenteur peut réaliser toutes les étapes d'une recherche originale.

La situation des femmes. Dans cette société urbaine qui se met en place, la citadine est considérée comme l'égale de l'homme au même titre que la dame dans son château. Elle a le droit de travailler comme les hommes, et la plupart des métiers que pratiquent les hommes lui sont accessibles. Si filer la laine est l'activité

Corporation
Association d'artisans d'un même métier créée pour réglementer ce métier et défendre les intérêts de ses membres, et bénéficiant de certains privilèges en la matière.

30 Une rue marchande

Les boutiques d'artisans sont largement ouvertes sur la rue. On peut distinguer ici celles de l'apothicaire (au premier plan à droite), du drapier-tailleur (face au précédent), du barbier (au centre), du fourreur (au fond).

Gilles de ROME, *Livre du gouvernement des princes*, XVIe siècle. BnF, Arsenal 5062, fol. 149 v.

féminine par excellence, il y a aussi les parcheminières, les chapelières, les dentellières, les gantières, etc. Certaines travaillent le cuir, d'autres forgent le métal ou font des cottes de mailles. Nombreuses sont les femmes qui tiennent boutique dans les métiers de l'alimentation. Ajoutons qu'à côté des prud'hommes on trouve des prud'femmes, qui ont pour fonction de défendre les intérêts des membres de leur corporation. Enfin, au même titre que l'homme, la femme peut rédiger un testament, hériter, gérer librement ses affaires, souvent avec succès. Certaines atteignent une autonomie professionnelle remarquable. En bref, la condition féminine pourrait faire l'envie des femmes des siècles suivants.

Le mouvement communal. La ville dans son ensemble dépend d'un seigneur. Or, les bourgeois s'accommodent mal des prétentions et du contrôle seigneuriaux, dont les multiples charges (redevances, corvées, etc.) sont des entraves insupportables pour le commerce ou l'industrie. Sans attache avec le sol et vivant de la vente des produits qu'ils fabriquent ou achètent, ils n'acceptent pas d'être régis par les coutumes d'une société agricole. Alors, les bourgeois se dressent contre les seigneurs. Ils se lient par serment les uns aux autres et se promettent une aide mutuelle en formant une association qu'ils appellent la **Commune**. Un vaste mouvement d'émancipation secoue les villes : le mouvement communal.

La crise, qui s'annonce à la fin du XIe siècle, se déchaîne au siècle suivant. Les villes allemandes et italiennes en prennent la tête parce qu'elles sont plus riches et plus prospères. Le mouvement d'émancipation met plus d'un siècle à s'accomplir, parfois dans la violence, avec des massacres et des tueries (Laon, 1111-1114), le plus souvent par l'achat des libertés à prix d'or. Les bourgeois sont riches et les seigneurs ont souvent besoin d'argent. Parfois, quand il fonde une ville neuve, le seigneur accorde spontanément les libertés afin d'y attirer les habitants. Finalement, de plein gré ou par la force, les bourgeois arrachent au seigneur des privilèges (de *priva* et *lex*, « loi privée »), c'est-à-dire des libertés qu'on appelle *franchises*, indispensables à l'exercice de leur métier 31. Ils organisent leur défense, administrent eux-mêmes leurs finances, élaborent leur justice. En Allemagne, les villes de la Hanse deviennent des républiques indépendantes comme le sont Florence, Venise et Milan, en Italie.

Désormais, la commune a une **charte** où sont consignées ses libertés, des armoiries de même qu'un sceau garant de son pouvoir. Au centre de la cité se dresse l'hôtel de ville surmonté du beffroi 32, tour de guet fortifiée où l'on conserve la charte. Là se tiennent les assemblées des élus et les audiences du tribunal. Le beffroi arbore une grande horloge, innovation technique majeure de l'époque pour ces bourgeois pour qui le temps est une donnée importante de l'activité commerciale. La ville a l'orgueil de ses institutions et la fierté de ses monuments, dont l'allure et les dimensions doivent flatter le patriotisme de sa population. Cathédrale, hôtel de ville, maisons des corporations ou demeures de riches marchands font d'Ypres, de Bruges,

---

Commune
Association de bourgeois d'une ville cherchant à s'affranchir des servitudes féodales. Ville ainsi affranchie. N'a pas le même sens que dans l'expression *Chambre des communes*, qui désigne la chambre des députés élus dans un parlement de type britannique.

Charte
Document écrit consignant des droits ou des privilèges accordés par une autorité et ayant force de loi.

---

31 La confirmation de la commune de Dreux (1180)

« Au nom de la sainte et indivisible Trinité. Amen. Comme, entre autres défaillances de la fragilité humaine, nous sommes sujets aux pertes et aux fuites de la mémoire, la divine Providence a décrété, en compensation de cette incommodité, l'invention de la durable écriture, afin que la permanence des caractères conserve immuable ce qui, à chaque instant, était soumis au changement en raison des fréquentes variations des choses. Considérant cette longévité des écrits, je, Robert, par la patience de Dieu, comte de Dreux […], ai voulu, par des caractères d'écriture, notifier à tous présents et futurs que, un désaccord étant né entre moi et mes bourgeois de Dreux, nous sommes convenus enfin de cet accord, à savoir que nous leur avons concédé d'avoir la commune qu'ils ont eue aux jours de mon père, et nous la leur avons confirmée par serment, moi, Agnès comtesse de Braine, mon épouse, et Robert, mon fils. De plus, nous avons juré aux susdits bourgeois que nous ne lèverons, nous et nos successeurs, […] aucune taille sur les susdits bourgeois, et nous ne leur ferons aucune violence. […] Eux-mêmes ont juré d'être fidèles à moi, à mon épouse et à mes héritiers, et de garder et défendre notre place forte de Dreux contre tous […]. Nous avons concédé d'autre part aux mêmes bourgeois que nous ne forcerions personne de leur commune à user de nos moulins ni à s'acquitter d'autres redevances […]. En autre temps, je ne pourrai pas forcer les bourgeois à me livrer ou à me prêter des chevaux. Eux-mêmes, s'ils le veulent, soit en considération de mes prières, soit par amour pour moi, pourront me prêter leurs chevaux ou leurs chariots. […] »

Source : Édouard LEFÈVRE, *Documents historiques sur le comté et la ville de Dreux*, Paris, Garnier, 1859, p. 45-46.

de Paris, de Florence, de Sienne, de Lübeck et de mille autres villes les lieux d'expression d'une architecture remarquable. La ville médiévale est redevenue un centre de la vie publique et le cœur de la civilisation.

Faisons le point

1. Quelles innovations transforment l'agriculture autour de l'an 1000 ?
2. Pourquoi les paysans des vieilles seigneuries menacent-ils de déserter ?
3. Illustrez sur une carte muette les grandes routes commerciales européennes vers la fin du XIIIe siècle.
4. Comment la bourgeoisie prend-elle naissance ?
5. En quoi consiste le mouvement communal ? Quelles en sont les causes et les résultats ?

3.4 Le renouveau religieux

Le renouveau d'après l'an 1000 se manifeste également dans le domaine religieux. Imbriquée dans la féodalité, l'Église souffre de la mainmise des **laïcs** et du relâchement des mœurs du **clergé**. Elle tente de se réformer et d'humaniser quelque peu cette société guerrière ou, à tout le moins, de détourner son agressivité vers l'extérieur par la Croisade.

Laïc, laïque
Tout croyant qui n'exerce aucune fonction dans l'Église.

Clergé
Ensemble des personnes occupant des fonctions et revêtues d'une certaine dignité dans l'Église, et qui portent le nom générique de *clercs* (exemples : prêtre, évêque).

3.4.1 L'Église et la féodalité

Affrontant comme tout le monde la menace des invasions et la nécessité d'y faire face adéquatement, l'Église est entrée rapidement dans le mouvement de la féodalité. Elle en sera marquée et il faudra une réforme énergique pour qu'elle retrouve sa vitalité spirituelle ; cependant, elle exercera en même temps une influence bénéfique sur les mœurs féodales.

L'Église prisonnière de la féodalité. Lorsque des paysans, effrayés par des envahisseurs, sont venus « se recommander » à une abbaye proche, les moines leur ont accordé leur protection. À leur tour, des monastères se sont recommandés à la protection d'un grand seigneur laïque ; ou encore, la foi intense de l'époque a conduit un seigneur ou le roi à donner de vastes domaines avec leurs villages

32 **L'hôtel de ville et son beffroi à Sienne, en Italie**

Au château seigneurial, la cité oppose l'hôtel de ville, symbole de son autonomie. Il est surmonté du beffroi, tour fortifiée que l'on souhaite aussi haute que possible pour affirmer la réussite des bourgeois.

Ascétisme
Genre de vie marqué par l'austérité, la frugalité, les privations.

Monachisme
Genre de vie pratiqué par les moines et les moniales, personnes consacrées à l'activité religieuse vivant à l'écart du monde en communauté dont ils s'engagent à suivre les règles, et qui font vœu de pauvreté, de chasteté et d'obéissance.

33 Pape et empereur, d'après Innocent III
(pape de 1198 à 1216)

L'un des grands conflits du monde féodal : qui domine, le pape ou l'empereur ?

« Le vicaire de Jésus-Christ […] possède à la fois les clefs du ciel et le gouvernement de la terre […]. Nous sommes établi par Dieu au-dessus des peuples et des royaumes. Rien de ce qui se passe dans l'univers ne doit échapper à l'attention et contrôle du Souverain Pontife. Dieu, créateur du monde, a mis au firmament deux grands astres pour l'éclairer : le soleil qui préside aux jours, la lune qui commande aux nuits. De même, dans le firmament de l'Église universelle, il a institué deux hautes dignités : la papauté qui règne sur les âmes et la royauté qui domine les corps. Mais la première est très supérieure à la seconde. Comme la lune reçoit sa lumière du soleil, qui l'emporte de beaucoup sur elle par la quantité et la qualité de son rayonnement, ainsi le pouvoir royal tire tout son éclat et son prestige du pouvoir pontifical. »

> Que signifie l'expression « vicaire de Jésus-Christ » ? D'après ce texte, quel est le fondement des prétentions du pouvoir pontifical à la domination universelle ?

Source : Achille LUCHAIRE, *Innocent III, Rome et l'Italie*, Paris, Hachette, 1906, p. 118.

à un évêque ou à un monastère. Évêques et abbés sont ainsi devenus, tout à la fois, seigneurs et vassaux. Et les rites de la féodalité ont suivi : foi, hommage, investiture et protection. En tant que seigneurs, ils rendent la justice, perçoivent des redevances, vivent dans un château fortifié, font la guerre et s'entourent de vassaux. L'Église se trouve ainsi étroitement engagée dans les affaires « temporelles » au détriment des affaires spirituelles, sans compter que le régime conduit à des abus : luxe éhonté, violence guerrière, dégradation des mœurs. Une réforme s'impose. Elle commence avec la réforme monastique et se complète par l'action vigoureuse des papes.

La réforme monastique. En 910 est fondée en Bourgogne une abbaye d'un type nouveau : Cluny. Son fondateur, Guillaume d'Aquitaine, a voulu soustraire l'abbaye à la tutelle des seigneurs laïques (roi, duc, comte), et même à l'autorité des évêques, en la rattachant directement au Saint-Siège (le pouvoir papal à Rome). Les moines élisent un abbé qui ne doit obéissance qu'au pape. Grâce à cette indépendance et en raison du prestige de ses premiers abbés, l'abbaye rayonne très tôt sur la chrétienté. Elle fonde d'autres monastères auxquels elle donne son organisation, et qui restent soumis à l'abbé de la maison mère. À son apogée, au XIIe siècle, l'ordre de Cluny est une galaxie de 1 200 filiales réparties dans toute la chrétienté. C'est l'institution la plus puissante de l'Église. Immensément riche, elle connaît toutefois assez rapidement un certain relâchement, ce qui provoque la création d'autres ordres, tel celui de Cîteaux, fondé en 1098. Les Cisterciens veulent revenir à l'**ascétisme** rigoureux des origines du **monachisme** : isolement du monde, dépouillement total, refus de percevoir des rentes d'aucune sorte, subsistance des moines tirée exclusivement de leur travail manuel. Mais le pouvoir des ordres religieux est nécessairement limité. L'action décisive va venir de Rome.

La réforme issue de la papauté. À partir du XIe siècle, la papauté entreprend une lutte gigantesque pour assainir les mœurs ecclésiastiques et pour échapper définitivement à l'emprise des laïcs, et surtout à l'empereur du Saint Empire romain germanique 33. Se considérant comme le chef suprême du monde chrétien, celui-ci a pris l'habitude de choisir les évêques et de les investir non seulement dans leurs possessions territoriales, mais aussi dans leur charge ecclésiastique. Il va même jusqu'à intervenir dans l'élection des papes. L'Église veut mettre fin à ces pratiques, ce qui ne plaît pas à l'empereur, d'où la querelle des Investitures. Il s'agit de savoir qui, du pape ou de l'empereur, a le droit de remettre aux évêques la crosse et l'anneau, symbole de leur pouvoir spirituel. L'affaire est d'importance, puisque les évêques sont de puissants et riches personnages qui peuvent jouer un rôle politique considérable. Le conflit, qui ira parfois jusqu'à la violence armée, dure près de deux siècles, entre déposition du pape par l'empereur et excommunication de ce dernier par le pape, et se solde par la défaite de l'empereur, qui accepte que la collation de la fonction épiscopale relève de l'Église seule. L'empereur conserve toutefois bien des moyens de se mêler des affaires de l'Église, et l'emprise des seigneurs laïques demeure très forte dans les paroisses rurales.

Conformité et orthodoxie. Dans ce contexte, tout opposant à l'autorité du pape doit être poursuivi. On pourchasse les hérétiques pour les ramener dans le droit chemin, on les traduit devant le tribunal de l'**Inquisition** : emprisonnement, torture, bûcher. Une des hérésies, celle des Albigeois, entraînera une guerre terrible dans le sud de la France (1208-1249). L'excommunication met au ban de la société la personne qui en est frappée. Il arrive même à l'Église d'user de l'interdit, mesure extrême, qui interrompt toute vie religieuse dans la région visée par le châtiment. Mais le triomphe de la papauté ne durera qu'un temps.

L'action de l'Église sur les mœurs féodales. Par ailleurs, sous certains aspects, l'Église exerce une heureuse influence sur la féodalité. Elle agit d'abord par sa doctrine qui proscrit tout brigandage et tout pillage. Elle lutte aussi concrètement contre les guerres privées, en établissant la « paix de Dieu » et la « trêve de Dieu ». La première mesure défend aux chevaliers de s'attaquer aux femmes, aux enfants, aux pauvres, aux paysans et aux clercs. La seconde vise à limiter la durée des guerres en interdisant de se battre certains jours de la semaine (du jeudi au lundi) et en diverses périodes de l'année (carême, avent, etc.).

L'action de l'Église vise aussi à donner un caractère religieux à l'idéal chevaleresque. Le rite de l'adoubement est sacralisé : la veillée d'armes devient une veillée de prières à la chapelle du château. Le jeune chevalier reçoit son épée des mains du chapelain et s'engage à la mettre au service du Christ et de son Église. Il promet qu'il sera « preux, hardi et loyal » et qu'il protégera la « veuve et l'orphelin », les moines et les pèlerins. À travers ces rites se forme un idéal de courtoisie dont l'Église est l'inspiratrice. Le respect de la femme, la protection du faible, la fidélité à sa parole et la vénération de lieux consacrés sont des valeurs issues de la féodalité que l'Église rend sacrées. Elles forment un fond de civilisation morale qui dure encore.

L'Église, toutefois, n'arrêtera pas les guerres privées : la mentalité guerrière est à la base même de la société médiévale. Mais elle trouvera à la chevalerie une cause sacrée : la Croisade. Devenu soldat du Christ, le chevalier aura non seulement le droit mais le devoir d'aller combattre les infidèles.

3.4.2 La Croisade

Bien que la Croisade se rattache de toute évidence au thème du renouveau religieux, elle le déborde largement par ses dimensions économique, sociale et culturelle, présentes tant dans ses causes que, surtout, dans ses conséquences. Il s'agit d'un événement majeur et dont les prolongements vont jusqu'à nos jours, alors que, près de 1 000 ans après les faits, des islamistes radicaux qualifient encore les Occidentaux de *croisés*…

Les causes. Depuis longtemps, les chrétiens allaient en pèlerinage en Terre sainte, c'est-à-dire en Palestine où Jésus avait vécu, animés par l'espoir du salut éternel. Mais, au XIe siècle, les Turcs, nouveaux maîtres du pays, ont la réputation d'interdire aux pèlerins l'accès des Lieux saints, endroits marqués par le passage du Christ d'après les récits évangéliques (Bethléem, Nazareth, temple de Jérusalem, etc.). Alors, une croix d'étoffe rouge cousue sur la poitrine, hommes du peuple et chevaliers s'arment, à l'appel du pape, pour aller libérer Jérusalem **34**. À ce motif de piété religieuse qui assure au croisé le salut de son âme s'ajoutent des appétits matériels. Les chevaliers ont le goût de l'aventure et de la gloire, et ils sont heureux de pouvoir donner libre cours à leurs instincts guerriers avec la bénédiction du pape. En même temps, des milliers de jeunes chevaliers caressent l'espoir de se tailler de vastes domaines dans cet Orient fabuleux, ou simplement de s'enrichir par le pillage de ses immenses richesses. De plus, la poussée démographique que connaît alors l'Occident européen, jointe au surpeuplement des terres défrichées, incite bien des hommes à partir. Se croiser, pour eux, c'est tenter la chance d'améliorer leurs médiocres conditions de vie. Enfin, certains papes désireux d'accroître leur puissance en Occident souhaitent regrouper princes et seigneurs, sous l'égide de Rome, dans une lutte commune contre l'Islam.

Les principales croisades. Phénomène unique dans l'histoire de l'Occident, la Croisade en Terre sainte comprend toute une série d'expéditions militaires

Inquisition
Tribunal institué par l'Église pour lutter contre les hérésies et la sorcellerie et qui compte sur l'appui du pouvoir civil pour donner suite à ses décisions ; procédure utilisée par ce tribunal.

Clerc
Personne occupant une fonction et revêtue d'une certaine dignité dans l'Église.

Adoubement
Cérémonie d'entrée dans la chevalerie.

34 Un chevalier se préparant à partir en croisade

Les croix brodées sur la tunique et la bannière indiquent la condition de croisé de ce chevalier. Il est équipé à la façon du XIIIe siècle : cotte de mailles, longue épée au côté et éperons aux pieds.

35 La prise de Jérusalem par les croisés

« Le vendredi à l'heure de midi, les Francs pénètrent dans la ville, sonnent leurs trompettes, remplissent tout de tumulte, marchent, avec un courage d'homme, aux cris de Dieu aide !, et plantent une de leurs bannières sur le faîte du mur. Les Païens confus perdent complètement leur audace, et se mettent tous à fuir en hâte par les ruelles qui aboutissent aux carrefours de la ville. Mais s'ils fuient rapidement, ils sont poursuivis plus rapidement encore. [...] Les nôtres les attaquent avec la plus violente ardeur ; nulle part ces infidèles ne trouvent d'issue pour échapper au glaive des Chrétiens [...]. Qui se fût trouvé là aurait eu les pieds teints jusqu'à la cheville du sang des hommes égorgés. Que dirai-je encore ? Aucun des infidèles n'eut la vie sauve ; on n'épargna ni les femmes ni les petits enfants. [...] Les nôtres donc, parcourant Jérusalem l'épée nue, ne firent quartier à aucun, même de ceux qui imploraient leur pitié, et le peuple des infidèles tomba sous leurs coups comme tombent, d'une branche qu'on secoue, les fruits pourris du chêne, les glands agités par le vent. Après s'être ainsi rassasiés de carnage, nos gens commencèrent à se répandre dans les maisons, et y prirent tout ce qui leur tomba sous la main. Le premier, quel qu'il fût, pauvre ou riche, qui entrait dans une habitation, s'en emparait, que ce fût une simple chaumière ou un palais, ainsi que de tout ce qui s'y trouvait, et en restait paisible possesseur comme de son bien propre, sans qu'aucun autre le troublât dans cette jouissance et lui fît le moindre tort. La chose avait été ainsi établie entre eux comme une loi qui devait s'observer strictement ; et c'est ce qui explique comment beaucoup de gens dans la misère nagèrent tout à coup dans l'opulence. Ensuite, clercs et laïcs, tous ensemble se rendent au tombeau de Notre-Seigneur et à son temple célèbre, élèvent jusqu'au ciel des cris de triomphe, et chantent un cantique nouveau en l'honneur du Très-Haut ; tous portent de riches offrandes, prodiguent les plus humbles prières et visitent, ivres de joie, ces lieux saints, après lesquels ils soupiraient depuis si longtemps. »

Quelles considérations pourrait-on faire en rapprochant ce document du document 9 (voir p. 80) ?

Source : FOULCHER DE CHARTRES, *Histoire des croisades* (v. 1106), dans François GUIZOT, dir., *Collection des mémoires relatifs à l'histoire de France*, Paris, J.-L.-J. Brière, 1825, p. 73-75.

Vielle
Instrument de musique à cordes frottées par une roue à manivelle.

Courtois
Se dit de l'amour en tant qu'il est soumis à un ensemble de normes réglant l'attitude de l'amant envers sa dame.

échelonnées sur deux siècles (1095-1291), qui portent en elles le pire et le meilleur : le mystique côtoie le bandit de grand chemin et la violence, voire la tuerie sauvage, l'emporte trop souvent sur la générosité. Seule la première Croisade atteint son but, toutes les autres aboutissant à des échecs.

En 1095, répondant à l'appel lancé par le pape Urbain II, quelques milliers de chevaliers de la petite noblesse, surtout française, se préparent à la guerre sainte, accompagnés de soldats, de serviteurs, parfois de leur famille, l'ensemble atteignant près de 100 000 personnes. Dans le même temps, des foules de pèlerins et de paysans suivent Pierre l'Ermite, un moine mendiant qui les entraîne à sa suite en Terre sainte. Ces pauvres gens finissent par se faire massacrer par les Turcs sans jamais avoir atteint la ville sainte. Quant aux chevaliers, ils parviennent à Jérusalem, qu'ils enlèvent après un long siège, le 15 juillet 1099, dans un effroyable carnage 35. Mais la victoire sera éphémère : en 1187, la ville sainte est reprise par le prince musulman Salad-ad-Din (Saladin). Six autres expéditions ne parviendront pas à recouvrer la ville et, en 1291, la chute de Saint-Jean-d'Acre, dernière place forte des croisés en Terre sainte, met un point final à l'aventure.

Les conséquences. Au regard du but religieux visé, les croisades se soldent donc, à terme, par un échec. Toutefois, elles ont donné des résultats sensibles sur les plans politique, économique, social et culturel.

Envisagées sur le plan politique, les croisades ont révélé la puissance et le dynamisme de l'Occident latin. Vainqueurs, les croisés organisent les territoires conquis, créent le royaume de Jérusalem et morcellent la côte de la Syrie en fiefs : Antioche, Édesse, Tripoli 36. Même après la disparition de ces États « latins », la France continuera d'exercer un rôle non officiel de protection sur les Lieux saints et sur les chrétiens du Proche-Orient, et cela jusqu'au XXᵉ siècle (création du Liban en 1920). Par ailleurs, la présence des croisés retardera de trois siècles l'invasion de l'Europe du Sud-est et la prise de Constantinople par les Turcs.

Sur le plan économique, les croisades favorisent le développement d'un commerce très actif entre les ports méditerranéens d'Occident et la Terre sainte, au bénéfice surtout des grandes républiques urbaines d'Italie. Gênes, Pise et surtout Venise louent des navires, transportent les croisés et alimentent leurs comptoirs de Palestine. Les commerçants italiens seront pour longtemps les banquiers de l'Europe. C'est aussi à cette époque que se développent les foires de Champagne, où l'on trouve les produits de l'Orient.

Sur le plan social, la noblesse féodale est loin d'avoir bénéficié de l'aventure, du moins autant qu'elle en rêvait. Elle s'y est au contraire appauvrie, en général, à cause des énormes dépenses qu'elle y a englouties, et en sort décimée par les combats. Son influence diminue au profit de la royauté qui, dès lors, entreprend la reconstruction politique de l'Europe, jusque-là morcelée. Au sein de la noblesse, toutefois, une révolution sociale s'opère, qui touche la condition des femmes. En l'absence du seigneur parti pour la guerre ou la Croisade, la châtelaine a en effet pris l'habitude d'assumer la direction concrète du domaine, surveillant la rentrée des taxes et des redevances. Le régime féodal lui reconnaît pleinement le droit de succéder au fief à défaut de mâle et de posséder la seigneurie. Elle hérite donc de la terre et du pouvoir et peut disposer de ses biens par testament. Cette situation nouvelle et quasi souveraine donne à la dame de la cour élévation, dignité et courage et annonce un certain adoucissement dans les manières et la culture de cette société de guerriers.

Sur le plan culturel, les expéditions lointaines ont le grand mérite d'avoir mis les Occidentaux en contact avec un art de vivre plus raffiné qui les séduit d'emblée. L'usage des tapis, des miroirs et des tissus de velours se répand dans les cours seigneuriales. Le seigneur veut donner à la vie de son château un visage nouveau. Une société plus mondaine se constitue. Les mœurs s'affinent. La revalorisation du statut et du rôle des femmes imprime à la chevalerie un caractère nouveau. Le chevalier combat maintenant tout autant pour sa «dame» que pour son seigneur. Celle-ci inspire une culture nouvelle qui s'ébauche lentement, avec les troubadours qui passent de château en château, récitant de la poésie en s'accompagnant à la vielle, chantant l'amour, s'éprenant même, par jeu ou sincèrement, de la châtelaine. Ainsi naît l'amour dit courtois, parce qu'il se déploie dans les cours seigneuriales 37.

La Croisade marque un tournant dans l'histoire de l'Occident. Replié sur lui-même pendant près de 500 ans, devant sans cesse affronter des envahisseurs extérieurs contre lesquels il peine à assurer sa défense, il reprend maintenant l'offensive, projetant sa puissance et son dynamisme jusqu'au cœur de son ennemi le plus menaçant. Et la Croisade en Terre sainte n'est que la manifestation la plus spectaculaire de ce revirement: au même moment, la *Reconquista* fait reculer les Arabes d'Espagne, tandis qu'au nord-est de l'Europe les chevaliers teutoniques agrandissent l'aire occidentale au détriment des Slaves. L'Occident conquérant est en marche, et il ne s'arrêtera plus pendant près de 10 siècles — pour le meilleur et pour le pire.

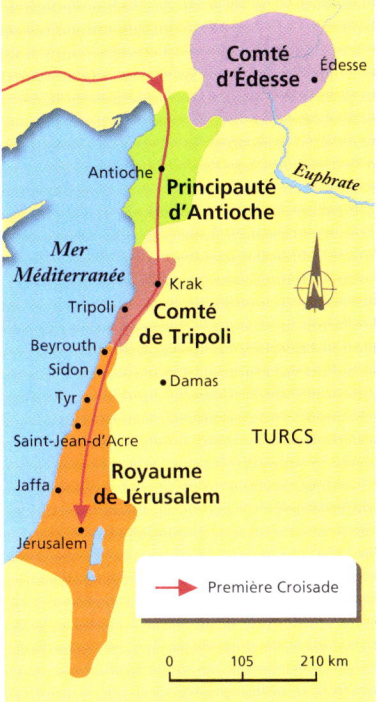

36 Les États chrétiens d'Orient après la première Croisade

Des frontières trop longues et un territoire trop étroit expliquent la fragilité des États chrétiens d'Orient. Au XIIe siècle, les Arabes avaient déjà reconquis Jérusalem.

37 L'idéal courtois

«Sois sociable, juste et modéré en tes propos, à l'égard des petits comme des grands. [...] Puis évite de prononcer des mots grossiers et populaires; jamais tes lèvres ne doivent s'ouvrir pour nommer de vilaines choses. Je ne considère pas comme un homme courtois celui qui tient un langage trivial.

Sers et honore toutes les femmes; mets-y toute ton application. Et si tu entends quelqu'un médire de l'une d'elles, blâme-le et dis-lui de se taire. Fais ce que tu peux pour plaire aux dames et demoiselles, de sorte qu'elles entendent dire du bien à ton sujet. [...]

Mais surtout, pour te rendre aimable, il faut être élégant. L'élégance n'est pas un signe d'orgueil. Soigne, selon tes revenus, ton vêtement et tes chaussures. [...]

Puis, souviens-toi de t'entretenir en belle humeur: sois à la joie et au plaisir. On n'aime guère un homme sombre. [...] Es-tu vif et agile, montre-le; es-tu bon cavalier, fais galoper joliment ta monture; es-tu bon à la quintaine, va briser des lances; es-tu adroit aux armes, profites-en pour te faire remarquer. [...] Et il n'y a rien qui s'oppose à ce qu'un jeune homme sache jouer de la vielle ou danser.

Par-dessus tout, fuis l'avarice. Il faut savoir donner.»

Le roman de la rose est un code de l'amour courtois du XIIIe siècle. Le héros du poème entre en rêve dans un jardin magnifique où est conservée une rose dont il tombe amoureux et qu'il cherche à conquérir. Ici, le «Dieu d'Amour» lui fait ses recommandations pour séduire la rose aimée.

Source: Guillaume de LORRIS, *Le roman de la rose* (1237), dans Jean-Pierre VIVET, dir., *Les mémoires de l'Europe*, t. I, *L'Europe de la foi: 800-1453*, Paris, Laffont, 1970, p. 254, [adapté en français moderne].

Faisons le point

1. Localisez sur une carte muette l'ensemble formé par les possessions chrétiennes issues de la Croisade en Terre sainte; localisez Venise, Gênes et Jérusalem.
2. En quoi consiste la querelle des Investitures? Quel avantage peut avoir l'empereur à investir les évêques de la crosse et de l'anneau?
3. Décrivez les moyens pris par l'Église pour tenter d'humaniser les mœurs féodales.
4. Quels motifs poussèrent des hommes vers la Croisade?
5. Quelles furent les conséquences de la Croisade?

3.5 Le renouveau intellectuel et artistique

Le renouveau qui se produit à partir du XIe siècle sur les plans économique, social et religieux s'exprime également de façon saisissante dans les domaines intellectuel et artistique. La naissance des universités, l'épanouissement de l'architecture et l'apparition de la polyphonie musicale en sont des aspects essentiels.

38 Les privilèges de l'Université de Paris

Les «libertés universitaires» actuelles ont leur origine au Moyen Âge, comme les universités elles-mêmes.

« […] dans les trois mois à partir de toute demande de licence, le chancelier de Paris devra faire examiner avec diligence, par tous les maîtres en théologie […] la valeur, les mœurs, les connaissances et l'éloquence du candidat.

Nous accordons aux maîtres et aux étudiants le pouvoir d'établir de sages règlements sur les méthodes et horaires des cours, des discussions; sur la tenue souhaitée; qui doit donner des cours, à quelle heure et quel auteur choisir; sur la taxation des loyers et le pouvoir d'exclure ceux qui se rebelleront contre ces règlements.

Si par hasard une offense ou un tort grave vous est fait, il vous sera permis de suspendre les cours jusqu'à l'obtention d'une réparation appropriée.

Et s'il arrive que l'un de vous est emprisonné indûment, arrêtez les cours, si cependant vous jugez cela opportun. Nous interdisons en outre qu'un étudiant soit arrêté pour une dette. Le chancelier ne devra exiger des maîtres auxquels il accorde la licence aucune somme d'argent ou obligation. Enfin, nous interdisons formellement que les étudiants se déplacent en armes. »

D'après ce texte, quels sont les droits et les devoirs des maîtres et des élèves? Qui accorde la licence (le permis) d'enseignement? Sur quels critères juge-t-on le candidat à la licence?

Source: Extrait de la bulle « Parens scientiarum universitas » du pape Grégoire IX (13 avril 1231), dans Kareen HEALY, *Chartularium universitatis parisiensis*, t. I, Paris, Delalain, 1889, p. 136-139.

3.5.1 La naissance des universités

Les grandes universités. Au XIIe siècle, la plupart des écoles monastiques, installées dans les abbayes rurales, n'attirent plus d'élèves des milieux bourgeois. Dans les villes, au contraire, les écoles créées autour des cathédrales sont florissantes mais elles manquent de maîtres. Or, pour y enseigner, il faut obtenir la permission de l'évêque, ce qu'on appelle la *licence*. Pour échapper à ce contrôle tracassier, les maîtres et les étudiants parisiens s'associent et, vers 1208, ils obtiennent du roi une charte un peu sur le modèle des chartes urbaines de l'époque 38. La corporation ainsi reconnue prend le nom de *universitas magistrorum et scolarium*, « association des maîtres et des disciples ». Le nom restera: *université*. D'autres universités suivent rapidement. Les plus importantes sont celles de Montpellier, de Chartres et de Toulouse, en France, de Bologne, en Italie, d'Oxford et de Cambridge, en Angleterre, de Salamanque, en Espagne 39.

L'enseignement. Au sein de l'Université, on distingue quatre facultés: arts, droit, médecine et théologie. On reçoit d'abord en latin une formation générale, celle des arts, où l'on apprend la grammaire, la dialectique et la rhétorique, puis l'arithmétique, la géométrie, l'astronomie et la musique. Par la suite, on peut choisir le droit, la médecine ou la théologie. À la base de l'enseignement, il y a la lecture d'un texte (*lectio*); la lecture suscite une question (*quæstio*); et la question entraîne la discussion (*disputatio*); finalement, le maître tranche le débat (*determinatio*). C'est ainsi que les étudiants s'initient aux secrets de la dialectique, qui est non seulement l'art de raisonner, mais aussi l'art de discuter. Cette pédagogie, fondée sur les débats, veut doter l'esprit d'une solide armature logique. À la longue, on versera dans le verbalisme pur, et les humanistes du XVIe siècle attaqueront violemment cette méthode qui, malgré tout, durera longtemps.

La théologie. Au XIIIe siècle, la théologie demeure la science principale. Elle rassemble les plus grands maîtres. Depuis que les Arabes d'Espagne ont introduit en Occident les ouvrages des philosophes de l'Antiquité, particulièrement ceux d'Aristote, un grand débat s'est amorcé. Le philosophe grec avait proposé une explication du monde et de la vie humaine strictement fondée sur le raisonnement logique (*voir p. 36*). Or, la doctrine chrétienne soutient que la raison ne peut pas tout expliquer et met la foi au premier plan. Qui donc doit l'emporter: la raison ou la foi? La question divise les grands esprits. Les uns rejettent les positions d'Aristote, les autres les acceptent à la condition de dissocier foi et raison. Un moine dominicain savant, Thomas d'Aquin, va s'efforcer de mettre à profit l'apport du philosophe grec sans rien renier de la foi. Dans un ouvrage célèbre, la *Somme théologique*, il soutient qu'on peut utiliser la raison pour approfondir la foi, et la foi pour approfondir tout le savoir humain. C'était une tentative pour concilier Aristote et le christianisme. La synthèse thomiste commandera en partie le développement de la philosophie en Occident.

39 Les grandes universités médiévales

- Universités issues d'écoles antérieures au XIIIe siècle
- Universités fondées au XIIIe siècle
- Universités fondées au XIVe siècle

Verbalisme
Utilisation des mots pour eux-mêmes, au détriment des idées.

Contrefort
Ouvrage de maçonnerie servant d'appui à un autre ouvrage qui supporte une charge (par exemple, un mur qui supporte une voûte), de sorte que la charge se transmet du second ouvrage (le mur) au premier (le contrefort).

3.5.2 L'architecture: de l'art roman à l'art gothique

C'est peut-être dans le domaine de l'architecture religieuse que l'Occident médiéval nous a laissé les témoignages les plus admirables, les plus émouvants de sa civilisation. Deux styles s'y sont développés successivement: le roman et le gothique.

L'église romane. Né au XIe siècle, après l'arrêt des invasions, l'art roman est caractérisé par l'usage de la voûte en pierre, au lieu de la charpente en bois utilisée jusqu'alors pour soutenir la couverture des églises. La voûte en pierre réduit les risques d'incendie et fait résonner les beaux chants grégoriens (*voir p. 107*) dont les moines commencent à répandre le goût. Le poids de la voûte exige alors la construction de murs de plus en plus épais, consolidés à l'extérieur par de puissants contreforts. La voûte elle-même subit des modifications. À l'origine longue voûte en berceau ou plein cintre, souvent renforcée de place en place par des arcs en saillie appelés *doubleaux* qui retombent sur des piliers 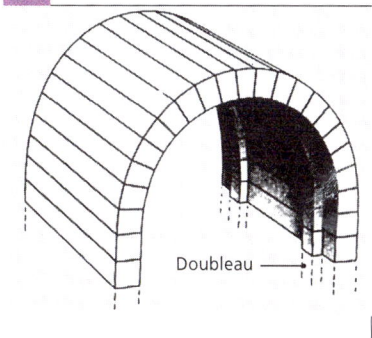, elle évolue vers la

40 La voûte en berceau

La voûte en berceau est la forme la plus typique de l'art roman.

41 La voûte en arêtes

Tympan
Espace compris entre le linteau (la pièce horizontale qui forme la partie supérieure d'une ouverture et soutient la maçonnerie) et l'arc d'un portail.

Portail
Grande porte.

Chapiteau
Partie élargie au haut d'une colonne.

Arc-boutant
Maçonnerie en forme d'arc qui s'appuie sur un contrefort pour soutenir de l'extérieur un pilier subissant la poussée d'une voûte, de sorte que la poussée se transmet du pilier vers le contrefort.

42 Un portail

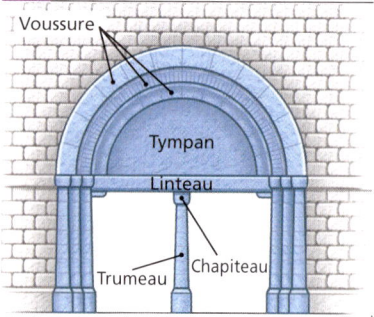

Ce schéma illustre un portail roman, avec son arc cintré. Le portail gothique contient les mêmes éléments, mais avec un arc ogival, ou brisé.

voûte en arêtes, qu'on obtient en faisant se croiser à angle droit deux voûtes en berceau 41. Le procédé permet de répartir la poussée sur les quatre piliers d'angle. Massive, trapue, avec de rares ouvertures qui laissent l'intérieur dans la pénombre, l'église romane donne une impression d'équilibre et d'harmonie. C'est un art monastique et rural, qui favorise le recueillement et la méditation.

La grande beauté de cet art neuf et encore naïf réside dans les sculptures au **tympan** des **portails** 42 donnant accès à l'église ou sur les **chapiteaux** des colonnes à l'intérieur. Sur les tympans, la pierre sculptée exprime les idées les plus redoutables du christianisme : ici, le Christ préside au Jugement dernier 43 ; là, ce sont des scènes de l'Apocalypse ou encore l'archange Michel terrassant le dragon Satan. Sur les chapiteaux, les « imagiers » ont sculpté des animaux fantastiques, des scènes de la Bible ou de la vie du Christ, ou encore des représentations de la vie quotidienne dans lesquelles les fidèles se retrouvent. Il faut que la réalité éternelle apparaisse clairement à travers les scènes travaillées par l'artiste. C'est l'évangélisation par l'image, destinée à un peuple illettré.

La cathédrale gothique. L'église romane, relativement petite, trapue et sombre, convient mal aux besoins et aux ambitions des bourgeois des villes, qui aspirent à quelque chose de plus vaste et de plus spectaculaire. C'est alors que Suger, abbé de Saint-Denis près de Paris, cherchant à faire entrer plus de lumière dans son église, met en œuvre, vers 1140, un style révolutionnaire qui prendra le nom de *gothique*. Il emprunte aux Arabes l'idée de l'arc brisé, appelé *ogive*, qui permet d'augmenter la hauteur de la voûte. Puis il imagine de faire supporter la voûte par une croisée d'ogives, qui permet de mieux répartir son poids sur les piliers d'angle 44. Et surtout, innovation capitale et décisive, les piliers sont eux-mêmes étayés par des **arcs-boutants** qui canalisent la poussée de la voûte vers

43 Le portail roman de l'abbatiale Sainte-Foy de Conques, en France

Riche décor sculpté s'étendant sur toute la surface du tympan qui surmonte la porte donnant accès à l'église. Au centre, le Christ du Jugement dernier ouvre le Paradis aux élus (à gauche) et voue les damnés à l'enfer, torturés par les démons (à droite). Il faut imaginer le portail entièrement peint de couleurs vives, dont il reste encore quelques traces.

des contreforts situés à l'extérieur des murs 45. Ainsi libérés du poids des voûtes, les murs peuvent être ouverts pour inonder l'édifice de lumière, mais une lumière transformée par le vitrail. La façade est également percée d'une grande rosace de vitrail. Ainsi sont réunies les caractéristiques essentielles du style gothique : croisées d'ogives, arcs-boutants et contreforts, profusion du vitrail.

Cette nouvelle façon de faire permet toutes les audaces. Les nefs s'élèvent de plus en plus haut. La cathédrale gothique se lance à l'assaut du ciel, comme un élan de l'âme vers Dieu. L'Europe occidentale tout entière se couvre de cathédrales gothiques. Pendant trois siècles se multiplient les chefs-d'œuvre à Paris, Chartres, Reims et Amiens, en France ; à Salisbury, Canterbury, Ely et Wells, en Angleterre ; à Cologne et Ratisbonne, en Allemagne ; à Tolède, Salamanque et León, en Espagne ; à Orvieto et Milan, en Italie. À son apogée, la cathédrale gothique est une des plus magnifiques créations de l'esprit humain.

Sur sa façade, trois étages se succèdent : les portails, l'immense rosace par où filtre la lumière et enfin les tours portant les cloches 46. Un peuple de statues (1 200 à Notre-Dame de Paris, 3 000 à Reims) orne les portails : le Christ, la Vierge et les saints. Ces sculptures expriment une nouvelle forme de foi. Ce n'est plus le Dieu terrible des portails romans qui domine la cathédrale, mais un Dieu

44 La croisée d'ogives

A B ____ C D Fermerets
A D ____ B C Arcs diagonaux
B ____ D   Arc doubleau

C'est sur ces deux axes croisés en X que s'appuie le revêtement de la voûte.

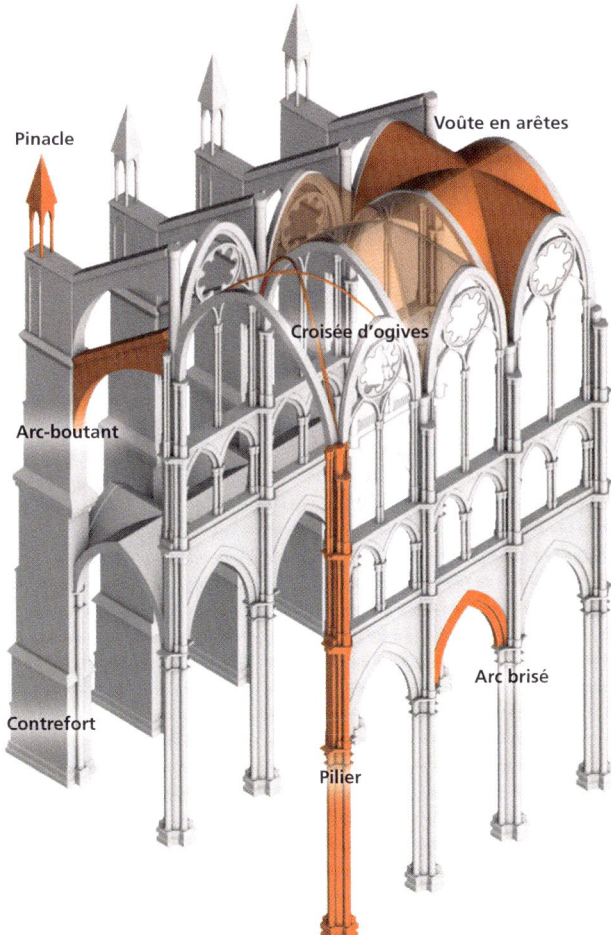

45 L'art gothique (schéma d'une église)

→ À quoi servent les arcs-boutants et les contreforts ?

46 La cathédrale de Reims, en France

Notre-Dame de Reims est l'un des plus purs joyaux de l'art gothique en France. Ses sculptures, d'une prodigieuse richesse, occupent les portails et les linteaux, se dressent aux pieds des tours. Les statues surtout sont d'une incomparable beauté.

La civilisation médiévale   105

doux, aux traits nobles et généreux, qui parle aux hommes, et Notre-Dame, celle qui console les affligés et qui inspire l'amour courtois. Les visages ciselés dans la pierre dégagent une sérénité profonde, expression de la foi joyeuse et simple qui anime le chrétien des villes. À l'intérieur, la nef, appelée aussi *vaisseau*, lance ses colonnes vers le ciel, élève ses murs étroits percés de verrières et de rosaces qui laissent entrer à flots une lumière irisée par les bleus, les rouges et les jaunes des vitraux. Ainsi illuminé de mille feux, l'intérieur veut rapprocher l'âme de Dieu, puisque Dieu est lumière 47.

Un art urbain. L'art gothique est un art urbain. L'essor de la cathédrale correspond au développement des villes. Les dirigeants et les masses urbaines veulent des sanctuaires dignes de leur foi, de leur fierté et de la richesse de leur cité. C'est donc au cœur de la cité, au milieu des maisons entassées à ses pieds, que s'élève la cathédrale. Dans un élan d'enthousiasme, évêque, banquiers, marchands et bourgeois, tous veulent concourir à la construction de la maison de Dieu et témoigner en même temps de leur réussite matérielle. La cathédrale est leur affaire; ils se cotisent pour payer les meilleurs maîtres. Une compétition incessante pousse les voûtes toujours plus haut, jusqu'à 37 mètres à Chartres, à 43 mètres à Amiens. À Beauvais, où l'on dépasse 47 mètres, la voûte s'écroule, par deux fois. Le gothique a atteint ses limites.

47 La cathédrale de Beauvais, en France

La profusion de vitraux occupe presque toute la surface du mur du chœur. L'élévation confère à l'ensemble son aspect saisissant.

47-A Réminiscence : l'église Saint-Pierre-Apôtre à Montréal

Cette église s'inspire directement de l'art gothique, avec ses croisées d'ogives et ses vitraux, et même ses arcs-boutants et ses contreforts à l'extérieur.

La cathédrale est au cœur des grandes manifestations de la vie locale, qui ont toutes un caractère religieux. Sur ses parvis, on joue les Mystères de la vie du Christ, dont le plus couru est celui de la Passion, pouvant faire appel dans certains cas à 500 participants. C'est la naissance du théâtre religieux, l'une des manifestations les plus considérables de l'activité culturelle du Moyen Âge. À l'ombre de la cathédrale s'élabore la pensée et naissent les universités. Le condamné trouve refuge sous ses arcades et les fidèles se rassemblent dans sa nef immense pour prier Dieu et chanter des hymnes. Sous ses voûtes sonores s'épanouit la polyphonie musicale.

3.5.3 La musique : du chant grégorien à la polyphonie

Le chant grégorien. Jusque vers l'an 1000, la musique religieuse est dominée par le chant grégorien, du nom du pape Grégoire Ier à qui l'on attribue une réforme du chant religieux au VIIe siècle. Le chant grégorien est monodique : il n'y a qu'une seule ligne mélodique, chantée à l'unisson lorsqu'il y a plusieurs chanteurs (d'où l'expression *plain-chant* : chant uni, égal). Le rythme est libre, non mesuré : le chant adhère étroitement à la **prosodie** du texte sacré, qui doit exclusivement guider l'interprète. Tout cela n'empêche pas la virtuosité, mais celle-ci est entièrement au service de l'expression religieuse.

Prosodie
Caractères quantitatifs et mélodiques des sons dans la poésie.

La naissance de la polyphonie. Le souci d'adapter les chants religieux aux grandes cathédrales urbaines entraîne la naissance de la polyphonie, c'est-à-dire du chant à plusieurs voix. À l'instar des architectes qui font surgir du sol ces édifices aux nefs élancées et aux façades étagées, les compositeurs multiplient les voix autour de la mélodie principale. On en arrive peu à peu à une sorte de symphonie vocale qui remplit les hautes voûtes comme le vitrail les illumine. On pousse le raffinement jusqu'à chanter en même temps des paroles différentes, voire dans des langues différentes, une voix chantant en latin pendant qu'une autre s'exécute en français. La priorité est passée de l'intelligence du texte sacré au pur agrément de l'oreille, ce qui suscite l'opposition de l'Église. La polyphonie exigeant une mesure et des intervalles précis pour éviter la cacophonie, on invente la notation musicale moderne : la portée (plusieurs lignes horizontales sur lesquelles on «porte» les notes), la barre de mesure (ligne verticale qui traverse la portée pour marquer le temps de façon rigoureuse) et des signes standardisés qui précisent la longueur relative des notes (ronde, blanche, noire, etc.). La musique occidentale est entrée, et pour de bon, dans la polyphonie.

La musique profane. À côté de la polyphonie naissante existent des chants profanes entonnés par les ménestrels, troubadours ou trouvères. Derrière les remparts des châteaux règnent désormais l'amour et la courtoisie. Les seigneurs aiment la musique, protègent les poètes et les musiciens, et, à l'occasion, ne dédaignent pas de rimer eux-mêmes. Les chansons parlent d'amour, de jolies prisonnières et du valeureux chevalier qui meurt pour sa dame. Le plus connu de ces compositeurs demeure Adam de la Halle (1240-1287), dit le Bossu d'Arras, auteur de la jolie pastorale intitulée *Le jeu de Robin et de Marion*. Troubadours et trouvères sont les créateurs d'une forme musicale nouvelle pleine de charme et de poésie.

Faisons le point

1. Précisez l'origine du mot *université*.
2. Quelle est la question centrale qu'étudient les théologiens au Moyen Âge ?

3 Décrivez les caractéristiques essentielles d'une église romane et celles d'une cathédrale gothique.

4 Décrivez les caractéristiques respectives du chant grégorien et de la polyphonie.

3.6 L'évolution des monarchies féodales

Pendant que l'économie, la société et la culture médiévales connaissent le renouveau dont nous venons d'étudier les grandes lignes, les structures politiques féodales évoluent lentement et de façon divergente d'un «pays» à l'autre. En France et en Espagne, monarchie et centralisation se développent, tandis qu'en Angleterre apparaissent les premiers jalons du parlementarisme et que l'Allemagne et l'Italie demeurent des «expressions géographiques».

3.6.1 La France des Capétiens

L'extension du domaine royal. Depuis 987 règne en France la dynastie des Capétiens, dont les rois poursuivent sans relâche un objectif presque obsessionnel: accroître leur domaine propre, limité à l'origine à une toute petite surface autour de Paris, au détriment des grands féodaux. Ils vont y employer tous les moyens possibles: confiscation des domaines de vassaux accusés de félonie, judicieux mariages, force armée, argent. Ils bénéficient également, dans cette entreprise, du caractère religieux donné à leur pouvoir et à leur personne par le sacre et de l'appui du mouvement communal en lutte contre les seigneurs féodaux. Le résultat, considéré sur quelques siècles, est saisissant: à l'époque de Philippe le Bel (1285-1314), le domaine royal est presque 40 fois plus grand qu'au temps de Hugues Capet, fondateur de la dynastie. À la mort de Louis XI, en 1483, la presque totalité du royaume sera passée dans le domaine du roi **48**.

48 La France à la mort de Louis XI

- Domaine royal en 987
- Domaine royal en 1461
- Annexions de Louis XI (1461-1483)

En 1483, il ne manque plus guère que la Bretagne pour consolider tout le royaume entre les mains du roi.

La naissance de l'administration royale. En même temps, les Capétiens organisent peu à peu leur royaume. Création de commissaires royaux qui reçoivent les plaintes contre les seigneurs, procédure d'appel à la justice du roi contre la justice féodale, monnaie royale solide, Grand Conseil pour les questions politiques, Chambre des comptes pour les finances, embryon d'armée royale permanente: les institutions de la monarchie centralisée se mettent progressivement en place au cours des trois siècles qui séparent l'avènement de Philippe Auguste (1180) de la mort de Louis XI (1483). Un esprit nouveau s'affirme. À l'arbitraire féodal se substitue l'ordre royal.

3.6.2 L'Espagne de la reconquête

La Reconquête. Au XIe siècle, les musulmans occupent toujours l'Espagne. À l'appel du pape, des armées chrétiennes, où se mêlent des chevaliers français, commencent à reconquérir peu à peu le pays qu'occupent les Arabes (qu'on appelle *Maures*, du nom de l'ancienne province romaine de Maurétanie, en Afrique du Nord). C'est dans ce contexte que s'illustre la figure légendaire du Cid Campeador, dont les armées remportent, en 1212, la victoire décisive de Las Navas de Tolosa. À l'aube du XIVe siècle, les Maures n'occupent plus que le royaume de Grenade. Guerre sainte, la *Reconquista* est aussi une entreprise de colonisation, et la nouvelle Espagne qui émerge se morcelle en fiefs au profit des chevaliers conquérants 49 qui dominent une petite noblesse vite asservie, celle que Cervantès va immortaliser dans le personnage à la fois ridicule et touchant de Don Quichotte.

La naissance du royaume d'Espagne. En 1469, un événement capital va tout changer : le mariage de Ferdinand d'Aragon et d'Isabelle de Castille. Dix ans plus tard, l'union des deux États donne naissance au royaume d'Espagne. Les « rois catholiques » entreprennent alors la conquête du royaume musulman de Grenade, qui tombe en 1492. La monarchie espagnole devient la plus centralisée d'Europe, et l'Espagne, la première puissance du continent. On parlera bientôt de prépondérance espagnole.

49 L'Alcazar de Ségovie, en Espagne

L'altière forteresse symbolise l'Espagne de la *Reconquista*.

3.6.3 L'Angleterre des Plantagenêts

L'évolution du pouvoir royal. En Angleterre, les choses se passent autrement. Guillaume de Normandie a conquis le royaume d'Angleterre par les armes (1066). Vainqueur, il s'approprie tous les domaines des nobles saxons et installe ses chevaliers normands sur de petits fiefs dispersés afin de prévenir toute révolte. Ses hommes lui prêtent un serment de fidélité. Tous leurs biens sont recensés et les redevances dues sont consignées dans un grand catalogue, le *Domesday Book* (« livre du Jugement dernier »). L'autorité du roi est presque sans limites. Henri II Plantagenêt (1154-1189), marié à la célèbre Aliénor d'Aquitaine 50 et qui possède en France plus de territoires que le roi de France

50 Aliénor d'Aquitaine (v. 1122-1204)

PORTRAIT

Aliénor d'Aquitaine est l'une des figures les plus captivantes du Moyen Âge. Elle devient en 1137 reine de France par son mariage avec le roi Louis VII. Belle, vive, cultivée, elle fait venir à la cour poètes et troubadours et choque par ses goûts luxueux et ses tenues jugées indécentes. Accompagnant son mari à la deuxième Croisade (1147-1149), elle est fascinée par l'Orient. La Croisade est un échec complet et Aliénor, brouillée avec son mari, quitte la Palestine, tombe aux mains de l'empereur byzantin et est finalement délivrée par les Normands de Sicile. Soupçonnée d'infidélité, elle demande et obtient l'annulation de son mariage, ce qui est tout à fait inhabituel à l'époque pour une épouse. Huit semaines plus tard, elle s'unit à Henri Plantagenêt, de 10 ans son cadet, et devient ainsi en 1154 reine d'Angleterre. Après avoir donné deux filles au roi de France, elle donne cinq fils et trois filles au roi d'Angleterre, qui l'associe à l'administration de ses immenses domaines. Elle poursuit ses activités d'aide aux artistes et aux écrivains. Convaincue d'avoir soulevé ses fils contre leur père en 1173, elle passe près de 15 années en prison. Libérée après la mort de son mari en 1189, elle gouverne le royaume pendant l'absence de son fils Richard Cœur de Lion, parti en croisade. Elle s'éteint à l'âge de 82 ans, après de nombreuses autres péripéties où se manifeste jusqu'à la fin une indomptable énergie.

lui-même, consolide en Angleterre l'œuvre du Conquérant. Il envoie des juges itinérants pour contrer la justice des seigneurs. Il fixe certains organes de l'État : la Chancellerie pour les questions politiques, l'Échiquier pour la rentrée des impôts et le Banc du roi qui répand une justice commune à tout le royaume (*Common law*).

La Grande Charte. La situation de la monarchie se détériore brusquement sous Jean sans Terre (1199-1216), qui doit faire face à une révolte des barons (grands féodaux) et des bourgeois de Londres contre l'augmentation des impôts. En 1215, ils obligent le roi à signer un texte, la *Magna Carta* ou Grande Charte, qui limite sévèrement ses pouvoirs 51. La Grande Charte est

51 La Grande Charte (1215)

La Grande Charte est un document clé de l'histoire de la conquête des libertés civiles en Occident.

« Jean, par la grâce de Dieu Roi d'Angleterre, Seigneur d'Irlande, Duc de Normandie et d'Aquitaine et Comte d'Anjou, aux Archevêques, Évêques, Abbés, Comtes, Barons, Juges, Forestiers, Shérifs, Prévôts, ministres et à tous ses Huissiers et fidèles sujets. Salutations. […]

(12) Aucun impôt ou aide ne sera imposé, dans Notre Royaume, sans le consentement du Conseil Commun de Notre Royaume, à moins que ce ne soit pour la rançon de Notre personne, pour faire notre fils aîné chevalier ou, pour une fois seulement, le mariage de notre fille aînée. Et, pour ceci, il ne sera levé qu'une aide raisonnable.

(13) Il en sera de même pour le soutien de la Cité de Londres. […]

(14) En plus, le montant d'aide levé sera déterminé par le Conseil Commun du Royaume, à l'exception des trois cas susdits. Et, pour déterminer le montant des impôts, nous convoquerons individuellement par écrit : les Archevêques, Évêques, Abbés, Comtes et Hauts Barons du Royaume, et, […] de façon générale, à une date et à un endroit spécifique, tous ceux qui Nous sont principalement responsables. […]

(21) Les Comtes et les Barons ne seront imposés d'amendes que par leurs pairs, et ceci en considération de la nature de leur offense. […]

(35) Il n'y aura qu'une seule mesure de vin, une mesure de bière et une mesure pour le grain dans tout Notre Royaume, c'est-à-dire, la "pinte de Londres". Et il n'y aura qu'une seule largeur de tissu teint, de drap de bure et de toile, c'est-à-dire, deux aunes entre les lisières. Il en sera de même pour les poids et pour les mesures. […]

(39) Aucun homme libre ne sera saisi, ni emprisonné ou dépossédé de ses biens, déclaré hors-la-loi, exilé ou exécuté, de quelques manières que ce soit. Nous ne le condamnerons pas non plus à l'emprisonnement sans un jugement légal de ses pairs, conforme aux lois du pays. […]

(41) Tous les marchands […] pourront sortir et entrer en Angleterre, y demeurer et circuler librement en toute sécurité par voies terrestres ou voie maritime, pour acheter ou vendre, d'après les anciens droits et coutumes, sans péage malveillant. […]

(61) […] Pour la réforme de Notre Royaume, et pour mieux éteindre la discorde qui est survenue entre Nous et Nos Barons […], les Barons pourront élire vingt-cinq Barons de leur choix […], et ceux-ci observeront, garderont et feront observer, de leur plein pouvoir, la paix et les libertés que Nous leurs avons accordées. […] Si Nous […] ou certains de Nos Officiers portent outrage à quiconque de quelque façon ou qu'ils violent certains des articles de la paix ou de la sécurité, et que l'offense est constatée par quatre des susdits vingt-cinq Barons, ces quatre Barons viendront à Nous […] et, Nous faisant part des abus commis, Nous demanderont que réparation soit faite sans délai. Et si Nous n'avons pas fait réparation pour l'abus […] en dedans de quarante jours […] les susdits quatre Barons présenteront la cause devant le reste des vingt-cinq Barons, et eux, avec les vingt-cinq Barons et le peuple, Nous affligeront et Nous harcèleront par tous les moyens à leur disposition. C'est-à-dire, en saisissant nos châteaux, nos terres et nos possessions, ou par tous autres moyens en leur pouvoir, jusqu'à ce que l'abus soit réparé conformément à leur verdict […].

Donné de Notre main, […] dans la Prairie de Runnymede, entre Windsor et Staines, le quinzième jour de juin, durant la dix-septième année de Notre règne. »

> Comment ce document témoigne-t-il à la fois de la féodalité et du renouveau économique et social dont il a été question précédemment ? Que signifie l'expression « un jugement légal de ses pairs » ? En quels termes la liberté individuelle est-elle garantie par la Grande Charte ?

Source : « La Grande Charte (1215) », trad. par Claude J. Violette, dans *Cliotexte*, [En ligne], http://icp.ge.ch/po/cliotexte/le-moyen-age/grande.charte.html (Page consultée le 12 juin 2011)

un document fondateur de la civilisation occidentale. Conçue à l'origine pour protéger les privilèges de la noblesse, elle contient néanmoins en filigrane certains principes qui sont à la base des libertés démocratiques aujourd'hui considérées comme essentielles : le consentement à l'impôt, l'interdiction de l'arrestation sans motif légal, le procès devant jury, le droit d'être jugé conformément à la loi établie.

La formation du Parlement. Pour consentir à l'impôt, la Grande Charte met en place un Grand Conseil formé des barons. À la fin du XIIIe siècle, le roi Édouard Ier (1272-1307) convoque à son Grand Conseil, en plus des barons, deux chevaliers par comté et deux bourgeois par ville. Le Parlement anglais est en voie de formation. Il revêt sa forme définitive vers 1350 : la Chambre des lords (haute noblesse et clergé) et la Chambre des communes (petite noblesse et bourgeoisie). L'impôt doit être consenti par les deux chambres. Un siècle plus tard cependant, la noblesse féodale se met elle-même hors jeu en s'entretuant pendant une longue guerre civile, la guerre des Deux-Roses (1455-1485). À l'avènement de Henri VII Tudor en 1485, la monarchie anglaise, délivrée du carcan féodal, est à l'orée de sa plus belle période.

3.6.4 Le Saint Empire romain germanique

Un empire morcelé. Au milieu du Xe siècle, Otton Ier est empereur du Saint Empire romain germanique, qui comprend l'Allemagne et l'Italie 52. En Allemagne, où le trône est soumis à l'élection de plus de 450 seigneurs, chaque vacance du pouvoir entraîne de la part des candidats des concessions qui permettent aux grands féodaux de se constituer en roitelets autonomes. En Italie, ce sont les villes du Nord, enrichies par le commerce, qui affichent une indépendance de plus en plus marquée à l'égard d'un empereur lointain. L'interminable querelle des Investitures (*voir p. 98*) entre l'empereur et le pape permet aux seigneurs allemands de raffermir leur autorité dans leurs petits États, et aux villes italiennes de se constituer en républiques puissantes mais rivales. Tiraillé entre les barons insoumis du Nord et les villes italiennes en révolte, l'empereur, toujours assujetti à l'élection, sans domaine personnel, sans argent, sans armée, n'a aucun pouvoir réel.

À partir de 1356 toutefois, le choix de l'empereur est réservé à sept grands électeurs. En même temps, une famille puissante, les Habsbourg, s'installe solidement en Autriche et dans les territoires environnants. À partir de 1438, la couronne impériale va demeurer dans la famille des Habsbourg. Pourtant, à la fin du XVe siècle, l'Allemagne est toujours émiettée en plus de 400 États. Quant à l'Italie, fragmentée en une dizaine de petites principautés, elle échappe à l'Allemagne et vit de plus en plus de sa vie propre.

52 Le Saint Empire au XVe siècle

Comparez l'étendue du Saint Empire romain germanique avec celle de l'empire de Charlemagne (*voir doc.* 13, *p. 83*).

Faisons le point

1. Par quels moyens les Capétiens assurent-ils le renforcement de leur pouvoir en France ?
2. En quoi consiste la « reconquête » de l'Espagne, et quel en est le résultat pour la monarchie espagnole ?
3. Sur quoi repose la puissance du roi d'Angleterre, jusqu'à Henri II Plantagenêt ?
4. Qu'est-ce que la Grande Charte, et dans quelles circonstances est-elle apparue ?
5. Dans quelles circonstances le parlement d'Angleterre prend-il forme ?
6. Pourquoi peut-on dire que l'Allemagne et l'Italie ne sont que des expressions géographiques, au Moyen Âge ?

3.7 Le déclin des XIVᵉ et XVᵉ siècles

L'immense dynamisme qui a soulevé l'Occident après l'an 1000 s'étiole à partir du début du XIVᵉ siècle. La famine, la guerre et la peste se conjuguent et engendrent la misère. Tous les malheurs du monde fondent sur les pauvres gens, qui entrent en révoltes ouvertes sauvagement réprimées. L'Église, facteur d'unité jusque-là, connaît une profonde crise intérieure et voit surgir des mouvements de réforme vite condamnés comme hérétiques.

3.7.1 Les grands fléaux

La famine. On voit tout d'abord réapparaître la famine. Grêle, pluie et gel précoce détruisent les récoltes. Trois étés de pluies incessantes (1315-1317) se succèdent sous un climat devenu plus humide et plus froid. Cette catastrophe engendre une pénurie alimentaire dans toute l'Europe du Nord. Des bandes de brigands pillent les maigres réserves des paysans. Les famines déciment même le bétail. Des loups par milliers terrorisent les villageois, s'attaquent même aux populations des villes.

La guerre. À la famine s'ajoute la guerre, particulièrement un long conflit opposant la France à l'Angleterre : la guerre de Cent Ans. Elle débute lorsque le roi de France Charles IV étant mort sans héritier, le roi d'Angleterre Édouard III, son neveu, décide de faire valoir ses droits à la couronne de France (1337). La chevalerie française, empêtrée dans des armures trop lourdes, est d'abord mise en déroute par les redoutables archers anglais. Après quoi, la France s'enfonce dans l'anarchie alors que les princes de sang se disputent le pouvoir pendant que les Anglais s'emparent de tout le nord de la France et ravagent les campagnes. Le relèvement ultime du royaume (1429-1453) est rendu possible

---

53 La peste noire à Florence

« Les membres d'une famille jetaient leurs morts comme ils pouvaient, dans une rigole, sans prêtres, sans offices divins, et l'on ne sonnait même plus le glas. En beaucoup d'endroits, on creusa de grandes fosses qui se remplissaient vite d'une multitude de morts. Il en mourait par centaines, jour et nuit, et les victimes étaient toutes jetées dans ces fosses et recouvertes de terre. Et dès qu'une fosse était remplie, on en creusait une nouvelle.

Et moi, Agnolo di Tura, appelé le Gros, j'ai enterré de mes propres mains mes cinq enfants. Et il y avait des cadavres qui étaient recouverts d'une couche de terre si superficielle que les chiens les déterraient et les traînaient pour les dévorer à travers les rues de la ville. Personne ne pleurait les morts, car tous attendaient la mort. »

Source : Agnolo DI TURA DEL GRASSO, *Cronache Senesi* (v. 1351), dans William M. BOWSKY, *The Black Death: A Turning Point in History?*, New York, Holt, Rinehart & Winston, 1971, p. 13-14, [notre traduction].

« Chez nous, au début de l'épidémie, [...] certaines enflures se produisaient à l'aine ou sous l'aisselle [...]. On les appelait vulgairement bubons. [...] Il n'était point d'ordonnance médicale ou de remède efficace qui pût amener la guérison ou procurer quelque allégement. [...] Toujours est-il que, dans les trois jours qui suivaient l'apparition des symptômes, et plus ou moins vite selon le cas, mais généralement sans fièvre et sans autre trouble apparent, presque tous les gens atteints décédaient. »

Source : BOCCACE, *Le Décaméron* (1349-1353), trad. par Giovanni Clerico, Paris, © Éditions Gallimard, 2006, p. 39.

grâce à Jeanne d'Arc. En quelques mois, cette petite bergère de 17 ans délivre Orléans et mène le roi se faire couronner à Reims. Mais, littéralement vendue aux Anglais, elle est brûlée vive à Rouen le 30 mai 1431. Elle a cependant retourné la situation, si bien qu'à la fin de la guerre, en 1453, le roi d'Angleterre aura perdu à peu près toutes ses possessions en France.

Les conséquences de cet interminable conflit sont multiples. La France victorieuse a pris conscience d'elle-même et le sentiment national s'est formé. Mais la société française sort de ce conflit profondément transformée : la noblesse, déjà appauvrie, y voit se consommer sa ruine ; les bourgeois, au contraire, enrichis par le commerce, voient leur importance s'accroître. Les plus touchés sont les paysans dont les terres ont été ruinées par les Anglais, anéanties par les « routiers » et les « écorcheurs », et qui se révoltent. L'activité économique est bouleversée. L'insécurité des routes durant la guerre a provoqué un resserrement des échanges. De plus en plus, l'axe du commerce cesse de traverser une France infestée de pillards. Les foires de Champagne périclitent, au profit des villes allemandes et italiennes.

La peste. Épuisées par la famine et les pillages, mal nourries, les populations n'en sont que plus vulnérables lorsqu'une terrible épidémie, la peste noire, s'abat sur l'Occident comme une immense marée 53. Transmise par des rats infectés venus d'Orient sur des navires génois, l'épidémie mortelle gagne l'Italie en 1348 et, de là, déferle sur la France et l'Allemagne et atteint l'Angleterre. Quarante mille villages d'Allemagne disparaissent. Aix, Toulouse et Bourges en France, Brême en Allemagne, Florence en Italie, voient leur population réduite de moitié en très peu de temps. L'Angleterre, qui comptait près de quatre millions d'habitants en 1347, ne dépasse pas les deux millions 30 ans plus tard. La médecine de l'époque est impuissante devant l'épidémie. Alors on cherche des boucs émissaires : d'horribles massacres frappent les Juifs, accusés d'avoir empoisonné les puits. Le tiers de la population européenne, sinon plus, est emporté par la maladie. Cette catastrophe brise pour longtemps l'élan démographique de l'Occident. Ce terrible fléau domine tout le XIVᵉ siècle et ne se résorbe qu'après 1450.

L'art, reflet du temps. Le mouvement artistique traduit le malheur du temps. La sculpture religieuse devient plus réaliste, pathétique même. Les scènes de crucifixion s'attachent à montrer l'horreur du supplice. La peinture traduit l'angoissante obsession de la mort. Sur les murs des églises, on peint des « danses macabres » : des squelettes entraînent dans une danse funèbre des vivants de toutes conditions sociales, pour leur rappeler que tous doivent mourir. L'art funéraire devient volontiers dramatique 54. Les calamités du siècle n'empêchent cependant pas les

54 Le tombeau de Philippe Pot

Des « pleurants » couverts de lourdes houppelandes portent la dalle funéraire.

La civilisation médiévale

55 La «révolte des travailleurs» en Angleterre (1381)

«Ces méchantes gens [...] disaient qu'on les tenait en trop grande servitude et qu'au commencement du monde il n'y avait pas eu de serfs [...]; qu'ils étaient des hommes tout comme leurs seigneurs et qu'on les tenait comme des bêtes, ce qu'ils ne pouvaient plus souffrir [...].

En ces machinations les avait grandement poussés un fol prêtre d'Angleterre du comté de Kent qui s'appelait John Ball [...]. Les dimanches après la messe [...] il s'en venait au cimetière et là il prêchait et faisait s'assembler le peuple autour de lui et il disait : "Bonnes gens, les choses ne peuvent bien aller en Angleterre et n'iront bien que le jour où les richesses seront mises en commun, qu'il n'y aura plus ni vilains ni gentilshommes et que nous serons tous égaux. Pourquoi ceux que nous nommons seigneurs [...] nous tiennent-ils en servage ? Si nous venons tous d'un même père et d'une même mère, Adam et Ève, en quoi peuvent-ils dire qu'ils sont mieux seigneurs que nous, si ce n'est parce qu'ils nous font gagner et labourer ce qu'ils dépensent?" [...] Ainsi disait ce John Ball [...], de quoi trop de petites gens le louaient. Ceux qui n'avaient rien disaient : "Il dit vrai". [...]. Ainsi commencèrent ces méchantes gens de Londres à faire les mauvais et à se rebeller. »

> Quels arguments invoquent les révoltés pour réclamer l'égalité sociale ?
> Froissart semble-t-il favorable à la révolte des travailleurs ?

Source : Jean FROISSART, *Chroniques* (1370-1400), Livre II, dans Gérard CHALIAND et Sophie MOUSSET, *L'héritage occidental*, Paris, © Odile Jacob, 2002, p. 445-446, [adapté en français moderne].

Jacquerie
Soulèvement des paysans français en 1358. Par extension, le mot *jacquerie* (avec une minuscule) désigne une révolte paysanne.

riches de vouloir créer autour d'eux une atmosphère de raffinement. La miniature donne à cette époque, en France, ses plus beaux chefs-d'œuvre, dont les célèbres *Très riches heures du duc de Berry*. Pour oublier le malheur des temps, on aime se réfugier dans une vie de rêve.

3.7.2 Une société en crise

Les révoltes paysannes. Le désarroi est général. Des mouvements d'agitation secouent la société. La colère éclate chez le petit peuple des villes, pressuré par les impôts; elle provoque également des soulèvements de masse d'une violence inouïe dans le monde des paysans, victimes d'une structure féodale désuète. Un peu partout dans le nord de la France, le paysan que, par dérision, on appelle Jacques Bonhomme, se soulève, exaspéré par la misère. Cette **Jacquerie** (1358) balaie tout sur son passage avant d'être étouffée dans le sang : 20 000 paysans sont suppliciés. Paris s'enflamme à son tour, puis le Languedoc et l'Auvergne. En Flandre, en Italie, en Allemagne, la révolte populaire fait rage. En Angleterre, une révolte paysanne ravage l'Essex et le Kent 55, puis gagne Londres où elle est finalement étouffée. Car, mal organisées, dispersées et n'obéissant à aucun plan d'ensemble, ces révoltes sont écrasées dans le sang partout, dans les villes et dans les campagnes.

3.7.3 La crise religieuse

Le schisme d'Occident. Au début du XIVe siècle, la chrétienté est de nouveau secouée par une crise d'autorité qui bouleverse son unité. Le roi de France Philippe le Bel, inspiré par ses conseillers, entend s'opposer par tous les moyens à l'ingérence de la papauté dans les affaires politiques de la France. Le roi s'arrange alors pour faire élire un évêque français comme pape. Mieux encore,

56 La chrétienté à l'époque du Grand Schisme

Tandis que les deux papes se partagent la chrétienté, deux foyers d'hérésie se préparent, d'où sortiront les Lollards en Angleterre et les Hussites en Bohème.

celui-ci abandonne Rome pour Avignon, une ville de France appartenant à la papauté. Ses successeurs y vivront, jusqu'en 1378, sous l'influence du roi de France. Bien installés dans leur somptueux palais, les papes deviennent impopulaires à cause des lourds impôts qu'ils réclament pour payer leur train de vie luxueux alors que la chrétienté est appauvrie. On proteste un peu partout et l'on réclame une réforme de l'Église de même que le retour du pape à Rome. Au lieu de la réforme attendue, c'est le Grand Schisme d'Occident qui éclate (1378) 56. Deux, puis trois papes se dressent les uns contre les autres. Le Concile de Constance (1414-1417) met fin à ce long scandale, mais n'apporte aucune des réformes demandées. Des évêques commencent à penser que l'autorité suprême dans l'Église ne doit pas être le pape, mais l'ensemble des évêques réunis en concile.

Vers la réforme. Des mouvements de réforme se développent, mais l'Église les juge hérétiques. En Angleterre, John Wyclif, un théologien, s'élève contre les empiètements de la papauté et dénonce les richesses du clergé. Ses idées sont reprises par Jan Hus, professeur à l'Université de Prague. Arrêté, ce dernier est condamné comme hérétique et brûlé vif (1415). Ces hommes ont eu le tort de porter atteinte à l'autorité du pape. Plus tard viendront Luther et Calvin, puis les guerres de religion. Le gouvernement du monde par Dieu à travers le pape, idéal grandiose caressé par certains papes, aboutit à la dislocation de la chrétienté. L'Église de Rome ne peut plus prétendre s'identifier à l'Occident.

Faisons le point

1. Quels sont les grands fléaux qui frappent l'Occident aux XIVe et XVe siècles, et quelles en sont les conséquences ?
2. Comment se manifestent les malheurs du temps dans l'art ?
3. Comment se manifeste la crise sociale aux XIVe et XVe siècles ?
4. Qu'entend-on par « Grand Schisme d'Occident » ?

CONCLUSION

Les périodes de transition sont très souvent marquées par des difficultés de tous ordres pour ceux et celles qui les vivent. Ainsi fut la transition entre l'Empire romain et le Moyen Âge, période d'invasions et de bouleversements qui dura quelques siècles. La fin du Moyen Âge, frappée de grands malheurs, n'échappe pas à la règle. Mais la phase d'épanouissement qui s'est ouverte vers l'an 1000 pour se maintenir pendant trois siècles a été l'une des plus fécondes de l'histoire de la civilisation occidentale.

Au cours du XVe siècle, toute une série d'événements signalent, par leur conjonction, l'arrivée d'une autre époque : invention de l'imprimerie (1450), prise de Constantinople par les Turcs et fin de l'Empire byzantin (1453), fin de la guerre de Cent Ans (1453) et de la guerre des Deux-Roses (1485), conflits typiquement féodaux, prise de Grenade par les Espagnols et fin de la présence arabe en Europe (1492), grands voyages d'exploration et de découverte, par Christophe Colomb vers l'Amérique (1492) et par Vasco de Gama vers les Indes en contournant l'Afrique (1497). Bientôt éclatera la Réforme protestante (1519). L'Occident est au seuil de ce qu'on appelle communément les *Temps modernes* (les XVIe, XVIIe et XVIIIe siècles).

TRAVAUX ET EXERCICES

SYNTHÈSE

1. Justifiez les affirmations suivantes en vous appuyant sur des arguments ou des exemples :
   a) La structure politique médiévale se caractérise par l'absence d'unité.
   b) Quoique profondément guerrière, la société du Moyen Âge connaît une revalorisation du statut et du rôle des femmes paysannes, châtelaines et citadines.
   c) La période de transition qui sépare la fin du Moyen Âge de la période moderne est marquée par des difficultés d'ordre économique, social, démographique et religieux.

2. Le déclin des XIVe et XVe siècles ne doit pas faire oublier que la civilisation médiévale a connu à partir de l'an 1000 un renouveau qui s'est manifesté particulièrement dans les domaines agricole, commercial, urbain et intellectuel. Chacun de ces domaines évolue en réaction aux changements qui en touchent un autre. Il existe donc des liens de cause à effet. Organiser l'information sous forme explicative ou schématique permet de mieux comprendre ces liens. À l'aide d'un texte de 150 à 200 mots ou d'un résumé schématique, expliquez les liens de cause à effet qui existent entre les quatre domaines de renouveau mentionnés plus haut.

RÉFLEXION – Le concept de *croisade*

Le concept de *croisade* fait d'abord référence aux expéditions chrétiennes des XIe et XIIe siècles. Ce concept est aujourd'hui encore largement utilisé pour décrire toute forme d'action collective destinée à défendre ou à propager certains comportements, idées ou valeurs : croisade anticorruption, croisade contre la « malbouffe » ou croisade environnementale, par exemple. Il est également utilisé en référence aux opérations étasuniennes au Moyen-Orient, que les islamistes qualifient de *croisade* contre l'Islam sous le couvert d'une lutte contre le terrorisme. Ce parallèle tient-il la route ? Afin d'explorer le concept de *croisade* et ce possible parallèle, répondez aux questions suivantes :

1. À l'aide du document 34 (*voir p. 99*), repérez deux éléments de nature différente qui définissent la mission du croisé de l'époque médiévale.

2. Le document 35 (*voir p. 100*) concorde-t-il avec les informations tirées du document iconographique 34 ? Pourquoi ?

3. À la lumière des informations tirées de ce texte et de vos connaissances personnelles, comment expliquer le parallèle que font certains islamistes entre les croisades médiévales et les actions occidentales et en particulier étasuniennes au Moyen-Orient ? Quelle est la valeur de leur argument ?

ANALYSE – L'importance des personnages historiques mise en contexte

Les livres d'histoire regorgent de noms de personnages marquants. Retenir un nom et une date permet de se situer dans le temps, mais ne permet pas de comprendre l'importance et le rôle d'un personnage. Au cours des 1 000 ans que dure le Moyen Âge, le nom de Charlemagne surgit comme un incontournable. Afin de prendre la mesure de l'importance du personnage historique, répondez aux questions suivantes :

1. Identification : Qui est-ce ? Dans quel lieu et dans quel contexte a-t-il vécu ?

2. Rôle : Quelles idées a-t-il défendues ? Qu'a-t-il accompli ou tenté d'accomplir ?

3. Signification : En quoi ses idées ou ses actions ont-elles marqué l'histoire occidentale ?

HÉRITAGE

CE QUE NOUS DEVONS AU MOYEN ÂGE

De la part des Arabes

- l'étrier et le mulet
- le stuc et l'arc brisé (ogive)
- l'algèbre, le zéro et la numérotation
- venant de l'Asie : le coton, la soie, l'alun, le riz, le mûrier, l'artichaut, l'abricot, le sucre, le papier, la poudre à canon, la boussole

Sur le plan technique

- l'assolement triennal
- la charrue à deux roues et à versoir, le collier d'épaule, la ferrure des sabots
- l'horloge

- la voûte en berceau, l'ogive, l'arc-boutant, le contrefort
- la lettre de change (ancêtre du chèque), la banque, le crédit, l'assurance

Sur le plan politique et social

- les associations, les guildes, les corporations
- l'apparition de la bourgeoisie, le mouvement communal
- le parlementarisme anglais, la Grande Charte

Sur le plan culturel

- l'université et ses grades : baccalauréat, licence, doctorat
- l'apparition des langues romanes, dites *vulgaires* (français, espagnol, italien anciens)
- les chansons de geste, le drame religieux, les fabliaux

- la valeur du serment, de la foi jurée, la fidélité à la parole donnée
- l'amour courtois, l'idéal courtois

Sur le plan artistique

- les enluminures, les retables, les vitraux
- l'architecture religieuse romane et gothique
- l'architecture urbaine : hôtel de ville, beffroi
- l'art musical : chant grégorien, polyphonie, système de notation musicale
- les ménestrels, les troubadours et les trouvères

Sur le plan religieux

- la scolastique, le thomisme
- les grands ordres religieux : Bénédictins, Cisterciens, Chartreux, Dominicains, Franciscains

POUR ALLER PLUS LOIN

Ouvrages de référence

BASCHET, Jérôme. *La civilisation féodale : de l'an mil à la colonisation de l'Amérique*, Paris, Flammarion, 2009, 865 p. (Coll. « Champs Histoire »)

DELCAMBRE, Anne-Marie. *Mahomet, la parole d'Allah*, Paris, Gallimard, 2009, 159 p. (Coll. « Découvertes Gallimard. Religions », n° 22)

FELLER, Laurent. *Paysans et seigneurs au Moyen Âge : VIIIe-XVe siècles*, Paris, A. Colin, 2007, 301 p. (Coll. « U Histoire »)

FOSSIER, Robert. *Ces gens du Moyen Âge*, Paris, Fayard/Pluriel, 2011, 408 p. (Coll. « Pluriel »)

LE GOFF, Jacques. *La civilisation de l'Occident médiéval*, Paris, Flammarion, 2008, 366 p. (Coll. « Champs Histoire », n° 777)

Productions audiovisuelles

Alexandre Nevski, de Sergei Eisenstein, avec N. Tcherkassov et D. Orlov, URSS, 1939, 112 min. — En 1242, Alexandre Nevski, prince de Novgorod, repousse l'avance des chevaliers teutoniques en Russie. Un classique du cinéma. Extraordinaire beauté des images en noir et blanc. La séquence de la bataille est une pièce d'anthologie. Recherche très poussée de fusion entre images et musique (de Prokofiev).

Building the Great Cathedrals, É.-U., PBS Home Video, 2010, 50 min. — Émission de la série documentaire *Nova*. La construction des cathédrales et les efforts pour les sauvegarder aujourd'hui.

El Cid, de Anthony Mann, avec C. Heston et S. Loren, É.-U./G.-B./It., 1961, 182 min. — Grande fresque épique hollywoodienne servie par de grandes stars, et l'une des meilleures du genre, sur la vie du Cid Campeador, héros de la reconquête de l'Espagne sur les Arabes. Mémorable séquence du siège de Valence.

Le nom de la rose, de Jean-Jacques Annaud, avec S. Connery et C. Slater, Fr./It./All., 1986, 130 min. — Enquête criminelle dans un monastère médiéval où se multiplient les morts suspectes, avec intervention de l'Inquisition. Vision fantaisiste et amusante.

Le retour de Martin Guerre, de Daniel Vigne, avec G. Depardieu et N. Baye, Fr., 1982, 122 min. — Histoire vécue d'un procès pour usurpation d'identité dans un village de France. Belle reconstitution d'époque dans un film magnifique servi par des comédiens exceptionnels.

Le septième sceau, de Ingmar Bergman, avec M. von Sydow et G. Björnstrand, Suède, 1958, 96 min. — Un chevalier de retour des croisades retrouve son pays en pleine épidémie de peste… et joue aux échecs avec la Mort. Impressionnante reconstitution du bas Moyen Âge, avec terreur de la mort, superstitions, bûcher pour « sorcières » et procession de flagellants. Un chef-d'œuvre d'un maître du cinéma. Images en noir et blanc d'une beauté exceptionnelle.

CAPSULE MÉTHODOLOGIQUE

LIRE ET INTERPRÉTER DES DOCUMENTS ÉCRITS

Le document est le matériau de base de la recherche historique. C'est pourquoi il occupe une place si importante dans ce manuel. Encore faut-il savoir le lire et l'interpréter correctement, ce qui n'est pas toujours facile, surtout s'il nous vient d'une époque ou d'une culture éloignée de nous.

On peut classer les documents en deux grands groupes: les documents écrits et les documents non écrits, c'est-à-dire visuels (images), matériels (constructions, outils, tombeaux, etc.) ou, pour les périodes plus récentes, sonores ou audiovisuels, voire informatiques. Nous abordons ici le premier type.

Comment analyser un document écrit de façon rigoureuse, afin d'en tirer l'information la plus exacte possible et de l'interpréter correctement? Il y a tout d'abord un préalable absolu à cette démarche: il faut qu'elle soit balisée par un questionnement quelconque. On ne trouvera rien dans un document si l'on n'y cherche pas quelque chose. Un document ne révélera ses trésors que sous l'éclairage fourni par la question que l'on cherche à élucider.

Ce préalable acquis, lorsqu'on est en présence d'un document écrit que l'on veut interroger, une démarche rigoureuse s'impose afin de serrer au plus près la vérité historique. C'est ce qu'on appelle la *critique de document*. Elle se fait en deux étapes: la critique externe d'abord, la critique interne ensuite.

1. La critique externe cherche à établir l'authenticité, la provenance et la fiabilité du document.

    a) La critique d'authenticité cherche à savoir si le document qu'on a entre les mains est bien ce qu'il semble ou prétend être. Cette critique ne peut se faire qu'à partir de l'original du document et ne peut donc pas être réalisée dans le cadre du présent manuel. Qu'il suffise de rappeler le grand nombre de faux qui peuvent induire l'historien en erreur, comme ces supposés «carnets intimes» de Hitler, «découverts» en 1983 et qui n'étaient qu'un immense canular, d'ailleurs fort payant pour le faussaire, qui les vend à prix d'or… Dans le cadre de ce manuel, nous poserons en toute hypothèse que l'authenticité des documents a été établie et qu'ils sont reproduits (ou traduits si c'est le cas) fidèlement.

    b) La critique de provenance s'interroge entre autres sur la nature du document: s'agit-il d'un récit descriptif, d'un document diplomatique, d'un écrit polémique, d'un livre de comptabilité, d'un texte de loi, d'un discours politique, etc.? On comprendra que tous ces types de documents ne présentent pas le même intérêt ni, surtout, la même fiabilité, compte tenu de ce que l'historien cherche à établir.

    La critique de provenance doit aussi de façon impérative situer le document dans son époque. À quelle date a-t-il été rédigé? À quelle occasion? Est-il contemporain des événements auxquels il se réfère? Dans quel contexte général a-t-il été produit? Ce travail est crucial quand il s'agit, par exemple, d'interpréter un mot, une expression quelconque: une langue évolue constamment, et il se pourrait que le sens des mots ait changé entre l'époque du document et la nôtre. Par exemple, si, dans un document du XVIIe siècle, on voit des paysans réclamer la «taxation» d'un produit, il faut bien interpréter qu'il ne s'agit pas de l'imposition d'une taxe, mais bien de la fixation d'un prix maximal, ce qui est tout à fait autre chose! Il serait en effet plutôt étonnant de voir des paysans exiger de payer des taxes…

    c) La critique de fiabilité s'interroge sur l'auteur du document. S'agit-il d'un auteur collectif (un gouvernement, par exemple, dans le cas d'un texte de loi) ou individuel? Dans ce dernier cas particulièrement, il est très important d'établir la fiabilité de l'auteur. De quelle nationalité est-il? Quel métier, fonction ou profession exerce-t-il? À quel groupe ou classe sociale appartient-il? Connaît-il bien le sujet dont il parle? Est-il un témoin direct, «oculaire», des faits dont il témoigne? A-t-il pu se tromper ou vouloir nous tromper?

2. Une fois ces questions résolues, la critique interne peut commencer. Il s'agit d'abord de dégager le sens exact du texte, ce que l'auteur a vraiment dit ou voulu dire. Cela exige de clarifier le sens des mots ou expressions difficiles ou spécialisés, des allusions plus ou moins voilées, des sous-entendus, des imprécisions, etc. Il faut aussi identifier clairement les personnages, les lieux et les faits mentionnés dans le document. Il s'agit ensuite d'évaluer la crédibilité du document: contient-il des erreurs de fait? Des contradictions internes? Peut-on rapprocher ce texte d'autres textes du même auteur? Ce document est-il corroboré par d'autres documents, de sources indépendantes?

Toute cette analyse peut enfin donner lieu à une sorte de rapport écrit, qu'on appelle le *commentaire de document*. Il s'agit essentiellement de transmettre à un lecteur les résultats du travail fait sur le document. En général, le commentaire comprend quatre parties:

1. la situation du document par rapport à une question à résoudre, à une problématique;

2. la situation du document dans son cadre historique (auteur, date, conditions de production, etc.);

3. l'analyse détaillée du contenu du document ;

4. l'évaluation globale de la valeur du document, de sa pertinence pour répondre à la question de départ.

EXEMPLE

Supposons que nous nous intéressions à l'émancipation des villes au Moyen Âge, et que nous cherchions à connaître quelles étaient les revendications des bourgeois et comment les seigneurs y répondaient. Nous tombons sur le document 31 du chapitre 3 (*voir p. 96*).

1. Ce document est une charte octroyée par Robert, comte de Dreux, à la ville de Dreux. À première vue, il s'agit d'un document tout à fait pertinent pour trouver un certain nombre d'éléments que nous cherchons.

2. L'auteur du document est Robert, comte de Dreux. Ce Robert de Dreux est un des fils du roi de France Louis VI, dit le Gros. Il a une vie assez typique d'un noble de l'époque : participation à la Croisade et à des guerres féodales en Normandie. Il reçoit le comté de Dreux de son père en 1152. Il est donc au cœur des luttes entre seigneurs et bourgeois, dont il est plus qu'un témoin : un acteur direct. La question de savoir s'il a pu se tromper ou nous tromper ne se pose guère ici, puisqu'il ne s'agit pas d'un récit, mais d'un contrat, d'un texte légal en quelque sorte.

   Le document date de 1180 : il est donc tout à fait contemporain de l'époque que nous étudions et de l'émancipation des villes qui s'y développe. On connaît toutefois assez mal les circonstances exactes qui ont mené à l'élaboration du document.

3. Le document s'ouvre sur une invocation à Dieu, comme il était coutume à l'époque.

   Puis vient un préambule dans lequel Robert de Dreux semble attribuer à sa mémoire défaillante la source des difficultés qui sont apparues entre lui et ses bourgeois ; il veut maintenant fixer par écrit certaines choses. Connaissant les circonstances générales des luttes communales, on peut cependant supposer qu'il le fait sous la pression de ses bourgeois plus que par une initiative personnelle.

   Vient ensuite l'essentiel du document, c'est-à-dire le contenu des accords entre le comte et ses bourgeois. Le comte déclare d'abord qu'il leur concède « la commune qu'ils ont eue aux jours de mon père », confirmant celle-ci par serment avec sa femme Agnès, comtesse de Braine, et son fils Robert. Il énonce les libertés de la commune : aucune taille ne sera levée sur les bourgeois et aucune violence ne leur sera faite. La taille est une taxe directe payée au seigneur par les censitaires. La violence à laquelle on fait allusion a probablement éclaté à l'occasion de la lutte entre Robert et ses bourgeois : c'était un phénomène assez répandu pendant le mouvement communal.

   Les bourgeois, de leur côté, ont juré, en échange de leur liberté, d'être fidèles au comte, à sa famille et à ses descendants et de défendre sa ville contre tous les ennemis. On peut voir ici que le système seigneurial, dans lequel le seigneur assume la défense du territoire et la protection des paysans en échange de redevances versées par ces derniers, est mis en échec par l'apparition des bourgeois organisés en communes.

   Le comte n'imposera plus aux bourgeois certaines autres obligations, dont l'usage du moulin seigneurial ou « d'autres redevances » non précisées. Ils ne seront plus forcés, par ailleurs, de livrer ou prêter des chevaux, mais pourront toutefois le faire selon leur bon vouloir.

4. Ce document nous permet de saisir ce que les bourgeois gagnent dans leurs luttes contre les seigneurs : l'abrogation de certaines servitudes pesant sur les paysans. Les bourgeois s'affranchissent des contraintes féodales et forment un groupe social nouveau, ferment de dissolution, à terme, du système combiné seigneurie/vassalité.

EXERCICE

Examinez le document 35 du chapitre 3 (*voir p. 100*). Il porte sur la prise de Jérusalem par les croisés, en 1099. Si nous étudions le mouvement des Croisades et voulons savoir comment s'est passé cet événement central, nous avons là un document à coup sûr intéressant.

1. Quelle est la nature de ce document ? Quelle différence importante présente-t-il, du point de vue de la fiabilité, avec le document 31 que nous venons d'étudier ?

2. Dans quel contexte historique général ce texte a-t-il été rédigé ? Est-il contemporain des événements qu'il décrit ?

3. Qui est l'auteur du récit ? Quels sont sa fonction, son statut social, son origine géographique ? Connaît-il bien le sujet dont il parle ? Est-il un témoin oculaire des faits qu'il décrit ? Quand a-t-il rédigé ce récit ? À première vue (car la critique interne pourra venir modifier ce jugement), apparaît-il comme crédible ? Pourrait-il avoir intérêt à nous tromper ?

4. Que désignent les mots *païens* et *infidèles* dans le texte ?

5. Le récit de l'événement paraît-il crédible ? Y aurait-il quelque exagération au moins apparente ? L'auteur fait-il montre de préjugés ou de parti pris ? Son attitude face aux croisés vous apparaît-elle plutôt favorable ou plutôt défavorable *dans le contexte de l'époque* (évitez de projeter les valeurs d'aujourd'hui dans le passé) ?

6. Que nous apprend ce document sur la prise de Jérusalem et, plus généralement, sur la Croisade ?

Chapitre 4
Renaissance, Réforme, Grandes Découvertes : l'Occident à un tournant

PLAN

- **4.1 La Renaissance littéraire et intellectuelle : l'humanisme**
  - 4.1.1 Origines et caractères de l'humanisme
  - 4.1.2 La diffusion de l'humanisme
  - 4.1.3 Les limites de l'humanisme
- **4.2 La Renaissance artistique**
  - 4.2.1 Caractères généraux et foyer principal de la Renaissance artistique
  - 4.2.2 Deux géants : Léonard de Vinci et Michel-Ange
  - 4.2.3 La Renaissance artistique hors d'Italie
- **4.3 La Réforme**
  - 4.3.1 Les causes générales
  - 4.3.2 La réforme luthérienne
  - 4.3.3 La réforme calviniste
  - 4.3.4 La réforme anglicane
  - 4.3.5 La réforme catholique, ou Contre-Réforme
  - 4.3.6 Les guerres de religion
- **4.4 Les Grandes Découvertes**
  - 4.4.1 Les motifs
  - 4.4.2 Les moyens
  - 4.4.3 Les principaux voyages
- **4.5 Les premiers empires coloniaux**
  - 4.5.1 Le cadre général
  - 4.5.2 L'Empire portugais
  - 4.5.3 L'Empire espagnol
  - 4.5.4 L'Empire hollandais
- **4.6 La France et l'Angleterre en Amérique du Nord**
  - 4.6.1 La Nouvelle-France
  - 4.6.2 Les colonies anglaises
  - 4.6.3 Le choc des colonisations
- **4.7 Les conséquences des Grandes Découvertes**
  - 4.7.1 La « naissance du monde »
  - 4.7.2 L'Amérique bouleversée
  - 4.7.3 L'Europe transformée

1 L'école d'Athènes (Raphaël, 1510-1511)

Cette image illustre toute la vénération que les humanistes de la Renaissance vouent à l'Antiquité gréco-romaine.

Dans un décor inspiré des grandes constructions romaines, Raphaël réunit les grandes figures de l'Antiquité, parfois sous les traits de celles de son temps. Au centre, Platon ❶ (sous les traits de Léonard de Vinci) et Aristote ❷ entourés, entre autres, de Socrate ❸, Pythagore ❹, Diogène ❺, Ptolémée ❻ et Héraclite ❼ (sous les traits de Michel-Ange).

Musées du Vatican.

Entre le milieu du xve siècle et le début du xviie, la civilisation occidentale vit un des tournants de son histoire. Elle renoue avec l'Antiquité gréco-romaine, dans ce qu'on est convenu d'appeler la *Renaissance*. Elle voit éclater l'unité chrétienne par l'éclosion de la Réforme protestante. Enfin, les Grandes Découvertes lui ouvrent des espaces d'expansion presque illimités. L'Occident moderne commence à prendre forme.

2 Un extraordinaire bond en avant

« À travers les contradictions et par des chemins compliqués, et tout en rêvant de paradis mythologiques ou d'impossibles utopies, la Renaissance a réalisé un extraordinaire bond en avant. Jamais aucune civilisation n'avait accordé autant de place à la peinture et à la musique, ni lancé vers le ciel de si hautes coupoles, ni porté au niveau de la haute littérature tant de langues nationales écloses en un si petit espace. Jamais dans le passé de l'humanité tant d'inventions n'avaient été mises au point dans un si court laps de temps. Car la Renaissance a été notamment progrès technique; elle a donné à l'homme d'Occident plus d'emprise sur un monde mieux connu. Elle lui a appris à traverser les océans, à fabriquer la fonte de fer, à se servir des armes à feu, à marquer l'heure grâce à un moteur, à imprimer, à utiliser quotidiennement la lettre de change et l'assurance maritime.

En même temps — progrès spirituel parallèle au progrès matériel — elle a amorcé la libération de l'individu en le sortant de l'anonymat médiéval et en commençant à le dégager des contraintes collectives. »

Source : Jean DELUMEAU, *La civilisation de la Renaissance*, Paris, Arthaud, 1984, p. 11. (Coll. « Les grandes civilisations »)

3 L'Occident à la conquête de nouveaux mondes

Christophe Colomb sur une plage d'Amérique.

CHRONOLOGIE

1450	Invention de l'imprimerie (Gutenberg)
1453	Prise de Constantinople par les Turcs
1492	« Découverte » de l'Amérique (Colomb)
1497-1499	Voyage aux Indes en contournant l'Afrique (Gama)
1509	*Éloge de la folie* (Érasme)
1516	*Utopie* (More)
1517	Les 95 thèses de Luther
1519-1522	Premier tour du monde (Magellan)
1534	Rupture de l'Église d'Angleterre avec le pape
	Fondation de la Compagnie de Jésus
	Création de la Bourse d'Anvers
1534-1542	Voyages de Jacques Cartier
1536	*L'Institution de la religion chrétienne* (Calvin)
1545	Découverte des mines d'argent de Potosí, en Bolivie
1545-1563	Concile de Trente
1555	Paix d'Augsbourg
1562-1598	Guerres de religion en France
1598	Édit de Nantes
1607	Fondation de Jamestown, en Virginie
1608	Fondation de Québec
1618-1648	Guerre de Trente Ans
1620	Fondation de Plymouth, au Massachusetts
1642	Fondation de Montréal
1760	Conquête de la Nouvelle-France par l'Angleterre

4.1 La Renaissance littéraire et intellectuelle : l'humanisme

Renaissance
Mouvement intellectuel, culturel et moral qui s'est développé en Europe du début du XVe à la fin du XVIe siècle, marqué par le retour aux idées, aux modèles et à l'art de l'Antiquité gréco-romaine.

Au cours du XVe siècle s'amorce en Italie un grand mouvement d'esprit qui gagne peu à peu l'Europe entière au siècle suivant et qui prendra le nom de **Renaissance** parce que les gens de l'époque cherchent à renouer, par-delà le Moyen Âge, avec les héritages de l'Antiquité gréco-romaine. Un idéal nouveau s'affirme tant dans la littérature et la pensée que dans l'art : l'humanisme.

4.1.1 Origines et caractères de l'humanisme

Le retour vers l'Antiquité. Dès le seuil du XVe siècle, en Italie, de grands écrivains manifestent un engouement irrésistible pour les chefs-d'œuvre littéraires de l'Antiquité gréco-romaine. Cet engouement est stimulé, en ce temps-là, par l'arrivée de savants byzantins fuyant la prise de Constantinople par les Turcs (1453) et qui apportent avec eux leurs nombreux manuscrits grecs. Bientôt le qualificatif d'*humanus* («cultivé», «poli») en vient à désigner tous ceux qui admirent l'Antiquité classique, qui cherchent à la comprendre et à en faire revivre les divers aspects. Car l'humaniste ne fait pas qu'admirer ces œuvres : il s'en inspire, il y recherche une pensée et des règles de vie pour la conduite des hommes et des femmes de son temps. L'humaniste est le type de l'homme nouveau de la Renaissance. Il se définit par sa foi dans le progrès de l'humanité et sa confiance en l'Homme, qu'il pense libre, raisonnable et digne de dominer l'Univers. Au suprême besoin de croire qui animait l'homme du Moyen Âge, il oppose le souverain besoin de savoir. Et sa curiosité est insatiable, dans tous les domaines **4**.

---

4 Un esprit universel

Dans son célèbre *Gargantua*, roman truculent et plein de verve publié en 1534, l'écrivain français François Rabelais (v. 1483-1553) exprime tout l'appétit de connaissances de l'humaniste du XVIe siècle en mettant sous la plume de son héros cette lettre adressée à son fils Pantagruel.

«Emploie donc ta jeunesse, mon fils, à bien profiter en étude et en vertus […].

J'entends et veux que tu apprennes les langues parfaitement. Premièrement la grecque, secondement la latine; et puis l'hébraïque pour les saintes lettres, et la chaldaïque et arabique pareillement; et que tu formes ton style quant à la grecque à l'imitation de Platon; quant à la latine, de Cicéron. Qu'il n'y ait d'histoire que tu tiennes en mémoire présente […]. Des arts libéraux, géométrie, arithmétique et musique, je t'en donnai goût quand tu étais encore petit, à l'âge de cinq ou six ans; poursuis le reste, et de l'astronomie saches-en tous les canons. […] Du droit civil je veux que tu saches par cœur les beaux textes […].

Et quant à la connaissance des faits de nature, je veux que tu t'y adonnes curieusement, qu'il n'y ait mer, rivière ni fontaine dont tu ne connaisses les poissons; tous les oiseaux de l'air, tous les arbres, arbustes et buissons des forêts, toutes les herbes de la terre, tous les métaux cachés au ventre des abîmes, les pierreries de tout Orient et Midi, que rien ne te soit inconnu.

Puis soigneusement revois les livres des médecins grecs, arabes et latins, […] et, par fréquentes anatomies, acquiers-toi parfaite connaissance de l'autre monde, qui est l'homme. […]

Et, par quelques heures du jour, commence à visiter les saintes lettres : premièrement, en grec, le Nouveau Testament et les Épîtres des Apôtres, en puis, en hébreu, le Vieux Testament. […] Devenu homme, il te faudra sortir de cette tranquillité et repos d'étude, et apprendre la chevalerie et les armes pour défendre ma maison et nos amis secourir contre les assauts des malfaisants.

Mais, […] parce que science sans conscience n'est que ruine de l'âme, il te convient d'aimer, servir et craindre Dieu, et en lui mettre toutes tes pensées et tout ton espoir.»

> Quelles disciplines une étudiante ou un étudiant d'aujourd'hui devrait-elle ou il aborder dans son programme d'études pour se rapprocher de l'idéal des humanistes en matière d'éducation?

Source : RABELAIS, *Pantagruel*, II : 8, adapt. en français moderne par Eugène NOËL, *Le Rabelais de poche*, Paris, Librairie des bibliophiles, 1879, p. 81-84.

L'éducation humaniste. L'**humanisme** né de l'enthousiasme de la Renaissance pour la pensée des Anciens entraîne une nouvelle conception de l'éducation. Fondée sur l'étude des langues et des œuvres gréco-latines, tout autant que sur le développement harmonieux du corps par les exercices physiques, cette conception dominera toute la civilisation occidentale jusqu'au milieu du XXe siècle. L'étude des « humanités » établie par les Jésuites à la fin du XVIe siècle est imitée dans tous les pays. Au Québec, elle formera la base du cours « classique » dans les collèges jusqu'à l'apparition des cégeps à la fin des années 1960. Les cégeps anglophones conservent d'ailleurs, aujourd'hui encore, une trace de cet héritage dans leurs cours de formation générale regroupés sous l'appellation de *Humanities*.

> **Humanisme**
> Conception philosophique et morale qui exalte l'Homme et le place au centre de toutes choses, capable par lui-même de comprendre le monde qui l'entoure et apte à se développer et à progresser au contact des œuvres philosophiques, littéraires et artistiques; mouvement prônant cette conception au temps de la Renaissance.

4.1.2 La diffusion de l'humanisme

L'imprimerie. L'invention de l'imprimerie à caractères mobiles constitue le facteur le plus important de diffusion de l'humanisme **5**. La matrice de chacune des lettres de l'alphabet étant désormais indépendante, on peut combiner celles-ci à l'infini pour « monter » n'importe quel livre et l'imprimer à des dizaines de milliers d'exemplaires. La rapidité du procédé et la baisse importante du coût de production font que le livre, coûtant de 20 à 50 fois moins cher que les manuscrits recopiés, cesse d'être un objet relativement précieux réservé aux plus fortunés et atteint un public considérablement élargi. Sans compter que les erreurs inhérentes à la copie manuelle sont pratiquement éliminées. Le premier livre ainsi produit est la Bible imprimée à Mayence en 1450 par Gutenberg. Dix ans plus tard, une centaine de villes d'Europe possèdent au moins un atelier d'imprimeur. Les livres se multiplient: 20 millions entre 1450 et 1500; plus de 200 millions au XVIe siècle. Après les bibles et les œuvres de piété, les éditeurs se consacrent à la publication des grands auteurs de l'Antiquité: Virgile, César, Tacite, Tite-Live. L'apparition du livre imprimé permet une large diffusion des idées des humanistes, d'autant plus que l'Église n'exerce plus le monopole sur la retranscription des œuvres, jusqu'alors assurée essentiellement par les moines.

Le latin. Dans les milieux lettrés, la diffusion de l'humanisme est également assurée par la prédominance du latin, qui transcende toutes les particularités nationales. L'universalité de cette langue assure des échanges directs

5 La diffusion de l'humanisme

- Limites du Saint Empire germanique
- Principaux centres d'imprimerie
- Grands foyers de la Renaissance italienne
- Courants de diffusion de la Renaissance italienne
- Principaux foyers marqués par l'influence italienne

Né en Italie, l'humanisme gagne rapidement toute l'Europe occidentale.

6 *Érasme* (Q. Massys, 1517)

Visage méditatif, plein d'intelligence et de finesse.

et constants entre tous les intellectuels d'Europe. L'Anglais Thomas More (1478-1535) et le Hollandais Érasme de Rotterdam (v. 1466-1536) échangent une abondante correspondance et publient leurs œuvres en latin. Ainsi se forme une sorte de « République des Lettres » qui, à travers l'Europe, répand les idées nouvelles. Érasme, surnommé le prince des humanistes, en est le plus brillant et le plus célèbre représentant **6**. Son *Éloge de la folie*, pénétrante critique de la société de son temps, est lu, commenté dans toute l'Europe. Toute sa vie, il cherchera à concilier l'étude des Anciens et les enseignements de l'Évangile.

Langues et littératures nationales. Paradoxalement, le développement de l'imprimerie favorise aussi l'éclosion des langues et des littératures nationales qui, à terme, vont faire perdre au latin son monopole de langue littéraire et scientifique. À peine nées, ces langues donnent des œuvres qui se rangent d'emblée parmi les monuments de la littérature universelle : l'italien dès le XIVe siècle avec *La divine comédie* (1308-1321), de Dante Alighieri ; le français avec les *Essais* (1572-1592), de Michel de Montaigne ; l'espagnol avec *Don Quichotte* (1605-1615), de Miguel de Cervantès ; l'anglais avec les grandes tragédies de William Shakespeare (*Richard III*, 1591 ; *Hamlet*, v. 1598 ; *Othello*, 1604), œuvre théâtrale immense dans laquelle s'expriment, avec une force dramatique jamais égalée, toutes les violences et les contradictions d'une époque tumultueuse où les certitudes ne tiennent plus. Cette éclosion des grandes littératures nationales au XVIe siècle a certainement été l'un des éléments clés dans la grande mutation que connaît alors l'Occident.

4.1.3 Les limites de l'humanisme

L'humanisme va toutefois se heurter assez rapidement à des limites qui lui viennent à la fois de ses contradictions internes et de l'évolution générale des sociétés occidentales.

Les humanistes et la science. Trop admiratifs de l'Antiquité pour pouvoir la contester radicalement dans le domaine scientifique, les humanistes n'ont pas, sur ce plan, une place aussi marquante qu'en littérature. Au milieu de bien des relents de pensée magique et en dépit de l'hostilité des autorités ecclésiastiques, toujours suspicieuses en ces matières, quelques avancées sont cependant dignes de mention. Nicolas Copernic (1473-1543) établit par des calculs mathématiques que la Terre tourne autour du Soleil, et non l'inverse comme on le croit alors, mais son œuvre reste très peu connue. Léonard de Vinci jette sur papier des intuitions techniques fulgurantes (sous-marin, avion). L'anatomie fait quelques progrès, particulièrement grâce à André Vésale (1514-1564), le plus grand anatomiste de son temps, qui n'hésite pas à disséquer des cadavres devant ses étudiants à l'université de Bologne et publie en 1543 une œuvre monumentale en sept volumes abondamment illustrés sur l'anatomie humaine. Mais la science avance encore sur un terrain miné par les fantômes, la magie et les sorciers.

Les humanistes et la religion. Sur le plan religieux, loin d'apporter une solution à la crise du christianisme, l'humanisme y ajoute un nouveau problème. Comment concilier l'exaltation de l'individu, de sa liberté, avec le respect des dogmes du christianisme ? En glorifiant la liberté individuelle, l'humanisme annonce la réforme protestante, à la suite de laquelle de terribles guerres de religion vont ensanglanter toute l'Europe, réduisant à néant les convictions humanistes de tolérance et de fraternité universelle (*voir section 4.3, p. 130*).

Faisons le point

1. Comment se définit l'humaniste de la Renaissance ?
2. Quels sont les principaux moyens de diffusion de l'humanisme ?
3. Nommez quelques œuvres majeures des littératures nationales qui naissent à la fin du Moyen Âge et à la Renaissance.
4. Dans quels domaines l'humanisme a-t-il marqué ses limites ?

4.2 La Renaissance artistique

Pour admirable qu'elle soit, la révolution intellectuelle qu'est l'humanisme ne constitue pas à elle seule « la Renaissance ». Le retour enthousiaste aux textes littéraires gréco-latins s'accompagne d'un mouvement non moins enthousiaste vers les modèles artistiques hérités de l'Antiquité. C'est d'ailleurs dans les arts que la Renaissance produit ses œuvres les plus belles et les moins périssables.

4.2.1 Caractères généraux et foyer principal de la Renaissance artistique

La réinvention de l'art antique. À l'instar de l'humanisme, la Renaissance artistique renoue avec les formes esthétiques de l'Antiquité gréco-romaine. L'architecture revient à la colonnade et au fronton triangulaire des Grecs, à la voûte cintrée (semi-circulaire, en « berceau ») et à la coupole des Romains **7**. La sculpture reprend les canons esthétiques de la Grèce, avec son exaltation du corps humain aux proportions idéales, dénudé ou nettement suggéré sous le drapé. Les peintres aussi célèbrent la beauté du corps et retrouvent les secrets de la **perspective**, perdus pendant le Moyen Âge, qui leur permettent de réinventer le paysage. En retrouvant les modèles antiques, l'art renoue avec les thèmes de la mythologie gréco-romaine, qui viennent parfois se confondre avec les thèmes chrétiens : la Vierge Marie emprunte volontiers les traits de Vénus, les cupidons ont des airs de chérubins.

Perspective
Art de représenter des objets sur une surface plane en donnant l'illusion de la profondeur.

Mécène
Personne fortunée qui, par goût des arts, aide les écrivains, les artistes.

7 Le dôme de la cathédrale de Florence (Brunelleschi, 1420-1436)

Gigantesque coupole de 42 mètres de diamètre et de 106 mètres d'élévation. C'est alors la plus grande construite en Occident depuis l'Antiquité.

L'Italie, foyer principal. Comme l'humanisme, la Renaissance artistique s'épanouit d'abord en Italie avant de se répandre en Europe. Sur cette terre où l'on côtoie quotidiennement les vestiges de l'Antiquité, des princes cultivés s'entourent d'une véritable cour d'artistes qu'ils aident et encouragent de toutes sortes de manières. Tels sont les grands **mécènes** de l'époque : les

8 *La naissance de Vénus* (Botticelli, v. 1485)

Vénus, déesse de l'amour et de la beauté, sort des eaux dans un coquillage géant, entourée, à droite, par la divinité du printemps, qui tente sans succès de la couvrir d'un voile que les dieux des vents, à gauche, repoussent de leur souffle. Un véritable condensé de la Renaissance : sujet païen, nudité, corps idéalisé.

Musée des Offices, Florence.

Médicis de Florence, les Sforza de Milan, les Gonzague de Mantoue, les Este de Ferrare et même les papes de Rome.

À Florence, l'architecte Filippo Brunelleschi (1377-1446) édifie l'impressionnant dôme de la cathédrale, première coupole apparue dans le ciel d'Occident depuis la fin de l'Empire romain. Les Florentins, émerveillés, vont désormais appeler leur cathédrale, tout simplement, *il duomo*, « le dôme », vocable qui s'étendra finalement à toutes les églises, puisque l'église à coupole s'impose désormais partout. De son côté, Sandro Botticelli (1445-1510) jette sur la toile sa célèbre *Naissance de Vénus*, image phare de la Renaissance, véritable manifeste de la nouvelle sensibilité 8.

À Rome, les papes ont le même sens de la grandeur et de la majesté triomphale que les Césars d'autrefois. Ils veulent faire ressurgir la Rome impériale et faire de la capitale de la chrétienté le sanctuaire de l'art, y attirant à prix d'or les plus grands artistes. À partir de 1499, un prodigieux chantier s'ouvre à Saint-Pierre, où 1 000 ouvriers taillent dans le marbre la plus vaste et la plus somptueuse église du monde. Les travaux sont souvent arrêtés par

9 *La villa Rotonda* (A. Palladio, 1566-1571)

Palladio crée un chef-d'œuvre d'équilibre et d'harmonie en dotant cette somptueuse villa de quatre façades identiques directement inspirées du Panthéon de Rome (*voir chap. 2, doc.* 35, *p. 69*).

manque de fonds. Chaque fois, le pape n'hésite pas à taxer la chrétienté entière, vendant par exemple à un prix exorbitant les emplois dans l'Église, précipitant ainsi la contestation de la Réforme (*voir section 4.3, p. 130*).

À Venise enfin, ville-État prodigieusement riche, l'architecte Andrea Palladio (1508-1580) crée à lui seul le style raffiné qui porte son nom, fortement influencé par la tradition gréco-romaine 9, tandis que les Titien (v. 1490-1576), Véronèse (1528-1588) et Tintoret (1518-1594) multiplient les chefs-d'œuvre aux couleurs chatoyantes dans les églises, palais, villas et édifices publics de la ville et de toute la Vénétie.

4.2.2 Deux géants : Léonard de Vinci et Michel-Ange

Leonardo da Vinci ou Léonard de Vinci (1452-1519) est probablement le génie le plus universel de son temps, aussi grand dans les arts que dans les sciences. Il étudie la physique et la mécanique, imagine des chars de combat, des sous-marins, des hommes volants, si bien que c'est en tant qu'ingénieur militaire qu'il est d'abord engagé par les Sforza de Milan. Il soupçonne les mouvements de la Terre, la **loi de l'inertie**, la circulation sanguine, l'**astronautique**, etc. Il est sculpteur, architecte, orfèvre, mais c'est comme peintre qu'il est le plus grand, grâce entre autres à sa célébrissime *Joconde* (1503-1506) 10. Pour lui, la peinture est une poésie pour les yeux tout autant qu'un moyen essentiel de connaissance de l'univers. À cet art, il fait accomplir des progrès décisifs par l'emploi du *sfumato* (mot italien, littéralement « enfumé »), technique qui permet d'obtenir des images légèrement vaporeuses, à la fois précises et fluides, par la superposition de nombreuses couches très minces de peinture 11. Partagé entre la peinture et l'insatiable appétit de tout

10 *La Joconde* (L. de Vinci, 1503-1506)

Portrait d'une grande dame de Florence, Monna Lisa del Giocondo. Le paysage est un magnifique exemple du *sfumato* cher à Vinci.

Musée du Louvre.

11 Le *sfumato* selon Léonard

« Une lumière trop vive ne donne pas de belles ombres. Méfie-toi du jour trop cru. Au crépuscule ou par le brouillard, lorsque le soleil est encore voilé par les nuages, remarque le charme et la délicatesse des hommes et des femmes qui passent par les rues ombreuses, entre les murs noirs des maisons, c'est le plus parfait éclairage. Que ton ombre, disparaissant petit à petit dans la lumière, fonde comme la fumée, comme les sons d'une douce musique. Rappelle-toi : entre la lumière et l'obscurité, il y a un intermédiaire, tenant des deux, telle une lumière ombrée ou un jour sombre.

Recherche-les, artiste ; dans cet intermédiaire, se trouve le secret de la beauté charmeuse. »

Source : Léonard de VINCI, *Traité de la peinture*, d'après Dimitri MEREJKOVSKI, *Le roman de Léonard de Vinci*, Paris, Calmann-Lévy, 1902, p. 220.

Loi de l'inertie
Loi physique selon laquelle tout corps se maintient dans son état (repos ou mouvement rectiligne uniforme) tant qu'une force ne s'exerce pas sur lui.

Astronautique
Science ayant pour objet la navigation spatiale.

Sfumato
Effet vaporeux qui donne au tableau des contours imprécis.

12 *David* (Michel-Ange, 1501)

Courage et froide détermination de celui qui se prépare à affronter le géant Goliath, une pierre dans sa main droite et sa fronde sur l'épaule.

→ Comparez avec le document 37 du chapitre 1 (*voir p. 43*).

ce qui est connaissance et invention, ce génie étrange qui peint des beautés au sourire énigmatique rêvera toute sa vie de faire voler l'homme comme un oiseau.

Michelangelo Buonarroti (1475-1564), appelé Michel-Ange en français, est l'un des plus grands artistes de tous les temps. On lui doit trois des œuvres les plus universellement connues de l'histoire de l'art, et dans trois disciplines différentes : en sculpture, le *David* 12 ; en peinture, la *Création d'Adam* 13 (et l'ensemble de la chapelle Sixtine) ; en architecture, le dôme de Saint-Pierre de Rome 14. Sculpteur avant tout, et déjà immensément célèbre à ce titre, il devient peintre fresquiste par la volonté obstinée du pape Jules II, pour lequel il couvre de scènes grandioses le plafond de la chapelle Sixtine. Vingt-six ans plus tard, aiguillonné par un autre pape (Paul III), il peint sur le mur du fond le *Jugement dernier*, fresque bouleversante où son imagination de titan fait s'écrouler dans l'abîme une cascade de corps foudroyés par le Christ, juge suprême de l'humanité. À 72 ans, devenu architecte, ce géant solitaire osera lancer dans le ciel de Rome la gigantesque coupole de la basilique Saint-Pierre, d'un diamètre de 41 mètres et dont le sommet de la croix qui le surmonte est à 136 mètres du sol. Son œuvre a, tout à la fois, une vitalité intérieure qui transcende la beauté et un caractère farouche et tragique qui reflète son âme tourmentée.

4.2.3 La Renaissance artistique hors d'Italie

L'art italien, tout comme l'humanisme, ne demeure pas confiné dans les limites de la péninsule 5 (*voir p. 123*). Très tôt, il en sort et rayonne, particulièrement en France, qui accueille plusieurs artistes italiens comme Vinci. Dans la vallée

13 *La création d'Adam* (Michel-Ange, 1510-1512)

Le Créateur, venant toucher le doigt d'Adam qu'il éveille ainsi à la vie, est inscrit dans une forme qui est, strictement, une coupe du cerveau humain, avec circonvolutions et bulbe rachidien. On peut se demander quel message l'artiste a voulu ainsi nous transmettre.

14 Saint-Pierre de Rome

Le dôme, inspiré de celui de Brunelleschi à Florence, a été dessiné par Michel-Ange.

14-A Réminiscence : la cathédrale Marie-Reine-du-Monde à Montréal

Réplique à échelle réduite (un tiers) de Saint-Pierre de Rome. Les travaux s'étendirent de 1870 à 1900.

15 Azay-le-Rideau (1518-1523)

Azay-le-Rideau est l'archétype des châteaux édifiés le long de la Loire au cours de la Renaissance.

→ Relevez des éléments qui rappellent la tradition féodale, transformés par le goût nouveau de la Renaissance.

de la Loire, en particulier, les châteaux forts médiévaux cèdent la place à d'élégantes constructions ornementées de tourelles et de clochetons décoratifs, où pourra s'épanouir la recherche d'un bonheur terrestre exalté par les humanistes 15. En sculpture, Jean Goujon (v. 1510-1564), auteur des ravissantes formes des *Nymphes* de la fontaine des Innocents à Paris 16 (*voir page suivante*), s'ouvre largement à l'influence italienne.

Hors de France, l'influence italienne est moins sensible, car elle se heurte à des traditions artistiques bien ancrées. En Allemagne, deux grands noms se détachent en peinture : Hans Holbein le Jeune (v. 1497-1543), l'admirable portraitiste, et Albrecht Dürer (1471-1538), qui découvre en Italie les secrets de cet art nouveau dont il s'imprègne tout en conservant l'originalité de l'héritage artistique allemand. L'art flamand, quant à lui, ne doit presque rien aux courants venus de Florence ou de Rome. La peinture flamande est marquée par un réalisme méticuleux bien éloigné des canons de l'Antiquité gréco-romaine. L'humanisme, ici, se traduit par une attention à la vie quotidienne des gens, représentée avec une grande précision. En témoigne la truculence d'un Jérôme Bosch (v. 1450-1516), annonciatrice de celle de Pieter Bruegel

16 *Nymphes* (J. Goujon, 1550)

L'attitude du corps et l'art avec lequel sont disposés les plis de la robe, le mouvement de l'ensemble s'inspirent des modèles antiques (*voir chap. 1, doc. 3, p. 19*).

l'Ancien (v. 1525-1569) dont les scènes populaires s'enracinent dans la vieille tradition flamande 17.

Faisons le point

1. Comment se manifeste le retour vers l'Antiquité dans l'art de la Renaissance ?
2. Présentez quelques grands artistes de la Renaissance italienne en peinture, sculpture et architecture, avec certaines de leurs œuvres majeures.
3. Qu'est-ce que le *sfumato* ?

4.3 La Réforme

Au XIe siècle, le Grand Schisme d'Orient, en 1054 (*voir p. 79*), a brisé l'unité de la chrétienté. Depuis lors, l'Église grecque orthodoxe et l'Église de Rome n'ont cessé de s'opposer. Au début du XVIe siècle, c'est l'unité de l'Église romaine qui se brise à son tour. Une crise grave la secoue qui aboutit à une véritable révolution religieuse. Ce phénomène, qu'on appelle la *Réforme*, suscite l'apparition d'une autre branche du christianisme : le protestantisme.

4.3.1 Les causes générales

Les causes de la Réforme religieuse sont multiples et touchent à la fois la religion en elle-même, l'Église en tant qu'institution, la culture, la société et la politique.

L'inquiétude religieuse. À la fin du XVe siècle, les grands fléaux qui marquent la fin du Moyen Âge (*voir p. 113*) amènent une profonde inquiétude religieuse dans toutes les classes sociales ; les fidèles sont de plus en plus angoissés au sujet de leur salut éternel. Leur piété toujours sincère est de plus en plus dominée

17 *Le repas de noces* (P. Bruegel l'Ancien, 1568)

Attaché aux traditions flamandes, Bruegel aime représenter des fêtes villageoises pleines de vie, tel ce repas de noces où les invités s'adonnent à la joie au son de la cornemuse. (*Autre œuvre de Bruegel : chap. 5, doc. 20, p. 179.*)

Kunsthistorisches Museum, Vienne.

par une sensibilité exacerbée. Les peurs ancestrales réapparaissent : le loup, les sorciers, le diable, la mort, la fin du monde. Le thème de l'apocalypse s'empare des murs et des vitraux, les superstitions pullulent. Le culte de la Vierge et des saints confine à l'idolâtrie ; on se dispute leurs reliques, vraies ou fausses, et leurs images ont valeur de talisman.

Une Église décadente. À cette angoisse et à cette quête de certitude, une Église en pleine décadence se révèle incapable de répondre. Le bas clergé, dont la formation est complètement négligée, est médiocre, la plupart des curés vivent en concubinage, et leur état misérable les réduit à vendre les sacrements. Des évêques dissolus délaissent leurs diocèses pour vivre à la cour des princes et des rois. Ils sont courtisans, diplomates et hommes de guerre bien plus qu'hommes de Dieu. Et la gangrène s'étend jusqu'à Rome même. La vie du pape Alexandre VI Borgia est une suite de scandales ; Jules II, casque en tête et cuirasse au corps, cède à la tentation de la guerre, qu'il mène à la tête de ses armées ; Léon X, un fils de Laurent de Médicis qui était déjà cardinal à 14 ans, consacre tout son pontificat à protéger les lettrés et les artistes. Telle est, en ce premier quart du XVIe siècle, la Rome des Borgia et des Médicis.

L'action des humanistes. Les humanistes se penchent, eux aussi, sur les malaises de la chrétienté. En renouant avec les textes anciens, ils ne remontent pas seulement à toutes les sources de la pensée païenne, mais aussi aux écrits bibliques et évangéliques. Profondément croyants, ils souhaitent ardemment que la religion revienne à sa pureté primitive, ce qui mène certains d'entre eux à remettre en question l'existence même de l'Église en tant qu'institution. Mais l'exaltation des valeurs individuelles se concilie mal avec l'autoritarisme romain.

Sentiment national et ambitions politiques. D'autres facteurs encore expliquent le vaste mouvement de la Réforme. Le sentiment national commence à poindre dans certains pays, et les monarques tolèrent de plus en plus mal l'intervention d'un pouvoir « étranger » dans les affaires, même religieuses, de leurs États. Cela est particulièrement vrai en Angleterre et en Allemagne, régions qui d'ailleurs ont été très peu, voire pas du tout, romanisées à l'époque de l'Empire romain. Sur le strict plan du pouvoir politique, les monarchies en pleine ascension aimeraient bien soumettre l'Église à leur autorité, afin de s'assurer l'obéissance de leurs sujets. Sans compter tout le système de « taxation » de l'Église, qui échappe à leur emprise et draine hors de leur territoire d'importantes ressources financières.

L'attrait des richesses. Les immenses richesses accumulées par l'Église (terres, bâtiments, objets de culte, etc.) suscitent des convoitises non moins grandes. Dans la plupart des endroits où triomphera le protestantisme, la première réaction des autorités publiques sera de faire main basse sur les propriétés du clergé. Dans certains cas, notamment en Allemagne, elles auront même délibérément appuyé la révolte contre Rome dans le but précis de réaliser cette appropriation.

La cause immédiate : les indulgences. Aux désordres de l'Église, au luxe ostentatoire et aux scandales de la papauté vient s'ajouter l'affaire des indulgences, qui va mettre le feu aux poudres. Afin d'obtenir les fonds nécessaires à l'achèvement de Saint-Pierre de Rome, le pape Léon X décide qu'une indulgence sera accordée à tous les chrétiens qui verseront une aumône pour la basilique de Rome. Un prédicateur dominicain sans scrupule, Johannes Tetzel (1465-1519), parcourt l'Allemagne, proclamant qu'on peut racheter ses péchés et même sauver

---

Idolâtrie
Culte religieux rendu à la représentation d'une divinité comme si cette représentation était la divinité elle-même.

Talisman
Objet auquel on attribue des vertus magiques de protection, de pouvoir.

Concubinage
État d'un homme et d'une femme qui vivent en union libre, sans être mariés ensemble.

Indulgence
Remise de peine et diminution du temps de purgatoire pour les péchés, accordée par l'Église. L'aumône n'est que l'un des moyens d'obtenir une indulgence.

Aumône
Don charitable fait aux pauvres ou aux œuvres caritatives.

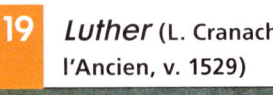

18 Comment acheter son salut éternel

Frédéric Myconius (1490-1546), compagnon de Luther, décrit l'activité du prédicateur dominicain Tetzel.

« Sa campagne de prédication lui permit d'amasser une énorme somme d'argent qu'il envoya à Rome. Il en gagna surtout dans les nouvelles mines de Saint-Annaberg où moi-même, Frédéric Myconius, l'ai entendu pendant deux ans. Ce que ce moine ignorant et impudent a proclamé est incroyable. Il disait que si un chrétien avait eu des rapports incestueux avec sa mère, mais qu'il versait une certaine somme d'argent à la caisse des indulgences papales, le pape avait le pouvoir de lui pardonner son péché au ciel comme sur la terre et, que s'il le pardonnait, Dieu devait faire de même. [...] Que dès que les pièces sonnaient dans la caisse, l'âme de celui qui avait acheté des indulgences allait droit au ciel. »

Source : Frédéric MYCONIUS, *Histoire de la Réforme*, dans Jean-Pierre VIVET, dir., *Les mémoires de l'Europe*, t. II, *Le renouveau européen : 1453-1600*, Paris, Laffont, 1971, p. 246.

19 Luther (L. Cranach l'Ancien, v. 1529)

Le célèbre réformateur, peint par un ami intime, le grand portraitiste Lucas Cranach.

Musée des Offices, Florence.

Excommunication
Peine ecclésiastique par laquelle on est exclu de la communauté catholique.

Bulle
Lettre portant une ordonnance du pape ou, par extension, de l'empereur du Saint Empire.

Libre examen
Doctrine selon laquelle chaque chrétien peut interpréter librement les livres saints (la Bible), sans qu'une autorité extérieure vienne lui imposer une interprétation officielle.

une âme du purgatoire avec de l'argent [18]. Cette façon désinvolte de procéder renforce dans les esprits l'idée qu'il suffit de belles « pièces sonnantes et trébuchantes » (pièces de monnaie) pour acheter son salut. Contre cette pratique et cet enseignement, un moine va réagir vivement : Martin Luther (1483-1546) [19].

4.3.2 La réforme luthérienne

La révolte de Luther. Martin Luther est un moine augustin qui, comme les gens de son époque, vit dans l'angoisse du Jugement dernier et la hantise de la damnation. Le 31 octobre 1517, il appose, sur la porte de la chapelle du château de Wittenberg, 95 thèses contre les indulgences [20]. Aussitôt imprimé, diffusé dans toute l'Allemagne (plus de 300 000 exemplaires), le document éveille partout une immense rumeur favorable. Quand Rome fulmine contre lui l'**excommunication** (15 juin 1520), Luther brûle la **bulle** papale. La rupture est consommée. Réfugié dans la Wartburg, château de Frédéric de Saxe (important noble allemand qui est l'un des sept électeurs au trône impérial), Luther traduit la Bible en allemand. La première édition est diffusée à 100 000 exemplaires. C'est le premier monument littéraire de la langue allemande. Dorénavant, la Bible pourra être lue et comprise par les petites gens et jusqu'aux simples paysans.

Le luthéranisme. La doctrine de Luther s'oppose à celle de l'Église de Rome sur plusieurs points. Luther affirme d'abord que, pour être sauvé, il suffit au chrétien d'avoir la foi, c'est-à-dire la confiance en Dieu, sans qu'il soit nécessaire d'accomplir des « œuvres », c'est-à-dire des actions (aumône, secours aux malades, pèlerinages, jeûnes, etc.). C'est ce qu'il appelle la *Justification* (le salut éternel) par la foi. Mais où trouver le contenu de cette foi ? Alors que l'Église romaine enseigne que les sources de la foi résident dans la Bible et dans la Tradition, autrement dit dans les enseignements officiels de l'Église, Luther rejette la Tradition et ne reconnaît que la Bible comme unique source de foi. Comment, dès lors, interpréter la Bible ? L'Église romaine affirme qu'elle est seule autorisée à interpréter les livres saints, qu'elle ne se soucie d'ailleurs pas de traduire en langue « vulgaire ». Luther prône, quant à lui, le fait que chaque chrétien peut lire la Bible, et Dieu lui fera comprendre sa parole. C'est la théorie du **libre examen**, bien dans la ligne de l'humanisme célébrant la grandeur de l'Homme.

D'autres divergences concernent les rapports du chrétien avec Dieu et le rôle du clergé. Luther affirme que chaque chrétien entre en rapport personnel et direct avec Dieu et qu'il n'a donc pas besoin de l'intercession de la Vierge ou des saints pour y accéder, ainsi que Rome l'enseigne. Le culte des saints lui apparaît une superstition : on ne rend de culte qu'à Dieu. Par ailleurs, le clergé tel que le

20 Luther contre les indulgences : extraits des 95 thèses

« XXVII. Ils prêchent [des inventions humaines], ceux qui disent qu'aussitôt tintera l'argent jeté dans la caisse, aussitôt l'âme s'envolera [du purgatoire]. [...]

XXXII. Ils seront damnés pour l'éternité avec leurs maîtres, ceux qui croient, par des lettres d'indulgences, être sûrs de leur salut.

XXXIII. Il faut se méfier au plus haut point de ceux qui disent que les indulgences du pape sont l'inestimable don divin par lequel l'homme est réconcilié avec Dieu. [...]

XXXVI. N'importe quel chrétien, vraiment repentant, a pleine rémission de la peine et de la faute ; elle lui est due même sans lettre d'indulgences. [...]

XLIII. Il faut apprendre aux chrétiens que celui qui donne aux pauvres ou prête à celui qui est dans le besoin fait mieux que s'il achetait des indulgences. [...]

L. Il faut apprendre aux chrétiens que si le pape connaissait les exactions des prédicateurs d'indulgences, il préférerait que la basilique Saint-Pierre s'en aille en cendres plutôt que de la voir édifiée avec la peau, la chair et les os de ses brebis. [...]

LXXXVI. De même : pourquoi le pape, dont les richesses sont aujourd'hui plus grosses que celles des Crassus les plus opulents, ne construit-il pas la seule basilique Saint-Pierre avec ses propres deniers plutôt qu'avec ceux des pauvres fidèles ? »

Source : Martin LUTHER, *Œuvres*, Paris, © Éditions Gallimard, 1999, p. 137-139, 142.

---

conçoit l'Église romaine, élevé au-dessus de la masse par un sacrement spécial (le **sacerdoce**), est à rejeter. Les « pasteurs » ne sont que des chrétiens comme les autres, préposés à la prédication et à l'organisation matérielle des communautés locales. C'est ce qu'on appelle le *sacerdoce universel*. Le culte est simplifié : lecture et commentaire de la Bible, chant choral en langue « vulgaire ». Des sacrements, Luther ne conserve que le baptême, la pénitence et la communion 21.

La diffusion du luthéranisme. Invoquant ces principes, des princes allemands commencent à confisquer les biens ecclésiastiques. Ainsi, Albert de Brandebourg, grand maître de l'Ordre des chevaliers teutoniques, **sécularise** à son profit les domaines de l'ordre, crée le duché de Prusse (1525), se marie et fonde la dynastie des Hohenzollern (*voir p. 181*). De son côté, l'empereur du Saint Empire, Charles Quint, essaie vainement d'endiguer la propagation de l'hérésie. Déjà, les guerres de religion s'annoncent (*voir section 4.3.6, p. 138*). D'Allemagne, le luthéranisme gagne les pays scandinaves (Suède, Danemark et Norvège) et se répand en Suisse où le réformateur Ulrich Zwingli (1484-1531) convertit Zurich et les cantons environnants. En somme, le luthéranisme s'enracine avec facilité surtout

Sacerdoce
Sacrement qui confère à celui qui le reçoit un rang supérieur au simple fidèle et des pouvoirs religieux spéciaux (remise des péchés, célébration de l'eucharistie). On dit aussi sacrement de l'Ordre.

Séculariser
Faire passer un bien de la propriété de l'Église à la propriété laïque, publique ou privée.

---

21 Les grandes confessions chrétiennes

	Catholicisme	Luthéranisme	Calvinisme
Obtention du salut	Par la foi et les œuvres	Par la foi seule	Par la prédestination
Source de la foi	La Bible et la Tradition	La Bible seule	La Bible seule
Interprétation des livres saints	L'Église seule	Le libre examen de chaque fidèle	Le libre examen de chaque fidèle
Sacrements	Sept : baptême, pénitence, confirmation, eucharistie (avec transsubstantiation : présence réelle du Christ) sacerdoce, mariage, extrême-onction	Trois : baptême, pénitence, eucharistie (avec transsubstantiation : présence réelle du Christ)	Deux : baptême, eucharistie (sans transsubstantiation : simple présence spirituelle)
Rapport du fidèle à Dieu	Direct et par l'entremise (intercession) de la Vierge et des saints	Direct, sans intercession ni culte de la Vierge et des saints	Direct, sans intercession ni culte de la Vierge et des saints
Organisation de l'Église	Structure hiérarchisée (pape, évêques, prêtres, simples fidèles) et centralisée	Sacerdoce universel, communautés locales	Sacerdoce universel, communautés locales, pasteurs élus
Culte	Très élaboré, en latin : messe, « heures » (matines, laudes, etc.), cérémonies diverses	Simplifié, en langue locale : service dominical avec sermon et chant	Simplifié, en langue locale : service dominical avec sermon et chant
Église (bâtiment)	Statues, vitraux, tableaux	Absence de statues	Bâtiment dépouillé, austère

dans les pays germaniques, le long d'une ligne qui rappelle étrangement le vieux *limes* romain 22.

4.3.3 La réforme calviniste

Calvin et le calvinisme. Jean Calvin (1509-1564) appartient à la seconde génération de la Réforme. D'abord disciple de Luther, il fuit la France où s'est déclarée la persécution et se réfugie à Bâle, en Suisse. C'est là qu'il publie son maître livre, *L'institution de la religion chrétienne* (1536), confession de foi qui hisse son auteur au rang des fondateurs du protestantisme. Reprenant la doctrine de Luther, Calvin la modifie sur un point essentiel : la condition du salut. Contrairement aux humanistes qui, à la même heure, fondent sur la dignité de l'Homme toute leur conception du monde, Calvin ne fait pas confiance à l'Homme. Dieu est tout, soutient-il, l'Homme n'est rien. Dieu, qui gouverne tout dans le monde, fixe aussi notre sort éternel. En nous créant, il nous destine au ciel ou à l'enfer, et l'on ne peut échapper à cette « prédestination ». C'est la thèse de la prédestination, l'idée centrale de toute la doctrine de Calvin 23.

22 L'Europe religieuse à la fin du XVIᵉ siècle

- ★ Centre de la réforme luthérienne
- ★ Centre de la réforme calviniste
- ★ Centre de la réforme anglicane
- ☆ Autres centres de diffusion de la Réforme
- → Courants de diffusion
- ★ Centres d'impulsion de la Contre-Réforme
- Majorités luthériennes
- Majorités calvinistes
- Majorités anglicanes
- Majorités catholiques
- Majorités orthodoxes
- Limites du Saint Empire germanique

▶ Dans quelles régions le luthéranisme est-il dominant ? Dans quelles régions le calvinisme est-il dominant ? Citez deux pays qui échappent au courant de la Réforme.

Thèse radicale, angoissante même : comment savoir si l'on est destiné au ciel ? Trois signes, dit Calvin, peuvent nous fournir des indices. D'abord, la foi. Calvin renverse la proposition de Luther : la foi n'est pas une condition du salut, elle est une preuve de prédestination ; c'est parce qu'on est sauvé qu'on peut avoir la foi. En somme, le salut ne se gagne pas, il se reçoit. Ensuite, la pratique des vertus. L'homme doit se bien conduire non point pour être sauvé, mais parce qu'il est sauvé. En d'autres mots, la marque de la prédestination, c'est la sainteté de la vie. Enfin, la réussite matérielle. Dieu comble dès cette vie ceux qu'il prédestine à la vie éternelle.

C'est cette conjonction entre la pratique des vertus, c'est-à-dire une vie frugale et sévère, et la réussite matérielle, qui fonde ce qu'on appellera *l'éthique du protestantisme* (en fait, du calvinisme), que l'on associe à l'esprit du capitalisme à cause de l'accumulation et du réinvestissement productif qu'il favorise (*voir p. 255*). Ce qui n'est pas contestable, c'est que le calvinisme s'implantera avec le plus de succès dans des régions où fleurissent les activités commerciales et financières, comme les Pays-Bas.

Calvin conserve seulement deux sacrements : le baptême et l'eucharistie. Les pasteurs ne sont plus nommés par les princes, mais élus par les fidèles eux-mêmes. Le culte se réduit au chant des psaumes et à la prédication de la parole de Dieu. On le célèbre dans un temple austère, sans image ni crucifix 21 (voir p. 133).

De Genève, le calvinisme gagne la France, surtout dans le Sud et l'Ouest, où les réformés prendront le nom de *huguenots*. Il se répand vite et connaît un grand succès. Le calvinisme gagne aussi les Pays-Bas, l'Angleterre, où les réformés seront les *puritains* (voir p. 175), et l'Écosse, où John Knox fondera l'Église presbytérienne 22.

4.3.4 La réforme anglicane

La rupture avec Rome. La réforme anglaise va passer par l'histoire personnelle du souverain et surtout par sa vie sentimentale. Henri VIII (1509-1547), désireux d'épouser une dame de la cour, Anne Boleyn, se voit refuser par le pape l'annulation de son premier mariage avec Catherine d'Aragon. Ce refus est motivé par des considérations politiques : la femme de Henri VIII est la tante de l'empereur Charles Quint, qui vient de s'emparer de Rome (1527) et dont le pape est prisonnier. Avec un impeccable flair politique, Henri décide alors de faire entrer en scène le Parlement, qui adopte en 1531 une déclaration faisant du roi « le chef suprême de l'Église et du clergé d'Angleterre ». Le roi fait alors casser son mariage par l'archevêque de Cantorbéry et épouse Anne Boleyn. Mais le 11 juillet 1533, le pape déclare nul ce deuxième mariage et excommunie le roi.

L'« Acte » de suprématie. En 1534, le Parlement consomme le schisme en votant l'« Acte » de suprématie qui place l'Église d'Angleterre sous l'autorité suprême du roi. L'« Acte » est aussitôt suivi de la suppression de nombreux monastères, dont le roi s'attribue une part des riches domaines et distribue le reste à ses partisans. Le quart du territoire anglais étant ainsi sécularisé, les nouveaux propriétaires transforment leurs champs cultivés en terres à pâturage qu'ils clôturent pour leurs immenses troupeaux de moutons. Cela aura pour effet de favoriser la constitution de vastes propriétés aux mains d'une classe issue de la bourgeoisie : une noblesse terrienne qu'on appelle la *gentry*.

Ainsi, le remariage du roi a entraîné son excommunication et sa rupture avec Rome. C'est un schisme. Mais Henri VIII entend rester fidèle à la doctrine catholique et maintient les rites catholiques, tandis que le clergé garde son organisation et sa hiérarchie (sauf les moines, dont la sécularisation des monastères entraîne la disparition). La « réforme anglicane » est surtout le fait de ses successeurs.

La naissance de l'anglicanisme. La véritable réforme anglicane est surtout l'œuvre d'Élisabeth Ire, fille d'Anne Boleyn, qui accède au trône en 1558. Un livre de prières unique (*Prayer Book*) est imposé, le clergé est épuré et l'« Acte » des Trente-Neuf Articles de 1563 fixe les croyances obligatoires. L'anglicanisme

23 La prédestination selon Calvin

« Nous disons bien que Dieu prévoit toutes choses comme il les dispose ; mais c'est tout confondre que de dire que Dieu élit et rejette, selon qu'il prévoit ceci et cela […]. Quand nous attribuons une prescience à Dieu, nous signifions que toutes choses ont toujours été et demeurent éternellement en son regard, tellement qu'il n'y a rien de futur ni de passé à sa connaissance […] ; il les voit et regarde à sa vérité, comme si elles étaient devant sa face. Nous disons que cette prescience s'étend par tout le circuit du monde et sur toutes les créatures.

Nous appelons prédestination le conseil éternel de Dieu, par lequel il a déterminé ce qu'il voulait faire de chaque homme. Car il ne les crée pas tous de pareille condition, mais ordonne les uns à la vie éternelle, les autres à la damnation éternelle. Ainsi, selon la fin à laquelle est créé l'homme, nous disons qu'il est prédestiné à mort ou à vie […]. Ceux qu'il appelle au salut, nous disons qu'il les reçoit de sa miséricorde gratuite, sans avoir aucun égard pour leur propre dignité. Au contraire, l'entrée en vie est fermée à tous ceux qu'il veut livrer en damnation et cela se fait par son jugement occulte et incompréhensible, bien qu'il soit juste et équitable […].

Si on demande pourquoi Dieu a pitié d'une partie, et pourquoi il laisse et quitte l'autre, il n'y a d'autre réponse sinon qu'il lui plaît ainsi. »

> Précisez le sens des expressions « il ne les crée pas tous de pareille condition », « ordonne les uns à la vie éternelle », « cela se fait par son jugement occulte et incompréhensible ».

Source : Jean CALVIN, *Institution de la religion chrétienne* (1536), t. II, Genève, Librairie Droz S.A., 2008, p. 1039-1040.

Eucharistie
Sacrement qui commémore et perpétue le dernier repas de Jésus avec ses disciples (dernière cène) et qui est au centre du rite chrétien.

Psaume
L'un des poèmes qui constituent un livre de la Bible, le Livre des Psaumes ; composition musicale sur le texte d'un psaume.

Gentry
Noblesse terrienne non titrée en Angleterre.

emprunte une grande partie de sa doctrine au calvinisme, mais il conserve la hiérarchie du clergé et la pompe des cérémonies du culte catholique, solution de compromis bien en accord avec l'habileté politique proverbiale de cette reine (*voir p. 175*). Ainsi, rien ne ressemble plus à une église catholique qu'une église anglicane (dite aussi épiscopalienne aux États-Unis)…

4.3.5 La réforme catholique, ou Contre-Réforme

Le succès de la révolution protestante inquiète l'Église qui, tardivement, se ressaisit et entreprend une vigoureuse action de redressement. Le concile de Trente et l'activité énergique menée par les congrégations religieuses, surtout les Jésuites, lui permettent de stopper la propagation du protestantisme et même de reconquérir sur lui des régions perdues.

Le concile de Trente. Le redressement interne est surtout l'œuvre du concile de Trente, convoqué par le pape Paul III à la demande de l'empereur Charles Quint pour faire face au défi du protestantisme. Le concile s'ouvre en 1545 et siégera, de façon discontinue, jusqu'en 1563 **24**. On y discute, entre autres, des demandes de réforme faites par les protestants. Les affrontements sont durs, mais jamais concile n'aura été un tel triomphe pour le pape. Sa souveraineté sur l'Église « une, sainte, catholique, apostolique et romaine » est définitivement établie. Et les 235 Pères portant la mitre blanche vont définir la doctrine et restaurer la discipline.

En matière de doctrine, le concile de Trente maintient avec netteté tout ce que le protestantisme a condamné **25** et déclare **anathèmes** les personnes qui professent la foi protestante. Le libre examen est proscrit en matière de foi, et les sources de la foi demeurent les Écritures et la Tradition. Pour prévenir toute révision des textes sacrés, on décide la publication d'une édition officielle de la Bible, d'un catéchisme comme instrument unique de référence pour les points de dogme et d'un missel contenant les textes de la messe, tout cela en latin, langue inconnue de l'immense majorité des fidèles. La présence réelle du Christ dans l'Eucharistie (**transsubstantiation**) est réaffirmée. Les sacrements sont maintenus et leur importance restituée dans la vie du chrétien. Celui-ci doit communier souvent, faire bénir son mariage par l'Église et s'adonner aux bonnes œuvres. De même, le Concile met en honneur le culte de la Vierge et des saints, le célibat des prêtres et l'usage du latin **21** (*voir p. 133*).

La discipline est aussi raffermie. Des règles précises ordonnent la vie des clercs et des moines. Le cumul des **bénéfices** est interdit et la résidence dans leur diocèse, imposée aux évêques, qui se voient

Anathème
Personne frappée d'excommunication pour cause d'hérésie ; la sentence elle-même.

Transsubstantiation
Changement de la substance du pain et du vin en la substance du corps et du sang du Christ, le pain et le vin n'étant plus que des apparences.

Bénéfice
Fonction ou dignité ecclésiastique fournissant des revenus à son titulaire.

Exégèse
Interprétation d'un texte dont le sens est obscur ou sujet à discussion.

Contre-Réforme
Mouvement de restauration intérieure et de lutte contre le protestantisme entrepris par l'Église catholique romaine à partir du concile de Trente.

24 *Le concile de Trente*

Séance solennelle du concile, présidée par les légats assis devant l'autel.
Œuvre d'un artiste anonyme, deuxième quart du XVIe siècle, musée du Louvre.

25 Quelques décrets du concile de Trente

« Le [...] saint concile reçoit et vénère avec le même sentiment de piété et le même respect tous les livres tant de l'Ancien Testament que du Nouveau Testament, [...] ainsi que les traditions elles-mêmes concernant aussi bien la foi que les mœurs, comme ou bien venant de la bouche du Christ ou bien dictées par l'Esprit Saint et conservées dans l'Église catholique par une succession continue. [...]

En outre, pour contenir les esprits indociles, il décrète que personne, [...] ne doit, en s'appuyant sur son seul jugement, oser interpréter l'Écriture sainte en détournant celle-ci vers son sens personnel allant contre le sens qu'a tenu et que tient notre sainte mère l'Église, elle à qui il revient de juger du sens et de l'interprétation véritables des Saintes Écritures [...]. » (Session IV, 8 avril 1546)

« Si quelqu'un dit que l'impie est justifié par la seule foi, entendant par là que rien d'autre n'est requis pour coopérer à l'obtention de la grâce [...]: qu'il soit anathème. » (Session VI, 13 janvier 1547)

« Si quelqu'un dit que les sacrements de la Loi nouvelle n'ont pas été tous institués par Jésus-Christ notre Seigneur, ou bien qu'il y en a plus ou moins que sept, à savoir: le baptême, la confirmation, l'eucharistie, la pénitence, l'extrême-onction, l'ordre [c'est-à-dire le sacerdoce] et le mariage, ou encore que l'un de ces sept n'est pas vraiment et proprement un sacrement: qu'il soit anathème. [...]

Si quelqu'un dit que tous les chrétiens ont pouvoir sur la parole et sur l'administration des sacrements: qu'il soit anathème. [...]

[...] Ceux [les prélats] qui, contre la teneur du présent décret, détiennent actuellement plusieurs églises, seront tenus, en n'en gardant qu'une seule, celle qu'ils préféreront, d'abandonner les autres, dans l'espace de six mois [...]. » (Session VII, 3 mars 1547)

« [Le Saint Concile] interdit absolument [aux évêques] de chercher à enrichir leurs parents ou leurs familles au moyen des revenus de l'Église [...]. » (Session XXV, 3-4 décembre 1563)

> Quelles sont les thèses protestantes condamnées par cet extrait ?

Source: Giuseppe ALBERIGO, dir., *Les conciles œcuméniques*, t. II-2, *Les décrets. De Trente à Vatican II*, Paris, Éditions du Cerf, 1994, p. 1351, 1353, 1383, 1393, 1395, 1399, 1593.

---

recommandés d'ouvrir des maisons d'éducation pour la formation des futurs prêtres. Un premier séminaire diocésain s'ouvre dès 1564. Le port de l'habit ecclésiastique est rendu obligatoire.

Face aux protestants qui viennent d'accomplir un bel effort d'**exégèse**, le concile de Trente dresse un bloc sans fissure de définitions contraires d'une intransigeante netteté. Consciente de sa force, l'Église ferme la porte à la réconciliation des chrétiens. Elle achève la séparation de la chrétienté occidentale en deux: d'un côté les catholiques, soumis sans discussion à la doctrine romaine, de l'autre les protestants au credo moins rigide, et chez qui se développe l'esprit de libre examen.

La Contre-Réforme. Le concile de Trente marque un arrêt de la progression constante du protestantisme. Déjà l'offensive est en marche: c'est ce qu'on appelle la **Contre-Réforme**. Une « Congrégation pour l'inquisition romaine et universelle », appelée plus simplement *Saint-Office*, est créée en 1542 pour veiller à l'orthodoxie de la foi 26, tandis que la Congrégation de l'Index (1543) est chargée d'épurer et de censurer les écrits suspects.

La Compagnie de Jésus. La grande entreprise de reconquête des pays perdus est surtout l'œuvre des Jésuites, dont l'ordre symbolise le renouveau de l'Église militante. Leur fondateur, Ignace de Loyola (1491-1556),

26 L'Inquisition

En 1542, Paul III réorganise l'Inquisition.

« [...] Nous avons donné à notre bien-aimé fils Jean Carafa, etc., inquisiteurs généraux, juridiction sur toute la chrétienté, y compris l'Italie et la Curie romaine.

Par le moyen de l'Inquisition, ils devront rechercher tous ceux qui s'égarent de la voie du Seigneur et de la foi catholique, ainsi que ceux suspectés d'hérésie, avec leurs disciples et leurs complices [...]. Les coupables et les suspects seront emprisonnés et poursuivis jusqu'à ce que soit prononcée la sentence finale. Ceux qui seront reconnus coupables seront punis selon les châtiments canoniques. Les biens de celui qui sera condamné à mort seront vendus. Les inquisiteurs pourront avoir recours à une aide civile pour exécuter les mesures décidées. Celui qui entravera la bonne exécution de ces mesures encourra l'indignation de Dieu Tout-Puissant et des saints Apôtres Pierre et Paul. »

> D'après le texte, quelles sont les règles de fonctionnement de l'Inquisition ?

Source: Bulle « Licet ab initio » (21 juillet 1542), dans Jean-Pierre VIVET, dir., *Les mémoires de l'Europe*, t. II, *Le renouveau européen: 1453-1600*, Paris, Laffont, 1971, p. 402.

> **27** **Luther contre les paysans**
>
> « Les paysans ont commis trois horribles péchés contre Dieu et les hommes, pour quoi ils ont mérité de périr plusieurs fois corps et âme. Premièrement, alors qu'ils ont juré à leurs seigneurs hommage et fidélité, soumission et obéissance, comme Dieu le commande [...] ils refusent maintenant insolemment cette obéissance, et même ils portent les armes contre leurs seigneurs: ils y perdent leur corps et leur âme, comme tous les impies et malfaiteurs, infidèles, parjures, menteurs et rebelles.
>
> Deuxièmement, ils se révoltent, volent, pillent les cloîtres et les châteaux qui ne sont pas à eux. Ils se montrent ainsi comme des brigands et des assassins, par quoi ils méritent doublement la mort, corps et âme [...].
>
> Troisièmement, ils couvrent cet horrible péché du nom de l'Évangile, se nomment frères chrétiens, font des serments ; par quoi ils sont les plus grands sacrilèges et profanateurs du saint nom de Dieu.
>
> [...] Que les seigneurs n'hésitent pas, quand ils le veulent et le peuvent, à frapper et châtier ces paysans, sans longues palabres, en dépit de l'Évangile : ils en ont le droit. En effet les paysans ne luttent plus pour l'Évangile, mais sont maintenant aux yeux de tous des assassins, voleurs, sacrilèges infidèles, parjures et rebelles [...]. »
>
> Qu'est-ce que Luther reproche aux paysans ? Que veut-il dire par l'expression « ils couvrent cet horrible péché du nom de l'Évangile » ?
>
> Source : Martin LUTHER, « Contre les hordes criminelles et pillardes de paysans » (1525), dans *Œuvres*, t. IV, Genève, Labor/Fides, 1958, p. 175-176.

est un noble basque qui, blessé à la guerre, a renoncé au métier des armes. En 1534, il jette les bases de son ordre, qu'il veut militant et entièrement soumis au pape.

La règle de l'ordre met l'accent sur une discipline presque militaire : autorité absolue du supérieur, appelé le *Général*, auquel tous les membres doivent une obéissance totale *perinde ac cadaver* (« comme un cadavre ») ; recrutement sévère et formation particulièrement soignée des novices ; vœu particulier d'obéissance absolue au pape. Ainsi constituée, la Compagnie (du nom que portent les régiments d'alors) se met directement aux ordres du pape.

Voués à l'étude, à la prédication et à l'enseignement, les Jésuites vont partout dans le monde renforcer l'action de l'Église catholique. Leur solide culture intellectuelle et religieuse leur permet d'exceller dans la controverse théologique, d'exercer leur ministère auprès des princes et des rois, ou de se consacrer à l'enseignement dans leurs collèges, à Rome d'abord, puis en Allemagne où ils ouvrent un collège à Cologne dès 1544, à Vienne en 1552. En peu de temps, ils reconquièrent une partie de l'Allemagne sur la Réforme.

En 1556, à la mort de leur fondateur, les Jésuites sont près de 1 500, en 100 maisons. Vingt ans plus tard, ils seront 5 000. L'ordre est partout, en Amérique latine où les pères inventent de nouvelles formules de colonisation, plus respectueuses des cultures indigènes (les « réductions ») ; en Chine et au Japon, avec saint François-Xavier, où ils conseillent des empereurs. En 1625, la Nouvelle-France à son tour accueille les fils de saint Ignace, qui accompagnent les premiers colons. Très tôt, ils établissent une première **mission**, Sainte-Marie (1639), en plein territoire huron. D'autres établissements suivent au long des voies de pénétration du continent. Leurs célèbres *Relations*, recueil annuel de leur correspondance avec leur maison mère de Paris et décrivant avec force détails leurs activités dans la colonie, sont répandues dans toute la société française et contribuent au mouvement d'effervescence mystique d'où sortira l'idée d'un établissement à Montréal (*voir p. 150*). Un des objectifs de la Contre-Réforme était justement la conversion de nouvelles populations au message évangélique.

4.3.6 Les guerres de religion

Un phénomène à dimensions multiples. L'éclatement de l'unité chrétienne, dans un monde où la religion imprègne tous les aspects de la vie individuelle et sociale, va déclencher, à travers toute l'Europe, des affrontements d'une violence et d'une cruauté inouïes : ce sont les guerres de religion. Mais la dimension religieuse est loin d'être la seule : s'y ajoutent des dimensions sociales (luttes entre paysans et grands propriétaires, entre petits et grands féodaux, entre bourgeois et nobles), des dimensions nationales (Tchèques contre Allemands, Espagnols contre Flamands), des dimensions politiques (luttes entre la noblesse et le pouvoir monarchique) et même des dimensions internationales (luttes entre États pour agrandir leurs territoires ou affaiblir un voisin trop puissant).

En Allemagne. L'encre est à peine sèche sur les 95 thèses de Luther que les troubles éclatent déjà (1522) en Allemagne entre petits et grands féodaux. Ces derniers sont plutôt partisans de la Réforme, afin d'affaiblir le pouvoir impérial qui repose en partie sur l'unité religieuse dont la papauté est le garant et le symbole. Deux ans plus tard, des paysans de l'Allemagne du Sud, exaspérés par leur misère, fanatisés par les prédications luthériennes qui proclament l'égalité entre les chrétiens (sacerdoce universel, libre examen), se révoltent contre leurs seigneurs. Indigné de cette atteinte à l'ordre social au nom de sa doctrine, Luther encourage la répression, qui est terrible : 300 000 paysans sont massacrés **27**. Puis, l'empereur Charles

Quint décide de combattre l'hérésie par la force, mais sans parvenir à arrêter l'irrésistible progression de la nouvelle religion. Finalement, devant l'impasse, la paix d'Augsbourg (1555) accorde à chaque prince et à chaque ville libre de l'Empire le pouvoir d'imposer sa religion à ses sujets ou à ses habitants (*cujus regio, ejus religio* : « tel prince, telle religion »). C'est le triomphe de l'intolérance et de la religion d'État, mais aussi un nouvel affaiblissement du pouvoir impérial.

En France. L'Allemagne est à peine apaisée que la France est à son tour prise de convulsions. Constamment répétées, les guerres de religion y font rage pendant 36 longues années (1562-1598), marquées entre autres par le tristement célèbre massacre de la Saint-Barthélemy (nuit du 23 au 24 août 1572), au cours duquel 3 000 huguenots, dont tous les principaux dirigeants du mouvement, sont sauvagement assassinés, en plein Paris, avec l'appui tacite des autorités 28. Par la suite, le mouvement se répand en province. Près de 30 000 protestants sont tués du 24 août au 3 octobre 1572, au cours de massacres systématiquement organisés. Les catholiques font même appel au roi d'Espagne Philippe II, grand pourfendeur d'hérétiques, et vont jusqu'à l'assassinat du roi Henri III. Finalement, son successeur, Henri IV, ex-catholique converti au calvinisme mais foncièrement tolérant, revient au catholicisme (« Paris vaut bien une messe ») et réussit à calmer les esprits en proclamant l'édit de Nantes en 1598. Selon les termes de cet édit, les huguenots se voient accorder leur liberté religieuse, des lieux de culte reconnus

Mission
Établissement religieux en territoire non chrétien ayant pour but l'évangélisation de la population.

Huguenot
Nom donné aux protestants français d'obédience calviniste.

28 *Le massacre de la Saint-Barthélemy, 24 août 1572* (F. Dubois, 1576-1584)

Le peintre protestant François Dubois (1529-1584), rescapé du massacre où a péri toute sa famille, représente le roi Charles IX (au centre vers la droite) examinant le corps mutilé de l'amiral de Coligny, un des chefs huguenots. À l'arrière-plan, devant le château, la reine mère Catherine de Médicis se livre aussi à une inspection du résultat de ses manœuvres. C'est sous son impulsion que le roi ordonna le massacre des protestants.

Musée cantonal des beaux-arts de Lausanne.

29 L'édit de Nantes (1598)

« I. Premièrement, que la mémoire de toutes choses passées d'une part et d'autre, depuis le commencement du mois de mars 1585 jusqu'à notre avènement à la couronne et durant les autres troubles précédents et à leur occasion, demeurera éteinte et assoupie, comme de chose non advenue. Et ne sera loisible ni permis à nos procureurs généraux, ni autres personnes quelconques, publiques ni privées, en quelque temps, ni pour quelque occasion que ce soit, en faire mention, procès ou poursuite en aucunes cours ou juridictions que ce soit.

II. Défendons à tous nos sujets, de quelque état et qualité qu'ils soient, d'en renouveler la mémoire, s'attaquer, ressentir, injurier, ni provoquer l'un l'autre par reproche de ce qui s'est passé, pour quelque cause et prétexte que ce soit, en disputer, contester, quereller ni s'outrager ou s'offenser de fait ou de parole, mais se contenir et vivre paisiblement ensemble comme frères, amis et concitoyens, sur peine aux contrevenants d'être punis comme infracteurs de paix et perturbateurs du repos public. […]

VI. Et pour ne laisser aucune occasion de troubles et différends entre nos sujets, nous avons permis et permettons à ceux de la religion prétendue réformée de vivre et de demeurer dans toutes les villes et lieux de notre royaume et pays de notre obéissance sans être enquis, vexés, molestés ni astreints à faire chose pour le fait de la religion contre leur conscience, ni pour cette raison être recherchés dans les maisons ou lieux où ils voudront habiter, en se comportant au reste selon ce qui est contenu dans notre présent Édit. […]

IX. Nous permettons aussi à ceux de la religion de faire et continuer l'exercice de celle-ci dans toutes les villes et lieux de notre obéissance où il était établi par eux et fait publiquement par plusieurs diverses fois en l'année 1596 et en l'année 1597, jusqu'à la fin du mois d'août. »

> Quelle expression l'édit de Nantes emploie-t-il pour désigner la religion calviniste ?

Source : « Édit de Nantes. Édit général », dans *Éditions en ligne de l'École des chartes (ELEC)*, [En ligne], http://elec.enc.sorbonne.fr/editsdepacification/edit_12 (Page consultée le 27 juin 2011), [adapté en français moderne].

Raison d'État
Motif d'intérêt public réel ou supposé, invoqué pour justifier une action, même illégale ou injuste.

et protégés et même des villes fortifiées où ils peuvent maintenir des garnisons pour leur défense . Bien que l'édit de Nantes montre la voie vers la tolérance religieuse, cette notion était inconnue à l'époque. L'édit n'était au fond qu'un moyen concret de pacifier le pays en attendant de refaire son unité religieuse, qui reste l'objectif ultime inscrit dans le texte lui-même.

Aux Pays-Bas. Entre-temps, la « révolte des Gueux » a éclaté dans les Pays-Bas calvinistes contre la domination de l'Espagne catholique, ce qui mènera bientôt à la création des Provinces-Unies (*voir p. 178*).

La guerre de Trente Ans. Puis l'Allemagne s'embrase de nouveau dans le conflit le plus effroyable de cette époque : la guerre de Trente Ans (1618-1648). L'incendie s'allume en Bohême, où des Tchèques protestants se révoltent contre l'empereur Ferdinand, qui veut supprimer leur liberté religieuse. Les Tchèques sont rapidement écrasés, la Bohême tout entière mise à feu et à sang, mais le conflit s'étend bientôt à toute l'Allemagne et devient international. Pour faire échec à l'empereur et aux catholiques, le Danemark et la Suède protestants interviennent, puis la France catholique (du côté protestant !), et un chaos inimaginable ravage l'Allemagne de fond en comble. Près de la moitié de la population disparaît dans les combats, les exécutions en masse, les famines et les épidémies. C'est le conflit le plus meurtrier que l'Europe ait jamais connu jusque-là. Devant l'absurdité de cette mêlée affreuse où personne ne sait plus ce qu'il cherche, on réunit une grande conférence entre toutes les parties engagées dans le conflit. Elle aboutit finalement à la paix de Westphalie (1648), qui réaffirme le droit des princes d'imposer leur religion à leurs sujets, affaiblit encore le Saint Empire en lui enlevant les Provinces-Unies, la Suisse et l'Italie du Nord, et accorde à la France et à la Suède quelques petits territoires. Les Habsbourg d'Autriche ont échoué non seulement dans leur volonté de restaurer le catholicisme en Allemagne, mais aussi dans leur tentative pour imposer leur domination à l'Europe.

Cette paix de Westphalie marque à peu près la fin des guerres dites *de religion*. Pendant plus d'un siècle, les Européens se sont égorgés au nom de la charité chrétienne, mais pour des motifs qui souvent n'avaient rien à voir avec la religion. Désormais, c'est la **raison d'État**, celle des nouveaux États modernes, qui va prédominer sur la foi.

Faisons le point

 Quelles sont les causes générales de la Réforme ?

 Dégagez les principales différences entre le catholicisme romain, le luthéranisme et le calvinisme concernant différents aspects du dogme, de l'organisation ecclésiale et du culte.

3. Comment s'est constitué l'anglicanisme ?
4. Qu'est-ce que le concile de Trente, et quelles ont été ses principales décisions ?
5. Qu'est-ce que la Compagnie de Jésus ?
6. Dégagez les différentes dimensions des guerres de religion.
7. En quoi l'édit de Nantes est-il unique dans l'environnement religieux de l'époque ?
8. Quel principe de base en matière religieuse la paix d'Augsbourg (1555) et les traités de Westphalie (1648) établissent-ils ?

4.4 Les Grandes Découvertes

Pendant que les grands mouvements de la Renaissance et de la Réforme modifient en profondeur l'univers culturel, artistique et religieux de l'Occident, celui-ci s'élance à la conquête du monde. Poussés par la recherche des épices et des métaux précieux, encouragés par les progrès de la géographie et le développement des techniques navales, justifiés à leurs yeux par des motifs religieux, d'audacieux navigateurs découvrent des terres inconnues des Européens. Il s'agit d'un moment clé dans l'élaboration d'une nouvelle carte du monde, non seulement géographique, mais aussi « mentale » : en « découvrant » le monde, l'Occident s'en fait le centre, appelé selon lui à s'approprier les richesses de ce monde et à transformer ses civilisations à sa propre image. Le monde tel que nous le voyons et le percevons aujourd'hui est né avec les **Grandes Découvertes**.

Seule la conquête de l'espace, dans la seconde moitié du XXe siècle, peut se comparer à ce que furent les grands voyages de découverte des XVe et XVIe siècles. Quels motifs poussaient ces hommes qui s'aventuraient vers l'inconnu, de quels moyens disposaient-ils et vers quels rivages leurs rêves les ont-ils menés ?

Grandes Découvertes
Vaste mouvement qui amène les Européens à explorer et à découvrir des terres jusque-là inconnues d'eux et à y fonder des colonies, du XVe au XVIIIe siècle.

4.4.1 Les motifs

L'or et les épices. Dans la seconde moitié du XVe siècle, l'Europe manque de métaux précieux pour la frappe des monnaies, au moment même où les besoins d'échange s'accroissent de plus en plus. Les gisements de l'Europe centrale s'épuisent et l'or venu du Soudan, en Afrique, se raréfie. Ce manque de métaux précieux risque de tarir même le commerce avec l'Orient, puisque l'Europe occidentale, n'ayant que peu de produits à offrir, doit solder ses achats orientaux avec du numéraire (de la monnaie métallique). Et l'Europe se languit des épices de l'Orient (poivre, cannelle, girofle, muscade, gingembre, etc.) dont elle fait une grande consommation en cuisine et en pharmacie. Transportées des Indes jusqu'à Alexandrie par les Arabes, les épices étaient achetées par les Vénitiens et les Génois qui les revendaient en Europe avec d'énormes profits. Depuis 1453, il faut payer également un tribut aux Turcs qui viennent de s'emparer de Constantinople, verrouillant la route de la mer Noire. Cet événement va accélérer la recherche d'une route plus sûre et moins coûteuse vers les pays de l'or et des épices.

La menace turque. Outre ces motifs économiques, les grands voyages ont des motifs politiques, auxquels se mêlent de vagues plans de croisade. Vers la fin du XVe siècle, l'Asie déborde sur l'Europe. Vainqueurs de Constantinople, les Turcs ottomans menacent Vienne, citadelle avancée de l'Occident.

L'Europe chrétienne se sent assiégée et cherche des alliés. On espère en trouver quelque part en Afrique, où l'on suppose l'existence d'un mystérieux pays dirigé par un énigmatique Prêtre Jean, que nul n'a jamais rencontré et avec l'aide duquel, croit-on, on pourrait prendre à revers les musulmans et les détruire.

Curiosité et goût de l'aventure. Sur le plan culturel enfin, la curiosité et le goût de l'aventure guident sans doute certains explorateurs. *Le livre des merveilles du monde* de Marco Polo (1298) continue d'enflammer l'imagination d'esprits curieux, même si bien des Vénitiens sceptiques, sans parler de certains historiens modernes, l'accusent de s'être laissé follement emporter par son imagination débridée. L'espoir d'atteindre ces fabuleux pays, où poussent les plantes à épices, qui regorgent de pierres précieuses et où les palais sont construits en or, contribue à lancer dans l'inconnu quelques marins intrépides.

4.4.2 Les moyens

Instruments d'orientation et cartographie. En raison des progrès de la navigation, la chose devient moins malaisée. De nouveaux instruments d'orientation apparaissent. L'emploi de la boussole, révélée par l'intermédiaire des Arabes et perfectionnée au XVe siècle, rend la navigation possible en haute mer par tous les temps. L'astrolabe permet de mesurer la hauteur de l'étoile Polaire sur l'horizon et donne ainsi la position du navire en mer. De belles cartes sont dressées d'abord par les Génois et les Vénitiens, puis par les Portugais et les Espagnols. Elles précisent la forme des côtes et indiquent les noms des ports où jeter l'ancre. On les appelle des *portulans*. De plus en plus, des voyageurs et des géographes sérieux acceptent l'idée, enseignée autrefois par les savants grecs et transmise par les Arabes, que la Terre est ronde. Christophe Colomb sera l'un d'eux.

Les techniques de la navigation. Dans le même temps, l'art de naviguer se modernise. Déjà, on a remplacé la simple rame qui servait à guider l'embarcation par le gouvernail d'étambot qu'on fixe à l'arrière et dans l'axe du navire, ce qui facilite le pilotage. On innove également en réunissant sur une même embarcation des voiles latines, triangulaires, qui permettent des manœuvres complexes en cas de vents contraires, et des voiles carrées qui donnent puissance et vitesse. Ainsi naît la célèbre caravelle portugaise **30**, étroite, rapide, au bordage élevé mieux à même d'affronter les houles de l'Atlantique, et qui sera le vaisseau par excellence des grandes explorations. À cela s'ajoute, élément capital, une meilleure connaissance du régime des vents et des courants dans l'Atlantique. C'est grâce à lui qu'on pourra s'éloigner bien au-delà de l'horizon, naviguer pendant des mois vers l'ouest et être en mesure de revenir à son point de départ. Les grandes traversées sont désormais possibles.

4.4.3 Les principaux voyages

En quelques années seulement, le monde connu des Européens va s'élargir de façon spectaculaire. Tour à tour, Portugais, Espagnols, Anglais et Français entreprennent de grands voyages de découvertes et d'exploration **31**.

30 Des caravelles portugaises

La caravelle est mise au point par les Portugais. Par bons vents, une caravelle de 30 mètres peut faire environ 12 kilomètres à l'heure.

31 Les voyages des découvreurs

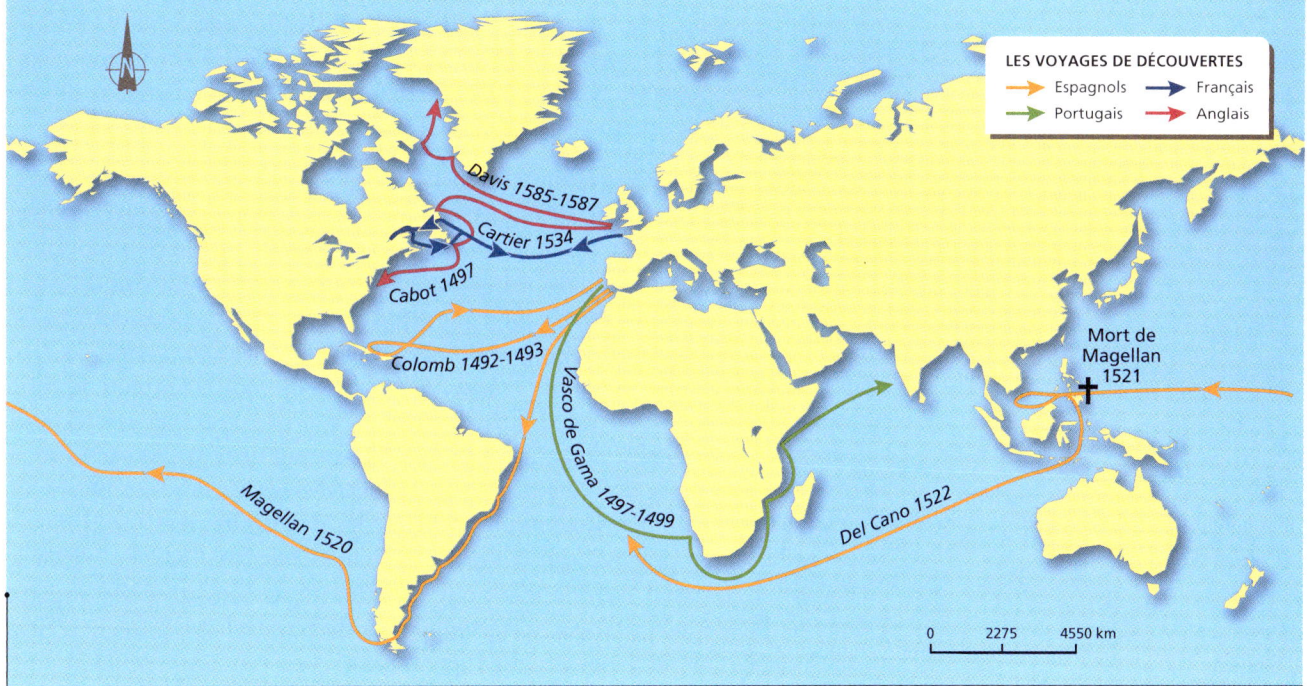

Les Portugais. Longtemps en sommeil, les Portugais, libérés de la domination musulmane, s'éveillent au XVᵉ siècle et, aiguillonnés par le prince Henri le Navigateur (1394-1460), passionné pour les choses de la mer, se lancent vers le sud, sur la route qui est peut-être celle des épices et du mystérieux Prêtre Jean 32. Année après année, les Portugais explorent les côtes d'Afrique. Ils atteignent les îles du Cap-Vert en 1445 et le terrible Équateur en 1471. Barthélemy Diaz (1450-1500) dépasse, en 1487, la pointe de l'Afrique qu'on baptise cap de Bonne-Espérance. Dix ans plus tard, Vasco de Gama (1469-1524), parti de Lisbonne, double le cap et s'engage dans l'océan Indien, où il atteint la côte de l'Inde à Calicut en mai 1498. Ses navires rentrent à Lisbonne un an plus tard les cales lourdes d'épices. Son épopée confirme le grand rêve: les Portugais ont ouvert une nouvelle route vers l'Asie. Un an plus tard, son compatriote Alvarez Cabral (1460-1526), voulant reprendre cette route, dérive vers l'ouest et arrive au Brésil.

Les Espagnols. Pendant que le Portugal réalise sa glorieuse entreprise, les souverains espagnols Isabelle et Ferdinand prêtent l'oreille à un homme de mer italien, Christophe Colomb (1451-1506). Convaincu que la Terre est ronde, Colomb soutient que, en naviguant constamment vers l'ouest à travers l'Atlantique, on peut atteindre directement l'Asie. Il croit d'ailleurs que la distance est assez courte entre l'Europe et l'Asie. Lorsqu'il quitte Palos en Espagne, le 3 août 1492, avec trois petits bateaux, l'obstiné marin entreprend sans le

32 Henri le Navigateur et l'exploration des côtes africaines

« Il désirait savoir quelles terres il y avait au-delà des îles Canaries et d'un cap qu'on nommait Bojador, car jusqu'à cette époque, ni par écrit ni par la mémoire d'aucun homme, personne ne savait quelle terre il y avait au-delà de ce cap. [...]

Et la deuxième fut l'idée que si en ces terres se trouvait quelque population de chrétiens, ou quelques ports où l'on aborderait sans danger, on pourrait en rapporter au royaume beaucoup de marchandises bon marché par la raison qu'il n'y aurait point d'autres personnes de ces côtés-ci qui négocieraient avec eux. [...]

[La troisième raison fut qu'il] s'ingénia à envoyer ses gens en quête de renseignements, afin de savoir jusqu'où allait la puissance [des] infidèles.

La quatrième raison fut celle-ci: [...] il désirait savoir si, en ces régions-là, il y aurait quelques princes chrétiens [...] assez forts pour l'aider contre ces ennemis de la foi.

La cinquième raison fut son grand désir d'augmenter la sainte foi de N.-S. Jésus-Christ et d'amener à elle toutes les âmes désireuses d'être sauvées. »

> Les buts de Henri le Navigateur vous paraissent-ils surtout d'ordre économique ou d'ordre religieux?

Source: Gomes Eanes de ZURARA, *Chronique de la découverte de Guinée* (1453), dans Michel DEVÈZE et Roland MARX, *Textes et documents d'histoire moderne et conseils aux étudiants*, Paris, SEDES, 1967, p. 71-72.

savoir la plus grande exploration qui ait jamais été tentée. On sait la suite : une escale aux Canaries, un long mois d'errance parmi les périls de la mer et, au matin du 12 octobre 1492, un cri : « Terre ! » Trois autres voyages (de 1493 à 1504) mènent Christophe Colomb à travers la mer des Antilles et sur le continent, mais ne lui rapportent que déboires : l'Asie, avec ses trésors fabuleux, se dérobe toujours. Destitué et même emprisonné, il meurt dans la disgrâce en 1506.

Cependant, les voyages se multiplient et l'on se demande de plus en plus si les terres découvertes par Christophe Colomb n'appartiennent pas à un continent inconnu. Le navigateur florentin Amerigo Vespucci (1454-1512) en est convaincu et il l'écrit : « On peut à bon droit lui donner le nom de Nouveau Monde. » Peu après, le nom *America* apparaît dans un ouvrage scientifique, pour désigner le continent découvert par Colomb. Dès lors, à travers ce continent neuf, on veut trouver le passage pour atteindre l'Asie. Magellan (1480-1521) entreprend cette tâche en 1519 avec l'appui de Charles Quint. Parti d'Espagne avec 5 navires et 265 hommes d'équipage, il gagne l'Amérique, qu'il contourne par le sud (détroit de Magellan), s'engage dans un océan qu'il appelle *Pacifique*, voit ses compagnons décimés par la famine et le scorbut, et atteint les îles Philippines, où il meurt dans une bataille. Lorsque son compagnon Juan Sebastián El Cano parvient finalement, au terme d'une incroyable odyssée, avec un seul navire et 18 hommes, à regagner l'Espagne par l'océan Indien et le cap de Bonne-Espérance, la preuve est faite que la Terre est ronde. Pour la première fois, les humains prennent physiquement la mesure de leur planète.

Les Anglais. À leur tour, les Anglais se lancent sur les mers. Des expéditions successives du Génois Giovanni Caboto, dit John Cabot (1450-1499), et de ses fils ont pour mission d'atteindre le Pacifique en contournant l'Amérique par le nord. Mais elles échouent dans les glaces polaires. Elles permettent toutefois la reconnaissance des côtes du Labrador et de Terre-Neuve, que les pêcheurs prendront l'habitude de fréquenter. À la fin du xvie siècle, les tentatives de John Davis (1550-1605) dans l'archipel polaire prouvent enfin qu'on ne peut gagner les Indes par le nord. Sous Henri VIII, l'aventure des découvertes marque le pas pour les Anglais.

Les Français. C'est avec Jacques Cartier (1491-1557) que commence vraiment l'aventure française en Amérique du Nord. François Ier fait appel à ce Breton pour découvrir un passage vers l'Asie le long des côtes de l'Amérique du Nord. Au cours de trois voyages successifs (1534-1542), Cartier pénètre dans le golfe du Saint-Laurent, puis remonte le fleuve jusqu'à l'emplacement actuel de Montréal (Hochelaga pour les Amérindiens), mais ne découvre ni or ni passage vers le Pacifique. Brouillé avec les indigènes, ses hommes durement éprouvés par le climat hivernal, il rentre en France avec ce qu'il croit être de l'or mais qui se révèlera simple pyrite de cuivre. Comme l'Angleterre, la France referme pour un temps le dossier des explorations.

Faisons le point

1. Que cherchaient les grands découvreurs du xvie siècle et de quels moyens disposaient-ils pour leurs longs voyages ?

2. Tracez sur une carte du monde les itinéraires principaux de Christophe Colomb, Vasco de Gama, Magellan, John Cabot et Jacques Cartier.

3. Pourquoi l'Angleterre et la France abandonnent-elles assez tôt les explorations ?

4.5 Les premiers empires coloniaux

Au lendemain des Grandes Découvertes, Portugais et Espagnols entendent bien s'assurer le monopole des vastes territoires explorés. On recourt au pape, qui trace tout simplement sur la carte du monde une ligne d'un pôle à l'autre : toutes les terres découvertes à l'ouest de cette ligne seront espagnoles ; à l'est, elles seront portugaises. C'était donner au Portugal l'Afrique et l'Asie ; à l'Espagne, toute l'Amérique, sauf le Brésil. Cette ligne de partage du monde (traité de Tordesillas, 1494) n'est toutefois pas reconnue par les autres États.

4.5.1 Le cadre général

Deux types de colonies. Dans ces empires qu'ils se constituent, les pays d'Europe vont fonder deux types de colonies. La colonie-comptoir est tout entière consacrée à l'échange commercial avec les habitants du lieu. Elle est créée en général dans des régions assez peuplées (Inde, Asie du Sud-Est), où il suffit d'installer un lieu d'échange, un comptoir, évidemment fortifié : marchands et soldats s'y concentrent, mais la métropole n'envoie à peu près pas de peuplement permanent dans le pays, la production étant assurée par la main-d'œuvre locale. La colonie de peuplement, en revanche, se développe dans des régions peu peuplées et où l'exploitation des ressources exige une abondante main-d'œuvre (plantations de canne à sucre ou de tabac, par exemple). Il peut aussi s'agir de dissidents religieux ou politiques (les deux se confondent souvent), tels les puritains en Nouvelle-Angleterre, qui décident d'aller bâtir sur des « terres neuves » une société conforme à leurs aspirations. Mais la plus grande différence entre ces deux types de colonies réside dans le résultat à long terme. Contrairement aux colonies-comptoirs, pures entreprises d'exploitation, les colonies de peuplement établissent des sociétés nouvelles, qui un jour entreprendront de se séparer de leur « mère patrie » pour accéder au statut de nations souveraines. Ainsi naîtront, entre autres, les États-Unis (*voir p. 218*).

Métropole
(du grec *métêr*, « mère », et *polis*, « ville ») Dans le cadre colonial, État dont dépend une colonie.

Puritain
Nom donné aux protestants anglais professant la doctrine de Calvin.

Le mercantilisme. Les rapports des colonies avec leur métropole, qu'elles soient colonies-comptoirs ou de peuplement, se font toutefois dans le cadre étroit du mercantilisme. Il s'agit d'une conception de l'économie, et particulièrement de l'économie politique, fondée sur un postulat de base selon lequel toute richesse, tant individuelle que nationale, se mesure à la quantité d'or et d'argent qu'on thésaurise. Mais comme ces métaux précieux sont en quantité limitée dans le monde, c'est le commerce extérieur qui, à défaut d'exploitation minière, permet aux États d'en acquérir : si l'on vend à l'extérieur plus qu'on n'y achète, le solde se traduit par une entrée d'or et d'argent monétaire. Cela exige une réglementation rigoureuse de l'État, qu'on appelle dirigisme. Et c'est ici qu'entre en jeu la colonie, rouage essentiel du mercantilisme. C'est la colonie, en effet, qui fournit à sa métropole les matières premières et les produits exotiques qui permettront à cette dernière de développer son industrie pour l'exportation et d'avoir ainsi un solde commercial excédentaire. La colonie doit par ailleurs importer exclusivement les produits de sa métropole. La métropole se réserve donc le monopole absolu sur les produits coloniaux et sur le commerce avec sa colonie, celle-ci ne pouvant pas faire concurrence à sa métropole. Tous les États de l'époque s'inspirent des principes du mercantilisme.

Thésauriser
Amasser de l'argent pour se constituer un trésor.

Dirigisme
Système économique dans lequel la direction des mécanismes économiques est assumée par l'État.

4.5.2 L'Empire portugais

Un empire maritime. Les Portugais veulent faire de l'océan Indien une mer portugaise. L'homme de guerre Alfonso de Albuquerque (1453-1515) s'y

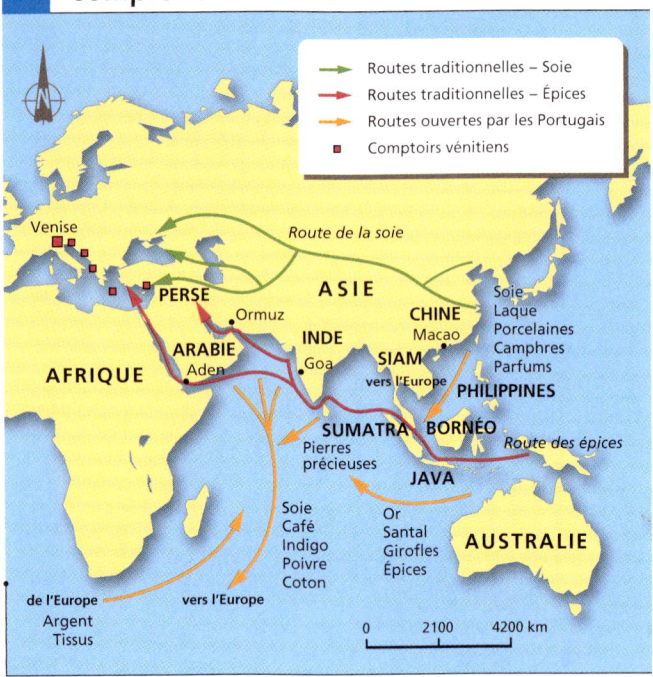

33 L'Empire colonial portugais : principaux comptoirs et éléments du trafic

emploie. Pour éliminer les Arabes et les Vénitiens de la route des épices, il bloque les voies d'accès vers la Méditerranée en occupant Aden à l'embouchure de la mer Rouge puis Ormuz à l'entrée du golfe Persique (1515). Par la suite, sur tout le pourtour de l'océan Indien, il établit une chaîne de comptoirs (Sumatra, Java, Malacca) où s'échangent les tissus, les armes, les vins d'Europe contre les soies, les épices et les pierres précieuses de l'Asie. Les îles de la Sonde, les îles Moluques et même Macao, en Chine, prolongent la guirlande de comptoirs. Goa est le cœur de cet empire **33**. Chaque année, on y rassemble la collecte des épices et des autres produits que la flotte portugaise ira déverser sur les quais de Lisbonne, qui devient la capitale mondiale des épices, et le Portugal, un pays fabuleusement riche. Du coup, le trafic caravanier des Arabes s'étiole, les intérêts des ports génois et vénitiens du Proche-Orient sont atteints au cœur. Ils ne s'en relèveront jamais. Bientôt, les vaisseaux portugais ont la suprématie des « mers du Sud ».

Cet empire est fragile, toutefois. Accrochés aux côtes, trop peu protégés, les comptoirs seront bientôt des proies faciles pour les Espagnols et, plus tard, les Hollandais et les Anglais. À la fin du XVIe siècle, bien des comptoirs portugais sont déjà abandonnés.

Le Brésil. En revanche, les colonies portugaises d'Amérique sont des colonies de peuplement. Les Portugais occupent l'intérieur des terres du Brésil, où des colons se fixent pour cultiver le thé, le cacao et surtout la canne à sucre. On crée des plantations, on introduit les institutions portugaises et la langue se répand, pendant que l'Église entreprend l'évangélisation des indigènes. Lentement, le Brésil devient portugais.

4.5.3 L'Empire espagnol

Un empire de peuplement. Contrairement au Portugal (sauf dans sa colonie brésilienne), l'Espagne vise à constituer dans les terres découvertes un solide empire continental de peuplement. Moins de 20 ans après la mort de Christophe Colomb, la foule pressée des conquistadors, Cortés, Pizarro, Almagro et leurs semblables, succèdent aux découvreurs. Écrasant impitoyablement les indigènes, détruisant des civilisations impressionnantes (Aztèques au Mexique, Incas au Pérou), les conquistadors, transformés par la soif de l'or en brutes sanguinaires et odieuses, établissent leur domination, par le massacre et la violence, sur des peuples mal armés, divisés, effrayés par les chevaux et qui prennent les Européens pour des dieux. On pille les villes, on pourchasse les habitants, on les massacre, on les supplicie. En moins d'un demi-siècle, la conquête du territoire est achevée, les peuplades locales sont soumises ou carrément anéanties (Caraïbes).

L'Amérique espagnole. Sur les ruines des civilisations aztèque et inca, les Espagnols édifient un monde nouveau. Très vite, l'autorité royale se substitue au pouvoir des conquistadors. D'Espagne, un « Conseil des Indes » chapeaute toute une administration coloniale de tribunaux et de conseils sous l'autorité d'un vice-roi qui exerce le pouvoir au nom du roi. En un siècle, on installe en Amérique des dizaines de milliers de colons espagnols qui entreprennent une

Conquistador

Mot espagnol signifiant *conquérant*, utilisé surtout pour les conquérants espagnols de l'Amérique.

colonisation systématique : introduction de plantes nouvelles et d'animaux venant d'Europe, culture du riz et de la vigne, élevage du mouton et des bovins. Par ailleurs, on met en exploitation des gisements métallifères : mines d'or au Mexique et surtout, à partir de 1545, les fameuses mines de Potosí, en Bolivie, véritables montagnes d'argent. La main-d'œuvre indigène est réduite au travail forcé, avec une mortalité effroyable.

La traite des Noirs. La main-d'œuvre indigène étant insuffisante, on importe des esclaves noirs d'Afrique. Achetés ou capturés, ces derniers constituent une main-d'œuvre très appréciée pour sa robustesse et sa résistance. C'est le début du système de la traite. Le même navire qui apporte d'Europe la pacotille en Afrique transporte ensuite les Noirs d'Afrique en Amérique dans les plantations de canne à sucre ou de tabac, d'où il revient en Europe chargé de sucre, de rhum ou de tabac. C'est le commerce triangulaire. Autorisé dès 1501, cet ignoble trafic ne cessera de s'amplifier jusqu'au XVIIIe siècle. Les estimations varient considérablement, mais le nombre d'esclaves transportés d'Afrique en Amérique au cours de la période coloniale peut aller de près de 8 millions à plus de 12 millions, dont plus de 33 % dans les colonies portugaises, près de 25 % dans les colonies britanniques (6 % en Amérique du Nord), 17 % dans les colonies espagnoles et 13 % dans les colonies françaises (surtout aux Antilles, mais on a aussi recensé 323 esclaves noirs en Nouvelle-France). Malgré les traitements inhumains dont elles seront victimes, ces populations noires déracinées n'oublieront jamais leur culture d'origine et réaliseront dans les nouveaux espaces où elles sont transplantées des synthèses culturelles remarquables qui enrichiront le fonds commun de l'humanité, entre autres sur le plan musical (blues, gospel, samba, jazz).

34 La route des galions

Pour évacuer l'or de l'Amérique, les lourds galions sont formés en convois pour repousser les attaques des corsaires.

Les galions du roi. Pendant ce temps, l'Espagne se gorge des richesses de l'Amérique et des produits de l'Orient. Chaque année, les galions de Manille quittent les Philippines avec les épices, les soies et les perles de l'Orient, achetées avec l'argent des Amériques, et rallient Acapulco à travers le Pacifique. De là, leur cargaison est transportée à dos de mules à Veracruz puis chargée sur des bateaux rapportant des ports des Caraïbes l'or et l'argent des mines du Mexique et de Potosí. Rassemblés alors à La Havane, à Cuba, les lourds galions, puissamment escortés, entament la grande expédition annuelle à travers l'Atlantique vers Séville **34**. Fabuleuses richesses qui font du roi d'Espagne le plus puissant d'Europe. La production de l'or, de 1500 à 1800, dépassera 4 millions de kilos à l'échelle de la planète, dont près de 2,6 millions de kilos pour le seul Nouveau Monde, soit plus que dans le monde entier durant tout le millénaire précédent.

La christianisation. Le phénomène religieux est indissociable de la colonisation : les conquérants invoquent, pour justifier leur entreprise, la nécessité de convertir les païens à la foi chrétienne. C'est pourquoi chaque caravelle porte aussi sa cargaison d'hommes de Dieu qui entreprennent la christianisation du continent. Une Église se forme et, vers 1600, la plupart des Indiens sont baptisés et l'idolâtrie est réputée vaincue. Églises, monastères, écoles s'élèvent partout. Mais les principes de l'Évangile s'accordent mal avec ceux de la colonisation,

35 Les cruautés des conquistadors

Las Casas, évêque du Chiapas, au Mexique, dénonce les atrocités commises par les conquistadors.

« [...] avec leurs chevaux, leurs épées et leurs lances, les chrétiens commencèrent des tueries et des cruautés étrangères aux Indiens. Ils entraient dans les villages et ne laissaient ni enfants, ni vieillards, ni femmes enceintes ou accouchées qu'ils n'aient éventrés et mis en pièces [...]. Ils faisaient des paris à qui ouvrirait un homme d'un coup de couteau, ou lui couperait la tête d'un coup de pique ou mettrait ses entrailles à nu. Ils arrachaient les bébés qui tétaient leurs mères, les prenaient par les pieds et leur cognaient la tête contre les rochers. D'autres les lançaient par-dessus l'épaule dans les fleuves en riant et en plaisantant et quand les enfants tombaient dans l'eau ils disaient : "Tu frétilles, espèce de drôle !" ; ils embrochaient sur une épée des enfants avec leurs mères et tous ceux qui se trouvaient devant eux. Ils faisaient de longues potences où les pieds touchaient presque terre et par groupes de treize, pour honorer et révérer notre Rédempteur et les douze apôtres ; ils y mettaient le feu et les brûlaient vifs. »

Source : Bartolomé de LAS CASAS, *Très brève relation de la destruction des Indes* (1552), trad. par Franchita Gonzalez Batlle, Paris, La Découverte, 1996, p. 55. (Coll. « La Découverte/Poche. Littérature et voyages, n° 1 »)

fondée sur le travail forcé des Indiens. Des missionnaires s'insurgent. Le dominicain Bartolomé de Las Casas (1470-1556) **35**, ce précurseur des droits de l'Homme, défend les Indiens et finit par ébranler la conscience de Charles Quint et celle du pape **36**. Mais sa voix est couverte par les riches et même certains évêques huppés ayant des intérêts en Amérique. Les décrets royaux demeureront lettre morte.

L'Amérique « latine ». En dépit des violences et des abus, une œuvre immense et durable s'accomplit en Amérique au XVIe siècle. Sur le modèle espagnol, on construit des villes ornées de monuments que domine la cathédrale. On fonde des collèges ; des universités s'ouvrent. Les cultures se mélangent, les peuples se mêlent, une race métissée naît dans l'Amérique hispano-portugaise. Une civilisation s'élabore, originale et riche d'avenir, progressivement unifiée par le christianisme et l'usage des langues ibériques : la civilisation de l'Amérique « latine ».

4.5.4 L'Empire hollandais

En Asie. En 1609, au terme d'une longue révolte, les Hollandais se libèrent de la domination espagnole (*voir p. 178*). Or, depuis 1580, le roi d'Espagne Philippe II est devenu roi du Portugal également. Comme les Hollandais ne peuvent donc plus acheter les épices à Lisbonne, ils décident d'aller les chercher eux-mêmes en Asie. Se lançant dans une grande aventure coloniale, ils s'adjugent la côte de Malabar et Malacca, prennent Ceylan, occupent l'île de Java, puis s'installent aux îles de la Sonde. Ils jalonnent leur empire oriental de relais, notamment l'île Maurice et Le Cap, qu'ils enlèvent aux Portugais. Bientôt, ils prennent en main le commerce du poivre, des épices, puis du café. Ils y ajoutent le camphre et le papier du Japon, le thé, les soieries et les porcelaines de Chine. Chaque année, trois convois quittent la Hollande pour revenir, six mois

36 Les Indiens, des hommes véritables

« Nous donc qui, bien qu'indigne de cet honneur, exerçons sur terre le pouvoir de Notre-Seigneur et cherchons de toutes nos forces à ramener les brebis placées au-dehors de son troupeau dans le bercail dont nous avons la charge, considérons [...] que les Indiens sont véritablement des hommes et qu'ils sont non seulement capables de comprendre la Foi Catholique, mais que, selon nos informations, ils sont très désireux de la recevoir. Souhaitant fournir à ces maux les remèdes appropriés, Nous définissons et déclarons par cette lettre apostolique [...] que quoi qu'il puisse avoir été dit ou être dit de contraire, les dits Indiens et tous les autres peuples qui peuvent être plus tard découverts par les Chrétiens, ne peuvent en aucun cas être privés de leur liberté ou de la possession de leurs biens, même s'ils demeurent en dehors de la foi de Jésus-Christ ; et qu'ils peuvent et devraient, librement et légitimement, jouir de la liberté et de la possession de leurs biens, et qu'ils ne devraient en aucun cas être réduits en esclavage ; si cela arrivait malgré tout, cet esclavage serait considéré nul et non avenu.

Par la vertu de notre autorité apostolique, Nous définissons et déclarons par la présente lettre [...] que les dits Indiens et autres peuples soient convertis à la foi de Jésus Christ par la prédication de la parole de Dieu et par l'exemple d'une vie bonne et sainte. »

Quel type d'arguments utilise le pape pour défendre les Indiens ?

Source : Extrait de la bulle « Sublimis Deus » du pape Paul III (29 mai 1537), dans *La porte latine*, [En ligne], www.laportelatine.org/bibliotheque/encycliques/PaulIII/Sublimis_Deus.php (Page consultée le 14 juin 2011)

plus tard, chargés des produits d'Asie. Lisbonne cède à Amsterdam la première place dans la redistribution des épices et autres produits orientaux.

En Amérique. L'action hollandaise se prolonge en Amérique à travers la Compagnie des Indes occidentales, simple entreprise de pillage au départ, établie au Brésil d'où ses corsaires font la chasse aux galions espagnols. Au nord, la Compagnie fonde la Nouvelle-Hollande, achète aux Indiens une île à peupler, Manhattan, à l'embouchure du fleuve Hudson. Elle y érige une ville appelée *Nouvelle-Amsterdam* qui deviendra plus tard New York. Mais l'Empire hollandais d'Amérique est fragile. Les Portugais reprennent pied au Brésil et une escadre anglaise chasse les Hollandais de l'Hudson. La flotte hollandaise aura tout de même mis ce minuscule pays en contact avec le vaste monde.

Faisons le point

1. Décrivez succinctement les deux grands types de colonies créées par les Européens à la suite des Grandes Découvertes.
2. En quoi consiste le mercantilisme ?
3. Décrivez les principales caractéristiques des empires portugais, espagnol et hollandais (localisation, types de colonies, principales richesses, etc.).

4.6 La France et l'Angleterre en Amérique du Nord

Les premiers voyages des Français et des Anglais n'avaient guère eu de suite, n'ayant rapporté ni or ni passage vers l'Asie. Ils avaient cependant montré la voie où les deux pays allaient s'engager au début du XVIIe siècle.

4.6.1 La Nouvelle-France

La colonisation française dans la vallée du Saint-Laurent présente un caractère spécial. Sur le strict plan économique, elle était destinée à n'être qu'une simple colonie-comptoir, à la portugaise, consacrée à la traite des fourrures, dont la production pouvait être faite par une main-d'œuvre indigène amplement suffisante. Mais, pour des raisons à la fois religieuses et politiques, elle deviendra une colonie de peuplement quelque peu artificielle, dans un environnement géographique particulièrement difficile. Cela explique l'extrême lenteur de son développement.

L'empire de traite. Après l'échec de Cartier qui n'a pu trouver de l'or ou un passage vers l'Asie, c'est le commerce des fourrures qui amène les Français à revenir dans la vallée du Saint-Laurent en 1608 avec la fondation de Québec par Samuel de Champlain (1567-1635). Le commerce des fourrures devient rapidement une activité considérable. Les peaux troquées représentent des centaines, bientôt des milliers de tonnes. Chaque année, dès la belle saison, à Tadoussac, à Québec, à Trois-Rivières et à Montréal, quand le soleil a fondu les glaces, les indigènes arrivent par groupes, avec des canots remplis de fourrures. C'est la foire… Et, l'année durant, dans l'infinie solitude des forêts, explorateurs et coureurs des bois sont en quête de cette richesse qui est fort prisée sur le marché européen et dont l'économie de la Nouvelle-France a sans cesse besoin. Au cœur du continent, ils élèvent des postes de traite, ouvrant la voie aux missionnaires et aux agents du gouvernement.

La colonie de peuplement. Cet empire de traite est à peine fondé, cependant, qu'une tout autre colonie prend naissance avec la fondation de Montréal en 1642 par Paul de Chomedey de Maisonneuve (1612-1676). Cette fois, il s'agit d'une colonie de peuplement inspirée par un projet religieux, celui d'évangéliser les Amérindiens. Montréal devait être un foyer d'attraction pour ces derniers, qui viendraient s'installer autour d'elle pour s'y sédentariser, voire s'y « européaniser », devenant ainsi plus perméables au message chrétien. Mais l'empire de traite et la colonie de peuplement sont en quelque sorte contradictoires : le peuplement consomme de la fourrure sur place et éloigne les sources d'approvisionnement par ses défrichements, faisant augmenter les coûts de production. Et l'aventure excitante de la traite draine vers l'intérieur du continent quantité de jeunes gens qui préfèrent courir les bois plutôt que de s'établir sur une terre dans la vallée du Saint-Laurent et fonder une famille. Par ailleurs, Montréal, aussi mystiques que soient ses origines, est mieux placée que Québec pour les échanges avec les Amérindiens et coupe l'herbe sous le pied des marchands de Québec. D'où une certaine animosité entre les deux villes, qui s'est rarement démentie depuis…

Difficultés et efforts de développement. Mais la colonie de peuplement elle-même se heurte à d'immenses difficultés qui entravent son développement. Climat rigoureux, défrichements laborieux, isolement total six mois par année quand le fleuve gèle, longs conflits avec les Amérindiens iroquois : la Nouvelle-France n'attire tout simplement pas les Français, qui lui préfèrent volontiers les Antilles (Haïti, Martinique, Guadeloupe), où ils peuvent établir un commerce lucratif avec la métropole. De plus, la France interdit aux dissidents religieux, les huguenots, de s'installer dans les colonies, privant la Nouvelle-France de forces vives dont elle aurait pu profiter. Entre 1666 et 1672, toutefois, le roi Louis XIV, pour des raisons de prestige, décide de « forcer » le développement de la colonie en y envoyant des soldats, des colons, des filles à marier et un intendant hors pair, Jean Talon (1625-1694). Ce dernier déploie une immense activité, dans tous les domaines, financée par le roi, qui débouche malgré tout sur de bien piètres résultats. Au bout de six années d'efforts coûteux, la métropole laisse finalement la Nouvelle-France revenir à son « naturel » : la traite des fourrures.

Le colbertisme. C'est que la Nouvelle-France s'insère mal dans le système mercantiliste dont le ministre à tout faire de Louis XIV, Jean-Baptiste Colbert, se fait le plus ardent défenseur, au point de donner son nom à une forme particulièrement poussée de ce mercantilisme. Hormis la fourrure, qui demeure un produit relativement marginal, la Nouvelle-France ne dispose pas de richesses intéressantes : on ne peut rien y cultiver que la France n'ait déjà en surabondance (blé), elle n'a pratiquement pas de ressources minières, elle est isolée par les glaces la moitié de l'année. Dans une vision strictement mercantiliste, la Nouvelle-France ne se justifie pas en tant que colonie, et c'est bien pourquoi la France va s'en désintéresser très rapidement, tout en lui interdisant la transformation de ses fourrures, les manufactures de chapeaux de castor, par exemple, parce qu'elles feraient concurrence à celles de la métropole.

L'Amérique française. La Nouvelle-France demeurera donc un vaste réservoir de fourrures toujours en expansion, happée par l'immensité de l'espace qui s'ouvre devant elle **37**. Duluth atteint l'extrémité du lac Supérieur ; Jolliet et le père Marquette explorent le Mississippi ; le Normand Cavelier de La Salle découvre l'Ohio, suit le cours du Mississippi jusqu'à son embouchure au golfe du Mexique: un bassin de 2 000 000 km² qu'il offre à la France; La Vérendrye gagnera les Rocheuses à travers les forêts et les plaines interminables du continent: un parcours de 17 000 kilomètres en canot, presque la moitié du tour du monde. En deux ou trois petites générations de 20 ans, ces fous de l'espace ont étendu l'influence française sur les trois quarts de l'Amérique du Nord, depuis le golfe du Saint-Laurent jusqu'au golfe du Mexique, depuis les Appalaches jusqu'aux Rocheuses. Mais ce vaste empire commercial est mal soutenu par une colonie de peuplement anémique, bien que le rythme d'immigration de colons français s'accélère après 1715. Trop peu peuplée, la Nouvelle-France risque de devenir, tôt ou tard, une proie facile pour des voisins plus forts.

37 Français et Anglais en Amérique du Nord vers 1750

La France occupait en Amérique une position extrêmement avantageuse, mais ce territoire était trop immense pour être défendu adéquatement.

4.6.2 Les colonies anglaises

La fondation de la Virginie. Ces voisins justement, ce sont les colons anglais établis plus au sud, dans la plaine côtière délimitée par les Appalaches **37**. La première colonie à s'établir est la Virginie. Elle se développe autour de Jamestown où, en 1607, débarquent une centaine de colons soutenus par une compagnie de Londres. La maladie, la famine, l'hostilité des Indiens font des ravages. La colonie végète jusqu'au jour où l'on plante du tabac importé des Antilles espagnoles. C'est le salut! Le tabac de Virginie supplante en Europe le tabac des Antilles. La colonie se dote en 1619 d'une Chambre élue, la première au Nouveau Monde.

Les puritains. Les premiers colons de Virginie étaient des aventuriers à la recherche de profits. Les fondateurs du Massachusetts, eux, sont des puritains persécutés pour leur foi, à la recherche d'une terre où ils pourront adorer Dieu selon leur conscience. Ce sont donc des motifs religieux qui provoquent leur migration en Amérique, où ils fondent Plymouth en 1620. Après les célèbres *Pilgrim Fathers* (une centaine) débarqués du *Mayflower*, les contingents de colons se suivent et, en 1640, la population dépasse les 20 000 habitants répartis en plusieurs centres, dont le plus important est Boston. Le Massachusetts devient un État presque indépendant où le pouvoir est aux mains d'une oligarchie de pieux théologiens qui ne supportent pas la dissidence.

Des colonies diverses. L'intolérance du régime puritain amène la création de nouvelles colonies. Roger Williams, expulsé du Massachusetts parce qu'il réclame la liberté de religion, fonde sur Rhode Island un établissement qu'il nomme Providence, où cette liberté sera totale. Bientôt, ce sont les catholiques de Grande-Bretagne, conduits par Lord Baltimore, qui viennent à leur tour chercher refuge en Amérique et fondent la colonie du Maryland. Un autre dissident religieux, William Penn, ayant obtenu en toute propriété un territoire grand comme l'Angleterre, fait de la Pennsylvanie le refuge des Quakers, une secte puritaine adepte de la non-violence et pourtant particulièrement détestée et persécutée. Dans leurs pratiques religieuses, ils entrent en transe (*to quake*), d'où leur nom. Cas unique dans les usages de l'époque, William Penn tient tout de même à acheter aux Amérindiens le territoire qui lui a été concédé par le roi. Il proclame aussi la tolérance religieuse en Pennsylvanie, qui recevra autant les catholiques que les luthériens, les huguenots ou les juifs.

L'Amérique anglaise. Ainsi naissent les premières colonies anglaises, auxquelles il faut ajouter la Nouvelle-Hollande, acquise en 1664 et qui devient New York. Au milieu du XVIIIe siècle, elles sont 13, échelonnées tout le long de la côte atlantique. Elles sont nées d'un hasard, d'une charte, parfois d'une donation privée. De vastes forêts les séparent et les passions religieuses les divisent. Chaque colonie élit une Chambre d'assemblée et la plupart possèdent un conseil et un gouverneur colonial nommé par Londres. Le droit de vote est restreint, bien que l'on tende progressivement à l'égalité des colons. Mais le développement économique et social de chacune des communautés prend un caractère tellement différent qu'on ne peut les fondre en une seule. La plupart sont prospères et l'ensemble de la population croît rapidement : 28 000 en 1640, 85 000 en 1660 et 350 000 en 1713. La Nouvelle-France, au même moment, ne compte pas 25 000 habitants.

4.6.3 Le choc des colonisations

Les enjeux. Nouvelle-France, « Nouvelles Angleterres » : voici donc deux entreprises de colonisation assez semblables sur le fond, mais qui présentent entre elles un tel déséquilibre de masse que l'issue d'un affrontement ne saurait faire de doute. Cet affrontement, il porte essentiellement sur la maîtrise de l'axe Saint-Laurent – Grands Lacs – Mississippi, qui ouvre sur tout l'intérieur du continent nord-américain tant pour l'exploitation des fourrures que pour l'établissement du peuplement. Les colonies anglaises, près de 20 fois plus peuplées, ont le sentiment d'être enveloppées par les possessions françaises échelonnées de l'Acadie à la Louisiane. Entre la colonie de l'intérieur du continent, peu peuplée, démesurément étirée, à l'économie faible, isolée par les glaces la moitié du temps, mal appuyée par sa métropole, et la formidable puissance de choc d'une voisine au peuplement abondant et concentré, à l'économie riche et diversifiée, aux ports de mer toujours ouverts, fortement soutenue par sa métropole, la lutte est inégale.

La fin de l'Amérique française. La guerre, une guerre du nombre, à 20 contre 1, durera pourtant pendant plus de 70 ans (1689-1760), rythmée par l'alternance de conflits ouverts et de périodes de trêves parallèles aux conflits entre les métropoles. En 1713, le traité d'Utrecht porte un coup mortel à l'Empire français d'Amérique. Les Anglais deviennent maîtres des principales entrées du continent : Terre-Neuve, l'Acadie et la baie d'Hudson. La lente agonie de la Nouvelle-France commence. De Québec, pourtant, s'élèvent des cris d'alarme. Mais Sa Majesté Louis XV n'a que faire des « arpents de neige » du Canada. Mal connue, trop peu développée, exigeant sans cesse d'énormes dépenses de fonds publics, la Nouvelle-France ne peut qu'entraîner le désenchantement de Versailles. Le 13 septembre 1759, sur les hauteurs des plaines d'Abraham, aux portes de Québec, un ultime affrontement entre les généraux Wolfe et Montcalm scelle le sort de la Nouvelle-France.

Par le traité de Paris signé en 1763, la colonie française du Saint-Laurent s'ajoute aux 13 colonies anglaises d'Amérique; elle portera le nom de *Province of Quebec*. Cas rarissime dans l'histoire des colonisations européennes: une colonie de peuplement passe dans le giron d'une nouvelle métropole par suite d'une conquête militaire. La société coloniale en voie de formation, qui commençait à se percevoir comme distincte (les «Canadiens»), voit son évolution normale vers la maturité et la séparation d'avec sa mère patrie stoppée, et passe du statut de dominante à celui de dominée. Une nouvelle société coloniale, britannique celle-là, va venir se constituer autour et au-dessus d'elle, infléchissant son développement de façon radicale. Mais l'histoire francophone sur ce versant de l'Atlantique n'est pas close.

Faisons le point

1. Comment se réalise la colonisation française dans la vallée du Saint-Laurent?
2. Quels sont les facteurs qui ralentissent le développement de la Nouvelle-France?
3. Pourquoi dit-on que «la Nouvelle-France ne se justifie pas comme colonie»?
4. Quels genres d'établissements les Anglais fondent-ils en Amérique du Nord?
5. Quels sont les enjeux et le résultat du choc des colonisations en Amérique du Nord?

4.7 Les conséquences des Grandes Découvertes

Les Grandes Découvertes et la formation des empires coloniaux entraînent, dès le XVIe siècle, des bouleversements d'une portée considérable. Les conquistadors font entrer le «Nouveau Monde» dans l'histoire de l'Occident, l'Amérique précolombienne est détruite et l'Europe est profondément transformée.

4.7.1 La «naissance du monde»

Pour la première fois, la Terre est saisie et connue dans sa totalité alors qu'un continent, replié sur lui-même depuis des millénaires, entre dans les grands circuits d'échanges mondiaux sur tous les plans: produits, populations, et jusqu'aux maladies. On parle à ce sujet d'*échange colombien*, en référence à Christophe Colomb.

Les produits d'Europe introduits dans les autres continents. L'Européen apporte au Nouveau Monde la culture de l'orge, du seigle et du blé, de ce blé dont l'Amérique deviendra le plus grand producteur du monde. Il acclimate des plantes nouvelles comme l'olivier, la vigne, le riz, l'oranger et le citronnier. Il introduit l'élevage des moutons, des porcs, des chevaux et des bovins qui emplissent les îles et les pampas (vastes plaines d'Amérique du Sud).

Les produits d'Amérique introduits en Europe et ailleurs. En revanche, l'Européen rapporte sur son continent des plantes et des denrées qui changent sa manière d'être et ses comportements. Sur sa table affluent la tomate, l'ananas et le haricot. Le maïs d'Amérique, qui améliore l'alimentation des populations, se répand assez vite en Espagne et dans le sud de la France. D'Amérique encore vient le tabac, cette herbe qui, à l'origine, tient lieu de médecine. La pomme de terre arrive en Europe à bord des galions espagnols, au milieu des lingots d'or. Il n'est guère d'événement plus important, car l'entrée dans l'alimentation courante de ce tubercule riche en amidon, c'est la menace de famine à jamais écartée (la dernière grande disette date de 1725). En Afrique, les Européens acclimatent la patate et le manioc d'Amérique, le riz et le thé d'Asie; ils introduisent le maïs en Chine.

Toutefois, le nouveau produit le plus célèbre en Europe est sans doute le chocolat: toutes les qualités sont attribuées à ce breuvage étrange. Rapporté par les conquistadors, le cacao est connu, un siècle plus tard, des gourmets de toutes les cours d'Europe. On lui prête des propriétés aphrodisiaques. L'Europe entière en devient une grande consommatrice. Certains rois le taxent d'un lourd impôt. Mais, quoi qu'on fasse, sous toutes ses formes, le chocolat exerce un pouvoir de séduction autant par ses qualités nutritives et énergétiques que pour son goût exquis.

Les produits d'Orient introduits en Amérique. Venus d'Orient, le sucre et le café, jadis rares et chers, sont systématiquement cultivés sur les nouvelles plantations d'Amérique et deviennent des produits d'un usage courant. Café et chocolat jouent d'ailleurs un rôle important dans la vie culturelle et intellectuelle de l'Europe: pour préparer et servir ces nouveaux breuvages, des établissements spécialisés naissent, où les discussions peuvent se prolonger de façon plus civilisée qu'à la taverne; on y trouve d'ailleurs les revues et gazettes qui se répandent en ce temps-là.

Le choc microbien. Les bateaux qui transportent tous ces produits à travers les océans embarquent également des humains et, avec eux, des maladies. Particulièrement en Amérique, les maladies infectieuses communes dans l'Ancien Monde se répandent sans entraves: choléra, rougeole, variole, typhus, grippe, voire simple rhume, font des ravages épouvantables dans des populations qui n'ont développé aucune défense naturelle contre ces maux qu'elles n'avaient jamais eu à combattre.

Un monde métissé. Ce grand brassage planétaire touche donc aussi les humains. Pendant que des millions d'Européens s'établissent en Amérique sans esprit de retour, des millions d'Africains y sont aussi déportés. Plus tard, des millions d'Asiatiques s'y installeront, faisant de ce continent le plus métissé de la planète. Malgré les ségrégations qui durent encore, jamais les divers rameaux de l'espèce humaine n'ont été en contact de façon aussi étroite.

4.7.2 L'Amérique bouleversée

Des peuples anéantis. Un regard honnête sur la formation des empires du Nouveau Monde ne peut pas occulter un certain nombre de réalités brutales. De brillantes civilisations indigènes, notamment celle des Aztèques, ont été irrémédiablement détruites, des peuples entiers anéantis. Les morts innombrables qui ont jalonné les différentes étapes de la conquête ont été le fait des massacres perpétrés par des conquistadors aveuglés par leur soif de l'or. Ils ont eu aussi pour cause la sous-nutrition et les famines. Ils furent le résultat du travail épuisant des Indiens utilisés dans les mines et les plantations ou comme bêtes de somme pour le portage, dans des conditions d'exploitation d'une cruauté sans nom. Mais ils ont eu surtout pour cause principale, loin devant toutes les autres, le choc microbien dont nous avons parlé précédemment, qui a littéralement décimé l'Amérique précolombienne. Sur ce sujet, il est pratiquement impossible d'établir des chiffres globaux le moindrement précis: les estimations des spécialistes quant à la population de l'Amérique précolombienne vont de 8 à 145 millions! Il faut se résoudre à considérer quelques cas spécifiques bien documentés. Par exemple, à partir d'un recensement effectué par les autorités espagnoles sur l'île de Hispaniola en 1496, on peut y estimer la population indigène à 3 millions; 30 ans plus tard, il en restera moins de 11 000 (Carl Sauer, *The Early Spanish Main*, Berkeley, University of California Press, 1966, p. 283-289).

Des sociétés déstructurées. La conquête s'est soldée également par une déstructuration profonde, tant du tissu social que de l'organisation politique, de l'économie et du milieu écologique des territoires conquis 38. Obligés de travailler dans les plantations, les Amérindiens ont négligé les cultures traditionnelles, qui disparurent. Le bétail et les moutons se sont mis à ronger la végétation, et les forêts ont régressé. À la fin du XVIIIe siècle, le cèdre, par exemple, avait disparu. En même temps que leur organisation politique, souvent très élaborée, a été détruite, le tissu social des peuples conquis s'est étiolé par la disparition des élites et l'éclatement des cadres de vie traditionnels. L'évangélisation elle-même a favorisé la déculturation de sociétés qui avaient pourtant créé de hautes civilisations.

L'effritement des nations amérindiennes du Nord. En Amérique du Nord, l'arrivée des Européens, au XVIIe siècle, exacerba des rivalités déjà anciennes entre nations amérindiennes. Pour l'exploitation des fourrures, Français et Anglais avaient besoin de s'attacher certaines nations et donc de les appuyer contre les nations ennemies. Il s'ensuivit des guerres fratricides qui, par exemple, détruisirent la Huronie. Par ailleurs, aux maladies apportées par les Blancs (rougeole, petite vérole) et aux ravages de leur alcool s'ajoutèrent les fusils fournis aux Iroquois par les Anglais. En 1701, toutes les nations amérindiennes de l'est du

38 « Méprisables victoires »

Pour l'essayiste français Michel de Montaigne (1533-1592), la découverte de l'Amérique fut un désastre qui se résume à un constat douloureux: l'ancien monde a ruiné le nouveau.

« J'ai bien peur que nous ayons fort hâté son déclin et sa ruine par notre contagion, et que nous lui ayons bien cher vendu nos opinions et nos arts. C'était un monde enfant; et pourtant nous ne l'avons pas dompté et soumis à notre discipline par notre valeur et notre force naturelle, nous ne l'avons pas séduit par notre justice ou notre bonté, ni subjugué par notre magnanimité. La plupart de leurs réponses et des négociations faites avec eux témoignent qu'ils ne nous devaient rien en clarté d'esprit naturelle et en pertinence. [...] Mais en ce qui concerne la dévotion, l'observance des lois, la bonté, la libéralité, la franchise, il a été très utile pour nous de ne pas en avoir autant qu'eux: ils ont été perdus par cet avantage [...].

Quant à la hardiesse et au courage [...], que ceux qui les ont subjugués suppriment les ruses et les boniments avec lesquels ils les ont trompés, et le juste étonnement qu'apportait à ces nations-là l'arrivée inattendue de gens barbus, étrangers par la langue, la religion, l'apparence et la manière d'être, [...] montés sur de grands monstres inconnus, alors qu'eux-mêmes n'avaient jamais vu de cheval ni d'autre bête dressée à porter un homme; protégés par une peau luisante et dure, et une arme tranchante et resplendissante, alors [...] qu'ils n'avaient eux-mêmes d'autres armes que des arcs, des pierres, des bâtons et des boucliers de bois: sans cette disparité, les conquérants n'auraient eu aucune chance de victoire.

Quelle amélioration c'eût été si notre comportement avait suscité chez ces peuples de l'admiration, et établi entre eux et nous une fraternelle intelligence! Comme il eût été facile de cultiver des âmes si neuves, si affamées d'apprentissage, ayant pour la plupart de si heureuses dispositions naturelles! Au contraire, nous nous sommes servis de leur ignorance et de leur inexpérience pour les mener à la trahison, à la luxure, à la cupidité et à la cruauté, sur le modèle de nos mœurs. Les facilités du négoce étaient-elles à ce prix? Tant de villes rasées, tant de nations exterminées, tant de millions d'hommes passés au fil de l'épée, la plus riche et la plus belle partie du monde bouleversée, pour faire le trafic des perles et du poivre: méprisables victoires! »

Quelle image Montaigne se fait-il de l'Amérique précolombienne? Quels arguments l'amènent à conclure: « méprisables victoires »?

Source: MONTAIGNE, « Des Coches », dans *Essais* (1585-1588), III: 6, adapt. en français moderne par André LANLY, Genève, Slatkine, 1987, p. 123-125.

39 Les grands courants du commerce au XVIe siècle

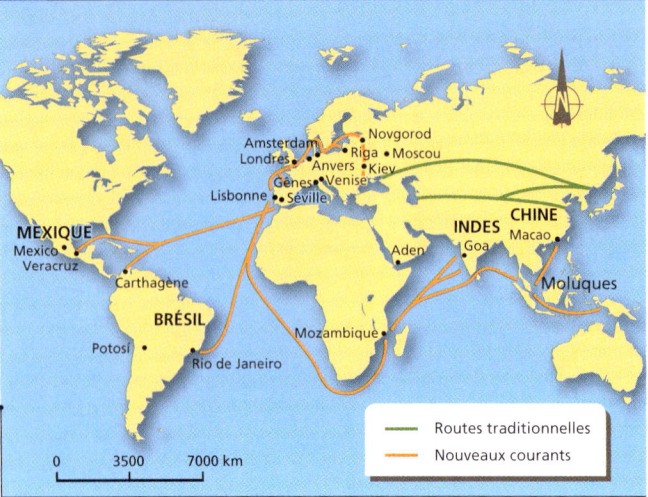

Routes traditionnelles
Nouveaux courants

Canada étaient disparues ou décimées par les forces anglo-iroquoises. Affaiblis, les survivants n'offrirent aucune résistance à l'occupation par les Français des deux rives du Saint-Laurent. L'Amérindien devenait un proscrit sur son propre territoire, où l'Occident s'installait en maître avec ses colons, ses modes de vie, ses valeurs, sa civilisation.

4.7.3 L'Europe transformée

Outre qu'elle favorise la « naissance du monde » et bouleverse l'Amérique, l'expansion européenne transforme profondément les modes de production et d'échange, de même que les conditions de vie, en Europe même.

Les bouleversements économiques. Au premier chef, les conditions du commerce européen sont modifiées. Bien que la Méditerranée continue d'être un lieu d'échange important, le centre de gravité du trafic maritime européen dérive peu à peu vers les ports de l'Atlantique et de la mer du Nord 39. Lisbonne devient le grand marché des épices tandis que les métaux précieux d'Amérique affluent à Séville 40. Toutes deux alimentent le port d'Anvers, la plus grande ville d'affaires de l'Europe au XVIe siècle avec ses 110 000 habitants. Profitant à la fois de son appartenance à l'Espagne et de sa situation privilégiée au débouché des routes de la mer du Nord et de l'Allemagne, Anvers devient le grand centre de redistribution de marchandises de tous les pays: soies et velours d'Italie, tissus de lin et vins d'Allemagne, blés du Nord, vins et sel de France, laines et vins d'Espagne, épices du Portugal, laines et draps d'Angleterre. Grand port de commerce, Anvers est aussi la principale place financière de l'Europe. D'autres ports se développent au nord: Dieppe, Le Havre, Rouen, Londres, Amsterdam surtout qui, à la fin du XVIe siècle, supplantera Anvers.

Bourse
Marché public où se rencontrent négociants, courtiers et autres pour suivre l'évolution des prix et conclure des transactions sur des marchandises ou des valeurs.

Lettre de change
Écrit par lequel une personne donne à son débiteur l'ordre de payer une certaine somme à une troisième personne, créancière de la première, à une échéance fixée. (On dit aussi une *traite*.)

40 Le port de Séville au XVIe siècle

Chaque année, plus de 100 navires reviennent d'Amérique chargés de lingots d'or et repartent chargés de farine, de vin et de tissus à l'intention des colons, de verroteries et de camelote pour les indigènes.

Peinture attribuée à A.S. Coello (1531-1588), Museo de América, Madrid.

Les nouveaux courants commerciaux sont favorisés par l'afflux des lingots d'or et d'argent rapportés du Mexique et du Pérou, et qui viennent s'entasser à Séville pour y être monnayés. La production de l'or se multiplie par quatre et celle de l'argent par six après la découverte des mines de Potosí (1545). Un torrent d'argent coule dès lors d'Amérique vers l'Espagne et, de là, se déverse en Europe. Car l'Espagne, devenue brusquement très riche, n'a pas les industries suffisantes pour équiper ses flottes et subvenir aux besoins de ses colonies. Mais elle peut acheter dans toute l'Europe des produits manufacturés qu'elle paie comptant en beaux écus ou en pistoles sonnantes. Des corsaires anglais, français, hollandais détournent aussi une partie de ce trésor en attaquant les vaisseaux espagnols en pleine mer. Les trésors d'Amérique se répandent ainsi dans toute l'Europe. Mais la masse de monnaie en circulation devient beaucoup trop grande pour la quantité de marchandises à vendre. Vers 1560, on trouve en Europe 12 fois plus d'or et d'argent qu'en 1492. Il en résulte une grave conséquence : la montée générale des prix. Ils quadruplent au cours du XVIe siècle 41.

La hausse du prix des marchandises incite à produire pour vendre et contribue au développement prodigieux de l'industrie, dont les vieux cadres médiévaux éclatent. Des métiers nouveaux, libres des contraintes corporatives, apparaissent : soieries, imprimerie, fabrique de canons. La technique financière se transforme. Ainsi, en 1531, est fondée la Bourse d'Anvers, ouverte aux négociants de toute nation. On y effectue le commerce de l'argent autant que celui des marchandises. On peut y faire l'acquisition, devant notaire, d'une cargaison d'épices moyennant une somme d'argent.

Le développement du commerce de l'argent entraîne la mobilisation des capitaux privés par les banquiers. Ceux-ci reçoivent des sommes considérables qu'ils mettent à la disposition d'autres commerçants. Le prêt à intérêt devient une pratique normale. Par ailleurs, les paiements par lettres de change évitent le transport des monnaies. La principale banque d'Anvers est celle des Fugger d'Augsbourg, marchands d'épices et de draperie fine qui deviennent banquiers de Charles Quint, assurent son élection au Saint Empire romain germanique et financent ses guerres 42. Les Médicis de Florence sont très actifs dans la laine, la soie, le commerce des métaux et des épices, et ils prêtent au pape

41 L'abondance d'or et d'argent provoque la hausse des prix

Jean Bodin (1529-1596), essayiste et homme politique français, décrit les causes qu'il perçoit comme engendrant la hausse des prix.

« Je trouve que la cherté que nous voyons vient pour trois causes. La principale et presque seule (que personne jusqu'ici n'a touchée) est l'abondance d'or et d'argent qui est aujourd'hui en ce royaume plus grande qu'elle n'a été il y a quatre cents ans [...]. Mais, dira quelqu'un, d'où est venu tant d'or et d'argent depuis ce temps-là ? Depuis six-vingt [sic] ans [...], le Portugais cinglant en haute mer avec la boussole s'est fait maître du Golfe de Perse et en partie de la Mer Rouge, et par ce moyen a rempli ses vaisseaux de la richesse des Indes et de l'Arabie plantureuse, frustrant les Vénitiens et Genevois [Génois] qui prenaient la marchandise de l'Égypte et de la Syrie où elle était apportée par la caravane des Arabes et des Persans, pour la vendre en détail et au poids de l'or. En ce même temps, le Castillan ayant mis sous sa puissance les terres neuves pleines d'or et d'argent, en a rempli l'Espagne et a montré la route à nos pilotes, pour faire le tour de l'Afrique avec un merveilleux profit. Or, est-il que l'Espagnol qui ne tient vie que de France étant contraint par force inévitable de prendre ici les blés, les toiles, les draps [...], le papier, des livres voire la menuiserie et tous les ouvrages de main, nous va chercher au bout du monde l'or et l'argent et les épiceries [...]. C'est donc l'abondance d'or et d'argent qui cause en partie la cherté des choses. »

> D'après Jean Bodin, qui tire profit des nouvelles routes maritimes ? Quel peuple est désigné sous le nom de « Castillan » ? Comment l'or et l'argent espagnols passent-ils en France ?

Source : Jean BODIN, Response aux paradoxes de M. de Malestroit touchant l'enrichissement de toutes choses et le moyen d'y remédier (1568), dans Henri HAUSER, La response de Jean Bodin à M. de Malestroit, Paris, A. Colin, 1932, p. 9, 12-13, 16.

42 Le pouvoir du banquier

Sur un ton condescendant, le banquier Fugger rappelle à Charles Quint tout ce que ce dernier lui doit…

« Votre Majesté Impériale sait sans aucun doute combien mes cousins et moi avons toujours été jusqu'ici soumis au service de la prospérité et de l'élévation de la Maison d'Autriche, et comment nous avons été amenés, pour plaire à Sa Majesté, votre Aïeul, l'empereur Maximilien, et procurer à Votre Majesté la couronne romaine* à nous engager à l'égard des princes qui ne voulaient accorder confiance et crédit à personne d'autre qu'à moi ; comment aussi nous avons avancé aux commissaires de Votre Majesté, pour le même but, une importante somme d'argent, que nous avons dû, en grande partie, emprunter nous-mêmes à nos amis. Il est connu et avéré que, sans mon aide, Votre Majesté Impériale n'aurait jamais pu obtenir la couronne romaine, ce que je peux prouver par des écrits de la main des commissaires de Votre Majesté. Je n'ai pas eu en vue mon intérêt personnel, car si j'avais voulu abandonner la Maison d'Autriche et favoriser la France, j'aurais obtenu beaucoup plus d'argent et de biens, comme il m'a été proposé. Quels préjudices cela aurait entraînés pour Votre Majesté Impériale et pour la Maison d'Autriche, le profond jugement de Votre Majesté lui permet de l'apprécier. »

* Il s'agit de la couronne du Saint Empire romain germanique.

> D'après le texte, comment s'est manifestée l'influence du banquier Fugger ?

Source : Lettre de Jacob Fugger à Charles Quint (1523), dans Jean-Pierre VIVET, dir., Les mémoires de l'Europe, t. II, Le renouveau européen : 1453-1600, Paris, Laffont, 1971, p. 291.

comme aux rois. Comme on ne peut jamais leur rendre ce qu'on leur doit, les banquiers reçoivent des terres, des concessions minières qu'ils exploitent. En finançant les entreprises des rois, ils contribuent à l'établissement des grandes monarchies.

Les transformations sociales. Ces bouleversements économiques ont des répercussions sociales importantes. Dans les villes, la situation nouvelle frappe durement les ouvriers qui ont des revenus fixés par les corporations. C'est le cas des compagnons, dont les salaires augmentent beaucoup moins que ne montent les prix (70 % peut-être contre 400 %). Vivant uniquement de leur travail, ils voient leur pouvoir d'achat se resserrer sensiblement. Ils sont désormais trop pauvres pour accéder à la maîtrise, le prix du chef-d'œuvre à produire pour devenir maître étant trop élevé (comme une sorte de hausse de droits de scolarité !). C'est la révolte. À Paris, à Lyon, en Flandre, de violentes émeutes éclatent durant des grèves. La distance s'accroît entre patrons et ouvriers.

Par contre, la hausse des prix touche moins les paysans qui vendent peu, mais n'achètent presque rien. Le montant des redevances à payer au seigneur étant immuablement fixé, la situation des paysans aisés s'en trouve favorisée. Il leur arrive même de pouvoir se libérer du servage en rachetant leur liberté à un noble désargenté.

Car l'évolution économique touche particulièrement un grand nombre de petits nobles trop peu pourvus de terres, ou dont les domaines ont été dévastés par la guerre, et qui se ruinent à vouloir conserver un train de vie fastueux que leurs revenus fixes ne leur permettent plus de soutenir. Cette noblesse quêteuse forme une masse turbulente, prête à toutes les aventures. Appauvrie, elle vend ses domaines à une bourgeoisie plus avisée, s'enrôle sous la bannière royale ou se presse à la cour, espérant obtenir les faveurs du roi. Ainsi naissent les courtisans, nobles domestiqués, que le prince maintient auprès de lui pour son adulation.

La bourgeoisie est la principale bénéficiaire de la situation économique nouvelle 43. Née dans les communes médiévales, âpre au gain, énergique, industrieuse, elle joue un rôle capital dans l'essor du grand commerce maritime. Marchands, banquiers et hommes d'affaires s'enrichissent par le négoce et les transactions financières. Ils mobilisent des capitaux au profit des entreprises multiples des rois. Ils achètent des seigneuries entières et reconstituent de vastes domaines féodaux qu'ils consacrent à des cultures industrielles. Ils s'insinuent dans les rangs de la noblesse qui les fascine, en mariant leurs filles à des nobles. En France, ils entrent au service du roi, dont ils alimentent le trésor en achetant des « **offices** royaux » fort avantageux. Le commerce leur permet d'acquérir la puissance de l'argent et la fortune tend à se substituer à la naissance comme fondement des classes sociales. C'est le début du **capitalisme** commercial ; il prépare déjà le capitalisme industriel des XVIIIe et XIXe siècles.

Les transformations politiques. Enfin, les transformations de l'économie et de la société entraînent

---

Office
Fonction permanente au service du roi, dont le titulaire a la propriété de sa charge.

Capitalisme
Système économique caractérisé par la concentration du capital, la propriété privée des moyens de production et d'échange, la primauté de la recherche du profit. Le capitalisme commercial est celui qui se développe dans et par les activités d'échange. Le capital est l'ensemble des moyens de production matériels et financiers (bâtiments, machines, argent, etc.) mis en œuvre dans la production de nouveaux biens ou de revenus.

---

43 La bourgeoisie, principale bénéficiaire de l'évolution économique

« Ajoutons que l'argent du royaume est aujourd'hui entre les mains d'une seule des quatre classes de citoyens qui sont, comme vous le savez, le clergé, les nobles, les bourgeois et le peuple. Le clergé est ruiné et ni maintenant ni tant que dureront ces troubles il ne pourra relever la tête. Sans compter les biens engagés ou vendus avec l'autorisation du pape, le clergé a payé depuis 1561, 12 millions d'écus ; ce qui serait peu de choses car il en a 7 de revenus annuels si les armées des amis, aussi bien que les ennemis, ne lui avaient causé de grands dommages.

Les nobles sont aux abois, ils n'ont pas le sou, toujours à cause de cette guerre.

Le peuple de la campagne a tellement été pillé et rongé par les gens d'armes dont la licence n'a pas de frein, qu'à peine a-t-il de quoi vêtir sa nudité.

Il n'y a que les bourgeois et les hommes de robe longue tels que les présidents, conseillers, procureurs et autres gens semblables qui ont de l'or à foison et ne savent que faire. »

Source : « Relation de Jean Correro, ambassadeur de Venise en France en 1554 », dans *Relations des Ambassadeurs vénitiens sur les affaires de France au XVIe siècle*, t. II, Paris, Imprimerie royale, 1838, p. 143-145.

celle des États. Dans tout l'Occident, les rois profitent de l'accroissement de la richesse, les impôts rapportant davantage. Ils asservissent la noblesse appauvrie, trouvent dans la bourgeoisie une alliée qui leur procure de l'argent et maintiennent dans l'obéissance une paysannerie trop heureuse d'être libérée de la tyrannie féodale. Grâce à cet état d'esprit, Charles Quint, roi d'Espagne et empereur du Saint Empire, Henri VIII, roi d'Angleterre, et François Ier, roi de France, disposent d'une autorité supérieure à celle de leurs prédécesseurs. Ce sont, déjà, des monarques absolus (*voir chap. 5*).

Faisons le point

1. Nommez différents produits venant d'Amérique introduits en Europe par suite des Grandes Découvertes, de même que des produits introduits en Amérique et en Afrique par les Européens.
2. Qu'entend-on par le « choc microbien » ?
3. Quels sont les principaux facteurs de la destruction des peuples précolombiens et de leurs civilisations ?
4. Illustrez sur une carte le déplacement des routes commerciales provoqué par les découvertes.
5. Quelles furent les conséquences économiques de l'afflux de métaux précieux en Europe ?
6. Comment les différentes classes sociales furent-elles touchées par les Grandes Découvertes ?

CONCLUSION

À l'orée du XVIIe siècle, la civilisation occidentale vient de vivre un tournant au cours des deux siècles précédents. Rejetant une bonne partie de l'héritage médiéval, elle a renoué, par la Renaissance, avec les valeurs littéraires, philosophiques et esthétiques de l'Antiquité gréco-romaine.

Elle a vu sa relative unité religieuse brisée par un mouvement de réforme donnant naissance à un protestantisme diversifié face auquel le catholicisme s'est raidi, mais aussi réformé lui-même. Cette fracture religieuse a entraîné des guerres longues et sanglantes, qui ont débouché sur l'instauration de religions d'État imposées aux populations avec plus ou moins de force.

En même temps, l'Occident s'est lancé sur les mers à la conquête de marchés et plus encore d'espaces nouveaux où il s'est implanté, non sans détruire des peuples, des cultures, des civilisations parfois fort avancées dans certains domaines. Ce faisant, il a créé le phénomène de la mondialisation, qui n'a cessé de s'amplifier depuis, et il a fait de sa propre civilisation la première de l'histoire à s'être implantée sur les cinq continents.

Et au milieu de toutes ces transformations, une force nouvelle est née, celle de l'État moderne.

TRAVAUX ET EXERCICES

SYNTHÈSE

Justifiez les affirmations suivantes en vous appuyant sur des arguments ou des exemples:

1. Entre le milieu du XVe siècle et le début du XVIIe, la civilisation occidentale vit un des grands tournants de son histoire.
2. Au XVIe siècle, l'unité de l'Église romaine est brisée par plusieurs nouvelles confessions chrétiennes.
3. Les Grandes Découvertes bouleversent le rapport des Européens au monde sur les plans matériel, économique, social, politique et mental.

RÉFLÉXION – Les concepts d'*humanisme* et de *découverte*

1. Au XVIe siècle, l'humanisme se distingue par sa passion pour l'Antiquité gréco-romaine, ainsi que par sa foi en une humanité capable de dominer l'univers. Il en découle une vision nouvelle et durable de l'éducation, comme en témoigne au Québec le «cours classique» qui domine dans les collèges jusqu'à la fin des années 1960. Qu'en est-il aujourd'hui de cet humanisme? Afin d'y réfléchir, comparez l'humanisme du XVIe siècle avec celui d'aujourd'hui en répondant aux questions suivantes:

   a) À partir du texte de Rabelais (*voir doc.* 4, *p. 122*), relevez les principales caractéristiques de l'éducation valorisée par les humanistes au XVIe siècle.

   b) À la lumière de ce document et de vos connaissances, l'humanisme est-il un concept toujours actuel? Appuyez votre réponse sur au moins deux exemples.

2. L'expression *Grandes Découvertes* désigne la période durant laquelle l'Europe entre en contact avec un continent jusque-là inconnu. En 1992, au moment du 500e anniversaire de l'arrivée de Christophe Colomb en Amérique, le concept de *découverte* a suscité un élan d'opposition, voire d'hostilité, chez les autochtones du continent américain.

   a) Selon vous, que sous-entend le terme *découverte* qui peut entraîner la colère des autochtones?

   b) Quels autres termes pourraient être utilisés pour désigner ce moment de l'histoire? Nommez-en au moins deux et expliquez comment leur signification pourrait être perçue différemment.

   c) D'après vous, pourquoi l'expression *Grandes Découvertes* est-elle toujours utilisée dans les manuels d'histoire?

ANALYSE – La distinction entre sources primaires et sources secondaires

Le document est le matériau de base de la recherche historique. On divise les documents entre sources primaires et sources secondaires. Le document est une source primaire lorsque l'auteur écrit au moment où se produisent les événements; il est une source secondaire lorsque l'auteur écrit après les événements. Par exemple, le journal de bord de Christophe Colomb représente une source primaire, tandis qu'un article de périodique qui analyse les voyages de Colomb et leur impact sur les Amérindiens est une source secondaire. Savoir différencier les sources primaires des sources secondaires constitue la première étape de la connaissance du passé. Les sources primaires sont des témoins du passé, tandis que les sources secondaires sont des interprétations de celui-ci.

1. Indiquez si les documents 2, 4, 8, 18, 20, 21, 22 et 35 (*voir p. 121, 122, 126, 132, 133, 134 et 148*) sont des sources primaires ou secondaires et justifiez votre choix.

2. À la lumière de l'explication présentée plus haut, tentez de relever au moins trois types de sources primaires et au moins trois types de sources secondaires parmi les différents documents présentés dans l'ouvrage.

3. Quelle peut être l'utilité des sources primaires et des sources secondaires dans la construction du savoir historique?

HÉRITAGE

CE QUE NOUS DEVONS...

... à la Renaissance

- la redécouverte des valeurs de l'Antiquité: la foi dans l'Homme, les canons esthétiques
- en peinture: la perspective, le paysage, le *sfumato*
- un système d'éducation basé sur les humanités gréco-latines
- l'éclosion des langues et des littératures nationales
- l'invention de l'imprimerie

... à la Réforme

- la rupture de la chrétienté occidentale: Europe catholique (argument d'autorité, soumission à Rome) et Europe protestante (individualisme, plus grande liberté de pensée)
- pour le protestantisme: une nouvelle façon de concevoir les rapports avec Dieu (justification par la foi, libre arbitre, prédestination, suppression de sacrements)
- pour le catholicisme: plus de discipline et meilleure formation du clergé, Inquisition, Index, ordres religieux réformés ou nouveaux (Jésuites)

... aux Grandes Découvertes

- le premier tour du monde (preuve de la rotondité de la Terre)
- la première carte du monde (Gerhard Mercator)
- la destruction des civilisations précolombiennes
- le retour de l'esclavage et la traite des Noirs d'Afrique
- le métissage des peuples
- l'arrivée de produits d'Amérique en Europe (haricot, maïs, tabac, pomme de terre, cacao)
- l'arrivée de produits d'Europe et d'Asie en Amérique (blé, vigne, agrumes, café)
- l'extension de la civilisation occidentale en Amérique (style de vie, culture, langue, institutions politiques, villes de type européen)
- le mythe du « bon sauvage », qui nourrira tout un courant littéraire et philosophique

POUR ALLER PLUS LOIN

Ouvrages de référence

CHAUNU, Pierre. *Conquête et exploitation des nouveaux mondes: XVIe siècle*, 6e éd., Paris, PUF, 2010, 445 p. (Coll. « Nouvelle Clio »)

DELUMEAU, Jean, et Thierry WANEGFFELEN. *Naissance et affirmation de la Réforme*, 10e éd., Paris, PUF, 2003, 441 p. (Coll. « Nouvelle Clio »)

EL KENZ, David, et Claire GANTET. *Guerres et paix de religion en Europe aux XVIe-XVIIe siècles*, 2e éd., Paris, A. Colin, 2008, 212 p. (Coll. « Cursus Histoire »)

FEBVRE, Lucien. *Martin Luther, un destin*, 4e éd., Paris, PUF, 2008, 208 p. (Coll. « Quadrige. Grands textes »)

HORNA, Hernan. *La conquête des Amériques vue par les Indiens du Nouveau monde*, Paris, Demi-lune, 2009, 213 p. (Coll. « Résistances »)

MOUTON, Jean-Luc. *Calvin*, Paris, Gallimard, 2009, 395 p. (Coll. « Folio Biographies », no 52)

PÉRONNET, Michel. *Le XVIe siècle, 1492-1620: des grandes découvertes à la contre-Réforme*, Paris, Hachette supérieur, 2005, 336 p. (Coll. « HU histoire »)

Cédérom

Le temps de la Renaissance, Fr., Éditions des Riches Heures, 2006, 80 min. — DVD et DVD-ROM avec animations 3D et visites interactives.

Productions audiovisuelles

1492, Christophe Colomb, de Ridley Scott, avec G. Depardieu et S. Weaver, Fr./Esp., 1992, 154 min. — Fresque historique magnifiquement filmée. Vision très positive du personnage; les mauvais aspects de l'entreprise sont attribués à ses ennemis.

Aguirre, la colère de Dieu, de Werner Herzog, avec K. Kinski et H. Rojo, All., 1972, 93 min. — Une expédition espagnole pénètre dans la jungle amazonienne en quête de l'Eldorado (de l'espagnol *el dorado*, « le pays couvert d'or »). Interprétation magistrale de Kinski en chef mégalomane et halluciné. Superbes images.

A Man for All Seasons, de Fred Zinnemann, avec R. Shaw et P. Scofield, G.-B., 1966, 120 min. — L'affrontement entre Henri VIII et son chancelier Thomas More à l'occasion du divorce du roi et de la rupture avec Rome. Magnifique reconstitution d'époque, dialogues percutants.

The Agony and the Ecstasy, de Carol Reed, avec C. Heston et R. Harrison, É.-U./It., 1965, 138 min. — Michel-Ange peint le plafond de la chapelle Sixtine, aiguillonné par le pape Jules II. Deux personnalités plus grandes que nature s'affrontent. Fresque hollywoodienne de qualité. Interprètes charismatiques.

The Mission, de Roland Joffé, avec R. De Niro et J. Irons, G.-B., 1986, 125 min. — Les missions jésuites du Paraguay au XVIIIe siècle furent une entreprise originale d'adaptation de la foi aux réalités amérindiennes. Un chasseur d'esclaves repenti s'y joint, dans ce film aux images splendides et aux acteurs magnifiques.

Chapitre 5 — La formation des États modernes

PLAN

- **5.1 L'État moderne**
  - 5.1.1 La lutte contre la féodalité
  - 5.1.2 Le jeu des forces sociales
- **5.2 La monarchie absolue en Espagne et en France**
  - 5.2.1 Grandeur et décadence de l'Espagne des Habsbourg
  - 5.2.2 L'absolutisme triomphal : la France des Bourbons
- **5.3 La monarchie parlementaire en Angleterre**
  - 5.3.1 Les spécificités du cas anglais
  - 5.3.2 La révolution puritaine
  - 5.3.3 La restauration et la Glorieuse Révolution
- **5.4 Une république : les Provinces-Unies**
  - 5.4.1 Les Pays-Bas espagnols et la « révolte des Gueux »
  - 5.4.2 Une république fédérale, bourgeoise et tolérante
  - 5.4.3 Un éclat éphémère
- **5.5 L'émergence de l'Autriche, de la Prusse et de la Russie**
  - 5.5.1 Des États à bâtir
  - 5.5.2 Le despotisme éclairé
- **5.6 Les luttes pour l'hégémonie**
  - 5.6.1 Sur le continent : de l'hégémonie à l'équilibre
  - 5.6.2 Sur mer et aux colonies : de l'équilibre à l'hégémonie
  - 5.6.3 Une première guerre « mondiale » : la guerre de Sept Ans

1 Les principaux États européens vers 1700

Observez, entre autres, l'éloignement et le peu d'importance de la Russie, de même que l'inexistence de l'Italie et de l'Allemagne en tant qu'États. Les Pays-Bas passent de la domination espagnole à la domination autrichienne en 1713.

C'est au cours des XVIe, XVIIe et XVIIIe siècles qu'apparaît un des éléments clés de la civilisation occidentale moderne : l'État unifié, centralisé et souverain. Mis en place par les rois, appuyés, en Europe occidentale du moins, par la bourgeoisie, il prend diverses formes (monarchie absolue, monarchie limitée, république, despotisme éclairé) selon le plus ou moins grand pouvoir qu'y exerce le monarque. Ces États souverains, déjà « nationaux » en Europe occidentale, vont chercher à imposer leur hégémonie autour d'eux, entrant pour cela dans des guerres incessantes qui, à leur tour, renforcent et l'État et le sentiment national.

2 « Le principal centre mondial de diffusion culturelle »

« Si le lecteur prenait une carte de l'Europe, plaçait un compas sur la ville de Paris et traçait un cercle de 500 milles [800 kilomètres] de rayon, il délimiterait une zone depuis laquelle un grand nombre d'aspects de la civilisation moderne ou "occidentale" ont rayonné à partir des années 1650. C'est à l'intérieur de cette zone que la société laïque, la science moderne, le capitalisme développé, l'État moderne, le régime parlementaire, les idées démocratiques, le machinisme industriel, et bien d'autres choses, ont pris naissance ou ont atteint leur premier épanouissement. [...] Cette région a été, à partir du XVIIe siècle et pour deux cents ans, le principal centre mondial de ce que les anthropologues pourraient appeler la *diffusion culturelle*. L'Europe occidentale, en tant que centre culturel dynamique, allait avoir un énorme impact sur le reste de l'Europe, les Amériques, et finalement le monde entier. »

Source : Robert R. PALMER et Joel COLTON, *A History of the Modern World*, New York, McGraw-Hill, 1984, p. 156, [notre traduction].

3 L'État centralisé

Le pouvoir souverain de l'État comparé au Léviathan, monstre marin biblique.

Gravure de A. Bosse, sur le frontispice d'un livre de Thomas Hobbes, 1651.

CHRONOLOGIE

1479	Unification politique de l'Espagne
1492	Prise de Grenade par les souverains espagnols
	« Découverte » de l'Amérique par Christophe Colomb
1519-1556	Règne de Charles Quint (Espagne, Autriche, Saint Empire, Pays-Bas, Italie, etc.)
1556-1598	Règne de Philippe II (Espagne, Pays-Bas, Portugal)
1558-1603	Règne d'Élisabeth Ire (Angleterre)
1588	Déroute de l'Invincible Armada
1609	Indépendance des Provinces-Unies
1640-1660	Révolution puritaine en Angleterre
1643-1715	Règne de Louis XIV (France)
1651	Lois de navigation (Angleterre)
1689-1725	Règne de Pierre Ier « le Grand » (Russie)
1685	Révocation de l'édit de Nantes (France)
1688-1689	Glorieuse Révolution en Angleterre
1713	Traité d'Utrecht
1740-1786	Règne de Frédéric II « le Grand » (Prusse)
1756-1763	Guerre de Sept Ans, traité de Paris
1762-1796	Règne de Catherine II « la Grande » (Russie)

5.1 L'État moderne

Mis en place en réaction contre le morcellement féodal, l'État moderne vise à centraliser les pouvoirs clés qui régissent la vie en société. Cette mise en place se réalise diversement, selon le jeu des forces sociales présentes dans tel ou tel pays.

5.1.1 La lutte contre la féodalité

L'État moderne se construit d'abord contre la féodalité. Nous avons vu comment, dès le XIe siècle, les rois avaient amorcé la lente remontée du pouvoir étatique contre le morcellement féodal (*voir p. 108*). À la fin du Moyen Âge, les résultats de cette entreprise étaient cependant plutôt minces, même si le sentiment national naissant dans certains royaumes (France, Angleterre, Espagne) pouvait la favoriser. Ce n'est donc pas avant le XVIe siècle que se forme véritablement l'État moderne, avec plusieurs des caractéristiques que nous lui connaissons encore aujourd'hui et qui pourraient se résumer en un mot clé : le **monopole**.

Monopole
Privilège exclusif que possède une personne (physique ou morale, par exemple un gouvernement) d'exercer certains pouvoirs, d'occuper certaines charges ou de fabriquer ou de vendre certains biens ou services.

L'armée. Il y a le monopole, tout d'abord, de la force armée. Contre les armées privées des grands féodaux, rassemblées sur la base du service d'ost, les rois vont se doter d'une armée permanente, formée aussi bien de sujets du royaume que de **mercenaires**, qui pourra être rassemblée à tout moment (le service d'ost était d'une durée limitée) **4**. Une innovation technique capitale vient d'ailleurs fournir aux rois une supériorité décisive : l'artillerie, capable de percer les murailles des châteaux forts, derrière lesquelles les féodaux s'étaient jusque-là sentis à l'abri.

Mercenaire
Soldat professionnel à la solde d'un gouvernement étranger.

La taxation. Mais, à la différence de l'ost féodal, qui est un service gratuit du vassal à son suzerain, les mercenaires et les canons coûtent cher. Les rois doivent donc établir un régime de taxation grâce auquel ils pourront drainer vers leurs coffres les ressources de tout leur royaume, ce qu'aucun grand féodal ne serait en mesure d'égaler. Et l'armée royale, financée par la taxation, est à son tour le meilleur garant de cette taxation : elle servira à mater tout soulèvement populaire contre l'impôt... Le second monopole de l'État moderne, c'est donc celui de la taxation.

La monnaie. L'impôt, cependant, ne rapporte jamais suffisamment. En plus du recours à l'emprunt (*voir section 5.1.2*), il faudra jouer sur l'émission monétaire. « Battre monnaie » (toute monnaie est métallique à l'époque) est donc un troisième monopole auquel tend l'État moderne, au détriment

4 L'armée royale

Louis XIV franchit le Rhin avec son armée pour envahir les Pays-Bas, 12 juin 1672. Au deuxième plan, légèrement à gauche du centre, une batterie de canons tonne.

Le passage du Rhin en 1672 (A.F. van der Meulen), musée des beaux-arts de Dijon.

des grands féodaux dont les monnaies, de toute façon, ne peuvent prétendre à la solidité et à la fiabilité supérieures de la monnaie royale. Le contrôle de l'émission monétaire donne à l'État un rôle important dans l'économie et lui permet de se financer, à condition évidemment que ce pouvoir soit utilisé avec discernement afin de maintenir la valeur de la monnaie. Et une monnaie unique ne peut que renforcer le pouvoir central au détriment de la noblesse.

La justice. Un quatrième monopole auquel l'État moderne aspire, c'est celui de la justice. Rien n'est plus propre à assurer aux rois un certain appui auprès de la bourgeoisie et du peuple que l'instauration d'une justice royale à laquelle on puisse faire appel contre la justice féodale, dans laquelle le seigneur est souvent à la fois juge et partie (il juge lui-même du respect, par ses paysans, de leurs obligations envers lui…).

5 La religion d'État

Estampe satirique française de 1686 faisant référence à la révocation de l'édit de Nantes (*voir p. 172*).

La religion. Enfin, et ce n'est pas le moindre de ses monopoles, l'État moderne cherche à s'assurer celui de la religion. L'éclatement de l'unité chrétienne par suite de la Réforme entraîne d'implacables guerres de religion (*voir p. 138*) qui risquent de morceler les royaumes même les mieux affermis. Afin de mettre un terme à ces conflits apparemment insolubles, on s'entend finalement pour reconnaître au « prince » le pouvoir d'imposer sa religion à ses sujets. Ainsi naissent des Églises « nationales » (anglicane en Angleterre, presbytérienne en Écosse), et même les souverains demeurés catholiques tendent à faire passer l'Église de leur royaume sous l'autorité de l'État (le **gallicanisme** en France). Partout la religion devient affaire de politique, et la dissidence, voire la simple tolérance religieuse, devient subversion, qu'il faut réprimer par tous les moyens (l'Inquisition en Espagne) 5.

Évidemment, tous ces monopoles auxquels l'État moderne aspire ne seront pas conquis rapidement. En France, par exemple, les **Grands**, comme on les appelle, pourront encore lever des armées privées jusqu'au milieu du XVIIe siècle, et la noblesse féodale conservera ses pouvoirs judiciaires jusqu'à la révolution de 1789. Néanmoins, la tendance centralisatrice est là, irréversible.

5.1.2 Le jeu des forces sociales

Afin de s'emparer des différents monopoles qu'ils veulent rassembler, les bâtisseurs de l'État moderne doivent prendre en considération des forces sociales dont certaines les appuient et d'autres les combattent. C'est ce jeu, surtout, qui donne naissance aux différentes formes que prend l'État moderne au cours des XVIe, XVIIe et XVIIIe siècles.

Gallicanisme
Théorie et pratique de l'Église catholique en France, considérée comme jouissant d'une certaine indépendance à l'égard de l'autorité du pape et soumise en partie à l'autorité du roi.

Grands (les)
Ensemble des membres de la haute noblesse.

L'appui de la bourgeoisie. Dans sa lutte contre la féodalité, la monarchie peut compter d'emblée sur l'appui de la bourgeoisie, dont les intérêts concordent en partie avec les siens. La bourgeoisie, en effet, favorise la concentration du pouvoir, l'élimination des servitudes féodales et la disparition des innombrables barrières qui ralentissent les échanges. La monarchie, quant à elle, a besoin d'argent, et c'est la bourgeoisie qui peut lui en prêter. L'alliance entre ces deux forces se raffermit à l'occasion des Grandes Découvertes et de l'installation des premiers empires coloniaux, largement financés par le roi et dont les bénéfices reviennent surtout à la bourgeoisie, la noblesse n'ayant guère pris part à l'aventure.

Situations différentes, différents modèles. Mais la bourgeoisie se trouve dans des situations très inégales d'une région à l'autre de l'Europe. Là où elle est le plus forte, c'est elle qui tiendra effectivement les rênes du pouvoir, soit sous la forme d'une **monarchie limitée** (Angleterre), soit sous la forme d'une république (Provinces-Unies). Là où la bourgeoisie est faible, la monarchie devra composer avec la noblesse pour asseoir son pouvoir dans un régime de **despotisme éclairé** (Autriche, Prusse, Russie). La meilleure situation, du point de vue de l'autorité royale, se trouve là où la noblesse et la bourgeoisie sont à peu près en état d'équilibre, ce qui permet au roi d'imposer son arbitrage et de fonder ainsi une **monarchie absolue** (Espagne, France).

Autres facteurs. D'autres facteurs jouent aussi un rôle dans la formation de l'État moderne. La longue période de troubles qui a marqué la fin du Moyen Âge de même que les guerres de religion qui ont suivi ont fait naître partout une profonde aspiration à la paix et à l'ordre, que seul un État fort semble en mesure d'assurer. La Renaissance a permis une remise à l'honneur du droit romain, essentiellement basé sur la notion d'État (*voir p. 54*). Un sentiment national, plutôt timide encore, se fait jour, ainsi qu'en témoignent l'abandon du latin et l'usage de la langue « nationale » dans les actes officiels. Enfin, la création d'un espace économique agrandi sur la base du **mercantilisme** (*voir p. 145*) contribue fortement à la montée d'une puissance étatique dont on n'avait pas vu l'équivalent depuis la chute de l'Empire romain.

C'est donc sur ces bases et dans ces circonstances que naît l'État moderne, appuyé sur une armée permanente, assuré de rentrées fiscales continuelles, maître de la religion sinon de la conscience de ses sujets, garant de la paix et de la stabilité, fondé sur le droit romain, porté par une conscience nationale naissante. Là où il n'arrivera pas à s'organiser, comme en Allemagne et en Italie, il faudra attendre la fin du XIXe siècle pour le voir surgir (*voir p. 279*).

Monarchie limitée
Régime politique dans lequel le chef de l'État est un roi héréditaire dont les pouvoirs sont limités par des institutions représentatives. On dit aussi *monarchie parlementaire*.

Despotisme éclairé
Régime politique dans lequel le chef de l'État est un roi héréditaire qui détient tous les pouvoirs et qui affirme vouloir implanter des réformes nécessaires au bien-être du peuple.

Monarchie absolue
Régime politique dans lequel le chef de l'État est un roi héréditaire qui détient tous les pouvoirs, sans restriction et sans partage. Quand le roi se réclame d'un mandat reçu de Dieu, on parle de la monarchie absolue *de droit divin*.

Mercantilisme
Théorie et pratique de l'économie politique, basées sur la valeur intrinsèque de l'or, sur la primauté du commerce, sur le dirigisme et sur l'exploitation des colonies.

Faisons le point

1. Quels monopoles l'État moderne cherche-t-il à s'assurer ?
2. En quoi les bourgeois et les rois ont-ils un intérêt commun à lutter contre les nobles féodaux ?
3. Établissez les liens entre différentes situations sociales de la bourgeoisie et différents types d'État moderne.
4. À part la lutte contre le morcellement féodal, mentionnez d'autres facteurs à l'origine de l'État moderne.

5.2 La monarchie absolue en Espagne et en France

En Espagne et en France, l'État moderne prend la forme de la monarchie absolue de droit divin. La théorie en est surtout élaborée en France, sous Louis XIV. Elle affirme que le roi détient en ses seules mains tous les pouvoirs de l'État, qu'il est à la fois souverain seigneur (au sens féodal) et empereur (au sens romain) en son royaume, et que cette fonction lui est confiée, non par les hommes, mais par Dieu lui-même, dont le roi est le représentant sur terre 6.

5.2.1 Grandeur et décadence de l'Espagne des Habsbourg

L'Espagne des Habsbourg constitue «l'un des exemples les plus spectaculaires de l'ascension vertigineuse et de la chute non moins dramatique d'une grande puissance» (Marvin Perry, *Western Civilization*, Boston, Houghton Mifflin, 1992, p. 356). Au début du xve siècle, le royaume d'Espagne n'existe pas ; à la fin du xvie, il est devenu la première puissance d'Europe et domine un empire qui va des Pays-Bas jusqu'en Chine ; au début du xviiie, il est déjà en pleine régression.

6 La théorie de l'absolutisme

1. LE DROIT DIVIN

«Ire proposition : L'autorité royale est sacrée

Dieu établit les rois comme ses ministres et règne par eux sur les peuples. […] Les princes agissent donc comme ministres de Dieu, et ses lieutenants sur la terre. […] C'est pour cela […] que le trône royal n'est pas le trône d'un homme, mais le trône de Dieu même. […]

IIe proposition : La personne des rois est sacrée

Il paraît de tout cela que la personne des rois est sacrée, et qu'attenter sur eux c'est un sacrilège. […] ils sont sacrés par leur charge, comme étant les représentants de la majesté divine, députés par la Providence à l'exécution de ses desseins. […]

IIIe proposition : On doit obéir au prince par principe de religion et de conscience

Saint Paul, après avoir dit que le prince est le ministre de Dieu, conclut ainsi : "Il est donc nécessaire que vous lui soyez soumis non seulement par crainte de sa colère, mais encore par l'obligation de votre conscience." […] Quand même ils ne s'acquitteraient pas de [leur] devoir, il faut respecter en eux leur charge et leur ministère.»

Source : BOSSUET, *Politique tirée de l'Écriture sainte* (1670), Paris, Beaucé, 1818, p. 46-48.

2. LA SEIGNEURIE ABSOLUE

«Toute puissance, toute autorité résident dans la main du roi et il ne peut y en avoir d'autre dans le royaume que celle qu'il y établit. Tout ce qui se trouve dans l'étendue de nos États, de quelque nature que ce soit, nous appartient. […] Les rois sont seigneurs absolus et ont naturellement la disposition pleine et entière de tous les biens qui sont possédés aussi bien par les gens d'Église que par les séculiers.»

Source : LOUIS XIV, *Mémoires pour servir à l'instruction du Dauphin* (1661), dans Josiane BOULAD-AYOUB et François BLANCHARD, *Les grandes figures du monde moderne*, Québec/Paris, Les Presses de l'Université Laval/L'Harmattan, 2001, p. 171. (Coll. «Mercure du Nord»)

3. LA PUISSANCE SOUVERAINE

«[…] c'est en ma personne seule que réside la Puissance souveraine […] ; c'est de moi seul que mes cours tiennent leur justice et leur autorité ; […] c'est à moi seul qu'appartient le pouvoir législatif sans dépendance et sans partage ; […] l'ordre public tout entier émane de moi, j'en suis le gardien suprême ; […] mon peuple n'est qu'un avec moi, et les droits et les intérêts de la Nation, dont on ose faire un corps séparé du monarque, sont nécessairement unis avec les miens et ne reposent qu'en mes mains […].»

Source : LOUIS XV, «Discours au Parlement de Paris» (1766), dans Hippolyte TAINE, *Les origines de la France contemporaine*, t. I, *L'Ancien Régime*, Paris, Hachette, 1907, p. 19.

> D'après Bossuet, pourquoi le roi est-il un personnage sacré et quelle obligation cela entraîne-t-il pour les sujets ? Que veut dire Louis XIV quand il qualifie les rois de «seigneurs absolus» ? En quoi consiste la puissance souveraine, d'après Louis XV ?

Maure
Autochtone de l'Afrique du Nord, avant l'arrivée des Arabes. L'appellation dérive de *Maurétanie*, province romaine d'Afrique du Nord dans l'Antiquité.

Autoritarisme
Caractère d'un régime politique ou d'un gouvernement intransigeant, qui abuse volontiers de l'autorité.

Conservatisme
Position intellectuelle ou morale hostile à une évolution.

---

7 **Philippe II (1527-1598)**

PORTRAIT

Après avoir cherché en vain à épouser la reine Élisabeth Ire d'Angleterre, Philippe II envoie contre elle une énorme force d'invasion, l'Invincible Armada, qui échoue lamentablement (1588). Allié aux catholiques dans les guerres de religion en France, il tente sans succès d'y placer sa fille sur le trône. Il est plus heureux contre les Turcs (Empire ottoman), dont la flotte est mise en déroute à la bataille de Lépante (1571). L'annexion du Portugal (1580) fait de lui le maître du plus grand empire mondial jamais réuni. Personnalité secrète, impénétrable et contrastée, il mêle tendresse familiale et crimes perfides, goût du faste et austérité, religiosité scrupuleuse et cruauté sans âme. Méticuleux, intransigeant, travailleur acharné, écoutant mal ses meilleurs conseillers, il mène l'Espagne à la catastrophe financière et prépare son affaiblissement général.

L'ascension. L'ascension de l'Espagne est basée sur l'unification politique et religieuse et sur les richesses du Nouveau Monde.

L'Espagne est fille de la *Reconquista*, la longue et ardente reconquête du territoire contre les musulmans qui s'en étaient emparés au début du VIIIe siècle (*voir p. 108*). Cette croisade contre les infidèles marque d'un trait indélébile la naissance de l'État espagnol. L'union des deux royaumes d'Aragon et de Castille par le mariage de leurs souverains, Ferdinand et Isabelle, en 1469, ainsi que la prise de Grenade, dernier vestige de la conquête arabe, en 1492, scellent l'unification du territoire. La même année, Christophe Colomb découvre l'Amérique. L'ascension espagnole est en marche.

Elle est tout de suite caractérisée par une recherche obsédante de la pureté raciale et religieuse. Dans ce territoire où chrétiens, musulmans et juifs avaient réussi à cohabiter dans une relative tolérance mutuelle, la prise de Grenade signale le début des persécutions. Les Juifs sont expulsés dès 1492 et, en 1499, les **Maures** (c'est-à-dire les musulmans) se voient confisquer leurs biens et interdire de pratiquer leur religion. Mais cette manière de procéder ne fait que multiplier le nombre de chrétiens « douteux », convertis de fraîche date, soupçonnés de ne pas avoir abandonné leurs anciennes croyances. Alors la répression s'abat sur eux, impitoyable, par l'entremise de la *Santa Hermandad*, redoutable police politique, et surtout de l'Inquisition, tribunal à la fois civil et religieux qui recourt systématiquement à la torture pour obtenir des « aveux » avant d'expédier les condamnés au bûcher. Ces supplices par le feu sont d'ailleurs mis en scène dans de grandioses et horribles spectacles publics (appelés *autos da fe*, « actes de foi »…) destinés à susciter la terreur et à cimenter l'unité du royaume. Finalement, en 1609, les Morisques (d'ex-musulmans et leurs descendants) sont tout simplement expulsés eux aussi.

Ce qui fait la puissance de l'Espagne, cependant, ce n'est pas tant cette recherche de la pureté raciale et de l'orthodoxie religieuse que les fabuleuses richesses du Nouveau Monde auxquelles les expéditions de ses conquistadors lui donnent accès. Des fleuves d'or et d'argent se déversent sur le royaume, tels que l'Europe n'en a jamais vu. Cette masse de numéraire de même que l'expérience militaire acquise dans la longue lutte de la reconquête permettent à l'Espagne d'entretenir la plus formidable armée d'Europe, capable d'intervenir sur tous les champs de bataille et même dans les querelles internes de bien des États.

L'apogée. C'est avec Philippe II (1556-1598), fils de Charles Quint (*voir p. 183*), que l'absolutisme espagnol atteint son apogée **7**. En plus de l'Espagne et de ses colonies d'Amérique, ce roi rassemble sous son autorité les Pays-Bas, avec le port d'Anvers qui est alors le plus grand centre de commerce d'Europe, puis le Portugal et son empire colonial. Il fait construire de toutes pièces, en plein centre de l'Espagne, une capitale nouvelle, Madrid, mais préfère vivre dans une sorte de palais-monastère isolé, l'Escurial **8**.

Depuis son petit bureau donnant directement sur l'église monastique, Philippe II gouverne d'une main tatillonne cet empire qui s'étend d'Amsterdam à Manille et sur lequel le soleil ne se couche jamais. Il poursuit sans pitié les dissidents religieux, réprime avec férocité le soulèvement des Pays-Bas (*voir p. 178*), resserre son autorité sur les colonies. Il intervient aussi continuellement dans la politique intérieure de la France et de l'Angleterre, par des subsides ou même des expéditions armées, poursuivant sans répit son rêve obsessionnel d'extirper le protestantisme. L'Espagne vit alors son « siècle d'or », illustré par des écrivains (Cervantès), des artistes (El Greco), des mystiques (Thérèse d'Avila) qui sont parmi les plus marquants de la civilisation occidentale.

Le déclin. Mais déjà, malgré les apparences, l'Espagne est entrée dans son déclin. Plusieurs facteurs expliquent ce rapide dépérissement.

Tout d'abord, l'expulsion des Juifs et des Morisques l'a privée de compétences précieuses dans les domaines commercial, financier et professionnel. Juifs et Morisques étaient en effet particulièrement présents dans ces domaines, où ils occupaient une place essentielle sur le plan tant matériel qu'intellectuel. Leur départ affaiblit considérablement la bourgeoisie espagnole, qui ne pourra pas jouer son rôle de soutien de la monarchie contre la noblesse comme en France.

Ensuite, la facilité d'approvisionnement en métaux précieux engendre à long terme des effets pervers. Elle paralyse le développement de l'industrie nationale, puisque l'on peut acheter à l'extérieur, avec de l'argent, tout ce dont on a besoin, ce qui empêche la formation d'une solide bourgeoisie. C'est ainsi que les trésors de l'Amérique espagnole contribuent surtout au développement de l'Angleterre et des Provinces-Unies. Et quand les mines d'Amérique viendront à se tarir, dès la fin du XVIIe siècle, l'Espagne se trouvera complètement démunie 9.

Ce trésor précieux mais éphémère est par ailleurs dilapidé dans des guerres interminables en Europe, sans bénéfice pour l'Espagne. Dans une sorte d'aveuglement furieux, c'est d'ailleurs l'armée espagnole elle-même qui, pour venir à bout des Pays-Bas révoltés, ravage en 1576 le port et la ville d'Anvers, où se situe pourtant le centre commercial et financier des possessions espagnoles. Au cours du siècle qui suit, l'État espagnol sera acculé à la faillite à plusieurs reprises.

Enfin, la population espagnole diminue, par suite des expulsions, de l'émigration vers le Nouveau Monde et de la dégradation des conditions de vie dans ce pays difficile, aride et montagneux. Cette dépopulation devient le témoignage indiscutable du dépérissement du royaume 10.

Au début du XVIIIe siècle, l'Espagne se fige peu à peu dans l'**autoritarisme** politique, l'intolérance religieuse et le **conservatisme** social, et deviendra l'un des États les plus pauvres de l'Europe occidentale.

8 Le palais de l'Escurial

Philippe II d'Espagne a passé presque toute sa vie dans ce sévère palais qui était aussi un monastère.

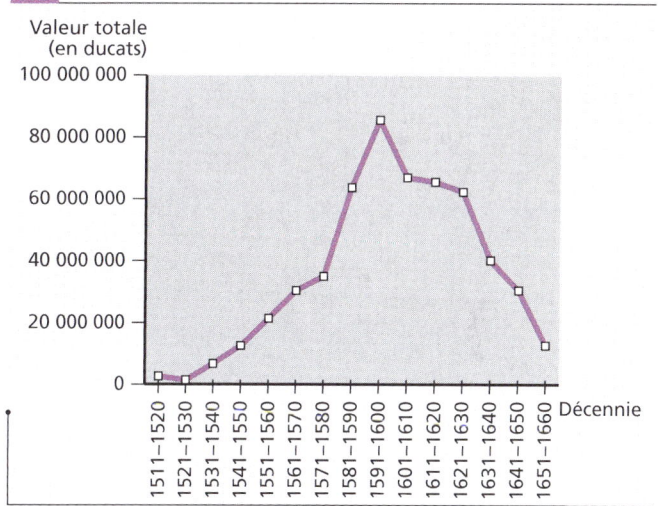

9 Les importations de métaux précieux d'Amérique en Espagne

10 La population de Castille et d'Aragon (1600-1650)

Population totale en 1600		9 700 000
Pertes	Morts de la peste	930 000
	Morisques expulsés	300 000
	Émigrés et autres	370 000
Population totale en 1650		8 100 000

Source : Jordi NADAL, *La población española (siglos XVI al XX)*, Barcelone, Ariel, 1984, passim.

La formation des États modernes **169**

États généraux
Réunion de représentants des trois ordres de la société : clergé, noblesse et tiers état, convoqués par le roi pour qu'ils le conseillent. Chaque ordre a sa propre assemblée.

Concordat
Accord écrit (sorte de traité) entre le pape et l'autorité civile.

Noblesse de robe
Corps social constitué par les détenteurs de titres de noblesse conférés par la possession de certains offices, particulièrement dans le domaine de la justice.

---

11 Louis XIV (1638-1715)

PORTRAIT

Le règne du Roi-Soleil commence plutôt mal, avec une révolte des nobles et un soulèvement de Paris contre de nouveaux impôts. En 1649, le jeune roi doit fuir la ville en pleine nuit pour échapper aux émeutiers ; il s'en souviendra… Profondément imbu de la grandeur de son rôle et parfaitement préparé à l'exercer, travailleur infatigable, intelligent et habile, soucieux au plus haut point de son image, il poursuit sans relâche une politique de grandeur qui suscite, à partir du milieu des années 1680, de farouches résistances, tant à l'intérieur qu'à l'extérieur du royaume. Ayant repoussé et consolidé les frontières de la France tout en lui assurant un incontestable rayonnement culturel, Louis XIV laisse tout de même à son successeur un pays affaibli par sa recherche perpétuelle de gloire, son intérêt presque exclusif pour la guerre, son indifférence envers les questions financières et son autoritarisme ombrageux.

5.2.2 L'absolutisme triomphal : la France des Bourbons

C'est incontestablement la France qui va fournir le modèle de référence de l'absolutisme monarchique, particulièrement sous Louis XIV, le « Roi-Soleil ».

Les facteurs favorables. Plusieurs facteurs concourent à ce résultat. D'abord, le roi de France jouit d'un statut quasi religieux et d'un prestige unique à cause du sacre qu'il a reçu dans la cathédrale de Reims ; il est, en quelque sorte, un personnage sacré. Dès la fin du Moyen Âge, ce roi s'avère déjà, dans son royaume, l'un des plus puissants d'Europe (*voir p. 108*). Le territoire est à peu près unifié, le sentiment national a été galvanisé par la guerre de Cent Ans contre l'Angleterre, l'armée royale est en place, l'impôt direct est devenu régulier et permanent. Par ailleurs, l'exceptionnelle longévité des Bourbons assure la stabilité du trône : entre 1589 et 1789, cinq rois seulement ; entre 1610 et 1774, sur 164 années, trois rois (Louis XIII, Louis XIV et Louis XV), pour une moyenne de 55 ans de règne chacun !

La marche vers l'absolutisme. Au début du XVIe siècle, sous le règne de François Ier (1515-1547), le pouvoir royal poursuit l'ascension amorcée au Moyen Âge : les États généraux ne sont plus convoqués et les tribunaux royaux se multiplient, où l'emploi du français est obligatoire. En 1516, en vertu du concordat de Bologne, le roi de France se fait reconnaître par le pape le pouvoir de choisir les évêques et les abbés des monastères : l'Église gallicane est née.

Mais les besoins financiers insatiables du roi pour la guerre et pour l'entretien d'une cour fastueuse provoquent l'apparition d'une pratique néfaste, la vénalité des offices. Les « offices » étant ce qu'on appellerait aujourd'hui les postes de fonctionnaire de l'État, la vénalité consiste à les vendre à leurs titulaires. Le roi s'assure ainsi de nouvelles rentrées d'argent, mais l'officier devenu propriétaire de sa charge peut la revendre ou la transmettre en héritage, d'autant plus que certains offices confèrent des titres de noblesse qui attirent les riches bourgeois (c'est ce qu'on appelle la noblesse de robe). La tentation est grande également, pour le roi, de multiplier les offices à l'infini, voire de les dédoubler, engendrant ainsi une confusion de plus en plus grande dans l'administration de l'État.

Brusquement interrompue par les guerres de religion où la monarchie française risque de sombrer (*voir p. 139*), la marche vers l'absolutisme reprend de plus belle avec Henri IV, dont le règne (1589-1610) marque le début de la dernière dynastie royale de France, les Bourbons. À sa mort sous les coups d'un fanatique religieux, le « bon roi Henri » laisse une France pacifiée, des finances publiques restaurées et un immense trésor de guerre patiemment amassé.

Lui succède Louis XIII (1610-1643), dont le ministre tout-puissant, Richelieu, va déployer pendant 18 ans une inlassable énergie au service de l'absolutisme : lutte impitoyable contre les Grands du royaume, dont plusieurs sont décapités sans ménagement pour avoir défié l'autorité royale, réduction des pouvoirs politiques des protestants (prise de La Rochelle, ville fortifiée remise aux protestants par le roi Henri IV), renaissance d'une marine de guerre, encouragement à la fondation et à l'exploitation des colonies (Compagnie de la Nouvelle-France, ou des Cent-Associés), voire création de l'Académie française pour régir jusqu'à la langue.

L'apogée : Louis XIV. Le successeur de Louis XIII, celui qui va devenir le « Roi-Soleil », accède au trône à l'âge de cinq ans **11**. Il l'occupera pendant 72 ans, le plus long règne de l'histoire de France (1643-1715). Ce n'est pourtant qu'en 1661, après de longues années de préparation, qu'il assume directement le pouvoir, pour donner à la France et à la monarchie absolue tout à la fois leurs plus grandes heures de gloire et des moments parmi les plus sombres de leur histoire.

Louis XIV renforce l'administration centrale, qui gravite tout entière autour de lui; il n'aura pas de «premier ministre», au contraire de son prédécesseur avec Richelieu. Il éloigne soigneusement du pouvoir tous les nobles et les membres de la famille royale, et s'entoure de ministres et de conseillers d'origine exclusivement bourgeoise, en général fort compétents, mais qui doivent tout au «bon plaisir» du roi 12.

L'administration provinciale est mise sous une dépendance étroite grâce aux intendants, issus de la bourgeoisie, qui disposent de pouvoirs presque illimités destinés à saper l'autorité des gouverneurs issus de la noblesse. C'est ainsi que, par exemple, la Nouvelle-France est rattachée directement au pouvoir central, l'intendant Jean Talon étant chargé de donner un nouveau souffle à cette colonie qui végète depuis de longues années.

Afin d'écarter la noblesse de toute ambition politique, Louis XIV la domestique en l'attirant à la cour et en l'y ruinant en fêtes continuelles, en costumes extravagants, en intrigues futiles. Un cérémonial pompeux obnubile les courtisans, qui jouent des coudes pour être admis à approcher le roi; le lever du roi, par exemple, compte sept étapes différentes, dont une à laquelle un courtisan est choisi spécialement pour tenir la manche droite de la chemise royale. En ce sens, la construction du château et des jardins de Versailles, gigantesque entreprise à la gloire du Roi-Soleil, est d'abord le fruit d'une stratégie politique: il sera l'écrin somptueux du naufrage de l'aristocratie, partout imité, jamais égalé 13. Et l'installation à Versailles permet également au roi de s'éloigner du peuple de Paris, toujours quelque peu menaçant...

L'économie est prise en main par le ministre Colbert, qui donne son nom à ce mercantilisme poussé: le colbertisme. Des manufactures d'État sont créées, d'autres sont subventionnées et spécialement protégées; des ouvriers

12 Le choix des serviteurs

« J'eusse pu sans doute jeter les yeux sur des gens de plus haute considération. Mais [ceux] que je choisis me semblèrent suffisants pour exécuter sous moi les choses dont j'avais résolu de les charger.

Et, pour vous découvrir toute ma pensée, je crus qu'il n'était pas de mon intérêt de chercher des hommes d'une qualité plus éminente, parce qu'ayant besoin sur toute chose d'établir ma propre réputation, il était important que le public connût, par le rang de ceux dont je me servais, que je n'étais pas en dessein de partager avec eux mon autorité, et qu'eux-mêmes, sachant ce qu'ils étaient, ne conçussent pas de plus hautes espérances que celles que je leur voudrais donner [...]. »

Quelles sont les deux raisons invoquées par Louis XIV pour justifier le choix de ses serviteurs?

Source: LOUIS XIV, *Mémoires pour servir à l'instruction du Dauphin* (1661), Paris, Didier, 1860, p. 391-392.

13 Versailles: la cour d'entrée

Remarquez l'orientation des lignes architecturales, qui semblent émaner des trois fenêtres centrales où se trouvent précisément les appartements royaux. Que représente cet aménagement de l'espace pour ce qui est de l'imagerie du Roi-Soleil?

13-A Versailles: la fontaine d'Apollon

Dans une œuvre d'une beauté et d'une force extraordinaires, tout en bronze doré, le sculpteur fait surgir de l'eau quatre chevaux caracolants tirant le char d'Apollon, dieu grec de la lumière — allusion transparente au Roi-Soleil.

qualifiés sont attirés de l'étranger ; on multiplie les règlements pour assurer la « qualité française ». On favorise le commerce intérieur par la diminution des douanes internes et par la construction de routes et de canaux. On crée de grandes compagnies pour l'exploitation des colonies (Compagnie des Indes occidentales pour la Nouvelle-France). On taxe lourdement les marchandises étrangères.

Sur le plan religieux, l'absolutisme de Louis XIV ne peut pas tolérer bien longtemps la présence des huguenots (protestants calvinistes) qui refusent la religion officielle et ne reconnaissent pas les évêques devenus représentants du roi. En 1685, par l'une des décisions les plus désastreuses de son règne, Louis XIV révoque l'édit de Nantes accordé par Henri IV en 1598 (voir p. 139). Les protestants sont obligés de se convertir et on leur interdit de quitter le royaume 14. Au moins 200 000 d'entre eux (certains disent 500 000) le feront pourtant, au risque d'être condamnés aux galères, et des régions entières vont se soulever, entre autres les Cévennes où une véritable guerre civile va faire rage pendant de longues années.

La vie intellectuelle et artistique est aussi mise sous tutelle. Louis XIV choie les écrivains et les artistes par des pensions ou des commandes, et réduit au silence ou à l'exil ceux qui sont jugés trop « dangereux » pour son

14 La persécution religieuse

1. ÉDIT DE FONTAINEBLEAU (RÉVOCATION DE L'ÉDIT DE NANTES), 1685

« Article I : [...] Savoir faisons que Nous [...] avons, par ce présent édit perpétuel et irrévocable, supprimé et révoqué l'édit du roi notredit aïeul, donné à Nantes au mois d'avril 1598, en toute son étendue [...]. Et en conséquence, voulons et nous plaît, que tous les temples de ceux de ladite religion prétendue réformée [...] soient incessamment démolis.

Article II : Défendons à nosdits sujets de la R.P.R. de plus s'assembler pour faire l'exercice de ladite religion, en aucun lieu ou maison particulière. [...]

Article IV : Enjoignons à tous ministres de ladite R.P.R. qui ne voudront pas se convertir et embrasser la religion catholique, apostolique et romaine de sortir de notre royaume quinze jours après la publication de notre présent édit. [...]

Article X : Faisons très expresse et itérative défense à tous nos sujets de la R.P.R. de sortir, eux, leurs femmes et enfants de notre royaume, ni d'en transporter leurs biens et effets, sous peine, pour les hommes, de galères, et de confiscation de corps et de biens pour les femmes [...]. »

Source : Denise GALLOY et Franz HAYT, Du XVIIe siècle à 1750, Bruxelles, De Boeck Wesmael, 1993, p. 12. (Coll. « Du document à l'histoire »)

2. JUGEMENT SUR LA RÉVOCATION

« Ce projet [...] a causé [...] une infinité de maux très dommageables à l'État [...] :

1. La désertion de quatre-vingts ou cent mille personnes de toutes conditions, sorties du royaume, qui ont emporté avec elles plus de trente millions de livres de l'argent le plus comptant ;
2. Nos arts et manufactures particulières, la plupart inconnues aux étrangers, qui attiraient en France un argent très considérable de toutes les contrées de l'Europe ;
3. La ruine la plus considérable du commerce ;
4. Il a grossi les flottes ennemies de 8 à 9 000 matelots des meilleurs du royaume ;
5. Et leurs armées de 5 à 600 officiers et de 10 à 12 000 soldats beaucoup plus aguerris que les leurs [...].

À l'égard des restés dans le royaume, on ne saurait dire s'il y en a un seul de véritablement converti, puisque très souvent ceux qu'on a cru l'être le mieux ont déserté et s'en sont allés. [...]

Les rois sont bien maîtres des vies et des biens de leurs sujets, mais jamais de leurs opinions, parce que les sentiments intérieurs sont hors de leur puissance, et Dieu seul peut les diriger comme il lui plaît. »

Source : Sébastien Le Prestre, marquis de VAUBAN, « Mémoire pour le rappel des Huguenots » (1686), dans Georges MICHEL, Histoire de Vauban, Paris, Plon, 1879, p. 437.

> Exprimez dans vos propres mots les quatre éléments qui constituent la révocation de l'Édit de Nantes. Qui était Vauban ?

pouvoir. La construction de Versailles mobilise des centaines de sculpteurs, peintres, architectes, décorateurs, paysagistes ; les fêtes réclament musiciens, danseurs, compositeurs, auteurs, comédiens ; cette intense activité se répand de proche en proche dans toute la société, et une immense floraison artistique marque ce que l'on appellera le *siècle* de Louis XIV, apogée de l'art classique (*voir p. 209*).

Limites et faiblesses. Derrière les apparences cependant, celui qu'on nomme Louis *le Grand* n'exerce en pratique qu'un pouvoir relativement limité. Même sur le plan de la théorie absolutiste, le roi doit respecter les « lois fondamentales du royaume », aux contours quelque peu flous : on prend soin de préciser que le roi n'est pas un « tyran ». Par exemple, les ordonnances et édits royaux doivent être enregistrés par les parlements, sortes de cours de justice (et non d'institutions représentatives élues comme en Angleterre), qui doivent juger de la compatibilité de ces édits et ordonnances avec les lois et coutumes de leur région. Plus fortes encore sont les limites pratiques : l'indépendance des officiers propriétaires de leur charge rend difficile la mise en application des volontés royales ; les innombrables privilèges accordés depuis le Moyen Âge à des catégories sociales, à des villes ou même à des provinces entières gênent la centralisation administrative ; la superposition et l'enchevêtrement des responsabilités confinent parfois à l'anarchie ; enfin, la lenteur des communications peut rendre inopérantes certaines décisions avant même qu'elles ne soient connues, et une décision peut rester inappliquée pendant des années avant que le roi n'en soit averti.

Et surtout, il y a un envers à cette façade fastueuse qui a ébloui l'Europe et qui nous éblouit encore après tant de générations. Cet envers, c'est d'abord le déficit chronique des finances, qui prendra des allures de banqueroute à la fin du règne. C'est la grande misère d'un peuple de paysans pressuré jusqu'à l'os pour financer la « gloire » d'un homme **15**. C'est la guerre continuelle, pour laquelle la plus

15 L'envers du décor

Dans une lettre courageuse et magnifique, adressée personnellement à Louis XIV, l'évêque Fénelon dresse un bilan impitoyable du règne.

« En voilà assez, Sire, pour reconnaître que vous avez passé votre vie entière hors du chemin de la vérité et de la justice et par conséquent hors de celui de l'Évangile. Tant de troubles affreux qui ont désolé toute l'Europe depuis plus de vingt ans, tant de sang répandu, tant de scandales commis, tant de provinces ravagées, tant de villes et de villages mis en cendres […].

Cependant vos peuples que vous devriez aimer comme vos enfants, et qui ont été jusqu'ici si passionnés pour vous, meurent de faim. La culture des terres est presque abandonnée. Les villes et les campagnes se dépeuplent. Tous les métiers languissent et ne nourrissent plus les ouvriers. Tout commerce est anéanti. Par conséquent vous avez détruit la moitié des forces réelles du dedans de votre État, pour faire et pour défendre de vaines conquêtes au-dehors. Au lieu de tirer de l'argent de ce pauvre peuple, il faudrait lui faire l'aumône, et le nourrir. La France entière n'est plus qu'un grand hôpital désolé et sans provision […].

Le peuple même (il faut tout dire) qui vous a tant aimé, qui a eu tant de confiance en vous commence à perdre l'amitié, la confiance, et même le respect. Vos victoires et vos conquêtes ne le réjouissent plus. Il est plein d'aigreur et de désespoir. La sédition s'allume de toutes parts. […] Vous êtes rendu à la honteuse et déplorable extrémité, ou de laisser la sédition impunie, et de l'accroître par cette impunité, ou de faire massacrer avec inhumanité des peuples que vous mettez au désespoir, en leur arrachant par vos impôts […] le pain qu'ils tâchent de gagner à la sueur de leurs visages.

[…] Vous craignez d'ouvrir les yeux. Vous craignez qu'on ne vous les ouvre. […] »

> Quelles critiques majeures Fénelon adresse-t-il à Louis XIV ?

Source : FÉNELON, « Lettre à Louis XIV » (décembre 1693 ?), dans *Œuvres*, éd. de Jacques Le Brun, t. I, Paris, © Éditions Gallimard, 1983, p. 545-547. (Coll. « Bibliothèque de la Pléiade »)

formidable armée permanente de l'époque est mise sur pied (300 000 hommes), contre les pays voisins victimes d'un expansionnisme insatiable : Pays-Bas espagnols, Provinces-Unies, principautés allemandes, envahis à plusieurs reprises et parfois systématiquement dévastés (Palatinat).

En quittant le pouvoir en 1715, Louis XIV laisse une France épuisée. L'absolutisme va se perpétuer sous ses deux successeurs, Louis XV et Louis XVI, qui n'auront ni le talent ni l'énergie de leur ancêtre et qui négligeront de faire les ajustements nécessaires, jusqu'à ce qu'il soit trop tard (*voir p. 223*).

Faisons le point

1. Sur quels principes théoriques de base l'absolutisme est-il fondé ?
2. Décrivez les facteurs de l'ascension de la puissance espagnole et les causes de son déclin.
3. Sur une carte du monde, localisez les territoires réunis sous l'autorité de Philippe II.
4. Décrivez les facteurs qui favorisent la marche vers l'absolutisme en France.
5. Comment Louis XIV s'assure-t-il la mainmise sur l'administration de son royaume ?
6. En quoi consiste la révocation de l'édit de Nantes ?
7. Faites ressortir les facteurs qui limitent le pouvoir de Louis XIV.

5.3 La monarchie parlementaire en Angleterre

Pendant que se consolide l'absolutisme en Espagne et en France, l'Angleterre connaît une évolution qui va aboutir à l'échec de ce modèle et à l'instauration d'un régime qui annonce déjà l'ère des révolutions.

5.3.1 Les spécificités du cas anglais

Trois différences majeures démarquent l'Angleterre des pays continentaux.

Le Parlement. D'abord, dès la fin du Moyen Âge, la tradition était fermement établie, en Angleterre, d'un **Parlement** capable de limiter le pouvoir du roi (*voir p. 111*). Il était entendu, entre autres, que le consentement de ce Parlement était nécessaire pour lever des taxes ou entretenir une armée. Ce Parlement était également, à la différence des « ordres » féodaux sur le continent (clergé, noblesse, tiers état), divisé en deux chambres : la Chambre des lords, représentant le haut clergé et la grande noblesse, et la Chambre des « communes » (mauvaise traduction de l'anglais *Commons*), élue par la petite noblesse rurale et la bourgeoisie des villes. Ainsi, en Angleterre, la bourgeoisie est déjà présente au cœur même des institutions politiques.

Une noblesse hors jeu. Ce qui peut servir les intérêts de la monarchie anglaise, toutefois, c'est le fait que la vieille noblesse féodale s'est elle-même mise pratiquement hors jeu lors d'une longue et sanglante guerre civile, dite

---

Parlement

En Angleterre, organe législatif formé de deux chambres : la Chambre des communes, formée de députés élus, et la Chambre des Lords, formée de nobles nommés par le roi. Dans la France monarchique, les Parlements — il y en a plusieurs — sont des organes judiciaires.

des Deux-Roses (1455-1485), au cours de laquelle les grandes familles se sont vaillamment entretuées (Shakespeare puisera maintes intrigues de ses pièces dans cette sombre période). Quand Henri VII monte sur le trône en 1485, inaugurant la dynastie des Tudors, les grands barons qui avaient mis en échec tant de ses prédécesseurs n'existent plus.

Un roi chef d'Église. Une troisième spécificité du cas anglais, et elle est de taille, se rattache au facteur religieux. C'est le roi lui-même (Henri VIII, 1509-1547) qui lance en Angleterre la Réforme (*voir p. 135*), faisant d'une pierre plusieurs coups. Il renforce son pouvoir par l'élimination d'un concurrent dangereux, la papauté; il fouette le nationalisme anglais en s'attaquant à un pouvoir étranger venu de Rome; il garnit ses coffres par la confiscation des immenses propriétés des communautés religieuses supprimées, ce qui lui permet à la fois de se libérer quelque peu de la nécessité de faire voter des taxes par le Parlement et de se créer de toutes pièces une noblesse dévouée en redistribuant judicieusement les terres confisquées. Mais en même temps, Henri VIII a l'habileté de faire ratifier sa réforme par le Parlement, donnant à cette réforme une solidité plus grande et aux parlementaires une conscience accrue de leur rôle (et, bien sûr, une part dans le pillage des biens d'Église…).

16 *Élisabeth Ire* (Marcus Gheeraerts le Jeune, v. 1592)

L'apogée de la monarchie anglaise. Élisabeth Ire (1558-1603) continue cette superbe stratégie pendant tout son long règne. Elle manœuvre habilement pour trouver des sources de financement autonomes par la vente de monopoles commerciaux ou même la simple piraterie sur les mers (Francis Drake), mais ne touche pas aux prérogatives traditionnelles du Parlement. Elle soigne également son image avec autant de minutie qu'un politicien de l'ère électronique : les peintres ne peuvent réaliser son portrait que sous un seul angle, toujours le même, le plus flatteur **16** ; elle demeure obstinément célibataire, prétendant n'avoir d'autre passion que celle de son peuple. Malgré ses nombreuses aventures galantes, elle reste éternellement la « reine vierge » (la Virginie, aux États-Unis, a été nommée en son honneur). « *Good queen Bessie* » est le chef d'État le plus populaire de son temps.

Grâce à l'habileté des Tudors, l'Angleterre semble bien engagée, au début du XVIIe siècle, dans une voie qui pourrait mener vers l'absolutisme. Tout va basculer avec l'arrivée des Stuarts.

5.3.2 La révolution puritaine

Les Stuarts contre le Parlement. En 1603, une nouvelle dynastie, d'origine écossaise, accède au trône. Étrangers aux traditions anglaises et profondément imbus de l'idéologie absolutiste, Jacques Ier Stuart (1603-1625) puis Charles Ier (1625-1649) vont tenter d'instaurer dans leur royaume un régime inspiré des modèles espagnol et français. Il leur manque toutefois deux des éléments essentiels sur lesquels se fondent ces modèles : une armée permanente et un pouvoir de taxation sans entraves.

Dès le départ, l'opposition entre le roi et le Parlement devient irrémédiable et en 1640, après 11 longues années pendant lesquelles il n'a pas été convoqué une seule fois, le Parlement entre en révolte ouverte.

La guerre civile. Une guerre civile politico-religieuse met d'abord aux prises les Cavaliers, partisans du roi (aristocratie, clergé anglican, catholiques), et les Têtes rondes (ils portent les cheveux courts, sans perruque), partisans du Parlement, défendant les intérêts de la petite noblesse terrienne et de la bourgeoisie. Ces Têtes

PORTRAIT

17 Oliver Cromwell
(1599-1658)

Fils d'un modeste seigneur campagnard protestant dont la famille avait bénéficié de la redistribution des biens d'Église par Henri VIII, Oliver Cromwell est éduqué dans un milieu de calvinistes convaincus et farouchement anticatholiques. Ayant épousé en 1620 la fille d'un marchand de la City de Londres, il éprouve vers l'âge de 30 ans une sorte d'illumination qui le convainc d'être un élu de Dieu. Après la défaite et l'exécution du roi, Cromwell éprouve beaucoup de difficulté dans sa volonté de pacification. Incontestablement mû par de nobles desseins, ayant refusé la couronne que le Parlement lui offrait, foncièrement tolérant en matière religieuse (sauf envers la High Church anglicane et les catholiques), réformiste en matière sociale, il arrivait difficilement à faire des compromis et manquait de l'habileté politique nécessaire pour faire passer ses idéaux dans la réalité.

Égalitarisme
Doctrine prônant l'égalité absolue en matière politique, économique et sociale.

---

rondes sont appuyés par des dissidents religieux d'obédience calviniste, les puritains, et par une large fraction des paysans et des artisans. Un puritain de petite noblesse, Oliver Cromwell (1599-1658) **17**, dote cet assemblage hétéroclite d'une force armée redoutable, les *Ironside* (« Côtes de fer »), qui viennent à bout des troupes royales en 1645.

Vainqueur, le Parlement décide de dissoudre les Côtes de fer devenus plus inquiétants qu'utiles, mais Cromwell s'empare de Londres, purge la Chambre des communes de ses éléments modérés (les deux tiers des députés) et lui fait voter l'abolition pêle-mêle de la monarchie, de la Chambre des lords et de l'Église anglicane, ainsi que l'exécution du roi, décapité en février 1649 à la suite d'un grand procès public.

Le Commonwealth. La république appelée *Commonwealth* (littéralement, « bien-être commun »), qui s'installe alors, la première et la dernière de l'histoire d'Angleterre, ne fera pas long feu. Dépassé par les radicaux, partisans de l'égalitarisme (les « Niveleurs »), brouillé avec le Parlement, Cromwell chasse finalement ce dernier et instaure une sorte de dictature militaire en se donnant le titre de Lord Protecteur. C'est le triomphe du puritanisme : théâtre, danse, musique profane, jeu sont interdits ; les tavernes sont fermées. L'Irlande catholique, soulevée, est noyée dans un bain de sang, semant le germe de ce qui est toujours, plus de 300 ans plus tard, la « question irlandaise ».

Malgré le prestige que lui vaut le rétablissement économique du pays, Cromwell laisse, à sa mort en 1658, une Angleterre lasse et qui aspire à reprendre une vie normale. Le Parlement, n'ayant pas réussi à définir une solution de remplacement valable, ne voit d'autre issue que de restaurer la dynastie des Stuarts et d'appeler sur le trône l'héritier du monarque décapité.

5.3.3 La restauration et la Glorieuse Révolution

Une monarchie sous surveillance. Charles II (1660-1685), désireux d'éviter le sort de son prédécesseur, gouverne prudemment une Angleterre qui est encore secouée, en 1665, par une terrible épidémie de peste qui tue 100 000 personnes à Londres, puis par un gigantesque incendie qui frappe la ville l'année suivante, détruisant 13 000 maisons et 87 églises. Le roi ayant tenté d'instaurer la tolérance envers les catholiques, le Parlement réplique avec la loi du Test, qui impose à tous les fonctionnaires un serment qui nie la transsubstantiation, c'est-à-dire la transformation du pain et du vin en corps et en sang du Christ dans l'eucharistie ; ce serment a donc pour effet concret d'écarter les catholiques de toutes les fonctions publiques.

C'est l'entêtement de Jacques II (1685-1688) qui entraîne la chute définitive de la dynastie. Absolutiste et surtout catholique convaincu et intransigeant, il provoque un nouveau soulèvement du Parlement. Mais le souvenir de la révolution puritaine est trop vivace et, cette fois, il s'agit de ne pas perdre la maîtrise de la situation.

La Glorieuse Révolution. Le Parlement fait donc appel à la fille du roi, protestante, et à son mari Guillaume d'Orange, chef des Provinces-Unies et champion du protestantisme sur le continent. Jacques II, abandonné de tous, s'enfuit chez Louis XIV et le Parlement offre la couronne à Marie II et Guillaume III conjointement, à la condition expresse qu'ils acceptent d'abord de signer une sorte de « contrat social », le *Bill of Rights* **18**. Cette notion de contrat social est le fondement du système démocratique : elle implique que les gouvernements sont créés par le peuple sur une base contractuelle pour assurer sa liberté et son bien-être,

18 Le *Bill of Rights* (1689)

« Les Lords spirituels et temporels et les Communes, présentement assemblés, formant une représentation complète et libre de la Nation, [...] déclarent [...] :

1. Que le prétendu pouvoir de suspendre les lois ou l'exécution des lois par l'autorité royale, sans le consentement du Parlement, est illégal.
2. Que le prétendu pouvoir de dispenser des lois ou de l'exécution des lois par l'autorité royale [...] est illégal. [...]
4. Que toute levée d'argent pour l'usage de la Couronne, [...] sans le consentement du Parlement, est illégale. [...]
6. Que le fait de lever ou d'entretenir une armée dans le royaume en temps de paix, sans le consentement du Parlement, est contraire aux lois.
7. Que les sujets qui sont protestants peuvent avoir des armes pour leur défense, comme il convient à leurs conditions et comme les lois le permettent.
8. Que les élections des membres du Parlement doivent être libres.
9. Que les discours faits dans les débats du Parlement ne doivent être recherchés ou examinés dans aucune cour, ni dans aucun autre lieu que le Parlement lui-même. [...]
13. Que pour redresser tous les griefs, pour amender, fortifier et maintenir les lois, il est nécessaire de réunir fréquemment le Parlement. [...]

Les Lords spirituels et temporels et les Communes assemblés à Westminster décrètent que Guillaume et Marie, Prince et Princesse d'Orange, sont déclarés Roi et Reine d'Angleterre [...] et que le seul et entier exercice du pouvoir royal soit exécuté seulement par le prince d'Orange, aux noms desdits prince et princesse pendant leurs vies conjointement [...]. »

Source : David HUME, *Histoire de la maison de Stuart sur le trône d'Angleterre*, t. III, Londres, [s.é.], 1740, p. 517-518, [adapté en français moderne].

> Faites ressortir les principes généraux du *Bill of Rights*. Comparez ces principes avec ceux de l'absolutisme tels que vous les avez établis d'après le document 6 (*voir p. 167*).

à défaut de quoi le peuple peut renverser les gouvernements qui ont ainsi brisé leur partie du contrat.

Cette révolution sans effusion de sang, qualifiée depuis de *Glorieuse*, représente un tournant dans l'histoire de la civilisation occidentale. Voici un roi et une reine qui ont été véritablement choisis par leurs propres sujets : ils ne peuvent plus invoquer le « droit divin » cher à Louis XIV. Et pour accéder au trône, ils ont dû accepter d'avance de restreindre leurs pouvoirs et de reconnaître ceux du Parlement. C'est ce qu'on appellera la *monarchie parlementaire*, ou *monarchie limitée*.

À cette monarchie « tempérée » s'ajoutent par ailleurs la règle judiciaire de l'*habeas corpus*, qui interdit les arrestations arbitraires et les condamnations sans procès 19, l'institution déjà ancienne du procès devant jury et la tolérance religieuse étendue à tous les protestants (mais non aux catholiques). Aussi l'Angleterre va-t-elle devenir le nouveau modèle de référence des opposants à l'absolutisme et inspirer profondément la philosophie des Lumières (*voir p. 200*) et la « grande révolution atlantique » (*voir chap. 7*).

En 1701, le Parlement décide que le trône devra toujours être occupé par une ou un protestant. En 1707, l'Angleterre et l'Écosse sont unies pour former un seul État, le Royaume-Uni, dont on sait à quel destin exceptionnel il est promis.

Jury
Groupe de citoyens « ordinaires » (généralement 12) appelés à prononcer le verdict (innocence ou culpabilité) dans un procès.

19 L'*habeas corpus* (1679)

« [...] Qu'il soit édicté par Sa Très Excellente Majesté le Roi, par et avec le conseil et le consentement des Lords spirituels et temporels ainsi que des Communes en ce présent Parlement assemblés, et par leur autorité que chaque fois qu'une personne [...] produira [...] une ordonnance d'*habeas corpus* adressée à un ou des shérifs, que lesdits officiers ou leurs subordonnés, dans les trois jours qui suivent la présentation de ladite ordonnance, [...] amènent [...] l'individu en cause, devant [...] [un juge] de ladite cour [...] ; et alors certifient les vraies causes de sa détention ou de son emprisonnement ; et sur quoi, dans les deux jours qui suivront la présentation de l'intéressé devant [lui], [le juge] devra libérer ledit prisonnier de son emprisonnement, après avoir pris son engagement assorti d'une ou de plusieurs cautions. »

> En quoi consiste précisément l'*habeas corpus* ?

Source : « Habeas Corpus », dans *Cliotexte*, [En ligne], http://icp.ge.ch/po/cliotexte/xviie-et-xviiie-siecle-la-grande-bretagne-a-lepoque-moderne/royaume-uni.absolutisme.html (Page consultée le 17 juin 2011)

Faisons le point

1. De quoi est constitué le Parlement d'Angleterre au début du XVIe siècle et quels sont ses pouvoirs clés ?
2. Quels avantages le roi Henri VIII a-t-il gagnés en introduisant la réforme protestante en Angleterre ?
3. Qui sont les puritains ?
4. Quels changements majeurs la révolution puritaine a-t-elle amenés dans les institutions politiques anglaises ?
5. Quelles sont les caractéristiques fondamentales du régime politique anglais à la fin du XVIIe siècle, sur les plans constitutionnel, judiciaire et religieux ?

5.4 Une république : les Provinces-Unies

Dans le tableau général des États de l'époque, il faut réserver une place à part aux Provinces-Unies. Celles-ci ont en effet élaboré, au travers d'immenses vicissitudes (leur territoire lui-même doit être conquis mètre par mètre sur la mer), un régime à la fois républicain et fédéral qui en fait véritablement le premier État « bourgeois » de l'histoire.

5.4.1 Les Pays-Bas espagnols et la « révolte des Gueux »

Les Pays-Bas espagnols. Au début du XVIe siècle, l'ensemble appelé *Pays-Bas* (correspondant à la Belgique et aux Pays-Bas actuels) est formé de 17 provinces placées sous l'autorité du roi d'Espagne. Les Pays-Bas constituent d'ailleurs la partie la plus riche et la plus dynamique de ses possessions, avec la ville d'Anvers qui est alors la capitale commerciale et financière de toute l'Europe.

La « révolte des Gueux ». Ici encore, la réforme protestante vient tout remettre en cause. Les sept provinces du Nord passent rapidement au calvinisme, dont les principes s'accordent si bien avec les activités qui y dominent (grand commerce, finance), et le roi d'Espagne décide de combattre l'**hérésie** par la force en y expédiant une immense armée qui ravage tout le pays [20]. Les excès de cette intervention provoquent un soulèvement général, la « révolte des Gueux », qui aboutit en 1609 à l'indépendance des sept provinces calvinistes sous le nom de République des Provinces-Unies [1] (*voir p. 162*).

5.4.2 Une république fédérale, bourgeoise et tolérante

Le fédéralisme. Les Provinces-Unies sont une république **fédérale**, où chacune des provinces conserve une complète autonomie, avec ses propres lois et ses « États » (sorte de Parlements) provinciaux, qui élisent ministres et gouverneurs. Des États généraux, composés de délégués des États provinciaux, s'occupent des questions communes : politique étrangère, colonies, Église calviniste officielle. Toutes les provinces sont égales, du moins en théorie, la Hollande et la Zélande étant de fait les plus importantes.

Hérésie
Doctrine ou opinion condamnée par l'Église comme contrevenant au dogme catholique.

Fédéral, ale
Se dit d'un système politique dans lequel les pouvoirs de l'État sont répartis entre deux niveaux de gouvernement, le gouvernement central ou fédéral et les gouvernements des provinces ou des États membres.

20 *Le massacre des Innocents* (P. Bruegel l'Ancien, v. 1565)

Sous l'apparence d'une scène de l'Évangile, Bruegel illustre les massacres de l'armée espagnole dans les Pays-Bas.

Un État bourgeois. Ces institutions politiques font déjà des Provinces-Unies un État comparable à nul autre à l'époque. Mais il présente également d'autres traits distinctifs.

Il est essentiellement dirigé par une oligarchie de marchands 21, et la noblesse féodale y est à peu près inexistante. Malgré l'exiguïté de son territoire, il a institué des activités agricoles, industrielles et surtout commerciales et financières qui le placent en tête de l'Europe : la première Bourse, la première banque publique y ont été fondées.

La tolérance. Il est enfin le seul de l'époque à pratiquer une tolérance à peu près complète en matière de religion, de conscience et de pensée, et à ne pas connaître la censure. C'est cet élément qui va permettre aux Provinces-Unies de devenir le refuge des dissidents de toute provenance et d'un grand nombre d'écrivains, d'essayistes, de penseurs considérés comme menaçants pour l'ordre monarchique (Descartes, Spinoza, Locke). Cela favorise le développement de l'imprimerie, de l'édition et du commerce du livre, où les Hollandais deviendront les premiers en Europe jusqu'à la Révolution française.

21 *Les syndics des drapiers* (Rembrandt, 1662)

Austérité calviniste dans l'habillement, tranquille assurance dans le maintien, une pointe d'arrogance dans le regard : l'artiste a superbement résumé la bourgeoisie des Provinces-Unies au temps de sa splendeur.

Rijksmuseum, Amsterdam.

5.4.3 Un éclat éphémère

L'âge d'or des Provinces-Unies. La République des Provinces-Unies atteint ainsi, au milieu du XVIIe siècle, à un éclat inégalé depuis. C'est l'État le plus riche d'Europe (par tête d'habitant), maître d'un vaste empire en grande partie arraché aux Portugais 22, régnant sur les océans grâce à une puissante flotte de guerre et de commerce (sa flotte marchande représente les trois quarts de toute la flotte européenne), banquier de l'Europe, entrepôt et centre de redistribution de tous les produits du monde, lieu de rencontre des grands penseurs de l'époque et pépinière d'artistes qui vont donner à la peinture, surtout, quelques-uns de ses plus grands maîtres (Rembrandt, Vermeer, Hals).

22 L'empire colonial des Provinces-Unies vers 1650

Le déclin. À la fin du siècle, la concurrence anglaise sur les mers et dans les colonies ainsi que d'interminables guerres contre la France contribueront à l'affaiblissement du pays et entraîneront la fin de son « âge d'or ».

Faisons le point

1 Qu'entend-on par la « révolte des Gueux » ?

2 Qu'est-ce qui caractérise un État de type fédéral ?

3 Quelles étaient les bases de la puissance des Provinces-Unies ?

4 Énumérez deux facteurs qui contribuent à l'affaiblissement des Provinces-Unies.

5.5 L'émergence de l'Autriche, de la Prusse et de la Russie

Pendant qu'en Europe occidentale se consolident des États centralisés déjà anciens, en Europe du Nord et de l'Est vont apparaître des États en devenir, appelés à jouer un rôle de plus en plus grand.

5.5.1 Des États à bâtir

Le Saint Empire. Dans ces régions, le plus grand ensemble politique est représenté par le Saint Empire. Mais ce n'est pas lui qui pourra devenir un véritable

État : il constitue en effet un assemblage inextricable de plus de 400 principautés extrêmement diversifiées où les particularismes locaux sont très forts, placées sous l'autorité théorique d'un empereur au pouvoir plus symbolique que réel (*voir p. 111*). Les conditions sociales sont ici assez différentes de celles de l'Europe occidentale. Cela tient en partie à la relative faiblesse de la bourgeoisie, qui se développe assez lentement dans cette région peu ouverte sur les océans et qui n'a pris aucune part dans les Grandes Découvertes. En revanche, la noblesse y est plus puissante, et les familles régnantes devront faire alliance avec elle pour asseoir leur pouvoir.

Les Habsbourg d'Autriche. C'est un Habsbourg d'Autriche qui est toujours élu empereur par les sept « Grands électeurs » (quatre princes de haute noblesse et trois évêques) depuis 1358. Mais plus que ce titre, évidemment, ce qui fonde la puissance des Habsbourg, ce sont leurs possessions personnelles, qui regroupent l'Autriche — leur domaine original — avec la Bohême (ou Tchéquie) et la Hongrie. Cette dernière a été arrachée à l'Empire ottoman, dont le dernier échec devant Vienne, en 1683, a marqué l'arrêt définitif de l'avance turque qui s'était déployée en Europe depuis la prise de Constantinople en 1453. Dans ces possessions annexées, les Habsbourg créent de toutes pièces une noblesse sur laquelle ils pourront asseoir leur autorité.

Les Hohenzollern en Prusse. Les Hohenzollern, quant à eux, détiennent en Allemagne du Nord un chapelet de petits territoires dont les plus importants sont la Prusse, qui ne fait pas partie du Saint Empire, et le Brandebourg, qui en fait partie (son chef a qualité de « Grand Électeur »). Ici, la noblesse est très puissante, et l'instauration de l'absolutisme sera le résultat d'une alliance entre elle et la monarchie, alliance grâce à laquelle les junkers, nobles campagnards, se verront garantir leurs droits féodaux sur la paysannerie (le servage sera rendu permanent). Cette noblesse sera également, à la différence du cas français, intégrée à la structure gouvernementale, particulièrement dans le domaine militaire. C'est d'ailleurs l'armée qui est la base de toute l'organisation politique, économique et sociale de la Prusse, ce qui va permettre à ce petit pays de jouer un rôle sans commune mesure avec l'étendue de son territoire ou l'importance de sa population (200 000 soldats pour une population de 2,5 millions d'habitants). On disait : « La Prusse n'est pas un pays qui possède une armée, c'est une armée qui possède un pays… »

Les Romanov en Russie. La Russie rappelle sous certains aspects le cas prussien. Ici aussi l'aristocratie (dont les membres s'appellent les *boyards*) est très puissante, appuyée sur une multitude de paysans réduits au servage. Le tsar devra donc, s'il veut instaurer l'absolutisme, s'assurer de la collaboration de la noblesse, jusqu'à littéralement « donner » des paysans en cadeau à ses serviteurs les plus méritants. Parallèlement à cette alliance avec la noblesse, Pierre Ier le Grand (1689-1725), de la dynastie des Romanov, inaugure une politique d'occidentalisation forcée, parfois même cruelle, de ce pays à cheval sur l'Europe et l'Asie et longtemps dominé par les Mongols. Pour bien marquer cette nouvelle orientation, il déménage sa capitale de Moscou à Saint-Pétersbourg, ville nouvelle surgie des marais sur le bord de la Baltique et bâtie par des urbanistes et architectes italiens et français. Il soumet l'Église orthodoxe à l'autorité de l'État, réforme l'armée sur le modèle occidental, oblige même les nobles à couper leur barbe . Sous son règne, la Russie sort de son isolement séculaire et commence à devenir une puissance européenne avec laquelle il faudra compter.

23 L'occidentalisation, de gré ou de force

Un noble russe en costume occidental sacrifie sa barbe par décret du tsar.

5.5.2 Le despotisme éclairé

Un absolutisme au goût du jour. Au XVIIIe siècle, alors qu'en Europe occidentale l'absolutisme est de plus en plus contesté par l'exemple anglais relayé par la philosophie des Lumières, les souverains d'Autriche, de Prusse et de Russie vont donner à leurs régimes un sursis durable en y introduisant quelques réformes dans le goût du jour, ou du moins en proclamant leur désir de le faire. C'est ce qu'on appelle le *despotisme éclairé*, qui n'est en fait que de l'absolutisme habillé du manteau des Lumières. Le despote éclairé est un monarque absolu, mais qui n'a que faire du droit divin. Il se donne plutôt lui-même la haute responsabilité d'implanter d'autorité les réformes nécessaires au bien-être du peuple : justice plus humaine, abolition du servage, développement de l'éducation, tolérance religieuse, liberté de pensée.

En Russie. C'est la tsarine Catherine II de Russie (1762-1796) qui pousse à son maximum l'aspect publicitaire de cet absolutisme retapé. Elle correspond respectueusement avec les philosophes, les invite même à sa cour pour les consulter et fait preuve de quelques velléités réformistes, par exemple en réunissant une éphémère commission formée de députés élus dans toutes les régions de l'Empire. En même temps, toutefois, elle étend le servage à l'Ukraine et accorde à la noblesse une charte consacrant ses droits sur les paysans, et réprime férocement les révoltes dans les campagnes.

En Prusse. Frédéric II le Grand (1740-1786) incarne le despotisme éclairé en Prusse **24**. Il abolit la torture et réforme le système judiciaire, instaure la liberté de presse et de religion, réorganise l'enseignement secondaire. Grand amateur de musique, flûtiste et compositeur (Jean-Sébastien Bach lui dédie son *Offrande musicale*), ami des philosophes (Voltaire séjourne à sa cour), il maintient cependant le servage en dehors de ses domaines personnels et renforce le militarisme prussien en faisant de son armée le centre de ses préoccupations et la reine des champs de bataille d'Europe.

En Autriche. Joseph II d'Autriche (1780-1790) sera peut-être le despote éclairé le plus sincère. Abolition du servage, liberté des cultes et protection accordée aux Juifs, suppression des ordres purement **contemplatifs** et donc « socialement inutiles », réformes fiscales et diminution des dépenses fastueuses de la cour, voyages incognito du souverain pour prendre personnellement connaissance de l'état réel de son peuple : toutes ces activités seront malheureusement gâchées par une hâte, une rigueur et un manque d'habileté politique désastreux.

Après avoir fourni aux souverains de ces « pays à bâtir » une justification théorique pour développer la centralisation monarchique, le despotisme éclairé sera finalement balayé par la grande peur que la Révolution française va déclencher dans toutes les cours d'Europe. Il n'était pas question que le despotisme, tout éclairé qu'il fût, reconnût aux sujets la moindre parcelle de participation au pouvoir souverain des rois… **25**

Contemplatif
Se dit d'un ordre religieux voué exclusivement ou prioritairement à la prière et à la méditation dans un établissement appelé *monastère* fermé au monde extérieur (« cloîtré »).

---

24 Le despote et son image

Frédéric II décrit ce qu'on pourrait appeler sa stratégie publicitaire :

« Un prince ne doit jamais se montrer que du bon côté*. […] Ma suite est peu nombreuse, mais bien choisie ; ma voiture est tout unie ; elle est, en revanche, bien suspendue, et j'y dors aussi bien que dans mon lit. […] Quand j'arrive dans un endroit, j'ai toujours l'air fatigué, et je me montre au peuple avec un mauvais surtout et une perruque mal peignée. Ce sont des riens qui font souvent une impression singulière. […] Dans tout ce que je dis, j'ai l'air de ne penser qu'au bonheur de mes sujets ; je fais des questions aux nobles, aux bourgeois et aux artisans, et j'entre avec eux dans les plus petits détails. […] Jusqu'à présent, tout le monde croit que l'amour seul que j'ai pour mes sujets m'engage à visiter mes États aussi souvent qu'il m'est possible. Je laisse tout le monde dans cette idée, mais dans le vrai ce motif y entre pour peu. Le fait est que je suis obligé de le faire, et voici pourquoi : mon royaume est despotique, par conséquent celui qui le possède en a seul la charge ; si je ne parcourais pas mes États, mes gouverneurs se mettraient à ma place, et, peu à peu, [adopteraient] des principes d'indépendance […]. Ajoutez à ces raisons celle de faire croire à mes sujets que je viens dans leurs foyers pour recevoir leurs plaintes et calmer leurs maux. »

* Dans le style de l'époque, cette phrase signifie que le prince doit toujours se montrer seulement du bon côté.

> Par quelles méthodes Frédéric II de Prusse soigne-t-il son image de despote éclairé ?

Source : Jean-Pierre VIVET, dir., *Les mémoires de l'Europe*, t. III, *L'Europe classique : 1600-1763*, Paris, Laffont, 1971, p. 545.

25 Peut-il y avoir un despotisme « éclairé » ?

À la différence de ses collègues philosophes, Jean-Jacques Rousseau ne croit guère à l'absolutisme retapé :

« Les rois veulent être absolus, et de loin on leur crie que le meilleur moyen de l'être est de se faire aimer de leurs peuples. Cette maxime est très belle, et même très vraie à certains égards : malheureusement, on s'en moquera toujours dans les cours. La puissance qui vient de l'amour des peuples est sans doute la plus grande ; mais elle est précaire et conditionnelle : jamais les princes ne s'en contenteront. Les meilleurs rois veulent pouvoir être méchants s'il leur plaît, sans cesser d'être les maîtres. Un sermonneur politique aura beau leur dire que, la force du peuple étant la leur, leur plus grand intérêt est que le peuple soit florissant, nombreux, redoutable ; ils savent très bien que cela n'est pas vrai. Leur intérêt personnel est premièrement que le peuple soit faible, misérable, et qu'il ne puisse jamais leur résister. »

Qu'est-ce qui rend le despotisme éclairé impossible, selon Rousseau ?

Source : Jean-Jacques ROUSSEAU, *Du contrat social*, III : 6, Amsterdam, Marc Michel Rey, 1762, p. 160-161.

Faisons le point

1. Indiquez et localisez sur une carte les principales possessions des Habsbourg d'Autriche, des Hohenzollern et des Romanov en Europe à la fin du XVIIIe siècle.

2. Expliquez les facteurs généraux pour lesquels l'absolutisme échoue dans le Saint Empire.

3. De quoi, surtout, dépend le rôle important joué par ce petit pays qu'est la Prusse au XVIIIe siècle ?

4. Qu'est-ce que le despotisme éclairé et quels sont les principaux souverains qui l'incarnent ?

5.6 Les luttes pour l'hégémonie

La formation des États modernes en vient à provoquer d'interminables conflits destinés à assurer, ou à combattre, l'hégémonie de l'un ou de l'autre de ces États au détriment de ses concurrents. Dans cette mêlée souvent confuse, il faut distinguer deux théâtres qui ne présentent ni les mêmes enjeux, ni parfois les mêmes combattants, bien que ces deux théâtres soient intimement liés l'un à l'autre.

5.6.1 Sur le continent : de l'hégémonie à l'équilibre

La tentative de Charles Quint. Au début du XVIe siècle, la puissance de Charles Quint constitue la première tentative d'hégémonie sur le continent. Par la magie des mariages et des héritages, cet homme va devenir, pendant 40 ans (1516-1556), le plus puissant du monde. Une simple liste partielle de ses titres laisse rêveur : archiduc d'Autriche, prince des Pays-Bas, comte de Flandre et de Bourgogne, duc de Luxembourg, roi d'Espagne (sous le nom de Charles Ier et, à ce titre,

26 L'empire européen de Charles Quint

maître de toute l'Amérique espagnole), roi de Naples et de Sicile (sous le nom de Charles IV), duc de Milan, roi de Bohême et de Germanie, empereur du Saint Empire (sous le nom de Charles V, «Quint»)…

La France, complètement encerclée, s'allie à l'Angleterre, aux protestants d'Allemagne et même aux Turcs de Constantinople pour mettre en échec cette menace. Mais, en fait, les possessions de Charles Quint sont tout simplement trop vastes et leur titulaire, après avoir passé le plus clair de son temps à guerroyer tous azimuts contre ses innombrables ennemis, désenchanté de la vanité d'un si grand pouvoir, renonce à tous ses titres en 1556 et se retire dans un monastère après avoir divisé son héritage en deux parties. L'Espagne, les Pays-Bas, les possessions bourguignonnes (en France) et italiennes et quelques autres échoient à son fils Philippe, qui sera Philippe II d'Espagne, tandis que les possessions autrichiennes et le Saint Empire reviennent à son frère Ferdinand, scindant définitivement les Habsbourg en deux branches, les Habsbourg d'Espagne et les Habsbourg d'Autriche.

La tentative française. Néanmoins, même après cette division, la France n'aura de cesse qu'elle n'affaiblisse en toute occasion tant les Habsbourg d'Espagne que les Habsbourg d'Autriche, en Italie, dans les Pays-Bas et surtout dans toute l'Allemagne, mise à feu et à sang dans une effroyable guerre de Trente Ans (1608-1648) qui sème partout la destruction, les horreurs et la ruine (*voir p. 140*). Enfin délivrée de la menace espagnole au milieu du XVIIe siècle, la France devient à son tour expansionniste et Louis XIV pratique une politique d'agressions qui soulève contre lui à peu près toute l'Europe, derrière les Provinces-Unies et l'Autriche. Un temps victorieux, Louis XIV doit finalement s'incliner et signer, à la fin de son règne, les traités d'Utrecht et de Rastadt (1713-1714) qui marquent l'arrêt provisoire de la prépondérance française.

Vers l'équilibre. Les belligérants ayant pris conscience que les tentatives d'hégémonie ne peuvent déboucher que sur d'incessants conflits, ces traités introduisent un principe nouveau dans les relations internationales, celui de l'équilibre européen. Ce principe veut que les grandes puissances du continent soient maintenues dans une situation d'équilibre relatif entre elles, tandis que l'Angleterre, à l'écart sur son île, occupera en quelque sorte une position d'arbitrage (ce qui est toujours la meilleure position…).

5.6.2 Sur mer et aux colonies : de l'équilibre à l'hégémonie

Au début du XVIe siècle, l'Espagne et le Portugal se sont lancés les premiers sur les océans, y ont installé leur domination et se sont divisé le monde avec la bénédiction du pape (traité de Tordesillas, 1494). Mais l'Angleterre, la France et les Provinces-Unies ont passé outre à ce partage (dont François Ier de France disait qu'il ne faisait pas partie du testament d'Adam) et ont bientôt établi elles aussi les bases d'un empire outre-mer. Dès lors, une lutte de plus de 150 ans va jeter l'une contre l'autre ces cinq métropoles, et s'achever par la victoire à peu près complète de l'Angleterre.

L'Angleterre contre l'Espagne. C'est la flotte espagnole qui se heurte la première à la puissance maritime montante de l'Angleterre. Se manifestant d'abord par de simples raids de piraterie particulièrement audacieux (Francis Drake), l'affrontement prend une dimension dramatique avec la tentative de Philippe II pour débarquer en Angleterre une armée de 30 000 hommes qui, venue des

Pays-Bas, doit traverser la Manche sur la plus formidable flotte jamais réunie, l'Invincible Armada. L'échec retentissant de cette folle entreprise (1588), dû davantage au mauvais temps qu'à la supériorité manœuvrière des marins anglais, marque le début de l'ascension de l'Angleterre comme puissance maritime de premier rang.

L'Angleterre contre les Provinces-Unies. Pour triompher, toutefois, cette puissance devra encore faire face à la concurrence des Provinces-Unies, qui ont méthodiquement grignoté l'Empire portugais et assuré leur domination sur les routes commerciales des Indes. L'Angleterre va d'abord s'en prendre à leur rôle de magasin général de toute l'Europe par une série de Lois de navigation, dont la première est promulguée par Cromwell en 1651 : seuls les navires anglais ou ceux qui apportent des marchandises originaires de leur propre pays seront désormais admis dans les ports anglais. Malgré deux guerres maritimes pour faire annuler cette décision, les Provinces-Unies devront finalement s'incliner.

L'Angleterre contre la France. Au début du XVIIIe siècle, l'Angleterre et la France sont ainsi devenues les deux grandes rivales sur les océans et dans les colonies d'Amérique et d'Asie. Dès le traité d'Utrecht de 1713, cependant, l'Angleterre commence à prendre les devants. Elle scelle pratiquement le sort de l'Empire français d'Amérique du Nord en s'appropriant l'Acadie (Nouvelle-Écosse d'aujourd'hui), Terre-Neuve et les rivages de la baie d'Hudson, ce qui met la Nouvelle-France en danger d'asphyxie. Elle s'installe également à Gibraltar, porte d'entrée de la Méditerranée, et obtient de l'Espagne le bénéfice de l'*asiento*, le droit exclusif et très lucratif de fournir les colonies espagnoles en esclaves africains.

27 Québec, le 13 septembre 1759

Débarquement anglais à l'anse au Foulon et bataille des Plaines d'Abraham. Sur les plaines, l'essentiel de la bataille, avec le sort de l'Empire français d'Amérique, se joue en 20 minutes.

5.6.3 Une première guerre « mondiale » : la guerre de Sept Ans

Au milieu du siècle, les luttes autour de l'équilibre sur le continent, d'une part, et l'affrontement entre l'Angleterre et la France sur mer et dans les colonies, d'autre part, fusionnent dans le conflit le plus important de cette époque, la guerre de Sept Ans. Ce conflit prend une dimension mondiale, car il se joue autant sur le continent européen que sur les mers et dans les colonies, en Amérique, en Afrique et en Asie. (Au Canada français, il porte le nom de *guerre de la Conquête* 27 ; aux États-Unis, celui de *French and Indian War*.)

En Europe. Sur le continent européen, la montée fulgurante de la Prusse vient bouleverser l'équilibre. Pour la contrer, la France et l'Autriche, ennemies irréductibles depuis 200 ans, font alliance, bientôt suivies par la Russie. La Prusse isolée ne peut plus compter que sur l'Angleterre qui, ayant intérêt à maintenir l'équilibre, et donc la division, sur le continent, la soutient financièrement. Frédéric II, assailli de tous côtés, réussit à sauver son royaume, dont la capitale Berlin a été prise par les Russes, grâce à son génie militaire et au décès providentiel de la tsarine Élisabeth.

Sur mer et aux colonies. L'Angleterre, quant à elle, lance toutes ses forces sur mer et dans les colonies : pour le seul théâtre nord-américain, plus de 300 vaisseaux de ligne transportant 40 000 marins expérimentés et 60 000 soldats réguliers, c'est-à-dire presque autant que la population entière de la Nouvelle-France. Et la victoire est totale. L'Angleterre inflige deux défaites cruciales à la marine française et s'empare de la Nouvelle-France lors de la capitulation de Montréal (1760) à la suite de la défaite franco-canadienne des plaines d'Abraham (1759). Elle prend également les riches îles sucrières de la Martinique et de la Guadeloupe (qui seront toutefois restituées à la France en 1763), le Sénégal en Afrique et tous les comptoirs français aux Indes.

1763 : le traité de Paris. Le traité de Paris de 1763, l'un des plus importants de l'histoire occidentale, sanctionne tous ces résultats. Sur le continent européen, l'équilibre est maintenu entre les grandes puissances, au nombre desquelles il faudra maintenant compter la Prusse et la Russie. À l'échelle planétaire, l'Angleterre consolide sa maîtrise des mers, élimine pratiquement la France de l'Amérique du Nord et des Indes, et devient la première superpuissance mondiale **28**. Elle le demeurera pendant un siècle et demi.

28 L'Empire britannique en 1763

Faisons le point

1. Localisez sur une carte les principales possessions de Charles Quint en Europe.

2. En quoi consiste le principe de l'équilibre européen ?

3. Quels adversaires l'Angleterre a-t-elle dû affronter pour s'assurer d'une position dominante sur mer et aux colonies ?

4. En quoi la guerre de Sept Ans peut-elle être qualifiée de *première guerre mondiale* ?

5. Faites ressortir l'importance du traité de Paris de 1763.

CONCLUSION

Au cours de la période qui va de la fin du xve à la fin du xviiie siècle, la civilisation occidentale a vu naître et s'épanouir l'État centralisé, le plus souvent de forme monarchique, qui succède à l'État féodal et renoue, par-dessus ce dernier, avec la notion romaine de l'État souverain. Cet État a pris différentes formes selon le jeu des principales forces sociales en présence : aristocratie, bourgeoisie, monarchie. Dans les États où la monarchie s'est imposée, elle a dû faire alliance, soit avec la bourgeoisie là où elle était déjà forte (surtout en Europe de l'Ouest), soit avec une aristocratie féodale encore puissante (en Europe centrale et orientale). Mais partout l'État « moderne » se caractérise essentiellement par son monopole de la force armée, par la centralisation de l'administration, de la fiscalité et de la justice et par l'instauration d'une religion d'État.

Ces États souverains étant entrés en compétition pour assurer leur hégémonie sur le continent européen, d'interminables conflits ont surgi, au terme desquels on a finalement commencé à reconnaître que le principe de l'équilibre était mieux en mesure d'assurer la paix et la sécurité de chacun. Ce concept d'équilibre demeurera la base des relations internationales en Europe jusqu'à la fin du xxe siècle. L'Angleterre, quant à elle, a profité de ces luttes sur le continent pour se lancer dans l'édification d'un empire maritime et colonial qui deviendra l'un des plus vastes de l'histoire.

Cependant, la bourgeoisie, renforcée par son alliance avec la monarchie, a voulu faire reconnaître son aspiration à la liberté individuelle et en est ainsi venue à remettre en cause les fondements mêmes du pouvoir monarchique. En centralisant leurs royaumes, les monarques ont par ailleurs fait naître un sentiment national peu compatible avec la société hiérarchique de l'Ancien Régime. De la conjonction entre cette aspiration démocratique et ce sentiment national va surgir, à travers le grand bouleversement révolutionnaire qui vient (*voir chap. 7*), la forme d'État qui domine aujourd'hui dans la civilisation occidentale et, à travers elle, dans une bonne partie du monde : l'État national démocratique.

TRAVAUX ET EXERCICES

SYNTHÈSE

Justifiez les affirmations suivantes en vous appuyant sur des arguments ou des exemples :

1. C'est au cours des XVIe, XVIIe et XVIIIe siècles qu'apparaît l'État moderne en Espagne, en France, en Angleterre et en Russie.

2. La bourgeoisie joue un rôle déterminant dans la forme que prennent les États modernes.

3. Les tentatives d'hégémonie de ces États modernes provoquent des conflits à l'échelle européenne et même mondiale.

RÉFLÉXION – Le concept d'*hégémonie*

1. À partir des documents 26 et 28 (*voir p. 183 et 186*), expliquez en quoi consiste l'hégémonie en Europe au XVIe et au XVIIIe siècle.

2. Afin de préciser en quoi consiste l'hégémonie, proposez au moins deux synonymes.

3. Expliquez en quoi hégémonie et équilibre européen constituent des principes politiques opposés.

4. L'hégémonie, hier comme aujourd'hui, ne repose pas seulement sur la force militaire. À partir de vos connaissances, donnez des exemples actuels d'hégémonie économique, politique, militaire et culturelle.

5. Ces exemples actuels d'hégémonie suscitent-ils des réactions semblables à celles suscitées par les tentatives d'hégémonie illustrées dans les documents 26 et 28 ? D'après vous, pourquoi ?

ANALYSE – Identifier un document et le restituer dans son contexte

Que l'on se penche sur le passé ou sur le présent, il faut faire preuve d'esprit critique. Si demain vous entendez le discours d'un homme politique, n'allez-vous pas tenter de voir au-delà des mots et des phrases qu'il utilise ? Peut-être essaie-t-il de plaire à une partie de l'électorat ? Peut-être cherche-t-il à faire accepter un projet en exagérant ses mérites ou en masquant certains aspects ? Il faut démontrer un esprit critique et se questionner sur la position de l'auteur, de même que sur ses intentions réelles dans le contexte. Lorsque l'historien aborde un document, il doit aussi analyser dans quel contexte et avec quelles intentions celui-ci a été produit.

En 1598, après des décennies de conflits entre catholiques et protestants, le roi de France Henri IV promulgue l'édit de Nantes. Cet édit instaure une forme de tolérance religieuse en autorisant les protestants à pratiquer leur culte religieux. Moins d'un siècle plus tard, un de ses successeurs prend la décision de révoquer l'édit de Nantes. C'est la fin de la tolérance. La révocation de l'édit de Nantes, aussi connue sous le nom d'*édit de Fontainebleau*, peut nous révéler des informations importantes non seulement sur le sort réservé aux huguenots, mais aussi sur le contexte politique du XVIIe siècle français.

Pour comprendre le sens réel du document, il faut d'abord l'identifier et le restituer dans son contexte. Relevez l'idée principale de l'édit de Fontainebleau (*voir doc. 14, p. 172*), puis faites la critique externe de cet édit en répondant aux questions suivantes :

1. Quelle est la nature du document ?

2. À quelle date et dans quel contexte général a-t-il été écrit ?

3. Qui est l'auteur du document ? Donne-t-il une vision fiable et objective des faits rapportés dans le texte ?

HÉRITAGE

CE QUE NOUS DEVONS À LA FORMATION DES ÉTATS MODERNES

- la notion d'État national souverain
- la monarchie parlementaire
- une expérience révolutionnaire que les Anglais ne voudront jamais répéter
- l'idée d'un contrat entre le gouvernement et le peuple
- en Europe de l'Ouest, les frontières à peu près définitives de la plupart des États actuels
- l'entrée de la Prusse et de la Russie dans le jeu des grandes puissances
- le principe de l'équilibre européen
- la fin de la colonisation française en Amérique du Nord
- le début de l'ascension de la Grande-Bretagne comme superpuissance mondiale

POUR ALLER PLUS LOIN

Ouvrages de référence

BÉLY, Lucien. *La France au XVIIe siècle : puissance de l'État, contrôle de la société*, Paris, PUF, 2009, 846 p.

CADILHON, François, et Laurent COSTE, dir. *L'Europe des XVIIe et XVIIIe siècles : textes et documents*, Pessac (France), Presses universitaires de Bordeaux, 2008, 441 p. (Coll. « Images »)

CARRASCO, Raphaël. *L'Espagne classique : 1474-1814*, 3e éd., Paris, Hachette supérieur, 2006, 239 p. (Coll. « Carré Histoire », no 14)

COTTRET, Bernard. *La royauté au féminin : Élisabeth Ire*, Paris, Fayard, 2009, 722 p.

DEDIEU, Jean-Pierre. *L'Espagne de 1492 à 1808*, Paris, Belin, 2005, 271 p. (Coll. « Belin Sup. Histoire »)

DUCHEIN, Michel. *50 années qui ébranlèrent l'Angleterre : les deux révolutions du XVIIe siècle*, Paris, Fayard, 2009, 499 p.

GOUBERT, Pierre. *Louis XIV et vingt millions de français*, Paris, Fayard, 2010, 415 p. (Coll. « Pluriel »)

HÉLIE, Jérôme. *Les relations internationales dans l'Europe moderne : conflits et équilibres européens, 1453-1789*, Paris, A. Colin, 2008, 288 p. (Coll. « U Histoire »)

LEBRUN, François. *L'Europe et le monde, XVIe-XVIIIe siècle*, 5e éd., Paris, A. Colin, 2008, 351 p. (Coll. « U Histoire »)

LEVRON, Jacques. *La cour de Versailles aux XVIIe et XVIIIe siècles*, Paris, Perrin, 2010, 353 p. (Coll. « Tempus », no 339)

LYNN, John Albert. *Les guerres de Louis XIV, 1667-1714*, Paris, Perrin, 2010, 430 p. (Coll. « Pour l'histoire »)

SARMANT, Thierry, et Mathieu STOLL. *Régner et gouverner : Louis XIV et ses ministres*, Paris, Perrin, 2010, 661 p. (Coll. « Pour l'histoire »)

Productions audiovisuelles

Barry Lyndon, de Stanley Kubrick, avec R. O'Neil et M. Berenson, G.-B./É.-U., 1975, 184 min. — Difficultés et drames de l'ascension sociale dans l'Angleterre du XVIIIe siècle. Longue, lente et somptueuse adaptation du roman éponyme de William Thackeray. Photographie inspirée des grands peintres de l'époque (Reynolds, Gainsborough, Hogarth), riche trame musicale. Un des chefs-d'œuvre de Kubrick.

Brother against Brother: The English Civil War, É.-U., Koch Entertainment/Kultur Video, 2001, 50 min. — Très bon documentaire sur le sujet, avec reconstitutions de batailles et animations 3D.

Les camisards, de René Allio, avec Rufus et J. Debary, Fr., 1972, 100 min. — Reconstitution rigoureuse, épurée, de la révolte des protestants des Cévennes contre les « dragonnades ».

Catherine the Great, de Paul Burgess et John-Paul Davidson, avec E. Bruni et D. Dumbrava, G.-B., 2005, 120 min. — Très bon téléfilm sur la vie de la grande tsarine.

Charles II: The Power and the Passion, avec R. Sewell et R. Graves, G.-B./É.-U., 2003, 235 min. — Minisérie télévisée en quatre épisodes produite par la BBC. Le règne de Charles II d'Angleterre après l'échec de la « révolution puritaine ». Belle grande série de prestige, peut-être un peu trop axée sur la vie intime du personnage au détriment du contexte historique.

Cromwell, de Ken Hughes, avec R. Harris et A. Guinness, G.-B., 1969, 139 min. — Centré sur l'affrontement entre Cromwell et Charles Ier, le film s'achève avec la mort de ce dernier. La carrière ultérieure de Cromwell est donc absente du film. Excellente reconstitution d'époque, superbes comédiens. Vision assez favorable au personnage.

Elizabeth I, avec H. Mirren et H. Dancy, G.-B./É.-U., 2005, 123 min. — Minisérie télévisée en deux épisodes. Splendide production à tous points de vue, avec des comédiens formidables, surtout Helen Mirren vraiment royale dans le rôle-titre.

La prise de pouvoir par Louis XIV, de Roberto Rossellini, avec J.-M. Patte et R. Jourdan, Fr., 1966, 94 min. — À la mort de Mazarin, Louis XIV assume tous les pouvoirs et met la noblesse sous surveillance en lançant les travaux de Versailles. Le meilleur film sur le sujet, très fidèle à la réalité historique. Aux antipodes de la fresque hollywoodienne, un Louis XIV radicalement différent de l'image habituelle et un film presque intimiste.

Que la fête commence, de Bertrand Tavernier, avec P. Noiret et J. Rochefort, Fr., 1975, 114 min. — Superbe illustration de la régence de Philippe d'Orléans après la mort de Louis XIV, alors que la France, depuis la cour de Versailles jusque dans les lointaines provinces, se sent libérée d'une chape de plomb…

Restoration, de Michael Hoffman, avec R. Downey Jr. et S. Neil, É.-U./G.-B., 1995, 117 min. — Un médecin anglais se trouve aux prises tant avec les intrigues à la cour de Charles II, lors de la restauration des Stuarts, qu'avec l'épidémie de peste qui ravage Londres en 1665. Bonne reconstitution d'époque, entre autres sur les techniques médicales.

Ridicule, de Patrice Leconte, avec C. Berling et J. Rochefort, Fr., 1996, 102 min. — Un petit noble de province monte à Versailles afin de soumettre au roi Louis XVI un projet d'assainissement des marais dans ses terres, et se trouve projeté dans les intrigues de la cour. Superbe film, dialogues pleins de finesse, excellente reconstitution d'époque, comédiens magnifiques.

Versailles, la visite, Fr., Éditions Montparnasse, 1999, 60 min. — La version NTSC de ce documentaire ne se trouve que couplée à *Le Louvre, la visite*, dans un coffret de 2 DVD.

CAPSULE MÉTHODOLOGIQUE

LIRE ET INTERPRÉTER DES IMAGES

On dit qu'une image vaut mille mots et c'est souvent le cas, mais ces mille mots n'apparaissent pas nécessairement au premier coup d'œil, même pour un document prétendument aussi «objectif» qu'une photographie. Il faut donc savoir interpréter une image tout autant qu'un texte si l'on veut en faire jaillir toute la richesse.

Au même titre que les textes, les images peuvent servir de source documentaire pour la recherche historique. La «lecture» et l'interprétation d'un document visuel doivent se faire avec la même rigueur que celle qu'on accorde à un document écrit. Il faut donc revoir ce qui a été dit précédemment sur la façon d'aborder un document écrit (voir p. 118), quitte à y faire quelques ajustements pour tenir compte de la spécificité du document visuel.

Ainsi, comme pour le document écrit, le préalable essentiel à l'étude d'un document iconographique doit être une question qui servira d'éclairage pour en découvrir le contenu.

Cela étant acquis, il faut d'abord, dans une première étape, faire la critique de provenance du document iconographique. Quelle est la nature du document? S'agit-il d'une œuvre d'art? d'une caricature? d'une image publicitaire ou de propagande? d'une photo d'époque?

Il faut ensuite situer le document dans son époque. À quelle date, à quelle occasion a-t-il été produit? Est-il contemporain des événements qu'il veut mettre en image?

Il est également important d'établir la fiabilité de l'auteur de l'image (on dira ici souvent de l'artiste). Est-il un témoin oculaire de l'événement qu'il illustre? A-t-il pu se tromper ou vouloir nous tromper? En un mot, est-il crédible?

La deuxième étape consiste à observer attentivement le document et à en relever toutes les composantes. Il s'agit d'aller bien au-delà du simple coup d'œil: les images peuvent comporter un très grand nombre d'éléments significatifs, pris à la fois isolément et dans leurs interrelations. La reconnaissance précise de certains de ces éléments pourra nécessiter de patientes recherches dans des ouvrages de référence.

Une fois le document ainsi «passé au peigne fin», à la dernière étape, il faudra en tirer toutes les significations, dans le contexte de l'époque et en relation avec le questionnement qui est à l'origine de la recherche.

EXEMPLE

Jetons les yeux sur le document [20] du chapitre 5 (voir p. 179).

Cette image pourrait-elle nous éclairer sur la politique suivie par l'Espagne dans les Pays-Bas à l'époque où elle a été créée?

Il s'agit d'une œuvre d'art, une toile peinte vers 1565 par Pieter Bruegel, dit l'Ancien, artiste flamand qui a vécu surtout en Belgique de 1525 (approximativement) à 1569.

Le peintre a intitulé son œuvre *Le massacre des Innocents*. Ce titre fait référence à un épisode de l'Évangile de Matthieu: apprenant qu'une rumeur court selon laquelle un roi vient de naître à Bethléem (c'est Jésus), le roi Hérode de Judée, dont Bethléem fait partie, inquiet pour son trône, fait massacrer tous les nouveau-nés de la région. À première vue, cela n'a rien à voir avec le sujet qui fait l'objet de notre recherche.

Une première constatation s'impose toutefois: l'image n'est absolument pas contemporaine des événements qu'elle prétend illustrer, et l'artiste n'a pu être le témoin de cet événement, ayant vécu plus de 1 500 ans plus tard. Cette image n'a donc aucune valeur documentaire en ce qui concerne l'événement qu'elle veut représenter.

Si l'on regarde attentivement la toile, d'ailleurs, on se rend compte que le décor, les costumes et l'environnement n'ont pas grand-chose à voir avec la Palestine au temps de Jésus. On est en plein hiver nordique, les maisons ressemblent à celles que l'on peut encore observer de nos jours en Belgique et aux Pays-Bas. Est-ce à dire que Bruegel a voulu nous induire en erreur? À l'époque, les peintres se souciaient très peu de l'exactitude historique: ils peignaient la réalité qu'ils avaient sous les yeux, même pour des scènes bibliques ou historiques. Là-dessus, Bruegel est tout à fait de son temps. Il s'est certainement trompé dans sa «reconstitution» de l'événement, mais probablement sans le vouloir, car l'exactitude historique était le dernier de ses soucis, et il n'a pas cherché non plus à tromper ceux et celles qui allaient regarder sa toile, à son époque et plus tard.

Une fois rejetée la pertinence de cette image quant à son référent explicite (le massacre des Innocents), il est toutefois possible de lui découvrir un autre référent, qui nous offre de précieux renseignements sur l'époque de l'artiste.

Cela est d'autant plus justifié dans le cas de Bruegel, dont la grande majorité des œuvres portent directement sur la société dans laquelle il vivait, minutieusement décrite (*voir, par exemple, le document 17 du chapitre 4, p. 130*). En examinant la vie de l'artiste, on constate qu'il a vécu au moment où Philippe II d'Espagne tentait de mater la révolte des Pays-Bas contre la domination espagnole, répression particulièrement cruelle marquée par des exactions sanglantes de la part des troupes d'occupation.

Bruegel a été fort probablement un témoin direct, peut-être même oculaire mais à tout le moins par ouï-dire, de certains de ces événements. Ce n'est donc pas sur le massacre des Innocents que le document nous fournit un témoignage éminemment crédible, mais bien sur la répression espagnole dans les Pays-Bas, dont il est contemporain.

Si l'on regarde la toile d'un peu plus près, on y voit d'ailleurs, à l'arrière-plan, un escadron de cavaliers vêtus d'une armure et armés d'une lance, tandis qu'à l'avant-scène les tueurs procèdent à l'assassinat des bébés malgré les implorations de leurs mères. En dépit de la distance que l'artiste adopte face à son sujet en peignant une vue d'ensemble assez éloignée, on décèle dans son œuvre toute la violence de cette époque de luttes politico-religieuses.

Voilà donc une image qui nous révèle un aspect de la politique de l'Espagne dans les Pays-Bas vers 1565.

Il est possible d'explorer la toile en détail en allant sur le site de la Web Gallery of Art à l'adresse suivante : www.wga.hu/index1.html

EXERCICE 1

Examinez le document 5 du chapitre 5 (*voir p. 165*).

1. De quel type d'image s'agit-il ? En général, les images de ce type sont-elles fiables, crédibles ?

2. L'image est-elle contemporaine de l'événement auquel elle se réfère ? Connaît-on son auteur ?

3. Recensez les textes qui apparaissent dans l'image et cherchez le sens de tous les mots qui pourraient poser un problème d'interprétation (comme le mot *dragon*).

4. Cette image est-elle corroborée par d'autres documents, qui pourraient se trouver dans le même chapitre du manuel et en dehors de ce dernier ?

5. Quel est l'intérêt de ce document pour toute la question de la religion d'État dans l'État moderne et spécifiquement pour la persécution religieuse en France sous Louis XIV ?

EXERCICE 2

Consultez le document 3 du chapitre 5 (*voir p. 163*).

1. Quelle est la nature de ce document ? Porte-t-il sur un événement précis ? Sinon, comment pourrait-on définir son sujet, en relation avec l'endroit où il se trouve ?

2. Qui est Abraham Bosse, l'auteur de l'image ? Est-il contemporain de son sujet ? Comment se pose la question de sa crédibilité, dans le contexte d'une image de ce type ?

3. Recensez les textes qui apparaissent dans l'image et cherchez le sens de tous les mots qui pourraient poser un problème d'interprétation (comme le mot *Léviathan*).
   - Tout en haut de l'image se trouve un texte en latin tiré de la Bible, Livre de Job, XLI : 24 (en fait, 25), dont voici la traduction littérale : « Il n'y a pas de puissance sur terre qui soit comparable à la sienne ».
   - Au centre de la partie inférieure de l'image apparaît le titre du livre dont cette image constitue le frontispice (traduction littérale : « Léviathan, ou la matière, forme et pouvoir d'un commonwealth ecclésiastique et civil, par Thomas Hobbes of Malmesbury »).

4. Qui est Thomas Hobbes ? Quel est le sujet de son livre ? À quelle date a-t-il été publié ? Que se passe-t-il en Angleterre à ce moment-là ? Cette date a-t-elle une importance pour comprendre cette image et le titre du livre ?

5. Déchiffrez tous les éléments visuels du document. Regardez attentivement, en particulier, le corps du roi, en utilisant une loupe au besoin : de quoi ce corps est-il fait ? (Vous pouvez voir une reproduction beaucoup plus grande de cette image en effectuant dans un moteur de recherche une recherche d'images avec les mots clés « frontispice leviathan ».)

6. Tout cela étant accompli, comment interprétez-vous cette image dans le contexte historique où elle a été produite ? Cette image est-elle utile pour comprendre la naissance de l'État moderne ?

Chapitre 6
Le mouvement de la science, de la pensée et de l'art aux XVIIe et XVIIIe siècles

PLAN

6.1 La révolution scientifique
6.1.1 L'Univers réinventé
6.1.2 À la recherche d'une méthode
6.1.3 Les progrès des sciences
6.1.4 Les conditions nouvelles

6.2 La philosophie des Lumières
6.2.1 « Philosopher »…
6.2.2 Les idées-force
6.2.3 La diffusion des Lumières

6.3 L'art entre le baroque et le classicisme
6.3.1 L'art baroque
6.3.2 Le classicisme
6.3.3 La musique

Dans l'histoire de la pensée occidentale, les XVIIe et XVIIIe siècles sont d'une importance capitale. C'est en effet à cette époque que naît véritablement la science moderne, fondée sur la méthode expérimentale et l'utilisation du langage mathématique. C'est aussi à cette époque que la philosophie des Lumières remet en question les fondements mêmes de l'Ancien Régime, préparant ainsi la venue des grandes révolutions politiques. Une extraordinaire floraison artistique reflète cette effervescence intellectuelle et spirituelle à travers laquelle se forge lentement l'Occident d'aujourd'hui.

1 Les hauts lieux du savoir et de l'art aux XVIIe et XVIIIe siècles

CHRONOLOGIE

	SCIENCE		PENSÉE		ART
v. 1600	Invention de la lunette astronomique et du microscope	1561-1626	Francis Bacon	1567-1643	Claudio Monteverdi
		1596-1650	René Descartes	1598-1680	Le Bernin (Gian Lorenzo Bernini)
1609	*Nouvelle astronomie* (Kepler)			1599-1660	Diego Vélasquez
1628	Découverte de la circulation du sang (Harvey)			1600-1720	Apogée du baroque italien et espagnol
				1600-1660	Apogée de la peinture hollandaise
1632	*Dialogue sur les deux grands systèmes du Monde* (Galilée)	1632-1704	John Locke	1606-1669	Rembrandt
		1637	*Discours de la méthode* (Descartes)	1607	Naissance de l'opéra (Monteverdi : *Orfeo*)
1662	Fondation de la Royal Society, Londres			1622-1673	Molière
1666	Fondation de l'Académie des sciences, Paris			1632-1675	Johannes Vermeer
				1637	Premier théâtre public d'opéra (Venise)
1675	Calcul de la vitesse de la lumière (Römer)			1639-1699	Jean Racine
				1656	Premier concert public payant (Paris)
1687	*Principes mathématiques de philosophie naturelle* (Newton)	1689-1755	Montesquieu	1660-1720	Apogée du classicisme français
		1690	*Traité sur le gouvernement civil* (Locke)	1666	Premier violon Stradivarius
1735	Invention du chronomètre	1694-1778	Voltaire	1667-1745	Jonathan Swift
		1712-1778	Jean-Jacques Rousseau	1678	*La princesse de Clèves* (Madame de La Fayette)
1749-1789	*Histoire naturelle* (Buffon)	1713-1784	Denis Diderot		
		1723-1790	Adam Smith	1678-1741	Antonio Vivaldi
1752	Captation de l'électricité atmosphérique (Franklin)	1748	*De l'esprit des lois* (Montesquieu)	1680-1780	Apogée du baroque allemand
		1751-1780	*Encyclopédie*	1685-1759	Georg Friedrich Haendel
1777-1786	Analyse et synthèse de l'air et de l'eau (Lavoisier)	1762	*Du contrat social* (Rousseau)	1682	Inauguration de Versailles
		1764	*Dictionnaire philosophique portatif* (Voltaire)	1685-1750	Jean-Sébastien Bach
1783	Première ascension en ballon (Montgolfier)			v. 1700	Invention de la clarinette
1796	Première vaccination (Jenner)	1776	*La richesse des nations* (Smith)	1709	Invention du piano-forte
				1732-1809	Joseph Haydn
				1756-1791	Wolfgang Amadeus Mozart

2 Le « Grand Siècle » (XVIIᵉ)

« Un siècle qui a vu s'affirmer le bourgeois en face du héros, du courtisan et de l'honnête homme, s'épanouir le capitalisme industriel, atteindre leur perfection propre le mercantilisme et la monarchie absolue, s'ébaucher un socialisme d'État et naître le régime parlementaire, un siècle qui a vu l'apogée du baroque et du classique, Shakespeare et Racine, Rubens et Poussin, qui a produit Galilée, Descartes et Newton, le rationalisme de la quantité et le mécanisme, un siècle où l'esprit humain a rompu décidément avec Aristote, a saisi l'Univers par la mathématique et l'expérience, où savants, philosophes et religieux ont ouvert l'infini à l'homme et lui ont proposé le progrès sans limites, […] un siècle qui a peut-être réalisé une mutation de l'espèce humaine, un tel siècle peut à bon droit être appelé : "Le Grand Siècle". »

Comparez ce texte avec le document **2** du chapitre 10 (*voir p. 291*)

Source : Roland Émile MOUSNIER, *Les XVIᵉ et XVIIᵉ siècles : la grande mutation intellectuelle de l'humanité, l'avènement de la science moderne et l'expansion de l'Europe*, Paris, PUF, 1993, p. 367-368. (Coll. « Quadrige », n° 146)

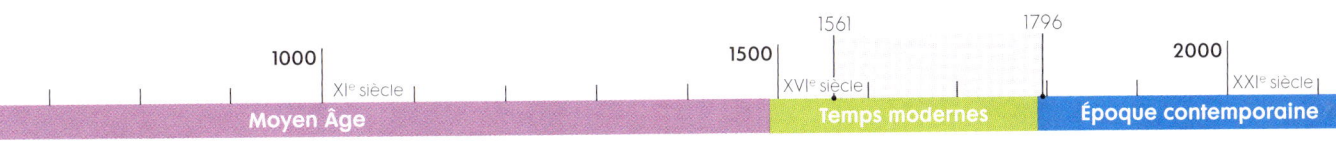

6.1 La révolution scientifique

C'est au XVIIe siècle que naît la science moderne, fruit d'une conception mécaniste de la nature, d'une méthode rigoureuse (observation, expérimentation et vérification) et de l'usage systématique du langage mathématique. Cette « révolution scientifique » constitue un élément capital dans la formation de la pensée moderne.

6.1.1 L'Univers réinventé

Nul domaine n'illustre mieux ce moment décisif que celui de l'astronomie où, à la suite du précurseur Copernic, Galilée, Kepler et surtout Newton vont transformer de façon radicale et définitive la vision du monde qui avait cours depuis l'Antiquité grecque.

L'Univers d'Aristote et de Ptolémée. Malgré quelques théories contraires, c'est en effet le système d'Aristote et de Ptolémée qui s'était imposé dans la pensée occidentale depuis deux millénaires. L'Univers était considéré comme un ensemble fini, formé de multiples sphères concentriques, cristallines (c'est-à-dire invisibles à l'œil), sur chacune desquelles était fixée une planète et, pour l'une d'entre elles, le Soleil **3**. Soleil et planètes n'avaient pas de mouvement propre : c'était plutôt la rotation des sphères invisibles tournant sur elles-mêmes qui entraînait les corps célestes dans un mouvement parfaitement circulaire autour d'un centre immobile, la Terre. Le monde terrestre et le monde céleste étaient complètement différents. Le premier, changeant et imparfait, était formé de quatre éléments, ou essences : terre, air, eau, feu. Le second, immuable et parfait, était composé d'une substance immatérielle, sans poids, incorruptible, appelée *éther* ou *quintessence* (cinquième essence). L'Univers était clos par la dernière sphère, celle des « fixes », le firmament, qui portait toutes les étoiles.

Géocentrisme
(du grec *gê*, « terre ») Théorie selon laquelle la Terre est au centre de l'Univers (si c'est le Soleil qui est placé au centre, on parle d'*héliocentrisme*).

3 L'Univers de Ptolémée

La Terre est au centre d'un ensemble de sphères concentriques portant chacune un corps céleste. La sphère du Soleil est la quatrième à partir du centre (*Sphera solis*).

Copernic. Au début de la Renaissance, Nicolas Copernic (1473-1543) apporte le premier démenti « préscientifique » de cette théorie. S'appuyant uniquement sur les mathématiques, et non sur l'observation, il rejette le **géocentrisme** et soutient que c'est le Soleil qui forme le centre de l'Univers et que la Terre est en mouvement, à la fois autour du Soleil et sur elle-même **4**. C'est ce qu'on appelle l'*héliocentrisme*. Cela dit, il conserve toute la théorie des sphères cristallines, qu'il ne fait que simplifier et rendre plus conforme aux lois mathématiques. Néanmoins, en enlevant la Terre du centre de l'Univers et en la dotant de mouvement, il fonde l'astronomie moderne.

Kepler. Poursuivant sur cette lancée et grâce aux observations minutieuses de Tycho Brahé (1546-1601), Johannes Kepler (1571-1630) démontre que le mouvement des planètes ne peut être qu'elliptique, et non circulaire. Le Soleil formant l'un des foyers de cette ellipse, la vitesse des planètes varie en raison inverse de la distance qui les sépare du Soleil : plus cette distance est grande, plus la vitesse est petite. À partir de là, la théorie des sphères cristallines n'est plus viable.

La révolution galiléenne. C'est Galileo Galilei ou Galilée (1564-1642) qui lance l'astronomie dans la voie de la véritable observation scientifique. Ayant perfectionné la lunette astronomique (1609), il découvre entre autres quatre satellites de Jupiter et l'anneau de Saturne, pulvérisant de façon définitive la théorie des sphères. Il observe des taches sur le Soleil et du relief sur la Lune, détruisant ainsi le mythe de la perfection et de l'immuabilité des corps célestes et introduisant le principe de l'uniformité de la matière dans tout l'Univers, à l'encontre des cinq éléments de la vision traditionnelle. Ces découvertes, appuyées sur une observation méthodique et diffusées par leur auteur non pas en latin, langue traditionnelle de la science officielle, mais en italien, langue accessible au grand nombre, valent à Galilée une immense notoriété. Les milieux universitaires, et surtout l'Église, qui n'avaient pratiquement pas réagi aux thèses de Copernic, sont cette fois pris de panique. C'est que ces thèses autorisent à mettre en doute la véracité de la Bible, laquelle affirme, par exemple, que Josué a arrêté le Soleil, ce qui est bien la preuve que c'est le Soleil qui tourne… Déféré devant le tribunal de l'Inquisition, Galilée est condamné (1633), assigné à résidence, et finalement forcé de désavouer officiellement le résultat de ses propres recherches 5.

La synthèse newtonienne. La synthèse de toutes ces avancées préalables revient au génie d'Isaac Newton (1642-1723), à qui nous devons la formulation d'une vision globale de l'Univers appelée à durer jusqu'au début du XXe siècle et qui est encore partiellement valable aujourd'hui. Newton affirme que l'Univers n'est pas clos, qu'il ne contient que de la matière et que cette matière, dont la structure de base est l'atome, est partout la même. Tout mouvement de la matière peut s'expliquer par quelques lois fondamentales, qui s'appliquent dans tout le cosmos et qui peuvent s'exprimer en formules mathématiques ; l'une de ces lois est celle de la gravitation, ou de

4 L'Univers de Copernic

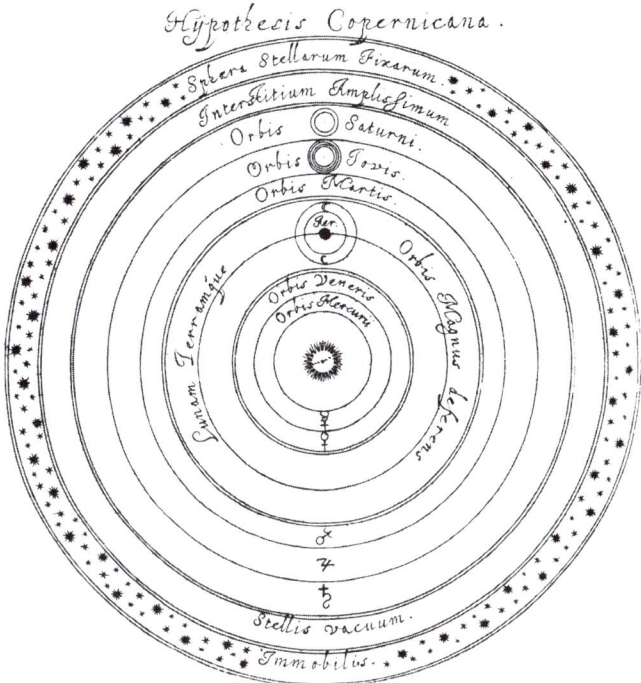

Dessin de Copernic. Les sphères sont encore là, mais le Soleil se trouve au centre. La Lune tourne autour de la Terre sur une sphère auxiliaire. L'Univers est clos par le firmament.

5 La condamnation de Galilée

« Nous […], par la miséricorde de Dieu, cardinaux de la Sainte Église Romaine, et spécialement députés pour être Inquisiteurs généraux de la Sainte Foi catholique :

Comme toi, Galilée, […] a été dénoncé dès l'an 1613 à ce Saint-Office, parce que tu tenais pour véritable la fausse doctrine enseignée par certains, que le Soleil est le centre du monde, et immobile, et que la Terre ne l'est pas, mais se remue d'un mouvement journalier ; […] les théologiens et docteurs ayant trouvé cette opinion non seulement absurde et fausse en philosophie, mais du moins erronée pour la Foi. […]

Nous disons, prononçons et déclarons que toi, Galilée, t'es rendu fort suspect d'hérésie, pour avoir tenu cette fausse doctrine du mouvement de la Terre et du repos du Soleil. […] Conséquemment, tu as encouru toutes les censures et les peines des sacrés canons, dont néanmoins nous te délions, pourvu que dès maintenant, avec un cœur sincère et une foi non feinte, tu abjures, maudisses et détestes devant nous ces erreurs et ces hérésies contraires à l'Église. Mais, toutefois, afin que ta grande faute ne demeure pas impunie, nous ordonnons que ces Dialogues soient prohibés par édit public, que tu sois emprisonné dans les prisons du Saint-Office, à notre arbitre. Et pour pénitence salutaire, nous t'enjoignons de dire une fois par semaine, les sept psaumes pénitentiaux. »

De quelle « hérésie » Galilée est-il accusé ? Sur quel plan les juges affirment-ils la « fausseté » de la « doctrine » galiléenne ?

Source : Jean-Pierre VIVET, dir., *Les mémoires de l'Europe*, t. III, *L'Europe classique : 1600-1763*, Paris, Laffont, 1971, p. 180.

l'attraction universelle : tous les corps s'attirent, en raison directe du produit de leurs masses et en raison inverse du carré de la distance qui les sépare. Ces lois permettent d'expliquer, et mieux encore de prévoir avec certitude, par exemple, le retour périodique des comètes, le phénomène des marées, l'aplatissement de la Terre aux pôles.

Une nouvelle vision du monde. Avec Newton, la révolution scientifique du XVIIe siècle atteint son apogée. Qu'un homme seul, confiné dans un petit cabinet de travail sur un point minuscule de la planète Terre, puisse en arriver à expliquer avec certitude le mouvement de tous les corps célestes et à énoncer des lois qui s'appliquent à l'Univers entier, voilà qui va profondément marquer l'imagination de tous les intellectuels d'Europe. L'éclatement de la vision antique et médiévale de l'Univers rendra nécessaire ce qu'on a pu appeler « le plus grand réajustement spirituel auquel les êtres humains aient jamais été confrontés » (Robert R. Palmer et Joel Colton, *History of the Modern World*, New York, McGraw-Hill, 1998, p. 288, [notre traduction]). Ce **cosmos** nouveau, où l'Homme sur sa Terre n'est plus qu'une poussière identique à des milliards d'autres, propulsée par une loi aveugle dans l'obscurité du vide intersidéral, va remplir d'angoisse même un mathématicien et scientifique aussi éminent que Blaise Pascal : « Le silence éternel de ces espaces infinis m'effraie », écrit-il dans ses *Pensées* (1670). Encore aujourd'hui, en plein XXIe siècle, les astrologues font toujours leurs savantes « prédictions » à partir de la « sphère céleste » de Ptolémée, des 12 « constellations » qui y seraient attachées et des « signes du Zodiaque »…

Cosmos
L'Univers, considéré comme un ensemble ordonné.

6.1.2 À la recherche d'une méthode

Contre la méthode scolastique. Cette immense percée scientifique s'accompagne d'une réflexion non moins radicale sur la méthode même qui permet d'accéder à la connaissance vraie et certaine du monde. Deux philosophes vont marquer à cet égard, et d'une façon durable, l'évolution de la pensée occidentale : Francis Bacon (1561-1626) et surtout René Descartes (1596-1650) **6**. Tous les deux rejettent la méthode scolastique, par laquelle, à partir d'un texte ancien qui fait autorité (la Bible, par exemple, ou Aristote), on déduit une connaissance nouvelle au moyen d'un raisonnement rigoureux. Tous les deux pensent au contraire qu'il existe une autre méthode, scientifique, pour parvenir à la connaissance du réel et que, cette méthode mise en pratique et cette connaissance acquise, il sera possible à l'humanité de maîtriser la nature et de la faire servir à l'amélioration des conditions de vie.

---

6 René Descartes (1596-1650)

PORTRAIT

Fils d'un gentilhomme de petite noblesse catholique, Descartes reçoit chez les Jésuites une éducation solide et polyvalente, tant dans les sciences, les mathématiques ou la philosophie qu'en droit, en génie militaire, en administration publique, en musique, en poésie, voire en escrime. Guidé par des préoccupations humanitaires, adepte de la tolérance religieuse et ne souhaitant pas connaître le sort d'un Galilée, il se réfugie, en 1628, en Hollande, où il peut trouver la liberté et l'isolement dont il a besoin pour poursuivre ses réflexions et ses recherches scientifiques (mathématiques, physique, biologie). En 1649, il accepte, non sans réticences, de partir pour Stockholm, à l'invitation de la reine Christine de Suède. Personnage quelque peu fantasque, celle-ci lui impose de se lever à cinq heures du matin pour l'entretenir de philosophie, de ballet, de théâtre ou des statuts de l'Académie des arts et des lettres. C'est ainsi qu'il contracte une pneumonie qui lui est fatale, en 1650.

L'empirisme expérimental. Toutefois, Bacon et Descartes diffèrent totalement quant au contenu de cette méthode qu'ils recherchent. Bacon prône l'**empirisme** expérimental : il faut d'abord colliger le plus grand nombre possible d'observations, expérimenter systématiquement et, de là, construire par **induction** les lois scientifiques à partir desquelles on pourra ensuite arriver à des principes plus généraux.

Le cartésianisme. Pour Descartes, au contraire, nos sens peuvent nous tromper et ne sauraient par conséquent être la source essentielle de la connaissance. À l'empirisme de Bacon, Descartes oppose le rationalisme : il faut d'abord instaurer le doute systématique, remettre en question l'existence même du monde et sa propre existence individuelle, et n'accepter comme vrai que ce qui a le caractère d'une évidence absolue. Sur la base de ce doute systématique, il établit d'abord une certitude première, celle de sa propre existence (« Je pense, donc je suis »), d'où il déduit l'existence de Dieu et celle de deux mondes radicalement différents, celui des idées et celui de la matière 7. Le monde de la matière, dont le caractère fondamental est que tout objet y occupe une portion d'espace, est de ce fait entièrement soumis aux lois mathématiques et peut donc être connu avec certitude par la simple application rigoureuse de ces lois. Tout y est quantifiable, mesurable, réductible en formules et en équations. Cette « mécanisation » totale du monde matériel et sa radicale différenciation du monde spirituel vont marquer profondément la philosophie occidentale des siècles suivants.

Empirisme
Méthode de recherche et d'acquisition de connaissances fondée uniquement sur l'expérience ; théorie philosophique d'après laquelle toutes nos connaissances viennent de nos sens.

Induction
Méthode qui consiste à remonter des faits particuliers, des cas singuliers, à la loi, à la proposition générale.

7 La pensée de René Descartes

La méthode

« Le premier [principe] était de ne recevoir jamais aucune chose pour vraie que je ne la connusse évidemment être telle : c'est-à-dire […] de ne comprendre rien de plus en mes jugements que ce qui se présenterait si clairement et si distinctement à mon esprit, que je n'eusse aucune occasion de le mettre en doute.

Le second, de diviser chacune des difficultés que j'examinerais en autant de parcelles qu'il se pourrait et qu'il serait requis pour les mieux résoudre.

Le troisième, de conduire par ordre mes pensées, en commençant par les objets les plus simples et les plus aisés à connaître, pour monter peu à peu, comme par degrés, jusques à la connaissance des plus composés […].

Et le dernier, de faire partout des dénombrements si entiers, et des revues si générales, que je fusse assuré de ne rien omettre. »

Le doute systématique

« […] parce qu'alors je désirais vaquer seulement à la recherche de la vérité, je pensai qu'il fallait […] que je rejetasse comme absolument faux, tout ce en quoi je pourrais imaginer le moindre doute, afin de voir s'il ne resterait point, après cela, quelque chose en ma créance qui fût entièrement indubitable. […] je me résolus de feindre que toutes les choses qui m'étaient jamais entrées en l'esprit, n'étaient non plus vraies que les illusions de mes songes. Mais, aussitôt après, je pris garde que, pendant que je voulais ainsi penser que tout était faux, il était nécessaire que moi, qui le pensais, fusse quelque chose. Et remarquant que cette vérité : je pense, donc je suis, était si ferme et si assurée, que toutes les plus extravagantes suppositions des sceptiques n'étaient pas capables de l'ébranler, je jugeai que je pouvais la recevoir sans scrupule pour le premier principe de la philosophie que je cherchais. »

Le dualisme esprit – matière

« […] je connus de là que j'étais une substance dont toute l'essence ou la nature n'est que de penser, et qui, pour être, n'a besoin d'aucun lieu, ni ne dépend d'aucune chose matérielle. En sorte que ce moi, c'est-à-dire l'âme par laquelle je suis ce que je suis, est entièrement distincte du corps, et même qu'elle est plus aisée à connaître que lui, et qu'encore qu'il ne fût point*, elle ne laisserait pas d'être tout ce qu'elle est. »

* « encore qu'il ne fût point » : en langage moderne, « même s'il n'existait pas ».

> Explicitez le raisonnement par lequel Descartes établit la certitude de sa propre existence. Exprimez dans vos propres mots le sens de la dernière phrase.

Source : René DESCARTES, *Discours de la méthode* (1637), Paris, Union générale d'éditions, 1962, p. 22-23, 35.

8 — Innovation et prudence

William Harvey vient de découvrir la circulation du sang, mais il est inquiet des bouleversements que cette révélation peut causer.

« Ce qu'il me reste à dire sur la qualité du sang et son origine est si nouveau et d'un caractère si inhabituel, que je ne crains pas seulement les cabales contre ma propre personne provoquées par la jalousie de certains, mais je tremble à l'idée d'avoir l'humanité tout entière pour ennemie, tant il est vrai que la coutume et l'habitude, qui sont comme une seconde nature, les doctrines enseignées […] et le respect de l'Antiquité influencent tous les hommes : mais les dés sont jetés et je place ma confiance dans l'amour de la vérité.

[…] j'ai finalement découvert que le sang, poussé par l'action du ventricule gauche, était distribué au corps tout entier, dans ses moindres parties, […] de même qu'il est envoyé dans les poumons […] pour ensuite passer dans les veines et revenir par la veine cave dans le ventricule droit. […] Nous pouvons nous permettre d'appeler ce mouvement circulaire. […] En conséquence, le cœur est le commencement de la vie […] et, grâce à lui, le sang circule, s'améliore, peut nourrir le corps et est préservé de la corruption et de la coagulation. »

Source : William HARVEY, *La circulation du sang* (1628), dans Jacques GLEYSE, *L'instrumentalisation du corps : une archéologie de la rationalisation instrumentale du corps, de l'Âge classique à l'époque hypermoderne*, Paris, L'Harmattan, 1997, p. 85-86.

9 — Avertissement au peuple sur l'enlèvement [l'envol] des ballons ou globes en l'air

« On a fait une découverte dont le gouvernement a jugé convenable de donner connaissance, afin de prévenir les terreurs qu'elle pourrait occasionner parmi le peuple. […] À Paris le 27 août à cinq heures du soir, en présence d'un nombre infini de personnes, un globe de taffetas enduit de gomme élastique, de trente-six pieds de tour, s'est élevé du Champ-de-Mars jusque dans les nues, où on l'a perdu de vue. Chacun de ceux qui découvriront dans le ciel de tels globes qui présentent l'aspect de la lune obscurcie, doit donc être prévenu que, loin d'être un phénomène effrayant, ce n'est qu'une machine toujours composée de taffetas ou de toile légère recouverte de papier, qui ne peut causer aucun mal, et dont il est à présumer qu'on fera quelque jour des applications utiles aux besoins de la société. »

Source : Affiche parisienne (septembre 1783), dans Fulgence MARION, *Les ballons et les voyages aériens*, Paris, Hachette, 1869, p. 65.

6.1.3 Les progrès des sciences

La biologie. La révolution scientifique du XVIIe siècle ne se limite pas à la spectaculaire percée de la cosmologie. La biologie n'est pas en reste et prend aussi son essor, grâce aux méthodes d'observation qui vont lui permettre de s'affranchir des interdits et des certitudes philosophico-religieuses du passé. La dissection a déjà permis à Vésale, dès le XVIe siècle, d'étudier le corps humain avec une précision inconnue jusqu'alors. Une découverte capitale dans ce domaine revient à William Harvey (1578-1657), qui décrit en 1628 la circulation du sang et la fonction du cœur comme pompe aspirante-foulante 8. Le microscope permet au Hollandais Antonie Van Leeuwenhoek (1632-1723) de découvrir les spermatozoïdes et les bactéries. Au XVIIIe siècle, la classification des espèces fait des progrès importants grâce à Carl von Linné (1707-1778), et François Buffon (1707-1788), dans sa monumentale *Histoire naturelle*, entrevoit déjà la variabilité et l'évolution des espèces, considérées jusqu'alors comme immuables parce que toutes créées directement par Dieu selon l'enseignement biblique.

La physique. Parallèlement, la physique moderne est lancée, entre autres par des recherches et des démonstrations décisives sur le vide et la pression atmosphérique (Pascal), l'inertie et le mouvement (Galilée, Newton), la lumière (dès 1676, Olaüs Römer a calculé sa vitesse exacte, livrant ainsi sans le savoir la véritable dimension de l'Univers), puis, au XVIIIe siècle, la chaleur (Celsius) et l'électricité (Franklin, Volta).

La chimie. Le XVIIIe siècle voit également la chimie sortir des vieilles croyances et pratiques de l'alchimie et entrer dans le cadre de la science, grâce surtout à Antoine Lavoisier (1743-1794) qui réussit l'analyse et la synthèse de l'air et de l'eau.

Les mathématiques. Toutes ces percées ont été rendues possibles grâce à des progrès décisifs dans les mathématiques : logarithmes (Neper, 1614), géométrie analytique (Descartes, 1637), calcul des probabilités (Pascal, 1654) et calcul différentiel et intégral (Leibniz et Newton, 1665-1680).

6.1.4 Les conditions nouvelles

Cette extraordinaire effervescence est à la fois cause et conséquence d'importantes modifications dans les conditions mêmes du travail scientifique. Jusqu'à l'époque de Galilée, le savant est le plus souvent un « amateur », c'est-à-dire qu'il n'appartient pas aux appareils officiels du savoir que sont les universités, encore engoncées dans un enseignement scolastique peu à peu vidé de tout dynamisme. Il travaille en « franc-tireur », souvent protégé par quelque mécène, entretenant avec ses collègues des relations qui, quoique soutenues, restent à peu près au niveau de la correspondance personnelle.

L'appui des États. À partir du milieu du XVIIe siècle, le travail du savant devient grandement facilité par l'apparition de nouvelles conditions, dont la plus déterminante peut-être est l'appui intéressé des autorités publiques. On s'aperçoit en effet, dans ces milieux, que la science peut être mise au service de la puissance politique, par exemple qu'une meilleure connaissance des lois de la mécanique permet de rendre plus efficace le tir des canons. Alors, tous les gouvernements vont contribuer, directement ou indirectement, à la mise sur pied d'académies scientifiques, de Londres à Saint-Pétersbourg en passant par Paris, Berlin, Stockholm, Copenhague 1 (*voir p. 192*). Ces académies, hors des voies traditionnelles du savoir qu'étaient alors les universités, servent de centres d'échanges et de publications, de forums de discussion, de pôles d'attraction pour les savants. La science étant maintenant considérée comme essentielle au pouvoir d'État, les gouvernements financent de grandes entreprises scientifiques, par exemple les missions françaises expédiées au Pérou et en Laponie pour comparer la mesure de deux degrés de méridien. Ces expéditions ramenèrent la preuve expérimentale de l'aplatissement de la Terre aux pôles, ainsi que le prévoyait la loi de la gravitation de Newton.

La faveur de l'opinion publique. Par ailleurs, les spectaculaires percées scientifiques frappent l'imagination des élites cultivées, et la science conquiert rapidement l'appui d'une opinion publique en voie de formation. On en discute avec enthousiasme dans les salons particuliers où se réunissent aristocrates et bourgeois passionnés de vie intellectuelle ; on installe des cabinets de physique parfois remarquablement outillés dans les châteaux ou les maisons bourgeoises ; on commence même à enseigner les sciences dans les collèges. Les premières expériences de vol en ballon soulèveront une exaltation phénoménale 9 10.

La polyvalence des savants. L'activité scientifique est également marquée par une absence de spécialisation qui permet à tous les domaines de la recherche de s'interpénétrer. Les savants sont à la fois astronomes, physiciens, mathématiciens, voire médecins, et poursuivent leurs recherches dans plusieurs domaines en même temps. Ils bénéficient d'instruments de mesure et d'observation qui ont manqué à leurs prédécesseurs et qui restent encore, à l'époque, peu coûteux : lunette astronomique, microscope, baromètre et thermomètre, machine arithmétique 11. Cependant, les succès mêmes de la science conduiront, vers le milieu du XVIIIe siècle, à une spécialisation de plus en plus poussée et à un outillage de plus en plus coûteux qui viendront modifier de

10 L'envol d'une montgolfière

À Versailles, le 23 juin 1784, devant une foule enthousiaste, le premier envol d'une montgolfière.

11 Une lunette astronomique

Perfectionnée par Galilée, la lunette astronomique est un des instruments essentiels de la révolution scientifique. On voit ici un énorme instrument composé d'une trentaine de lentilles, construit en Pologne vers 1650. On imagine la complexité de la mise au point…

12 L'idée du progrès

« Nos espérances sur les destinées futures de l'espèce humaine peuvent se réduire à ces trois questions: la destruction de l'inégalité entre les nations; les progrès de l'égalité dans un même peuple; enfin le perfectionnement réel de l'homme. [...] En répondant à ces trois questions, nous trouverons, dans l'expérience du passé, dans l'observation que les progrès dans les sciences, que la civilisation ont faits jusqu'ici, dans l'analyse de la marche de l'esprit humain et du développement de ses facultés, les motifs les plus forts de croire que la nature n'a mis aucun terme à nos espérances. »

Source: CONDORCET, *Esquisse d'un tableau historique des progrès de l'esprit humain*, 4ᵉ éd., Paris, Agasse, 1798, p. 333, 336.

nouveau les conditions de la recherche scientifique et contribuer à façonner son visage d'aujourd'hui.

L'idée du progrès. La révolution scientifique du XVIIᵉ siècle non seulement élargit brusquement le fossé qui s'était déjà creusé entre la science et la religion, mais elle amène aussi la civilisation occidentale à une confiance nouvelle dans les capacités de la raison humaine. Tout devient possible. La connaissance scientifique de l'Univers va permettre la maîtrise de la Nature par l'Homme. La société elle-même pourra être remodelée pour assurer le bonheur de chacun. L'idée du progrès devient une des dimensions fondamentales de la pensée occidentale **12**.

Faisons le point

1. Décrivez l'Univers tel que conçu par Ptolémée et montrez les apports successifs de Copernic, Kepler, Galilée et Newton dans la définition d'un Univers « réinventé ».

2. Quelle différence y a-t-il entre la méthode proposée par Bacon et celle que soutient Descartes?

3. Nommez les découvertes scientifiques principales des XVIIᵉ et XVIIIᵉ siècles dans différents domaines, à part l'astronomie.

4. Citez trois conditions nouvelles qui favorisent les progrès scientifiques.

6.2 La philosophie des Lumières

Le mouvement philosophique du XVIIIᵉ siècle jaillit en quelque sorte de la révolution scientifique. Car la conviction que le monde physique peut être étudié et connu avec certitude va s'étendre au domaine social et politique. Il apparaît bientôt que le monde des humains est lui aussi régi par des « lois naturelles », qu'il est possible de les découvrir par une étude rigoureuse et que, ces lois une fois découvertes, l'humanité pourra enfin entrer dans l'âge du progrès.

6.2.1 « Philosopher »...

Nature, raison, action. La philosophie des Lumières est d'abord une philosophie de la Nature, désormais étudiée pour elle-même, sans référence à quelque principe religieux, et au moyen d'une observation minutieuse. À l'instar de Newton pour les planètes, le philosophe cherche les « lois naturelles » du comportement humain. Ainsi, par exemple, naît le mythe du « bon sauvage », l'humain pur qui vit dans l'« état de nature », encore intouché par les contraintes artificielles imposées par la société et que l'on croit découvrir dans ces pays lointains que les explorateurs parcourent. La philosophie des Lumières est aussi une philosophie de la raison, rejetant toute vérité révélée par un Dieu, faisant de l'intelligence humaine libérée du tumulte des sentiments et des passions la seule faculté capable de découvrir les lois de la Nature. Elle est enfin une philosophie de l'action, poursuivant sans relâche la transformation concrète de l'Homme et de la société dans le sens du progrès.

Des philosophes propagandistes. Le « philosophe » de l'époque n'est pas un **métaphysicien**, c'est d'abord un homme de lettres, un propagandiste. Les

Métaphysicien
Personne qui se consacre à la métaphysique, c'est-à-dire à la recherche des causes premières de l'univers, des principes premiers de la connaissance.

philosophes s'expriment dans tous les genres littéraires : Voltaire, le plus célèbre, aborde non seulement l'essai philosophique au sens strict (*Dictionnaire philosophique portatif*), mais aussi le roman (*Candide*), le théâtre (*Zaïre*), la poésie épique (*La Henriade*), l'histoire (*Le siècle de Louis XIV*), le reportage (*Lettres anglaises*), et entretient de plus une correspondance soutenue qui le met en communication constante avec toute l'Europe « éclairée ».

Éclectisme et activisme. Le philosophe s'intéresse à tout : la science évidemment, mais aussi les techniques, les métiers, la société, l'économie, la politique, l'art sous toutes ses formes. L'ici et l'ailleurs, l'hier et l'aujourd'hui, tout sollicite sa curiosité. Et il cherche partout l'enseignement pratique, celui qui sera utile, qui pourra déboucher sur une réforme concrète, qui amènera un progrès tangible, si modeste soit-il. Ces philosophes sont des activistes, qui n'hésiteront pas à aller vivre dans l'intimité d'un monarque pour le conseiller dans son action (même si, la plupart du temps, cette expérience se termine par une incompréhension réciproque).

6.2.2 Les idées-force

Sur le plan politique. Unanimes dans leur opposition à l'absolutisme de droit divin 13, les philosophes divergent, parfois radicalement, quant aux solutions de remplacement à proposer. Voltaire (1694-1778), le plus conservateur, qui affirme qu'« au peuple sot et barbare, il faut un joug, un aiguillon et du foin », se satisfait de l'absolutisme, pourvu qu'il n'invoque plus quelque droit divin et qu'il soit d'abord soucieux de réformes élémentaires dans les domaines de la justice, de l'enseignement et de la tolérance religieuse — c'est le despotisme éclairé. Montesquieu (1689-1755), après John Locke (1632-1704), considère la séparation

13 Diderot : contre la monarchie absolue

« Aucun homme n'a reçu de la nature le droit de commander aux autres. La liberté est un présent du ciel, et chaque individu de la même espèce a le droit d'en jouir aussitôt qu'il jouit de la raison. [...] Toute autre autorité [que la puissance paternelle] vient d'une autre origine que la nature. Qu'on examine bien, et on la fera toujours remonter à l'une de ces deux sources : ou la force et la violence de celui qui s'en est emparé ; ou le consentement de ceux qui s'y sont soumis par un contrat fait ou supposé entre eux et celui à qui ils ont déféré l'autorité.

La puissance qui s'acquiert par la violence n'est qu'une usurpation et ne dure qu'autant que la force de celui qui commande l'emporte sur celle de ceux qui obéissent ; en sorte que, si ces derniers deviennent à leur tour les plus forts, et qu'ils secouent le joug, ils le font avec autant de droit et de justice que l'autre qui le leur avait imposé. La même loi qui a fait l'autorité la défait alors : c'est la loi du plus fort. [...]

La puissance qui vient du consentement des peuples suppose nécessairement des conditions qui en rendent l'usage légitime, [...] et qui la fixent et la restreignent entre des limites : car l'homme ne doit ni ne peut se donner entièrement et sans réserve à un autre homme [...].

[Dieu] permet pour le bien commun et pour le maintien de la société que les hommes établissent entre eux un ordre de subordination, qu'ils obéissent à l'un d'eux ; mais il veut que ce soit par raison et avec mesure, et non pas aveuglément et sans réserve [...]. Toute autre soumission est le véritable crime de l'idolâtrie. [...]

Le prince tient de ses sujets mêmes l'autorité qu'il a sur eux, et cette autorité est bornée par les lois de la nature et de l'État. [...] n'ayant d'autorité sur eux que par leur choix et de leur consentement, il ne peut jamais employer cette autorité pour casser [...] le contrat par lequel elle lui a été déférée : il agirait dès lors contre lui-même [...]. »

Note : Afin de déjouer la censure, les encyclopédistes avaient imaginé divers subterfuges. Cet article, par exemple, fait partie de l'article général « Autorité », présenté comme appartenant au domaine de la grammaire...

> Quelles sont les deux sources de l'autorité politique selon Diderot, et comment en arrive-t-il, sur cette base, à condamner l'absolutisme ?

Source : DIDEROT, article « Autorité politique », dans *Encyclopédie ou Dictionnaire raisonné des sciences, des arts et des métiers*, t. I, Paris, [s.é.], 1751, p. 898.

des trois pouvoirs de l'État comme la base de toute bonne organisation politique et penche vers une monarchie parlementaire aristocratique 14.

Jean-Jacques Rousseau (1712-1778) 15, inspiré par la Glorieuse Révolution de 1689 (*voir p. 176*), développe la théorie du *Contrat social* ébauchée par John Locke à cette occasion. Tout homme naît naturellement libre, mais il doit entrer en société avec ses semblables pour la satisfaction de ses besoins. Ce faisant, il ne pourrait cependant aliéner sa nature d'homme libre. La société naît donc d'un « contrat » librement consenti par lequel l'individu, reconnaissant que son bonheur personnel est inséparable du bien commun, accepte l'autorité de la « volonté générale » qui définit ce bien commun. Pour Rousseau, c'est un régime républicain égalitaire, dans lequel tous les citoyens participent à l'élaboration des lois, qui est le plus à même d'assurer le respect de ce contrat. Mais cette volonté générale est si difficile à délimiter et si impraticable à mettre en œuvre dans les faits qu'elle servira de paravent, en contradiction totale avec Rousseau, aux initiateurs de la Terreur révolutionnaire de 1793 (*voir p. 230*) et, à leur suite, à bien des régimes totalitaires de notre époque.

Dans le domaine social. Les philosophes réclament tous l'humanisation de la justice par l'abolition de la torture et des châtiments excessifs, la réforme des prisons, la réhabilitation des condamnés en vue de leur réinsertion dans la société. Ils exigent le développement de l'éducation par les pouvoirs publics afin de réduire l'analphabétisme et de favoriser, justement, le culte de la raison et de l'esprit scientifique. Quant au problème des classes sociales et de l'inégalité, la

14 Montesquieu : la séparation des pouvoirs

« Il y a dans chaque État trois sortes de pouvoirs : la puissance législative, la puissance exécutrice des choses qui dépendent du droit des gens, et la puissance exécutrice de celles qui dépendent du droit civil.

Par la première, le prince ou le magistrat fait des lois pour un temps ou pour toujours, corrige ou abroge celles qui sont faites. Par la seconde, il fait la paix ou la guerre, envoie ou reçoit des ambassades, établit la sûreté, prévient les invasions. Par la troisième, il punit les crimes ou juge les différends des particuliers. […]

Lorsque dans la même personne ou dans le même corps de magistrature la puissance législative est réunie à la puissance exécutrice, il n'y a point de liberté, parce qu'on peut craindre que le même monarque ou le même sénat ne fasse des lois tyranniques pour les exécuter tyranniquement.

Il n'y a point encore de liberté si la puissance de juger n'est point séparée de la puissance législative ou de l'exécutrice. Si elle était jointe à la puissance législative, le pouvoir sur la vie et la liberté des citoyens serait arbitraire ; car le juge serait législateur. Si elle était jointe à la puissance exécutrice, le juge pourrait avoir la force d'un oppresseur.

Tout serait perdu si le même homme ou le même corps des principaux, ou des nobles, ou du peuple exerçaient ces trois pouvoirs : celui de faire des lois, celui d'exécuter des résolutions publiques, et celui de juger les crimes ou les différends des particuliers. […]

Comme, dans un État libre, tout homme qui est censé avoir une âme libre doit être gouverné par lui-même, il faudrait que le peuple en corps eût la puissance législative ; mais comme cela est impossible dans les grands États, […] il faut que le peuple fasse par ses représentants tout ce qu'il ne peut pas faire par lui-même.

[…] Il y a toujours dans un État des gens distingués par la naissance, les richesses ou les honneurs […]. La part qu'ils ont dans la législation doit donc être proportionnelle aux autres avantages qu'ils ont dans l'État ; ce qui arrivera s'ils forment un corps qui ait droit d'arrêter les entreprises du peuple, comme le peuple a droit d'arrêter les leurs.

Ainsi la puissance législative sera confiée et au corps des nobles et au corps qui sera choisi pour représenter le peuple, qui auront chacun leurs assemblées et leurs délibérations à part, et des vues et des intérêts séparés. »

> Quel est le rôle de chacun des trois pouvoirs essentiels de l'État, d'après Montesquieu, et pourquoi faut-il qu'ils soient séparés ? Comparez ce document avec le texte de Louis XV (*voir chap. 5, doc.* 6, *p. 167*) : quel commentaire cette comparaison vous inspire-t-elle ?

Source : MONTESQUIEU, *De l'esprit des lois*, Genève, Barillot et Fils, 1749, p. 153-157.

plupart s'en accommodent, comme de l'esclavage d'ailleurs, ne serait-ce que par «réalisme» économique. Mais là encore Rousseau fait figure de trouble-fête en affirmant que l'état «de nature» est celui d'égalité et que c'est la propriété qui est la source de l'inégalité et par là de la plupart des maux de la société 16.

Sur le plan économique. La pensée économique de la philosophie des Lumières est fondée sur la conviction qu'il existe des «lois naturelles» de l'économie. Et ici, à l'instar de l'attraction universelle dans le cosmos, c'est la recherche, par chaque individu, de son intérêt personnel qui est la loi fondamentale. De cette recherche individuelle découle nécessairement l'intérêt général de la société. Adam Smith (1723-1790) va, sur cette base, fonder l'économie politique moderne. Affirmant que la source de toute richesse n'est pas, comme le voulait le mercantilisme, dans l'accumulation des métaux précieux, mais bien dans le travail sous toutes ses formes, il considère que ce travail doit être soumis à la loi naturelle de l'offre et de la demande. Toute l'économie doit ainsi s'organiser sans intervention de l'État, dans la plus totale liberté de production et d'échange seule capable d'engendrer le bien-être général. C'est ce qu'on appellera le libéralisme.

Dans le domaine religieux. Les philosophes sont en général déistes, c'est-à-dire qu'ils croient en un Dieu créateur de l'Univers, «grand horloger» de la mécanique cosmique, mais qui a si bien organisé sa création selon d'immuables lois mathématiques que cette dernière peut très bien fonctionner toute seule, sans

15 Jean-Jacques Rousseau (1712-1778)

PORTRAIT

Né à Genève et élevé dans la tradition protestante, Rousseau devient très jeune orphelin de sa mère et connaît de dures années d'apprentissage suivies d'une période d'errance qui lui laisse, outre de magnifiques souvenirs, le goût des ouvrages romanesques et des études musicales. Déçu des mondanités parisiennes, brouillé avec les philosophes, condamné pour les idées religieuses développées dans son roman pédagogique *Émile ou De l'éducation*, il reprend ses errances et vit de plus en plus dans la hantise d'un complot dirigé contre lui, rédigeant ses *Confessions* pour se justifier devant la postérité. Cet ouvrage ainsi que *Les rêveries d'un promeneur solitaire* (1776) annoncent déjà le romantisme par leur sensibilité, leur lyrisme, leur amour de la nature, leur culte de l'imaginaire. Il a exercé une influence considérable sur la pensée politique moderne.

Libéralisme

En économie, doctrine selon laquelle les activités économiques doivent être régies par la seule loi de l'offre et de la demande, ou loi du marché, dont le mécanisme ne doit pas être perturbé par l'intervention de l'État.

16 Rousseau : la propriété, source de l'inégalité

« Le premier qui, ayant enclos un terrain, s'avisa de dire : "Ceci est à moi" et trouva des gens assez simples pour le croire, fut le vrai fondateur de la société civile. Que de crimes, de guerres, de meurtres, que de misères et d'horreurs n'eût point épargnés au genre humain celui qui, arrachant les pieux ou comblant le fossé, eût crié à ses semblables : "Gardez-vous d'écouter cet imposteur ; vous êtes perdus si vous oubliez que les fruits sont à tous, et que la terre n'est à personne". […]

Tant que les hommes se contentèrent de leurs cabanes rustiques, tant qu'ils se bornèrent à coudre leurs habits de peaux avec des épines ou avec des arêtes, à se parer de plumes et de coquillages, à se peindre le corps de diverses couleurs, à perfectionner ou embellir leurs arcs et leurs flèches, à tailler avec des pierres tranchantes quelques canots de pêcheurs ou quelques grossiers instruments de musique ; en un mot, tant qu'ils ne s'appliquèrent qu'à des ouvrages qu'un seul pouvait faire, et qu'à des arts qui n'avaient pas besoin du concours de plusieurs mains, ils vécurent libres, sains, bons et heureux autant qu'ils pouvaient l'être par leur nature et continuèrent à jouir entre eux d'un commerce indépendant ; mais dès l'instant qu'un homme eut besoin du secours d'un autre, dès qu'on s'est aperçu qu'il était utile à un seul d'avoir des provisions pour deux, l'égalité disparut, la propriété s'introduisit, le travail devint nécessaire, et les vastes forêts se changèrent en campagnes riantes qu'il fallut arroser de la sueur des hommes, et dans lesquelles on vit bientôt l'esclavage et la misère germer et croître avec les moissons.

La métallurgie et l'agriculture furent les deux arts dont l'invention produisit cette grande révolution. Pour le poète, c'est l'or et l'argent ; mais pour le philosophe, ce sont le fer et le blé qui ont civilisé les hommes et perdu le genre humain. »

> Comment est née l'inégalité entre les hommes, selon Rousseau ? La vision rousseauiste de l'état de nature vous paraît-elle crédible ? Commentez la dernière phrase : quelle notion Rousseau se fait-il de la civilisation ?

Source : Jean-Jacques ROUSSEAU, *Discours sur l'origine et les fondements de l'inégalité parmi les hommes*, Amsterdam, Marc Michel Rey, 1755, p. 95, 117-118.

rapport avec son Créateur. Quelques philosophes iront cependant jusqu'à l'athéisme, le rejet de l'existence de Dieu, ou au panthéisme, selon lequel Dieu et la Nature ne font qu'un. Mais qu'ils soient déistes ou non, les philosophes condamnent sans appel la religion révélée, l'Église institutionnelle, le clergé, les rites religieux, la religion d'État, qu'ils écrasent sous leurs attaques incessantes. Ils prônent la tolérance religieuse et réclament là aussi, comme en toute chose, la liberté de la raison individuelle **17**.

6.2.3 La diffusion des Lumières

Les publications. C'est surtout par l'imprimé que les idées nouvelles vont se répandre. Mais elles devront d'abord se heurter à l'opposition des pouvoirs établis et, dans la première partie du XVIIIe siècle, les philosophes sont effectivement censurés, leurs œuvres condamnées, eux-mêmes parfois mis en état d'arrestation. Mais la relative facilité de faire publier à l'étranger et de faire circuler clandestinement les œuvres suspectes, de même que l'immense popularité de leurs auteurs qui engendre une très forte demande, va bientôt rendre toute tentative de répression futile et entraîner une véritable explosion de littérature «philosophique» vers le milieu du siècle.

Une œuvre, de dimension colossale, va devenir le symbole de toute l'époque: l'*Encyclopédie ou Dictionnaire raisonné des sciences, des arts et des métiers*, qui constitue, toutes proportions gardées, l'une des plus grosses entreprises éditoriales de l'histoire de l'imprimerie. Il ne s'agissait de rien de moins que de réunir en une seule œuvre toutes les connaissances de l'époque, de faire le point sur celles-ci et d'exposer les développements prévisibles du fait des progrès scientifiques. Il s'agissait aussi, évidemment, de faire la critique des institutions, de pourfendre les idées reçues et de propager les idéaux des Lumières et la croyance dans le progrès. Financée

---

17 Voltaire pour la tolérance

«Ce n'est donc plus aux hommes que je m'adresse, c'est à toi, Dieu de tous les êtres, de tous les mondes et de tous les temps […]. Tu ne nous as point donné un cœur pour nous haïr, et des mains pour nous égorger; fais que nous nous aidions mutuellement à supporter le fardeau d'une vie pénible et passagère; que les petites différences entre les vêtements qui couvrent nos débiles corps, entre tous nos langages insuffisants, entre tous nos usages ridicules, entre toutes nos lois imparfaites, entre toutes nos opinions insensées, entre toutes nos conditions si disproportionnées à nos yeux, et si égales devant toi; que toutes ces petites nuances qui distinguent les atomes appelés hommes ne soient pas des signaux de haine et de persécution! que ceux qui allument des cierges en plein midi pour te célébrer supportent ceux qui se contentent de la lumière de ton soleil; que ceux qui couvrent leur robe d'une toile blanche pour dire qu'il faut t'aimer, ne détestent pas ceux qui disent la même chose sous un manteau de laine noire; qu'il soit égal de t'adorer dans un jargon formé d'une ancienne langue, ou dans un jargon plus nouveau; que ceux dont l'habit est teint en rouge ou en violet, qui dominent sur une petite parcelle d'un petit tas de la boue de ce monde, et qui possèdent quelques fragments arrondis d'un certain métal, jouissent sans orgueil de ce qu'ils appellent grandeur et richesse, et que les autres les voient sans envie; car tu sais qu'il n'y a dans ces vanités ni de quoi envier, ni de quoi s'enorgueillir.

Puissent tous les hommes se souvenir qu'ils sont frères! qu'ils aient en horreur la tyrannie exercée sur les âmes, comme ils ont en exécration le brigandage qui ravit par la force le fruit du travail et de l'industrie paisible! Si les fléaux de la guerre sont inévitables, ne nous haïssons pas, ne nous déchirons pas les uns les autres dans le sein de la paix, et employons l'instant de notre existence à bénir également en mille langages divers, depuis Siam jusqu'à la Californie, ta bonté qui nous a donné cet instant.»

> À quelle «ancienne langue» Voltaire fait-il allusion? De qui parle-t-il, «dont l'habit est teint en rouge ou en violet»? À quoi se réfère l'expression «fragments arrondis d'un certain métal»?

Source: VOLTAIRE, *Traité sur la tolérance*, [s.l.], [s.é.], 1763, p. 194-196.

par des souscriptions préalables, l'entreprise s'étendra finalement sur 30 ans (1751-1780), réunissant une centaine de collaborateurs, dont tous les plus prestigieux des philosophes, sous la direction de Denis Diderot (1713-1784), faisant travailler un millier d'ouvriers et comportant au total, avec les suppléments, 35 volumes grand format, dont 11 d'illustrations. Le succès fut à la mesure de l'effort : 20 000 séries complètes vendues, sans compter les éditions pirates, des profits de 120 % (dont Diderot ne touchera guère que 5 %) et surtout la diffusion dans toute l'Europe d'une véritable « somme philosophique » qui servira de référence à plusieurs générations d'Européens cultivés.

18 *Une soirée chez Madame Geoffrin, en 1755*
(A.C.G. Lemonnier, 1812)

Grande réunion d'écrivains, de philosophes et d'artistes dans l'un des salons les plus courus de l'époque. Au centre, le buste de Voltaire, dont on lit la tragédie *L'orphelin de la Chine*.

Presse, cafés, salons. Au-delà de ce monument, l'imprimerie joue aussi un rôle essentiel dans la diffusion des Lumières par le canal de la presse périodique, qui se multiplie à l'époque. On la lit et la commente avec fougue dans un nouveau type d'établissement, le café, où, autour de cette boisson nouvelle venue de Turquie, les discussions ont plus de chances qu'à la taverne de se maintenir à un certain niveau… Les salons bourgeois ou même aristocratiques, la plupart tenus par des femmes et où se rencontrent philosophes, érudits, lecteurs avides et « gens du monde », jouent également un rôle dans cette diffusion **18**.

Le cosmopolitisme. Enfin, le **cosmopolitisme** du XVIIIe siècle, grâce auquel toutes les classes éduquées d'Europe se sentent appartenir à une seule et même « république des lettres », favorise grandement la circulation des idées par-delà toutes les frontières. Tout jeune homme de bonne famille se doit alors de faire son « tour d'Europe », et c'est justement pour faciliter ces déplacements que naissent les premières agences de voyages. Véhicule privilégié de communication, la langue française atteint alors des sommets de perfection, de concision et d'élégance et devient la langue internationale de l'Occident, illustrée par quelques-uns de ses plus grands écrivains, dont la plupart, justement, sont « philosophes ».

Moment essentiel dans l'histoire intellectuelle de l'Occident, la philosophie des Lumières déborde largement du simple domaine des idées, ainsi que le souhaitaient les philosophes : elle va servir d'inspiration à la « Grande Révolution atlantique » qui fera l'objet du chapitre suivant.

Cosmopolitisme
Disposition à s'accommoder de cultures nationales variées, à vivre indifféremment dans tous les pays, à se considérer comme citoyen du monde (à cette époque, de l'Europe).

Faisons le point

1. Énumérez trois caractéristiques générales de la philosophie des Lumières.
2. Décrivez les différents régimes politiques proposés par les philosophes en lieu et place de l'absolutisme de droit divin.

3. Quelles réformes les philosophes réclament-ils sur le plan social ?

4. Quels sont les facteurs essentiels de la diffusion des Lumières ?

6.3 L'art entre le baroque et le classicisme

L'art est toujours le reflet d'une époque. Bien sûr, l'artiste est d'abord un individu avec sa sensibilité propre, mais il ne peut pas, dans son œuvre, ne pas réagir de quelque façon au milieu dans lequel il vit, ne serait-ce que parce qu'il devra faire accepter cette œuvre par ce milieu. Cela est d'autant plus vrai lorsqu'il est, comme presque toujours à l'époque qui nous occupe, directement au service d'un prince, d'une Église ou d'une ville.

Nous avons vu que les XVIIe et XVIIIe siècles sont particulièrement marqués par la Contre-Réforme catholique, l'avènement de la monarchie absolue et la

19 *La crucifixion de saint Pierre* (Le Caravage, 1601)

Remarquez la composition en diagonales et le contraste saisissant entre les zones d'ombre et les zones de lumière, cette dernière toute concentrée sur le torse et le visage du martyr alors que tous les autres visages sont dans l'ombre.

20 *L'enterrement du comte d'Orgaz* (El Greco, 1588)

Notez l'allongement des formes, les tons de plus en plus clairs à mesure que l'on passe du monde terrestre (enterrement) au monde céleste (réception du décédé au paradis). Magnifique travail sur la couleur.

« crise de la conscience européenne » provoquée par la révolution scientifique et la philosophie des Lumières. Les deux grandes tendances de l'art de l'époque, le baroque et le classicisme, sont intimement liées à ces phénomènes, qui vont amener un foisonnement artistique d'une richesse et d'une complexité qui ont peu d'égales dans l'histoire occidentale.

6.3.1 L'art baroque

Le courant le plus puissant de l'époque, celui qui en est presque venu — abusivement — à s'identifier à elle, est celui qu'on appelle le *baroque*. Ce mot sert souvent de fourre-tout commode, ce qui en rend la définition d'autant plus malaisée.

Les caractères généraux. Le baroque est un art du mouvement ; c'est un art du spectacle ; c'est un art de l'extrême, de la vie et de la mort enchevêtrées ; c'est un art de la métamorphose, de la perpétuelle transformation. Ajoutons, aspect non moins fondamental, qu'il est l'art par excellence de la Contre-Réforme catholique (*voir p. 137*), d'abord dans la tension fougueuse d'une véritable guerre de propagande pour endiguer le flot du protestantisme, puis dans l'euphorie de la victoire où il engendre le style rococo. Il n'est pas douteux non plus qu'il soit un art de la nouvelle cosmologie, celle de l'Univers infini et de la mécanique céleste, un art qui cherche toujours à éclater hors de son cadre, à projeter le « spectateur » dans l'immensité cosmique.

Une fois ces traits généraux posés, on ne s'étonnera pas que le courant baroque domine dans les arts plastiques (peinture, sculpture, architecture) plus qu'en littérature, dans l'Europe catholique plus que dans l'Europe protestante, et qu'il atteigne une sorte d'apogée flamboyant à l'intérieur et autour des domaines des Habsbourg d'Autriche, là où se touchent le protestantisme et la Contre-Réforme, la chrétienté et l'islam (Empire ottoman), l'absolutisme et le despotisme éclairé [1] (*voir p. 192*).

La peinture. En peinture, le baroque est illustré, en Italie, par Caravaggio, dit le Caravage (Michelangelo Merisi, 1571-1610), avec ses éclairages heurtés, son sens dramatique, ses angles inhabituels [19]. En Espagne, deux peintres prennent place parmi les plus grands de tous les temps. Domenico Theotokopoulos, dit El Greco (1541-1614), fait le pont entre la Renaissance et le XVIIe siècle, dans des tableaux mystiques où les corps distendus deviennent comme des flammes, où les règles de la perspective sont bousculées, où la couleur accentue l'expression d'extase [20]. Diego Vélasquez (1599-1660), dans une œuvre étonnante qui touche à tous les genres (portraits officiels, scènes mythologiques, scènes populaires), propose une réflexion sur le regard dont *Les ménines*, chef-d'œuvre absolu et mystérieux, est l'exemple le plus poussé [21].

[21] ***Les ménines*** (D. Vélasquez, 1656)

Magistrale étude sur le regard : regard du peintre vers ses modèles, invisibles sauf par leur reflet sur le miroir du fond, et aussi vers l'observateur, c'est-à-dire vers nous ; regards, croisés, de tous les personnages. Éclatement complet du cadre, dans toutes les directions, et même vers l'avant, ce qui est le coup de génie de ce tableau.

Musée du Prado, Madrid.

22 *L'extase de sainte Thérèse* (Le Bernin, 1652)

Un ange souriant s'apprête à transpercer la poitrine de sainte Thérèse d'Avila avec une flèche d'or représentant l'amour divin.

Remarquez l'extraordinaire virtuosité du sculpteur dans le drapé des vêtements, le caractère théâtral de l'ensemble et la sexualité à peine cachée qui s'en dégage.

23 *L'église d'Ottobeuren, en Bavière* (J.M. Fischer, 1766)

Un des chefs-d'œuvre du baroque allemand.

La sculpture. La sculpture baroque est tout entière dominée par le génie de l'Italien Gian Lorenzo Bernini, dit le Bernin (1598-1680), digne successeur de Michel-Ange à la fois comme sculpteur et comme architecte (on lui doit la célèbre colonnade de Saint-Pierre de Rome). Toute la virtuosité de son génie éclate particulièrement dans ses groupes sculptés dans le marbre et habités d'une palpitation vitale extraordinaire **22**.

L'architecture. L'architecture baroque triomphe d'abord à Rome, où une série de papes mécènes et visionnaires tentent, au XVIIe siècle, de redonner à leur capitale son statut de « Ville éternelle ». Le baroque y déploie ses lignes courbes, ses coupoles, ses façades incurvées, et se couvre de fresques qui font littéralement disparaître les plafonds pour les ouvrir sur des ciels infinis. Au XVIIIe siècle, c'est en Allemagne catholique et dans les territoires sous la domination des Habsbourg que le baroque s'affirme, tout en poussant une pointe vers la Pologne, l'Ukraine et la Russie. Ici, le baroque architectural frappe par sa luminosité, dans des églises ou des palais aux murs blancs sur lesquels se déploient à foison les volutes d'or et les marbres de couleur, sous des plafonds peints de fresques radieuses, dans des constructions prodigieuses de dynamisme, de fraîcheur, de joie spirituelle autant que de bonheur de vivre **23**. On a pu dire de ce style jubilatoire qui prendra le nom de *rococo*, illustré entre autres par les deux grands architectes Johann Michael Fischer (1692-1766) et Johann Balthasar Neumann (1687-1753), qu'il était « le dernier style original totalement réussi de construction d'églises en Europe » (Helmut Georg Koenigsberger, *Early Modern Europe*, New York, Longman, 1987, p. 264).

6.3.2 Le classicisme

Les caractères généraux. Le courant baroque est cependant loin de résumer à lui seul toute cette période. Dans les pays protestants, et surtout calvinistes, il s'accorde mal avec l'austérité et l'intériorité introduites par la Réforme. Dans ces mêmes pays, la faiblesse relative de la monarchie et de l'aristocratie rend également moins impérieux le goût du faste ostentatoire que le baroque cultive. En France catholique, par contre, le triomphe même de l'absolutisme amène un goût prononcé pour l'ordre et la suprématie de la règle, qui sont les bases du classicisme, indissolublement associé au règne de Louis XIV.

Le classicisme est un art de la clarté, de la rationalité, du « bon goût », de l'ordonnance stricte, de la soumission aux règles. Il fait prévaloir la puissance sur l'ostentation, la composition sur le mouvement, l'harmonie sur l'effet, la mesure sur le déploiement, la ligne droite sur la courbe.

En France. L'ensemble gigantesque formé par le parc et le château de Versailles est la référence obligée du classicisme français. Harmonie des proportions, symétrie des façades, stricte composition des jardins, puissance superbement contenue des fontaines, tout y concourt. Cette œuvre « totale », fruit de la collaboration de nombreux artistes dont l'architecte Jules Hardouin-Mansart (1646-1708) et le paysagiste André Le Nôtre (1613-1700), inspirera d'innombrables imitations dans toute l'Europe, depuis le Portugal jusqu'en Russie **1** (*voir p. 192*).

Le classicisme français s'épanouit également en peinture avec, entre autres, Georges de La Tour (1593-1652), célèbre pour ses jeux de lumière éclairant des scènes paisibles, et Claude Gellée, dit le Lorrain (1600-1682), dont les immenses paysages imaginaires, créés à l'intérieur du studio du peintre, ouvrent vers un ailleurs mystérieux et onirique **24**. Sur cette lancée, au début du XVIIIe siècle, Antoine Watteau (1684-1721) annonce une sensibilité nouvelle, déjà préromantique **25**.

Dans les Provinces-Unies. La peinture hollandaise atteint au XVIIe siècle sa plus grande époque, avec Franz Hals (v. 1581-1666), Johannes Vermeer (1632-1675) et surtout l'un des plus grands de tous les temps, Rembrandt Van Rijn (1606-1669), dont l'œuvre immense va de la chronique de la vie quotidienne (*La ronde de nuit*) à la peinture religieuse fortement imprégnée de mysticisme (*Les pèlerins d'Emmaüs*), en passant par une innombrable série de portraits et d'autoportraits qui sont

24 *Le jugement de Pâris* (Le Lorrain, 1646)

Le véritable sujet du tableau n'est pas la scène mythologique à laquelle se réfère le titre, mais bien le paysage dans lequel elle s'inscrit.

National Gallery of Art, Washington.

25 *L'embarquement pour Cythère* (A. Watteau, 1717)

Des couples amoureux s'apprêtent à partir pour l'île de Cythère, symbole de ce qu'on appellerait de nos jours la *dolce vita*.

Musée du Louvre.

26 *Autoportrait* (Rembrandt, 1659)

Regard pénétrant du peintre sur lui-même. (*Voir aussi chap. 5, doc.* 21, *p. 179.*)

27 *L'atelier du peintre* (Vermeer, v. 1666-1673)

L'artiste s'est peint en plein travail.

➤ Comparez avec la toile de Vélasquez 21 (*voir p. 207*) : distinguez leurs caractéristiques.

autant d'études psychologiques d'une acuité inégalée 26. Vermeer est, quant à lui, demeuré célèbre pour ses scènes d'intérieur tranquilles, doucement éclairées par la lumière d'un extérieur tout entier laissé à l'imagination de l'observateur 27.

En Angleterre. L'Angleterre elle aussi préfère le classicisme au baroque, par exemple dans les réalisations d'un de ses plus grands architectes, Christopher Wren (1632-1723), qui eut la « chance » d'avoir à reconstruire pratiquement toute la ville de Londres après l'incendie catastrophique de 1666. En peinture, Thomas Gainsborough (1727-1788) et Joshua Reynolds (1723-1792) excellent dans le portrait aristocratique 28, tandis que William Hogarth (1697-1764) se fait le caricaturiste féroce de la société de son temps, aussi bien bourgeoise que populaire.

Il importe de souligner que les deux courants majeurs que nous venons d'étudier, le baroque et le classicisme, ne sont pas étanches l'un par rapport à l'autre, ni même antagoniques. Ils sont deux aspects inséparables de la société européenne d'alors, en pleine effervescence intellectuelle, et ils s'interpénètrent d'ailleurs assez souvent : à l'intérieur même du château de Versailles « classique », la célèbre galerie des Glaces est une véritable apothéose baroque. De plus, ces catégories, commodes dans le domaine des arts plastiques, éclatent à peu près complètement quand on aborde le domaine musical.

6.3.3 La musique

Des conditions nouvelles. La musique occidentale constitue peut-être le plus bel apport de notre civilisation à l'histoire de l'humanité, le plus totalement positif, le plus universel. C'est aux XVIIe et XVIIIe siècles que cette musique sort du cadre restreint de la vie de château pour pénétrer dans un auditoire beaucoup plus vaste, recruté auprès d'une bourgeoisie incapable d'entretenir des musiciens sur une base permanente, mais assez riche pour louer une place dans une salle 29. Le premier concert public payant a lieu à Paris, en 1656.

Des genres nouveaux. La musique vocale se développe autour de trois genres nouveaux. La cantate et l'oratorio sont des pièces en plusieurs mouvements (parties), écrites pour voix solistes et orchestre, souvent complétées de chœurs. La cantate est surtout destinée aux cérémonies religieuses, tandis que l'oratorio, de proportions plus vastes, possède un caractère dramatique bien qu'il soit présenté sans aucune mise en scène théâtrale (*Le Messie*, de G.F. Haendel). Mais c'est l'opéra qui représente le genre musical appelé à la plus éclatante postérité. Ce genre répond parfaitement au goût baroque du théâtre, de l'ostentation, du merveilleux aussi, avec ses décors compliqués et son impressionnante machinerie, et il devient très vite un art « populaire », qui ne sera plus réservé aux palais des Grands : la première maison publique d'opéra s'ouvre à Venise, en 1637.

Dans la musique instrumentale, les genres majeurs se fixent peu à peu tels que nous les connaissons. La sonate, à trois ou quatre mouvements, est jouée par un ou deux instruments, par exemple violon et piano, tandis que l'adjonction d'autres instruments donne le trio, le quatuor, le quintette, etc., qui forment le très riche domaine de la « musique de chambre ». Le concerto est une œuvre où un ou plusieurs solistes sont opposés à un orchestre complet. Enfin, la symphonie est une vaste composition en plusieurs mouvements destinée au grand orchestre, réunissant tous les types d'instruments : cordes, bois, cuivres et percussions.

28 *Portrait de Sarah Campbell* (J. Reynolds, 1778)

Des instruments nouveaux. Cette musique en pleine effervescence acquiert de nouvelles sonorités grâce à des instruments nouveaux. Parmi eux, des instruments à cordes (violon, alto, violoncelle) capables d'exprimer les moindres nuances de l'émotion et de la pensée répondent à la vogue récente de la virtuosité soliste. Extrêmement complexe malgré les apparences (un violon contient 70 pièces), la fabrication des violons atteint au XVIIe siècle, particulièrement à Crémone, en Italie, une telle perfection qu'encore aujourd'hui les violons créés il y a 300 ans par Stradivari ou Guarneri demeurent les préférés des interprètes et des mélomanes. Première ébauche du piano, le piano-forte (ainsi appelé parce qu'il permet, à la différence du clavecin, de grandes nuances dans le toucher) s'impose peu à peu dans les instruments à clavier, tandis que la clarinette, qui séduisait tant Mozart, enrichit les vents.

En Italie. La plupart de ces innovations dans les genres et les instruments de musique viennent d'Italie, qui est décidément le grand foyer de la culture occidentale depuis la Renaissance. C'est là, tout au début du XVIIe siècle, avec Claudio Monteverdi (1567-1643), qu'apparaît l'opéra (*Orfeo*, *Le retour d'Ulysse*) ; l'opéra italien se répandra avec une force irrésistible à travers toute l'Europe. C'est là aussi que se développent les genres nouveaux de la musique instrumentale, illustrée par l'abondante production d'Antonio Vivaldi (1678-1741), dont les célébrissimes *Quatre Saisons* sont l'œuvre la plus connue (et la plus fréquemment enregistrée de toute la littérature musicale). La plupart des termes techniques de la composition et de l'interprétation musicales sont d'origine italienne (*adagio, allegro, fortissimo*, etc.).

L'ascension de la musique allemande. Au XVIIIe siècle, le cœur de la musique européenne se

29 *Fête du mariage du Dauphin, 15 juillet 1747* (G.P. Pannini)

Une image qui résume presque tout le chapitre. Dans un décor baroque, au milieu des nuées cosmiques, un orchestre « moderne » donne un concert-spectacle public dans une immense salle d'opéra.

Le spectacle est autant dans la salle que sur la scène, que l'on ne voit d'ailleurs presque pas depuis les premières loges, plutôt tournées vers la salle. Il s'agit de paraître et d'être vu…

Musée du Louvre.

30 *Jean-Sébastien Bach*
(E.G. Haussmann, 1748)

déplace vers le nord, avec quatre compositeurs allemands exceptionnels (Bach, Haendel, Haydn, Mozart), dont deux qui sont parmi les plus grands génies musicaux de tous les temps.

Jean-Sébastien Bach (1685-1750) **30** est le point d'aboutissement des influences italiennes et germaniques, bien qu'il n'ait jamais quitté l'Allemagne. Après plusieurs emplois dans des villes ou des cours princières, il passe les 30 dernières années de sa vie comme cantor (chef de la musique) de la ville de Leipzig. Employé du conseil municipal, il doit fournir la musique (c'est-à-dire la composer et la faire répéter et jouer) chaque dimanche aux deux églises luthériennes de la ville, s'occuper de l'éducation humaniste, religieuse et musicale des jeunes élèves de l'école et entrer dans d'innombrables querelles avec son employeur, ce qui ne l'empêche pas de s'occuper de sa nombreuse famille (20 enfants!).

Son œuvre, immense, allie la rigueur et presque la sévérité d'œuvres « didactiques » (*L'art de la fugue*) à la joie inventive de nombreuses suites inspirées de danses populaires. La profondeur de sa spiritualité imprègne plus de 250 cantates d'église (5 cycles complets pour chacun des 52 dimanches de l'année), deux oratorios sur la Passion du Christ et son extraordinaire *Messe en si mineur*, sommet de la musique liturgique. La musique de Bach, comme celle de Haendel, traduit admirablement l'Univers réinventé de Descartes et Newton, dans sa suprême ordonnance débouchant sur une sorte de mouvement perpétuel aux dimensions cosmiques.

Wolfgang Amadeus Mozart (1756-1791) **31** n'a pas révolutionné les formes musicales de son époque, mais il s'y est conformé tout en les poussant à des sommets de perfection et de grâce. Il annonce malgré tout des temps nouveaux, par sa vie même d'abord, où il rompt définitivement avec le statut de domestique que tous les compositeurs se devaient d'occuper auprès d'un prince (ou, comme Bach, de salarié d'une ville), pour travailler « à son compte » et essayer, non sans difficulté, de vivre de son art, en vendant ses œuvres aux amateurs et en organisant ses propres concerts. Il meurt à 35 ans, dénué de tout, laissant une œuvre qui, par ses seules dimensions, constitue déjà une sorte de défi aux capacités humaines (il a composé autant que son prolifique ami Haydn, mort à 77 ans!).

Car Mozart touche à tous les genres, tant vocaux qu'instrumentaux, avec un égal bonheur. Il explore, plus qu'aucun autre avant lui, les sonorités de chaque instrument, et les fusionne avec une totale maîtrise. Dans l'opéra, tout en restant fidèle le plus souvent au style italien, il tourne le dos aux intrigues

31 Wolfgang Amadeus Mozart (1756-1791)

PORTRAIT

Il y a un « mystère » Mozart. Enfant prodige, exhibé dès l'âge de six ans par son père d'un bout à l'autre de l'Europe comme une sorte d'animal savant, il échappe malgré tout à la médiocrité qui suit souvent une enfance aussi exceptionnelle. Il compose son premier opéra à 12 ans, sa première messe à 13 ans, son premier grand quatuor à 14 ans. On reste incrédule devant l'ampleur d'une œuvre composée au cours d'une vie si courte, marquée en plus par d'incessants déplacements vers toutes les grandes villes d'Europe, de Naples jusqu'à Londres: 14 opéras, 8 messes, 41 symphonies, 65 divertimentos, 55 sonates, 24 quatuors, etc. Ce mystère a évidemment contribué à forger certains mythes, comme celui, sans aucun fondement, de son empoisonnement par son concurrent Salieri, qui forme l'intrigue centrale du néanmoins superbe film *Amadeus*.

traditionnelles basées sur les grands héros de la mythologie ou de l'histoire antiques, en mettant en scène des personnages de son temps, dans des situations presque quotidiennes, avec des sentiments humains et vrais. Il crée le véritable « drame musical », où l'orchestre se mêle intimement aux voix pour faire avancer l'action ou dévoiler le caractère d'un personnage. Une musique éblouissante et d'une inspiration sans cesse renouvelée, qui aligne avec une verve intarissable les solos, duos, trios, quatuors, ensembles de cinq à huit voix et chœurs, donne à ses chefs-d'œuvre dans le genre (*Les noces de Figaro*, *Don Juan*, *La flûte enchantée*) une portée universelle qui, encore aujourd'hui, nous atteint directement et soulève nos émotions les plus profondes.

Faisons le point

1. Comparez les caractères généraux du baroque avec ceux du classicisme.

2. Sur une carte de l'Europe, localisez les régions où domine le baroque et celles où domine le classicisme.

3. Associez les artistes avec les courants :

J.M. Fischer	Baroque allemand
Gainsborough	Baroque espagnol
Hardouin-Mansart	Baroque italien
Le Bernin	Classicisme anglais
Poussin	Classicisme français
Rembrandt	Classicisme hollandais
Vélasquez	
Wren	

4. Énumérez et définissez les principaux genres musicaux qui apparaissent à l'époque.

5. Citez les compositeurs les plus marquants de cette période et nommez quelques-unes de leurs œuvres.

CONCLUSION

En faisant éclater la conception du monde qui avait cours depuis l'Antiquité, la civilisation occidentale est entrée au XVIIe siècle, pour le meilleur et pour le pire, dans l'ère de la science moderne. Ce faisant, elle en est venue à remettre en cause de façon radicale des manières d'agir et de penser qui semblaient aussi immuables que les sphères cristallines de Ptolémée, et a élevé au rang d'absolu la croyance dans le progrès illimité de l'être humain. Elle a enfin, à travers ce bouillonnement spirituel et intellectuel, suscité une floraison artistique et musicale qui demeure aujourd'hui encore l'une de ses contributions les plus importantes à l'histoire de l'Humanité.

TRAVAUX ET EXERCICES

SYNTHÈSE

Justifiez les affirmations suivantes en vous appuyant sur des arguments ou des exemples :

1. C'est au XVIIe siècle qu'a lieu la révolution scientifique qui donne naissance à la science moderne.

2. Le mouvement philosophique des Lumières s'inspire de la révolution scientifique.

3. L'art est toujours le reflet d'une époque : le baroque reflète particulièrement la Contre-Réforme catholique, tandis que le classicisme illustre l'absolutisme de style Louis XIV.

RÉFLEXION – Le concept de *révolution scientifique*

La révolution scientifique qui s'opère au XVIIe siècle constitue un tournant dans la pensée qui caractérise la civilisation occidentale moderne. Pourquoi qualifier ce tournant de *révolution*? Le concept de *révolution*, dans son acception historique actuelle, implique une rupture si profonde qu'elle permet de distinguer clairement un « avant » et un « après ».

1. Jusqu'au XVIIe siècle, le savoir repose sur des arguments d'autorité ; à partir du texte de William Harvey (*voir doc. 8, p. 198*), relevez les deux principales sources d'autorité qui dominent alors le savoir.

2. Dans sa recherche d'une méthode, René Descartes choisit de faire reposer son raisonnement sur la déduction. Expliquez en quoi la réflexion de Descartes (*voir doc. 7, p. 197*) s'éloigne de la scolastique pour se rapprocher de ce qui constitue la pensée scientifique moderne.

3. Avec Galilée et Newton, la révolution scientifique atteint son point culminant. La définition du savoir scientifique qui se précise à ce moment n'est pas très éloignée de celle qu'on trouve aujourd'hui. En vous appuyant sur les caractéristiques de la révolution scientifique ainsi que sur vos connaissances, tentez de déterminer ce qui caractérise le savoir scientifique actuel.

ANALYSE – Dégager l'idée principale d'un texte

Dans le cadre de son travail, l'historien doit analyser des sources différentes et souvent divergentes, afin de saisir les multiples facettes d'une époque. C'est dans un contexte commun, celui de l'absolutisme, que les philosophes des Lumières écrivent. Il en résulte un trait commun à leurs écrits : l'opposition à l'absolutisme de droit divin. Chacun d'eux propose pourtant une voie différente pour améliorer la société.

Pour bien comprendre et comparer ces différentes propositions, l'historien doit faire preuve d'un esprit de synthèse. Il doit savoir distinguer l'essentiel de l'accessoire, afin d'en dégager un fil conducteur qui illustre l'argumentation de l'auteur. Pour y arriver, il faut d'abord lire et relire un texte en le considérant dans son entièreté ; ensuite, il convient de mettre de côté les éléments superflus, les exemples et les répétitions, afin de n'en conserver que les éléments indispensables à la compréhension de l'argumentation.

En une phrase, dégagez l'idée principale des textes suivants :

1. Texte de Diderot (*voir doc. 13, p. 201*).
2. Texte de Montesquieu (*voir doc. 14, p. 202*).
3. Texte de Rousseau (*voir doc. 16, p. 203*).
4. Texte de Voltaire (*voir doc. 17, p. 204*).

HÉRITAGE

CE QUE NOUS DEVONS AUX XVIIe ET XVIIIe SIÈCLES

- la méthode scientifique
- des découvertes majeures (système solaire, calcul différentiel et intégral, vitesse de la lumière, circulation du sang, etc.)
- le rationalisme
- l'idée du progrès
- le concept de la séparation des pouvoirs de l'État
- la tolérance en matière de religion
- le libéralisme économique
- le concert public
- des formes musicales (opéra, oratorio, cantate, sonate, concerto, symphonie)
- des instruments de musique (violon, violoncelle, piano, clarinette)

POUR ALLER PLUS LOIN

Ouvrages de référence

BORIAUD, Jean-Yves. *Galilée : l'Église contre la science*, Paris, Perrin, 2010, 302 p.

CASTRIA MARCHETTI, Francesca, et al. *L'art classique et baroque : 1600-1770, l'art en Europe de Caravage à Tiepolo*, Paris, Gründ, 2005, 399 p.

CHAUNU, Pierre. *La civilisation de l'Europe des Lumières*, Paris, Flammarion, 2010, 424 p. (Coll. « Champs Histoire »)

DIDEROT, Denis. *L'encyclopédie Diderot et d'Alembert*, choix de textes et présentation par Colas Duflo, Paris, Flammarion, 2010, 293 p. (Coll. « Les livres qui ont changé le monde », n° 16)

HILDESHEIMER, Françoise. *Monsieur Descartes : la fable de la raison*, Paris, Flammarion, 2010, 511 p. (Coll. « Grandes biographies »)

LACHI, Chiara. *Le baroque et le classicisme*, Paris, Le Figaro, 2006, 430 p. (Coll. « La grande histoire de l'art »)

MARTIN-HAAG, Éliane. *Rousseau ou la conscience sociale des Lumières*, Paris, H. Champion, 2009, 382 p. (Coll. « Les dix-huitièmes siècles », n° 133)

MAZAURIC, Simone. *Histoire des sciences à l'époque moderne*, Paris, A. Colin, 2009, 344 p. (Coll. « U Histoire »)

« La pensée des Lumières : les textes fondamentaux », *Le Point*, Hors-série, n° 26, mars-avril 2010.

SPECTOR, Céline. *Montesquieu et l'émergence de l'économie politique*, Paris, H. Champion, 2006, 498 p. (Coll. « Les dix-huitièmes siècles », n° 96)

TODOROV, Tzvetan. *L'esprit des Lumières*, Paris, LGF, 2007, 160 p. (Coll. « Le Livre de poche. Biblio Essais »)

Cédéroms

Au temps des ballons, Qué./Can., Micro-Intel, 1996. — La folie des premières montgolfières.

Galilée – Et pourtant, elle tourne, Fr., Arborescence, 1997.

Jean-Sébastien Bach – Une aventure interactive au cœur de son univers musical, Fr., Harmonia Mundi/Lorcom Multimédia, 2000.

Productions audiovisuelles

Amadeus, de Milos Forman, avec T. Hulce et F.M. Abraham, É.-U., 1984, 160 min. — D'après la pièce éponyme de Peter Shaffer, la vie de Mozart à Vienne et les intrigues du compositeur Antonio Salieri contre lui. Même si le nœud de l'intrigue, la responsabilité de Salieri dans la mort de Mozart, n'a pas de base historique, le film est une réussite totale. Bonne reconstitution d'époque. Gagnant de huit Oscar en 1985.

Caravaggio, avec A. Boni et J. Molla, It./Fr./Esp./All., 2007, 180 min. — Splendide reconstitution de la vie du Caravage (condensé d'une série télévisée de six heures).

Girl with a Pearl Earring, de Peter Webber, avec S. Johansson et C. Firth, G.-B./Lux., 2003, 100 min. — Une jeune servante dans la maison du peintre Vermeer sert de modèle pour un de ses plus célèbres tableaux. Superbe film, très belle reconstitution d'époque. Images inspirées des toiles du maître.

Handel's Water Music : Recreating a Royal Spectacular, G.-B./All., BBC/Opus Arte/Kultur Video, 2009, 83 min. — Une belle reconstitution de la « première » de cette œuvre en 1717, avec des musiciens en costumes d'époque sur un bateau descendant la Tamise.

In Search of Mozart, G.-B., Seventh Art Productions/Microcinema International, 2009, 128 min. — Excellent documentaire sur la vie et l'œuvre du compositeur.

Messiah, avec R. Croft et B. Mehta, Aut./Fr./All., Unitel Classica/ORF/C Major Entertainment, 2009, 154 min. — Production intéressante mais fort inhabituelle : une « mise en scène », dans des décors et costumes modernes, du célèbrissime oratorio de Haendel, réalisée à l'occasion du 250e anniversaire de sa mort.

Molière, de Ariane Mnouchkine, avec P. Caubère et M.-F. Audollent, Fr./It., 1978, 260 min. — La vie de Molière vue par une célèbre metteure en scène de théâtre. Belle reconstitution d'époque, en particulier sur la vie des gens de théâtre.

Mozart : Greatest Hits, All., Euroarts, 2007, 109 min. — Anthologie survolant l'ensemble de l'œuvre, dans toutes ses facettes. Interprètes divers.

Rembrandt, de Charles Matton, avec K.M. Brandauer et R. Bohringer, Fr./All./P.-B., 1999, 106 min. — Bonne reconstitution d'époque dans un film malgré tout assez superficiel au sujet de l'artiste. Magnifiques images imitant les toiles du maître.

The Essential Bach, All., Euroarts 2007, 483 min. — Anthologie (dans un coffret de cinq DVD) survolant l'ensemble de l'œuvre, dans toutes ses facettes. Interprètes divers.

The Rembrandt Collection, É.-U., Koch Entertainment/Kultur Video, 2007, 125 min. — Coffret de deux DVD rassemblant quatre films documentaires sur le peintre.

Tous les matins du monde, de Alain Corneau, avec G. Depardieu et J.-P. Marielle, Fr., 1991, 115 min. — Un compositeur et musicien qui veut se consacrer à son art et à ses enfants en toute quiétude se voit invité par Louis XIV à Versailles pour se joindre au compositeur officiel Lully. Superbe film, au rythme retenu, porté par une musique magnifique. Réflexion sur l'art et la vie d'artiste.

Chapitre 7
La grande révolution atlantique

PLAN

7.1 La naissance des États-Unis
- 7.1.1 Les origines
- 7.1.2 L'indépendance des États-Unis et le schisme de l'Amérique anglaise
- 7.1.3 Les Constitutions
- 7.1.4 Une révolution ?

7.2 La Révolution française
- 7.2.1 Les origines
- 7.2.2 La révolution libérale et démocratique (1789-1792)
- 7.2.3 La révolution égalitaire et totalitaire (1792-1794)
- 7.2.4 Le retour vers l'absolutisme (1794-1815)
- 7.2.5 Le bilan

7.3 Les révolutions européennes
- 7.3.1 Le nouvel ordre international et les conquêtes françaises
- 7.3.2 L'échec de la tentative impériale
- 7.3.3 L'Europe entre réaction et révolution (1815-1848)

7.4 Les indépendances en Amérique latine
- 7.4.1 L'Amérique latine au début du XIXe siècle
- 7.4.2 L'émancipation
- 7.4.3 Les difficultés

7.5 La crise dans la vallée du Saint-Laurent
- 7.5.1 Les facteurs de crise
- 7.5.2 La rébellion
- 7.5.3 Durham et l'Union

Depuis le milieu du XVIIIe siècle jusqu'au milieu du XIXe, tout le monde occidental est secoué par une puissante vague révolutionnaire qui modifie profondément les bases politiques de l'Ancien Régime. Cette vague passe et repasse l'Atlantique, balayant l'Europe et l'Amérique depuis l'Oural jusqu'à la Terre de Feu. Il s'agit véritablement d'une grande révolution « atlantique ».

Cette révolution est axée d'abord et avant tout sur le thème de la liberté : liberté des individus face aux multiples contraintes de l'Ancien Régime, mais aussi liberté des peuples, droit à l'autodétermination et à l'indépendance. Malgré la participation décisive des classes populaires au mouvement, c'est la bourgeoisie qui, comme classe sociale, en sera la première bénéficiaire.

1 Le mouvement de la vague révolutionnaire

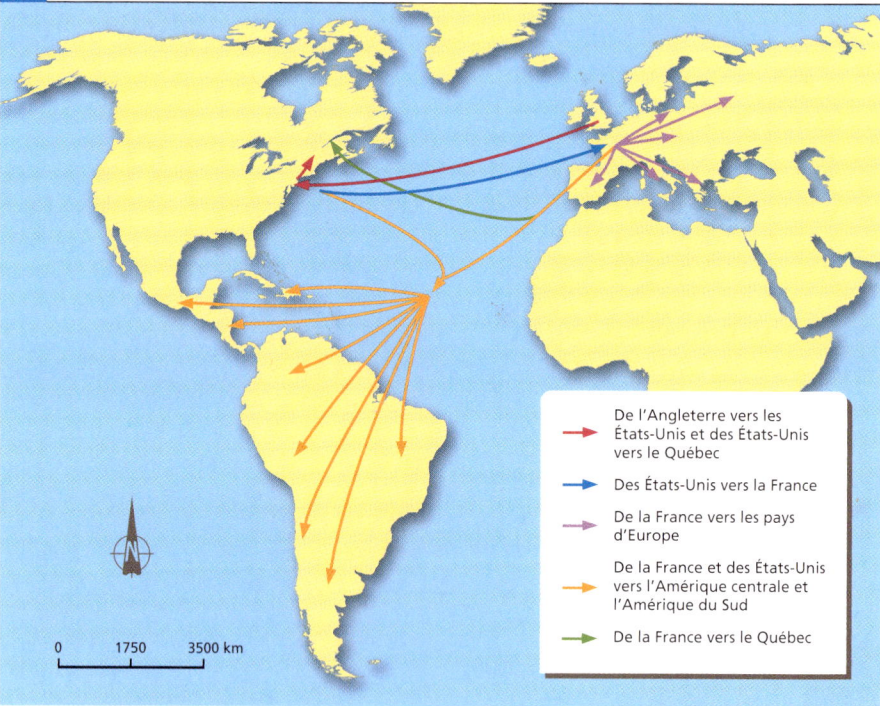

Partie d'Angleterre dès la fin du XVIIe siècle, la vague passe et repasse l'Atlantique, pénétrant jusqu'aux confins de l'Europe et des Amériques coloniales.

2 La Liberté guidant le peuple (E. Delacroix, 1831)

Célèbre tableau peint pour exalter la révolution de 1830 à Paris, mais qui est devenu l'image emblématique de toute une époque. Le personnage coiffé d'un haut-de-forme, le fusil à la main, serait le peintre lui-même, qui s'est ainsi représenté.

Musée du Louvre.

3 Une révolution atlantique

« Toutes ces "révolutions en chaîne", qui ont frappé à peu près uniquement les pays de l'Occident, mieux encore les pays riverains de l'Atlantique, entre 1770 et 1848, […] sont […] des manifestations d'une seule et même révolution, la révolution "libérale" ou "bourgeoise" dont les causes profondes et générales furent les mêmes dans tous les pays, et varièrent seulement en fonction des conditions particulières rencontrées ici ou là. […]

La réaction générale des années 1849-1850 met fin à ces troubles révolutionnaires […]. Le régime capitaliste leur succède et, jusqu'en 1917, ne subira que de faibles assauts. Comment ne pas penser que ces révolutions font partie d'un même ensemble ? Ne peut-on les caractériser par les expressions : "révolution occidentale", "révolution atlantique" ? »

Source : Jacques GODECHOT, *Les révolutions (1770-1799)*, Paris, PUF, 1970, p. 6, 100.

CHRONOLOGIE GÉNÉRALE

- **1776-1783** Indépendance des États-Unis d'Amérique
- **1789-1815** Révolution française et Empire napoléonien
- **1715-1850** Réaction et révolutions en Europe
- **1810-1825** Indépendances en Amérique latine
- **1830-1848** Crise au Canada

7.1 La naissance des États-Unis

Amorcé en Angleterre par la Glorieuse Révolution de 1688-1689, le mouvement révolutionnaire connaît sa première grande victoire en Amérique du Nord, avec la naissance des États-Unis d'Amérique.

CHRONOLOGIE

RÉVOLUTION AMÉRICAINE

1763	Traité de Paris
1764-1767	Imposition de nouvelles taxes aux colonies par Londres
1773	*Boston Tea Party*
1774	« Acte » de Québec
	Premier congrès continental à Philadelphie
1775	Siège de Québec par les insurgés (échec)
1776	Déclaration d'indépendance (4 juillet) et début de la guerre
1779	Intervention française du côté des insurgés
1783	Traité de Versailles
1784	Immigration des Loyalistes dans la *Province of Quebec*
1787	Constitution des États-Unis
1789	Adoption du *Bill of Rights* aux États-Unis
1791	« Acte » constitutionnel (séparation des deux Canadas)

7.1.1 Les origines

Le traité de Paris. C'est le traité de Paris de 1763, mettant fin à la guerre de Sept Ans (*voir p. 186*), qui constitue l'élément déclencheur de l'accession des États-Unis à l'indépendance. Ce traité, en éliminant la France du continent nord-américain, rend inutiles l'appui et la protection militaire britanniques dont les 13 colonies anglaises de la côte atlantique sentaient jusque-là le besoin. Peuplées, riches, avec désormais un continent entier où se répandre, ces colonies sont arrivées à ce point, naturel dans toute colonisation de peuplement, où elles étouffent sous la domination de la métropole et se sentent aptes à assumer la pleine maîtrise de leur vie collective.

La politique de la Grande-Bretagne. Or voilà que la Grande-Bretagne, dans une première mesure lourde de conséquences, prive les colonies du fruit de la récente victoire en déclarant « Territoire réservé aux Indiens » toute la région des Grands Lacs, de l'Ohio et du Mississippi 4. Elle décide ensuite de soumettre celles-ci à toute une série de taxes nouvelles, par exemple sur le thé, afin de leur faire assumer une partie de l'énorme déficit financier occasionné par cette guerre de Sept Ans qui vient de se terminer de façon si bénéfique pour elles.

Agitation et escalade. Invoquant justement le principe britannique du *no taxation without representation* (il n'y a pas de députés des colonies au parlement de Londres), les coloniaux refusent les nouvelles exigences de la métropole, et l'agitation commence à se répandre, culminant avec le *Boston Tea Party* (1773), au cours duquel des Bostoniens de bonne famille déguisés en Indiens jettent à la mer une cargaison de thé venue d'Angleterre. Londres réagit énergiquement : envoi de troupes, dissolution de l'Assemblée (sorte de parlement) du Massachusetts, blocus du port de Boston.

Dans la vallée du Saint-Laurent. L'agitation des 13 colonies risquant de se propager chez les Canadiens de la vallée du Saint-Laurent, conquis depuis à peine 10 ans, la Grande-Bretagne va s'assurer leur loyauté en proclamant l'« Acte » de Québec (1774). Cette loi reconnaît le caractère « distinct » de la colonie, en y restaurant les lois civiles françaises (c'est-à-dire, entre autres, la propriété de type seigneurial, inconnue des lois anglaises) et en y reconnaissant la religion catholique — cas unique dans tout l'Empire britannique. La loi étend également le territoire du Québec à toute la région des

4 Les colonies anglaises d'Amérique du Nord en 1763

Grands Lacs et à la côte du Labrador, lui redonnant presque les frontières de l'ancienne Nouvelle-France 5.

Malgré la fureur déclenchée dans les 13 colonies par cette loi qu'elles qualifient d'*intolérable*, la stratégie de Londres réussit parfaitement. Lorsque le «Premier Congrès continental», réuni à Philadelphie et composé de délégués des 13 colonies, lance un appel solennel aux Canadiens pour se joindre à la rébellion, ceux-ci demeurent plutôt réservés. Les colonies rebelles décident alors de s'emparer de la vallée par la force, mais leur expédition militaire échoue sous les murs de Québec (1775-1776).

7.1.2 L'indépendance des États-Unis et le schisme de l'Amérique anglaise

La Déclaration. La rupture est scellée le 4 juillet 1776, lorsque des délégués des 13 colonies réunis en congrès à Philadelphie adoptent une Déclaration d'indépendance qui constitue un texte fondamental dans l'histoire de la civilisation occidentale 6.

5 Les colonies anglaises d'Amérique du Nord en 1774

6 Déclaration d'indépendance des États-Unis (4 juillet 1776)

«Lorsque, dans le cours des événements humains, il devient nécessaire pour un peuple de dissoudre les liens politiques qui l'ont attaché à un autre et de prendre, parmi les puissances de la Terre, la place séparée et égale à laquelle les lois de la nature et du Dieu de la nature lui donnent droit, le respect dû à l'opinion de l'humanité l'oblige à déclarer les causes qui le déterminent à la séparation.

Nous tenons pour évidentes pour elles-mêmes les vérités suivantes: tous les hommes sont créés égaux; ils sont dotés par le Créateur de certains droits inaliénables; parmi ces droits se trouvent la vie, la liberté et la recherche du bonheur. Les gouvernements sont établis parmi les hommes pour garantir ces droits, et leur juste pouvoir émane du consentement des gouvernés. Toutes les fois qu'une forme de gouvernement devient destructrice de ce but, le peuple a le droit de la changer ou de l'abolir et d'établir un nouveau gouvernement, en le fondant sur les principes et en l'organisant en la forme qui lui paraîtront les plus propres à lui donner la sûreté et le bonheur. La prudence enseigne, à la vérité, que les gouvernements établis depuis longtemps ne doivent pas être changés pour des causes légères et passagères [...]. Mais lorsqu'une longue suite d'abus et d'usurpations, tendant invariablement au même but, marque le dessein de les soumettre au despotisme absolu, il est de leur droit, il est de leur devoir de rejeter un tel gouvernement et de pourvoir, par de nouvelles sauvegardes, à leur sécurité future. [...]

En conséquence, nous, les représentants des États-Unis d'Amérique, assemblés en Congrès général, prenant à témoin le Juge suprême de l'univers de la droiture de nos intentions, publions et déclarons solennellement, au nom et par l'autorité du bon peuple de ces colonies, que ces colonies unies sont et ont le droit d'être des États libres et indépendants; qu'elles sont dégagées de toute obéissance envers la couronne de la Grande-Bretagne; que tout lien politique entre elles et l'État de Grande-Bretagne est et doit être entièrement dissous; que, comme les États libres et indépendants, elles ont pleine autorité de faire la guerre, de conclure la paix, de contracter des alliances, de réglementer le commerce et de faire tous autres actes ou choses que des États indépendants ont droit de faire; et pleins d'une ferme confiance dans la protection de la divine Providence, nous engageons mutuellement au soutien de cette Déclaration nos vies, nos fortunes et notre bien le plus sacré, l'honneur.»

Traduction de Thomas Jefferson, principal rédacteur du projet de déclaration

> Mettez en parallèle, sur deux colonnes, des citations de ce document et des citations du document 13 de la section 6.2 (*voir p. 201*) qui peuvent s'en rapprocher.

Source: «Déclaration unanime des treize États unis d'Amérique», dans *Wikisource*, [En ligne], http://fr.wikisource.org/wiki/Déclaration_unanime_des_treize_États_unis_d'Amérique (Page consultée le 7 juillet 2011)

7 Benjamin Franklin (1706-1790)

PORTRAIT

Signataire de la Déclaration d'indépendance avec Jefferson, Washington et plusieurs autres, Benjamin Franklin est un autodidacte polyvalent. Journaliste, comptable, éditeur, homme politique, savant, philosophe, ambassadeur, il crée la première bibliothèque publique des futurs États-Unis, découvre le rôle des isolants en électricité, invente le calorifère et le paratonnerre, fonde une société philosophique qui deviendra l'Université de Pennsylvanie. Reçu triomphalement à Paris au moment de la guerre de l'Indépendance, il obtient l'intervention française en faveur des insurgés en jouant avec un immense succès son rôle de colonial un peu balourd et mal dégrossi. Il sera l'un des rédacteurs de la Constitution des États-Unis. Il a laissé de passionnants *Mémoires*.

8 Le schisme de l'Amérique anglaise et la formation des deux Canadas, 1783-1791

La guerre. L'Angleterre rejette catégoriquement les prétentions de ses colonies, ce qui déclenche la guerre de l'Indépendance. Se rendant compte de leur faiblesse, les insurgés, dirigés par George Washington (1732-1799), se tournent vers la France qui, séduite par l'envoyé spécial Benjamin Franklin 7 et voyant une occasion de venger sa défaite de 1763, se range de leur côté, bientôt suivie par l'Espagne et les Pays-Bas. Cette intervention française, tant financière que militaire, est décisive, et les généraux français La Fayette et Rochambeau deviennent des héros de l'indépendance américaine.

Indépendance et schisme. Battue à Yorktown (1781), l'Angleterre doit finalement s'incliner et reconnaître l'indépendance des États-Unis d'Amérique par le traité de Versailles (1783), qui consacre le schisme de l'Amérique anglaise. La partie désormais **souveraine**, qui prend le nom d'États-Unis d'Amérique, s'étend jusqu'au Mississippi, alors que la partie demeurée sous l'autorité de Londres, et qu'on désigne globalement sous le nom d'*Amérique du Nord britannique* (*British North America*), ne regroupe plus que six colonies, dont le Québec 8.

7.1.3 Les Constitutions

Les armes s'étant tues, il va maintenant falloir créer des institutions nouvelles, de part et d'autre de la nouvelle frontière. Nous aurons ainsi, dans la partie souveraine, un régime républicain, démocratique et fédéral et, dans la partie coloniale, dite *britannique*, un régime monarchique, oligarchique et «séparatiste».

Aux États-Unis. La **Constitution** des États-Unis 9 est directement inspirée de la philosophie des Lumières, particulièrement de Locke et de Montesquieu. Les trois pouvoirs sont soigneusement séparés et équilibrés. Le **législatif** relève du Congrès, formé de deux chambres: la Chambre des représentants et le Sénat. L'**exécutif** relève du président et le **judiciaire**, de la Cour suprême. Entre les trois, tout un jeu de contrepoids (*checks and balances*) est prévu: le président peut bloquer une loi votée par le Congrès (droit de **veto**), mais le Congrès peut renverser ce veto en revotant la loi à la majorité des deux tiers. Le Congrès peut, quant à lui, destituer le président par une procédure tout de même fort complexe

---

Souverain, aine
Se dit d'un État exerçant seul, à l'exclusion de toute autre autorité, son pouvoir sur un territoire donné, et qui possède la pleine capacité internationale.

Constitution
Loi ou ensemble de principes et de lois qui déterminent le mode de gouvernement d'un État et définissent les droits essentiels de ses citoyens.

Législatif (pouvoir)
Pouvoir d'État relatif à l'établissement, à la création, à la «fabrication» des lois.

(*impeachment*). Les juges de la Cour suprême sont nommés par le président, mais avec l'assentiment du Sénat, et ils sont inamovibles. Le principe électif est généralisé : le Congrès en entier et le président sont élus au **suffrage** universel masculin blanc. Par ailleurs, le système est également de type fédéral : alors que la Chambre des représentants est élue sur la base de la population, les États membres sont représentés sur une base d'égalité absolue au Sénat (deux sénateurs par État). Instaurée en 1787, cette Constitution est complétée en 1791 par une série de 10 amendements formant un *Bill of Rights* qui garantit, entre autres, les libertés d'expression, de réunion, de presse et de religion.

Au Québec. Dans la vallée du Saint-Laurent, l'indépendance américaine provoque un afflux subit et imprévu de colons américains « loyalistes » qui ont tout sacrifié pour rester fidèles à l'Angleterre. Or, depuis l'« Acte » de Québec, cette colonie ne ressemble guère à une colonie anglaise : elle n'a pas d'Assemblée élue, elle a des lois civiles françaises, et l'Église catholique y est reconnue. De toute évidence, cette situation ne peut plus être maintenue. L'Angleterre va donc diviser le Québec en deux colonies séparées : le Haut-Canada, réservé aux Loyalistes, et le Bas-Canada, où les Canadiens seront largement majoritaires (mais non pas seuls) **8**. L'« Acte » constitutionnel de 1791 instaure dans chacune des deux colonies un Parlement local (appelé *Législature*) formé de deux

Exécutif (pouvoir)
Pouvoir d'État relatif à la mise en œuvre des lois votées par le pouvoir législatif.

Judiciaire (pouvoir)
Pouvoir d'État relatif à l'interprétation des lois et à leur application dans les cas particuliers.

Veto (droit de)
Pouvoir constitutionnel d'empêcher l'entrée en vigueur d'une loi. On le qualifie d'*absolu* s'il n'a pas de limite dans le temps et ne peut être renversé, de *suspensif* dans le cas contraire.

Suffrage
Vote dans une élection ; on le qualifie d'*universel* si tous les citoyens ont le droit de vote ; on le qualifie de *restreint* si le droit de vote est réservé à certains citoyens. Dans ce cas, si le droit de vote dépend d'un certain niveau de richesse, on parle de suffrage *censitaire*.

9 Les Constitutions, 1787-1791

10 *Le débat sur les langues : séance de l'Assemblée législative du Bas-Canada le 21 janvier 1793* (C. Huot, 1913)

Assemblée nationale, Québec.

chambres dont l'une est élue au suffrage restreint, mais le gouverneur nommé par Londres conserve de larges pouvoirs, en particulier un droit de veto absolu sur la Législature **9** (*voir p. 221*).

Épilogue : par un synchronisme saisissant, mais dans des contextes absolument différents et sans rapport les uns avec les autres, les Canadiens connaîtront leur première expérience des institutions représentatives la même année (1791) où les Français eux-mêmes les instaureront (*voir p. 227*) dans l'ancienne métropole chassée d'Amérique 30 ans plus tôt… **10**

11 L'esclavage aux États-Unis

Année	Nombre d'esclaves	Pourcentage de la population totale
1770	460 000	21,4
1790	697 000	17,8
1860	4 000 000	12,6

Source : Pourcentages tirés de Peter KOLCHIN, *Une institution très particulière : l'esclavage aux États-Unis, 1619-1877*, Paris, Belin, 1998, p. 294-296.

7.1.4 Une révolution ?

On discute beaucoup sur le caractère « révolutionnaire » de ce qu'on appelle la *Révolution américaine*. En fait, cette révolution a bien peu modifié les structures sociales ou économiques de la société anglo-américaine : l'esclavage, par exemple, reste intouché **11**, et le droit de vote est réservé aux mâles de race blanche. Elle a cependant, en plus de créer un nouveau pays, proclamé solennellement les grandes idées politiques des Lumières et tenté une première application de ces idées dans une Constitution qui demeure aujourd'hui la plus ancienne encore en vigueur dans le monde.

L'exemple américain va inspirer de façon plus ou moins immédiate les révolutions en chaîne qui bouleverseront maintenant tant l'Europe que l'Amérique.

Faisons le point

1. En quoi le traité de Paris de 1763 peut-il constituer l'élément déclencheur de l'indépendance des États-Unis ?
2. Comment la politique de la Grande-Bretagne a-t-elle contribué à la marche des 13 colonies vers l'indépendance ?
3. Expliquez la stratégie de la Grande-Bretagne à l'égard des Canadiens, face à l'agitation qui se développe dans les 13 colonies, et montrez les résultats de cette stratégie, à la fois pour les 13 colonies et pour le Québec.
4. Démontrez le caractère républicain, démocratique et fédéral de la Constitution des États-Unis.
5. Quel a été l'impact de l'arrivée des Loyalistes au Québec ?
6. Démontrez le caractère monarchique, oligarchique et séparatiste de l'« Acte » constitutionnel de 1791.

7.2 La Révolution française

Tant par ses origines que par son déroulement, la Révolution française est devenue un événement emblématique, une sorte de « mère de toutes les révolutions ». Origines multiples, déroulement dramatique d'une révolution type qui « dévore ses enfants », échec final (du moins en apparence) après l'apothéose napoléonienne : tout y concourt.

CHRONOLOGIE

RÉVOLUTION FRANÇAISE

- **1789** Réunion des États généraux (mai)
  Le tiers état se proclame « Assemblée nationale » (juin)
  Prise de la Bastille à Paris, « Grand'peur » dans les campagnes (juillet)
  Abolition des privilèges (nuit du 4 août)
  Déclaration des droits de l'homme et du citoyen (26 août)
- **1790** Constitution civile du clergé (juillet)
- **1791** Tentative de fuite du roi (juin)
  Première Constitution, élection de l'Assemblée législative (septembre)
- **1792** Déclaration de guerre (avril) : défaites et invasion
  Insurrection parisienne : déchéance du roi (10 août)
  Convention élue au suffrage universel : proclamation de la République (septembre)
- **1793** Exécution de Louis XVI (janvier)
  Invasion étrangère et insurrections intérieures
  Constitution de l'an I et nouvelle Déclaration des droits de l'homme et du citoyen (août)
  Instauration du « Gouvernement révolutionnaire » : début de la Terreur (octobre)
- **1794** Victoires militaires sur tous les fronts
  Chute de Robespierre : fin de la Terreur (juillet)
- **1795** Constitution de l'an III
- **1799** Coup d'État de Napoléon Bonaparte : Consulat
- **1804** Napoléon Ier « Empereur des Français »
- **1810** Apogée de l'Empire napoléonien
- **1815** Bataille de Waterloo : fin de l'Empire

7.2.1 Les origines

L'origine prochaine : la guerre d'Amérique. Le retentissement des événements d'Amérique est énorme en France, et à plus d'un titre. Sur le plan des idées, d'abord, la Révolution américaine sert d'exemple et d'inspiration à tous ceux qui souhaitent de profonds changements politiques. La participation directe de la France aux combats contribue également à faire de la question américaine un puissant foyer d'intérêt. Sur le plan financier, cette participation financière et militaire aggrave encore l'immense déficit de l'État français, le menaçant de paralysie générale à court terme .

L'origine lointaine : une société bloquée. L'onde de choc venue d'Amérique n'est toutefois qu'un accélérateur : même sans elle, la France des années 1780 est déjà dans le contexte prérévolutionnaire d'une « société bloquée », au bord de l'éclatement. Ces blocages s'observent dans tous les domaines, tant en politique qu'en économie, dans les structures sociales comme dans les mentalités.

Dans le domaine politique, le régime de l'absolutisme n'a à peu près pas évolué depuis 200 ans et sombre de plus en plus dans la confusion et l'inefficacité. Le découpage administratif du royaume frise l'anarchie, avec un empilement inextricable d'instances féodales, royales, ecclésiastiques, fiscales, juridiques, etc. Pour

12 Un État en banqueroute

Le budget de la France en 1788 (en millions de livres)

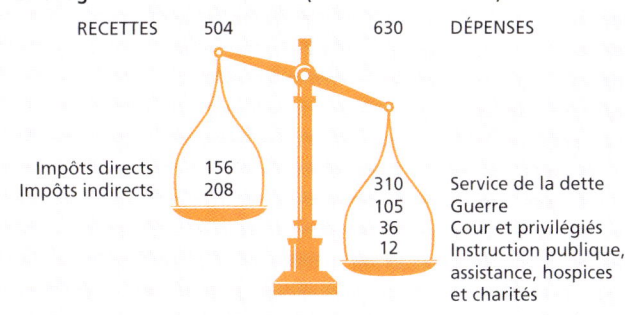

RECETTES 504 | 630 DÉPENSES

Impôts directs 156
Impôts indirects 208

310 Service de la dette
105 Guerre
36 Cour et privilégiés
12 Instruction publique, assistance, hospices et charités

▶ D'après ce graphique, quelles sont les causes majeures du déséquilibre budgétaire ? Calculez ce que représente le service de la dette, ainsi que le déficit, en pourcentage des recettes. Comment ces pourcentages se comparent-ils avec ceux du Canada ou du Québec d'aujourd'hui ?

Source : Adapté de Odette VOILLIARD et al., *Documents d'Histoire*, t. I, *1776-1850*, Paris, A. Colin, 1964, p. 27-28.

avoir une vue complète des divisions administratives, il faudrait une dizaine de cartes géographiques différentes, dont une seulement pour la taxe sur le sel, qui varie d'une région à l'autre.

Les impôts ne sont pas collectés directement par l'État, mais sont affermés, c'est-à-dire vendus à des particuliers contre une somme globale, à charge ensuite, pour le « fermier » choisi, de se dédommager à même la perception. On comprendra que les percepteurs d'impôts soient certainement les hommes les plus détestés de France. La plupart des charges publiques sont également vendues et s'échangent comme n'importe quelle marchandise, se lèguent même par testament. Les juges, par exemple, ont acheté leur charge et se dédommagent à même les amendes qu'ils imposent et les pots-de-vin qu'ils reçoivent de ceux dont ils instruisent le procès…

Le régime restreint sévèrement les possibilités d'action politique de ceux qui ne sont considérés que comme « sujets du roi » et non comme citoyens à part entière. Une censure tatillonne surveille étroitement toutes les publications, et pas seulement celles des philosophes des Lumières : les écrits scientifiques aussi y sont soumis, de même que la poésie, le théâtre, voire la musique. Le régime se prive ainsi d'idées nouvelles qui pourraient le faire évoluer.

L'activité économique souffre d'une réglementation excessive issue à la fois des vieilles traditions corporatives médiévales et du mercantilisme. Les corporations de métiers étouffent sous le poids de leurs propres règles (procédés de fabrication, prix, salaires, emplacement de l'atelier, accès à la maîtrise) et se sont morcelées à l'infini. Les douanes internes existent toujours, rendant difficile la circulation du blé, par exemple, entre une province connaissant un surplus et une autre en état de disette. L'État, dans le cadre du mercantilisme, réglemente de façon pointilleuse certains secteurs de production, surtout les produits d'exportation de luxe (tapisserie, porcelaine).

Mais l'aspect le plus explosif de ce régime qu'on appellera bientôt l'*Ancien Régime*, c'est certainement l'inégalité sociale, qui règne en maître dans tous les domaines.

Le clergé et la noblesse, qui rassemblent 3 % de la population, jouissent de privilèges officiellement reconnus. Devant la justice, leur témoignage vaut plus que celui d'une personne ordinaire, et certaines peines jugées infamantes leur sont épargnées (galère, pendaison), quel que soit leur crime.

Le clergé, qui est le plus gros propriétaire foncier du royaume, ne paie aucun impôt. Il accorde au roi, traditionnellement, un « don gratuit » de 10 millions de livres tous les cinq ans, sur des revenus qui dépassent le milliard pour la même période. Ces revenus sont d'ailleurs très inégalement répartis entre un haut clergé (évêques, chanoines, abbés) très riche et un bas clergé (curés de paroisses) qui vit misérablement, surtout à la campagne.

La noblesse est largement exempte d'impôts elle aussi. Jusqu'au milieu du XVIIIe siècle, il était relativement facile à un bourgeois aisé d'accéder à la noblesse, mais, depuis cette date, la porte s'est refermée : à la veille de la Révolution, tous les évêques de France, tous les ministres de Louis XVI (sauf Necker, qui est suisse), tous les officiers de l'armée, sont des nobles « à quatre quartiers », c'est-à-dire avec quatre grands-parents nobles.

Hormis ces quelque 550 000 privilégiés, tous les autres sujets du roi (près de 20 millions) forment ce qu'on appelle le *tiers état*, un immense amalgame extraordinairement diversifié où se retrouvent tout autant les bourgeois, qui sont

Tiers état
Dans la conception féodale de la société, divisée en trois états (ou ordres), le tiers état regroupe tous ceux et celles qui ne font pas partie du clergé (le premier état) ou de la noblesse (le deuxième état). Le mot état est ici pris au sens de situation sociale.

13 La répartition des impôts

Caricature montrant le peuple supportant seul tout le poids des classes privilégiées exemptes d'impôts. La légende dit : « À faut espérer qu'eu'jeu la finira ben tôt. »

les plus remuants, que les paysans, qui constituent la très grande majorité du peuple. Plus on descend dans l'échelle sociale, plus la taxation est lourde. Les paysans croulent sous les obligations : redevances seigneuriales, **dîmes** ecclésiastiques, tailles et **capitations**, **gabelle**, taxes sur les fenêtres (c'est pourquoi leurs masures en ont si peu), la liste s'allonge à l'infini. Outre qu'il est scandaleusement injuste, le système de taxation est tout bêtement improductif : on taxe ceux qui sont le moins en mesure de payer 13.

Enfin, ce régime vermoulu a été profondément miné dans les esprits par la philosophie des Lumières, et a perdu toute crédibilité. Une aspiration générale au changement s'impatiente devant l'incapacité de la monarchie à mettre en branle la moindre réforme véritable, ne serait-ce que de supprimer les douanes internes ou de mieux répartir les impôts.

Les origines immédiates. Tous ces blocages structurels sont aggravés par une série de difficultés circonstancielles. Le roi Louis XVI est particulièrement faible, entouré d'une cour de plus en plus déconsidérée et marié à une reine étrangère à la réputation scandaleuse (Marie-Antoinette d'Autriche). En 1787-1789, deux mauvaises récoltes successives suivies d'un hiver catastrophique accentuent la misère des masses, surtout dans les villes. Enfin, les privilégiés refusent énergiquement toute atteinte à leurs privilèges, en particulier toute réforme fiscale qui les assujettirait à l'impôt, ce qui va rendre nécessaire la convocation des États généraux pour régler la crise des finances royales, qui devient insoluble 14.

Les États généraux étaient une vieille structure héritée du Moyen Âge, par laquelle le roi pouvait demander les conseils de ses sujets quand il l'estimait à propos (ce qu'il n'avait pas fait depuis 1614, absolutisme oblige !). Ils se divisaient en trois assemblées, selon la structure des ordres féodaux : clergé, noblesse et tiers état, dont les députés étaient élus, chacun dans son ordre, dans tout le pays. Les députés de chaque ordre s'assemblaient et votaient séparément, et chaque assemblée disposait d'une seule voix dans la décision finale, de sorte que les deux ordres privilégiés étaient assurés de la majorité. Pour dénouer la crise financière de 1789, il suffirait donc, pensait-on, de faire voter de nouveaux impôts par ceux qui n'auraient pas à les payer. Mais le tiers état allait déjouer ce scénario…

7.2.2 La révolution libérale et démocratique (1789-1792)

La première étape de la Révolution française est marquée par l'affranchissement des individus face aux contraintes diverses qui pesaient sur eux et par l'accession des « citoyens » (du moins d'une partie d'entre eux) à la vie politique. C'est une révolution axée sur la liberté et la démocratie.

La formation de l'Assemblée nationale. Ayant exigé et obtenu, dès l'étape des élections, deux fois plus de députés que chacun des ordres privilégiés pris

Dîme
Impôt prélevé par l'Église.

Capitation
Impôt « sur la tête », c'est-à-dire sur toute personne du seul fait qu'elle existe.

Gabelle
Taxe sur le sel. Le sel étant un moyen essentiel de conservation des aliments, cette taxe est particulièrement honnie et donne lieu à une énorme activité de contrebande par les « faux-sauniers », malgré de très lourdes peines (galère ou mort). Plusieurs faux-sauniers seront déportés en Nouvelle-France.

14 La « réaction nobiliaire »

Au moment même de la convocation des États généraux, la noblesse maintient son refus obstiné des réformes et exige la perpétuation de ses privilèges.

« La conservation des exemptions personnelles et des distinctions dont la noblesse a joui dans tous les temps sont des attributs qui la distinguent essentiellement et qui ne pourraient être attaqués et détruits qu'en opérant la confusion des ordres. L'abus qui résulterait d'une telle innovation est trop évident pour qu'il soit nécessaire de le discuter.

La Noblesse du bailliage d'Amont demande donc que l'ordre dont elle fait partie soit maintenu dans toutes ses prérogatives personnelles […].

La Noblesse n'entend en aucune manière se dépouiller des droits seigneuriaux honorifiques et utiles tels que la justice haute, moyenne et basse, chasse, pêche, mainmorte, tailles, corvées, lods, colombiers, cens, redevances, dîmes, commises, mainmise, droit de retrait, consentement, et autres quels qu'ils soient […]. »

Cahier de doléances de la noblesse du bailliage d'Amont pour les États généraux de 1789

Quel motif la noblesse invoque-t-elle pour justifier le maintien de ses privilèges ?

Source : Jacques GODECHOT, dir., *La pensée révolutionnaire en France et en Europe, 1780-1799*, Paris, A. Colin, 1969, p. 96-97.

15 La composition des États généraux de 1789

Ordre	Nombre	Remarques
Clergé	291	Près de 200 curés de paroisses plus ou moins gagnés aux réformes
Noblesse	270	Quelques nobles « libéraux »
Tiers état	578	Presque tous bourgeois ; près de 200 avocats ; aucun paysan, aucun ouvrier

➤ Cette composition vous semble-t-elle refléter adéquatement celle de la population du royaume ?

séparément **15**, le tiers état réclame le vote par tête (et non par ordre) dès l'ouverture des États généraux (5 mai). Le roi ayant tergiversé pendant six semaines, le tiers état accomplit alors le premier acte révolutionnaire : il se proclame seul représentant de la nation (17 juin) et jure solennellement de ne pas se séparer avant d'avoir doté la France d'une Constitution (Serment du Jeu de Paume, 20 juin) **16**. Louis XVI s'incline finalement et ordonne aux deux premiers ordres de se joindre au tiers état pour former l'Assemblée nationale constituante (9 juillet). L'absolutisme vient de s'effondrer, du moins sur papier.

La révolution populaire. Mais cette révolution légale et pacifique va être tout de suite débordée par un acteur imprévu : le peuple. À Paris, le 14 juillet, une foule d'émeutiers s'empare de la Bastille, vétuste prison à peu près vide, mais symbole séculaire de l'arbitraire royal. Dans les campagnes, des rumeurs incontrôlées de mouvements de troupes sèment la « Grand'Peur », et les paysans attaquent les châteaux afin de détruire les

16 *Le serment du Jeu de paume* (d'après J.-L. David, 1791)

Dans un enthousiasme extraordinaire, que le peintre accentue par le vent qui soulève les rideaux et la grande tache de lumière sur le mur du fond, les députés du tiers état jurent solennellement de doter la France d'une Constitution (20 juin 1789).

Musée Carnavalet, Paris.

vieux registres seigneuriaux qui témoignent de leur servitude. Un grand nombre de nobles, affolés, s'enfuient vers l'étranger, où ils vont représenter une menace continuelle de contre-révolution qui jouera un rôle déterminant dans le développement de la Révolution. Partout l'autorité légale s'effondre, l'anarchie menace, l'armée est au bord de la mutinerie.

L'abolition des privilèges et la Déclaration des droits. Pour tenter de reprendre la situation en main, l'Assemblée nationale, inquiète, abolit d'un seul coup tous les privilèges, lors de la fameuse nuit du 4 août. Au matin de cette « folle nuit », la France n'est soudain plus une société d'ordres, mais une société de citoyens égaux dotés de droits inaliénables que l'Assemblée définit dans une solennelle Déclaration des droits de l'homme et du citoyen (26 août) où figurent, en tête de liste, le droit à la liberté et le droit à la propriété **17**. Mais c'est là, en quelque sorte, « mettre la charrue avant les bœufs » : on vient d'abolir l'Ancien Régime, mais le nouveau n'est pas encore défini ; on reconnaît des droits, mais le cadre dans lequel ils devront s'exercer n'est pas encore délimité. Cette situation lourde de dangers va durer deux longues années.

La Constitution de 1791. L'Assemblée nationale constituante n'adoptera en effet qu'en 1791 la première Constitution française, qui instaure une monarchie constitutionnelle, avec une Assemblée législative élue au suffrage restreint (citoyens « actifs ») et un roi héréditaire conservant de larges prérogatives, entre autres un droit de veto suspensif **9** (*voir p. 221*).

Une situation qui se dégrade. Mais avant même l'inauguration de ce nouveau régime (30 septembre 1791), le climat s'est déjà passablement dégradé. Après avoir nationalisé les biens du clergé pour tenter de résoudre la crise financière qui n'est toujours pas réglée, l'Assemblée nationale a adopté en 1790 une Constitution civile du clergé qui détache l'Église de France de l'autorité du pape. Désormais élus, évêques et curés doivent prêter serment de fidélité « à la nation, à la loi et au roi », et la France se casse en deux entre un clergé « jureur » et un clergé « réfractaire ». En juin 1791, Louis XVI a tenté de s'enfuir à l'étranger,

17 Déclaration des droits de l'homme et du citoyen (26 août 1789)

« Préambule : Les représentants du peuple français, constitués en Assemblée nationale, considérant que l'ignorance, l'oubli ou le mépris des droits de l'homme sont les seules causes des malheurs publics et de la corruption des gouvernements, ont résolu d'exposer, dans une Déclaration solennelle, les droits naturels, inaliénables et sacrés de l'homme […].

Article premier : Les hommes naissent et demeurent libres et égaux en droits ; les distinctions sociales ne peuvent être fondées que sur l'utilité commune.

Article II : Le but de toute association politique est la conservation des droits naturels et imprescriptibles de l'homme. Ces droits sont la liberté, la propriété, la sûreté, et la résistance à l'oppression.

Article III : Le principe de toute souveraineté réside essentiellement dans la nation […].

Article IV : La liberté consiste à pouvoir faire tout ce qui ne nuit pas à autrui. Ainsi, l'exercice des droits naturels de chaque homme n'a de bornes que celles qui assurent aux autres membres de la société la jouissance de ces mêmes droits ; ces bornes ne peuvent être déterminées que par la loi. […]

Article VI : La loi est l'expression de la volonté générale ; tous les citoyens ont droit de concourir personnellement, ou par leurs représentants, à sa formation ; elle doit être la même pour tous, soit qu'elle protège, soit qu'elle punisse. Tous les citoyens, étant égaux à ses yeux, sont également admissibles à toutes dignités, places et emplois publics, selon leur capacité, et sans autre distinction que celle de leurs vertus et de leurs talents. »

> En quoi cette déclaration entend-elle rompre avec l'Ancien Régime ? Quelle conception de la liberté propage-t-elle ?

Source : Christine FAURÉ, dir., *Les déclarations des droits de l'homme de 1789*, Paris, Payot, 1988, p. 11-12.

mais il a été rattrapé, ramené dans la capitale et suspendu provisoirement de ses fonctions, perdant définitivement toute autorité morale.

La guerre. De fait, le nouveau régime ne durera pas un an. L'Assemblée législative s'étant heurtée à quelques reprises au veto royal et l'agitation populaire ne cessant pas, tout le monde va finir par souhaiter une solution miracle : la guerre extérieure. La noblesse et le roi, convaincus que l'armée française, désorganisée, sera facilement battue par les armées royales étrangères, souhaitent la guerre pour renverser la Révolution et faire restaurer leurs anciens privilèges par les vainqueurs. L'Assemblée, convaincue que le péril extérieur va galvaniser les énergies du peuple, voit dans la guerre le meilleur moyen de consolider la Révolution, voire de l'accélérer 18. Le 20 avril 1792, malgré les réserves prophétiques d'un révolutionnaire encore peu connu, Maximilien de Robespierre, la France se précipite, et l'Europe avec elle, dans un immense conflit qui va durer 20 ans, bouleverser toute l'Europe et peser d'un poids décisif sur la Révolution elle-même, ce qui, dans l'immédiat, signifie la chute de la monarchie.

La chute de la monarchie. Car l'armée française, totalement désorganisée, est facilement culbutée par les armées prussienne et autrichienne. Le général prussien qui marche sur Paris menace ouvertement la ville d'« exécution totale » si le moindre tort est fait au roi ou à sa famille (manifeste de Brunswick). Indignés, les Parisiens se soulèvent, s'emparent du palais des Tuileries et forcent l'Assemblée à proclamer la déchéance du roi, au cours de la « journée » la plus décisive de la Révolution (10 août 1792). La Constitution étant ainsi devenue caduque, une nouvelle Assemblée constituante est élue, au suffrage universel cette fois : la Convention nationale.

18 La guerre

1. UNE FUITE EN AVANT ?

« Un peuple qui a conquis sa liberté après dix siècles d'esclavage a besoin de la guerre. Il faut la guerre pour consolider la liberté, et pour purger la Constitution des restes du despotisme ; il faut la guerre pour faire disparaître d'au milieu de nous les hommes qui pourraient la corrompre. »

Discours du député Jacques Pierre Brissot à l'Assemblée législative, le 12 décembre 1791

Source : Laurent BOURQUIN, dir., *Histoire 2e*, Paris, Belin, 2006, p. 140.

2. LES RÉSERVES PROPHÉTIQUES DE ROBESPIERRE

« C'est pendant la guerre que le pouvoir exécutif déploie la plus redoutable énergie, et qu'il exerce une espèce de dictature qui ne peut qu'effrayer la liberté naissante ; c'est pendant la guerre que le peuple oublie les délibérations qui intéressent ses droits civils et politiques pour ne s'occuper que des événements extérieurs, qu'il détourne son attention de ses législateurs et de ses magistrats pour attacher tout son intérêt et toutes ses espérances à ses généraux […]. C'est pendant la guerre que l'habitude d'une obéissance passive, et l'enthousiasme trop naturel pour les chefs heureux, fait, des soldats de la patrie, les soldats du monarque ou de ses généraux. Dans les temps de troubles et de factions, les chefs des armées deviennent les arbitres du sort de leur pays, et font pencher la balance en faveur du parti qu'ils ont embrassé. Si ce sont des Césars ou des Cromwells, ils s'emparent eux-mêmes de l'autorité. Si ce sont des courtisans sans caractère, nuls pour le bien mais dangereux lorsqu'ils veulent le mal, ils reviennent déposer leur puissance aux pieds de leur maître et l'aident à reprendre un pouvoir arbitraire, à condition d'être ses premiers valets. »

Discours du 18 décembre 1791

Source : Maximilien de ROBESPIERRE, *Œuvres*, t. VIII, Paris, PUF, 1954, p. 57-61.

« La plus extravagante idée qui puisse naître dans la tête d'un politique est de croire qu'il suffise à un peuple d'entrer à main armée chez un peuple étranger, pour lui faire adopter ses lois et sa constitution. Personne n'aime les missionnaires armés ; et le premier conseil que donnent la nature et la prudence, c'est de les repousser comme des ennemis. »

Discours du 2 janvier 1792

Source : Maximilien de ROBESPIERRE, *Œuvres*, t. I, Paris, [s.é.], 1840, p. 237.

> Qu'y a-t-il de « prophétique » dans les textes de Robespierre ? Expliquez les allusions à César et à Cromwell (*voir p. 51 et 176*).

7.2.3 La révolution égalitaire et totalitaire (1792-1794)

Avec la réunion de la Convention, la Révolution s'accélère et se radicalise. Maintenant ce n'est plus tant la liberté qui est l'objectif central que l'égalité, et pas seulement l'égalité devant la loi, mais l'égalité réelle, l'égalité des conditions de vie, l'égalité «dans le bonheur». Et pour atteindre à cette égalité, on sera disposé à instaurer un régime qui supprime toute liberté, et qui donne à l'État une maîtrise absolue sur la vie du citoyen : un régime totalitaire.

19 Déclaration des droits de l'homme et du citoyen (24 juin 1793)

«Article premier : Le but de la société est le bonheur commun. Le gouvernement est institué pour garantir à l'homme la jouissance de ses droits naturels et imprescriptibles.

Article II : Ces droits sont l'égalité, la liberté, la sûreté, la propriété. […]

Article XXI : Les secours publics sont une dette sacrée. La société doit la subsistance aux citoyens malheureux, soit en leur procurant du travail, soit en assurant les moyens d'exister à ceux qui sont hors d'état de travailler.

Article XXII : L'instruction est le besoin de tous. La société doit favoriser de tout son pouvoir les progrès de la raison publique et mettre l'instruction à portée de tous les citoyens. […]

Article XXXIII : La résistance à l'oppression est la conséquence des autres droits de l'homme.

Article XXXIV : Il y a oppression contre le corps social lorsqu'un seul de ses membres est opprimé. Il y a oppression contre chaque membre lorsque le corps social est opprimé.

Article XXXV : Quand le gouvernement viole les droits du peuple, l'insurrection est pour le peuple, et pour chaque portion du peuple, le plus sacré des droits et le plus sacré des devoirs.»

Faites ressortir les différences entre cette déclaration et celle de 1789 (voir doc. 17, p. 227).

Source : Christine FAURÉ, dir., *Les déclarations des droits de l'homme de 1789*, Paris, Payot, 1988, p. 373, 375-376.

La Constitution de l'an I. Dès sa première séance, la Convention abolit la monarchie et proclame la République (21 septembre 1792), puis condamne à mort Louis Capet, « ci-devant roi », qui est guillotiné le 21 janvier 1793. Cette exécution crée un choc dans toute l'Europe et symbolise la rupture radicale que les révolutionnaires veulent opérer avec l'ordre ancien. Une Constitution républicaine est ensuite adoptée, accompagnée d'une nouvelle Déclaration des droits qui met cette fois en tête de liste le droit à l'égalité, y ajoutant les droits au travail, à l'assistance sociale, à l'instruction et même à l'insurrection 19. Cette Constitution de l'an I (nouveau calendrier révolutionnaire) sera soumise à la ratification populaire par référendum.

Le Gouvernement révolutionnaire. Aussitôt votée, cette Constitution est cependant suspendue et remplacée par un « Gouvernement révolutionnaire », régime d'exception justifié, aux yeux de ses propagandistes, par les périls dramatiques qui menacent la République (proclamation de « La patrie en danger ») 20.

D'une part, en effet, l'exécution de Louis XVI et les victoires françaises en Belgique ont provoqué une coalition générale des monarchies européennes, et la France est envahie sur toutes ses frontières. D'autre part, des soulèvements intérieurs contre la Convention

20 « La patrie en danger »

Au début de 1793, la Révolution chancelle…

La grande révolution atlantique **229**

21 Maximilien de Robespierre (1758-1794)

PORTRAIT

Issu d'une famille bourgeoise, Robespierre se prend d'enthousiasme très jeune pour les philosophes des Lumières, surtout Rousseau, auquel il rend visite. Avocat, il est élu aux États généraux, où il fait des débuts politiques plutôt timides. La notoriété lui vient surtout de ses discours au Club des jacobins, où il expose ses idées d'une démocratie intégrale fondée sur la « volonté générale ». Il participe à la journée du 10 août 1792 comme membre de la Commune insurrectionnelle de Paris, se fait élire à la Convention et y vote l'exécution du roi. Devenu l'âme dirigeante du Comité de salut public, il multiplie les attaques contre ses adversaires, dénonçant sans cesse de nouveaux complots contre-révolutionnaires et laissant planer sur tous d'obscures suspicions. Arrêté le 27 juillet 1794, il tente sans succès de se suicider avant d'être traîné à demi mort jusqu'à la guillotine.

se développent dans de nombreuses provinces et villes : la Vendée, la Normandie, la Provence, Bordeaux, Lyon, Marseille échappent à l'autorité centrale. Et à Paris même, la Convention est constamment soumise à la pression de militants révolutionnaires bien organisés en sections locales et bien armés (ils ont même des canons) et qu'on appelle les *sans-culottes* parce qu'ils portent le pantalon de toile, vêtement du peuple, et non la culotte de soie des riches.

Ce gouvernement révolutionnaire est en fait une véritable dictature, dont les principes sont élaborés par Maximilien de Robespierre (1758-1794) **21** et qui servira de modèle de référence aux dictatures révolutionnaires du XXe siècle **22**. Tous les pouvoirs sont concentrés au Comité de salut public, dominé par Robespierre et ses partisans. Pour faire face au péril militaire, le Comité décrète d'abord la levée en masse, qui amène sous les drapeaux une formidable force d'un million d'hommes. Un dirigisme économique rigoureux est instauré (contrôle des prix et des salaires), de même qu'un programme de redistribution du revenu et de secours aux indigents. Une répression impitoyable s'abat sur toute manifestation de dissidence (« loi des suspects ») et les droits les plus élémentaires des citoyens sont supprimés devant un tribunal révolutionnaire qui peut expédier à la guillotine à peu près n'importe qui sur une simple délation **23**. C'est ce qu'on appelle la *Terreur*, qui durera d'octobre 1793 à juillet 1794 et fera 40 000 victimes, dont l'immense majorité est d'humble condition sociale. À Paris, dans les 46 derniers jours seulement, 1 376 personnes passent à la guillotine.

22 Le « Gouvernement révolutionnaire »

« La théorie du gouvernement révolutionnaire est aussi neuve que la révolution qui l'a amenée. Il ne faut pas la chercher dans les livres des écrivains politiques. […]

Le but du gouvernement constitutionnel est de conserver la République ; celui du gouvernement révolutionnaire est de la fonder.

La révolution est la guerre de la liberté contre ses ennemis ; la constitution est le régime de la liberté victorieuse et paisible. […]

Sous le régime constitutionnel, il suffit presque de protéger les individus contre les abus de la puissance publique ; sous le régime révolutionnaire, la puissance publique elle-même est obligée de se défendre contre toutes les factions qui l'attaquent.

Le gouvernement révolutionnaire doit aux bons citoyens toute la protection nationale ; il ne doit aux ennemis du peuple que la mort.

Ces notions suffisent pour expliquer l'origine et la nature des lois que nous appelons révolutionnaires. Ceux qui les nomment arbitraires ou tyranniques sont des sophistes stupides ou pervers qui cherchent à confondre les contraires ; ils veulent soumettre au même régime la paix et la guerre, la santé et la maladie. […]

Si le gouvernement révolutionnaire doit être plus actif dans sa marche, et plus libre dans ses mouvements, que le gouvernement ordinaire, en est-il moins juste et moins légitime ? Non. Il est appuyé sur la plus saine de toutes les lois, le salut du peuple ; sur le plus irréfragable de tous les titres, la nécessité. […] »

> D'après Robespierre, quelle est la justification ultime, essentielle, du gouvernement révolutionnaire ?

Source : Maximilien de ROBESPIERRE, dans *Gazette nationale ou le moniteur universel*, n° 91, primidi 1er nivôse, an 2 (samedi 21 décembre 1793), p. 51.

23 La «Terreur»

1. LA LOI DES SUSPECTS

« Sont réputés suspects et, à ce titre, arrêtés et déférés au Tribunal révolutionnaire :

1. Ceux qui, dans les assemblées du peuple, arrêtent son énergie par des discours astucieux [...].
2. Ceux qui [...] parlent des malheurs de la République, s'apitoient sur le sort du peuple, et sont toujours prêts à répandre de mauvaises nouvelles avec une douleur affectée.
3. Ceux qui ont changé de conduite et de langage selon les événements [...] et affectent, pour paraître républicains, une austérité, une sévérité étudiées [...].
5. Ceux qui, ayant toujours les mots de liberté, république et patrie sur les lèvres, fréquentent les ci-devant nobles, les prêtres, les contre-révolutionnaires, les aristocrates, [...] les modérés, et s'intéressent à leur sort.
6. Ceux qui n'ont pris aucune part active dans tout ce qui intéresse la Révolution et qui, pour s'en disculper, font valoir le paiement des contributions, leurs dons patriotiques, leur service dans la garde nationale [...].
8. Ceux qui, n'ayant rien fait contre la liberté, n'ont aussi rien fait pour elle.
9. Ceux qui ne fréquentent pas leurs sections et qui donnent pour cause qu'ils ne savent pas parler et que leurs affaires les en empêchent. [...]
10. Ceux qui parlent avec mépris des autorités constituées, des signes de la loi, des autorités populaires, des défenseurs de la liberté [...]. »

Loi du 20 vendémiaire, an 2 (11 octobre 1793)

Source : Ludovic SCIOUT, *Histoire de la constitution civile du clergé (1790-1801)*, Paris, Firmin-Didot, 1881, p. 581.

2. LE TRIBUNAL RÉVOLUTIONNAIRE

« Article 4 : Le tribunal révolutionnaire est institué pour punir les ennemis du peuple.

Article 5 : Les ennemis du peuple sont ceux qui cherchent à anéantir la liberté publique soit par la force, soit par la ruse. [...]

Article 7 : La peine portée contre tous les délits dont la connaissance appartient au tribunal révolutionnaire est la mort.

Article 8 : La preuve nécessaire pour condamner les ennemis du peuple est toute espèce de document, soit matérielle, soit morale, soit verbale, soit écrite, qui peut naturellement obtenir l'assentiment de tout esprit juste et raisonnable. La règle des jugements est la conscience des jurés éclairés par l'amour de la patrie ; leur but, le triomphe de la République et la ruine de ses ennemis ; la procédure, les moyens simples que le bon sens indique pour parvenir à la connaissance de la vérité, dans les formes que la loi détermine. [...]

Article 13 : S'il existe des preuves soit matérielles, soit morales, indépendamment de la preuve testimoniale, il ne sera point entendu de témoin [...].

Article 16 : La loi donne pour défenseurs aux patriotes calomniés des jurés patriotes ; elle n'en accorde point aux conspirateurs. »

Décret du 22 prairial, an 2 (10 juin 1794)

Source : Philippe-Joseph-Benjamin BUCHEZ et Pierre-Célestin ROUX-LAVERGNE, *Histoire parlementaire de la Révolution française*, t. XXXIII, Paris, Paulin, 1838, p. 194-195.

Mais, à travers tout ce sang et ces horreurs, la Terreur va effectivement « sauver » la République : dès le début de 1794, les envahisseurs étrangers sont refoulés, les insurrections intérieures, matées.

7.2.4 Le retour vers l'absolutisme (1794-1815)

L'instabilité. C'est précisément le « succès » de cette terreur qui va amener sa perte : le sang n'arrêtant pas de couler malgré les victoires, la bourgeoisie modérée renverse Robespierre et tente de revenir à un régime **centriste** appelé le *Directoire* (nouvelle Constitution, 1795). Mais ce régime est instable, coincé entre des émeutes populaires, dues à la dégradation de la situation économique, et des complots et coups de main royalistes. Ainsi contraint de frapper tantôt à gauche, tantôt à droite, le Directoire fait donc de plus en plus appel à l'armée, jusqu'au jour où un général ambitieux que ses victoires ont rendu populaire, Napoléon Bonaparte (1769-1821), s'empare du pouvoir par un coup d'État (1799). La bourgeoisie, qui aspire à un pouvoir politique stable, s'est donné un maître. Robespierre avait vu juste…

> **Centriste**
> Se dit d'une position politique ou idéologique modérée, qui se situe entre deux extrêmes.

Du Consulat à l'Empire. D'abord nommé premier consul dans un nouveau régime taillé exprès pour lui, Bonaparte prend toute une série de mesures d'apaisement et de réorganisation intérieure, dont la France ressent un immense besoin après 10 années de bouleversements : restauration des finances et création de la Banque de France, promulgation d'un Code civil unifié (qui inspirera plus tard celui du Québec), restauration de l'autorité centrale sur tout le territoire, signature de traités de paix avec les ennemis de l'extérieur. Il fait aussi des gestes de réconciliation nationale, entre autres un Concordat avec le pape mettant fin à la cassure religieuse qui dure depuis la Constitution civile du clergé en 1790. En 1804, sûr de son pouvoir et de son extraordinaire popularité, il se fait nommer « Empereur des Français » sous le titre de Napoléon Ier et même, à l'instar de Charlemagne, sacrer par le pape lui-même, amené jusqu'à Paris pour l'occasion.

Le retour à l'absolutisme. Avec Napoléon Ier, la France retourne donc à l'absolutisme, mais à un absolutisme plus centralisé, plus autoritaire, plus arbitraire et plus policier que jamais **24**. Cet absolutisme est cependant soucieux, signe que les temps ont changé, des apparences de la **légitimité** démocratique : il utilisera fréquemment le recours au **plébiscite** et cette « dictature plébiscitaire » préfigure elle aussi de nombreux régimes de notre époque. Héritier direct de la Révolution, Napoléon en devient ainsi le fossoyeur : rétablissement d'une monarchie héréditaire, création d'une nouvelle noblesse, destruction des libertés civiles, censure sévère de la presse.

La guerre. Mais Napoléon, parvenu au pouvoir par la vertu de ses éclatants succès militaires, ne peut s'y maintenir que par la continuation de ces victoires, d'autant plus que l'Europe des rois ne pourra jamais accepter cet « usurpateur » en son sein. Encore une fois, c'est la guerre qui va mener le jeu : après avoir conquis presque toute l'Europe, Napoléon devra faire face à la fois au soulèvement des

Légitimité
État de ce qui est juridiquement fondé, reconnu par la loi, ou encore conforme à la justice, au droit naturel, à la raison ou à la morale. Un gouvernement est dit *légitime* s'il a obtenu le pouvoir dans les formes prévues par la loi ou s'il bénéficie d'un large appui populaire.

Plébiscite
Consultation directe du peuple sur une question qu'on lui soumet, avec une simple réponse par « oui » ou par « non » ; comme cette question implique souvent la confiance envers le chef de l'État ou du gouvernement, et que les dictateurs modernes ont souvent employé cette technique, on préfère aujourd'hui le mot *référendum*.

24 Le retour à l'absolutisme

1. LE DROIT DIVIN

« D. — Pourquoi sommes-nous tenus de tous ces devoirs envers notre Empereur ?

R. — C'est, premièrement, parce que Dieu, qui crée les empires et les distribue selon sa volonté, en comblant notre Empereur de dons, soit dans la paix, soit dans la guerre, l'a établi notre souverain, l'a rendu le ministre de sa puissance et son image sur la terre. Honorer et servir notre Empereur est donc honorer et servir Dieu même. […] Il est devenu l'oint du Seigneur par la consécration qu'il a reçue du Souverain Pontife, chef de l'Église universelle.

D. — Que doit-on penser de ceux qui manqueraient à leurs devoirs envers notre Empereur ?

R. — Selon l'apôtre saint Paul, ils résisteraient à l'ordre établi de Dieu même, et se rendraient dignes de la damnation éternelle. »

Source : *Catéchisme à l'usage de toutes les Églises de l'Empire français*, Paris, [s.é.], 1806, p. 58-59.

2. LA SURVEILLANCE DE L'OPINION

« Réprimez un peu plus les journaux, faites-y mettre de bons articles. Faites comprendre aux rédacteurs du *Journal des débats* et du *Publiciste* que le temps n'est pas éloigné où, m'apercevant qu'ils ne me sont pas utiles, je les supprimerai avec tous les autres et je n'en conserverai qu'un seul ; […] que le temps de la Révolution est fini, et qu'il n'y a plus en France qu'un parti ; que je ne souffrirai jamais que les journaux disent ni fassent rien contre mes intérêts ; qu'ils pourront faire quelques petits articles où ils pourront montrer un peu de venin, mais qu'un beau matin on leur fermera la bouche. »

Source : Lettre de Napoléon à Fouché, ministre de la police générale (22 avril 1805), dans Napoléon BONAPARTE, *Correspondance générale*, t. V, Paris, Fayard, 2008, p. 223.

> Faites ressortir les ressemblances entre le texte du *Catéchisme* et celui de Bossuet (*voir chap. 5, doc.* **6**, *p. 167*).

peuples conquis et à une coalition générale des monarchies européennes qui mettront fin à l'Empire en 1815 et ramèneront sur le trône de France l'héritier des Bourbons, Louis XVIII.

7.2.5 Le bilan

Malgré cet apparent retour à l'Ancien Régime, la France sort de ces 25 années de tumulte profondément transformée. Sur le plan politique, la Nation, définie comme le rassemblement de tous les citoyens, est désormais détentrice de la souveraineté, qu'elle exerce à travers une Assemblée représentative; l'égalité théorique des citoyens devant la loi a été proclamée; l'État a été fortement centralisé au détriment des particularismes provinciaux, et toute l'administration se fait maintenant sur la base d'un seul découpage territorial, le département. Sur le plan social, les droits seigneuriaux ont été abolis, et la classe des petits paysans propriétaires s'est développée. Le Code civil a renforcé l'autorité du père et du mari et fait de la femme une éternelle mineure. Sur le plan économique, les douanes intérieures ont été supprimées, les corporations de métiers, abolies, les « coalitions » (syndicats, par exemple), interdites, et le principe de la libre concurrence a été établi. Il sera pratiquement impossible de revenir sur plusieurs de ces changements, qui bénéficient d'abord à la bourgeoisie et, dans une moindre mesure, à la paysannerie, sans pour autant modifier en profondeur les conditions concrètes de vie des masses populaires.

Mais c'est aussi par son impact sur toute l'Europe que la Révolution française constitue un événement capital de l'histoire de la civilisation occidentale.

Faisons le point

1. Quel rôle la Révolution américaine a-t-elle joué dans les origines de la Révolution française?

2. De quels blocages politiques la France souffre-t-elle à la veille de la Révolution?

3. Quelles sont les entraves qui ralentissent l'économie française à la veille de la Révolution?

4. Comment se traduit concrètement l'inégalité sociale en France à la veille de la Révolution?

5. Définissez l'expression « révolution libérale et démocratique » et montrez, par des événements précis, en quoi cette expression peut s'appliquer à la première phase de la Révolution française.

6. Définissez l'expression « révolution égalitaire et totalitaire » et montrez, par des événements précis, en quoi cette expression peut s'appliquer à la deuxième phase de la Révolution française.

7. Pourquoi peut-on affirmer que la création de l'Empire par Napoléon constitue un retour à l'absolutisme?

8. Quels changements majeurs la Révolution a-t-elle amenés dans l'état politique, économique et social de la France?

CHRONOLOGIE

RÉVOLUTIONS EUROPÉENNES

1792 Déclaration d'appui de la France révolutionnaire aux peuples révoltés

1793 « Levée en masse » en France : 1 000 000 de soldats appelés sous les drapeaux
Début de l'expansion territoriale française

1799 Prise du pouvoir par Napoléon Bonaparte

1806 Blocus continental contre l'Angleterre

1808 Début du soulèvement en Espagne

1811 Extension maximale de l'Empire français

1812 Campagne de Russie : retraite catastrophique

1815 Bataille de Waterloo : abdication de Napoléon
Restauration de la monarchie en France
Congrès de Vienne

1830 Révolution en France : « monarchie de Juillet »
Insurrections en Italie, en Pologne

1831 Indépendance de la Belgique

1832 Indépendance de la Grèce

1848 Insurrections généralisées dans toute l'Europe
Seconde République en France

1849 Écrasement des mouvements insurrectionnels

1852 Second Empire en France : Napoléon III

7.3 Les révolutions européennes

La Révolution française suscite dès ses débuts un vent d'enthousiasme dans les milieux « éclairés » de toute l'Europe, et quelques tentatives révolutionnaires se manifestent en Belgique, en Allemagne, en Italie et jusqu'en Pologne. Elles sont cependant vite réprimées, et ce sont plutôt les conquêtes militaires françaises qui permettront à la vague révolutionnaire de déferler sur tout le continent.

7.3.1 Le nouvel ordre international et les conquêtes françaises

Le nouvel ordre international. Le 19 novembre 1792, la Convention nationale annonce que la France va « apporter fraternité et secours à tous les peuples qui voudront recouvrer leur liberté » **25**. C'est une provocation directe à l'endroit de toutes les monarchies, et la remise en cause de toutes les frontières de la vieille Europe. Dès lors, l'armée française, accueillie partout dans l'enthousiasme, instaure partout où elle entre les principes et les institutions révolutionnaires : souveraineté du peuple, assemblées élues, abolition des privilèges, liberté individuelle, égalité devant la loi. Ainsi se crée autour de la France tout un chapelet de « républiques sœurs », depuis les Pays-Bas jusqu'à Naples.

---

25 De la guerre de libération...

« La Convention nationale déclare, au nom de la nation française, qu'elle accordera fraternité et secours à tous les peuples qui voudraient recouvrer leur liberté, et charge le Pouvoir exécutif de donner aux généraux les ordres nécessaires pour porter secours à ces peuples [...]. »

Procès-verbal de la Convention nationale, séance du 29 brumaire, an 1 (19 novembre 1792)

« Dans les pays qui sont ou seront occupés par les armées de la République, les généraux proclameront sur-le-champ, au nom de la nation française, la souveraineté du peuple, la suppression de toutes les autorités établies, des impôts ou contributions existants, l'abolition de la dîme, de la féodalité, des droits seigneuriaux, tant féodaux que censuels, fixes ou casuels, des banalités, de la servitude réelle et personnelle, des privilèges de chasse et de pêche, des corvées, de la noblesse, et généralement de tous les privilèges. »

Décret du 27 frimaire, an 1 (17 décembre 1792)

Source : Jacques GODECHOT, dir., *La pensée révolutionnaire en France et en Europe, 1780-1799*, Paris, A. Colin, 1969, p. 160-161.

---

26 ... à la guerre de conquête et de pillage

« Vous nous demandez toujours, chers collègues, la conduite à tenir dans la Belgique. Nous nous sommes cependant expliqués plusieurs fois bien positivement sur ce point.

Nous vous avons dit :

1. de traiter ces contrées en pays conquis, de ne point fraterniser [...] ;
2. de désarmer complètement les habitants, d'empêcher les rassemblements ;
3. d'accabler les riches, de faire des otages, de respecter au contraire le peuple, ses chaumières et même ses préjugés ;
4. de dépouiller la Belgique de subsistance, de chevaux, de cuir, de drap, de tout ce qui peut être utile à notre consommation [...] ;
5. [...] d'établir des contributions, d'enlever tout l'argent possible ; [...] »

Lettre du Comité de salut public aux représentants en mission, 8 messidor, an 2 (26 juin 1794)

Source : *Recueil des actes du Comité de salut public*, vol. XV, Paris, Imprimerie nationale, 1903, p. 640.

Les conquêtes françaises. Mais cette guerre de libération tourne très vite en une classique guerre de conquête, accompagnée de l'exploitation systématique des territoires conquis et de la négation effective du droit des peuples à l'autodétermination 26. Et la France étant le pays le plus peuplé d'Europe, rien ne semble pouvoir résister à la formidable poussée de ses armées révolutionnaires, dirigées par des officiers sortis du rang et promus sur le mérite de leurs faits d'armes, face aux armées mercenaires des vieilles monarchies, menées au feu par des aristocrates.

L'Europe napoléonienne. Avec Napoléon Ier, la France devient ainsi pratiquement maîtresse de toute l'Europe occidentale, soit directement (ses frontières s'étendent maintenant de Hambourg jusqu'à Rome, avec 42 millions d'habitants), soit par des États satellites sur lesquels règnent des souverains mis en place par l'empereur (Espagne, Pologne, Italie, Naples) 27. Ayant supprimé d'un trait de plume le millénaire Saint Empire romain germanique (1806), Napoléon Bonaparte a restauré presque intégralement l'Empire carolingien (*voir chap. 3, doc.* 13, *p. 83*), voire l'Empire romain d'Occident (*voir chap. 2, doc.* 11, *p. 53*)!

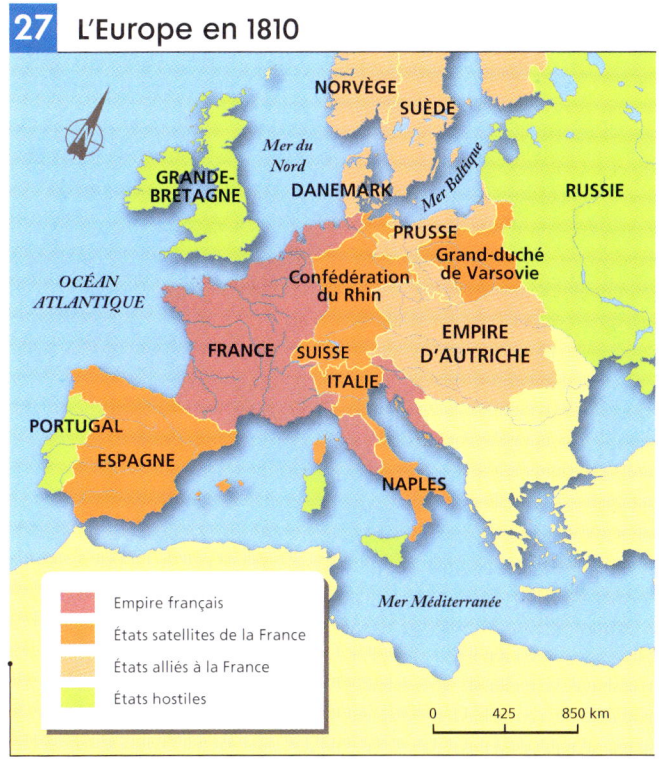

27 L'Europe en 1810

- Empire français
- États satellites de la France
- États alliés à la France
- États hostiles

7.3.2 L'échec de la tentative impériale

Toutefois, cette puissance est plus apparente que réelle. Le rêve impérial est bien mort avec l'Empire romain : comme ceux de Charlemagne et de Charles Quint avant lui, comme plus tard celui d'Adolf Hitler, l'empire de Napoléon est destiné à ne pas durer. Trois forces vont se conjuguer pour l'abattre et restaurer l'ordre ancien.

Les résistances. Premièrement, les principes mêmes de la Révolution vont soulever contre lui de véritables mouvements de libération nationale, en Espagne 28, en Russie, en Prusse, voire en Italie.

Deuxièmement, les tenants de l'Ancien Régime préparent sans discontinuer un retour à l'ordre : aristocrates français réfugiés dans les pays voisins et qui ne rêvent que de restauration et de vengeance, classes dirigeantes locales renversées par l'invasion française, et même monarchies absolues encore debout, mais dont le pouvoir pâlit face à la flambée révolutionnaire (Autriche, Prusse, Russie).

28 *Le 3 mai* (F. de Goya, 1814)

Extraordinaire tableau qui est presque devenu l'image universelle de la répression militaire. Il commémore le soulèvement de Madrid contre les troupes napoléoniennes les 2 et 3 mai 1808.

29 L'impossible retour en arrière

« Les rois croient qu'en faisant sentinelle autour de leurs trônes, ils arrêteront les mouvements de l'intelligence ; ils s'imaginent qu'en donnant le signalement des principes, ils les feront saisir aux frontières ; ils se persuadent qu'en multipliant les douanes, les gendarmes, les espions de police, les commissions militaires, ils les empêcheront de circuler ; mais ces idées ne cheminent pas à pied, elles sont en l'air ; elles volent, on les respire. Les gouvernements absolus, qui établissent des télégraphes, des chemins de fer, des bateaux à vapeur, et qui veulent en même temps retenir les esprits au niveau des dogmes politiques du quatorzième siècle, sont inconséquents ; à la fois progressifs et rétrogrades, ils se perdent dans la confusion résultant d'une théorie et d'une pratique contradictoires. »

Source : René de CHATEAUBRIAND, *Mémoires d'outre-tombe*, t. II, New York, Arpin, 1849, p. 448-449.

Troisièmement, l'Angleterre, dont les intérêts commerciaux sont durement touchés par la fermeture des ports du continent à tout commerce avec elle (blocus continental décrété par Napoléon en 1806), suscite quatre coalitions successives contre la France, débarque un corps expéditionnaire en Espagne pour y appuyer les insurgés et, après le désastre de la Grande Armée dans les plaines de Russie (1812), rassemble finalement toute l'Europe pour donner le coup de grâce, à Waterloo, en 1815. L'« épopée » napoléonienne est terminée, et son chef, exilé dans une île perdue au large de l'Afrique, entre vivant dans la légende.

La Restauration. Le « cauchemar » révolutionnaire enfin terminé, la restauration de l'Ancien Régime va être organisée par le congrès de Vienne (1815), sous l'égide d'une « Sainte-Alliance » regroupant l'Autriche, la Prusse et la Russie. Il s'agit, d'une part, de restaurer l'équilibre européen mis à mal par la révolution et les conquêtes françaises et, d'autre part, de ramener partout au pouvoir les autorités « légitimes », c'est-à-dire celles d'avant la Révolution : souverains, aristocratie, clergé.

7.3.3 L'Europe entre réaction et révolution (1815-1848)

1830. Mais le ferment révolutionnaire a été planté 29, et cette « Europe de Vienne » ne sera qu'une suite ininterrompue d'interventions militaires pour éteindre les foyers d'incendie qui se déclarent partout : Allemagne, Espagne, Italie, Portugal, Russie, Belgique, Pologne 30. En 1830, la France renoue avec 1789 et tente une nouvelle fois l'expérience d'une monarchie limitée (« monarchie de Juillet »), tandis que les Belges obtiennent dans un soulèvement général leur indépendance par rapport aux Pays-Bas. Les Grecs en font autant, soutenus par une opinion européenne enthousiaste et même avec l'appui des grandes puissances, puisqu'il s'agit d'une révolte contre la domination turque que ces puissances espèrent affaiblir.

1848 : le Printemps des peuples. En 1848, l'Europe entière s'embrase, au nom de la liberté, de la démocratie et du droit des peuples à l'autodétermination. Une crise économique particulièrement grave, qui dure depuis deux ans et provoque famine et chômage, joue également un rôle déclencheur dans cette explosion. En France, la monarchie est abolie de nouveau et une Seconde République s'installe, très marquée par les préoccupations sociales (ateliers nationaux pour résorber le chômage). Partout la révolution éclate : à Berlin, Vienne, Prague, Budapest, Naples, Rome, Milan, Venise. C'est le « Printemps des peuples » (selon l'expression de François Fejtö). Les occupants étrangers sont chassés, des Assemblées, élues, des Constitutions, proclamées.

Le retour à l'ordre. La flambée sera de courte durée. Un moment submergées, les vieilles monarchies se reprennent et, se portant mutuellement secours, répriment brutalement les révoltes. L'Autriche surtout, aidée par la Russie, reprend la tête de son empire momentanément disloqué par les mouvements nationalistes tchèque et hongrois. En France, la Seconde République fait bientôt place à un Second Empire après le coup d'État de Louis Napoléon, neveu de Napoléon Bonaparte, qui devient Napoléon III (1852).

30 Les principaux foyers révolutionnaires dans l'Europe de Vienne, 1815-1850

- Foyer révolutionnaire, 1820-1831
- Foyer révolutionnaire, 1848-1849

Les facteurs de l'échec. L'échec généralisé des révolutions de 1848 est dû à de nombreux facteurs. Le mouvement a un caractère trop exclusivement urbain, les campagnes demeurant ordinairement à l'écart. Les débordements de violence engendrent rapidement la peur, même chez les classes moyennes instigatrices de la révolte. Des mouvements nationalistes parfois antagonistes n'arrivent pas à coordonner leur action, et des militants plus portés sur la parole que sur l'action font trop souvent preuve d'irréalisme. Enfin, l'énorme puissance militaire mise au service de la réaction écrase tout sur son passage.

Des traces tangibles. Mais l'événement laissera malgré tout quelques traces tangibles, comme l'affranchissement des paysans en Autriche, et surtout une somme d'exemples et de leçons dans laquelle la génération suivante va puiser de précieux enseignements à l'égard de ses luttes pour l'indépendance nationale. Et le mythe de 1848 est resté extrêmement vivant jusqu'à nos jours, à travers la littérature, l'art ou même la comédie musicale, ainsi qu'en témoigne la postérité du célèbre roman de Victor Hugo *Les misérables*, porté au grand et au petit écran à de nombreuses reprises avant de devenir un spectacle musical immensément populaire.

Les réformes en Grande-Bretagne. Pendant ce temps-là, isolée dans son île, la Grande-Bretagne a échappé aux convulsions. C'est que la bourgeoisie dirigeante y a eu l'intelligence d'effectuer à temps les réformes minimales grâce auxquelles elle a pu maintenir son pouvoir intact. Sous la pression des Irlandais, les pleins droits civils ont été reconnus aux catholiques après trois siècles d'oppression. En 1832, une importante réforme électorale a élargi le droit de vote et aboli l'abus criant des « bourgs pourris », villages disparus qui continuaient à « élire » des députés aux Communes… La prépondérance des grands propriétaires terriens est détruite au profit de la bourgeoisie marchande et industrielle. D'autres réformes suivront, qui instaureront progressivement une véritable **démocratie parlementaire**, sans les révolutions successives que connaît la France.

Démocratie parlementaire
Système de gouvernement dans lequel le pouvoir législatif relève d'une assemblée élue qui doit accorder sa confiance aux détenteurs du pouvoir exécutif. C'est le système en vigueur actuellement au Québec et au Canada, entre autres.

Faisons le point

1. Quels sont les facteurs de diffusion de la Révolution française dans toute l'Europe ?
2. Illustrez sur une carte muette l'extension maximale de l'Empire napoléonien, avec ses satellites et ses alliés.
3. Énumérez les trois forces qui se conjuguent pour faire échouer la tentative impériale de Napoléon.
4. Quels sont les facteurs qui expliquent l'échec généralisé des révolutions de 1848 ?
5. Pourquoi la Grande-Bretagne échappe-t-elle, chez elle, à la grande vague révolutionnaire ?

7.4 Les indépendances en Amérique latine

Les bouleversements que connaît l'Europe ne resteront pas sans écho dans les colonies d'Amérique. Plusieurs des futurs dirigeants du mouvement vers l'indépendance ont vécu ces événements sur place et, bien sûr, les idéaux révolutionnaires traversent rapidement même les plus grands océans…

7.4.1 L'Amérique latine au début du XIXᵉ siècle

Au début du XIXᵉ siècle, l'Espagne et le Portugal dominent et exploitent encore toute cette partie de l'Amérique qui s'étend depuis la Californie jusqu'à la Terre de Feu. C'est l'Amérique dite *latine* : plus de 20 millions de kilomètres carrés peuplés de 20 millions d'habitants.

La diversité raciale. Un des traits marquants de cet immense ensemble est sa grande diversité raciale **31**. Les Noirs, esclaves, surtout concentrés au nord-est (ils forment la moitié de la population du Brésil), se situent au bas de l'échelle **32**. Les Indiens, près de 9 millions, pour la plupart réduits aux travaux les plus harassants (mines des hauts plateaux) et décimés par les maladies épidémiques, explosent régulièrement en des révoltes cruellement réprimées. Quelques-uns ont pu échapper à la domination européenne et vivent encore comme aux premiers âges dans des régions inaccessibles (Amazonie). Les Blancs, près de 4 millions, sont dans leur immense majorité des **Créoles**, quelque peu méprisés par les Espagnols et Portugais (appelés *péninsulaires*) venus faire fortune dans les postes élevés de l'administration civile ou religieuse. Enfin, 5 millions de sang-mêlé évoluent entre les deux extrêmes dans des situations très variables. Le célèbre voyageur Humboldt remarque que « la peau plus ou moins blanche décide de la place qu'occupe l'homme dans la société ».

31 La composition de la population de l'Amérique espagnole au début du XIXᵉ siècle

Population totale : 18 000 000
- Noirs, 8 %
- Indiens, 46 %
- Blancs, 20 %
- Sang-mêlé, 26 %

Population blanche : 3 600 000
- Créoles, 95 %
- Péninsulaires, 5 %

Source : José Antonio ÀLVAREZ OSÉS *et al.*, *Historia de las civilizaciones y del arte*, Madrid, Santillana, 1985, p. 266. Gracieuseté de Santillana Educación S.L.

Créole
Personne de race blanche, d'ascendance européenne, née dans les colonies.

Métis, isse
Personne qui est issue de parents dont l'un est de race amérindienne et l'autre de race blanche.

7.4.2 L'émancipation

Les facteurs internes. Le mercantilisme rigide imposé par les métropoles vide les colonies de leurs meilleures richesses et empêche la naissance d'une industrie et d'un commerce qui seraient profitables aux coloniaux. Le pouvoir politique échappe également à ces derniers et est exercé par des vice-rois, capitaines généraux et autres chefs administratifs exclusivement européens et souvent d'une rare médiocrité. Sur le plan idéologique, l'indépendance des États-Unis et la Révolution française ont provoqué une fermentation intellectuelle qui rend bientôt impossible la perpétuation du vieux système colonial.

Tous ces facteurs internes touchent d'abord les Créoles, et l'indépendance de l'Amérique latine sera, à l'instar de celle des États-Unis, une révolte de colons blancs contre leur pays d'origine. Mais il est indéniable que les tensions sociales entre Blancs, **Métis**, Indiens et Noirs ont fortement contribué à la remise en cause du vieil ordre colonial.

32 Des esclaves noirs dans une plantation

Les facteurs externes. Ce sont les facteurs externes qui donnent l'impulsion décisive. D'une part, les conquêtes françaises en Europe affaiblissent les métropoles, particulièrement l'Espagne, occupée par Napoléon dont les émissaires poussent les colons à l'indépendance. D'autre part, la Grande-Bretagne, toujours à la recherche de nouveaux marchés, appuie ouvertement le mouvement, soutenue par les États-Unis, évidemment désireux de voir l'Europe chassée des trois Amériques. Le président Monroe va d'ailleurs bientôt proclamer sa célèbre doctrine qui définit la zone d'influence étasunienne : toute tentative de reprise en main des colonies émancipées par les anciennes métropoles sera considérée comme un acte inamical à l'endroit des États-Unis. « L'Amérique aux Américains ! »

Les indépendances. L'indépendance sera conquise de haute lutte sous la direction de chefs exceptionnels. Dès 1804, soulevée contre la France derrière

33 Simón Bolívar (1783-1830)

PORTRAIT

Fils d'un aristocrate vénézuélien, Bolívar est envoyé en Europe dès l'âge de 16 ans pour parfaire son éducation. Il est à Paris à l'apogée de l'Empire napoléonien, s'initiant à la philosophie des Lumières, faisant le vœu de libérer son pays de la tutelle de l'Espagne. Réfugié en Jamaïque après un premier échec, il élabore sa vision d'une Amérique hispanique formée de républiques fédérées sous une Constitution inspirée de celle de la Grande-Bretagne, avec, étonnamment, un président élu à vie. Ayant libéré et réuni sous son autorité la Colombie (1810), le Venezuela (1822), l'Équateur (1822), le Pérou (1824) et la Bolivie (1825), il voit cette vision peu à peu détruite par les rivalités internes et décide d'assumer des pouvoirs dictatoriaux, ce qui lui vaut un attentat auquel il échappe de justesse. Désabusé, malade, profondément secoué par l'assassinat de son meilleur général, Sucre, il abandonne le pouvoir en 1830 et meurt de tuberculose quelques mois plus tard.

les anciens esclaves noirs Toussaint Louverture (1743-1803) et Jean-Jacques Dessaline (1758-1806), Haïti devient le premier État souverain de l'Amérique « latine » et le seul dont les habitants sont majoritairement d'ascendance africaine. À partir de 1811, sous la direction de Simón Bolívar (1783-1830) **33** et José de San Martín (1778-1850), les colonies espagnoles se libèrent une à une, et l'Espagne est définitivement vaincue à la bataille d'Ayacucho en 1824 **34**. Au Brésil, cependant, l'émancipation se réalise pacifiquement lorsque le propre fils du roi du Portugal, régent de la colonie, proclame l'indépendance de la colonie, puis s'en fait sacrer empereur en 1822.

7.4.3 Les difficultés

Dès le départ, les nouveaux États se heurtent à de grandes difficultés qui imprimeront à cette partie du monde des traits durables **35**.

34 Les indépendances en Amérique latine

35 Les racines oubliées de l'Amérique dite *latine*

« C'est ainsi qu'est née l'Amérique "latine". Un concept ségrégationniste et réducteur qui occulte notre diversité raciale — nous sommes indiens, noirs, créoles, métis, mulâtres et de mille autres nuances intermédiaires — et culturelle : nous appartenons à la culture indienne des Amériques, à la culture noire de l'Afrique, et à une mouture occidentale qui ne se limite pas aux modèles "latins", mais qui, au contraire, dans sa vocation méditerranéenne, inclut les héritages arabe et juif de l'Espagne, […] et la tension fertile entre l'autoritarisme des Habsbourg, dogmatique, […] et un art et une littérature plurivoques, hétérodoxes […] : ceux de Cervantès, […] de Vélasquez, de Goya.

L'indépendance "latino" américaine a désavoué la culture afro-indo-ibéro-américaine, assimilée à l'archaïsme que dénonçaient les Lumières ; elle a adopté les lois d'une civilisation, mais elle a écarté celles de nos civilisations multiples ; elle a créé des institutions pour la liberté qui ont échoué parce qu'elles n'étaient pas assorties d'institutions pour l'égalité et la justice. Dans l'Amérique ibérique, Rousseau a été vaincu par Voltaire. […] nous avons résolu la contradiction entre liberté et justice, entre Voltaire et Rousseau, en succombant à ce qui leur est antinomique par essence : l'anarchie et le despotisme. »

Expliquez le sens de la phrase : « Dans l'Amérique ibérique, Rousseau a été vaincu par Voltaire. »

Source : Carlos FUENTES, « Révolution : Annonciation », dans *L'Amérique latine et la Révolution française*, Paris, La Découverte/Le Monde, 1989, 19-20.

Les difficultés politiques. Sur le plan politique, c'est d'abord l'échec des divers essais de confédération plus ou moins inspirés de l'exemple des États-Unis (Grande-Colombie, États-Unis d'Amérique centrale, confédération Pérou-Bolivie). Ces essais échouent à cause de l'immense diversité géographique de ces pays, que séparent de redoutables barrières naturelles, et du nationalisme chatouilleux des Créoles et des Métis. Il n'est pas douteux, non plus, que des interventions plus ou moins occultes de l'Angleterre et des États-Unis, dont les intérêts exigent de «diviser pour régner», aient fortement contribué à cet échec.

Dès lors, ces États morcelés (l'Uruguay se sépare du Brésil, la Bolivie du Pérou, le Venezuela et l'Équateur de la Colombie) seront en proie à des désordres politiques incessants, le pouvoir passant d'un **caudillo** à un autre à la faveur de soulèvements et de coups d'État, les Constitutions promulguées aussitôt oubliées. Seul le Chili connaîtra une certaine stabilité après 1833.

Les difficultés économiques. Sur le plan économique, les structures héritées de la période coloniale ne sont guère modifiées : primauté à une agriculture archaïque marquée par le système du **latifundium** et par la **monoculture**, gaspillant tout autant la terre que les travailleurs ; poursuite de l'exploitation minière, étain, nitrate et cuivre remplaçant les métaux précieux ; insuffisance du développement industriel demeuré largement semi-artisanal ; commerce extérieur toujours marqué par l'exportation des matières premières et l'importation des produits finis. Sans compter, dans le cas spécifique d'Haïti, le versement d'une énorme indemnité exigée par la France pour reconnaître l'indépendance de son ancienne colonie. En fait, se met en place, au bénéfice surtout de l'Angleterre et plus tard des États-Unis, une véritable situation de néo-colonialisme telle qu'il s'en développera un peu partout dans le monde après la grande **décolonisation** de la seconde moitié du XXe siècle.

Les difficultés sociales. Sur le plan social, les inégalités demeurent. Les Créoles ont même accru leur pouvoir grâce à l'indépendance, et l'oppression des Indiens n'a pas diminué, bien au contraire. Le territoire va cependant devenir un réservoir d'immigration, presque exclusivement européenne, et les nouveaux venus pousseront la pénétration blanche vers des régions jusque-là intouchées (Amazonie, Pampa).

Caudillo
Mot espagnol désignant un chef politico-militaire à la tête d'un régime autoritaire.

Latifundium
Très grande propriété agricole sous-exploitée par des méthodes archaïques (agriculture extensive à faibles rendements, quasi-absence de mécanisation, main-d'œuvre de journaliers surexploités).

Monoculture
Culture intensive d'un unique produit agricole.

Décolonisation
Processus par lequel une colonie se libère de sa métropole et accède à la souveraineté. Le mot est surtout employé pour désigner le grand mouvement qui verra l'émancipation des colonies européennes d'Afrique et d'Asie dans la seconde moitié du XXe siècle (*voir p. 332*).

Faisons le point

1. Décrivez la diversité raciale de l'Amérique latine au début du XIXe siècle.

2. Quels rôles jouent la France, la Grande-Bretagne et les États-Unis dans le mouvement d'émancipation des colonies espagnoles d'Amérique ?

3. Comment se manifestent les difficultés politiques qui suivent l'indépendance des pays de l'Amérique latine ?

4. L'indépendance des pays latino-américains a-t-elle modifié substantiellement leurs structures économiques et sociales ?

7.5 La crise dans la vallée du Saint-Laurent

La vallée du Saint-Laurent est, elle aussi, touchée par la grande révolution atlantique. Deux dimensions fondamentales caractérisent ici le mouvement qui mène à la rébellion de 1837-1838.

Il s'agit, d'une part, d'une tentative de colons européens — ici, britanniques — pour se séparer de leur mère patrie, comme aux États-Unis ou en Amérique latine. Il s'agit, d'autre part, du soulèvement d'un peuple conquis — les Canadiens — contre un conquérant venu de l'extérieur, un peu comme dans les futures décolonisations du XXe siècle. Mais ce qui rend cette crise irréductible à toute autre, c'est qu'ici ce peuple conquis est lui-même de souche européenne, formant le résidu de l'ancienne colonisation française détruite en 1760. Par l'effet de cette défaite, ces Canadiens, qui avaient imposé leur domination aux autochtones amérindiens, sont à leur tour passés sous une domination étrangère, dans une sorte de stratification historique dont il existe assez peu d'équivalents.

CHRONOLOGIE

VALLÉE DU SAINT-LAURENT

1791	« Acte » constitutionnel : séparation des deux Canadas et premières élections parlementaires
1820	Début de la grande crise agricole dans le Bas-Canada
1837-1838	Rébellions
1839	Rapport Durham
1840	« Acte » d'Union
1847	Adoption du libre-échange en Grande-Bretagne
1848	Instauration du « gouvernement responsable »

7.5.1 Les facteurs de crise

On a vu que la Grande-Bretagne avait tenté, par l'« Acte » constitutionnel de 1791, de démêler cet écheveau en divisant la vallée en deux colonies distinctes, Haut-Canada et Bas-Canada, toutes deux dotées d'une Chambre d'assemblée élue (*voir p. 221*).

Une crise politique. Mais ce système est vicié dès le départ. Le régime n'a de parlementaire que les apparences, et cela, dans les deux colonies. Le gouverneur nommé par Londres conserve en effet de larges prérogatives sur les élus du peuple, en raison de sa haute main sur le Conseil législatif et le Conseil exécutif et de son droit de veto absolu. L'affrontement pourra donc difficilement être évité, à l'intérieur de chacune des deux colonies, entre les élus du peuple et l'oligarchie dirigeante, pour démocratiser le régime.

Une crise nationale. Par ailleurs, dans le cas particulier du Bas-Canada, ce sont les Canadiens, largement majoritaires, qui contrôlent l'Assemblée élue tandis que les Britanniques, nommés par le gouverneur, dominent les deux Conseils. Dans le Bas-Canada donc, la lutte politique se double d'une lutte nationale **36** (*voir page suivante*) : « deux nations en guerre au sein d'un même État », dira Lord Durham. Mais puisque les Britanniques bénéficient naturellement de l'appui de leur métropole, les Canadiens en viendront, après avoir mis toute leur confiance dans cette Angleterre qui leur avait jadis témoigné quelque sollicitude, à vouloir briser le lien colonial et accéder à l'indépendance.

Une crise économique. Ces luttes pour la démocratie et la liberté sont accentuées par de profonds bouleversements économiques, particulièrement une très grave crise agricole qui engendre la famine et la désolation dans le Bas-Canada.

Une crise sociale. De fortes tensions sociales ajoutent encore à la complexité de la situation. Au Bas-Canada en effet, les seigneurs, dont les revenus proviennent de l'activité agricole, sont durement touchés et tentent d'accroître les obligations de leurs censitaires qui résistent, tandis qu'une nouvelle classe

36 Une nation distincte...

Dès le début du XIXᵉ siècle, administrateurs et colons britanniques de la vallée du Saint-Laurent s'inquiètent des aspirations nationales des Canadiens.

« De ces 250,000 âmes [formant la population du Bas-Canada], 20,000 ou 25,000 sont d'origine anglaise ou américaine, et le reste de la population est français. Je me sers du mot français intentionnellement, milord, parce que je veux dire que par la langue, la religion, l'attachement et les coutumes, il est complètement français, qu'il ne nous est attaché par aucun autre lien que par un gouvernement commun; et que, au contraire, il nourrit à notre égard des sentiments de méfiance, de jalousie et d'envie, et je n'irais pas trop loin en ajoutant des sentiments de haine. [...]

En vérité, il semble que ce soit leur désir d'être considérés comme formant une nation séparée. La *Nation canadienne* est leur expression constante [...]. »

Lettre du gouverneur James Craig à Lord Liverpool (1810)

« [En 1791] plus de trente ans s'étaient écoulés depuis la conquête du pays par les armes de Votre Majesté ; et nonobstant la générosité sans bornes dont on avait fait preuve à l'égard des vaincus, en leur reconnaissant leurs lois et leur religion, en les admettant à la participation au gouvernement et à tous les droits des sujets britanniques, et par de continuelles démonstrations de bonté à leur égard, nul progrès n'avait été fait vers aucun changement dans les principes, la langue, les coutumes et les manières qui les caractérisent comme un peuple étranger. [...]

Les pétitionnaires de Votre Majesté ne peuvent omettre de noter l'étendue excessive des droits politiques qui ont été conférés à cette population [les Canadiens] au détriment de ses co-sujets d'origine britannique ; et ces droits politiques, en même temps que le sentiment de sa croissance en force, ont déjà eu pour effet de faire naître dans l'imagination de plusieurs le rêve de l'existence d'une nation distincte sous le nom de "nation canadienne" [...]. »

Pétition de marchands britanniques montréalais au roi de Grande-Bretagne (1822)

Source : Guy FRÉGAULT et Marcel TRUDEL, *Histoire du Canada par les textes*, Montréal, Fides, 1963, p. 172-174, 182-183.

37 L'exemple américain

« Quiconque est familiarisé avec l'histoire de la juste et glorieuse révolution des États-Unis voit un concert si unanime des hommes les plus éclairés et les plus vertueux de tous les pays du monde, qui applaudissent à la résistance héroïque et morale qu'opposèrent les Américains à l'usurpation du parlement britannique, qui voulut les dépouiller et approprier leur revenu comme il prétend aujourd'hui faire du nôtre, que ce serait pour ainsi dire s'associer aux réputations les plus grandes et les plus pures des temps modernes que de marcher avec succès dans la voie qu'ont tracée les Patriotes de 74. »

Discours de Louis-Joseph Papineau, le 15 mai 1837

Source : Guy FRÉGAULT et Marcel TRUDEL, *Histoire du Canada par les textes*, Montréal, Fides, 1963, p. 200.

aspire à prendre le rôle dirigeant au détriment des seigneurs et du clergé. Cette classe, formée surtout de membres des professions libérales (notaires, avocats, médecins) et de petits-bourgeois, fait son apprentissage dans les élections à la Chambre d'assemblée, où elle domine en nombre, et va ainsi chercher l'appui des couches populaires dans sa lutte contre les « gens en place » (seigneurs, clergé et colonisateurs britanniques confondus). C'est cette classe qui fournira les dirigeants du mouvement « patriote », comme Louis-Joseph Papineau (1786-1871) et Jean-Olivier Chénier (1806-1837). Dans le Haut-Canada également, habité presque exclusivement par des Britanniques, les tensions sociales s'exacerbent entre une petite minorité, le *Family Compact*, maîtresse des terres et du pouvoir, et la masse des colons représentés à la Chambre par des députés qui défendent leurs intérêts.

Ainsi sont réunis les différents facteurs de la crise qui va culminer en 1837-1838.

7.5.2 La rébellion

La rupture. En 1837, devant la paralysie générale qui gagne le Bas-Canada à cause de la lutte d'usure qui oppose le gouverneur à l'Assemblée, l'Angleterre autorise le premier à lever des taxes sans l'approbation de la seconde, ce qui met le feu aux poudres 37. Après de grandes manifestations pacifiques au cours de l'été 1837, une échauffourée éclate à Montréal à l'automne entre Patriotes et colons britanniques, tandis que des Patriotes armés se concentrent dans la vallée du Richelieu et dans le comté des Deux-Montagnes.

Les « troubles ». Aussitôt, le gouverneur Gosford suspend la Constitution et confie à l'armée du général Colborne le soin de rétablir l'ordre. Colborne s'acquitte de sa mission avec une grande brutalité 38, et les derniers rebelles, après avoir proclamé l'indépendance du Bas-Canada 39, sont dispersés à Lacolle en 1838. Dans le Haut-Canada, un petit groupe d'insurgés qui voulaient profiter des troubles pour s'emparer de Toronto est rapidement mis hors de combat. Mais l'Angleterre a compris qu'il faut revoir de fond en comble la situation, et elle envoie sur place un enquêteur spécial, Lord Durham.

7.5.3 Durham et l'Union

Le Rapport Durham. Dans son célèbre Rapport, Lord Durham affirme d'abord que l'on est en face d'un double problème, politique mais aussi national, et qu'il faut en priorité régler le problème national. Entre les «deux peuples en guerre», Canadiens et Britanniques, il faut

38 *Attaque contre Saint-Charles* (C. Beauclerk, 1840)

La scène se passe le 25 novembre 1837.
Musée McCord, Montréal.

39 **Déclaration d'indépendance du Bas-Canada** (1838)

«Nous, au nom du Peuple du Bas-Canada, adorant les décrets de la Divine Providence, qui nous permet de renverser un Gouvernement qui a méconnu l'objet et l'intention pour lequel il était créé, et de faire choix de la forme de gouvernement la plus propre à établir la justice, […] promouvoir le bien général, et garantir à nous et à notre postérité les bienfaits de la Liberté civile et religieuse, DÉCLARONS SOLENNELLEMENT

1. Qu'à compter de ce jour, le Peuple de Bas-Canada est ABSOUS de toute allégeance à la Grande-Bretagne, et que toute connexion politique entre cette puissance et le Bas-Canada CESSE dès ce jour.

2. Que le Bas-Canada doit prendre la forme d'un gouvernement RÉPUBLICAIN et se déclare maintenant, de fait, RÉPUBLIQUE.

3. Que sous le gouvernement libre du Bas-Canada, tous les citoyens auront les mêmes droits; les Sauvages cesseront d'être sujets à aucune disqualification civile quelconque, et jouiront des mêmes droits que les autres citoyens de l'État du Bas-Canada.

4. Que toute union entre l'Église et l'État est déclarée abolie […].

5. Que la tenure Féodale ou Seigneuriale est, de fait, abolie, comme si elle n'eût jamais existé dans ce pays. […]

11. Qu'il y aura liberté pleine et entière de la Presse dans toutes les matières et affaires publiques. […]

13. Que comme une nécessité et un devoir du gouvernement envers le Peuple, l'Éducation publique et générale sera mise en opération et encouragée d'une manière spéciale, aussitôt que les circonstances pourront le permettre. […]

16. Que toute personne mâle au-dessus de l'âge de vingt et un ans aura le droit de voter ainsi que pourvu ci-dessus, pour l'élection des délégués susnommés [sic]. […]

18. Qu'on se servira des langues Française et Anglaise dans toute matière publique.

ET pour le support de CETTE DÉCLARATION, et le succès de la cause patriotique que nous soutenons, NOUS, confiants en la protection du tout-puissant et la justice de notre ligne de conduite, engageons, par ces présentes, mutuellement et solennellement les uns envers les autres, notre vie, nos fortunes, et notre honneur le plus sacré.»

Faites ressortir l'influence de la Déclaration d'indépendance des États-Unis sur ce texte.

Source: Guy FRÉGAULT et Marcel TRUDEL, *Histoire du Canada par les textes*, Montréal, Fides, 1963, p. 206-208.

40 Le Rapport Durham (1839)

1. UNE RACE INFÉRIEURE

« Les institutions de France durant la colonisation du Canada étaient, peut-être plus que celles de n'importe quelle autre nation d'Europe, propres à étouffer l'intelligence et la liberté de la grande masse du peuple. Ces institutions traversèrent l'Atlantique avec le colon canadien. Le même despotisme centralisateur, incompétent, stationnaire et répressif s'imposa à lui. [...] Ces hommes [...] demeurent sous les mêmes institutions le même peuple ignare, apathique et rétrograde. [...] Ces gens s'accrochèrent aux anciens préjugés, aux anciennes coutumes, aux anciennes lois, non à cause d'un fort sentiment de leurs heureux effets, mais avec cette ténacité irrationnelle d'un peuple mal éduqué et stationnaire. [...] La langue, les lois et le caractère du continent nord-américain sont anglais. Toute autre race que la race anglaise y apparaît dans un état d'infériorité. C'est pour les tirer de cette infériorité que je veux donner aux Canadiens notre caractère anglais. [...] »

2. UNE SOLUTION DÉMOCRATIQUE...

« Je crois que la tranquillité ne peut être rétablie qu'à condition d'assujettir la province à la domination vigoureuse d'une majorité anglaise, et que le seul gouvernement efficace serait celui d'une union législative. Si l'on estime exactement la population du Haut-Canada à 400 000 âmes, les Anglais du Bas-Canada à 150 000 et les Français à 450 000, l'union des deux provinces ne donnerait pas seulement une majorité anglaise absolue, mais une majorité qui s'accroîtrait annuellement par une immigration anglaise.

Je ne doute guère que les Français, une fois placés en minorité par suite du cours naturel et légitime des événements et par le fonctionnement de causes naturelles, abandonneraient leurs vaines espérances de nationalité. »

Source : *Le Rapport Durham*, trad. par Denis Bertrand et Albert Desbiens, Montréal, Éditions Sainte-Marie, 1969, p. 11-12, 121, 133.

Responsabilité ministérielle
Mécanisme constitutionnel selon lequel les ministres doivent bénéficier de la confiance des élus du peuple et rendre compte de leurs actes devant ces derniers, un vote de non-confiance entraînant automatiquement la démission du cabinet (gouvernement).

Libre-échange
Système économique dans lequel les marchandises circulent librement entre les États, sans restriction ni droit de douane (s'oppose à *protectionnisme*).

résolument prendre parti pour le second en mettant immédiatement les Canadiens en situation de minorité, ce qui devrait amener leur assimilation progressive et finalement leur disparition comme peuple, mais — et il est très clair sur ce point — sans contrainte, par le simple jeu des forces « naturelles ». Une fois les Britanniques devenus majorité, il faut appliquer les règles de la démocratie parlementaire et instaurer la **responsabilité ministérielle**, donnant ainsi à la colonie toute l'autonomie interne qu'elle peut souhaiter, ce qui contribuerait à raffermir le lien impérial au lieu de provoquer une rupture comme avec les États-Unis au siècle précédent. La seule solution globale est donc d'unir les deux Canadas, puisque dans l'ensemble les Britanniques sont déjà majoritaires 40.

L'« Acte » d'Union. L'Angleterre adopte ainsi l'« Acte » d'Union de 1840 41, mais en accentuant son caractère punitif par l'interdiction de l'usage du français et la sous-représentation des Canadiens en Chambre, mesures que Durham avait formellement rejetées. Elle n'ose cependant pas aller jusqu'où son enquêteur le proposait : elle n'accorde pas la responsabilité ministérielle.

Vers la responsabilité ministérielle. La lutte va donc reprendre, sur le terrain parlementaire cette fois, entre le gouverneur et l'Assemblée. Les députés canadiens, désormais minoritaires, abandonnent le grand projet d'avant 1837 pour se rallier aux députés britanniques réformistes, et cette « grande alliance » aboutit finalement, en 1848, l'année même où toute l'Europe s'embrase, à l'instauration au Canada-Uni d'un gouvernement responsable devant les élus du peuple. Cette mesure était de toute façon devenue pratiquement inévitable depuis l'adoption en Grande-Bretagne du **libre-échange** qui, en ouvrant le marché britannique aux produits du monde entier, enlevait au Canada une grande partie de son intérêt aux yeux de Londres.

41 Le Canada en 1840

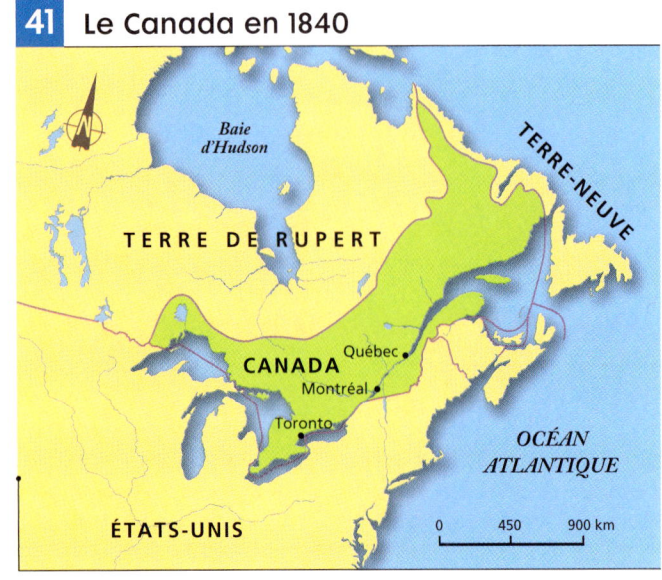

244 Chapitre 7

C'est donc dans cette conjoncture du milieu du XIXe siècle que le Canada anglais naît comme peuple autonome. Il est désormais sur la route qui le mènera, après de longues années, mais sans plus d'effusion de sang, à l'indépendance (Confédération, 1867; statut de Westminster, 1931; «rapatriement» de la Constitution, 1982).

Les Canadiens, quant à eux, vaincus cette fois par le nombre, perdent l'exclusivité de leur nom (ils s'appelleront désormais *Canadiens-Français*[1]) et acceptent leur situation de minoritaires dans un pays redéfini à l'intérieur duquel ils seront en mesure, en 1867, de reprendre partiellement en main au moins une province, le Québec.

Faisons le point

1. En quoi peut-on considérer que le régime instauré par l'«Acte» constitutionnel de 1791 n'était pas vraiment démocratique?
2. Comment se présente la crise nationale dans le Bas-Canada?
3. Quelles sont les tensions sociales qui agitent les deux Canadas?
4. Comment l'union des deux Canadas permettrait-elle, selon Durham, de régler à la fois la crise politique et la crise nationale, sur une base démocratique et sans oppression de la minorité?

CONCLUSION

La «grande révolution atlantique» a été l'un des creusets fondamentaux où s'est forgée la civilisation occidentale contemporaine. Lorsqu'elle se termine au milieu du XIXe siècle, cette révolution a secoué l'Ancien Régime sur presque toutes ses bases: pouvoir monarchique, dirigisme économique, mercantilisme colonial, société d'ordres dominée par l'aristocratie et les privilèges de la naissance, servage, religion d'État. L'Occident «nouveau» se réclame de l'idéal démocratique, de l'indépendance nationale, du libéralisme économique, de l'égalité devant la loi, de la supériorité de la richesse sur la naissance, de la séparation de l'Église et de l'État. L'apparent échec des révolutions de 1848 ne doit pas faire illusion: même vainqueur, l'Ancien Régime est condamné. Il ne peut que se survivre à lui-même, dans des conditions de plus en plus précaires et des régions de plus en plus éloignées, jusqu'au début du XXe siècle.

Ce qui accentue encore le caractère précaire de ce régime en sursis, c'est un autre bouleversement, peut-être plus fondamental encore, une autre révolution, qui modifiera de façon radicale l'ensemble des techniques, des modes et des rapports de production, des façons de vivre, des mentalités. C'est ce qu'on appelle la *révolution industrielle*. Elle sera l'autre creuset où se forgera l'Occident d'aujourd'hui et, par lui, l'ensemble du monde.

---

1. En accord avec une ancienne façon de faire, les auteurs tiennent à écrire *Canadiens-Français*, afin de marquer que ceux-ci forment un peuple distinct, qui n'est ni entièrement canadien (depuis 1840), ni entièrement français (depuis 1760), ni une sorte particulière de Canadiens dont la caractéristique serait qu'ils parlent français (les Acadiens aussi le sont), ni une simple communauté culturelle comme les Canadiens italiens ou japonais. Voir, entre autres, Gérard Bergeron, *Le Canada-Français après deux siècles de patience*, Paris, Éditions du Seuil, 1967.

TRAVAUX ET EXERCICES

SYNTHÈSE

Justifiez les affirmations suivantes en vous appuyant sur des arguments ou des exemples :

1. La Révolution américaine est essentiellement une révolution politique.
2. Napoléon Ier est à la fois le fossoyeur et le consolidateur de la Révolution française.
3. La Révolution française a un impact majeur sur l'ensemble de l'Europe et même sur l'Amérique.

RÉFLEXION – Les concepts de *nation* et de *nationalisme*

Le concept de *nation* existe au Moyen Âge : il désigne la patrie, le pays des pères. C'est seulement dans le contexte des révolutions atlantiques qu'il prend un sens plus précis, en lien avec la construction des États modernes. La définition de la nation et de son corollaire, le nationalisme, n'est pourtant pas simple. Afin d'approfondir les différentes facettes de ces concepts, répondez aux questions suivantes :

1. Comment est défini le concept de *nation* dans la Déclaration des droits de l'homme et du citoyen de 1789 (*voir doc.* 17, *p. 227*) ?
2. Le concept de *nation canadienne*, tel qu'établi par le gouverneur James Craig au début du XIXe siècle (*voir doc.* 36, *p. 242*), repose-t-il sur le même modèle ? Expliquez votre réponse.
3. D'après vous, pourquoi le nationalisme se trouve-t-il à la source de nombreux conflits depuis le XIXe siècle ?
4. De nos jours, de nombreux groupes se présentent comme des nations et tentent de faire reconnaître leur souveraineté politique. À partir de vos connaissances, nommez certains groupes nationalistes actuels.

ANALYSE – Faire la critique interne d'un document historique

Une partie du travail d'analyse d'un document historique consiste à en faire la critique interne (*voir capsule méthodologique, p. 16*). L'historien doit se pencher sur le contenu du texte — plutôt que sur le contexte de production — et s'assurer de maîtriser le sens exact des mots et des références qui y apparaissent. Ce travail lui permet ensuite d'évaluer la crédibilité du document en faisant état des erreurs, des contradictions ou des parallèles qui existent entre ce document et la réalité connue.

1. Procédez à l'analyse interne de la Déclaration d'indépendance des États-Unis (*voir doc.* 6, *p. 219*) en expliquant les sens que prennent les mots ou expressions suivants en 1776 :
    a) « lois de la nature » et « droits inaliénables » ;
    b) « consentement des gouvernés » ;
    c) « longue suite d'abus et d'usurpations » et « despotisme absolu » ;
    d) « colonies unies ».
2. À partir des réponses fournies à la question précédente, expliquez de quel grand courant de pensée et de quel auteur s'inspirent les signataires de la Déclaration d'indépendance des États-Unis.
3. Poursuivez l'analyse interne en repérant l'idée principale de l'extrait à l'étude, puis les arguments utilisés pour la soutenir.
4. Établissez la crédibilité de ce document : les faits mentionnés vous semblent-ils conformes aux faits présentés dans le manuel ? Le ton vous paraît-il neutre ou empreint d'un parti pris ?

HÉRITAGE

CE QUE NOUS DEVONS À LA GRANDE RÉVOLUTION ATLANTIQUE

- l'émancipation de la plupart des colonies européennes et la naissance de la plupart des États et des frontières d'aujourd'hui dans les trois Amériques
- la Constitution des États-Unis, la plus ancienne encore en vigueur dans le monde
- la première Déclaration des droits de l'homme et du citoyen
- la disparition des ordres féodaux et des privilèges au profit du principe de l'égalité entre les citoyens
- la fin du mercantilisme au profit du libéralisme économique
- l'affirmation de la neutralité de l'État en matière religieuse

- la proclamation du droit au travail, à l'éducation et à l'assistance sociale
- la notion de *Gouvernement révolutionnaire*
- la diffusion des idées révolutionnaires dans toute l'Europe
- la disparition du Saint Empire romain germanique
- l'affirmation du nationalisme

POUR ALLER PLUS LOIN

Ouvrages de référence

BACZKO, Bronislaw. *Politiques de la Révolution française*, Paris, Gallimard, 2008, 492 p. (Coll. « Folio Histoire », n° 162)

BIARD, Michel. *Révolution, Consulat, Empire : 1789-1815*, Paris, Belin, 2010, 715 p. (Coll. « Histoire de France », n° 9)

BRUYÈRE-OSTELLS, Walter. *La grande armée de la liberté*, Paris, Tallandier, 2009, 335 p.

GRIBAUDI, Maurizio, et Michèle RIOT-SARCEY. *1848, la révolution oubliée*, Paris, La Découverte, 2008, 257 p.

HOBSBAWM, Eric John. *L'ère des révolutions*, Paris, Hachette littératures, 2011, 432 p. (Coll. « Pluriel »)

MORNET, Daniel. *Les origines intellectuelles de la Révolution française : 1715-1787*, Paris, Tallandier, 2009, 552 p. (Coll. « Texto »)

POUSSOU, Jean-Pierre, dir. *Le bouleversement de l'ordre du monde : révoltes et révolutions en Europe et aux Amériques à la fin du 18e siècle*, Paris, SEDES, 2004, 429 p. (Coll. « Regards sur l'histoire. Histoire moderne »)

RAYNAUD, Philippe. *Trois révolutions de la liberté : Angleterre, Amérique, France*, Paris, PUF, 2009, 386 p. (Coll. « Léviathan »)

SOBOUL, Albert. *La Révolution française*, Paris, PUF, 2010, 121 p. (Coll. « Quadrige Grands textes »)

Productions audiovisuelles

15 février 1839, de Pierre Falardeau, avec L. Picard et S. Drapeau, Qué./Can., 2001, 120 min. — Les derniers jours de prison des rebelles de 1837-1838 dans le Bas-Canada condamnés à la pendaison par les autorités britanniques. Bonne reconstitution d'époque. Superbe interprétation. Un film prenant, un des meilleurs de son réalisateur.

Danton, de Andrzej Wajda, avec G. Depardieu et W. Pszoniak, Fr./Pol., 1982, 136 min. — Excellent film, très intense, quelque peu ardu, centré sur l'affrontement Danton-Robespierre en 1792-1793. Le bon vivant au sens politique aigu et au sens moral élastique affronte le sévère théoricien révolutionnaire réputé incorruptible.

Jefferson in Paris, de James Ivory, avec N. Nolte et G. Paltrow, É.-U./Fr., 1995, 139 min. — Thomas Jefferson, un des chefs de l'Indépendance et futur président des États-Unis, est ambassadeur de son pays à Paris à la fin du règne de Louis XVI, au moment où la révolution gronde. Esprit éminemment éclairé, auteur principal de la déclaration d'Indépendance, il est néanmoins accompagné de ses esclaves, dont l'une est sa maîtresse…

Liberty ! The American Revolution, É.-U., PBS Home Video, 1997, 360 min. — Excellente série documentaire télévisée du réseau PBS. Belle utilisation de documents d'époque lus par d'excellents comédiens.

La Marseillaise, de Jean Renoir, avec P. Renoir et L. Delamare, Fr., 1938, 135 min., n/b. — Réalisé à l'époque du Front populaire en France, le film est centré sur les années 1789-1792 et s'achève avec l'abolition de la monarchie. C'est la Révolution telle que vécue par le peuple, filmée de façon presque documentaire par un très grand réalisateur. Excellente reconstitution d'époque, dialogues instructifs et révélateurs des forces en présence. Un des meilleurs films sur le sujet.

La nuit de Varennes, de Ettore Scola, avec J.-L. Barrault et M. Mastroianni, Fr./It., 1982, 131 min. — Casanova, Thomas Paine (révolutionnaire américain), Restif de la Bretonne (chroniqueur) et quelques autres se retrouvent dans une diligence qui prend le chemin de Varennes derrière Louis XVI qui fuit Paris. On discute de la révolution qui se développe. Dialogues brillants, comédiens formidables, images superbes. Un film qui laisse le temps à la réflexion, aux antipodes des canons hollywoodiens.

La Révolution française, 1 : *Les années lumière*, de Robert Enrico ; 2 : *Les années terribles*, de Richard T. Heffron ; avec F. Cluzet et J.-F. Balmer, Fr./It./All./Can./G.-B., 1989, 360 min. — Fresque historique de grande ampleur. Très bonne reconstitution d'époque. Mise en images étonnamment fidèle aux documents visuels contemporains des événements. Film centré sur les événements politiques, sans intrigues secondaires superflues.

Le souper, d'Édouard Molinaro, avec C. Rich et C. Brasseur, Fr., 1992, 90 min. — Dans la nuit qui précède l'entrée de Louis XVIII à Paris après l'abdication de Napoléon, formidable face-à-face entre Talleyrand l'aristocrate et Fouché le policier, deux anciens ministres de Napoléon : qui tirera les ficelles de la Restauration qui s'annonce ? Dialogues brillants, comédiens au sommet de leur art. À déguster !

The Patriot, de Roland Emmerich, avec M. Gibson et H. Ledger, É.-U./All., 2000, 165 min. — Grande imagerie hollywoodienne sur la guerre de l'Indépendance étasunienne. Ici, aucune difficulté à identifier les « bons » et les « méchants » ! Le « patriote » du titre s'engage dans la rébellion pour venger la mort de son fils et l'incendie de sa maison par les Britanniques.

Chapitre 8 — La révolution industrielle

PLAN

- **8.1 L'« ancien régime » technique**
  - 8.1.1 L'agriculture et la production d'énergie
  - 8.1.2 L'industrie de transformation
  - 8.1.3 Transports, commerce, finance
- **8.2 L'explosion démographique : un facteur décisif ?**
  - 8.2.1 L'« ancien régime » démographique
  - 8.2.2 La transition
  - 8.2.3 Les conséquences
- **8.3 La première phase de l'industrialisation (de la fin du XVIIIe au milieu du XIXe siècle)**
  - 8.3.1 L'Angleterre initiatrice
  - 8.3.2 Les innovations dans l'agriculture et le textile
  - 8.3.3 L'apparition du machinisme
  - 8.3.4 La révolution des transports
- **8.4 La deuxième phase de l'industrialisation (du milieu du XIXe au milieu du XXe siècle)**
  - 8.4.1 Les innovations
  - 8.4.2 La concentration des entreprises
  - 8.4.3 La mondialisation des échanges
  - 8.4.4 La montée de nouvelles puissances
- **8.5 Une économie nouvelle**
  - 8.5.1 Croissance, fluctuations et crises
  - 8.5.2 La structure économique générale
  - 8.5.3 Le capitalisme industriel et financier
  - 8.5.4 Développement et sous-développement

1 Le chemin de fer, image mythique de la révolution industrielle

La ligne Manchester-Liverpool en 1831.

Au même moment où se déploie la «grande révolution atlantique», commence la mutation la plus importante de l'histoire humaine depuis l'invention de l'agriculture au néolithique: la révolution industrielle. Lancée en Angleterre dans la seconde moitié du XVIIIe siècle, elle atteint l'Europe de l'Ouest au début du XIXe, se répand de proche en proche dans tout le monde occidental, atteint même le Japon à la fin du siècle et s'est aujourd'hui pratiquement étendue à l'ensemble du monde.

Accompagnée d'une révolution démographique unique dans l'histoire, cette révolution touche tous les secteurs de l'économie, depuis l'agriculture jusqu'aux transports, et donne naissance à une économie nouvelle: l'économie industrielle.

3 Le développement de la révolution industrielle

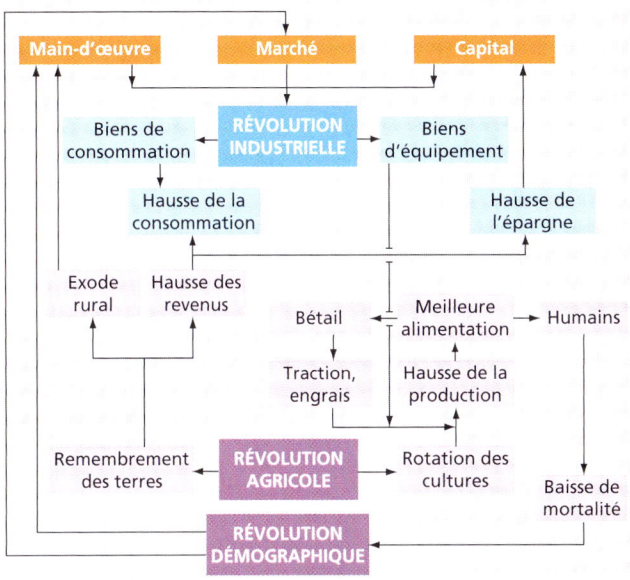

À la fin de ce chapitre, vous devriez être en mesure d'expliquer chacune des flèches de ce schéma.

2 Le démarrage de la révolution industrielle

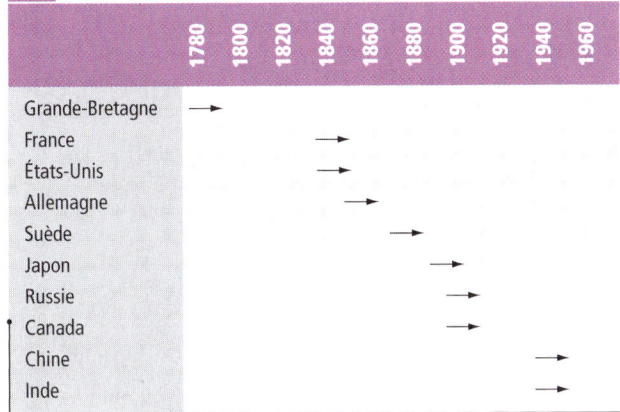

Note: Les flèches indiquent les phases de «démarrage» de la révolution industrielle.

4 Le concept de *révolution industrielle*

«À partir du dernier tiers du XVIIIe siècle, un certain nombre de pays ont connu la plus profonde mutation qui ait jamais affecté les hommes depuis le néolithique: la révolution industrielle. Pour la première fois dans l'histoire, le pouvoir humain de production y est libéré; les économies peuvent désormais fournir, en les multipliant sans cesse jusqu'à nos jours, des biens et des services mis à disposition d'hommes toujours plus nombreux. On passe, parfois brutalement, le plus souvent par des transitions lentes et difficilement perçues, du vieux monde rural à celui des villes "tentaculaires", du travail manuel à la machine-outil, de l'atelier ou la manufacture à l'usine. Des paysans s'exilent vers les centres industriels nouveaux, l'artisan s'inquiète ou disparaît, des professionnels surgissent, promoteurs, ingénieurs, techniciens; une élite bourgeoise supplante les notables traditionnels de la terre, un prolétariat naît et combat. Peu à peu, tous les domaines de la vie sont atteints et transformés: travail quotidien, mentalités, cultures. […]

Nous considérerons la révolution industrielle comme le démarrage d'une croissance d'un type nouveau, auquel correspondent des nouveautés techniques. […] Elle marque une étape décisive de transition à partir d'un stade incomplet, précapitaliste vers un stade où les caractéristiques fondamentales du capitalisme s'imposent: progrès technique continu, capitaux mobilisés en vue d'un profit, séparation plus nette entre une bourgeoisie possédant les moyens de production et les salariés. […]

La révolution industrielle, c'est l'acte de naissance de notre monde.»

Source: Jean-Pierre RIOUX, *La révolution industrielle, 1780-1880*, Paris, © Éditions du Seuil, 1971, p. 1, 16. (Coll. «Points Histoire»)

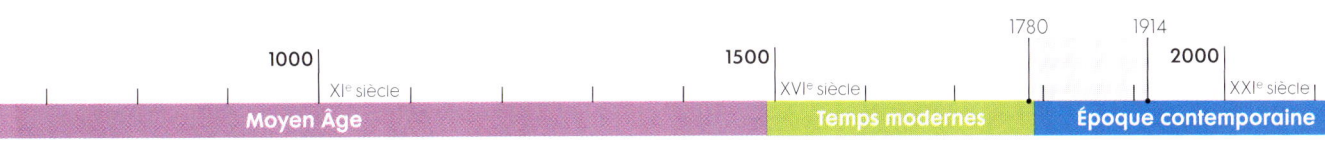

8.1 L'«ancien régime» technique

Productivité
Rapport entre une quantité donnée de production et un ou plusieurs facteurs qui ont permis de l'obtenir, comme le travail, l'énergie, la machinerie ou la surface de terre mise en culture.

Comme on a parlé d'un Ancien Régime politique et social, on pourrait tout aussi bien évoquer un «ancien régime» technique, celui qui a réglé la production et l'échange des biens de toutes sortes pendant des siècles, voire des millénaires. Ce régime préindustriel se caractérise surtout, à nos yeux d'aujourd'hui, par sa lenteur et sa faible **productivité**.

8.1.1 L'agriculture et la production d'énergie

L'agriculture. L'activité agricole domine largement le paysage économique: de 80 % à 90 % de la population vit d'agriculture, qui représente de 70 % à 80 % du revenu national. Les rendements sont faibles: l'élevage étant peu développé, on manque d'engrais naturels. Pour régénérer les sols, on laisse donc la terre en friche un an sur trois, ou même sur deux: c'est la «jachère». L'outillage est médiocre (charrue à bœufs, faux et faucille). Le mode d'exploitation souffre de l'extrême parcellisation du sol et des contraintes communautaires qui en découlent **5**, héritages de l'époque médiévale (*voir p. 87*).

Cheval-vapeur
Unité de puissance équivalant à 75 kilogrammètres par seconde, c'est-à-dire 736 watts environ. (À titre de comparaison, le barrage Daniel-Johnson, au Québec, a une puissance de 2 660 mégawatts, soit environ 3,6 millions de chevaux-vapeur.)

L'énergie. La production énergétique est très limitée. La force animale constitue la première source d'énergie: bœufs, mules et mulets, ânes et surtout chevaux ne fournissent cependant guère plus de 10 millions de **chevaux-vapeur** pour toute l'Europe. Le bois fournit 10 autres millions de chevaux-vapeur, outre qu'il sert à mille autres usages (habitation, meubles et ustensiles, outils, véhicules). Mais l'abondance des forêts, qui est un facteur important de la richesse de l'Europe, commence à être sérieusement menacée par une exploitation intense qui dure depuis des siècles. L'eau et le vent actionnent les moulins, utilisés dans la meunerie, le textile, la métallurgie. La voile, le moteur le plus puissant de l'époque, est l'outil essentiel du commerce, qui se fait surtout par voies navigables (fleuves et rivières, eaux côtières, mers et océans). Le charbon est connu, mais peu utilisé, car le soufre qu'il contient le rend impropre à la métallurgie.

5 Les inconvénients de la parcellisation des terres

«Il en résulte d'abord la perte du temps que met le laboureur à se porter successivement sur tous ses héritages, situés souvent à de grandes distances les uns des autres, lorsqu'il s'agit de les labourer, et de leur donner plusieurs façons; de les ensemencer, sarcler et échardonner; [...] d'y faire la récolte, et d'en transporter les produits dans son habitation.

À cette perte de temps [...] se joignent une augmentation des frais de culture, la multiplicité superflue des chemins de déblai, la difficulté de surveiller et de garder les récoltes, [...] la fréquence et l'impunité des délits, les occasions multipliées des procès, etc. [...]

Mais il en résulte surtout l'impossibilité pour chacun de cultiver son champ comme il le voudrait; d'y établir le cours de moissons qu'exigerait ou permettrait la qualité du sol; d'y planter des haies et des arbres, devenus aujourd'hui si nécessaires, d'y faire des prairies artificielles, d'y former des enclos pour le pâturage, de se dégager de la vieille et funeste erreur des jachères; puisque celui qui, mieux instruit des choses de la nature, aurait la volonté et les moyens de cultiver tous les ans la totalité de ses terres suivant un mode approprié aux lois de la végétation et aux convenances locales, ne le pourrait pas lorsque ses pièces de terre, ainsi disséminées, sont enclavées dans celles de ses voisins qui y font des jachères, et où s'exerce l'usage pernicieux de la vaine pâture.»

Que signifient les expressions «donner plusieurs façons» et «prairies artificielles»? Quel est l'inconvénient majeur de la parcellisation des terres?

Source: Louis MOUNIER, *Cours complet d'agriculture, d'économie rurale et de médecine vétérinaire*, t. XIII, 4ᵉ éd., Paris, [s.é.], 1846, p. 156-157.

8.1.2 L'industrie de transformation

La production artisanale. L'industrie est dominée par la production de biens de consommation, surtout de textiles, qui représentent 60 % de ce secteur. Une partie importante de la production est le fait de la fabrication familiale, produite et consommée à l'intérieur du ménage et non commercialisée. Mais c'est la production artisanale qui domine: le maître artisan travaille dans son atelier, avec ses outils, entouré de quelques «apprentis» ou «compagnons» peu nombreux. L'atelier exécute toutes les opérations nécessaires au produit fini, en suivant des règles plus ou moins rigides et immuables fixées par une corporation de métier.

L'industrie à domicile. À côté de cette production artisanale encore dominante, certains secteurs sont organisés sur la base de l'**industrie à domicile**. Il s'agit véritablement d'une industrie, qui se caractérise par la division du travail et la concentration du capital, mais d'une industrie disséminée dans les campagnes et non mécanisée. Ce système, qui permet de contourner les règlements sévères des corporations urbaines, est particulièrement répandu dans le textile. Celui qu'on appelle le *marchand-fabricant* achète les matières premières (laine ou coton brut), les livre à des ouvriers-paysans qui produisent le fil à domicile, puis à d'autres pour le tissage, à d'autres encore pour la teinture, et ainsi de suite. Le marchand-fabricant dirige tout le processus, demeure propriétaire du produit, fournit même parfois les instruments de travail (métier à tisser) et assure la coordination, la gestion et le financement de l'ensemble **6**. Quelques « manufactures » de grandes dimensions existent déjà, mais sont de simples regroupements physiques de métiers à tisser, sans mécanisation.

> **Industrie à domicile**
> Système de production de type industriel (division du travail et concentration du capital) dans lequel les ouvriers travaillent à leur domicile au profit d'un entrepreneur.

La métallurgie. La **métallurgie** utilise surtout le bois comme combustible, pour un rendement limité fournissant une fonte de mauvaise qualité et provoquant le déboisement. Elle est essentielle, entre autres, pour la fabrication des armes, particulièrement des canons. Vers 1720, la production annuelle totale de l'Angleterre ne dépasse pas 17 000 tonnes de fonte.

> **Métallurgie**
> Ensemble des procédés de fabrication des métaux.

8.1.3 Transports, commerce, finance

Les transports. Ce sont les transports qui constituent le principal « goulot d'étranglement » de cet ancien régime. Le réseau routier, peu développé et de piètre qualité, ne permet pas de dépasser les 20 kilomètres-heure de moyenne dans le meilleur des cas (courrier). Vers 1740, on met quatre jours pour aller de Montréal à Québec par la route, en traversant les rivières en bac. En fait, les armées napoléoniennes, dans leur conquête de l'Europe, ne se déplacent guère plus vite que celles d'Alexandre le Grand 2 000 ans plus tôt. La navigation fluviale est lente et difficile, les lourdes péniches devant parfois être tirées, depuis la rive, par des chevaux ou des bœufs. Les vaisseaux océaniques jaugent au maximum 100 tonnes et sont totalement dépendants du vent, force aléatoire et imprévisible.

Le commerce et la finance. En plus de ces limitations techniques, le commerce est partout entravé par d'innombrables barrières internes (péages, douanes intérieures) et internationales (mercantilisme) qui ralentissent les échanges. Les moyens de paiement sont encombrants et peu sécuritaires : la monnaie est très diversifiée, émise par de nombreuses autorités à la fiabilité parfois douteuse (nobles féodaux, villes, provinces, États) et presque exclusivement sous forme métallique. Le crédit est peu développé, les banques se cantonnant principalement dans les prêts aux gouvernements.

6 L'industrie à domicile

Le métier à tisser occupe presque tout l'espace de l'humble logis de l'ouvrier.

Le tisserand (P. Sérusier, 1888).

Révolution industrielle

Dans son sens le plus général, cette expression désigne l'ensemble des phénomènes qui bouleversent tous les modes traditionnels de production et d'échange des biens et des services dans les pays occidentaux à partir de la fin du XVIIIe siècle, incluant des phénomènes qui s'y rattachent comme la révolution agricole et la révolution démographique.

C'est donc l'ensemble de cet ancien régime de production et d'échange que la **révolution industrielle** va jeter bas.

Faisons le point

1. Quelles sont les limitations qui pèsent sur la production agricole dans l'ancien régime technique ?
2. Quelles sont les sources premières d'énergie dans l'ancien régime technique ?
3. Comment fonctionne l'industrie à domicile ? En quoi diffère-t-elle de la production artisanale ?
4. En quoi les transports constituent-ils un « goulot d'étranglement » ?
5. Quelles sont les principales entraves au commerce ?

8.2 L'explosion démographique : un facteur décisif ?

La priorité qu'il faudrait accorder soit à la révolution agricole que nous verrons plus loin, soit à l'explosion démographique dans le déclenchement de la révolution industrielle divise les historiens de façon assez vive. Il n'en demeure pas moins que l'explosion démographique, qui fera de l'Europe le continent le plus densément peuplé du monde à la fin du XIXe siècle, constitue indéniablement un des facteurs essentiels de l'avènement de l'ère industrielle.

8.2.1 L'« ancien régime » démographique

Démographie

État d'une population considérée sous l'angle quantitatif ; science qui étudie cet état et ses fluctuations.

Croissance naturelle

Accroissement de la population dû aux seuls facteurs de la natalité et de la mortalité, sans égard aux mouvements externes (émigration, immigration).

Espérance de vie

Estimation statistique du nombre d'années qu'un individu, dans une société donnée, peut espérer vivre, établie sur la base du taux de mortalité.

Âge moyen à la mort

Âge moyen des gens qui décèdent dans une période et une société données.

La croissance naturelle. Jusque vers 1750, la **démographie** humaine est caractérisée par une **croissance naturelle** relativement faible, ponctuée de reculs dramatiques. Cela est dû à la conjonction d'une forte natalité, de l'ordre de 40 ‰ (avec une pointe de 65 ‰ chez les Canadiens-Français), et d'une mortalité forte elle aussi, de l'ordre de 35 ‰ en temps « normal », c'est-à-dire sans cataclysme majeur. C'est ce qu'on peut appeler un *ancien régime* démographique. L'**espérance de vie** est de 30 ans, l'**âge moyen à la mort**, autour de 45 ans. Dans ces conditions, la croissance naturelle ne peut guère dépasser 5 ‰ par année, et peut même devenir négative en cas de guerres meurtrières ou de grands fléaux naturels comme la famine et les épidémies.

Les grands fléaux. La famine est provoquée par la faiblesse des rendements agricoles, par l'impossibilité de stocker des denrées périssables pour de longues périodes, par la lenteur des transports et par les innombrables entraves au commerce qui rendent difficile la circulation des denrées, même à l'intérieur d'un pays centralisé comme la France, par exemple. En moyenne, l'Européen de l'époque connaît une disette tous les trois ans, une famine tous les sept ans. Au cours du XVIIIe siècle, la France affronte 16 famines générales. La famine entraîne les épidémies, contre lesquelles il n'y a guère d'autre remède que la fuite. La lèpre, le choléra, le typhus et surtout la peste font des ravages épouvantables. À Amsterdam, une peste qui dure six ans fait 35 000 morts en 1622-1628. Entre 1593 et 1665, Londres subit cinq fois la peste pour un total de 150 000 morts.

8.2.2 La transition

Le passage de cet ancien régime démographique, déterminé surtout par l'instinct de reproduction et les fléaux naturels, à une démographie nouvelle, plus régulée, constitue ce qu'on appelle la *transition démographique*.

La chute de la mortalité. C'est d'abord le taux de mortalité qui décroche, et qui se met à chuter. Sur une période plus ou moins longue, à des dates qui varient d'un pays à l'autre, ce taux passe de 35 ‰ à 10 ‰ **7**. Cette descente vertigineuse est d'abord le fruit d'une meilleure alimentation, grâce entre autres à des produits nouveaux, comme le maïs et la pomme de terre, et au développement de la consommation de viande. Dès lors, les famines se font plus rares, la mortalité recule. Puis viendront les progrès de la médecine, entre autres la vaccination, qui commence à se pratiquer à la fin du XVIIIe siècle, et l'amélioration des conditions d'hygiène dans les villes.

L'explosion démographique. Cependant, alors que diminue brusquement le taux de mortalité, le taux de natalité se maintient pendant plusieurs années autour du 40 ‰ traditionnel. Le résultat, c'est l'explosion démographique, avec des taux de croissance naturelle quatre fois plus élevés qu'auparavant. La population de l'Europe va ainsi tripler entre 1750 et 1900, passant de 136 à 410 millions d'habitants, auxquels il faudrait ajouter 140 millions d'émigrés vers des terres lointaines, avec leur descendance. À la fin du XIXe siècle, l'Europe atteint la plus forte densité de population de la planète (40 habitants au kilomètre carré), et près d'un humain sur trois est de souche européenne **8**.

8.2.3 Les conséquences

Hausse de la demande et afflux de main-d'œuvre. Cette « révolution démographique » peut être considérée comme un facteur décisif du déclenchement de la révolution industrielle. D'une part, elle multiplie brusquement la demande de biens de toutes sortes, que l'appareil de production devra satisfaire. D'autre part, elle provoque un afflux important de main-d'œuvre disponible, prête à quitter la terre pour s'embaucher dans les industries nouvelles.

Taux de mortalité, taux de natalité

Rapport entre le nombre des décès, ou des naissances, et la population totale dans une période donnée, généralement exprimé en *n* pour 1 000 (‰).

7 La révolution démographique

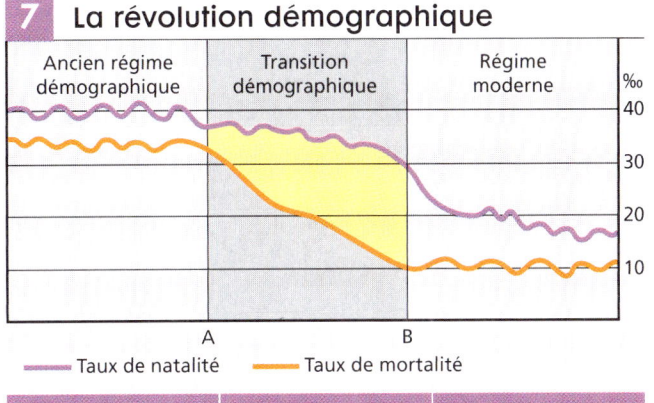

	A	B
Grande-Bretagne	1740	1870
France	1770	1850
Québec	1850	1960
Russie	1890	1950

Note : A et B représentent des dates variables selon les pays.

8 La population européenne dans le monde

	Population en Europe*	Émigration européenne et descendance*	Total des populations de souche européenne*	Pourcentage de la population mondiale
1750	136	14	150	21
1800	200	30	230	24
1850	265	65	330	26,5
1900	410	140	550	32,8

* En millions.

→ Calculez le taux de croissance de la population de souche européenne pour l'ensemble de la période.

Le malthusianisme. Par ailleurs, son ampleur sème l'inquiétude chez certains observateurs, dont le plus célèbre est Thomas Robert Malthus (1766-1834). Celui-ci estime que la population s'accroît à un rythme géométrique (1, 2, 4, 8, 16, 32, etc.), tandis que les moyens de subsistance ne s'accroissent qu'à un rythme arithmétique (1, 2, 3, 4, 5, 6, etc.), de telle sorte qu'à moins de limiter sévèrement les naissances le monde court tout droit à une immense catastrophe.

Trois facteurs vont contribuer à démentir les sombres prévisions de Malthus. Tout d'abord, le taux de natalité va bientôt diminuer. Les familles, en effet, faisaient autant d'enfants parce que, entre autres raisons, l'on savait pertinemment que plusieurs d'entre eux ne se rendraient pas jusqu'à l'âge adulte. La mortalité infantile ayant reculé, le taux de natalité va s'ajuster naturellement à la baisse. Ensuite, les progrès techniques vont assurer un développement de la production beaucoup plus rapide que prévu. L'émigration, enfin, qui va pousser des Européens à s'installer sur tous les continents, particulièrement en Amérique, servira de soupape à cette pression démographique.

Faisons le point

1. Quelles sont les caractéristiques de la croissance naturelle de la population dans l'ancien régime démographique ?
2. En quoi consiste la transition démographique et pourquoi cette transition provoque-t-elle une explosion démographique ?
3. Quelles sont les conséquences de l'explosion démographique ?

8.3 La première phase de l'industrialisation (de la fin du XVIIIe au milieu du XIXe siècle)

À partir du XVIIIe siècle, une longue série d'innovations techniques, qui s'est poursuivie jusqu'à nos jours, vient bouleverser tous les modes traditionnels de production et d'échange et faire entrer l'Occident d'abord, et plus tard l'humanité tout entière, dans l'ère du machinisme. Malgré des différences parfois assez importantes entre les pays et les époques, le phénomène présente partout des traits fondamentaux qui ressortent de l'étude de ses origines, dans l'Angleterre de la fin du XVIIIe et du début du XIXe siècle.

8.3.1 L'Angleterre initiatrice

De nombreux facteurs permettent de comprendre pourquoi c'est l'Angleterre qui est entrée la première, un bon demi-siècle avant tous les autres, dans l'âge de la machine.

Les avantages naturels. Elle jouit tout d'abord d'avantages naturels incontestables. Son sous-sol regorge de gisements de charbon, un immense potentiel énergétique. Sa pauvreté en minerai de fer est largement compensée par son abondance en charbon : il faut cinq fois plus de charbon que de minerai pour produire de la fonte. Ses côtes maritimes, profondément découpées, et son réseau de voies navigables internes favorisent le transport à moindres frais des matières premières vers les lieux de transformation, et des produits finis vers les consommateurs.

L'importance des marchés. Mais l'avantage le plus crucial de l'Angleterre est probablement l'importance de ses marchés. Le marché intérieur, d'une part, est unifié, au contraire de ceux de tous les pays du continent, et sévèrement protégé par des Lois de navigation inaugurées par Cromwell (*voir p. 185*). Le marché extérieur, quant à lui, couvre pratiquement le monde entier. Le Pacte colonial réserve en exclusivité à l'Angleterre tous les échanges avec ses colonies, tandis qu'elle domine, par sa marine marchande, toutes les routes maritimes de l'Afrique, de l'Asie et même de l'Amérique non britannique. Cette prépondérance commerciale à l'échelle mondiale permet à son tour aux armateurs et aux négociants britanniques de s'imposer sur les marchés européens, avides de produits exotiques. La production nationale peut donc se multiplier au rythme le plus endiablé : les commerçants anglais savent qu'ils pourront toujours écouler cette production.

L'abondance des capitaux. Cette intense activité commerciale génère également d'abondants capitaux, et le réseau bancaire est très développé. Au début, les innovations techniques seront la plupart du temps autofinancées par les entreprises elles-mêmes, mais dès qu'on voudra étendre et généraliser ces innovations, les capitaux disponibles ne manqueront pas.

La structure sociale. Sur le plan social, la classe des grands propriétaires terriens, la *gentry*, n'est pas formée par une vieille noblesse féodale, comme sur le continent. C'est une classe plus dynamique, ouverte à l'innovation, qui ne dédaigne pas les activités commerciales et industrielles, et — cela n'est pas négligeable — qui est la véritable détentrice du pouvoir depuis la Glorieuse Révolution de 1689 (*voir p. 176*).

La mentalité ? Enfin, faudrait-il ajouter un phénomène de mentalité ? Ici encore, les historiens diffèrent d'opinions. Les mentalités sont toujours le résultat de l'évolution historique et ne pourraient, à elles seules, provoquer cette évolution. Mais quand une série d'autres facteurs sont réunis, les mentalités peuvent exercer une influence, dans un sens ou dans un autre, sur la direction définitive que prendra un changement qui s'amorce. Ainsi, on peut quand même noter que l'esprit du protestantisme a pu favoriser la recherche du profit par l'innovation technique, la réussite matérielle étant considérée comme l'un des indices de la prédestination au salut éternel (*voir p. 134*). Le climat de liberté consécutif à la Glorieuse Révolution de 1689 a aussi pu contribuer à favoriser l'éclosion des initiatives individuelles.

Quoi qu'il en soit, c'est bien en Angleterre que la révolution industrielle a commencé et, si l'on envisage les innovations en agriculture comme le point de départ, c'est dès le XVIIe siècle, avec le début de la rotation des cultures, que le mouvement a été lancé.

8.3.2 Les innovations dans l'agriculture et le textile

En agriculture, deux innovations se révèlent cruciales : la rotation des cultures et le remembrement des terres, tandis que l'industrie textile se modifie de fond en comble.

L'agriculture. L'innovation miracle, c'est la rotation des cultures, qui remplace l'antique jachère. Afin d'éviter d'épuiser le sol tout en le faisant produire, on fera alterner les cultures sur une même parcelle de terre : céréales (blé, orge, avoine), puis

---

Mentalité

Ensemble des manières habituelles de penser et de croire et des dispositions psychiques et morales caractéristiques d'une collectivité.

Rotation des cultures

Succession périodique sur une même parcelle de terre de plantes ayant des besoins différents, afin de ne pas épuiser le sol.

9. Rotation des cultures contre jachère, comparées sur une période de 11 ans
(fin du XVIIIe siècle)

Années	Rotation des cultures (Grande-Bretagne)	Jachère (France)
1	Navets	Jachère
2	Orge	Blé (18 boisseaux)
3	Trèfle	Orge, avoine
4	Blé (25 boisseaux)	Jachère
5	Navets	Blé (18 boisseaux)
6	Orge	Orge, avoine
7	Trèfle	Jachère
8	Blé (25 boisseaux)	Blé (18 boisseaux)
9	Vesces, fèves	Orge, avoine
10	Blé (25 boisseaux)	Jachère
11	Navets	Blé (18 boisseaux)
	Résultats : 75 boisseaux de blé, une terre toujours améliorée et de nombreux produits pour l'élevage.	Résultats : 72 boisseaux de blé, un sol stationnaire.

Source : D'après Arthur YOUNG, *Voyages en France, pendant les années 1787-88-89 et 90*, Paris, Buisson, 1793, *passim*.

Enclosure
Grande exploitation agricole clôturée, formée du regroupement de multiples parcelles paysannes et de biens communaux.

plantes légumineuses (trèfle, luzerne), puis betterave, navet ou pomme de terre 9. Cette pratique permet un accroissement énorme de la production, laquelle favorise l'amélioration de l'élevage, ce qui entraîne une augmentation du fumier, qui provoque à son tour une amélioration du rendement des terres. En découle une meilleure alimentation des humains, facteur essentiel de la baisse de la mortalité.

Mais cette révolution dans la production agricole ne saurait se réaliser dans le cadre de la propriété de type seigneurial, parcellisée, où les champs ne sont pas clôturés, où l'exploitation est soumise à de lourdes contraintes communautaires, et dont certains secteurs appartiennent à l'ensemble de la communauté (biens communaux : pâturages, forêt). Le mouvement des *enclosures* (remembrement et clôture des terres) vise à combattre tous ces obstacles. Le mouvement est déjà en marche depuis le XVIe siècle, mais l'arrivée de la rotation des cultures lui donne un élan irrésistible. Sous la pression des grands propriétaires qui dominent au Parlement, des lois sont votées répartissant les biens communaux entre tous les ayants droit d'une commune et autorisant la clôture des propriétés. Les petits paysans, qui ne reçoivent que des miettes dans la répartition des communaux, n'ont alors guère d'autre choix que de vendre à vil prix leurs parcelles au gros propriétaire voisin. Celui-ci peut ainsi regrouper toutes ses propriétés en un seul tenant, les clôturer et se lancer dans l'innovation sans être paralysé par les vieilles traditions communautaires.

Ainsi, on peut déjà dire que l'agriculture s'« industrialise ». Elle se raccroche de plus en plus étroitement au marché, délaissant la production autarcique ; elle se spécialise selon les régions et les sols pour accroître la rentabilité ; elle se concentre en unités plus vastes, instituant le travail agricole salarié ; elle se mécanise enfin, augmentant la productivité du travail et permettant à un pourcentage de plus en plus faible de producteurs de nourrir des bouches de plus en plus nombreuses.

Le textile. C'est cependant dans l'industrie textile qu'est née la révolution industrielle au sens le plus strict. Ce secteur présente à l'époque des caractéristiques favorables à cette évolution. À cause de sa relative nouveauté, du moins en ce qui concerne le tissu de coton, il n'est pas soumis aux règles contraignantes des vieilles corporations de métiers. Il doit également faire face à une demande qui s'accroît de façon vertigineuse avec la véritable « folie des cotonnades » qui s'empare de toute l'Europe devant l'extraordinaire finesse et les

10. De l'artisanat à la machine

À gauche, méthode traditionnelle de filage : au rouet. À droite, *mule jenny* qui permet à un seul ouvrier d'actionner 10 broches simultanément.

merveilleux coloris des nouveaux tissus de coton importés des Indes. Le textile anglais ne peut concurrencer ces « indiennes » sans modifier radicalement ses modes de production.

Tout au long du XVIIIᵉ siècle, les innovations vont donc s'y succéder, stimulées par l'équilibre à maintenir entre les deux opérations de base que sont le filage et le tissage.

Le tissage bénéficie de la première innovation, la fameuse « navette volante » de John Kay (1735). Il s'agit d'un ingénieux mécanisme à ressort par lequel le tisserand peut faire « voler », sur une largeur beaucoup plus grande qu'auparavant, l'instrument en forme d'embarcation (*navette* signifie « petite nef ») qui permet de faire passer le fil de la trame entre les fils de la chaîne pour fabriquer du tissu. Subitement, la largeur du tissu n'est plus limitée par l'envergure des bras du tisserand et la productivité de ce dernier est multipliée par deux.

Le filage traditionnel au rouet ne peut plus répondre à la demande de fil ainsi créée et les innovations se succèdent : *water frame* (Arkwright, 1769), *spinning jenny* (Hargreaves, 1770), *mule jenny* (Crompton, 1779), jusqu'à ce que le filage dépasse à son tour le tissage 10. Alors intervient la mécanisation, par l'adjonction d'une machine à vapeur à un métier à tisser pour former le premier métier mécanique (Cartwright, 1789). Un jeune de 15 ans produit maintenant autant de tissu que trois adultes auparavant.

8.3.3 L'apparition du machinisme

La machine à vapeur. Cette machine qu'on vient d'adjoindre au métier à tisser est au cœur de la révolution industrielle, du moins dans sa première phase. Ce qui fait de cette révolution un des événements majeurs de l'histoire humaine, en effet, c'est la conjonction d'une nouvelle source d'énergie, le charbon, avec une nouvelle forme de production, le machinisme. L'emblème de cette conjonction, c'est la machine à vapeur, mise au point par l'Anglais James Watt en 1784 11 12.

« Souple, régulière, économique, indépendante des conditions ambiantes, applicable à tous les travaux

Trame

Ensemble des fils disposés perpendiculairement aux fils de la chaîne, entre lesquels ils passent pour former un tissu.

Chaîne

Ensemble des fils disposés dans le sens de la longueur d'un tissu.

Machinisme

Système technique de production reposant sur la généralisation de l'emploi des machines.

11 La machine à vapeur de James Watt

L'invention centrale de la révolution industrielle.

Le mouvement linéaire alternatif du piston actionné par la vapeur (à gauche) se transforme en mouvement circulaire continu (à droite) par l'intermédiaire d'une bielle (en haut), ce qui permet à la machine d'actionner toute une variété d'appareils.

Musée des sciences de Londres.

12 James Watt (1736-1819)

PORTRAIT

Fils d'un constructeur de maisons et de bateaux, James Watt se passionne très tôt pour le travail manuel et la recherche technique, et devient concepteur et fabricant d'instruments scientifiques de précision. En 1765, en réparant un modèle réduit de la pompe à vapeur de Newcomen, il se lance à corps perdu dans l'amélioration de cette invention, qui l'occupera pendant 25 ans. Condenseur, mouvement rotatif, piston à double action, tringles parallèles, contrôle automatique de la vitesse, jauge de pression font finalement de sa machine la reine de l'industrie et, de son inventeur, un homme célèbre et passablement riche. Il s'intéresse aussi à la résistance des matériaux, participe aux activités de diverses sociétés savantes et invente même, à 70 ans, une machine à sculpter capable de reproduire des œuvres originales.

13 La machine à vapeur, au cœur de la révolution industrielle

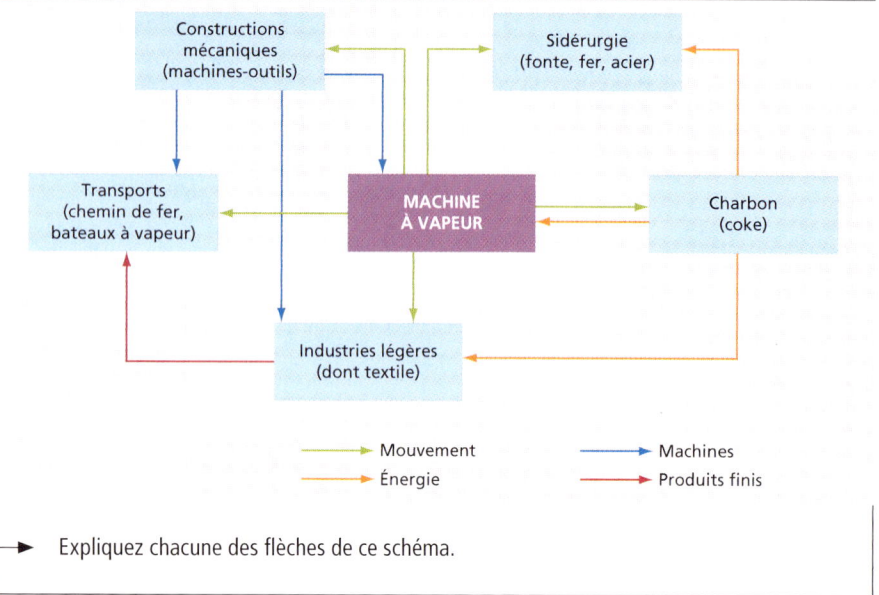

Expliquez chacune des flèches de ce schéma.

industriels, c'est une des inventions les plus importantes de l'histoire de l'humanité » (François Lebrun et Valéry Zanghellini, *Histoire et civilisations*, Paris, Belin, 1981, p. 147). Avec cette invention, en effet, l'humanité entre dans l'âge de la machine, dont les robots électroniques de notre époque ne sont que la plus récente variété. La mécanisation va susciter une hausse de productivité telle qu'on n'en a jamais connu de mémoire d'homme.

Charbon et métallurgie. La machine à vapeur est au cœur de la révolution industrielle 13. Cette machine et les machines-outils qu'elle actionne, fonctionnant à haute vitesse et à haute température, doivent être usinées avec précision et requièrent désormais une fabrication de fonte de grande qualité. Or, jusque-là, la fabrication de la fonte se faisait avec du charbon de bois, parce que la combustion de la houille (le charbon fossile) dégageait du soufre qui, se mêlant au minerai de fer, donnait une fonte de piètre qualité. En 1735, Abraham Darby met au point un procédé de purification de la houille pour en faire du **coke**, utilisable en **sidérurgie**. Un second procédé, le **puddlage**, permet en 1783 d'obtenir une fonte d'excellente qualité. La métallurgie du fer connaîtra désormais une croissance fantastique.

Coke
Variété de charbon résultant de la distillation de la houille, utilisée dans le chauffage domestique et surtout dans l'industrie métallurgique.

Sidérurgie
Métallurgie de la fonte, de l'acier et des alliages ferreux.

Puddlage
Procédé consistant à épurer la fonte liquide dans un four pour la transformer en fer ou en acier.

8.3.4 La révolution des transports

Le chemin de fer. La machine à vapeur, en conjonction avec la nouvelle métallurgie du fer, va révolutionner les transports. C'est l'apparition de ce qui deviendra le symbole central de toute la révolution industrielle : le chemin de fer, où une « locomotive », qui n'est au fond qu'une machine à vapeur actionnant ses

14 Les joies du chemin de fer

« Figure-toi une sorte de gros tonneau deux fois plus long que ceux de nos porteurs d'eau filtrée, monté sur quatre roues, le tout en fer et jetant de la fumée par un tuyau de quelques pieds de hauteur et tu auras une idée de l'extérieur de la machine qui va être attelée à une vingtaine de voitures couvertes ou découvertes. [...] Avant le départ, il règne dans cette foule une agitation extrême, chacun ayant reçu un numéro de voiture cherche cette voiture et quand il l'a trouvée, il se place sur un banc également numéroté. J'occupais le n° 22 et la voiture, où j'étais placé, contenait 28 voyageurs. [...]

Un seul homme est placé sur la machine et la gouverne ; [...] on entend le bruit de la cloche, puis, aussitôt après, on sent sur toute la ligne une très petite secousse ; elle vous avertit que vous venez d'être fixés à la machine. [...] Il est curieux de voir avec quelle rapidité tous les objets environnants semblent filer à côté de vous. [...] Un cheval qui était lancé au grand galop faisait l'idée d'un individu qui dans une course de chevaux voudrait lutter à pied avec le meilleur coursier.

[...] Indépendamment qu'on ne sent aucun cahotement et qu'il semble qu'on glisse sur une surface unie, on n'éprouve aucune difficulté de respiration ; j'avais comme beaucoup de personnes peine à le croire. »

Source : Récit d'un voyageur (1835), dans Denise GALLOY et Franz HAYT, *De 1750 à 1848*, Bruxelles, De Boeck, 1993, p. 82.

propres roues motrices, traîne des wagons sur des rails d'acier 14. Apparu en Angleterre en 1814, le procédé se transmet comme une traînée de poudre à travers l'Europe et l'Amérique, et une « rage » de chemins de fer s'empare de tous les pays, avec des mégaprojets qui n'échapperont pas toujours à une certaine folie des grandeurs : transcontinentaux en Amérique du Nord, transsibérien, Berlin-Bagdad, Le Cap-Le Caire, etc.

Le bateau à vapeur. La navigation ne tarde pas à être touchée elle aussi. On construit d'abord des bateaux en fer, au profil effilé, avec une voilure extrêmement développée : les clippers, grâce auxquels vont briller les derniers feux, magnifiques, de la navigation à voile. Puis, l'énergie de la vapeur va remplacer celle du vent,

15 Un steamer à Montréal

Devant le port de Montréal, un steamer navigue au milieu d'embarcations traditionnelles : barque, bateau et radeau à voile.

Montréal depuis l'île Sainte-Hélène (R.A. Sproule, 1830), Musée McCord, Montréal.

trop inconstante, et alors apparaîtront les steamers, d'abord propulsés par d'immenses roues à aubes, encombrantes et fragiles, puis par une hélice à spirale beaucoup plus efficace 15. En quelques années, la traversée de l'Atlantique se réduit de plusieurs semaines à une dizaine de jours, sur des bateaux qui atteindront 60 000 tonneaux de jauge et 250 mètres de long à la fin du XIXe siècle.

Faisons le point

1. Quels sont les facteurs qui permettent d'expliquer que l'Angleterre ait été l'initiatrice de la révolution industrielle ?
2. Quelles sont les principales innovations qui marquent la révolution industrielle dans les domaines de l'agriculture et du textile ?
3. En quoi la machine à vapeur est-elle au cœur de la révolution industrielle ?
4. Comment le secteur des transports est-il touché par la révolution industrielle ?

8.4 La deuxième phase de l'industrialisation (du milieu du XIXe au milieu du XXe siècle)

Vers le milieu du XIXe siècle, la révolution industrielle entre dans une deuxième phase, marquée tant par de nouvelles percées techniques et par l'entrée de nouveaux pays dans le mouvement que par de nouvelles méthodes de production 16 (*voir page suivante*).

16 Les deux phases de la révolution industrielle

	Phase I	Phase II
Période du démarrage	1730-1810	1880-1900
Pays initiateurs	Angleterre, Belgique	Allemagne, États-Unis
Agents d'innovation	« Praticiens », inventeurs	Recherche scientifique
Sources d'énergie	Charbon	Électricité, pétrole
Systèmes de propulsion	Machine à vapeur	Moteur électrique, moteur à explosion
Matières premières	Coton, fer	Acier, métaux non ferreux (cuivre, nickel, aluminium)
Industries-pilotes	Textile, métallurgie du fer et de la fonte	Métallurgie de l'acier et des alliages, chimie (engrais, textiles synthétiques), construction navale, armements, automobile et avionnerie
Transports et communications	Chemin de fer, grands voiliers	Bateaux à vapeur, télégraphie sans fil, automobiles, téléphone
Marchés	National, européen, nord-atlantique	Mondial
Structure économique	Taille modérée, très grand nombre et autonomie des entreprises	Concentration des entreprises, rôle croissant des banques
Organisation du travail	Assez peu concentré, peu spécialisé, pas de syndicalisation	Grande concentration, rationalisation (« taylorisme »), progrès de la syndicalisation, augmentation du secteur tertiaire
Aspects sociaux	Appauvrissement des travailleurs, conditions de travail souvent inhumaines	Amélioration relative des conditions de travail, hausse du niveau de vie, essor des classes moyennes

17 La deuxième phase de l'industrialisation

"WHAT WILL HE GROW TO?"

Devant le bébé Électricité, le roi Vapeur demande au roi Charbon : « Que fera-t-il quand il sera grand ? »

8.4.1 Les innovations

Nouvelles percées, nouveaux pays. Nouvelles sources d'énergie, nouveaux produits de base, nouvelles industries de pointe, nouvelles méthodes de production, nouveaux pays initiateurs : la deuxième phase de l'industrialisation sera celle de la « fée électricité » 17, de la chimie, de la métallurgie de l'acier et des alliages, celle de l'Allemagne aussi, et des États-Unis. Le Québec, relativement peu touché par la première phase, vu son manque de charbon et de fer, entre de plain-pied dans la seconde, avec son immense potentiel hydroélectrique et ses ressources en métaux non ferreux (cuivre, amiante).

Le taylorisme. L'organisation scientifique du travail apparaît également comme un élément majeur de cette phase. Le **taylorisme** (du nom de l'ingénieur américain Frederick Winslow Taylor, 1856-1915) consiste à décortiquer minutieusement chaque opération de production en une série de mouvements élémentaires que l'on peut facilement chronométrer, à isoler ces mouvements les uns des autres et à les répartir entre plusieurs ouvriers différents. Chaque ouvrier, n'ayant ainsi à accomplir qu'une tâche simple, indéfiniment répétée, peut accélérer la cadence de son geste et accroître sa productivité. Ainsi naissent les premières « chaînes de montage », chez Ford.

8.4.2 La concentration des entreprises

Oligopoles et monopoles. La concentration des entreprises est l'un des aspects les plus caractéristiques de cette nouvelle étape de l'industrialisation. Cette concentration met pratiquement fin, du moins dans les secteurs lourds, à la libre concurrence telle que la concevaient les théoriciens du libéralisme, en réduisant de façon draconienne le nombre de producteurs vraiment indépendants présents sur le marché. La tendance est maintenant plutôt de limiter la concurrence par l'instauration d'**oligopoles** ou de **monopoles** capables de contrôler l'ensemble d'une production ou d'un marché.

Ainsi se créent, par achat, regroupement, fusion, volontaires ou forcés de diverses manières, les immenses conglomérats, trusts, cartels, *konzern*, dont l'Allemagne, surtout, et les États-Unis se font une spécialité : Krupp, Siemens, BASF en Allemagne, Standard Oil (Rockefeller), General Electric (Edison) **18**, U.S. Steel (Carnegie) aux États-Unis, voire Dominion Textile au Québec.

Le rôle croissant des banques. Cette concentration, qui exige d'énormes capitaux, est à la fois cause et conséquence du rôle croissant des banques dans la vie économique. À côté des banques d'affaires, en effet, se créent des banques de dépôt, auxquelles des millions de petits épargnants confient leurs avoirs, ce qui a pour effet de mobiliser de grandes masses de capitaux au service des entreprises. Les banques se constituent ainsi des portefeuilles d'actions qui leur donnent un contrôle direct ou indirect sur une foule d'industries et une puissance économique d'autant plus grande qu'elle reste assez voilée. Par ailleurs, les banques elles-mêmes sont soumises au mouvement de concentration, et la tendance au monopole n'y est pas moins forte qu'ailleurs. Au Canada par exemple, la Banque de Montréal, fondée en 1817, va absorber sept autres banques entre 1868 et 1925.

8.4.3 La mondialisation des échanges

Matières premières, débouchés, capitaux. Cette nouvelle industrialisation, cette nouvelle concentration des entreprises, cette productivité encore accrue exigent la mondialisation des marchés. L'expansionnisme occidental reprend de plus belle : c'est la planète entière qui fournit tant les matières premières que les débouchés, et l'ouverture des grands canaux de Suez (1869) et de Panamá (1914) réduit considérablement les distances et les temps de transit entre l'Europe et le reste du monde, comme si la planète elle-même s'était rapetissée. Les capitaux aussi sont exportés, à la recherche de rendements plus avantageux dans les « pays neufs », et au début du XXe siècle la finance est déjà devenue multinationale, la *City* de Londres en étant le cœur et la livre sterling, le principal flux vital.

Concurrence planétaire et protectionnisme. La mondialisation des échanges renforce la concurrence, à l'échelle planétaire cette fois, et concerne inévitablement les États. Après une brève période (1860-1880) où, derrière la Grande-Bretagne, les pays d'Europe ont adopté avec bien des réticences la stratégie du libre-échange, tout le monde revient au protectionnisme, à la suite de l'Allemagne, dès les années 1880. Seule la Grande-Bretagne reste fidèle au libre-échangisme, son avance technologique lui semblant encore la meilleure garantie du maintien de sa position prépondérante. Ce retour massif au protectionnisme amplifie la féroce lutte économique que se livrent les pays sur les marchés mondiaux, et le tournant du siècle voit poindre une aggravation des tensions internationales.

8.4.4 La montée de nouvelles puissances

La seconde phase de l'industrialisation amène un réaménagement dans la hiérarchie des grandes puissances économiques. Si l'Angleterre avait largement

Taylorisme
Méthode d'organisation scientifique du travail industriel fondée sur une répartition du procédé de production en éléments partiels et chronométrés éliminant les mouvements improductifs.

Oligopole
Situation d'un marché sur lequel un très petit nombre d'entreprises contrôlent la production ou l'échange de certains biens ou services.

Monopole
Situation d'un marché sur lequel une seule entreprise contrôle la production ou l'échange de certains biens ou services.

18 **Thomas Alva Edison** (1847-1931)

PORTRAIT

Avec les 1 093 brevets déposés à son nom, seul ou avec d'autres, Thomas Alva Edison détient probablement le record de tous les inventeurs. On lui doit surtout la lampe électrique à incandescence, le télégraphe multiplex (plusieurs messages simultanés sur un même fil), le phonographe et le microphone, mais il a également marqué de façon décisive les progrès du téléphone et de la batterie d'accumulateurs, tout en ouvrant des perspectives sur le cinéma, les véhicules électriques et la lampe diode. Capable de faire rapidement passer ses découvertes dans la réalité concrète, il est aussi entrepreneur et connaît parfaitement les règles de la publicité. Personnalité égocentrique et haute en couleur, il est l'un des hommes les plus connus de son temps.

19 Les nouvelles puissances

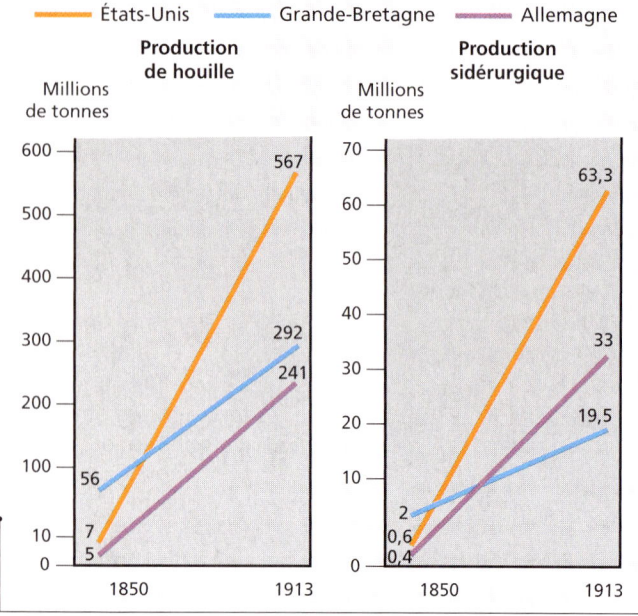

Source : Adapté de Jean DUCHÉ, *Histoire de l'Occident*, Paris, Laffont, 1998, p. 474.

dominé la première phase, elle va maintenant être rattrapée, puis dépassée à la fin du siècle, par deux nouvelles venues bénéficiant sur elle d'avantages marqués 19.

L'Allemagne. En Europe, l'Allemagne, en même temps qu'elle s'unifie politiquement (*voir p. 279*), connaît une prodigieuse croissance économique due tout d'abord à l'abondance de ses ressources naturelles, en particulier dans le fameux bassin houiller de la Ruhr. Sa population s'accroît de 50 % entre 1871 et 1914, atteignant 65 millions d'habitants. Son nationalisme vivace et ses traditions de discipline presque militaire engendrent une paix sociale que renforce la législation la plus avancée d'Europe (assurance maladie, accidents de travail). Enfin, l'impulsion politique d'un État autoritaire soucieux de se donner de solides bases économiques favorise le développement industriel, derrière une protection douanière sévère.

Les États-Unis. Hors d'Europe, ce sont les États-Unis qui bousculent le leadership britannique. Favorisée par la guerre de Sécession (1861-1865) pour la production d'armements, la production industrielle monte en flèche, tandis que le « mirage » américain attire vers un paradis mythique des millions d'immigrants (jusqu'à 1 million en une seule année !) qui mettent en exploitation cet immense territoire aux ressources naturelles exceptionnelles, sans commune mesure avec celui des pays européens, à l'étroit sur leur continent en forme d'entonnoir.

Faisons le point

1. Nommez quelques innovations majeures de la deuxième phase de l'industrialisation dans les domaines de l'énergie, des produits de base, des industries de pointe et des pays touchés.

2. Comment se traduit concrètement la limitation de la concurrence ?

3. Pourquoi la mondialisation des échanges entraîne-t-elle une aggravation des tensions internationales ?

4. Sur quelles bases repose la puissance montante de l'Allemagne ? Et celle des États-Unis ?

8.5 Une économie nouvelle

La révolution industrielle modifie de fond en comble les bases de l'économie. Une croissance jusque-là impensable, une nouvelle répartition sectorielle, un nouveau capitalisme et le renforcement de la prépondérance mondiale de l'Europe en sont les aspects les plus frappants.

8.5.1 Croissance, fluctuations et crises

La croissance. La première conséquence de cette révolution technique, c'est une croissance phénoménale de la production et de l'économie dans son ensemble 20. Cette croissance s'accompagne d'une hausse énorme de la productivité du travail, laquelle va entraîner une baisse des prix d'une ampleur qu'on a peine à imaginer. Ainsi, en France, l'*indice* du prix du blé passe de 100 à 3 entre 1830 et 1900, celui de la fonte de 100 à 6 entre 1785 et 1910, et celui des miroirs, entre 1702 et 1902, de 400 à 2!

Cette croissance ne va toutefois pas sans heurts ni soubresauts. Les fluctuations économiques suivent désormais des cycles, liés au développement de la production, qui se répètent de façon assez régulière. Ces fluctuations débouchent sur des crises d'un type nouveau.

Les crises. Sous l'ancien régime économique, la plupart des crises étaient déclenchées par une sous-production agricole due à des phénomènes naturels imprévisibles. Cette sous-production entraînait une hausse des prix agricoles, ce qui provoquait immédiatement une baisse brutale de la consommation en général, la plupart des consommateurs ne disposant que d'un très faible pouvoir d'achat, essentiellement consacré aux produits alimentaires.

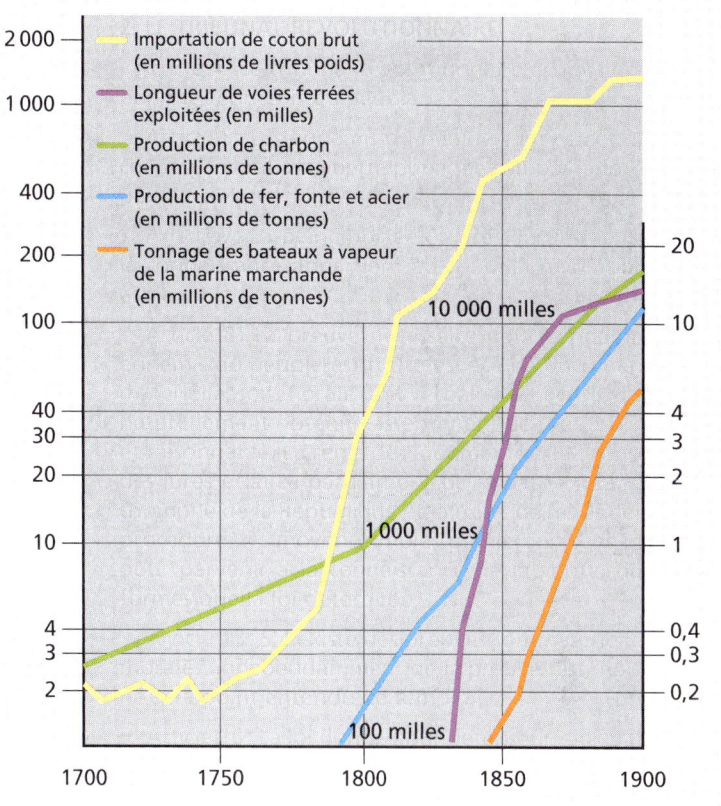

20 Le «miracle» britannique

Note: Les courbes «Importation de coton brut» et «Production de charbon» sont établies d'après l'échelle de gauche, «Production de fer, fonte et acier» et «Tonnage des bateaux à vapeur de la marine marchande», d'après l'échelle de droite. La longueur des voies ferrées possède sa propre échelle.

Les crises de l'ère industrielle se présentent différemment. Ce sont d'abord des crises de surproduction industrielle attribuable à de mauvaises prévisions des investisseurs. Cette surproduction amène une baisse rapide des prix afin que les stocks soient écoulés le plus rapidement possible, ainsi qu'une mise au chômage massive pour diminuer la production. La perte de revenu occasionnée par le chômage provoque un effondrement de la consommation et accélère encore la baisse de la production. On a pu calculer que les crises de ce type se répètent, avec une gravité très variable, à peu près tous les 10 ans. Celle de 1873 est particulièrement grave, mais l'exemple le plus dramatique en sera évidemment fourni par la grande dépression des années 1930 (*voir p. 317*).

8.5.2 La structure économique générale

L'importance relative des grands secteurs. Une autre conséquence de la révolution industrielle est la modification profonde de l'importance relative de différents secteurs dans la structure économique globale. L'agriculture perd définitivement l'absolue primauté qu'elle avait toujours eue depuis des millénaires. La production d'énergie devient par contre un secteur clé. Dans le domaine de l'industrie de transformation, la production de biens d'équipement (machines) prend de plus en plus d'importance par rapport à la production de biens de consommation (textile, par exemple). En général, le **secteur primaire** diminue en importance, d'abord au profit du **secteur secondaire**, puis les deux premiers secteurs diminuent au profit du **secteur tertiaire**, ce qui modifie profondément les métiers humains 21 (*voir page suivante*).

Indice

Rapport entre des quantités ou des prix, illustrant leur évolution dans le temps (par exemple, indice de la production industrielle).

Secteur primaire

Secteur d'activité économique relatif aux matières premières (agriculture, pêche, forêt, mines, pétrole, etc.).

Secteur secondaire

Secteur d'activité économique relatif à la transformation des matières premières en produits finis ou semi-finis (acier, textile et vêtement, automobile, emballage, etc.).

Secteur tertiaire

Secteur d'activité économique relatif à toutes les activités autres que celles des secteurs primaire et secondaire (commerce, transport, banque, services professionnels, etc.).

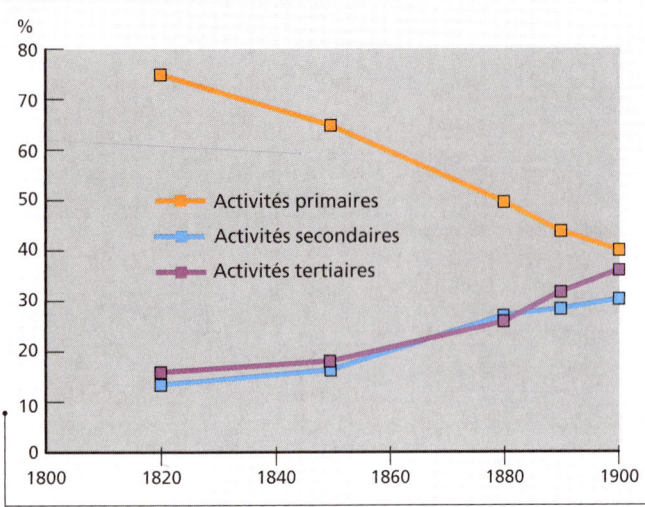

21 L'évolution des secteurs de l'économie

L'usine et la division du travail. La révolution technique amène également l'effacement de l'industrie à domicile au profit du travail à l'usine, où se concentrent les ouvriers autour de machines désormais trop énormes et trop coûteuses pour le travail à la maison ou dans l'atelier artisanal. Cette concentration des ouvriers et des machines dans un même lieu favorise la division du travail et amène un exode massif des campagnes vers les villes industrielles, où les conditions de vie sont déplorables.

La société par actions. En ce qui concerne l'entreprise, la société anonyme, ou société par actions, qui existait déjà mais de façon très marginale, va devenir la forme fondamentale du capitalisme industriel. À la différence de l'entreprise familiale, la société anonyme est composée d'actionnaires dont la responsabilité est limitée à la proportion d'actions qu'ils détiennent dans l'entreprise. L'action elle-même devient une marchandise, que l'on échange à la Bourse des valeurs.

Société anonyme, ou par actions

Association dont la propriété est représentée par des actions dont les détenteurs n'engagent que leur mise de fonds. La société anonyme (S.A.) est une personne morale dont le nom est sa raison sociale.

Capital

Ensemble des moyens de production matériels et financiers (bâtiments, machines, argent, etc.) mis en œuvre dans la production de nouveaux biens ou de revenus.

8.5.3 Le capitalisme industriel et financier

Le capitalisme industriel. Le capitalisme lui-même évolue. On parlera désormais de capitalisme industriel, par opposition au capitalisme commercial, qui avait connu sa grande période avec l'expansion coloniale des siècles précédents. Dans le capitalisme commercial, avant la révolution industrielle, le capital était généré essentiellement par les activités d'échange. Dans le capitalisme industriel, le capital est engendré avant tout par les activités de production et appliqué à la production, c'est-à-dire réinvesti.

Le capitalisme financier. La révolution technique va aussi provoquer le développement du crédit, dont les nouvelles entreprises, plus coûteuses que jamais, ont un énorme besoin. Les établissements de crédit se multiplient, l'usage du papier-monnaie se généralise, les formes de crédit se diversifient. On voit poindre un capitalisme financier, engendré par les opérations de crédit, qui va favoriser à son tour la concentration des entreprises.

8.5.4 Développement et sous-développement

Un monde nouveau. Enfin, la révolution industrielle va donner naissance à un concept nouveau — le développement — et à un monde nouveau — le monde développé. L'immense masse des humains avait en effet, jusque-là, connu des niveaux de vie fort comparables, sur quelque continent qu'ils aient vécu. Un niveau de vie, il faut le préciser, qui s'éloignait fort peu, et pas toujours, de la simple subsistance. Avec la révolution industrielle, l'immémoriale contrainte de la faim, entre autres, pourra enfin être brisée, le niveau de vie pourra s'accroître de façon décisive pour les personnes qui en seront touchées. L'idée du Progrès chère aux Lumières pourra s'ancrer dans le réel et prendre la forme d'un développement économique continu. Et c'est ce développement qui permettra à l'Europe d'assurer sa domination mondiale, comme nous le verrons dans le chapitre suivant.

Le sous-développement. Mais au développement de quelques-uns répond le sous-développement de la majorité. La révolution industrielle a eu pour effet de creuser, entre nations riches et nations pauvres, un fossé comme jamais l'humanité n'en a connu **22**. Il n'y a jamais eu une distance aussi grande qu'aujourd'hui entre

22 Développement et sous-développement

	Industrie manufacturière				Produit national brut (PNB) réel par habitant (pays développés par rapport au Tiers-Monde)
	Niveau par habitant (Grande-Bretagne de 1900 = 100)		Part dans le monde (%)		
	Pays développés	Tiers-Monde	Pays développés	Tiers-Monde	
1750*	8	7	27	73	–
1800	–	–	–	–	1,1
1860	16	4	63	37	1,9
1900	35	2	89	11	3,2
1913	55	2	93	8	3,4

* Chiffres approximatifs.

Source : Adapté de Paul BAIROCH, *Victoires et déboires. Histoire économique et sociale du monde du XVIe siècle à nos jours*, t. III, Paris, © Éditions Gallimard, 1997, p. 860, 1037. (Coll. « Folio Histoire », n° 80)

les sociétés les plus « avancées » technologiquement et les sociétés qui le sont le moins, sur une Terre où se retrouvent, en même temps, des humains qui vivent presque à l'âge de pierre et d'autres qui sont entrés dans la société postindustrielle, celle de l'informatisation. Il ne semble malheureusement pas que l'humanité ait encore pris vraiment conscience de ce fait, ou du moins qu'elle ait entrevu quelque solution « civilisée » aux problèmes qui en découlent…

Faisons le point

1. Comment se développent les crises économiques de l'ère industrielle ? En quoi diffèrent-elles de celles de l'ancien régime économique ?

2. Quelles modifications la révolution industrielle apporte-t-elle dans l'importance relative des grands secteurs de l'économie ?

3. Quel est l'impact de la révolution industrielle sur les rapports entre l'Occident et le reste du monde ?

CONCLUSION

Cet exposé plutôt schématique de la révolution industrielle ne devrait pas faire illusion sur la grande complexité du phénomène, sur les larges disparités entre les différents pays touchés et sur la relative lenteur de sa diffusion. Au tournant du XXe siècle, il n'y a guère que l'Europe du Nord-Ouest (Grande-Bretagne, France, Allemagne, Belgique) qui soit carrément entrée dans l'ère industrielle. Plus on s'éloigne de ce foyer, vers le sud ou vers l'est, plus on voit les économies encore régies par l'ancien régime de production et d'échanges. Même la Russie, qui s'industrialise à marche forcée, compte encore près de 80 % de paysans. Ce n'est qu'en traversant l'Atlantique Nord que l'on peut trouver une situation comparable à celle de l'Europe industrialisée, surtout dans le nord-est des États-Unis et au Canada central (Québec et Ontario).

Néanmoins, le mouvement est en marche, irrésistible, et bientôt, à cause même de la supériorité relative qu'il a apportée à l'Europe, il se répandra par elle jusqu'aux confins du monde (au Japon dès la fin du XIXe siècle), et l'humanité entière entrera dans une sorte de mutation comme elle en a très rarement expérimenté depuis la nuit des temps.

TRAVAUX ET EXERCICES

SYNTHÈSE

Justifiez les affirmations suivantes en vous appuyant sur des arguments ou des exemples :

1. La révolution industrielle débute en Angleterre dans la seconde moitié du XVIIIe siècle, puis s'étend au reste de l'Occident.
2. La révolution industrielle modifie profondément les modes de production.
3. La révolution industrielle amène l'accentuation de la concurrence et des inégalités entre pays.

RÉFLEXION – Le concept de *capitalisme*

Nous vivons dans une société dont le système économique repose sur le capitalisme. Ce système est non seulement une des caractéristiques de la civilisation occidentale, mais il est aujourd'hui le modèle économique dominant sur la planète. L'appartenance de notre société au capitalisme semble aller de soi. Le mot est fréquemment entendu ; pourtant, son sens, actuel et passé, est rarement défini.

1. Afin de mieux cerner ce qui constitue le capitalisme, relevez au moins trois mots ou expressions qui vous viennent à l'esprit lorsqu'il est question de capitalisme. À l'inverse, relevez au moins trois mots ou expressions qui seraient l'opposé du capitalisme.
2. À travers l'histoire occidentale, le capitalisme a pris différentes formes et la révolution industrielle représente un point tournant dans l'évolution du capitalisme.
   a) À partir du texte de Jean-Pierre Rioux (*voir doc. 4, p. 249*), expliquez en quoi la révolution industrielle constitue un point tournant dans la mise en place d'une véritable économie capitaliste.
   b) À partir du manuel, expliquez en quoi consistent les différentes formes de capitalisme : commercial, industriel et financier.
3. Aujourd'hui, le capitalisme est dominant. D'après vous, est-il pour autant aussi débridé qu'il l'était à l'époque de la révolution industrielle ? Expliquez votre réponse.

ANALYSE – Lire et interpréter des images

Les images, qu'elles relèvent du domaine artistique ou du domaine politique, sont des sources primaires, au même titre que les documents écrits. Elles fournissent des informations précieuses sur une époque. L'historien doit donc effectuer un travail de même nature que lorsqu'il étudie un document écrit (*voir capsule méthodologique, p. 16*). Faites l'analyse historique du document 17 (*voir p. 260*) en répondant aux questions suivantes :

1. Tout document, écrit ou visuel, n'est utile que dans la mesure où le chercheur l'aborde en fonction d'un questionnement précis. Quel est l'intérêt « documentaire » de ce document ?
2. Il faut ensuite reconnaître précisément le document et situer son contexte de production. Le document à l'étude a été réalisé par Joseph Swain et publié le 25 juin 1881 dans le périodique britannique *Punch*. De quel type de document s'agit-il ? Dans quel contexte historique a-t-il été produit ?
3. Il faut enfin analyser l'image elle-même pour en relever les différentes composantes. Que représentent les personnages ? Comment sont-ils présentés ?
4. Afin de tirer toute la signification historique des éléments repérés, il importe de les mettre en lien avec le questionnement initial. Quelle réponse cette image apporte-t-elle à votre questionnement initial ?

HÉRITAGE

CE QUE NOUS DEVONS À LA RÉVOLUTION INDUSTRIELLE

- le machinisme et l'usine
- le chemin de fer, la navigation à vapeur, l'automobile
- l'économie industrielle, le capitalisme industriel et financier
- la hausse générale du niveau de vie
- le taylorisme
- une nouvelle classe sociale : les ouvriers industriels
- la démographie moderne, mieux régulée
- l'accélération de la vitesse des communications et le rétrécissement de « l'espace-Terre »
- l'accentuation des inégalités entre les pays, les peuples et les nations développés et sous-développés

POUR ALLER PLUS LOIN

Ouvrages de référence

BEAUD, Michel. *Histoire du capitalisme, 1500-2010*, 6ᵉ éd., Paris, Éditions du Seuil, 2010, 457 p. (Coll. « Points Économie », n° 18)

BRASSEUL, Jacques. *Histoire des faits économiques et sociaux*, t. II, *De la Révolution industrielle à la Première Guerre mondiale*, Paris, A. Colin, 2004, 336 p. (Coll. « U »)

CARON, François. *La dynamique de l'innovation. Changement technique et changement social, XVIᵉ-XXᵉ siècle*, Paris, Gallimard, 2010, 469 p. (Coll. « Bibliothèque des histoires »)

GAILLARD, Jean-Michel. *Mutations économiques et sociales : 1780-1880*, Paris, A. Colin, 2005, 191 p. (Coll. « Fac Histoire »)

MAGNUSSON, Lars. *Nation, State and the Industrial Revolution: The Visible Hand*, Londres, Routledge, 2009, 208 p. (Coll. « Routledge Explorations in Economic History »)

POMERANZ, Kenneth. *La force de l'Empire : révolution industrielle et écologie, ou pourquoi l'Angleterre a fait mieux que la Chine*, Alfortville (France), Ère, 2009, 157 p. (Coll. « Chercheurs d'Ère »)

ROSEN, William. *The Most Powerful Idea in the World: A Story of Steam, Industry, and Invention*, New York, Random House, 2010, 370 p.

TEULON, Frédéric. *Croissance, crises et développement*, Paris, PUF, 9ᵉ éd., 2010, 267 p. (Coll. « Major »)

VERLEY, Patrick. *La première révolution industrielle, 1750-1880*, Paris, A. Colin, 2006, 128 p. (Coll. « 128 Histoire »)

WRIGLEY, Edward Anthony. *Energy and the English Industrial Revolution*, Cambridge (Royaume-Uni), Cambridge University Press, 2010, 272 p.

Productions audiovisuelles

Atlantic Ferry, de Walter Forde, avec M. Redgrave et G. Jones, G.-B./É.-U., 1942. 98 min., n/b. — L'histoire vécue des frères MacIver, pionniers de la traversée de l'Atlantique en bateau à vapeur. Bonne séquence, bien que techniquement un peu désuète, de compétition entre un bateau à voile et un bateau à vapeur dans la traversée de l'océan.

Edison, the Man, de Clarence Brown, avec S. Tracy et R. Johnson, É.-U., 1940, 107 min., n/b. — Film biographique sur Thomas Edison, centré sur l'invention de l'ampoule électrique. Vision totalement positive du personnage, laissant dans l'ombre ses côtés moins glorieux (malhonnêteté, xénophobie). Tracy excellent.

Fred Dibnah's Industrial Age, G.-B., BBC, 1999, 180 min. — Série documentaire de six émissions télévisées regroupées dans un boîtier de trois DVD. Présentation originale de la révolution industrielle en Angleterre à partir des héritages concrets que l'on peut encore en voir aujourd'hui, par un chroniqueur-vedette de la BBC. Les émissions portent les titres suivants : *Wind, Water and Steam*; *Mills and Factories*; *Iron and Steel*; *Mining*; *Railways* et *Ships and Engeneering*. Amusant et très instructif.

Industrial Revolution, É.-U., Educational Video Network, 2004, 44 min. — Documentaire à visée essentiellement pédagogique, bon document d'accompagnement pour un cours.

Tesla: Master of Lighting, É.-U., PBS Home Video/New Voyage Communications, 2000, 90 min. — Documentaire pour la télévision. La vie du grand inventeur Nikola Tesla (1856-1943), concurrent d'Edison après avoir été son employé, mais manquant du sens aigu des affaires de ce dernier.

The Drive for Power, G.-B., BBC/Time-Life Films, 1973, 50 min. — Épisode de la série documentaire *The Ascent of Man*, conçue et présentée par Jacob Bronowski, biologiste, mathématicien et écrivain au savoir encyclopédique. Dans cette superbe série qui survole toute l'histoire humaine, ce huitième épisode traite des trois révolutions des XVIIIᵉ et XIXᵉ siècles : la révolution américaine, la révolution française et la révolution industrielle. Superbe réalisation visuelle, commentaire stimulant.

The Industrial Revolution, É.-U., Cerebellum/Goldhil Entertainment, 2007, 50 min. — Documentaire de la série *Just the Facts* basé sur des entrevues, illustrées d'images de l'époque, avec deux chercheures universitaires spécialistes de la question.

The Industrial Revolution, É.-U., Liberty Fund, 1978, 87 min. — Documentaire. Vision très positive, voire triomphaliste, du phénomène, conforme à la pensée libérale traditionnelle.

The National Dream: Building the Impossible Railway, Can., CBC, 1974. — Minisérie télévisée sur la construction du premier chemin de fer transcontinental au Canada dans les années 1870-1880. Série très bien documentée.

CAPSULE MÉTHODOLOGIQUE

LIRE ET INTERPRÉTER DES TABLEAUX ET DES GRAPHIQUES

Les tableaux et les graphiques sont des façons très utiles de visualiser des données chiffrées. Le tableau statistique en est l'exemple le plus simple : on inscrit sur une matrice en damier les éléments requis. Le document **8** du chapitre 8 (*voir p. 253*) en est un bon exemple. Mais on peut rendre plus visuelle encore la présentation des données, en utilisant différents types de graphiques, par exemple une courbe (*voir chap. 8, doc.* **19**, *p. 262*), ou encore ce qu'on appelle un camembert (*voir chap. 9, doc.* **21**, *p. 285*).

On peut distinguer deux grands types de tableaux ou de graphiques selon les données qu'ils contiennent. Le tableau ou graphique de répartition propose des données sur différentes composantes à une même date ou période (*voir chap. 9, doc.* **21**, *p. 285*). Le tableau ou graphique d'évolution transcrit les variations dans le temps d'un ou de plusieurs phénomènes (*voir chap. 8, doc.* **21**, *p. 264*).

Pour lire et interpréter correctement un tableau ou un graphique, il faut d'abord bien cerner le ou les phénomènes qui y sont transcrits. En général, le titre du tableau ou du graphique est suffisamment précis, à condition évidemment qu'on le lise avec attention (par exemple, « production » et « production industrielle » ne veulent pas dire la même chose). Notez également l'extension géographique du phénomène : s'agit-il d'un pays ? d'un groupe de pays ? d'une région ? du monde entier ?

Il faut ensuite repérer les critères sur lesquels le tableau ou le graphique a été construit. Regardez par exemple l'axe du temps : est-il continu (année après année) ou discontinu (certaines années isolées) ? Que représentent les chiffres : s'agit-il de valeurs brutes ? de moyennes ? de pourcentages, et, si oui, par rapport à quoi ? d'indices, et, si oui, où se situe la valeur 100 ?

L'indice, fréquemment utilisé dans ce genre de document, est un chiffre par lequel on exprime l'évolution d'un phénomène dans le temps par rapport à une date ou à une période de référence à laquelle on donne la valeur 100. Un exemple de graphique basé sur un indice se trouve dans le document **30** du chapitre 11 (*voir p. 334*).

Une fois toutes ces observations faites, on peut analyser les données du tableau ou du graphique pour en tirer des renseignements qui auront toutes les chances d'être justes.

EXEMPLE

Considérons le document **19** du chapitre 8 (*voir p. 262*), intitulé « Les nouvelles puissances ».

Il s'agit de deux graphiques qui veulent illustrer la montée des nouvelles puissances entre 1850 et 1913. Ce sont des graphiques d'évolution, qui transcrivent les variations dans le temps de deux phénomènes, soit la production d'énergie et la production sidérurgique. Ils concernent trois pays, soit deux nouvelles puissances (les États-Unis et l'Allemagne) et la grande puissance traditionnelle de l'époque, la Grande-Bretagne. La comparaison entre les deux premières et la troisième nous aide à saisir la montée fulgurante des nouvelles puissances.

En abscisse (axe horizontal), on trouve les années : on a choisi simplement les deux dates extrêmes de la période considérée, sans tenir compte des fluctuations intermédiaires. En ordonnée (axe vertical), les quantités, exprimées en millions de tonnes.

Ces graphiques illustrent d'évidente façon à quel point la Grande-Bretagne est en voie d'être dépassée par ses deux rivales en ce qui a trait à la croissance de la production de houille, ou charbon minéral, première source d'énergie à l'époque, et d'acier. Partie en tête en 1850, elle se retrouve en 1913, dans la production de houille, largement dépassée par les États-Unis et, on peut le prévoir, bientôt rattrapée par l'Allemagne, et dans le peloton de queue pour la production d'acier.

Si l'on veut voir un autre aspect de la réalité, on peut calculer des taux d'augmentation. On saisira encore mieux comment la Grande-Bretagne est en perte de vitesse. Pour obtenir un taux d'augmentation, il faut d'abord établir la valeur de l'augmentation elle-même. Cela se fait en soustrayant la quantité initiale de la quantité finale. Par exemple, dans notre graphique, la production de houille des États-Unis augmente de 7 à 567 millions de tonnes, soit une hausse de 560 millions de tonnes. Le taux de croissance, c'est le pourcentage de cette augmentation par rapport à la quantité initiale. Il s'agit donc de diviser la hausse obtenue par cette quantité initiale et de multiplier le résultat par 100. Dans le cas qui nous occupe, cela donne 8 000 %, soit (560 ÷ 7) × 100.

On peut ainsi calculer que le taux de croissance de la production de houille atteint plus de 4 800 % pour l'Allemagne et seulement 520 % pour la Grande-Bretagne. En production sidérurgique, les États-Unis montent d'un phénoménal 10 550 %, l'Allemagne de 8 250 % et la Grande-Bretagne d'un « très modeste » 975 %.

On peut donc en conclure qu'au cours de la seconde moitié du XIXe siècle la Grande-Bretagne a perdu la première place qui était la sienne dans ces deux domaines et que ses taux de croissance y ont été largement inférieurs à ceux des États-Unis et de l'Allemagne. Son économie est nettement en perte de vitesse par rapport à ces deux concurrents.

EXERCICE 1

Si vous cherchez à mesurer l'impact de la révolution industrielle sur son initiatrice, la Grande-Bretagne, le document [20] du chapitre 8 (*voir p. 263*) peut vous fournir un grand nombre d'informations, à condition que vous l'analysiez avec attention.

1. D'abord, de quel type de graphique s'agit-il? Comment se présente l'axe du temps? Quelle est la particularité des axes de quantités (verticaux)? Quel est l'avantage d'utiliser ce type d'échelle? Lisez bien la présentation: il est impératif de rattacher chaque courbe à l'échelle qui est la sienne, si vous ne voulez pas faire d'erreur d'interprétation.

Après avoir examiné attentivement la façon dont le graphique est bâti, vous pouvez commencer à le décortiquer.

2. Établissez la valeur absolue approximative de chaque courbe en 1800 (ou 1850 selon le cas), puis en 1900, en utilisant au besoin une règle pour vous repérer sur les échelles.

3. Calculez ensuite le taux de croissance de chacune sur l'ensemble de la période.

4. Quelle est la courbe qui connaît le plus fort taux de croissance?

5. Et pour conclure, ce graphique justifie-t-il le vocable de *miracle* évoqué dans son titre?

EXERCICE 2

Examinez le document [21] du chapitre 9 (*voir p. 285*).

1. De quoi s'agit-il? Quel type de données ce graphique contient-il? Que représentent les chiffres: des valeurs absolues? des pourcentages? des indices? Sous quelle forme les données sont-elles présentées? De quel type est ce graphique: de répartition ou d'évolution?

Une fois ces questions éclaircies, vous pouvez faire ressortir de ce graphique de nombreux éléments d'information.

2. Comparez d'abord les pays entre eux: calculez les différences entre les exportations totales de la Grande-Bretagne et celles de chacun des autres pays, en valeur absolue et en pourcentage.

Si l'on donnait aux exportations de la Grande-Bretagne l'indice 100, quels seraient les indices pour les autres pays?

Voyez maintenant de plus près les exportations de capitaux pour chaque pays d'origine et pour chaque région de destination.

3. Établissez les pourcentages de chacune des régions destinataires dans le total des exportations de chaque pays.

4. La structure des exportations, c'est-à-dire la part relative des régions destinataires dans l'ensemble des exportations, varie beaucoup entre les pays. Quelles sont les caractéristiques qui distinguent la structure des exportations de capitaux du Royaume-Uni de celle des autres pays?

Quel pays a la structure la plus diversifiée? la moins diversifiée?

5. Établissez les pourcentages de chacun des pays dans le total des exportations à destination de chaque région.

6. Classez les régions destinataires par ordre décroissant selon la valeur totale des exportations qui leur sont destinées par l'ensemble des pays. Quelle est la région qui reçoit le plus? Quelle est la région qui reçoit le moins?

7. Finalement, qu'est-ce que ce tableau vous révèle quant à la situation de l'impérialisme européen à la veille de 1914?

Chapitre 9
L'Europe conquérante, 1850-1914

PLAN

- **9.1 La société**
  - 9.1.1 Les classes dominantes
  - 9.1.2 Les classes moyennes
  - 9.1.3 La condition ouvrière
  - 9.1.4 Le mouvement syndical et la législation sociale
  - 9.1.5 Les femmes
- **9.2 Les États : libéralisme, démocratie, nationalisme**
  - 9.2.1 La démocratie libérale : progrès et limites
  - 9.2.2 Le mouvement des nationalités
  - 9.2.3 Les empires autoritaires multinationaux
  - 9.2.4 Destins du fédéralisme en Amérique du Nord
- **9.3 La domination mondiale**
  - 9.3.1 Les facteurs de domination
  - 9.3.2 Mobiles et formes du colonialisme
  - 9.3.3 Les remises en question

C'est vers le milieu du XIXe siècle, au sortir des grands bouleversements politiques et économiques étudiés dans les chapitres précédents, que l'Europe atteint l'apogée de sa puissance et de sa domination mondiale. Sur le plan social, la bourgeoisie s'installe solidement en position dominante, tandis qu'apparaît une nouvelle classe issue de la révolution industrielle : les ouvriers d'usine. Sur le plan politique, des États aux systèmes politiques fort divers évoluent pour la plupart dans le sens d'un élargissement des libertés publiques et de la vie démocratique. À l'échelle mondiale, l'avance technologique de l'Europe lui fournit les moyens de se rendre maître d'une bonne partie du monde, tandis que ses implantations outre-mer se poursuivent jusqu'aux confins de l'Asie australe. La civilisation occidentale devient ainsi la première civilisation à dimension mondiale de l'histoire.

1 La « mission civilisatrice »

Image mythique : la « fée Occident » progresse à travers la grande plaine nord-américaine, chassant devant elle les ténèbres et les peuples indigènes avec leurs traditions et leurs bisons, tandis qu'avancent, derrière les premiers colons blancs, le chemin de fer, le télégraphe et la lumière de la « civilisation ».

American Progress (J. Gast, 1872).

2 L'Europe dans le monde vers 1900

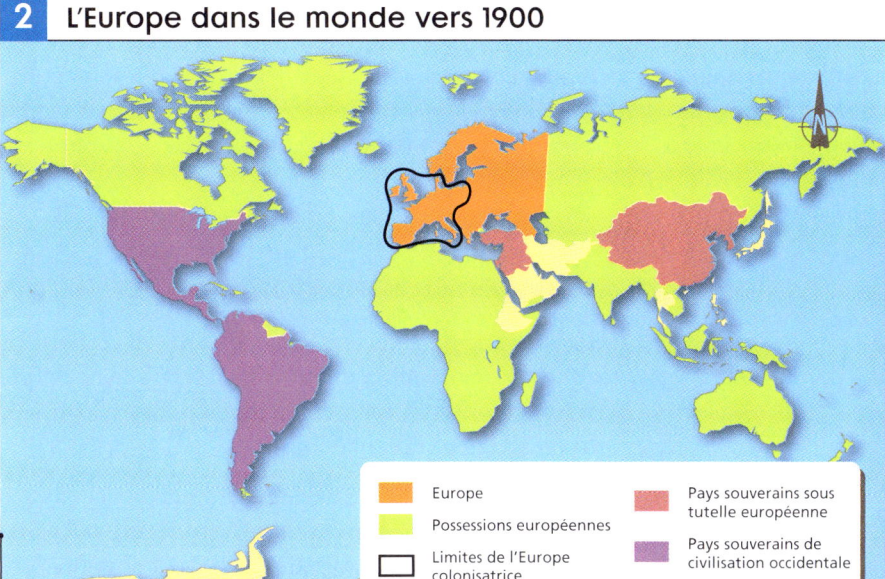

Légende :
- Europe
- Possessions européennes
- Limites de l'Europe colonisatrice
- Pays souverains sous tutelle européenne
- Pays souverains de civilisation occidentale

3 Une civilisation supérieure ?

« Les puissances occidentales ont conquis le monde sans jamais être très assurées d'en avoir envie. Des bases commerciales, oui, elles en voulaient, et des matières premières : fabriquer et vendre, voilà tout ce qu'il leur fallait. Avec cette idée simple, quelques hommes de grand format ont bâti des empires. […]

Il n'en était que plus urgent d'avoir raison de le faire. Qu'est-ce qu'il avait apporté aux Aztèques, Cortès ? La domination espagnole ? Non : c'était la Bonne Nouvelle du Christ. Nous, c'était la civilisation. […] "Tout ce que nous avons à faire dans les colonies, nous races supérieures vis-à-vis des inférieures, c'est de les élever jusqu'à nous, c'est d'essayer de les améliorer, de les fortifier, de les instruire, de les ennoblir", disait Proudhon. On eût aimé voir la tête d'un mandarin chinois lisant ces choses-là. Marx proclamait comme les autres, bien que d'un autre point de vue, la supériorité des Blancs : c'est le prolétariat le plus éclairé, celui des pays industrialisés, qui guidera les peuples vers la société sans classes. Un point de vue […] qui n'était pas celui de l'Américain A.T. Mahan : l'Occident, "oasis de civilisation dans un désert de barbarie", doit s'atteler, disait-il, à "l'expropriation des races incompétentes". Par les capitalistes ou par les prolétaires, ce sera toujours pour leur bien. »

Source : Jean DUCHÉ, *Histoire de l'Occident*, Paris, Laffont, 1998, p. 473.

CHRONOLOGIE

1842 Guerre de l'Opium : début des « traités inégaux » avec la Chine	**1870** Fin du Second Empire et début de la IIIe République en France
1861 Création du royaume d'Italie	**1871** Proclamation de l'empire d'Allemagne (IIe Reich)
1861-1865 Guerre de Sécession aux États-Unis	
1864 Fondation de l'Association internationale des travailleurs (Ire Internationale)	**1884** Conférence de Berlin : dépeçage de l'Afrique entre les pays d'Europe
1867 Naissance du Canada fédéral / Transformation de l'empire d'Autriche en empire d'Autriche-Hongrie	**1889** Fondation de la IIe Internationale
	1898 Victoire des États-Unis sur l'Espagne : « libération » de Cuba et des Philippines
1868 Émancipation complète des esclaves aux États-Unis	**1904-1905** Guerre russo-japonaise
	1911 Proclamation de la République de Chine
1869 Ouverture du canal de Suez	**1914** Ouverture du canal de Panamá

9.1 La société

Les changements sociaux provoqués à la fois par les révolutions politiques et par la révolution industrielle s'accélèrent dans la deuxième moitié du XIXᵉ siècle, toujours dans le sens d'un renouvellement des classes dirigeantes au profit de la bourgeoisie, et du développement de la classe ouvrière. À quoi il faudra maintenant ajouter un phénomène nouveau: l'émergence des classes moyennes **4**.

9.1.1 Les classes dominantes

L'aristocratie de l'Ancien Régime perd définitivement le rôle dirigeant qui avait été le sien depuis la féodalité. Désormais, c'est la bourgeoisie industrielle et financière qui prend les commandes.

L'aristocratie. Déjà passablement affaiblie par l'assaut de la bourgeoisie commerçante, l'aristocratie d'Ancien Régime, largement tributaire de sa richesse foncière (grande propriété agricole), est durement secouée dans les pays industrialisés. Elle n'est toutefois pas encore disparue, peu s'en faut. Elle survit grâce aux richesses accumulées à l'époque de sa splendeur, qui lui permettent de continuer à mener un grand train de vie en faisant de judicieux placements dans l'immobilier ou la haute finance. Elle se reconnaît par son style de vie, marqué essentiellement par l'oisiveté et les mondanités, où s'affirme son perpétuel souci du paraître. Elle conserve également intacte la conviction qu'elle a toujours eue de détenir une supériorité en quelque sorte raciale sur toutes les autres strates de la société, et ne consent à frayer avec la haute bourgeoisie que pour profiter des richesses de cette dernière et éviter ainsi sa propre ruine.

La bourgeoisie. La bourgeoisie rassemble, en gros, ceux que l'on pourrait caractériser comme les détenteurs de capitaux, participant aux investissements et aux profits et soumis aux risques que cela implique. Au sommet de ce groupe vient la haute bourgeoisie, qui occupe les postes de commande dans toute la société: chefs d'entreprise, hommes d'affaires, banquiers, qui disposent des capitaux requis par l'économie nouvelle. Son pouvoir économique lui vient à la fois de ses entreprises industrielles et financières, des rentes qu'elle reçoit de ses investissements, et de ses propriétés foncières, surtout à la ville, sur lesquelles s'exercent de fructueuses spéculations. Elle jouit d'un pouvoir politique considérable par l'entremise des députés dont elle assure l'élection et des carrières politiques que poursuivent certains de ses membres. Son pouvoir culturel n'est guère moins important, par l'ascendant au moins partiel qu'elle exerce sur la presse et l'édition ou sur les hautes fonctions universitaires. Aux échelons inférieurs, la petite bourgeoisie regroupe les petits patrons, les commerçants, les membres des professions libérales, les retraités rentiers, les paysans aisés.

4 La hiérarchie sociale

Coupe d'un immeuble parisien, 1845.

Gravure de Bertall, dans Jean-Jacques CHAMPIN *et al.*, *Le diable à Paris*, Paris, Hetzel, 1846, p. 30.

▶ À partir des descriptions faites dans le texte, nommez les différents groupes sociaux habitant cet immeuble, en mettant en parallèle des indices textuels et des indices visuels. Soyez aussi précis et spécifique que possible.

Malgré leur diversité, les bourgeois peuvent se reconnaître à quelques idées-force qui prédominent parmi eux. D'abord une éthique commune gravitant autour des valeurs du progrès matériel, du travail et de la libre concurrence, conditions pour parvenir à la réussite individuelle. Ensuite, un dédain presque viscéral, d'autant plus prononcé lorsqu'on en est issu depuis peu, à l'égard du peuple, c'est-à-dire de tout ce qui est considéré comme d'un rang inférieur. Leur idéal serait une nation de propriétaires indépendants; leur objectif de toute une vie, c'est de se constituer un patrimoine grâce auquel on pourra s'assurer une vieillesse décente et laisser un héritage à des enfants peu nombreux. Ils expriment enfin un nationalisme agressif teinté de xénophobie, et l'antisémitisme, qui connaît un nouveau sursaut à la fin du XIXe siècle, trouvera chez eux (et aussi dans bien d'autres groupes sociaux) un très grand nombre de sympathisants.

Xénophobie

(du grec *xenos*, « étranger », et *phobos*, « crainte ») Méfiance, haine envers les étrangers.

Antisémitisme

Hostilité de type raciste dirigée contre les Juifs; idéologie qui considère les Juifs comme une race inférieure et dangereuse à la fois; mouvement visant à l'infériorisation des Juifs ou même à leur élimination physique.

9.1.2 Les classes moyennes

Un ensemble hétérogène. L'aspect peut-être le plus décisif de l'évolution de la société occidentale, à cette époque, est l'émergence de ce qu'on appellera les *classes moyennes*. Elles forment un ensemble très hétérogène, regroupant à la fois d'anciens métiers peu touchés par l'industrialisation (artisans, boutiquiers) et de nouvelles couches issues de cette dernière ou favorisées par elle: fonctionnaires, salariés « cols blancs » dans le secteur des services (comptables, secrétaires), contremaîtres, ingénieurs et techniciens dans les grandes entreprises. Ils se distinguent de la masse des ouvriers par une éducation et une qualification plus poussées, une autonomie accrue dans le travail et une mobilité plus grande. L'éventail des revenus y est très large, les styles de vie y sont très diversifiés. Les classes moyennes constituent cependant un pourcentage élevé de l'électorat et fournissent le plus gros contingent d'élus, de même que la foule des petits employés indispensables à la bonne marche quotidienne des rouages de l'État, de l'économie et de la société. On trouve chez eux un certain sentiment de supériorité à l'égard des masses populaires, mais aussi une sorte de méfiance hargneuse envers les privilégiés en tout genre.

9.1.3 La condition ouvrière

Une classe nouvelle. Au bas de l'échelle sociale apparaît maintenant une nouvelle classe, celle des ouvriers d'usine, qui n'ont plus rien en commun avec leurs ancêtres compagnons ou artisans des corporations de métiers. Ayant perdu toute emprise sur les outils et les procédés de production, dépositaires d'un savoir séculaire devenu inutile, ils ne sont plus qu'une force brute de travail, marchandise soumise comme toute autre au jeu de l'offre et de la demande, alors que l'explosion démographique et la mécanisation de l'industrie accroissent la masse des bras disponibles. Aussi n'est-il pas étonnant que les premières manifestations ouvrières soient dirigées contre les machines, que l'on brise rageusement **5**.

5 Les ouvriers brisent les machines

« En nous rendant ici, à Bolton [...], nous rencontrâmes, sur la route, une troupe de plusieurs centaines d'hommes. Je crois qu'ils étaient bien cinq cents; et comme nous demandions à l'un d'entre eux à quelle occasion ils se trouvaient rassemblés en si grand nombre, ils me dirent qu'ils venaient de détruire quelques machines, et qu'ils entendaient en faire autant dans tout le pays. En conséquence, on est prévenu ici qu'on doit s'attendre à leur visite pour demain: les ouvriers du voisinage ont déjà réuni toutes les armes qu'ils ont pu trouver, et sont en train de fondre des balles et de faire provision de poudre pour attaquer demain matin.

[...] Le même jour, dans l'après-midi, une grande fabrique [...] fut attaquée par eux. La position du bâtiment ne leur permettait d'en approcher que par un passage étroit; grâce à quoi le chef de la fabrique put avec quelques voisins repousser l'attaque et sauver la fabrique pour cette fois. Deux des assaillants furent tués sur place, un noyé et plusieurs blessés. La foule n'avait pas d'armes à feu et ne s'attendait pas à une aussi chaude réception. Ces gens furent exaspérés et jurèrent de se venger. Ils passèrent donc la journée de dimanche et la matinée de lundi à rassembler des fusils et des munitions. [...] Les mineurs du duc de Bridgewater se joignirent alors à eux, et d'autres ouvriers encore, si bien que leur nombre atteignit, nous a-t-on dit, huit mille hommes. Ces huit mille hommes marchèrent au son du tambour et enseignes déployées sur la fabrique d'où ils avaient été repoussés samedi. Ils trouvèrent là sir Richard Clayton, à la tête d'une garde de cinquante invalides. Que pouvait faire une poignée d'hommes en face de ces milliers de forcenés? Ils durent se retirer et jouer le rôle de spectateurs, pendant que la foule détruisait de fond en comble un outillage évalué à plus de dix mille livres sterling. »

Source: Lettre de Josiah WEDGWOOD (1779), dans Paul MANTOUX, *La révolution industrielle au XVIIIe siècle*, Paris, Génin, 1959, p. 422-423.

6 Des enfants dans les mines (1842)

L'irrémissible scandale de la révolution industrielle.

7 Le travail des enfants dans les mines en Angleterre

« Il apparaît dans le rapport qu'aujourd'hui prédomine largement la pratique lamentable de faire tirer des charges par des jeunes gens et des enfants en bas âge avec une ceinture et une chaîne. [...]

L'enfant a une ceinture attachée autour de la taille, à laquelle est fixée une chaîne qui passe entre ses jambes et est reliée à la voiture. L'enfant est obligé de se mettre à quatre pattes [...] et dans cette position il est obligé d'emprunter des passages pires que des égouts, presque aussi humides et souvent plus étroits. Il doit faire ce travail pendant plusieurs heures de suite dans une température décrite comme parfaitement insoutenable. D'après les témoignages des ouvriers eux-mêmes, il paraît que ce travail est excessivement pénible ; la ceinture le blesse et lui fait très mal.

"Sir, dit un vieux mineur, je ne peux que répéter ce que les mères disent, c'est de la barbarie." Robert North dit : "Je suis descendu dans la mine à sept ans. Quand j'ai tiré avec la ceinture et la chaîne, ma peau s'est ouverte et j'ai saigné. [...] Si on disait quelque chose, ils nous battaient. J'en ai vu beaucoup tirer à six ans. Ils devaient le faire ou être battus. Ils ne peuvent pas se redresser quand ils remontent à la surface. J'ai quelque [sic] fois tiré jusqu'à ce que mes hanches me fassent si mal que je ne savais plus quoi faire." [...] »

Source : Discours du comte de SHAFTESBURY, dans Jean-Pierre VIVET, dir., *Les mémoires de l'Europe*, t. V, *L'Europe bourgeoise, 1830-1914*, Paris, Laffont, 1972, p. 160-161.

Paupérisation
Appauvrissement absolu ou relatif d'une classe sociale, et généralement d'une classe disposant déjà de peu de richesse.

Une dégradation brutale. La révolution industrielle provoque ainsi, dans sa première phase, une dégradation brutale des conditions de travail. On travaille de 15 à 16 heures par jour, 6 ou même 7 jours par semaine. Très peu de repos : les fêtes religieuses, traditionnellement chômées, ont largement disparu. Pas de limitation d'âge non plus : les enfants commencent à travailler à cinq ans, parfois moins, dans les mines ou le textile, dans des conditions épouvantables. Mis à l'amende ou emprisonnés sur les lieux de travail pour la moindre défaillance, fouettés pour qu'ils restent éveillés, vendus et achetés s'ils sont orphelins, ils sont les nouveaux esclaves de la société industrielle 6 7.

L'urbanisation consécutive à la révolution industrielle, qui modifie profondément la répartition géographique de la population, ne fait qu'empirer la situation. Les populations des régions rurales sont drainées vers les régions industrialisées autour des sources d'énergie ou de matière première, où se concentrent maintenant de grandes masses d'humains. Les conditions d'habitation, d'hygiène, de salubrité de ces quartiers ouvriers des grandes villes sont épouvantables et rappellent les pires « bidonvilles » de notre époque 8. Dans les quartiers ouvriers de Montréal, dans les années 1870, plus d'un enfant sur trois meurt avant l'âge d'un an.

Une amélioration progressive. Il y a donc, au départ de l'industrialisation, une **paupérisation** des classes populaires, qui a frappé l'imagination des contemporains et trouvé son écho dans la littérature à travers un Victor Hugo (*Les misérables*) ou un Charles Dickens (*Oliver Twist*), dans la peinture avec un Daumier. Mais le progrès technique va finalement renverser cette tendance et amener une nette amélioration du niveau de vie général, même chez les plus pauvres. On estime qu'au cours du XIXe siècle le pouvoir d'achat du salaire de l'ouvrier a doublé, pendant que son horaire de travail se réduisait de moitié.

Cette évolution n'est d'ailleurs pas le fruit du seul progrès technique. C'est que, d'une part, la misère ouvrière a suscité un mouvement philanthropique chez quantité de gens nantis, qui parfois ont organisé des usines modèles (Robert Owen en Angleterre 9, voir p. 276), ou encore conçu les premières législations touchant les conditions de travail, et d'abord le travail des enfants, scandale absolu de l'époque. Mais c'est aussi, d'autre part, que les ouvriers eux-mêmes se sont organisés pour défendre collectivement leurs intérêts par le syndicalisme.

9.1.4 Le mouvement syndical et la législation sociale

Des débuts difficiles. C'est dans les grandes usines mécanisées que les premiers syndicats ont pu s'implanter, à la fois reflet et occasion d'une prise de conscience chez leurs membres. Au départ partout interdit par la loi, pourchassé sans relâche et sans ménagement par les pouvoirs publics, le mouvement syndical doit d'abord se camoufler sous les apparences bénignes de sociétés d'entraide ou de secours charitables et vivre dans la clandestinité. Il gagnera de haute lutte, dans la seconde moitié du XIXe siècle (en 1872 au Canada), son simple droit d'exister. Le mouvement se trouve alors devant ces dilemmes incontournables qui n'ont jamais cessé d'être les siens : action syndicale ou action politique ? Action légale, réformiste, ou action révolutionnaire ? Les variantes nationales du mouvement découlent en bonne part des réponses apportées à ces questions.

Des formes variées. En Grande-Bretagne, les *trade unions*, pionniers de l'action syndicale proprement dite (amélioration des conditions de travail et des salaires par la négociation collective), vont se lancer dans l'action politique légale par la fondation d'un parti, le *Labour Party* (1906), qui jouera le jeu électoral pour accéder au pouvoir et — espère-t-on — y réaliser les réformes souhaitables. En Allemagne, c'est plutôt le Parti socialiste (SPD), fondé en 1875, qui crée lui-même le mouvement syndical, particulièrement bien organisé, tandis qu'en France le syndicalisme opte résolument pour l'action révolutionnaire, de type grève générale, et tient à se distancer de tout parti politique. En Amérique du Nord, le syndicalisme va s'orienter progressivement vers le seul syndicalisme d'affaires, refusant à la fois la solution travailliste anglaise et les approches allemande ou française.

Les regroupements. Partout le mouvement syndical tente de regrouper ses forces, avec la création des grandes fédérations d'industrie, puis des confédérations nationales : Trade Unions Congress (TUC) en Grande-Bretagne, Confédération générale des travailleurs (CGT) en France, American Federation of Labour (AFL) aux États-Unis et au Canada. En 1864 est même créée la première Association internationale des travailleurs qui, après quelques années d'une activité soutenue, disparaîtra dans les querelles intestines entre utopistes, « révolutionnaires » et anarchistes. Une IIe Internationale verra le jour en 1889, formée cette fois de partis politiques et qui sombrera dans la grande tourmente de la Première Guerre mondiale, pour n'avoir pas su l'arrêter malgré toutes ses professions de foi pacifistes et toute sa puissance politique.

La législation sociale. Toute cette activité du mouvement ouvrier, les conflits extrêmement durs, sanglants même, de cette époque (massacre de Chicago, le 1er mai 1886, dont l'anniversaire deviendra la grande fête internationale des travailleurs), n'auront pas été vains. Ne serait-ce que pour sauver son existence, le capitalisme doit s'adapter. Alors, dans les pays les plus avancés, l'Allemagne surtout, la Grande-Bretagne, les pays scandinaves, beaucoup plus tard la France et l'Amérique du Nord, sont adoptées des lois réduisant le temps de travail (de 16 à 10 heures par jour, 8 pour les femmes et les enfants), élevant l'âge minimum pour travailler (de 5 à 13 ans), indemnisant les victimes d'accidents de travail, imposant une journée de repos obligatoire par semaine, instaurant enfin un véritable régime d'assurances sociales contre la maladie, le chômage et la vieillesse (Angleterre, 1911). Lois partielles, lois imparfaites et surtout

8 Un quartier ouvrier à Québec vers 1890

Rue du Petit-Champlain.

La rue est pavée de madriers de bois, qui conservent l'humidité et favorisent la propagation des bactéries.

Photographie de W. Notman, musée McCord, Montréal.

Réformiste
Qui cherche l'amélioration des conditions économiques, sociales ou politiques par la voie légale.

Révolutionnaire
Qui cherche l'amélioration des conditions économiques, sociales ou politiques par des moyens illégaux.

Trade union
Appellation utilisée dans les pays anglo-saxons pour désigner un syndicat qui regroupe les ouvriers sur la base de leur spécialité.

Syndicalisme d'affaires
Syndicalisme qui se consacre exclusivement à la défense des intérêts immédiats de ses membres dans leur lieu de travail par des négociations avec l'employeur.

Utopiste
Adepte de conceptions jugées, du moins par ses adversaires, comme ne tenant pas compte de la réalité présente.

Anarchiste
Adepte d'une idéologie (l'anarchisme) rejetant l'autorité de l'État et cherchant à détruire tout pouvoir exerçant une contrainte sur l'individu.

9 Robert Owen (1771-1858)

PORTRAIT

Robert Owen est l'un des socialistes « utopistes » les plus influents de son temps. Convaincu que le caractère des humains est forgé par des circonstances qui ne dépendent pas de leur volonté, il fonde une entreprise de textiles dont les actionnaires doivent se contenter d'avance d'un maigre 5 % de rendement de leur capital, et tente de fournir à ses propres ouvriers des conditions de travail et de vie décentes, particulièrement en matière d'éducation des enfants, prise en charge par l'employeur. Entre 1825 et 1828, il engloutit 80 % de sa fortune dans la mise sur pied d'une communauté idéale de producteurs-consommateurs, à New Harmony, dans l'Indiana, expérience qui échoue sur des dissensions internes. Dans les années 1830, il est l'un des leaders du mouvement ouvrier et participe aux premières tentatives de syndicalisation malgré la répression qui frappe le mouvement syndical. Il est également aux premiers rangs du mouvement coopératif naissant.

imparfaitement appliquées, certes, mais l'essentiel, à l'époque, c'était d'ouvrir une brèche, d'affirmer, en face du libéralisme pur et dur, la responsabilité sociale et le droit, le devoir d'intervention de l'État dans le jeu du marché.

9.1.5 Les femmes

La situation juridique. Dans cette société des années 1850-1914, encore très inégalitaire malgré son discours officiel et ses progrès réels mais limités en faveur des démunis, une inégalité demeure, foncière, institutionnalisée, et d'autant plus forte qu'elle est justifiée par une idéologie qui lui confère un caractère naturel et nécessaire ; elle frappe la moitié de la population et traverse toutes les strates sociales : c'est celle qui fait des femmes, de toutes les femmes, des êtres de seconde zone **10**. Elles sont, aux yeux de la loi, des mineures, soumises à l'autorité masculine (paternelle ou maritale), elles ne peuvent généralement pas gérer leurs affaires et leur vie sans l'autorisation d'un « tuteur ». Dépourvues de tout droit politique (droit de vote, droit d'être élues), elles n'ont qu'un accès réduit à l'éducation supérieure, sont souvent mariées selon l'intérêt de la famille et sans égard pour leurs sentiments, n'ont pas droit au divorce.

10 La situation juridique de la femme mariée au Québec entre 1866 et 1915

A – Sur le plan individuel :

1. incapacité générale (comme les mineurs et les interdits) :
   a) ne peut contracter ;
   b) ne peut se défendre en justice ou intenter une action ;
2. ne peut être tutrice ou curatrice ;
3. peut cependant faire un testament.

B – Relations personnelles avec le mari :

1. soumission au mari, en échange de la protection de ce dernier ;
2. nationalité et lieu du domicile imposés par le mari ;
3. exercice des droits civils sous le nom du mari ;
4. le mari peut toujours exiger la séparation pour cause d'adultère, mais la femme ne peut l'exiger que si le mari entretient sa concubine dans la maison commune.

C – Relations financières avec le mari :

1. ne peut exercer une profession différente de celle du mari ;
2. ne peut être marchande publique sans autorisation du mari ;

3. en régime de communauté de biens :
   a) le mari, seul administrateur des biens de la communauté,
   b) responsabilité de la femme face aux dettes du mari, mais non l'inverse ;
4. en régime de séparation de biens :
   a) ne peut disposer de ses biens et doit avoir l'autorisation du mari pour les administrer, autorisation particulière exigée pour chaque acte,
   b) ne peut disposer de son salaire professionnel ;
5. ne peut accepter seule une succession ou une exécution testamentaire ;
6. ne peut faire ni accepter une donation entre vifs ;
7. ne peut hériter de son mari mort sans testament qu'après douze degrés successoraux.

D – Situation dans la famille :

1. ne peut consentir seule au mariage d'un enfant mineur ;
2. a le droit de surveillance sur ses enfants, mais ne peut les corriger ;
3. ne peut être seule tutrice de ses enfants mineurs.

Source : Adapté de COLLECTIF CLIO, *L'histoire des femmes au Québec depuis quatre siècles*, Montréal, Le Jour, 1992, p. 355-356.

Les conditions concrètes. À l'intérieur de cette discrimination légale qui frappe toutes les femmes, les conditions réelles de vie sont évidemment très diversifiées. Dans les classes qui jouissent d'un minimum d'aisance, la femme mariée est exclusivement chargée des tâches domestiques et de l'éducation des enfants. Le travail rémunéré à l'extérieur du foyer est extrêmement rare et se limite aux domaines étroitement liés au rôle maternel : enseignement, travail social, soins infirmiers. Les femmes des classes laborieuses travaillent à l'usine, ou encore comme domestiques chez les riches, à des salaires toujours inférieurs à ceux des hommes.

Le mouvement féministe. Le mouvement féministe de l'époque se concentre sur la question du droit de vote, pour l'obtention duquel les suffragettes déploient, surtout dans les pays anglo-saxons, des initiatives spectaculaires (manifestations violentes, incendies criminels, grèves de la faim, voire suicide public) qui leur apporteront plus de quolibets et d'hostilité que de résultats concrets 11 12 (*voir page suivante*). À part quelques cas isolés (pays scandinaves, Australie), il faudra attendre la guerre de 1914 pour voir enfin l'amorce de changements majeurs dans la situation des femmes.

Faisons le point

1. Qui sont les bourgeois à l'époque ? Quelles sont leurs idées-force ?
2. Décrivez les différentes facettes du pouvoir dominant de la bourgeoisie.
3. De quels groupes socioprofessionnels les classes moyennes sont-elles formées ? Qu'ont-ils en commun ?
4. En quoi les ouvriers d'usine diffèrent-ils radicalement d'avec les artisans des corporations de métiers traditionnelles ?
5. Le développement de la révolution industrielle a-t-il amené une amélioration de la condition ouvrière ? Justifiez votre réponse.
6. Quelles sont les grandes tendances du mouvement syndical, respectivement en Grande-Bretagne, en Allemagne, en France et en Amérique du Nord ?
7. Précisez la situation juridique des femmes au milieu du XIXe siècle et indiquez l'objectif essentiel du mouvement féministe de l'époque.

9.2 Les États : libéralisme, démocratie, nationalisme

Depuis la « grande révolution atlantique » (*voir chap. 7*), la civilisation occidentale est travaillée, dans le domaine politique, par trois grands courants qui parfois se conjuguent, parfois s'affrontent : le libéralisme, la démocratie et le nationalisme.

9.2.1 La démocratie libérale : progrès et limites

La démocratie libérale, difficilement mise en œuvre après les soubresauts révolutionnaires, s'est installée pour de bon dans quelques pays de l'Europe de l'Ouest et en Amérique du Nord.

Les rouages principaux. Les rouages de la démocratie libérale sont à peu près partout les mêmes, sous différentes appellations. Des parlements élus détiennent

---

11 Une manifestation de suffragettes décrite par son organisatrice

« Quelles que fussent les dispositions prises par la police pour empêcher nos manifestations, elles n'aboutissaient à rien, parce que, chaque fois, nous savions exactement ce que la police allait faire, alors qu'elle était incapable de prévoir ce que nous allions faire. [...] Il était exactement cinq heures et demie lorsque [...] nous avons jeté des pierres, quatre, à travers les vitres des fenêtres de la résidence du Premier ministre. Comme nous nous y attendions, on nous arrêta rapidement. [...] L'heure qui suivit restera longtemps gravée dans la mémoire des Londoniens. Toutes les quinze minutes, des femmes qui s'étaient portées volontaires pour la manifestation firent ce qu'elles devaient. D'abord, les vitres volèrent en éclats à Haymarket et à Piccadilly, ce qui alarma et effraya beaucoup de piétons et la police. Un grand nombre de femmes furent arrêtées, et tout le monde pensa que l'affaire en resterait là. Mais [...] le sinistre bruit de vitres recommença, cette fois, des deux côtés de Regent Street et du Strand. Il s'ensuivit une course furieuse de la police et de la foule vers la deuxième scène d'action. Pendant que leur attention était retenue par ce qui se passait dans ce quartier, un troisième commando de femmes se mirent à briser les vitres dans Oxford Circus et Bond Street. La manifestation se termina pour ce jour à six heures et demie avec l'éclatement de nombreuses vitres dans le Strand. »

Source : Emmeline PANKHURST, *Ma propre histoire*, dans Jean-Pierre VIVET, dir., *Les mémoires de l'Europe*, t. V, *L'Europe bourgeoise, 1830-1914*, Paris, Laffont, 1972, p. 518.

12 Emmeline Pankhurst
(1858-1928)

PORTRAIT

Épouse d'un avocat féministe, Emmeline Pankhurst fonde d'abord la Ligue pour le droit de vote des femmes, qui gagne une première bataille dans le champ municipal (1893). L'Union féminine sociale et politique, fondée en 1903, se fait rapidement remarquer par son radicalisme: en 1905, deux de ses membres sont jetées en prison pour assaut sur des policiers. Pankhurst elle-même est emprisonnée trois fois en 1908-1909, après avoir appelé le peuple à envahir la Chambre des communes. Acharnée, indomptable, elle utilise à fond une loi dite *du chat et de la souris*: emprisonnée, elle fait la grève de la faim, est relâchée temporairement pour qu'elle puisse refaire sa santé, puis réincarcérée, et ainsi de suite, jusqu'à 12 fois dans l'année 1913. Ayant suspendu ses activités lors de la Première Guerre mondiale et séjourné ensuite pendant plusieurs années à l'étranger, elle rentre en Angleterre en 1926, à temps pour voir les efforts de toute une vie couronnés de succès par une loi sur la représentation populaire votée au Parlement quelques semaines avant sa mort.

le pouvoir législatif et sont en mesure de faire contrepoids au pouvoir exécutif, qui doit leur rendre compte de ses actes. Le pouvoir judiciaire s'exerce dans une relative indépendance face à l'exécutif. Le suffrage universel masculin se généralise, de même que le vote secret derrière l'isoloir. On commence à verser une indemnité aux députés, afin de permettre aux moins fortunés d'être élus. La liberté de presse assure en principe l'accès des citoyens à une information contradictoire. Avec le développement de l'instruction, un corps électoral de plus en plus éduqué est en mesure de mieux comprendre les enjeux du débat politique.

Les limites. Mais la démocratie libérale est encore assez loin de ses idéaux proclamés et connaît d'importantes lacunes qui en font, aux yeux de plusieurs, un objet de dérision ou même de rejet. La plus grande, peut-être, de ces lacunes a trait au droit de vote lui-même. Le suffrage dit *universel* exclut en fait la moitié de la population: les femmes. Leur situation s'est même dégradée, à cet égard, au cours du XIXe siècle: par exemple, elles ont perdu le droit de vote au Bas-Canada en 1834. Même chez les hommes, les domestiques en sont généralement privés, de même que les enfants majeurs vivant chez leurs parents. Aux États-Unis, malgré l'émancipation légale des Noirs (1868), plusieurs États s'ingénient à leur refuser l'exercice du droit de vote par toutes sortes d'entraves. Les ouvriers et les paysans, souvent encore illettrés, astreints à des conditions de vie et de travail rigoureuses, ayant peu de loisirs, demeurent soumis à l'influence des notables instruits, ou alors carrément en marge de toute vie politique. La démocratie reste donc incomplète, l'égalité devant la loi étant trop souvent niée par l'inégalité sociale.

9.2.2 Le mouvement des nationalités

Sans être un phénomène nouveau, le nationalisme s'épanouit au XIXe siècle, et pas seulement en Occident: la Chine et le Japon, entre autres, en connaîtront de puissantes manifestations. En Occident, ce nationalisme puise à trois sources distinctes, parfois même contradictoires, ce qui en fait un mélange particulièrement explosif.

Trois sources. La première source du nationalisme est à rechercher du côté de la Révolution française. D'une part, les idéaux de cette révolution (souveraineté du peuple, liberté et égalité) enthousiasment les esprits et, d'autre part, les conquêtes françaises, qui démentent ces idéaux de façon si absolue, galvanisent dans les pays conquis les aspirations à l'autodétermination. À partir de là, chacun plonge dans son passé pour y retrouver des valeurs et des particularités nationales que les prétentions à l'universalisme de la Révolution française avaient tenté de faire disparaître. Deuxième source du nationalisme, le mouvement romantique exprime ce désir de retour au passé en redonnant ses lettres de noblesse à ce Moyen Âge que la Renaissance du XVIe siècle avait voulu occulter par un retour à l'Antiquité gréco-romaine. Enfin, les impératifs économiques, dans le contexte de la révolution industrielle, poussent à l'unification de certains territoires depuis longtemps morcelés (Italie, Allemagne), et le nationalisme sert de levier irremplaçable dans cette marche vers la création de nouveaux États.

Un phénomène complexe. Ainsi donc, par la conjugaison de l'idéologie révolutionnaire, du sentiment romantique du retour aux origines et des intérêts de la bourgeoisie, jaillit un phénomène touffu, contradictoire, tantôt révolutionnaire tantôt conservateur, tantôt ouvert sur l'avenir tantôt tourné vers le passé, tantôt démocratique tantôt autoritaire, tantôt à tendance aristocratique tantôt à tendance populaire. Le nationalisme échappe à toute explication réductrice et constitue, emmêlé avec la révolution politique et la révolution industrielle, un facteur décisif dans l'histoire de l'Europe du XIXe siècle, et pas seulement dans celle-là : les convulsions qui ont accompagné l'effondrement de l'Union soviétique à la fin du XXᵉ siècle (*voir p. 335*) nous rappellent à quel point le phénomène est profond et durable.

Deux réalisations : l'Italie et l'Allemagne. Les réalisations de l'unité allemande et de l'unité italienne représentent alors les deux grandes réussites du mouvement des nationalités 13.

L'Allemagne et l'Italie, simples « expressions géographiques », avaient depuis des siècles été morcelées politiquement en une poussière de petits États parfois réduits à une simple ville. On a pu en dénombrer plus de 450 dans l'Allemagne du XVIIᵉ siècle ! En Allemagne comme en Italie, c'est la Révolution française qui a ravivé les aspirations nationales et, après l'échec des révolutionnaires idéalistes de 1848 qui avaient lancé le mouvement vers l'unité, ce sont des hommes politiques, ce sont des gouvernements qui les relaient par une politique « réaliste ». Dans les deux cas, un État, le plus dynamique de l'ensemble, et un dirigeant particulièrement habile vont mener à bien l'entreprise : pour l'Italie, le royaume de Sardaigne, aussi appelé *Piémont-Sardaigne*, avec son premier ministre le comte de Cavour (1810-1861) ; pour l'Allemagne, le royaume de Prusse avec son premier ministre Otto von Bismarck (1815-1898). Dans les deux cas, l'unité sera acquise par un savant mélange d'habileté diplomatique et de conflits armés, d'abord contre l'Autriche avec l'appui de la France, puis contre la France elle-même.

En 1861 naît donc un royaume d'Italie, complété plus tard par l'acquisition de la Vénétie et des États du Pape, tandis qu'en 1871, dans l'écrasante victoire de la Prusse sur la France, naît l'empire d'Allemagne, de forme fédérale sous suprématie prussienne (IIᵉ Reich). Cette nouvelle Allemagne devient, d'entrée de jeu, l'État le plus riche, le plus peuplé (hors de la Russie), le plus industrialisé et le plus puissant militairement d'Europe continentale. L'équilibre européen, patiemment construit depuis 1713 et réaffirmé lors du congrès de Vienne en 1815, s'en trouve radicalement modifié, situation lourde de dangers…

13 La formation de l'Italie et de l'Allemagne unifiées

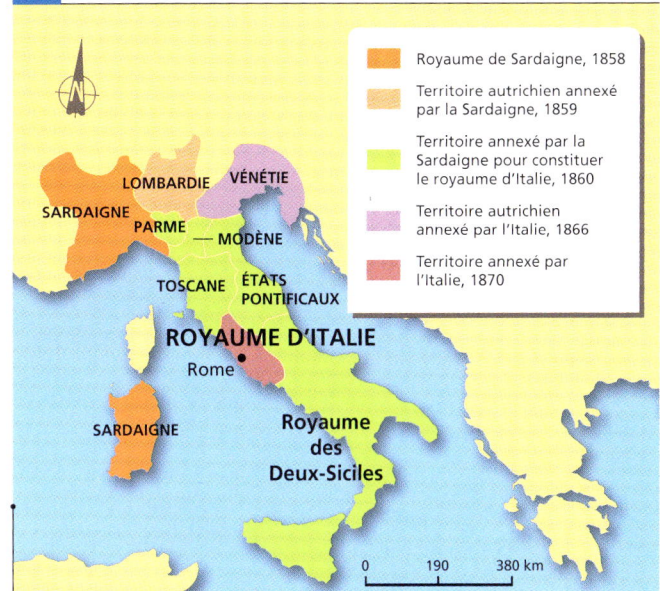
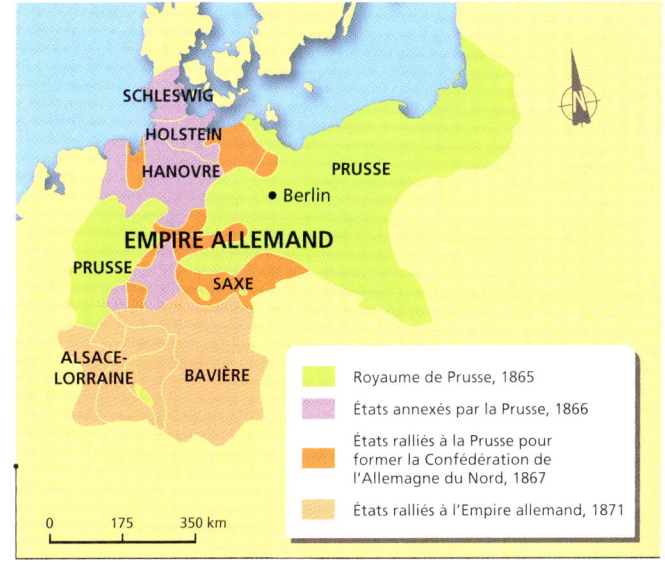

9.2.3 Les empires autoritaires multinationaux

Facteur de rassemblement en Italie ou en Allemagne, le nationalisme apparaît au contraire, et par la même dynamique, facteur de dislocation des États multinationaux. Ces derniers étant par ailleurs de structure politique autoritaire, la lutte pour la démocratie et la lutte pour la souveraineté nationale s'y conjuguent avec fougue.

L'Autriche-Hongrie. Les conséquences les plus graves, à cet égard, guettent l'empire d'Autriche, qui regroupe, sous l'autorité des Autrichiens, un grand nombre de nationalités parlant une dizaine de langues, pratiquant trois ou quatre religions différentes et vivant sur un immense territoire couvrant tout le centre-sud de

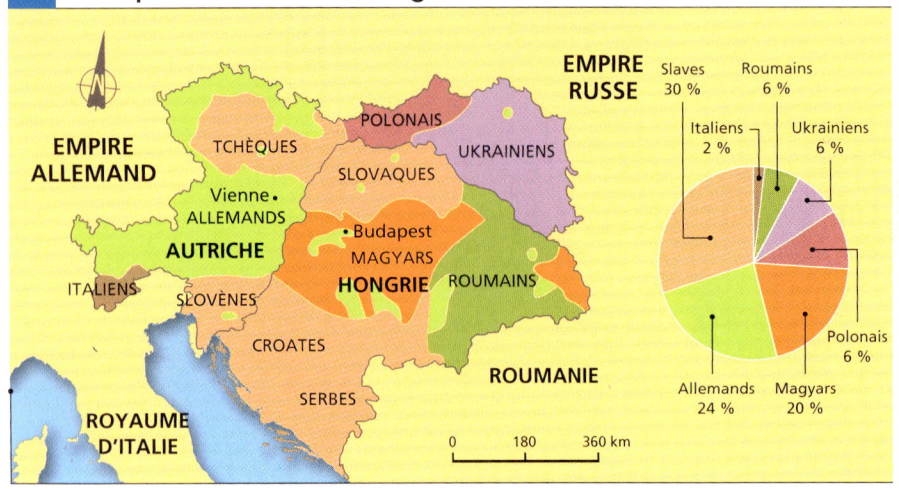

14 L'empire d'Autriche-Hongrie vers 1910

l'Europe. Après les révolutions de 1848, les autorités autrichiennes, inquiètes, plutôt que de reconnaître ces aspirations nationales dans une quelconque formule fédérale, avaient préféré faire alliance avec les seuls Hongrois, en créant l'empire d'Autriche-Hongrie (1867), « Double-Monarchie » réunissant deux États largement autonomes sous l'autorité d'un même empereur. Mais cette solution n'est qu'un sursis et les nationalités de la grande famille slave (Tchèques, Slovaques, Croates, Serbes, etc.), exclues du partage, n'en sont que stimulées dans leur lutte **14**.

L'Empire ottoman dans les Balkans. L'Empire ottoman, quant à lui, a déjà perdu le plus clair de ses possessions européennes, sous la pression des mouvements nationalistes slaves appuyés par la Russie. Mais les États ainsi créés (Serbie, Bulgarie, Roumanie, Monténégro) se mettent tout de suite à s'entredéchirer pour d'infimes parcelles de territoire où les nationalités se trouvent inextricablement mêlées **15**. Ainsi naît la « poudrière balkanique », d'où l'étincelle de 1914 mettra le feu à toute l'Europe.

Panslavisme
Doctrine et mouvement politique prônant la réunion de tous les peuples slaves sous l'autorité de la Russie.

Pangermanisme
Doctrine et mouvement politique prônant la réunion de tous les peuples germaniques sous l'autorité de l'Allemagne.

L'Empire russe en Europe. L'Empire russe fait face, dans sa partie européenne, à des difficultés de même ordre avec des minorités remuantes, particulièrement les Polonais, qui entrent régulièrement en insurrection et sont tout aussi régulièrement massacrés. L'Europe « libérale » crie au scandale mais n'agit pas.

Une évolution inquiétante. À la fin du XIXe siècle, le nationalisme connaît une évolution marquée. Victorieux en Allemagne, en Italie, dans les Balkans, bafoué en France par la défaite de 1871, il glisse vers le conservatisme, le repli sur soi, le militarisme, la xénophobie, voire l'antisémitisme. Au départ allié au libéralisme et à la démocratie, il s'en détourne et même les combat à l'occasion. Enfin, les mouvements nationaux tendent à se regrouper par grandes familles, et l'on voit apparaître, autour de la Russie, un **panslavisme** et, autour de l'Allemagne, un **pangermanisme**, farouchement ennemis, qui accroissent les tensions internationales et les risques de dérapage.

15 Les Balkans en 1913

9.2.4 Destins du fédéralisme en Amérique du Nord

Au moment où la géographie politique de l'Europe se transforme, celle de l'Amérique du Nord est aussi redéfinie, d'un côté par une guerre civile aux États-Unis, et de l'autre, par la formation de la Confédération canadienne.

280 Chapitre 9

La guerre de Sécession. Aux États-Unis, constitués en une fédération dont l'unité intérieure est mal assurée, les occasions de conflit ne manquent pas. Le Nord-Est, industrialisé, favorise un protectionnisme douanier dont le Sud ne veut pas, craignant pour ses exportations.

L'esclavage, aboli et d'ailleurs économiquement inutile dans le Nord-Est, est considéré comme indispensable à l'économie du Sud, qui réagit fort mal aux grandes campagnes abolitionnistes menées par le Nord. Aussi, en 1860, après l'élection à la présidence d'un antiesclavagiste modéré, Abraham Lincoln (1809-1865), les États du Sud font sécession et créent un nouveau pays, les États confédérés d'Amérique. Immédiatement, le gouvernement fédéral et les États du Nord décident de reprendre par la force les États rebelles.

La stratégie de la « terre brûlée » : ruines de Richmond, en Virginie, après sa prise par les Nordistes, en 1865.

Cette guerre de Sécession va durer quatre ans. Première guerre de l'ère industrielle, elle met en présence de grandes masses de combattants, une énorme puissance de feu et des moyens logistiques d'une efficacité jamais vue : chemin de fer, télégraphe. De nombreux experts européens, allemands notamment, viennent observer sur place ces données nouvelles de la guerre moderne. En 1865, épuisé, ravagé par la stratégie de la « terre brûlée » pratiquée par le général nordiste Sherman 16, la moitié de son armée tuée par les armes et la maladie, le Sud capitule devant l'écrasante supériorité de son adversaire. La guerre laisse 600 000 morts, soit 20 % des troupes engagées, proportion bien supérieure à celle que donnera la Première Guerre mondiale, et une profonde cicatrice entre le Nord et le Sud des États-Unis, dont on ne peut pas dire qu'elle soit entièrement disparue encore aujourd'hui. Le fédéralisme américain sort de cette terrible expérience avec un pouvoir central sensiblement renforcé.

La Confédération canadienne. L'établissement de la Confédération canadienne est dû en partie à cette guerre de Sécession et en partie à des facteurs internes.

S'étant toujours sentis menacés par les États-Unis, deux fois envahis par leurs armées (1775-1776 et 1812-1814), les habitants de la vallée du Saint-Laurent, anglophones comme francophones, ne peuvent que s'inquiéter de l'énorme potentiel militaire et de l'esprit belliqueux apparu au sud de leur frontière à l'occasion de la guerre de Sécession. Plus concrètement encore, les États du Nord, extrêmement mécontents de voir l'Angleterre continuer son commerce avec le Sud malgré son appui officiel au Nord, pourraient être tentés de se venger en envahissant sa colonie canadienne. Cette mauvaise humeur se manifeste d'ailleurs, en 1864, par le refus des États-Unis de renouveler l'accord de libre-échange restreint adopté 10 ans plus tôt avec le Canada (Traité de réciprocité, 1854), ce qui annonce des années difficiles pour ce dernier.

En conséquence, le Canada cherche à se rapprocher des colonies britanniques voisines, ce vers quoi, de toute façon, de nombreux facteurs internes le poussent: s'ouvrir un débouché permanent sur l'Atlantique par Halifax, rentabiliser son chemin de fer fortement déficitaire, assurer sa suprématie sur les terres de l'Ouest convoitées par les États-Unis et attirer vers lui les capitaux dont il a grand besoin pour son développement. Mais, devant l'échec sanglant du modèle américain, le fédéralisme canadien s'orientera d'emblée vers une centralisation poussée.

Ainsi naît, le 1er juillet 1867, le Canada, « union fédérale » réunissant trois colonies: le Canada-Uni, le Nouveau-Brunswick et la Nouvelle-Écosse. Le Canada-Uni de 1840 (*voir p. 244*) disparaît pour donner naissance à deux provinces, l'Ontario et le Québec, et le terme *Canada* s'appliquera désormais à l'ensemble de la fédération **17**. Aux termes de l'« Acte » de l'Amérique du Nord britannique, le niveau fédéral de gouvernement, au sein duquel les provinces ne sont nulle part représentées comme telles, détient tous les pouvoirs essentiels, entre autres toute forme de taxation, peut annuler toute loi provinciale quelle qu'elle soit, possède un pouvoir de dépenser illimité, même dans les domaines de compétence provinciale, et peut légiférer sur toute matière en cas d'urgence. Les provinces conservent une exclusivité relative en matière d'éducation, d'hôpitaux, de municipalités et de licences de boutiques et de débits de boissons. L'ensemble canadien demeure cependant une colonie britannique, la Grande-Bretagne étant toujours responsable, entre autres, des relations internationales.

Pour les Canadiens-Français, concentrés au Québec, l'établissement de cette province apparaît plutôt comme un retour partiel à la situation d'avant 1840, à l'époque du Bas-Canada (*voir p. 221*). La compétence provinciale en matière d'éducation et de droit civil semble garantir suffisamment leur survivance comme peuple et, pour le reste, ils se convainquent d'avoir été reconnus comme l'un des « deux peuples fondateurs » de ce Canada nouveau.

En quelques années, tout le territoire de Halifax à Vancouver sera consolidé en un seul pays, qui prendra ainsi la forme géographique que nous lui connaissons, sauf Terre-Neuve, qui ne s'y intégrera qu'en 1949. À travers cette immensité presque vide, un chemin de fer sera lancé **18**, des milliers d'immigrants s'installeront et le Canada prendra peu à peu ses traits d'aujourd'hui.

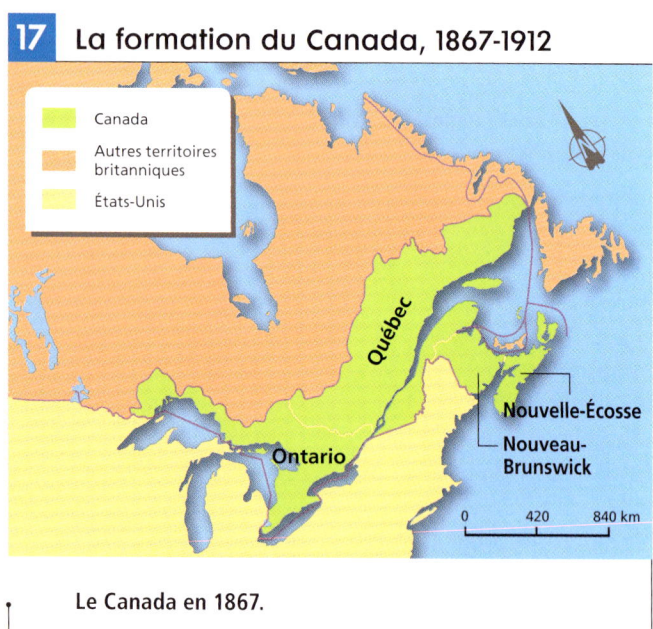

17 La formation du Canada, 1867-1912

Le Canada en 1867.

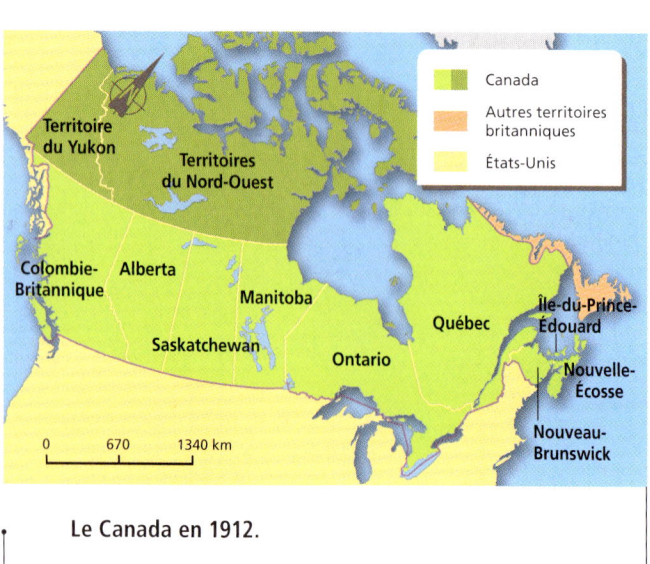

Le Canada en 1912.

Faisons le point

1. Sur une carte de l'Europe, situez les grands empires multinationaux au tournant du XXe siècle.
2. Sur une carte muette de l'Amérique du Nord, tracez les frontières du Canada en 1840, en 1867 et en 1912.
3. Nommez les rouages principaux de la démocratie libérale et les lacunes qu'elle présente à cette époque.
4. Décrivez les trois sources du nationalisme.
5. Quels sont les traits communs qui marquent la naissance de l'Italie et de l'Allemagne?
6. De quelle faiblesse majeure souffre l'Autriche-Hongrie?
7. Comment le nationalisme évolue-t-il à la fin du siècle?
8. Quels sont les enjeux et les résultats de la guerre de Sécession aux États-Unis?
9. Énumérez les facteurs internes et externes qui président à la mise en place de la Confédération canadienne.

9.3 La domination mondiale

Les années 1850-1914 voient l'Europe atteindre l'apogée de sa domination mondiale. Résultat d'un ensemble de facteurs, cette domination prend le plus souvent la forme du colonialisme et marque de façon indélébile les rapports de la civilisation occidentale avec le reste du monde.

9.3.1 Les facteurs de domination

Comment l'Europe, ce continent régulièrement envahi pendant un millénaire (400-1400) par des peuples venus parfois de fort loin (Huns, Arabes, Turcs), a-t-elle pu, quelque part autour du XVIe siècle, renverser cette situation et devenir en trois siècles maître du monde? La réponse à cette question doit prendre en considération des facteurs nombreux, complexes et le plus souvent liés entre eux.

L'émigration. Un de ces facteurs, et l'un des plus importants, est constitué par l'émigration **19** (*voir page suivante*). Lentement amorcée avec les Grandes Découvertes, elle prend de l'ampleur avec l'explosion démographique, et le XIXe siècle sera témoin de la plus grande migration de l'histoire humaine. On estime qu'entre 1850 et 1914 plus de 50 millions d'Européens ont quitté définitivement le Vieux Continent pour aller s'installer dans de «nouveaux mondes» **20** (*voir page suivante*): au premier chef, l'Amérique du Nord, qui en reçoit plus de la moitié, essentiellement aux États-Unis, puis l'Amérique latine, l'Afrique, l'Australasie, à quoi il conviendrait d'ajouter la Sibérie, où 5 millions

18 Le dernier chevron

Le 7 novembre 1885, le président du Canadian Pacific Railway, Donald Smith, enfonce le dernier chevron du premier chemin de fer transcontinental canadien. Le chemin de fer a joué un rôle irremplaçable dans la formation du Canada.

19 La plus grande migration de l'histoire humaine

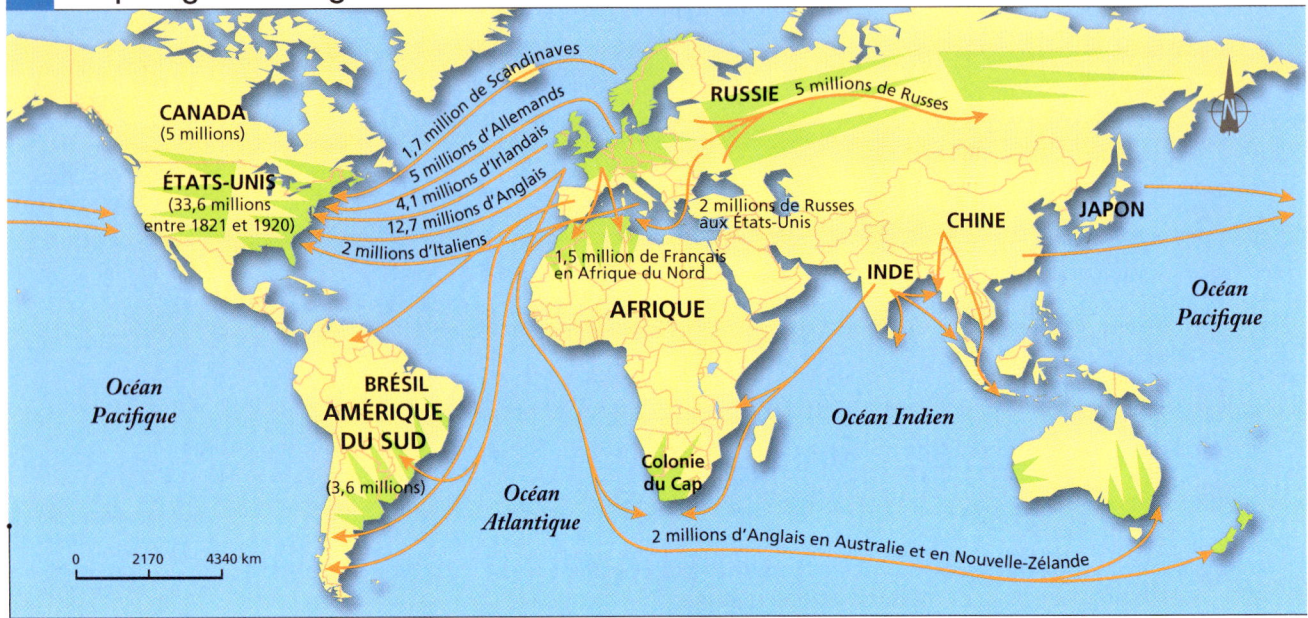

de Russes se déversent à la même époque. (D'autres déplacements, hors d'Europe, amènent 20 millions d'Indiens et de Chinois vers l'Afrique ou l'Amérique.) Or, partout où les Européens s'installent, souvent en détruisant sans ménagement et sans remords des cultures, des peuples et des civilisations anciennes, ils apportent avec eux leurs techniques, leurs méthodes, leurs institutions et leurs valeurs, créant ainsi jusqu'aux antipodes de leur continent d'origine de nouvelles Europes dont l'une réussira même, au XXe siècle, à imposer sa suprématie à celle d'où elle est issue.

La supériorité technique. Mais l'émigration seule ne suffit pas à assurer la domination sur un territoire quelconque. Cette domination vient surtout de la supériorité technique que l'Europe a pu acquérir grâce à la révolution industrielle. À la fin du XIXe siècle, sa production représente près de la moitié de toute la production mondiale, plus des deux tiers pour le fer brut. Cette production est transportée dans tous les azimuts grâce à des bateaux, à des chemins de fer, qu'elle a inventés et qui sont sans comparaison aucune avec les moyens de transport traditionnellement utilisés partout ailleurs. Cette supériorité technique se traduit aussi, évidemment, par une écrasante supériorité militaire, grâce à laquelle elle peut faire d'effroyables ravages matériels et humains dans les populations qui tentent de résister, avec des moyens souvent dérisoires (face aux sagaies des Zoulous, la mitrailleuse tire 350 coups à la minute…).

20 Le grand départ

Des émigrants britanniques s'embarquent pour le Canada, le 12 juin 1902.

La domination des marchés. L'Europe domine ainsi le marché mondial, dont elle assure près des deux tiers des exportations totales, et instaure une véritable division internationale du travail, le reste du monde lui fournissant les matières premières à des prix fixés dans une large mesure par elle, en retour de produits manufacturés chez elle.

L'importance des capitaux. L'Europe est aussi devenue le banquier de la planète : 90 % de tous les capitaux exportés dans le monde viennent d'Europe, dont près de la moitié de la seule Grande-Bretagne **21**. Ces investissements représentent 110 % du produit national brut (PNB) des pays d'origine et rapportent d'immenses dividendes. À la suite de ces investissements et pour en assurer la stabilité, la domination politique souvent s'installe : l'Égypte et l'Empire ottoman passent ainsi sous l'étroite surveillance de leurs généreux prêteurs.

Les mentalités ? Mais tous ces facteurs ne pourraient-ils pas être le résultat d'un facteur initial, plus profond et qu'il faudrait aller chercher du côté des mentalités ? Car l'émigration et l'avance technologique qui fonde la suprématie commerciale et financière s'expliquent elles-mêmes par ce perpétuel désir de changement, par cette curiosité insatiable, par cette passion de savoir héritée de la science grecque, par cette conviction que les choses ne sont pas immuables, tous éléments qui forment un substrat essentiel de la mentalité occidentale. Cette mentalité se justifie-t-elle à son tour par des données géographiques : climats, saisons, reliefs, découpage des côtes, végétation, qui conditionnent l'évolution des sociétés sur le continent européen, comme d'autres éléments façonnent d'autres civilisations ailleurs dans le monde ?

Quoi qu'il en soit, toute explication satisfaisante de ce phénomène, unique dans l'histoire humaine, qu'est l'extension d'une civilisation à la Terre entière, doit éviter la réduction simpliste et prendre en compte un très grand nombre de facteurs dont nul ne saurait être invoqué seul.

9.3.2 Mobiles et formes du colonialisme

Ainsi donc, après des années de suspension dues aux soubresauts de la période révolutionnaire, le **colonialisme** européen connaît une seconde vigueur après 1850, touchant cette fois tous les coins de la planète et mettant en jeu un nombre de plus en plus grand de pays impérialistes et un nombre de plus en plus réduit de territoires « disponibles ».

Les mobiles. La demande toujours croissante de matières premières pour son industrie, la recherche fébrile de débouchés pour ses produits et le besoin de meilleurs rendements de ses capitaux sont les mobiles économiques qui poussent l'Europe à ces nouvelles conquêtes, mobiles ravivés par la grande dépression économique des années 1870-1890. Les intérêts stratégiques s'y ajoutent : la nécessité de protéger les voies de communication et les escales le long des routes maritimes. La volonté de puissance des États joue aussi un rôle clé, les colonies apportant à leurs métropoles d'immenses ressources matérielles et humaines. Il n'est pas jusqu'à la question sociale dont on estime qu'elle pourrait trouver une solution à moindres frais dans l'installation des démunis sur les terres nouvelles. Enfin, les mobiles idéologiques et religieux viennent ennoblir l'entreprise, en la présentant comme une mission destinée à apporter le salut éternel aux païens, ou comme une prise en charge, par l'homme blanc, du « fardeau » dont il a plu à la divine Providence de le charger pour civiliser le genre humain **22** (*voir page suivante*).

Les formes. La domination européenne peut prendre plusieurs formes. Le colonialisme « pur », pratiqué dans des territoires militairement conquis et directement administrés par les métropoles, n'est pas la seule. Il existe aussi des **protectorats**, où les métropoles maintiennent les autorités en place tout en les domestiquant (la France au Maroc, par exemple), ou encore, et c'est la Chine surtout qui connaît ce régime, le système dit *des traités inégaux*, par lequel les puissances impérialistes, derrière la fiction de traités en bonne et due forme entre États souverains, se font

---

21 Les exportations de capitaux à la veille de 1914 (en milliards de francs)

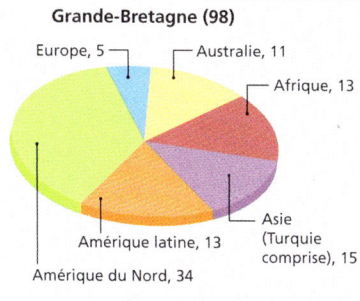
Grande-Bretagne (98)

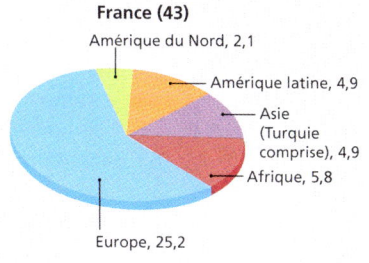
France (43)

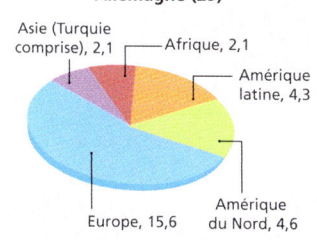
Allemagne (29)

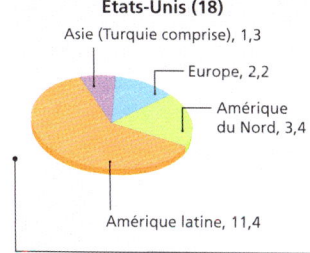
États-Unis (18)

Source : Chiffres tirés de GREHG, *Histoire de 1890 à 1945*, Paris, Hachette, 1988, p. 9. (Coll. « GREHG »)

Colonialisme
Système d'occupation et d'exploitation, par un État et à son profit, de territoires en dehors de son territoire national ; doctrine politique ou idéologie qui préconise un tel système.

Protectorat
Forme de domination dans laquelle un État plus puissant exerce son contrôle sur un autre sans détruire les structures politiques de ce dernier, lequel conserve officiellement sa personnalité juridique internationale.

22 Racisme, colonialisme et «fardeau de l'homme blanc»

«Une nation qui ne colonise pas est irrémédiablement vouée au socialisme, à la guerre du riche et du pauvre. La conquête d'un pays de race inférieure par une race supérieure, qui s'y établit pour le gouverner, n'a rien de choquant. [...] Autant les conquêtes entre races égales doivent être blâmées, autant la régénération des races inférieures ou abâtardies par les races supérieures est dans l'ordre providentiel de l'humanité. [...] La nature a fait une race d'ouvriers. C'est la race chinoise d'une dextérité de main merveilleuse, sans presque aucun sentiment d'honneur; gouvernez-la avec justice en prélevant d'elle pour le bienfait d'un tel gouvernement un ample douaire [contribution] au profit de la race conquérante, elle sera satisfaite; une race de travailleurs de la terre, c'est le nègre; soyez pour lui bon et humain, et tout sera dans l'ordre; une race de maîtres et de soldats, c'est la race européenne. [...] Que chacun fasse ce pour quoi il est fait et tout ira bien.»

Source : Ernest RENAN, *La réforme intellectuelle et morale*, Paris, Michel Lévy et frères, 1874, p. 92-94.

«La colonisation est moins une occasion de bénéficier qu'une source de devoirs. Elle apparaît ainsi dans le plan providentiel comme un acte collectif de charité qu'à un moment donné, une nation supérieure doit aux races déshéritées et qui est comme une obligation corollaire de la supériorité de sa culture.»

Source : Cardinal MERCIER, «Lettre pastorale à l'occasion de l'annexion du Congo à la Belgique» (30 octobre 1908), dans Denise GALLOY et Franz HAYT, *De 1848 à 1918*, Bruxelles, De Boeck, 1994, p. 14. (Coll. «Du document à l'histoire»)

concéder des privilèges territoriaux ou économiques. Ainsi, dans cette Chine théoriquement souveraine mais dépecée de toutes parts, et où les Occidentaux ont imposé par la force, en 1842, la consommation de l'opium, ce sont les Européens qui contrôlent les douanes, les ports, les chemins de fer et même le service postal, et tous les ressortissants européens, où qu'ils soient en Chine, échappent à l'autorité des lois chinoises et ne sont soumis qu'à celles de leur pays d'origine.

Au début du XXᵉ siècle, la raréfaction des territoires non encore colonisés, combinée avec l'augmentation du nombre des pays impérialistes (Allemagne, Italie, États-Unis, Japon), commence à provoquer de vives tensions entre ces derniers, et cette course exacerbée à l'expansion coloniale sera une autre des causes de la Première Guerre mondiale.

9.3.3 Les remises en question

Le défi étasunien. Le reflux, pourtant, s'amorce déjà dès la fin du XIXᵉ siècle. Ce sont d'abord les États-Unis qui, connaissant une fulgurante ascension démographique et économique, deviennent la première puissance industrielle du monde; en 1913, ils produisent presque autant que toute l'Europe occidentale réunie. Ils se lancent aussi dans un impérialisme d'un style quelque peu original, sous forme d'interventions militaires, parfois suivies d'occupations assez courtes, pour s'assurer la docilité des dirigeants locaux ou renverser ceux qui menacent leurs intérêts 23.

Ils vont, dans l'édification de cet empire déguisé, se heurter de front à la plus ancienne puissance impériale d'Europe, l'Espagne, qui après une piteuse défaite doit abandonner à ces nouveaux venus les derniers lambeaux de sa gloire passée : Cuba, Porto Rico, les Philippines (1898).

Le défi japonais. Une autre défaite militaire européenne, au caractère symbolique beaucoup plus marqué, est celle de la Russie face au Japon en 1905. C'est la première fois depuis trois siècles qu'une puissance européenne est battue, et de façon humiliante, par un peuple «de couleur», et qu'elle doit même céder des territoires à son vainqueur. C'est aussi la première manifestation de la montée

23 Les débuts de l'impérialisme étasunien

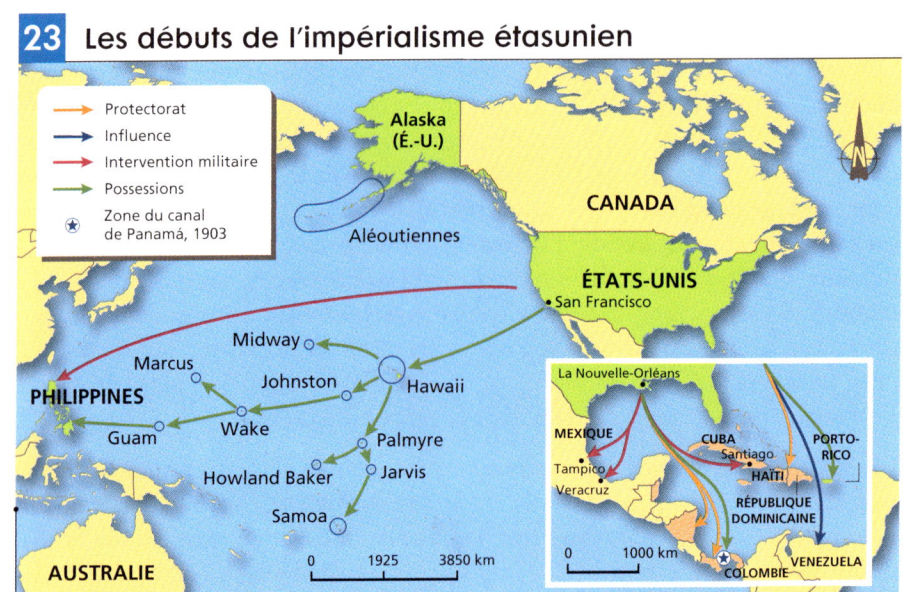

en puissance du Japon, qui a réussi à assimiler la technologie européenne sans perdre le pouvoir de décision sur son propre développement et en conservant à peu près intacte la richesse de sa civilisation.

La montée des nationalismes. La domination mondiale de l'Europe est aussi mise à mal par l'éveil des mouvements nationalistes, particulièrement en Asie. En Chine, après la Révolte des Boxers (1900) difficilement matée par un corps expéditionnaire formé par une douzaine de pays d'Europe, le dernier empereur est détrôné et la République de Chine, proclamée en 1911. Dans l'Empire ottoman, les jeunes Turcs s'insurgent contre la décadence du sultanat et sa mise en tutelle par l'Occident, tandis qu'on peut percevoir les prémisses d'une renaissance de l'Islam en Afrique du Nord.

L'anti-impérialisme en Europe. En Europe même, particulièrement sous l'influence des mouvements socialistes, l'impérialisme est radicalement remis en question dans certains milieux 24. Timorés, divisés, hésitants, ces milieux ne parviendront pas tout de suite à ébranler la bonne conscience de leurs concitoyens, mais ils annoncent malgré tout des temps nouveaux.

Faisons le point

1. Sur une carte du monde, situez les grandes aires de colonisation européenne.
2. Décrivez les différents facteurs de la domination mondiale de l'Europe.
3. Désignez les mobiles de l'impérialisme européen.
4. Quelles formes le colonialisme prend-il ?
5. Comment les États-Unis et le Japon amènent-ils une remise en question de la domination européenne sur le monde ?

CONCLUSION

Entre 1850 et 1914, l'Europe a atteint l'apogée de sa puissance. Elle a partout introduit, voire imposé, ses hommes et ses femmes, ses techniques, ses capitaux, ses façons de faire et de penser. Ce faisant, elle a bousculé, parfois détruit, de toute façon profondément transformé les civilisations, les cultures et les peuples avec lesquels elle entrait en contact. Les relations de l'Occident avec le reste du monde ont ainsi été durablement marquées par une inégalité radicale qui constitue encore aujourd'hui l'un des problèmes les plus lancinants que la race humaine doit résoudre.

Toutefois, en semant ses méthodes, ses institutions et ses valeurs aux quatre coins du monde, l'Europe a préparé la remise en cause de sa propre domination. C'est au nom de la démocratie, du nationalisme, de l'égalité foncière entre les humains, éléments essentiels de la pensée occidentale moderne, que les peuples asservis commencent dès le début du XXe siècle à s'attaquer à la suprématie européenne. Et l'Europe connaîtra bientôt les 30 années les plus atroces de son histoire (1914-1945), au terme desquelles sa suprématie aura vécu, et sa civilisation elle-même aura été presque anéantie.

24 L'anticolonialisme en Europe

« Races supérieures ! Races inférieures ! C'est bientôt dit. Pour ma part, j'en rabats singulièrement depuis que j'ai vu des savants allemands démontrer que le Français est d'une race inférieure à l'Allemand. Depuis ce temps, je l'avoue, j'y regarde à deux fois avant de me retourner vers un homme et vers une civilisation, et de prononcer : homme ou civilisation inférieurs. [...] Non, il n'y a pas de droit des nations dites supérieures contre les nations dites inférieures. Il y a lutte pour la vie qui est une nécessité fatale, qu'à mesure que nous nous élevons dans la civilisation nous devons contenir dans les limites de la justice et du droit. Mais n'essayons pas de revêtir la violence du nom hypocrite de civilisation ; ne parlons pas de droit, de devoir ! La conquête que vous préconisez, c'est l'abus pur et simple de la force que donne la civilisation scientifique sur les civilisations rudimentaires, pour s'approprier l'homme, le torturer, en extraire toute la force qui est en lui au profit du prétendu civilisateur. Ce n'est pas le droit : c'en est la négation. Parler à ce propos de civilisation, c'est joindre à la violence l'hypocrisie. »

Source : Georges CLEMENCEAU, « Discours à la Chambre » (30 juillet 1885), dans Gérard MINART, *Clemenceau journaliste (1841-1929) : les combats d'un républicain pour la liberté et la justice*, Paris, L'Harmattan, 2005, p. 72-73.

TRAVAUX ET EXERCICES

SYNTHÈSE

Justifiez les affirmations suivantes en vous appuyant sur des arguments ou des exemples:

1. Les révolutions politique et industrielle amènent un renouvellement des classes dirigeantes au profit de la bourgeoisie.

2. Durant le XIXe siècle, la civilisation occidentale est travaillée par trois principaux courants politiques: le libéralisme, la démocratie et le nationalisme.

3. Entre 1850 et 1914, l'Europe étend sa domination à l'ensemble de la planète.

RÉFLEXION – Le concept de *classe ouvrière*

L'historien recourt aux concepts pour faciliter sa compréhension de divers phénomènes humains abstraits. Le regroupement des individus en différentes classes sociales permet ainsi de définir ce qui est commun à chaque catégorie, et donc ce qui la distingue des autres. La classe ouvrière est une création de la révolution industrielle. Il apparaît rapidement que les ouvriers d'usine diffèrent radicalement des artisans des corporations de métiers traditionnelles. La détermination de ceux qui en font partie et de ceux qui en sont exclus repose toutefois sur le choix de certains critères. Ce choix dépend de l'aspect de la réalité que le chercheur tente de mettre en évidence. Afin de clarifier les différentes définitions du concept de *classe ouvrière*, lisez les deux extraits de textes ci-après, puis répondez aux questions.

Extrait 1

« On appelle classes de vastes groupes d'hommes qui se distinguent par la place qu'ils occupent dans un système historiquement défini de production sociale […]. Les classes sont des groupes d'hommes dont l'un peut s'approprier le travail de l'autre, à cause de la place différente qu'il occupe dans une structure déterminée de l'économie sociale. » (Lénine, « La grande initiative » (1919), dans *Œuvres*, t. XXIX, Paris/Moscou, Éditions Sociales/Éditions du Progrès, 1973, p. 425.)

Extrait 2

« Une classe se forme quand des hommes ayant vécu une même expérience (héritée ou partagée) sentent et expriment l'identité qui les unit entre eux et les oppose à d'autres hommes dont les intérêts sont différents des leurs […]. L'expérience de classe est pour une large part déterminée par les relations de production dans lesquelles le hasard les a fait entrer. La conscience de classe est la manière dont ces expériences se traduisent en des termes culturels, incarnés dans les traditions, le système de valeurs, les idées et les formes des institutions. » (Edward Palmer Thompson, *The Making of the English Working Class* (1963), Harmondsworth (Royaume-Uni), Penguin Books, 1979, p. 9-10, [notre traduction].)

1. Selon Lénine, quel est le principal critère qui définit l'appartenance à une classe sociale? Qu'est-ce qui détermine alors l'appartenance à la classe ouvrière?

2. Selon Thompson, le critère économique suffit-il à définir l'appartenance à la classe ouvrière? Expliquez votre réponse.

3. D'après vous, le concept de *classe ouvrière* est-il toujours utile pour analyser la société occidentale?

ANALYSE – Lire et interpréter des cartes géographiques

Les cartes géographiques permettent de raconter l'histoire et sont particulièrement utiles pour saisir, de façon figurée, certains aspects de son évolution. Faites l'étude des documents 13 et 14 (voir p. 279 et 280), puis utilisez-les pour expliquer les impacts du nationalisme en Europe entre 1850 et 1910.

HÉRITAGE

CE QUE NOUS DEVONS À L'EUROPE CONQUÉRANTE

- l'essor des classes moyennes
- la création des grandes fédérations syndicales
- les débuts de la législation sociale
- les luttes pour le droit de vote des femmes
- la démocratie libérale
- l'affirmation du nationalisme
- l'Italie et l'Allemagne unifiées
- le renforcement du pouvoir central aux États-Unis
- le Canada fédéral à peu près dans ses frontières actuelles
- l'émigration massive des Européens vers tous les continents
- l'expansion mondiale de la civilisation occidentale

POUR ALLER PLUS LOIN

Ouvrages de référence

DELAS, Jean-Pierre. *Le mouvement ouvrier: naissance et reconnaissance, XIXe-XXe siècles*, Paris, A. Colin, 2005, 207 p. (Coll. « Circa »)

DUBY, Georges, et Michelle PERROT, dir., *Histoire des femmes en Occident*, t. IV, *Le XIXe siècle*, Paris, Perrin, 2002, 764 p. (Coll. « Tempus », n° 4)

FERRO, Marc. *La faucille et le drapeau: le XIXe siècle*, Paris, Plon, 2011, 202 p.

HEFFER, Jean, et William SERMAN. *Le XIXe siècle, 1815-1914: des Révolutions aux impérialismes*, 3e éd., Paris, Hachette supérieur, 2006, 319 p. (Coll. « HU Histoire »)

HOBSBAWM, Eric John. *L'ère des empires: 1875-1914*, Paris, Hachette littératures, 2000, 495 p. (Coll. « Pluriel »)

HOBSBAWM, Eric John. *L'ère du capital: 1848-1875*, Paris, Fayard, 2010, 463 p. (Coll. « Pluriel »)

JARRIGE, François. *Au temps des « tueuses de bras »: les bris de machines à l'aube de l'ère industrielle*, Rennes, Presses universitaires de Rennes, 2009, 368 p. (Coll. « Carnot »)

NOUSCHI, Marc. *Petit atlas historique du XIXe siècle*, Paris, A. Colin, 2008, 207 p. (Coll. « Petit atlas historique »)

WESSELING, Hendrik Lodewijk. *Les empires coloniaux européens: 1815-1919*, Paris, Gallimard, 2009, 554 p. (Coll. « Folio Histoire », n° 166)

SY-WONYU, Aïssatou. *Les États-Unis et le monde au 19e siècle*, Paris, A. Colin, 2004, 314 p. (Coll. « U »)

Productions audiovisuelles

55 Days at Peking, de Nicholas Ray, avec C. Heston et A. Gardner, É.-U., 1963, 154 min. — En 1900, le quartier international de Pékin, qui abrite les ambassades et les ressortissants d'une douzaine de pays occidentaux et du Japon, est assiégé pendant 55 jours lors de la Révolte des Boxers, qui cherchent à mettre fin à la domination de la Chine par des pays étrangers. Intéressante superproduction hollywoodienne qui illustre l'étendue de la puissance européenne sur le monde.

Daens, de Stijn Coninx, avec J. Decleir et G. Desarthe, Bel./Fr./P.-B., 1992, 138 min. — L'histoire vécue d'un prêtre catholique belge, Adolf Daens, qui prend la défense des ouvriers du textile durement exploités par les patrons dans les années 1890. Élu député, il est mis en demeure par le Vatican de choisir entre l'action pastorale et l'action politique, et abandonne la prêtrise pour choisir la seconde. Très bonne reconstitution d'époque.

Germinal, de Claude Berri, avec Renaud et G. Depardieu, Fr./Bel./It., 1993, 170 min. — Agitation et grève chez les mineurs du nord de la France sous le Second Empire (1852-1870). D'après le roman d'Émile Zola. Très grande valeur documentaire sur la condition ouvrière à l'époque de l'industrialisation. Excellents comédiens.

Le guépard, de Luchino Visconti, avec B. Lancaster et A. Delon, It./Fr., 1963, 187 min. — Un prince sicilien est témoin de la décadence de l'aristocratie et de la montée de la bourgeoisie dans son pays. Immense fresque à la Visconti: rythme lent, images superbes, psychologie fouillée des personnages. La séquence finale du grand bal, qui dure 40 minutes, est une pièce d'anthologie.

Le juge et l'assassin, de Bertrand Tavernier, avec P. Noiret et M. Galabru, Fr., 1976, 128 min. — En France, dans les années 1890, un juge tente de faire condamner un pauvre bougre devenu tueur en série, à un moment où les certitudes bourgeoises sont remises en cause, tant sur le plan de la justice, par les avancées de la psychologie, que sur le plan politique, par la montée du socialisme. Superbe reconstitution d'époque, comédiens exceptionnels. Un très grand film.

Khartoum, de Basil Dearden, avec C. Heston et L. Olivier, G.-B., 1966, 134 min. — En 1884-1885, le général britannique Charles Gordon, gouverneur militaire du Soudan anglo-égyptien, est assiégé dans Khartoum par les forces musulmanes de Mohammed Ahmed, dit el Mahdi (« l'envoyé », « le sauveur de l'Islam »), chef mystique politico-militaire. Grande fresque historique de qualité, impressionnantes scènes de batailles. Olivier formidable en Mahdi. Un autre de ces affrontements entre l'Occident et l'Islam…

La terre de la grande promesse, de Andrzej Wajda, avec D. Olbrychski et W. Pszoniak, Pol., 1975, 179 min. — Dans la Pologne de la fin du XIXe siècle, un Polonais, un Allemand et un Juif polonais lancent ensemble une entreprise industrielle. Bonne reconstitution d'époque.

The Civil War, É.-U., PBS Home Video, 1990, 680 min. — Minisérie télévisée documentaire en neuf épisodes sur la guerre de Sécession aux États-Unis. Exceptionnel travail de recherche, tant sur le plan des documents iconographiques que sur celui des documents écrits. La guerre est racontée à partir des mots des témoins dans leur correspondance ou leurs journaux intimes et des images de l'époque.

The Emigrants et *The New Land*, de Jan Troell, avec M. von Sydow et L. Ullmann, Suède, 1971 et 1972, 191 min. et 157 min. — Au milieu du XIXe siècle, des paysans suédois pauvres émigrent aux États-Unis où ils refont leur vie sur une terre dans le Wisconsin. Magnifique reconstitution d'époque dans une grande saga familiale.

Zulu, de Cy Endfield, avec S. Baker et M. Caine, G.-B., 1964, 138 min. — Reconstitution de la bataille de Rorke's Drift (janvier 1879), au cours de laquelle 140 soldats britanniques résistèrent victorieusement pendant 12 heures à l'assaut de 4 000 guerriers zoulous. Le film fait bien saisir l'énorme supériorité technique de l'Europe dans son expansion coloniale tout en présentant les Zoulous de façon respectueuse, aussi « héroïques » que leurs ennemis.

Chapitre 10
Le mouvement des idées, des sciences et des arts au XIXᵉ siècle

PLAN

- **10.1** Les grandes idéologies
  - **10.1.1** Le libéralisme
  - **10.1.2** Les socialismes
- **10.2** Les sciences
  - **10.2.1** Les sciences biologiques
  - **10.2.2** Les sciences humaines
  - **10.2.3** Les sciences physiques
- **10.3** Les arts
  - **10.3.1** La révolution romantique
  - **10.3.2** Du réalisme à l'impressionnisme
  - **10.3.3** Fin de siècle: l'art en mutation

Pendant que l'avènement de l'ère industrielle suscite l'élaboration de nouvelles idéologies, la révolution scientifique lancée au XVIIᵉ siècle continue sa trajectoire et s'amplifie tout au long du XIXᵉ, aboutissant même, à la fin du siècle, à la remise en cause de la physique newtonienne. L'art reflète l'évolution de la société, d'abord à travers le mouvement romantique, puis par un foisonnement d'écoles et de styles qui mène finalement à l'éclosion de ce qu'on appelle l'*art moderne*.

1 *D'où venons-nous? Que sommes-nous? Où allons-nous?* (P. Gauguin, 1897)

Le titre énigmatique de ce tableau de Gauguin pose les questions les plus fondamentales que les humains ont de tout temps affrontées. Le XIXᵉ siècle leur a apporté des réponses qui sont encore largement les nôtres.

Museum of Fine Arts, Boston.

CHRONOLOGIE

IDÉES

1767-1832	Jean-Baptiste Say
1772-1823	David Ricardo
1803	*Traité d'économie politique* (Say)
1806-1873	John Stuart Mill
1809-1865	Pierre Joseph Proudhon
1818-1883	Karl Marx
1820-1895	Friedrich Engels
1821	*Des principes de l'économie politique et de l'impôt* (Ricardo)
1840	*Qu'est-ce que la propriété ?* (Proudhon)
1848	*Manifeste du parti communiste* (Marx et Engels)
1863	*L'utilitarisme* (Mill)
1867	*Le capital* (Marx)

SCIENCES

1809-1882	Charles Darwin
1813-1878	Claude Bernard
1822-1895	Louis Pasteur
1822-1884	Gregor Mendel
1856-1939	Sigmund Freud
1858-1917	Émile Durkheim
1859	*De l'origine des espèces au moyen de la sélection naturelle* (Darwin)
1864-1920	Max Weber
1865	*Introduction à l'étude de la médecine expérimentale* (Bernard)
	Recherches sur les hybrides des plantes (Mendel)
1879-1955	Albert Einstein
1895	Les rayons X (Röntgen)
1896	La radioactivité (Becquerel)
1897	L'électron (Thomson)
	Le suicide (Durkheim)
1900	*L'interprétation des rêves* (Freud)
	La théorie des quanta (Planck)
1903	Le radium (Pierre et Marie Curie)
1904	*L'éthique protestante et l'esprit du capitalisme* (Weber)
1911	La structure de l'atome (Rutherford)
1916	La théorie de la relativité générale (Einstein)

ARTS

1749-1832	Johann Wolfgang von Goethe (littérature)
1770-1827	Ludwig van Beethoven (musique)
1775-1851	William Turner (peinture)
1798-1863	Eugène Delacroix (peinture)
1799-1850	Honoré de Balzac (littérature)
1800-1850	Apogée du mouvement romantique
1802-1885	Victor Hugo (littérature)
1812-1870	Charles Dickens (littérature)
1813-1901	Giuseppe Verdi (musique)
1813-1883	Richard Wagner (musique)
1819-1877	Gustave Courbet (peinture)
1821-1880	Gustave Flaubert (littérature)
1821-1881	Fedor Dostoïevski (littérature)
1828-1910	Léon Tolstoï (littérature)
1840-1926	Claude Monet (peinture)
1850-1870	Réalisme en peinture et en littérature
1853-1890	Vincent Van Gogh (peinture)
1870-1885	Impressionnisme en peinture
1880-1900	Postimpressionnisme en peinture
1881-1973	Pablo Picasso (peinture)
1882-1971	Igor Stravinski (musique)
1910	Début de l'art abstrait

2 Le Grand Siècle ?

« Formidable XIX° siècle ! Après avoir passé pour le sommet de l'aventure humaine, il a pourtant subi une longue et dure éclipse. […] [Son] éloignement définitif, avec aussi l'effacement des idéologies à travers lesquelles on le déchiffrait, lui rend au contraire aujourd'hui un intérêt tout neuf. Intérêt fait d'abord d'une curiosité presque ethnographique pour une époque d'une richesse exceptionnelle, puisqu'elle représente à la fois le conservatoire ultime des formes de vie les plus anciennes, la réalisation des promesses du XVIII° siècle et le laboratoire du XX° siècle. Mais intérêt fait aussi de la redécouverte que les hommes du XIX° siècle se sont vu poser les grandes questions, dont beaucoup sont encore les nôtres, et qu'ils leur ont apporté, dans tous les domaines, des réponses dont l'audace et le génie nous laissent pétris d'admiration. Le "grand siècle", c'est lui. »

Comparez ce texte avec celui de Roland Émile Mousnier (*voir chap. 6, doc.* **2**, *p. 193*).

Source : Pierre NORA, « Préface », dans Dominique RINCÉ et Bernard LECHERBONNIER, dir., *Littérature, textes et documents : XIX°*, Paris, Nathan, 1996, p. 6.

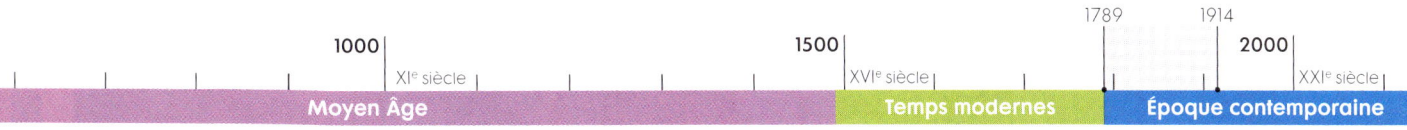

10.1 Les grandes idéologies

L'avènement de l'industrialisation, en bouleversant de fond en comble toutes les conditions de l'économie et tous les rapports sociaux, donne naissance à de nouvelles idéologies. Ces idéologies, issues de la philosophie des Lumières, ont en commun une foi totale dans le progrès humain, individuel et social, et affirment que la connaissance scientifique de l'univers et l'innovation technique qui en découle vont rendre désormais ce progrès non seulement possible, mais inévitable. Deux de ces systèmes de pensée sont appelés à dominer, au moins jusqu'à la fin du XXe siècle, le paysage idéologique de l'Occident, se livrant un combat de tous les instants : le libéralisme et le socialisme.

10.1.1 Le libéralisme

Une théorie économique. Le libéralisme économique, préconisé entre autres, après Adam Smith (1723-1790) (*voir p. 203*), par les Anglais David Ricardo (1772-1823) et John Stuart Mill (1806-1873) et par le Français Jean-Baptiste Say (1767-1832), part du postulat que l'individu, libre de produire, d'acheter et de vendre, est l'acteur fondamental de la vie économique. C'est donc la loi souveraine du marché, celle du jeu de l'offre et de la demande, qui régit l'économie de la même façon que les lois physiques (la gravitation, par exemple) régissent l'Univers. L'État ne doit pas s'ingérer dans ce mécanisme, qu'il n'arriverait qu'à détraquer, même sous la forme d'une simple législation sociale **3**. Il doit se contenter d'interdire tout ce qui peut entraver la liberté individuelle, et en premier lieu toute forme d'association ouvrière ou professionnelle, entre autres les syndicats et les

---

3 Une vision « libérale » du travail

« Le travail, ainsi que toutes choses que l'on peut acheter ou vendre, et dont la quantité peut augmenter ou diminuer, a un prix naturel et un prix courant. Le prix naturel du travail est celui qui fournit aux ouvriers, en général, les moyens de subsister et de perpétuer leur espèce sans accroissement ni diminution. […] Le prix naturel du travail dépend donc du prix des subsistances et de celui des choses nécessaires ou utiles à l'entretien de l'ouvrier et de sa famille. Une hausse dans les prix de ces objets fera hausser le prix naturel du travail, lequel baissera par la baisse des prix. […]

Le prix courant du travail est le prix que reçoit réellement l'ouvrier, d'après les rapports de l'offre et la demande, le travail étant cher quand les bras sont rares, et à bon marché lorsqu'ils abondent. Quelque grande que puisse être la déviation du prix courant relativement au prix naturel du travail, il tend, ainsi que toutes les denrées, à s'en rapprocher. C'est lorsque le prix courant du travail s'élève au-dessus de son prix naturel que le sort de l'ouvrier est réellement prospère et heureux, qu'il peut se procurer en plus grande quantité tout ce qui est utile ou agréable à la vie, et par conséquent élever et maintenir une famille robuste et nombreuse. Quand, au contraire, le nombre des ouvriers s'accroît par le haut prix du travail, les salaires descendent de nouveau à leur prix naturel, et quelquefois même l'effet de la réaction est tel, qu'ils tombent encore plus bas.

Quand le prix courant du travail est au-dessous de son prix naturel, le sort des ouvriers est déplorable, la pauvreté ne leur permettant plus de se procurer les objets que l'habitude leur a rendu absolument nécessaires. Ce n'est que lorsqu'à force de privations le nombre des ouvriers se trouve réduit, ou que la demande de bras s'accroît, que le prix courant du travail remonte de nouveau à son prix naturel. L'ouvrier peut alors se procurer encore une fois les jouissances modérées qui faisaient son bonheur. […]

Voilà donc les lois qui règlent les salaires et qui régissent le bonheur de l'immense majorité de toute société. Ainsi que tout autre contrat, les salaires doivent être livrés à la concurrence franche et libre du marché, et n'être jamais entravés par l'intervention du Gouverneur. »

> Qu'entend Ricardo par le « prix naturel » et le « prix courant » du travail ? Que se passe-t-il lorsque le salaire descend en dessous du niveau de subsistance et comment, dès lors, pourra-t-il remonter à ce niveau ?

Source : David RICARDO, *Des principes de l'économie politique et de l'impôt* (1817), dans *Œuvres complètes de David Ricardo*, trad. par Alcide Fonteyraud, Paris, Guillaumin, 1847, p. 67-68, 80.

corporations. La libre concurrence entre les agents individuels amènera nécessairement le progrès général, le marché se chargeant d'éliminer les entreprises les moins rentables au profit des plus solides, pour le plus grand bien de tous.

Une philosophie globale. Par-delà cet aspect économique, le libéralisme est aussi une philosophie globale, touchant à la politique, à la société, à l'histoire, à la connaissance. Dans tous les domaines, la valeur fondamentale est la liberté individuelle. Ainsi, le seul système politique viable est celui qui ordonne toute la société en fonction de cette valeur. Le libéralisme s'oppose au joug de l'autorité et croit que l'individu doit pouvoir chercher lui-même la vérité et confronter librement ses points de vue avec d'autres dans le cadre d'institutions représentatives (Parlements, Assemblées nationales). Le pouvoir de l'État doit être le plus faible possible, son champ d'action, étroitement circonscrit, et son exercice, limité par la séparation et l'équilibre des pouvoirs (législatif, exécutif, judiciaire) et par des règles précises consignées dans un texte (Constitution).

Un nouveau conservatisme. Philosophie globale, donc, et au départ, face à l'Ancien Régime politique, philosophie subversive qui a insufflé la « grande révolution atlantique » (*voir chap. 7*). Toutefois, cette idéologie véhicule évidemment les intérêts d'une classe sociale, la bourgeoisie, et, une fois devenue dominante, elle va se muer en un nouveau conservatisme. Car le libéralisme s'accommode plutôt bien de l'inégalité, considérant même que « la liberté ne convient qu'à ceux qui sont faits pour la liberté » (Francis Parkman). Le droit de vote sera donc étroitement limité sur la base de la fortune (cens électoral), et la liberté effective restera lettre morte pour la grande masse du peuple. L'idéologie libérale et l'idéal démocratique, d'abord convergents, vont devenir antagonistes, et les esprits assoiffés de justice sociale et d'égalité devront se tourner vers d'autres idéologies.

10.1.2 Les socialismes

Un principe général. Le socialisme se présente justement comme la réponse aux problèmes nés de la révolution industrielle, surtout l'extrême dureté de la condition ouvrière, mais aussi la fréquence et la gravité des crises cycliques de l'économie. Ces problèmes étant perçus comme liés à l'individualisme libéral, le mot *socialisme* marque une réaction contre cet individualisme et une volonté de subordonner l'intérêt personnel aux besoins du groupe social. Il s'attaque ainsi d'abord et avant tout à la propriété privée des moyens de production **4**.

Subversif, ive
Caractère de ce qui menace de détruire l'ordre établi, de renverser les idées reçues ou les valeurs généralement acceptées.

Socialisme
Doctrine économique, sociale et politique rejetant le libéralisme et préconisant la primauté de l'intérêt général de la société sur les intérêts particuliers des individus, cette primauté devant être assurée par la propriété collective des moyens de production et la redistribution par l'État, sur une base égalitaire, de la richesse collective.

---

4 Proudhon : « La propriété, c'est le vol »

« L'ouvrier tient son travail du bon plaisir et des besoins du maître et du propriétaire : c'est ce qu'on nomme posséder à titre précaire. Mais cette condition précaire est une injustice, car elle implique inégalité dans le marché. Le salaire du travailleur ne dépasse guère sa consommation courante et ne lui assure pas le salaire du lendemain ; tandis que le capitaliste trouve dans l'instrument produit par le travailleur un gage d'indépendance et de sécurité pour l'avenir.

Or, ce ferment reproducteur, ce germe éternel de vie, cette préparation d'un fonds et d'instruments de production, est ce que le capitaliste doit au producteur et qu'il ne lui rend jamais ; et c'est cette dénégation frauduleuse, qui fait l'indigence du travailleur, le luxe de l'oisif, et l'inégalité des conditions. C'est en cela surtout que consiste ce qu'on a si bien nommé exploitation de l'homme par l'homme. »

En quoi consiste exactement, d'après Proudhon, le vol effectué par le capitaliste au détriment de l'ouvrier ? Comparez les éléments d'explication avancés par Ricardo (*voir doc.* **3**) et Proudhon quant à ce qui régit le marché du travail.

Source : Pierre Joseph PROUDHON, *Qu'est-ce que la propriété ?*, Paris, Librairie de Prévot, 1841, p. 123.

> **PORTRAIT**
>
> **5** **Karl Marx** (1818-1883)
>
>
>
> Philosophe, économiste, journaliste et activiste politique allemand, Karl Marx est l'un des penseurs les plus influents de l'époque contemporaine. Après ses études universitaires, il devient directeur d'un journal libéral rapidement interdit par le gouvernement prussien, passe en France, où il adhère aux premiers mouvements dits *communistes*, avant d'être expulsé vers la Belgique, où il précise sa pensée sur le matérialisme historique et le socialisme «scientifique». Ayant participé au mouvement révolutionnaire de 1848 en Rhénanie, il en est banni à vie et s'installe définitivement en Angleterre en 1849. Suivent 15 années marquées par un gigantesque travail aussi bien d'analyse que de réflexion d'où sortira son œuvre majeure, *Le capital*, et par une grande misère matérielle. En 1864, il est l'inspirateur de la première Association internationale des travailleurs, qui, après avoir rassemblé jusqu'à 800 000 adhérents, disparaîtra en 1876 dans des querelles intestines. Par la suite, atteint de ce qu'il nomme lui-même une «dépression intellectuelle chronique», il se retire de toute activité politique mais continue d'être régulièrement consulté par de nombreux dirigeants de mouvements et de partis d'inspiration socialiste.

Marxisme
Interprétation du socialisme élaborée par Karl Marx et Friedrich Engels.

Les socialismes «utopiques». Le socialisme prend au début de très nombreuses formes, mises au point par une pléthore de penseurs qui tentent d'imaginer divers systèmes d'organisation sociale sur la base de la propriété collective (Pierre Joseph Proudhon, Charles Fourier, Robert Owen, Louis Blanc).

Un socialisme «scientifique»: le marxisme. Dénonçant toutes ces tentatives comme utopiques, Karl Marx (1818-1883) **5** et Friedrich Engels (1820-1895) vont proposer un socialisme dit *scientifique*, parce qu'il prétend se baser sur une analyse objective de la réalité telle qu'elle est et non sur des conceptions idéalistes, morales ou religieuses. C'est ce qu'on appellera le **marxisme**.

Comme le libéralisme, le marxisme est à la fois une doctrine économique et une philosophie globale. Son postulat essentiel est la lutte des classes. Toute l'histoire de l'humanité est une longue suite de luttes entre classes antagonistes, et l'ère industrielle met aux prises la bourgeoisie et le **prolétariat**. Les prolétaires de tous les pays, unis dans une commune misère, sont appelés par l'Histoire à renverser la bourgeoisie par une révolution inévitable, après laquelle pourra commencer à s'édifier une société sans classes où l'égalité entre les hommes ne sera plus un vain mot **6**.

Ce «**messianisme** scientifique», mais surtout la volonté de ses fondateurs de quitter la pure réflexion «utopique» pour plonger dans l'action politique directe (*Manifeste du parti communiste*, 1848), amènera le marxisme à devenir le plus important des mouvements socialistes, antithèse globale du capitalisme libéral et ferment révolutionnaire qui affirmera sa force au début du XXᵉ siècle.

Faisons le point

1 Exposez les idées-force de l'idéologie libérale et montrez comment, de révolutionnaire à son début, cette idéologie devient conservatrice.

2 Que signifie le mot *socialisme* à l'origine?

3 Quelles sont les idées essentielles du marxisme?

10.2 Les sciences

Comme le XVIIᵉ siècle a été le siècle de la cosmologie, on peut dire que le XIXᵉ est celui des sciences de la vie et celui où apparaissent les sciences de l'homme en société. À la fin du siècle, les sciences physiques connaissent à leur tour une nouvelle effervescence.

10.2.1 Les sciences biologiques

La théorie de l'évolution. L'un des temps forts de toute l'histoire des sciences est sans contredit la formulation de la théorie de l'évolution par le naturaliste anglais Charles Darwin (1809-1882) au milieu du XIXᵉ siècle. Alors que Newton, au XVIIᵉ, avait bouleversé la conception que les Occidentaux se faisaient de l'espace, Darwin bouleverse maintenant leur conception du temps. Largement inspirée de la Bible, cette conception du temps postulait la création instantanée de tout l'Univers, tel qu'il existe sous nos yeux, directement par Dieu lui-même, dans un passé relativement proche (de l'ordre de 6 000 ans).

6 Le marxisme

« L'histoire de toute société jusqu'à nos jours est l'histoire de luttes de classes. […]

La société bourgeoise moderne, élevée sur les ruines de la société féodale, n'a pas aboli les antagonismes de classe. Elle n'a fait que substituer à celles d'autrefois de nouvelles classes, de nouvelles conditions d'oppression, de nouvelles formes de lutte. […]

Voici donc ce que nous avons vu: les moyens de production et d'échange sur la base desquels s'est édifiée la bourgeoisie furent créés à l'intérieur de la société féodale. À un certain degré du développement de ces moyens de production et d'échange, les conditions dans lesquelles la société féodale produisait et échangeait […] cessèrent de correspondre aux forces productives en plein développement. […]

À la place s'éleva la libre concurrence, avec une constitution sociale et politique appropriée, avec la suprématie économique et politique de la classe bourgeoise.

Nous voyons se dérouler actuellement sous nos yeux un processus analogue. […] Depuis des dizaines d'années, l'histoire de l'industrie et du commerce n'est autre chose que l'histoire de la révolte des forces productives modernes contre les rapports modernes de production, contre le régime de la propriété qui conditionnent l'existence de la bourgeoisie et sa domination.

Il suffit d'évoquer les crises commerciales qui, par leur périodicité, menacent de plus en plus l'existence de la société bourgeoise. […]

Mais la bourgeoisie n'a pas seulement forgé les armes qui la tueront: elle a produit aussi les hommes qui les manieront, les ouvriers modernes, les prolétaires […], qui ne vivent qu'en trouvant du travail et qui n'en trouvent que si leur travail accroît le capital. Ces ouvriers, contraints de se vendre au jour le jour, sont une marchandise, un article de commerce comme un autre, et se trouvent ainsi exposés à toutes les vicissitudes de la concurrence, à toutes les fluctuations du marché. […]

De toutes les classes qui s'opposent actuellement à la bourgeoisie, le prolétariat seul est une classe vraiment révolutionnaire. Les autres classes déclinent et périssent; le prolétariat, au contraire, en est le produit le plus authentique. »

> La présentation que font Marx et Engels de la naissance de la bourgeoisie à l'intérieur de la société féodale vous semble-t-elle refléter celle du chapitre 3 du présent manuel?

Source: Karl MARX et Friedrich ENGELS, *Manifeste du parti communiste* (1847), Paris, Union générale d'éditions, 1962, p. 20, 26-28, 32-33. (Coll. « Le monde en 10/18 »)

Darwin n'est pas le premier à remettre en cause cette conception, mais il est le premier à le faire de façon scientifique, et dans une perspective vraiment planétaire du phénomène. Cette vision, il peut l'acquérir grâce à un long voyage de cinq ans autour du monde, au cours duquel il collige des dizaines de milliers de spécimens d'espèces vivantes et fossiles. Ses observations lui permettent de conclure que certaines espèces sont disparues, d'autres apparues, au cours d'un long processus étendu sur des millions d'années, qu'il existe des liens de descendance entre certaines espèces et que le processus d'évolution est toujours à l'œuvre aujourd'hui.

Pour expliquer ce phénomène, Darwin élabore la loi de la **sélection naturelle**. Dans un monde où règne la lutte pour la survie (recherche de nourriture, défense contre les prédateurs), seuls survivent les organismes les mieux adaptés, lesquels transmettent à leur descendance ces caractères qui assurent leur survie. Peu à peu, les espèces s'ajustent ainsi aux conditions de leur milieu en évoluant constamment, celles qui n'arrivent pas à le faire s'étiolant lentement jusqu'à disparaître 7 (*voir page suivante*).

La publication de cette théorie, en 1859, engendre l'une des controverses les plus vives et les plus durables de l'époque 8 (*voir p. 297*). C'est que, en plus de la description d'un monde impitoyable où la seule morale est celle « de la griffe et de la dent », elle réduit à néant l'autorité de la Bible, donnée jusque-là comme scientifique, et conteste l'idée même de la création de l'Homme. Voilà sans doute pourquoi la controverse dure encore de nos jours, où certaines autorités scolaires, aux États-Unis, obligent les professeurs de science à exposer

Prolétariat
Classe sociale formée des ouvriers industriels, qui n'ont aucune emprise sur les outils et les procédés de production, qui n'ont d'autre revenu que leur salaire et qui sont réduits au statut de simple force brute de travail soumise au jeu de l'offre et de la demande.

Messianisme
Attitude qui accorde à une idée, à un mouvement, voire à une personne, une mission libératrice exceptionnelle.

Sélection naturelle
Processus par lequel les individus les mieux adaptés à leur environnement vivent plus longtemps que ceux qui le sont moins et transmettent leurs caractéristiques à une descendance plus nombreuse, contribuant ainsi à l'évolution de l'espèce.

7 Charles Darwin : la sélection naturelle

« Il est intéressant de contempler une berge enchevêtrée, tapissée de plantes de nombreuses sortes, hébergeant des oiseaux qui chantent dans les buissons, avec divers insectes voltigeant çà et là, des vers rampant dans la terre humide, en réfléchissant que ces formes élaborées, si différemment conformées, et dépendant d'une manière si complexe les unes des autres, ont toutes été produites par les lois qui agissent autour de nous. Ces lois [...] sont [entre autres] la variabilité résultant de l'action directe et indirecte des conditions d'existence [...] ; un taux d'accroissement assez élevé pour entraîner à une lutte pour l'existence, qui a pour conséquence la sélection naturelle, laquelle détermine la divergence des caractères, et l'extinction des formes moins perfectionnées. Le résultat direct de cette guerre de la nature, qui se traduit par la famine et par la mort, est donc le fait le plus admirable que nous puissions concevoir, à savoir, la production des animaux supérieurs.

N'y a-t-il pas une véritable grandeur dans cette manière d'envisager la vie, avec ses puissances diverses attribuées primitivement par le Créateur à un petit nombre de formes, ou même à une seule ? Or, tandis que notre planète, obéissant à la loi fixe de la gravitation, continue à tourner dans son orbite, une quantité infinie de belles et admirables formes, sorties d'un commencement si simple, n'ont pas cessé de se développer et se développent encore ! »

> Comment, dans ce texte, Darwin intègre-t-il le dogme chrétien de la Création à la théorie de la sélection naturelle ?

Source : Charles DARWIN, *De l'origine des espèces au moyen de la sélection naturelle* (1859), trad. par Jean-Jacques Moulinié, Paris, Reinwald et Cie, 1873, p. 513-514.

sur un même pied, comme équivalentes sur le plan scientifique, la théorie évolutionniste et ce qu'on appelle la *théorie créationniste*, qui n'est que la transcription du récit biblique pris au pied de la lettre et auquel on accorde une valeur scientifique.

Une dérive : le darwinisme social. Invoquant cette théorie, tout un courant se développe, qui tente de couvrir d'un vernis scientifique l'existence des inégalités sociales et les prétentions de l'Occident à la supériorité raciale. On a qualifié ce courant de *darwinisme social*. Il s'agit d'appliquer à la vie des sociétés humaines les principes de la sélection naturelle et de la survivance des mieux adaptés, ce que Darwin n'a jamais fait. Cette démarche mène évidemment à l'exaltation de l'individualisme et du « succès » économique comme résultat de quelque loi naturelle, et au rejet des pauvres et des faibles comme incapables de naissance. Appliquée aux rapports entre les peuples, les races ou les cultures, cette conception mène aussi à la justification de l'impérialisme, du militarisme et du racisme. Combiné avec la philosophie du surhomme de Nietzsche (du moins à une lecture primaire de cette philosophie), le darwinisme social inspirera fortement le fascisme des années 1920-1930.

Génétique, microbiologie, médecine. D'autres savants encore illustrent ce vaste domaine des sciences de la vie au XIXe siècle : Gregor Mendel (1822-1884) formule les lois de la génétique ; Louis Pasteur (1822-1895) et Robert Koch (1843-1910) fondent la microbiologie, grâce à laquelle les maladies infectieuses pourront enfin être mises en échec par la vaccination ; Claude Bernard (1813-1878) oriente la médecine dans la voie d'une science expérimentale rigoureuse.

10.2.2 Les sciences humaines

Le XIXe siècle voit se constituer sur une base autonome des sciences qui jusqu'alors étaient plus ou moins rattachées à l'histoire ou à la philosophie et qui prendront le nom de *sciences sociales*.

L'anthropologie. L'anthropologie se situe à la jonction des sciences de la vie et des sciences humaines. Elle étudie l'Homme en tant qu'espèce, tant dans sa variété que dans son évolution, mais aussi dans l'infinie variété des coutumes, des façons de vivre et de penser, des morales et des religions que les humains ont élaborées au cours des millénaires. Ces découvertes aident à relativiser les valeurs occidentales et à accroître le scepticisme quant à la portée universelle de ces valeurs. L'anthropologue britannique Edward Burnett Tylor (1832-1917), par exemple, étend le concept de *civilisation* même aux cultures primitives, alors largement considérées comme non civilisées (*La civilisation primitive*, 1873-1874).

La sociologie. C'est avec Émile Durkheim (1858-1917) et Max Weber (1864-1920) que naît la sociologie. Leur ambition est d'appliquer à l'étude de la société la méthode scientifique la plus rigoureuse, ce qui permettra, pensent-ils, de connaître la réalité sociale avec autant de certitude que le physicien peut en avoir sur la réalité matérielle. Pour Durkheim, la désintégration des liens sociaux traditionnels opérée par l'industrialisation, le rationalisme et l'individualisme constitue le fondement de la crise qui secoue la société moderne. Cette société souffre d'anomie, c'est-à-dire d'une absence de normes, de valeurs, ce qui expliquerait, entre autres, le taux élevé de suicide.

Max Weber étudie la rationalisation croissante de tous les aspects de la vie sociale, à l'encontre des mythes et des conceptions teintées de magie qui se perpétuent dans les sociétés non occidentales. Il en trouve l'explication dans le capitalisme, dont le trait fondamental est l'organisation rationnelle de toutes les ressources économiques, y compris la force de travail, en vue de générer un profit continu et mesurable. Et ce capitalisme a triomphé en Occident grâce à l'esprit du protestantisme, qui considère le travail comme un devoir religieux et la réussite matérielle comme le signe de la prédestination au salut éternel (*voir p. 134*).

La psychanalyse. Bien qu'elle ne soit pas une science, mais une méthode d'investigation des processus psychiques, la psychanalyse, inventée par Sigmund Freud (1856-1939), ouvre des avenues jusqu'alors insoupçonnées sur la vie intérieure de l'être humain.

Freud affirme que les comportements humains sont régis le plus souvent par de puissantes forces intérieures qui échappent à la conscience du sujet 9. Bien sûr, les artistes, par exemple les grands tragiques grecs, ont souvent exploré dans leurs œuvres les dimensions de l'inconscient, mais Freud est le premier à le faire de façon méthodique et systématique en s'inspirant de la méthode scientifique.

Cette exploration des terribles forces de l'inconscient amènera Freud à étudier le phénomène de la civilisation (*Malaise dans la civilisation*, 1930) et à en percevoir la fragilité. La civilisation, en effet, demande la maîtrise des pulsions instinctuelles de l'homme et engendre ainsi des frustrations et un sentiment de culpabilité, « double contrainte » d'où naissent les désordres psychiques. Pourtant, selon Freud, si la civilisation peut être génératrice de névrose, il n'y a pas de solution de rechange à la civilisation, hors le chaos. Pour guérir l'individu de ses dysfonctionnements, Freud met au point la méthode psychanalytique, fondée sur la recherche par le sujet lui-même des origines de ses difficultés jusque dans sa plus tendre enfance.

10.2.3 Les sciences physiques

Jusqu'à la fin du XIXe siècle, la vision occidentale de l'Univers est restée celle de Newton (*voir p. 195*). Elle repose sur quelques certitudes de base, par exemple que le temps, l'espace et la matière sont des réalités indépendantes de l'observateur, que l'Univers obéit à des lois de causalité stricte, ou que l'atome, indivisible, solide « comme une bille de billard », est l'unité la plus petite de la matière.

8 Charles Darwin

Darwin fut probablement l'homme le plus caricaturé de son époque.

9 Sigmund Freud : l'inconscient

« [...] l'hypothèse de l'inconscient est *nécessaire* et *légitime*, et [...] nous possédons de multiples *preuves* de l'existence de l'inconscient. Elle est nécessaire, parce que les données de la conscience sont extrêmement lacunaires ; aussi bien chez l'homme sain que chez le malade, il se produit fréquemment des actes psychiques qui, pour être expliqués, présupposent d'autres actes qui, eux, ne bénéficient pas du témoignage de la conscience. Ces actes ne sont pas seulement les actes manqués et les rêves, chez l'homme sain, et tout ce qu'on appelle symptômes psychiques et phénomènes compulsionnels chez le malade ; notre expérience quotidienne la plus personnelle nous met en présence d'idées qui nous viennent sans que nous en connaissions l'origine, et de résultats de pensée dont l'élaboration nous est demeurée cachée. Tous ces actes conscients demeurent incohérents et incompréhensibles si nous nous obstinons à prétendre qu'il faut bien percevoir par la conscience tout ce qui se passe en nous en fait d'actes psychiques ; mais ils s'ordonnent dans un ensemble dont on peut montrer la cohérence, si nous interpolons les actes inconscients inférés. »

Source : Sigmund FREUD, *Métapsychologie* (1915), trad. par Jean Laplanche et Jean-Bertrand Pontalis, Paris, © Éditions Gallimard, 1972, p. 66-67. (Coll. « Idées »)

10 Marie Curie (1867-1934)

D'origine polonaise, Marie Sklodowska épouse en 1895 Pierre Curie, avec lequel elle se lance sur la piste du phénomène tout juste découvert par Henri Becquerel et qu'elle appellera *radioactivité*. Travaillant en étroite collaboration, les époux Curie découvrent le polonium et le radium et se voient attribuer, conjointement avec Becquerel, le prix Nobel de physique en 1903. Après la mort de son mari, Marie poursuit seule les recherches amorcées, devient la première femme nommée professeure à la Sorbonne et obtient le prix Nobel de chimie en 1911 pour avoir isolé le radium métallique pur. Elle s'intéresse ensuite aux applications médicales de la radioactivité, organisant le premier service radiologique mobile pendant la guerre. Sa fille Irène obtiendra, conjointement avec son mari Frédéric Joliot-Curie, le prix Nobel de chimie en 1935 pour la découverte de la radioactivité artificielle. Fait unique dans les annales scientifiques : trois prix Nobel entre une mère et sa fille !

La seconde révolution scientifique. À partir des années 1880, cette vision est profondément modifiée par ce qu'on a pu caractériser comme une « seconde révolution scientifique ». Elle touche d'abord l'atome, dont la vision newtonienne est remise en question par plusieurs découvertes parcellaires : celle des rayons X par Wilhelm Conrad Röntgen en 1895, celle de la radioactivité par Henri Becquerel en 1896, celle de l'électron par Joseph John Thomson en 1897, et enfin celle du radium par Pierre et Marie Curie 10 en 1903. En 1911, Rutherford peut décrire la structure interne de l'atome : loin d'être indivisible et de constituer l'unité la plus petite de la matière, il se révèle être lui-même un Univers en miniature, avec son noyau de charge positive autour duquel gravitent des électrons de charge négative. Entre-temps, en 1905, Albert Einstein a découvert les photons, établissant que la lumière elle-même est formée de particules subatomiques.

La théorie de la relativité. C'est justement à Albert Einstein (1879-1955) que revient le mérite d'élaborer une nouvelle synthèse théorique capable d'expliquer tous ces phénomènes nouveaux : il s'agit de la théorie de la relativité, qui fonde la physique du XXᵉ siècle. Le temps, l'espace et le mouvement ne sont pas absolus, mais relatifs à la position de l'observateur et à son propre mouvement dans l'espace. Les dimensions d'un corps changent avec sa vitesse. La matière et l'énergie ne sont pas des catégories distinctes, mais deux expressions d'une même réalité physique (c'est la célèbre formule $E = mc^2$). Le temps est la quatrième dimension de l'espace. L'espace lui-même se courbe au voisinage des corps de grande masse.

À la veille de 1914, il ne reste pas grand-chose de la physique et de la géométrie classiques. Le XXᵉ siècle sera celui de l'atome et de la conquête spatiale, de l'infiniment petit et de l'immensément grand.

Faisons le point

1. Décrivez l'essentiel de la théorie de l'évolution selon Darwin.
2. Comment Freud explique-t-il que la civilisation puisse être génératrice de névrose ?
3. En quoi consiste le « darwinisme social » ?
4. Nommez quelques découvertes majeures qui marquent la seconde révolution scientifique.
5. Décrivez les éléments clés de la théorie de la relativité.

10.3 Les arts

L'art occidental évolue, au cours du XIXᵉ siècle, de façon de plus en plus accélérée, à l'instar de la société de l'époque. Les styles et les écoles y prolifèrent, depuis la révolution romantique jusqu'à la naissance de l'art abstrait.

10.3.1 La révolution romantique

Les bouleversements politiques et sociaux de la grande révolution atlantique (*voir chap. 7*) et de la révolution industrielle (*voir chap. 8*) ne sont pas sans entraîner un bouleversement des sensibilités. Le mouvement romantique constitue, dans l'art, l'équivalent des autres révolutions de l'époque ; en quelque sorte, tout l'art moderne en découle.

Les origines. Le romantisme est un mouvement immense, confus, aux origines quelque peu contradictoires. Il s'élève contre le rationalisme des Lumières pour exalter le sentiment, le retour à la nature vue non plus comme une mécanique mathématisée, mais comme source de beauté et d'inspiration poétique. En même temps, il se réclame pourtant de l'aspiration à la liberté et à l'égalité qu'ont propagée les Lumières, et chante les gloires révolutionnaires. Par contre, les débordements de la révolution provoquent désabusement et pessimisme, tandis que les conquêtes napoléoniennes réveillent le sens de l'épopée et de la tragédie 11.

Les caractères. Le romantisme se situe donc au confluent de toutes ces tendances. Son caractère premier, vraiment « révolutionnaire », c'est qu'il fait de la sensibilité individuelle la seule norme de la création artistique. C'est en cela qu'il prépare le terrain à toutes les écoles qui vont lui succéder et à tout l'art moderne. Seul compte désormais la voix intérieure de l'artiste. Le romantique exprime son insatisfaction à l'égard du présent et sa quête sans fin d'un monde autre, sa lassitude des convenances sociales, son scepticisme face à la recherche du bonheur chère au XVIIIe siècle et son attirance envers le lugubre, la démence, voire la laideur. Il se rebelle contre les formes héritées de l'Antiquité gréco-romaine,

11 *Le radeau de la Méduse* (T. Géricault, 1819)

Une des œuvres phares du romantisme : tragédie, héroïsme, macabre, unis dans une composition magistrale et tourmentée.

Musée du Louvre.

12 | Victor Hugo : la mort de Gavroche

Dans un passage haletant et célèbre des *Misérables*, Victor Hugo plonge son lecteur en pleine action, alors que Gavroche, le gamin de Paris, participe aux barricades de la révolution de 1848.

« Le spectacle était épouvantable et charmant. Gavroche, fusillé, taquinait la fusillade. Il avait l'air de s'amuser beaucoup. C'était le moineau becquetant les chasseurs. Il répondait à chaque décharge par un couplet. On le visait sans cesse, on le manquait toujours. Les gardes nationaux et les soldats riaient en l'ajustant. Il se couchait, puis se redressait, s'effaçait dans un coin de porte, puis bondissait, disparaissait, reparaissait, se sauvait, revenait, ripostait à la mitraille par des pieds de nez, et cependant pillait les cartouches, vidait les gibernes et remplissait son panier. Les insurgés, haletants d'anxiété, le suivaient des yeux. La barricade tremblait ; lui, il chantait.

Ce n'était pas un enfant, ce n'était pas un homme ; c'était un étrange gamin fée. On eût dit le nain invulnérable de la mêlée. Les balles couraient après lui, il était plus leste qu'elles.

Il jouait on ne sait quel effrayant jeu de cache-cache avec la mort ; chaque fois que la face camarde du spectre s'approchait, le gamin lui donnait une pichenette.

Une balle pourtant, mieux ajustée ou plus traître que les autres, finit par atteindre l'enfant feu follet. On vit Gavroche chanceler, puis il s'affaissa. Toute la barricade poussa un cri […]. »

Source : Victor HUGO, *Les misérables*, cinquième partie, *Jean Valjean*, New York, Christern, 1862, p. 25-26.

---

13 | *Saturne dévorant un de ses enfants*
(F. de Goya, 1819-1823)

Saturne est le nom romain du personnage mythologique grec Cronos (*voir autre tableau de Goya, chap. 7, doc. 28, p. 235*).

Musée du Prado, Madrid.

---

redécouvre celles du Moyen Âge et, à travers elles, le sens du mystère et du religieux si méprisé par les Lumières.

La littérature. Le romantisme inspire toutes les formes artistiques du début du XIXᵉ siècle. En littérature, après Jean-Jacques Rousseau, qui a été en plein XVIIIᵉ siècle le véritable instigateur de cette révolution (*Les rêveries du promeneur solitaire*, 1782), c'est la poésie qui répond le mieux à la nouvelle sensibilité, et le genre est illustré en Allemagne par Johann Wolfgang von Goethe (1749-1832) et Friedrich von Schiller (1759-1805), en Angleterre par lord Byron (1788-1824) et Percy Bysshe Shelley (1792-1822), en France par Alphonse de Lamartine (1790-1869) et surtout par Victor Hugo.

L'immense figure de Victor Hugo (1802-1885), poète, romancier, dramaturge et homme politique, traverse tout le siècle. C'est sa pièce *Hernani* qui propulse avec fracas le mouvement romantique au premier plan de l'actualité. Le soir de la première (28 février 1830) et dès le premier vers, volontairement construit en infraction des règles traditionnelles de la versification, une bataille à coups de poing éclate entre partisans et adversaires du renouveau, dans une salle soigneusement quadrillée par les premiers. Hugo devient l'idole de la jeunesse contestataire, amorce une carrière politique en participant aux événements de 1848 (*voir p. 236*), puis s'exile volontairement après la prise de pouvoir par Napoléon III, dont il stigmatise la dictature depuis son refuge sur l'île de Guernesey (*Napoléon le Petit*). Rentré à Paris après 1870, il coule une vieillesse heureuse portée par l'immense popularité que lui ont value ses recueils de poèmes (*Les contemplations*), ses grandes épopées en vers (*La légende des siècles*) et ses romans historiques, comme *Les misérables*, œuvre énorme qui n'a pas cessé jusqu'à nos jours de susciter d'innombrables adaptations pour le théâtre, la comédie musicale, le cinéma et la télévision 12. À sa mort en 1885, ses funérailles nationales prennent les dimensions d'une apothéose.

La peinture. En peinture, le romantisme est d'abord marqué par le génie sulfureux de l'Espagnol Francisco de Goya (1746-1828), dont l'œuvre se concentre de plus en plus, vers la fin de sa vie, sur des visions cauchemardesques où dominent les thèmes de la destruction, de l'horreur et de la mort 13. Il exerce une profonde influence sur les Français Théodore Géricault (1791-1824) et surtout Eugène Delacroix (1798-1863), le plus célèbre des peintres romantiques, qui jette sur la toile des scènes dramatiques, violentes ou sensuelles avec un sens aigu du mouvement et de la couleur 14. En Allemagne, la peinture romantique s'exprime dans les paysages rêvés d'un Caspar David Friedrich (1774-1840) 15, pleins de mélancolie et comme habités par une intense présence spirituelle. Le paysage, plus réaliste cependant, domine également l'œuvre de l'Anglais John Constable (1776-1837), tandis que son compatriote Joseph Mallord William Turner (1775-1851) transcende toutes les écoles dans une œuvre monumentale qui compte pas moins de 20 000 peintures, dessins et aquarelles.

La musique. C'est peut-être en musique que le romantisme trouve son expression la plus durable. Presque toute la musique du XIXᵉ siècle peut être qualifiée de *romantique*, et l'on y trouve une extraordinaire concentration de très grands compositeurs : Beethoven, Weber, Schubert, Berlioz, Chopin, Schumann, Mendelssohn, Verdi, Brahms, Liszt, Wagner, Franck, Saint-Saëns, Tchaïkovski, Dvorak, la liste semble inépuisable...

Au début du siècle, la figure de Ludwig van Beethoven (1770-1827) apparaît comme emblématique du mouvement qui s'amorce. Son œuvre est habitée d'une palpitation secrète (la sonate *Appassionata*), imprégnée de pathétique (la symphonie *Héroïque*), pénétrée du sentiment et même des bruits de la nature (la symphonie *Pastorale*). Frappé dès l'âge de 26 ans par une surdité progressive qui deviendra totale, il passe les dernières années de sa vie emmuré dans son monde intérieur 16 (*voir page suivante*). Cette vie marquée par le tragique de même que le génie que met Beethoven à traduire une sensibilité puissante dans un discours musical accessible au plus grand nombre expliquent l'immense popularité dont il a toujours joui jusqu'à nos jours. La délicatesse nostalgique d'un Franz Schubert (1797-1828), la fougue révolutionnaire d'un Hector Berlioz (1803-1869) et la puissante architecture d'un Johannes Brahms (1833-1897) marquent également les grands moments de la musique romantique.

Du strict point de vue de son attraction sur le grand nombre, c'est l'opéra qui constitue le genre par excellence du romantisme musical. Deux compositeurs, nés

14 *Scène des massacres de Scio* (E. Delacroix, 1824)

Ce tableau illustre un épisode de la lutte pour l'indépendance menée par les Grecs contre la domination ottomane.

Musée du Louvre.

15 *Lever de lune sur la mer* (C.D. Friedrich, 1822)

16 Beethoven: le masque mortuaire

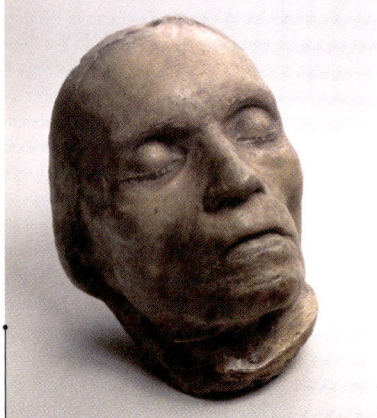

la même année, mais aussi différents l'un de l'autre que possible, dominent ici largement tout le siècle.

Giuseppe Verdi (1813-1901), au cours d'une carrière exceptionnellement longue et fructueuse, écrit une œuvre immense qui traduit les grandes passions humaines d'une façon simple et forte touchant directement l'émotion de l'auditeur le plus réticent. Il excelle particulièrement dans des scènes complexes où plusieurs personnages expriment en même temps des sentiments opposés qui s'intègrent dans une pâte musicale d'une grande richesse (*Un bal masqué*, *Rigoletto*, *Aïda*). Verdi est également le chantre du nationalisme italien alors en pleine ascension, et certains airs de ses opéras deviennent, malgré la censure autrichienne (l'Autriche domine alors largement l'Italie du Nord), des chants patriotiques, tel ce célèbre chœur des Hébreux exilés à Babylone : *Va, pensiero* de l'opéra *Nabucco*. Verdi fut ainsi un musicien populaire au sens le plus noble du mot, son nom même étant devenu, par une coïncidence que seul un destin malicieux pouvait fabriquer, le signe de ralliement des patriotes italiens : *Vittorio Emmanuele, Re d'Italia!* («**V**ictor-**E**mmanuel, **R**oi **d'I**talie!» — le roi Victor-Emmanuel II était alors à la tête du royaume de Sardaigne qui menait la lutte pour l'unité italienne). Partout dans la péninsule apparaissaient sur les murs les graffitis proclamant « *Viva Verdi!* »

Richard Wagner (1813-1883) constitue à lui seul la plaque tournante de toute l'histoire de l'opéra. Esprit tumultueux et polyvalent, il se veut à la fois poète, dramaturge, musicien, architecte et philosophe. Il réussit pleinement ce que plusieurs avant lui avaient tenté, depuis Claudio Monteverdi et Wolfgang Amadeus Mozart : créer le véritable «drame musical», fusion de toutes les ressources de l'opéra dans un spectacle total et nouveau. L'orchestre, étendu à plus de

17 *Un enterrement à Ornans* (G. Courbet, 1850)

Courbet croque pour ainsi dire sur le vif une scène villageoise typique, refusant tout lyrisme, n'accordant de traitement privilégié à aucun des personnages, plaçant même la fosse au centre et au premier plan du tableau. Tout l'inverse du romantisme…

Musée d'Orsay, Paris.

100 musiciens, utilise toute la palette des timbres et joue un rôle capital dans le déroulement de l'action grâce à la technique des « motifs conducteurs » (*leitmotiv*) qui s'attachent à l'un ou l'autre des éléments du drame (personnage, événement, objet). La voix est totalement intégrée au tissu sonore dans une mélodie continue qui n'interrompt jamais le déroulement de l'action dramatique.

Wagner puise ses sujets dans l'histoire et les légendes du Moyen Âge allemand (*Tannhäuser*) et dans la vieille mythologie germanique (*Lohengrin*, *Parsifal*). Il est auteur total, écrivant lui-même les textes (en vers) de ses opéras, composant la musique, concevant la mise en scène, les décors, les costumes, les éclairages. Il dessine même les plans d'un théâtre d'opéra révolutionnaire, où l'orchestre est totalement dissimulé au-dessous de la scène, et fait construire ce théâtre à Bayreuth pour la représentation de son œuvre capitale : *L'anneau du Nibelung*. Cette monumentale tétralogie (suite de quatre ouvrages), totalisant 17 heures d'une musique presque toujours somptueuse, fusionne de façon magistrale les mondes des dieux, des géants, des nains et des hommes dans une représentation mythique de toute la destinée humaine. Aujourd'hui encore, cette œuvre touffue et géniale exerce une fascination constante et le « pèlerinage » à Bayreuth est le rite obligé de tout wagnérien convaincu.

10.3.2 Du réalisme à l'impressionnisme

Le réalisme. Alors que la musique demeure assez fidèle aux formes romantiques, les autres domaines de l'art connaissent, vers 1850, une réaction antiromantique marquée par un souci nouveau de traduire fidèlement la réalité, même la plus triviale, telle qu'elle est. Cette réaction n'est pas sans relation avec le grand échec des révolutions de 1848 et de leurs généreuses illusions. Ce souci de réalisme touche particulièrement la littérature et la peinture.

En littérature, c'est le roman qui s'accorde le mieux avec la nouvelle sensibilité et, dès les années 1830, Honoré de Balzac (1799-1850) lui a déjà donné ses lettres de noblesse dans sa *Comédie humaine*, grande fresque de plus d'une centaine de titres où sont dépeints les milieux sociaux les plus divers avec une impitoyable acuité dans l'observation. À la suite de Balzac, le milieu du siècle voit apparaître tous ceux qui sont considérés encore aujourd'hui comme les maîtres du genre romanesque : Fedor Dostoïevski (1821-1881) et Léon Tolstoï (1828-1910) en Russie, Charles Dickens (1812-1870) en Angleterre et Gustave Flaubert (1821-1880) en France.

18 *Olympia* (É. Manet, 1863)

En 1850, le peintre Gustave Courbet (1819-1877) crée toute une commotion en présentant trois tableaux illustrant des sujets considérés comme indignes de l'art pictural, par exemple d'humbles terrassiers occupés à casser des pierres sur une route, ou encore un enterrement dans son village natal **17**. L'événement marque l'entrée du réalisme dans la peinture. Édouard Manet (1832-1883) va pousser l'audace jusqu'à représenter une prostituée nue sur un lit et regardant directement l'observateur sans aucune « pudeur » **18**, scène que tant de respectables bourgeois connaissent parfaitement mais qu'il ne faut surtout pas montrer

19 *Le wagon de troisième classe* (H. Daumier, 1864)

en public et dont il faut encore moins prétendre en faire une œuvre d'art! Honoré Daumier (1808-1879), venu à la peinture par la caricature, apporte à son pinceau un sens aigu de l'observation, la simplicité du dessin et le dramatisme des situations, dans des toiles que l'impact de la couleur et des jeux de lumière rend encore plus fortes **19**.

Le réalisme pictural est cependant vite condamné par la mise au point d'une technique, puis d'un art, absolument nouveau : la photographie, inventée en 1839 par Jacques Daguerre (1787-1851) et capable de reproduire la réalité encore plus fidèlement que la main du peintre grâce à — justement — l'«objectif». Les daguerréotypes, tirés sur une plaque de cuivre, permettent des images d'une netteté et d'une précision extraordinaires, mais ont le défaut de ne pas être reproductibles. Alors, les améliorations techniques vont se succéder en rafale pour répondre aux demandes d'un public fasciné. Dix ans après l'invention de Daguerre, la photographie est déjà devenue un art, illustré par quelques grands noms comme Félix Tournachon, dit Nadar (1820-1910) **20**.

L'impressionnisme. La concurrence que la photographie fait à la peinture sur le plan du réalisme de même que la préoccupation première des photographes

20 *Portrait de Sarah Bernhardt* (Nadar, v. 1860)

Sarah Bernhardt (1844-1923) était la plus célèbre comédienne française de son temps.

21 *Santa Maria della Salute, Venise* (J.M.W. Turner, 1843)

pour la lumière ne sont pas étrangères à l'apparition d'une école qui, par son incroyable fécondité et par sa popularité jamais démentie, domine toute la deuxième moitié du siècle : l'impressionnisme. Elle regroupe un nombre plutôt restreint d'artistes (Claude Monet, Camille Pissarro, Alfred Sisley, Edgar Degas, Pierre Auguste Renoir, l'Américaine Mary Cassatt), mais elle introduit de telles innovations qu'elle est considérée comme le point de départ de l'art « moderne ».

Les impressionnistes abandonnent résolument les règles formelles héritées de la Renaissance : lois de la perspective et de la composition, modelé des formes, imitation de la réalité dans la couleur et la lumière. Ils tentent de traduire sur la toile l'impression personnelle et immédiate qu'ils reçoivent d'un objet ou d'un paysage. Abandonnant le travail en atelier, ils se lancent sur les routes de campagne ou sur les trottoirs de Paris avec leurs chevalets portatifs et leurs tubes de couleurs, peignant directement, sur place, ce qu'ils voient, essayant même de fixer sur la toile la luminosité éphémère de l'instant qui passe. Ce qui les passionne, c'est la lumière et son chatoiement, et ils inventent, pour la traduire, des techniques nouvelles de juxtaposition de petites touches de couleurs simples plutôt que les savants mélanges de leurs prédécesseurs.

22 *Impression, soleil levant* (C. Monet, 1872)

La toile « fondatrice » de l'impressionnisme. C'est pour la dénigrer qu'un critique l'affubla du qualificatif d'*impressionniste* qui allait devenir l'étendard de toute une école.

Musée Marmottan Monet, Paris.

Bien que William Turner soit de la génération des romantiques, c'est à lui qu'on doit les premières œuvres impressionnistes, dans ses toiles où toute délimitation rigoureuse des objets semble se diluer dans des vapeurs évanescentes **21**. Les œuvres de Claude Monet (1840-1926), peut-être le plus célèbre des impressionnistes, transmettent à l'observateur une palpitation presque physique de la lumière, de ses reflets dans l'eau et de ses jeux d'ombre, palpitation qui donne, justement, une « impression » de réalité saisissante **22**.

10.3.3 Fin de siècle : l'art en mutation

Les impressionnistes ayant ouvert la voie à un art affranchi de contraintes séculaires, le tournant du siècle voit s'engouffrer dans cette brèche un formidable torrent qui porte en son sein tout l'art du XXᵉ siècle.

La peinture. On a l'habitude de regrouper commodément sous l'étiquette de *postimpressionnistes* trois peintres fort différents dont la préoccupation essentielle n'est plus la lumière chère aux impressionnistes, mais la forme et la couleur. En fait, ce sont ces postimpressionnistes qui franchissent le pas décisif vers l'art « moderne » en abandonnant délibérément l'imitation de la nature comme souci essentiel de l'art de peindre. C'est ainsi que Paul Cézanne (1839-1906) **23**, Paul Gauguin (1848-1903) **1** (*voir p. 290*) et

23 *Le golfe de Marseille vu de l'Estaque* (P. Cézanne, 1878-1879)

Le mouvement des idées, des sciences et des arts au XIXᵉ siècle 305

24 Vincent Van Gogh (1853-1890)

PORTRAIT

Fils d'un pasteur calviniste belge, Van Gogh ne décide de se consacrer à la peinture qu'en 1880, après l'échec douloureux d'une mission évangéliste auprès des mineurs de charbon. Après des œuvres réalistes à la Millet, dont il est un grand admirateur, il découvre l'impressionnisme et a la révélation des estampes japonaises. Sous cette double influence, son inspiration se renouvelle, favorisée encore par son installation à Arles, sous la lumière radieuse de la Provence. Poussé par un irrépressible besoin de peindre, il réalise le plus clair de son œuvre dans les deux dernières années de sa vie, au milieu de difficultés matérielles et de grandes souffrances psychiques qui le mènent à l'automutilation et à l'internement pendant plusieurs mois. Il meurt des suites d'une tentative de suicide, démuni, pratiquement inconnu, n'ayant vendu pendant toute sa vie qu'une seule de ses 800 toiles, lui dont les œuvres les plus célèbres valent aujourd'hui des dizaines de millions de dollars et dont le seul nom sur une affiche d'exposition fait accourir les foules.

Vincent Van Gogh (1853-1890) 24 25, coloristes exceptionnels, libèrent la couleur et la forme des servitudes de la réalité et annoncent déjà la prolifération d'écoles qui marquera le début du XXe siècle.

Le fauvisme français, qui dure à peine plus que le temps d'une exposition (1905), recourt à des couleurs violentes (« fauves ») parfois tout à fait fantaisistes (Henri Matisse). L'expressionnisme allemand traduit l'angoisse par le fantastique, la dérision, la distorsion des formes (Edvard Munch). Le futurisme italien (Filippo Tommaso Marinetti, écrivain, Umberto Boccioni, peintre et sculpteur) exalte le modernisme et s'égare dans un délire verbal qui n'est pas sans engendrer quelque inquiétude 26. Mais c'est le cubisme qui rompt de façon radicale avec toute la tradition occidentale. Avec Pablo Picasso (1881-1973), l'abandon complet de la perspective et la multiplication d'angles de vision différents et simultanés d'un même objet marquent le renouvellement de l'art pictural 27. Au même moment (années 1910), l'apparition de l'art abstrait, formes et couleurs sans aucune référence au réel, ouvre la porte sur de nouveaux univers visuels 28.

La musique. Pendant que la peinture se détache de ses liens formels avec la Renaissance, la musique connaît une évolution analogue. Les formes musicales éclatent, particulièrement la symphonie, que Gustav Mahler (1860-1911) renouvelle avec des œuvres ambitieuses demandant de puissants effectifs (*Symphonie des Mille*), tandis que Richard Strauss (1864-1949) devient le grand maître du « poème symphonique » avec ses orchestrations luxuriantes (*Ainsi parlait*

25 *Nuit étoilée à Saint-Rémy* (V. Van Gogh, 1889)

Zarathoustra). En France, Claude Debussy (1862-1918) donne à l'impressionnisme son pendant musical (*Jeux d'eau, La mer*).

Mais il semble de plus en plus que les règles de composition adoptées en Occident depuis l'apparition de la polyphonie, il y a près de huit siècles (*voir p. 107*), aient donné tout ce qu'on peut en attendre. Les compositeurs explorent maintenant des voies inédites, et Igor Stravinski (1882-1971) annonce avec fracas la musique nouvelle lors de la tumultueuse présentation du ballet *Le sacre du printemps* en 1913 (les vociférations d'une partie de l'auditoire en sont presque arrivées à enterrer la musique pourtant tonitruante du compositeur). Plus novateur encore, Arnold Schönberg (1874-1951) invente des théories ingénieuses (dodécaphonisme, musique sérielle) qui marquent malheureusement un éloignement croissant par rapport au goût du public et la relégation d'un certain type de musique aux seules chapelles d'initiés. La musique populaire, quant à elle, voit naître, dans la communauté afro-étasunienne, ce qui deviendra l'un de ses courants majeurs au XXe siècle : le jazz et le blues.

La sculpture. Le bouillonnement artistique du tournant du siècle touche aussi la sculpture, demeurée

26 Manifeste futuriste (1909)

« Nous voulons chanter l'amour du danger, l'habitude de l'énergie et de la témérité. [...]

Nous voulons exalter le mouvement agressif, l'insomnie fiévreuse, le pas gymnastique, le saut périlleux, la gifle et le coup de poing. [...]

Il n'y a plus de beauté que dans la lutte. Pas de chef-d'œuvre sans caractère agressif. La poésie doit être un assaut violent contre les forces inconnues, pour les sommer de se coucher devant l'homme. [...]

Nous voulons glorifier la guerre — seule hygiène du monde —, le militarisme, le patriotisme, le geste destructeur des anarchistes, les belles idées qui tuent et le mépris de la femme.

Nous voulons démolir les musées et les bibliothèques, combattre le moralisme, le féminisme et toutes les lâchetés opportunistes et utilitaires.

Nous chanterons les grandes foules agitées par le travail, le plaisir ou la révolte ; les ressacs multicolores et polyphoniques des révolutions dans les capitales modernes [...]. »

Source : Filippo Tommaso MARINETTI, « Manifeste du futurisme », dans Giovanni LISTA, *Futuristie*, Lausanne, L'Âge d'homme, 1973, p. 87.

27 *Les demoiselles d'Avignon* (P. Picasso, 1907)

Première œuvre « cubiste », particulièrement dans les deux figures de droite.

Museum of Modern Art, New York.

28 *Improvisation rêveuse* (W. Kandinski, 1913)

L'art abstrait abandonne toute représentation du réel pour ne s'attacher qu'aux formes et aux couleurs.

29 *Saint Jean-Baptiste*
(A. Rodin, 1879)

Comparez cette œuvre avec le Guerrier de Riace (*voir chap. 1, doc. 37, p. 43*) et avec le David de Michel-Ange (*chap. 4, doc. 12, p. 128*).

jusque-là fidèle aux canons de l'Antiquité gréco-romaine. Ici, c'est Auguste Rodin (1840-1917) qui fait figure de pionnier, dans des œuvres au contenu souvent héroïque où des formes humaines tourmentées surgissent de la pierre avec une force vitale irrépressible **29**. Fortement impressionné par les œuvres inachevées de Michel-Ange, Rodin se soucie peu de donner l'impression du « fini » et laisse souvent intouchée une partie du bloc qu'il sculpte, communiquant le sentiment que la vie est en train de se dégager sous nos yeux de sa gangue de marbre. Bientôt, la sculpture elle-même abandonnera la représentation trop servile de la nature pour aborder l'abstraction, la forme pure dans l'espace.

L'architecture. Après s'être complu, tout au long du siècle, dans la reproduction étroite des styles anciens (néogothique, néo-Renaissance, néoclassicisme, etc.), l'architecture est touchée elle aussi par le souffle du renouveau.

C'est d'abord l'« art nouveau », ou *modern style*, qui éclate à la fin du siècle, multipliant les courbes, les arabesques, les motifs végétaux, dans une grande liberté inventive illustrée par le génie fulgurant du Catalan Antoni Gaudí (1852-1926) **30**. Mais les besoins grandissants des agglomérations urbaines, où le coût des terrains exige la construction en hauteur, de même que les techniques nouvelles de la structure en acier et du béton armé donnent naissance à la véritable architecture « moderne », dépouillée, fonctionnelle, lancée à Chicago par Louis Henry Sullivan (1856-1924) et surtout Frank Lloyd Wright (1869-1959), qui sera l'un des plus grands architectes du XXe siècle. L'ère des « gratte-ciel » est née, et le béton armé devient le matériau plastique architectural de l'avenir.

Faisons le point

1. Nommez différentes sources d'inspiration du romantisme.
2. En quoi consiste le caractère révolutionnaire du romantisme ?
3. Quelles ruptures le réalisme, d'une part, et l'impressionnisme, d'autre part, apportent-ils dans l'évolution de l'art pictural ?
4. Désignez les principales écoles picturales du tournant du XXe siècle.
5. Associez les artistes avec les courants :

Cézanne	Art nouveau
Courbet	Cubisme
Delacroix	Impressionnisme
Gaudí	Postimpressionnisme
Manet	Réalisme
Monet	Romantisme
Picasso	
Turner	
Van Gogh	

30 Église de la Sagrada Familia à Barcelone (A. Gaudí)

L'œuvre majeure de Gaudí. Comme pour les grandes cathédrales médiévales, les travaux durent depuis plus d'un siècle et ne sont pas encore terminés.

CONCLUSION

Commencé en 1815, le XIXᵉ siècle s'achève en 1914. Dans les domaines de la science, de la philosophie et de l'art, il aboutit, à travers la remise en cause de tout l'héritage de la Renaissance et des Lumières, à un ensemble de découvertes, de réflexions et d'innovations qui contiennent en germe une bonne partie de ce que sera le XXᵉ siècle. Et cela inclut les abîmes insondables d'horreur, de souffrance et de malheur qui marqueront sa première moitié.

TRAVAUX ET EXERCICES

SYNTHÈSE

Justifiez les affirmations suivantes en vous appuyant sur des arguments ou des exemples :

1. Malgré leur opposition fondamentale, les grandes idéologies que sont le libéralisme et le socialisme sont issues d'un contexte et de prémisses similaires.

2. Avec l'aboutissement de la révolution scientifique au XIXe siècle, l'idée du progrès s'étend aux sciences biologiques, humaines et physiques.

3. Au XIXe siècle, l'art évolue de manière accélérée, reflet du bouleversement des sensibilités d'une époque.

RÉFLEXION – Le concept de *libéralisme*

À la fois doctrine politique et doctrine économique, le libéralisme caractérise la société occidentale moderne et contemporaine. Il fait aujourd'hui figure d'idéologie dominante. Pourtant, les crises économiques qui sévissent périodiquement ramènent l'idée d'une « crise du libéralisme ». Afin d'approfondir le concept de *libéralisme*, répondez aux questions suivantes :

1. Expliquez quel est le principe fondamental autour duquel se développent les idées libérales.

2. Relevez trois éléments qui caractérisent le libéralisme économique.

3. Historiquement, quel groupe social développe le libéralisme économique ? Expliquez votre réponse.

4. Expliquez en quoi le libéralisme peut être lié au système de la démocratie parlementaire.

5. D'après vous, en quoi le libéralisme constitue-t-il un héritage majeur de l'Occident actuel ?

ANALYSE – Comparer des sources primaires

Dans son travail de recherche, l'historien utilise un corpus de sources primaires. Recourir à des sources nombreuses et variées lui permet d'établir des liens de filiation, de similitude ou de divergence entre les idées qui animent une époque, et donc de saisir celle-ci dans sa complexité.

Les découvertes de Charles Darwin et sa théorie de la sélection naturelle bouleversent les connaissances scientifiques dont disposent les hommes du XIXe siècle, mais donnent également prise au « darwinisme social ». Comparez les idées de Darwin présentées dans le document **7** (*voir p. 296*) avec celles de Herbert Spencer, sociologue anglais associé au darwinisme social (*voir extrait ci-dessous*).

« En même temps il s'est produit une différenciation d'une espèce plus familière, celle par laquelle la masse de la communauté s'est séparée en classes distinctes et en catégories de travailleurs. [...] L'économie politique a depuis longtemps décrit le progrès industriel qui, en accroissant la division du travail, aboutit à une communauté civilisée dont les membres accomplissent chacun des actions différentes, les uns pour les autres [...]. De sorte que partant de la tribu primitive, presque, sinon tout à fait, homogène quant aux fonctions de ses membres, le progrès a marché et marche encore vers l'agrégation économique de toute la race humaine qui devient toujours plus hétérogène pour ce qui concerne les fonctions distinctes remplies par les sections locales de chaque nation [...]. » (Herbert Spencer, *Les premiers principes* (1862), trad. par M. Guymiot, Paris, Alfred Costes, 1920, p. 321-322[1].)

1. Dans vos propres mots, expliquez en quoi consistent les arguments de Darwin et de Spencer.

2. Comparez leurs propos : en quoi sont-ils semblables ? En quoi sont-ils divergents ?

3. À la lumière de cette comparaison, expliquez pourquoi le darwinisme social est qualifié de *dérive* du darwinisme.

HÉRITAGE

CE QUE NOUS DEVONS AU XIXe SIÈCLE CULTUREL

- ▶ les conceptions et expériences socialistes, particulièrement le marxisme
- ▶ la théorie de l'évolution et la théorie de la relativité
- ▶ des découvertes scientifiques majeures (lois de la génétique, rayons X, radioactivité, structure de l'atome)
- ▶ la méthode psychanalytique
- ▶ de nouvelles sciences sociales (anthropologie, sociologie)

---

1. Édition numérique réalisée le 22 septembre 2006 à Chicoutimi, disponible sur le site de l'UQAC, http://dx.doi.org/doi:10.1522/cla.sph.pre.

- la sensibilité individuelle comme seule norme de la création artistique
- les grands mouvements artistiques que sont le romantisme, le réalisme, l'impressionnisme et l'art abstrait
- la photographie
- la plus grande partie du répertoire des orchestres symphoniques et des maisons d'opéra d'aujourd'hui

POUR ALLER PLUS LOIN

Ouvrages de référence

AMEISEN, Jean Claude. *Dans la lumière et les ombres : Darwin et le bouleversement du monde*, Paris, Fayard/Éditions du Seuil, 2011, 521 p. (Coll. « Points Sciences », n° S197)

AUTEXIER, Philippe Alexandre. *Beethoven : la force de l'absolu*, Paris, Gallimard, 2010, 127 p. (Coll. « Découvertes Gallimard. Arts », n° 106)

BARBE-GALL, Françoise. *Comment regarder les impressionnistes*, Paris, Chêne, 2010, 311 p.

CREPALDI, Gabriele. *L'art au XIXe siècle*, Paris, Hazan, 2005, 381 p. (Coll. « Guide des arts »)

GIDEL, Henry. *Marie Curie*, Paris, Flammarion, 2008, 380 p. (Coll. « Grandes biographies »)

MILZA, Pierre. *Verdi et son temps*, Paris, Perrin, 2004, 559 p. (Coll. « Tempus », n° 88)

NACHIN, Claude. *Sigmund Freud : sa vie, son génie, ses limites*, Paris, Bréal, 2010, 319 p.

TATON, René, dir. *Histoire générale des sciences*, t. III, *La science contemporaine*, vol. 1, *Le XIXe siècle*, 2e éd., Paris, PUF, 1995, 757 p. (Coll. « Quadrige », n° 188)

TORT, Patrick. *Darwin et le darwinisme*, 4e éd., Paris, PUF, 2011, 128 p. (Coll. « Que sais-je ? », n° 3738)

TROTEREAU, Janine. *Marie Curie*, Paris, Gallimard, 2011, 358 p. (Coll. « Folio Biographies », n° 81)

WALTHER, Ingo F., dir. *Impressionnisme*, Paris, Taschen, 2010, 2 t., 712 et 400 p.

WALTHER, Ingo F., dir. *Van Gogh : l'œuvre complet, peinture*, Paris, Taschen, 2010, 740 p.

Cédérom

Le musée d'Orsay : la visite virtuelle des plus belles collections impressionnistes, Fr., Emme/Scala, 2003.

Productions audiovisuelles

Camille Claudel, de Bruno Nuytten, avec I. Adjani et G. Depardieu, Fr., 1988, 175 min. — L'histoire de Camille Claudel, compagne du sculpteur Auguste Rodin et elle-même excellente sculpteure, écrasée toutefois par la notoriété de celui qu'elle inspire sans cesse et souffrant de la non-reconnaissance de son œuvre dans une société où les femmes n'occupent pas la place qui leur revient. Film magnifique servi par des comédiens exceptionnels.

Charles Darwin and the Tree of Life, G.-B., BBC, 2009, 60 min. — Excellent documentaire présenté par David Attenborough.

Creation, de Jon Amiel, avec P. Bettany et J. Connelly, G.-B., 2009, 108 min. — Au moment de révéler publiquement sa théorie de l'évolution, Charles Darwin ressent une énorme tension intérieure, à quoi s'ajoute la douleur de la mort de sa fille. Assez bonne présentation des enjeux, bien que le personnage soit un peu trop « dramatisé ». Excellents comédiens.

Darwin's Lost Paradise, All./Austr./Fr., Kultur Video, 2011, 104 min. — Documentaire reconstituant le voyage de Darwin sur le *Beagle*.

Freud, de John Huston, avec M. Clift et S. York, É.-U., 1962, 120 min., n/b. — Le film condense cinq années de la vie de Freud, alors que ce dernier élabore sa théorie de l'inconscient en traitant une patiente (fictive) passablement perturbée.

Lust for Life, de Vincente Minnelli, avec K. Douglas et A. Quinn, É.-U., 1956, 122 min. — La vie de Vincent Van Gogh magistralement recréée pour le cinéma. Images splendides. Douglas habite totalement son personnage. Très beau film.

Les misérables, de Bille August, avec L. Neeson et G. Rush, G.-B./All./É.-U., 1998, 134 min. — Une des innombrables adaptations à l'écran du roman de Victor Hugo. Bonne reconstitution d'époque, assez fidèle à l'œuvre originale.

Les palmes de M. Schutz, de Claude Pinoteau, avec I. Huppert et P. Noiret, Fr., 1997, 106 min. — Présentée sur un ton assez léger, voire comique par endroits, l'histoire de la découverte de la radioactivité par Marie et Pierre Curie. Bonne reconstitution des conditions de la recherche scientifique au début du XXe siècle. Excellents comédiens.

Verdi : The Pursuit of Success et *Verdi : The Burden of Success*, G.-B., BBC/Kultur Video, 1994, 118 min. — Documentaire avec de nombreux extraits d'opéras.

Chapitre 11 — La grande crise de la civilisation occidentale

PLAN

11.1 Trente années de bouleversements (1914-1945)
11.1.1 La « Grande Guerre » (1914-1918)
11.1.2 La grande dépression et la montée du fascisme
11.1.3 La Seconde Guerre mondiale (1939-1945)

11.2 Un nouveau grand schisme
11.2.1 La naissance de la Russie soviétique
11.2.2 Le stalinisme
11.2.3 La guerre froide
11.2.4 Le monde capitaliste pendant la guerre froide
11.2.5 Le monde soviéto-communiste pendant la guerre froide

11.3 De l'impérialisme européen à l'hégémonisme étasunien
11.3.1 La fin des empires coloniaux
11.3.2 L'effondrement de l'Empire soviéto-communiste
11.3.3 L'hégémonie mondiale des États-Unis

11.4 Art et culture en mutation
11.4.1 Médias et culture de masse
11.4.2 L'émancipation des femmes
11.4.3 Contestation et contre-culture
11.4.4 L'art, témoin de son temps

Le XXᵉ siècle voit se développer l'une des plus grandes crises que la civilisation occidentale ait connues tout au long de son histoire. Aussi profonde que généralisée, la crise touche tous les éléments constitutifs de cette civilisation et se manifeste par deux des guerres les plus atroces de l'histoire humaine, par une crise économique, sociale et politique d'une ampleur inégalée, par une très profonde division en deux blocs irréconciliables et par la fin d'empires coloniaux édifiés depuis des siècles, favorisant l'ascension d'une hyperpuissance vers l'hégémonie mondiale. On perçoit enfin dans cette crise des mutations économiques et sociales qui donnent des traits nouveaux au visage de l'Occident.

1 La grande crise de la civilisation occidentale

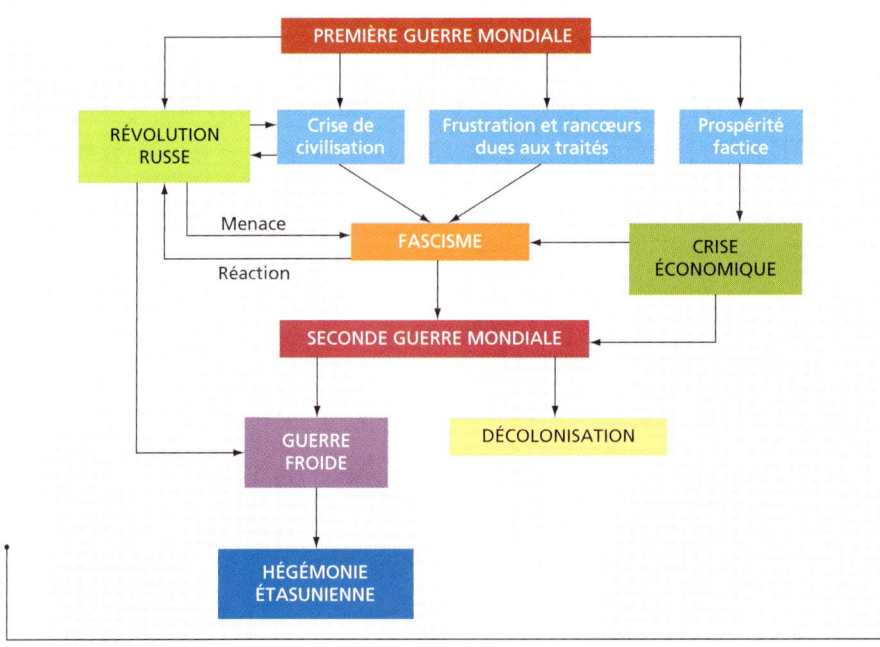

2 *Guernica* (P. Picasso, 1937)

Peinte à la suite du bombardement de la ville espagnole de Guernica en 1937, cette toile de Pablo Picasso est devenue un symbole de l'horreur de la guerre moderne.

Museo Reina Sofia, Madrid.

CHRONOLOGIE

1914	Début de la Première Guerre mondiale
1917	Révolution russe
	Entrée en guerre des États-Unis
1918	Armistice (arrêt des combats)
1918-1921	Guerre civile en Russie
1919-1920	Traités de paix
	Création de la Société des Nations
1922	Prise de pouvoir par Mussolini en Italie
1928	Prise de pouvoir par Staline en URSS
	Premier plan quinquennal
1929	Krach de Wall Street
	Début de la grande dépression
1933	Prise de pouvoir par Hitler en Allemagne
1939	Début de la Seconde Guerre mondiale
1941	Invasion allemande en URSS
	Entrée en guerre des États-Unis
1942	Début des grands camps d'extermination dans l'Empire nazi
1945	Capitulation sans condition de l'Allemagne et du Japon
1945-1955	Première phase de la décolonisation (surtout en Asie)
1947	Début de la guerre froide
1948	Création des deux Allemagnes
1955-1975	Deuxième phase de la décolonisation (surtout en Afrique)
1957	Création de la Communauté économique européenne (CEE)
1959	Ouverture du Marché commun européen entre six pays
1962	Crise des missiles à Cuba
1968	Apogée des mouvements contestataires
	Mai 68 en France
	Traité de non-prolifération des armes nucléaires
1972	Traité de limitation des armements stratégiques (SALT I)
1979	Première élection du Parlement européen
1980-1990	Nouvelle guerre froide
1989	Chute du mur de Berlin
1990	Réunification de l'Allemagne
1991	Éclatement de l'Union soviétique
1992	Remplacement de la Communauté européenne par l'Union européenne (UE)
	Éclatement de la Yougoslavie
1993	Création de la République tchèque et de la Slovaquie
2001	Attentats contre le World Trade Center et le Pentagone
2002	Institution de l'euro comme monnaie unique dans 12 pays
2004	Extension de l'UE à 25 membres
2007	Extension de l'UE à 27 membres

11.1 Trente années de bouleversements (1914-1945)

On a vu dans le chapitre 1 la guerre fratricide que se livrèrent les cités-États grecques aux Ve et IVe siècles avant notre ère, et qui ouvrit la porte à l'hégémonie macédonienne. En 1914, les États-nations d'Europe entrent dans un engrenage semblable. Un premier conflit les laisse exsangues après quatre ans de carnage, mais l'Europe ne parvient pas à se stabiliser après 1919. Ce conflit ayant entraîné une grave crise économique et la montée du fascisme, un second affrontement laisse une Europe dévastée sous la tutelle plus ou moins autoritaire de deux superpuissances largement extra-européennes, les États-Unis et l'Union soviétique **3**.

11.1.1 La «Grande Guerre» (1914-1918)

La guerre qui a pris le qualificatif de *Grande* découle de la conjonction de nombreux facteurs déjà à l'œuvre depuis plusieurs décennies, dure quatre longues années et s'achève sur une «paix manquée» qui n'est en fait qu'une trêve portant en elle-même les germes d'un nouveau conflit.

Les origines. Trois grandes rivalités dominent les relations internationales en Europe au début du XXe siècle.

La première rivalité met aux prises l'Autriche-Hongrie et la Russie. Elles s'affrontent dans les Balkans, où de petits États slaves, particulièrement la Serbie, appuyés par le «grand frère» russe au nom du panslavisme (*voir p. 280*), alimentent l'agitation des minorités nationales de l'Empire austro-hongrois (Croates, Slovènes, Tchèques) ainsi menacé de dislocation. Pour combattre ces forces internes soutenues de l'extérieur, l'Autriche-Hongrie s'avance peu à peu dans la région balkanique, y menaçant les intérêts russes. Elle compte, dans cette entreprise, sur l'appui de l'Empire allemand, avec lequel elle a conclu une alliance.

De leur côté, la France et l'Allemagne ont de très anciens contentieux, mais, pour l'heure, leur rivalité se concentre sur la question de l'Alsace-Lorraine, deux provinces que la France a dû céder à sa rivale à la suite de sa défaite dans la guerre franco-prussienne de 1870-1871. Mais au-delà de cette perte jamais acceptée, la France est surtout inquiète de la montée en force du tout nouvel Empire allemand, créé en 1871 et qui est déjà la première puissance économique, militaire et démographique du continent européen. La France et la Russie, ayant toutes deux intérêt à contenir la menace allemande, ont donc fait alliance.

La troisième rivalité met aux prises la Grande-Bretagne et l'Allemagne sur deux enjeux cruciaux : l'équilibre européen et la maîtrise des mers, qui constituent depuis des siècles des éléments clés de l'ascension de la Grande-Bretagne comme première puissance

---

3 Une déchirure du temps

«Dix mille ans ont passé depuis que l'homme s'avisa de gratter la terre pour y faire germer des graines [...].

Cent ans suffisent à la machine pour changer le monde. [...] Les découvertes de la science, les inventions de la technologie, leurs effets sur l'économie et sur la puissance des peuples créateurs, s'accumulent, se génèrent en chaîne. Mais la conscience — la conscience des hommes, la conscience collective des peuples, la conscience des chefs d'État — ne suit pas le train. Entre le temps futur et le temps passé, les asynchronismes s'aggravent chaque jour, jusqu'au jour de 1914 où les maîtres du monde moderne se précipitent dans une guerre du temps des arquebuses. On reste stupide devant "la plus monumentale ânerie que le monde ait jamais faite" (Lyautey*). Pourquoi? Pourquoi nos pères ont-ils fait ça? Toutes les causes, me semble-t-il, se réduisent à une seule : une déchirure du temps.

Notre Europe, notre belle Europe millénaire ne s'en relèvera pas. Les trente années qui suivent ne sont que les convulsions d'un agonisant. Peuples saignés à mort, territoires, villes, usines dévastés, révolution bolchevique, krachs financiers, démocraties impuissantes, fascisme, nazisme... Les folies totalitaires prétendent infliger leur remède aux folies bourgeoises. Et un second cataclysme mondial achève le malade. 1945 : il n'y a plus d'Europe, il n'y a plus qu'un rideau de fer entre le despotisme communiste et les ruines de la liberté où campe l'Amérique.»

* Louis Hubert Gonzalve Lyautey (1854-1934), général français, maréchal de France, très engagé dans les guerres coloniales et qui fut ministre de la Guerre en 1916-1917.

> Expliquez ce que l'auteur entend par une «déchirure du temps».

Source : Jean DUCHÉ, *Histoire de l'Occident*, Paris, Laffont, 1998, p. 463.

mondiale. Or l'Allemagne, devenue nettement trop forte sur le continent, a brisé l'équilibre européen, tandis qu'elle s'est lancée dans la construction accélérée d'une marine de guerre qui risque, à terme, de mettre en échec la maîtrise de la *Royal Navy* sur les océans. Pour parer ce double danger, continental et maritime, la Grande-Bretagne s'est naturellement alliée avec la France et la Russie.

Ainsi se sont créés deux grands groupes d'ennemis 4, armés jusqu'aux dents, qui ont développé une sorte de psychose de la guerre dans laquelle la moindre étincelle peut provoquer un incendie.

Le conflit. Le 28 juin 1914, à Sarajevo, l'archiduc François-Ferdinand, héritier présomptif au trône d'Autriche-Hongrie, est assassiné par un nationaliste serbe. L'incident met le feu aux poudres : six semaines plus tard,

4 Les alliances, 1914-1918

- France, Empire russe, Grande-Bretagne et leurs alliés
- Empires centraux et leurs alliés
- États neutres ou non engagés

l'Europe est à feu et à sang pour quatre longues années d'une guerre de tranchées que personne n'a prévue, où des millions d'hommes se terrent sous les obus avant de se lancer sur des mitrailleuses qui crachent la mort 400 fois à la minute. Toutes les ressources des belligérants sont mobilisées pour l'effort de guerre : service militaire obligatoire, embauche des femmes dans les usines, impôt sur le revenu, censure de la presse, propagande, tout doit servir en vue de la victoire. De nouveaux armements apparaissent, de plus en plus terrifiants : gaz de combat, lance-flammes, char d'assaut, aviation de bombardement.

L'ampleur du carnage dépasse les prévisions les plus pessimistes. L'Europe doit rameuter la chair à canon de tous les coins du monde : Arabes, Noirs d'Afrique, Indiens, Indochinois, Australiens, Néo-Zélandais, Canadiens et Québécois sont conviés à l'hécatombe. C'est en ce sens que cette guerre est « mondiale », car il n'y a pour ainsi dire pas de théâtre d'opérations en dehors de l'Europe et du Proche-Orient.

En 1917, après plus de deux années de tueries insensées, l'équilibre des forces est tel qu'aucune issue ne semble se dessiner. La lassitude et le dégoût se répandent dans les pays en guerre, les grèves se multiplient, des mutineries éclatent au sein des armées (250 mutineries dans la seule armée française, d'après Guy Pedroncini, *Les mutineries de 1917*, Paris, PUF, 1967, p. 62). Alors, subitement, la situation se débloque : la Russie s'effondre dans la révolution et se retire du conflit, tandis que les États-Unis, demeurés jusque-là neutres, interviennent du côté franco-britannique. L'Allemagne, encore invaincue mais sentant dès lors la victoire lui échapper, demande l'armistice, et les combats s'arrêtent enfin à 11 heures du matin, le 11e jour du 11e mois de 1918, tandis que la fumée des derniers obus retombe lentement sur des champs de bataille

La grande crise de la civilisation occidentale 315

5 L'apparence du sol lunaire...

Photo d'un champ de bataille, 1916. (*Voir aussi chap. 3, doc. 16, p. 85.*)

6 L'Europe en 1922

qui ont l'apparence du sol lunaire **5** et sur une Europe qui ne sera plus jamais la même.

1919 : la Paix ? Après de longs mois de négociations à la conférence de Paris, une série de traités sont signés, le plus important étant celui de Versailles avec l'Allemagne (1919). Ces traités transforment radicalement la géographie politique de l'Europe. Tous les empires d'avant 1914 disparaissent (l'Empire russe a déjà éclaté en 1917) et sur leurs décombres naissent de nouveaux États dont la viabilité n'est pas toujours assurée **6**. À l'instigation du président étasunien Woodrow Wilson (1856-1924), une Société des Nations est créée, dans laquelle les États souverains pourront désormais, espère-t-on, régler leurs différends à l'amiable.

Que valent ces traités ? Dans 20 ans, le carnage reprendra, plus démentiel encore. C'est, tout d'abord, que la crédibilité morale de ces traités est minée par des contradictions internes. Les plus graves de ces contradictions touchent le **droit des peuples à l'autodétermination**, solennellement proclamé comme devant servir de base aux solutions de paix et régulièrement bafoué. Pire encore : la plupart de ces entorses se font au bénéfice des vainqueurs et au détriment des vaincus, particulièrement des Allemands, dont plusieurs millions se retrouvent en dehors de l'Allemagne, surtout en Pologne et en Tchécoslovaquie.

Mais c'est aussi et surtout que les traités sont en contradiction avec les résultats effectifs de la guerre. Car, en fait, l'Allemagne n'a pas été vraiment battue : elle n'a été ni envahie ni bombardée, et son armée s'est repliée en bon ordre sur ses frontières. Pourtant, elle est traitée en vaincue : elle perd des territoires, elle est désarmée, on lui confisque tous ses avoirs à l'étranger, toute sa flotte de commerce et tous ses brevets, et elle doit abandonner toutes ses colonies aux vainqueurs. Elle est même forcée de reconnaître sa responsabilité première dans le déclenchement des hostilités, ce qui est manifestement excessif. Pour les Allemands, il ne s'agit pas d'un traité, mais d'un *diktat* (« chose imposée »), et jamais ils ne pourront accepter cette humiliation. Or, malgré toutes ses pertes, leur pays demeure, en 1919, le plus peuplé, le plus vaste et l'un des plus riches d'Europe. Le traité stimule la volonté de revanche de l'Allemagne sans lui enlever les moyens de cette revanche. La Seconde Guerre mondiale est inscrite en filigrane dans les traités de 1919-1920.

Bilan et perspectives. Au-delà des profonds remaniements de la carte de l'Europe, au-delà de ces traités qui ne sont qu'une trêve, la Première Guerre mondiale marque l'approfondissement d'une crise de civilisation déjà amorcée au XIXᵉ siècle. Depuis la Renaissance, l'Occident a affirmé sa foi dans la science, dans la raison, dans le progrès humain, dans la liberté individuelle, dans la démocratie. Le caractère totalement irrationnel de cette boucherie de 10 millions de morts et de 20 millions de blessés, l'utilisation de moyens barbares de destruction, l'exaltation d'un militarisme aveugle, la réquisition par l'État de toutes les ressources nationales y compris la chair à canon, la censure de la presse, les parlements impuissants et muselés, l'endoctrinement des masses par la propagande (le «bourrage de crâne»), tout cela vient battre en brèche l'héritage des quatre derniers siècles. Le pessimisme s'empare des esprits (*relire le texte de Paul Valéry cité à la page 5*) et le sentiment de supériorité que l'Europe avait acquis se lézarde comme les murs de ses cathédrales éventrées. De cet éclatement des certitudes et des espoirs de progrès naîtra le monstre fasciste.

> **Droit des peuples à l'autodétermination**
>
> Principe moral et de droit international selon lequel un peuple peut librement disposer de lui-même et choisir les institutions dans lesquelles il veut vivre, incluant un État souverain.

11.1.2 La grande dépression et la montée du fascisme

La Grande Guerre a laissé dans son sillage des facteurs d'instabilité économique et politique qui favorisent l'éclatement d'une longue et profonde dépression de l'économie et la mise en place des régimes fascistes en Italie et en Allemagne.

La grande dépression. L'immédiat après-guerre s'accompagne, surtout aux États-Unis, d'une apparente prospérité qui donne à ces «années folles», ou *roaring twenties*, leur apparence de clinquant et de soif éperdue de plaisirs. Mais cette prospérité est factice. Elle vient des énormes besoins des pays européens frappés par la guerre, lesquels diminuent leurs achats aux États-Unis à mesure qu'ils se relèvent. Dès lors, la prospérité étasunienne ne peut plus se fonder que sur l'extension indéfinie du crédit et sur une spéculation boursière effrénée. La bulle se dégonfle brusquement avec le krach de la Bourse de New York en octobre 1929. De proche en proche, le choc se répercute sur l'ensemble de l'économie étasunienne : effondrement du système bancaire, ralentissement de la production, faillites en cascade d'entreprises industrielles et commerciales, hausse vertigineuse du chômage, qui frappe 12 millions de personnes en 1932, soit le quart de la population active.

7 L'ampleur de la crise aux États-Unis

Mesure de la crise : chiffres et indices	1929	1930	1931	1932
Indice de la cote boursière (1935-1939 = 100)	238 (sept.)	175 (juin)	–	36 (juin)
Indice des prix de gros (1926 = 100)	95,3	86,4	73	64
Indice de la production industrielle (1928 = 100)	111 (avr.) 96 (nov.)	–	78 (févr.)	62 (févr.) 54 (avr.)
Nombre de faillites – d'établissements bancaires – d'entreprises industrielles et commerciales	642 22 909	1 345 26 355	2 298 28 285	– 31 822
Nombre de chômeurs (en millions)	1,5	4,5	7,7	11,9
Commerce extérieur (en millions de dollars) : – exportations – importations	5 241 4 399	3 843 3 061	2 424 2 091	1 611 1 323
Revenu national (en milliards de dollars)	87,4	75	59	41,7

L'économie étasunienne étant devenue la première du monde et plusieurs pays d'Europe étant portés à bout de bras par des crédits de l'Oncle Sam, la crise s'étend rapidement à l'ensemble du monde en dehors de l'Union soviétique, qui y échappe largement grâce à la planification de son économie (*voir section 11.2.2, p. 326*). Tous les États essaient de se protéger en adoptant de sévères mesures protectionnistes, ce qui ne fait qu'aggraver le mal en provoquant un effondrement des deux tiers du commerce international.

8 Une file de chômeurs à Montréal (1932)

PORTRAIT

9 Franklin Delano Roosevelt (1882-1945)

Cousin éloigné du président Theodore Roosevelt, Franklin Delano Roosevelt est d'abord élu sénateur de l'État de New York, puis devient sous-secrétaire à la Marine dans l'administration Wilson. Foudroyé en 1921 par une attaque de poliomyélite qui le laisse paraplégique, il réussit à reprendre partiellement l'usage de ses jambes, poursuit sa carrière avec l'aide de sa femme Eleanor et remporte une écrasante victoire aux élections présidentielles de 1932 contre le président en exercice, Herbert Clark Hoover. Assumant le pouvoir au pire de la crise, Roosevelt déploie une activité phénoménale pour la combattre, avec un succès mitigé. La guerre ayant éclaté, il décide de briser une tradition remontant à George Washington en se présentant pour un troisième mandat en 1940 et prend la tête de la grande alliance contre les puissances de l'Axe (Allemagne – Italie – Japon). Réélu pour un quatrième mandat en 1944, il participe, sa santé déjà chancelante, à la conférence de Yalta, et meurt peu après.

Seule une solution internationale pourrait briser le cercle infernal. Mais la conférence de Londres (1933) échoue lamentablement et chacun rentre chez soi bien décidé à régler sa crise tout seul, ce qui est bien le plus sûr moyen de n'y jamais parvenir. En fait, il faut faire un vaste constat d'échec: malgré toutes les ressources de son génie, la civilisation occidentale n'a pas réussi à se sortir complètement de la plus grave crise économique de son histoire. Seule la Seconde Guerre mondiale remettra la machine en marche. Fallait-il donc tuer 50 millions d'êtres humains et ravager la moitié de la planète pour y parvenir?

L'échec patent du capitalisme libéral aura tout de même forcé les États à intervenir de façon plus marquée dans le domaine économique et social, à l'image du **New Deal** lancé aux États-Unis par le président Franklin Delano Roosevelt (1882-1945) 9 et qui servira d'inspiration à l'État providence d'après 1945 (*voir section 11.2.4, p. 329*).

La montée du fascisme. Déjà instauré en Italie dès 1922 par Benito Mussolini (1883-1945), le **fascisme** arrive au pouvoir avec Adolf Hitler (1889-1945) en Allemagne en 1933, porté par la crise économique. Le fascisme tire toutefois ses origines de bien plus loin que de la seule volonté de répondre à cette crise. Il plonge ses racines dans une crise de civilisation issue de deux facteurs principaux. D'une part, la révolution industrielle a disloqué les liens sociaux traditionnels et engendré la société de masse, une société formée d'individus isolés et déracinés qui cherchent de nouvelles formes d'intégration dans le tissu social. D'autre part, la remise en question de l'héritage rationaliste des Lumières favorise une réhabilitation des pulsions instinctuelles, des valeurs de la foi, voire du recours à l'irrationnel. La Grande Guerre est venue renforcer cette attitude. La menace communiste enfin, issue de la révolution bolchevique russe, achève de cimenter l'alliance entre les classes moyennes sévèrement touchées par la crise et l'oligarchie dirigeante inquiète pour ses privilèges, alliance qui ouvre aux fascistes le chemin du pouvoir.

L'idéologie fasciste voit dans l'histoire une lutte incessante et universelle pour la survie et exalte le militarisme, «seule hygiène du monde» 10, et le mépris des faibles, des malades, des «races inférieures», voire des femmes, reléguées au rôle de génitrices. Spécifiquement dans sa variante allemande, appelée **nazisme** ou *hitlérisme*, le fascisme postule l'inégalité des races humaines et la supériorité biologique de la race aryenne 11. Pour se réaliser pleinement, cette race doit conquérir l'espace vital dont elle a besoin, réduire en esclavage les peuples qui y habitent et annihiler tous les sous-hommes qui forment la lie du genre

---

New Deal

(littéralement: nouvelle donne) Nom donné à l'ensemble des politiques mises en œuvre par le président Franklin D. Roosevelt pour faire face à la crise économique et sociale des années 1930 aux États-Unis.

Fascisme

Idéologie, mouvement et régime politique caractérisés, entre autres, par la dictature personnelle du chef d'État, le système du parti unique, la négation des droits fondamentaux, l'exaltation d'un nationalisme outrancier, le maintien des structures capitalistes et une adhésion relativement large des masses populaires.

Nazisme

Régime politique de type fasciste instauré par Adolf Hitler en Allemagne de 1933 à 1945; idéologie inspirant ce régime et mouvement prônant cette idéologie. Le mot *nazi* vient de la contraction de *national-socialisme* (en allemand ***National-Sozialismus***).

10 L'antipacifisme

« Avant tout le fascisme, en ce qui concerne, en général, l'avenir et le développement de l'humanité, et en dehors de toute considération de politique actuelle, ne croit pas à la possibilité ni à l'utilité de la paix perpétuelle. C'est pourquoi il repousse le pacifisme qui cache une renonciation à la lutte et une lâcheté en face du sacrifice. Seule la guerre porte au maximum de tension toutes les énergies humaines et imprime un sceau de noblesse aux peuples qui ont le courage de l'affronter. Toutes les autres épreuves sont des succédanés qui ne placent jamais l'homme en face de lui-même, dans l'alternative de la vie et de la mort. C'est pourquoi une doctrine qui part du postulat préalable de la paix est étrangère au fascisme. De même que sont étrangères à l'esprit du fascisme, même si elles ont été acceptées pour ce qu'elles peuvent avoir d'utile dans certaines situations politiques, toutes les constructions internationales et sociétaires, lesquelles, comme le démontre l'histoire, peuvent s'éparpiller au vent, dès que des éléments sentimentaux, idéaux ou pratiques ébranlent le cœur des peuples. Cet esprit anti-pacifiste, le fascisme le transpose également dans la vie des individus. »

Il peut être intéressant de souligner que, malgré cette exaltation des vertus guerrières, aucun des grands dirigeants fascistes ou nazis ne mourra au combat, les armes à la main. Ils préféreront la fuite sous un déguisement ou le suicide.

À quoi fait référence l'expression « constructions internationales et sociétaires » ?

Source : Benito MUSSOLINI, « Qu'est-ce que le fascisme ? », dans Serge BERSTEIN et Pierre MILZA, Démocraties, régimes autoritaires et totalitarismes au xxe siècle, Paris, Hachette supérieur, 1992, p. 131. (Coll. « Carré Histoire »)

11 Races supérieures, races inférieures

« La loi la plus générale et la plus impitoyable en ce monde est la lutte pour la vie et son épanouissement, la lutte des races pour leur espace vital, c'est-à-dire avec la nature et, si besoin est, avec d'autres peuples s'opposant à l'épanouissement de leur propre vie nationale. […] La manière dont races et peuples mènent cette lutte pour l'espace vital est déterminante pour l'idéal national, culturel et pédagogique.

Les uns choisissent la voie de la frugalité, de la discipline, de la ténacité, du travail, et d'une pénétration presque insensible dans des régions déjà peuplées. Ceux-là se caractérisent en général par une fécondité au-dessus de la moyenne, mais évitent autant que possible la lutte ouverte pour assurer à leur descendance un espace vital. À ces "races de coolies* et de fellahs*" se rattachent le surnombre de la population du globe, le gros des hommes de couleur d'Asie et d'Afrique et les populations Est-baltes et asiatiques de la Russie.

Une fraction restreinte, mais puissante, de la population mondiale a choisi le parasitisme. Feignant intelligemment de s'assimiler, elle cherche à s'établir parmi les peuples sédentaires, à priver ceux-ci du fruit de leur travail par des ruses mercantiles et, en minant perfidement leur esprit, à prendre elle-même le pouvoir. L'espèce la plus connue et la plus dangereuse de cette race est la juiverie.

Le troisième groupe, enfin, mène la lutte avec franchise, audace, et conscience de sa supériorité raciale. C'est le groupe des races de Seigneurs et de Guerriers. Elles affrontent la nature pour lui arracher nourriture et trésors du sol, d'abord comme chasseurs, ensuite comme bergers et paysans. Mais elles savent aussi prendre le glaive en main si l'on menace leur liberté ou si d'autres races, notamment des races inférieures, refusent à leur descendance un espace vital insuffisamment exploité. Seules ces races se sont avérées créatrices sur le plan culturel et capables de former des États. La plus importante d'entre elles est la race nordique qui a conquis plus de la moitié du globe grâce à sa puissance de travail et sa combativité, et le domine pratiquement en son entier par sa technique et sa science. De ces races, la plus grande de toutes est la race allemande. »

*« coolies » fait référence aux Asiatiques ; « fellahs », aux Arabes.

Remarquez l'espèce de nostalgie d'un paradis préindustriel, dans le fait de caractériser les races dites *supérieures* comme formées de bergers et de paysans. Combien restait-il de bergers et de paysans dans l'Allemagne de 1930 ?

Source : Extrait d'un texte idéologique du Parti nazi, dans Pierre MILZA, Fascisme et idéologies réactionnaires en Europe (1919-1945), Paris, A. Colin, 1969, p. 37.

humain : Juifs d'abord, mais aussi Gitans, homosexuels, malades mentaux, communistes, etc. Dans cette lutte, l'individu doit être entièrement subordonné à l'État. Seule compte la masse, exaltée par sa foi aveugle dans un chef omniscient et galvanisée par d'innombrables, incessantes et spectaculaires manifestations, parades, retraites aux flambeaux mettant en scène d'immenses quantités de

12 La propagande par le spectacle

Abandonner toute responsabilité individuelle, dans la paix du cœur et le silence de la conscience...

participants et dont le cinéma de l'époque nous fournit des témoignages hallucinants (*Le triomphe de la volonté*, de Leni Riefenstahl) 12.

Là est peut-être la clé de la compréhension de ce phénomène à première vue inimaginable. Comment des millions d'hommes et de femmes, héritiers de hautes cultures ayant fourni à l'Occident plusieurs de ses plus grands artistes, musiciens et philosophes, ont-ils pu avec tant de fierté et d'enthousiasme se lancer dans cette aventure inhumaine et insensée ? C'est qu'on leur demandait d'abandonner toute responsabilité individuelle, d'arrêter même de penser, et d'adhérer par la foi, aveuglément, de façon inconditionnelle et absolue, à un chef (*Führer, Duce*) inspiré d'En Haut, à ce surhomme qui allait les libérer de toutes leurs angoisses et les mener vers le bonheur. Là réside, encore aujourd'hui, la tentation totalitaire : le fascisme est, fondamentalement, une démission de l'esprit.

Il ne faudrait toutefois pas imaginer que l'adhésion au fascisme était unanime et totale, bien au contraire. Mais dès la prise de pouvoir, les régimes fascistes se sont attaqués aux oppositions de la façon la plus brutale, enfermant les dissidents dans des camps, les exilant, les terrorisant. Et pourtant, malgré toutes les pressions, on trouve par exemple des groupes de résistants en Allemagne jusqu'en pleine apogée de l'Empire hitlérien, où la résistance constituait un acte de courage inouï.

L'Europe des dictatures. À côté des deux régimes tout à fait singuliers qui s'installent en Italie et en Allemagne, des dictatures plus traditionnelles se répandent d'un bout à l'autre de l'Europe dans l'entre-deux-guerres, depuis le Portugal de Salazar et l'Espagne de Franco jusqu'à la Pologne de Pilsudski, à la Hongrie de Horthy, à la Grèce de Metaxas. En ajoutant à tous ces régimes celui de Staline en Union soviétique, dont nous traiterons plus loin, on se rend compte que l'apparente victoire de démocraties en 1918 était un leurre : 20 ans plus tard, il faut plutôt parler d'une Europe des dictatures, dont le modèle s'étend même sur l'Amérique latine (Mexique, Brésil). Pendant que l'Europe démocratique, ou ce qu'il en reste, frileuse, ne veut pas percevoir le danger, une formidable puissance d'anéantissement se prépare, qui va bientôt l'engloutir.

11.1.3 La Seconde Guerre mondiale (1939-1945)

Dans sa dimension européenne, la Seconde Guerre mondiale constitue en quelque sorte une seconde phase de cette « guerre civile de l'Europe » commencée en 1914 et seulement suspendue par la « trêve de 1919 ». Mais si les origines en sont plus simples que celles de la première phase, l'aire des combats et des destructions est beaucoup plus étendue et de nouvelles caractéristiques viennent s'y ajouter et en accentuer la barbarie, jusqu'à donner à la civilisation occidentale un visage d'horreur qui n'a pas cessé de la hanter depuis.

Les origines. Alors que les responsabilités dans le déclenchement de la Grande Guerre étaient multiples, cette fois c'est un homme, c'est le gouvernement d'un pays qui mène l'Europe à l'abîme, en poursuivant systématiquement son objectif d'expansion territoriale par la force au nom d'un « espace vital » supposé nécessaire à l'épanouissement de la « race aryenne ». Mais cette volonté n'aurait pas prévalu sans au moins trois facteurs décisifs. D'abord la pusillanimité et l'aveuglement de la France et de la Grande-Bretagne, aux yeux desquelles la menace communiste est plus à craindre que la menace nazie. Ensuite la neutralité des États-Unis, prestement retournés à leur isolationnisme traditionnel après 1919. Enfin le revirement *in extremis* de l'Union soviétique, qui signe un pacte de non-agression avec l'Allemagne et se partage la Pologne avec elle une semaine avant le déclenchement du conflit.

La guerre. Dès le départ, les conquêtes hitlériennes sont foudroyantes. La Pologne vaincue en un mois en 1939, l'offensive reprend en 1940 vers l'Ouest, où la France est mise à genoux en six semaines de combats confus et désordonnés, puis vers le Sud-Est à

13 L'Europe à l'apogée de l'Empire hitlérien (1942)

travers les Balkans jusqu'en Grèce. Débarrassé de son front ouest, Hitler envahit l'Union soviétique en 1941 malgré le pacte de non-agression, et les troupes allemandes sont en vue de Moscou dès la fin de l'année. À ce moment-là, l'Empire hitlérien s'étend pratiquement sur toute l'Europe continentale à l'exception de la péninsule ibérique, soit directement, soit par des pays satellites ou alliés **13**. Seule la Grande-Bretagne, malgré de terribles bombardements aériens, résiste encore, comme jadis devant Philippe II d'Espagne ou Napoléon Ier, relativement à l'abri sur son île et soutenue officieusement par les États-Unis.

Isolationnisme
Politique extérieure marquée par la volonté de ne pas se mêler des rapports et des conflits entre pays étrangers.

Dans cette Europe nazie s'organise l'« Ordre nouveau ». Partout s'applique la règle du pillage systématique : toutes les ressources agricoles, industrielles et humaines du continent sont transférées vers l'Allemagne ou mises à sa disposition. Partout, les Allemands trouvent un grand nombre de « collaborateurs » parmi les populations soumises, ou bien pour des raisons de vieux antagonismes nationaux (Croates contre Serbes, Ukrainiens contre Russes), ou bien pour des raisons idéologiques, en France spécialement. Car à la différence de la Première Guerre mondiale, la Seconde possède un vernis de croisade idéologique qui entraîne, au sein même des nations vaincues, des affrontements qui vont jusqu'à la guerre civile et qui laissent encore aujourd'hui des marques indélébiles. En face de l'occupant et de ses collaborateurs locaux se dressent les mouvements de résistance qui, même quand leurs actions n'ont pas la moindre chance de réussir (insurrection du ghetto de Varsovie, 1943), préservent, à travers la grande nuit nazie, la lueur du courage et de la dignité humaine.

Le génocide des Juifs. Le génocide des Juifs appose sur cet enfer une sorte de sceau d'ignominie absolue. Issue en droite ligne des conceptions hitlériennes, la « solution finale » de la question juive est officiellement lancée au début de

14 Après les gaz, l'ouverture de la chambre...

L'auteur de ce rapport, le SS Kurt Gerstein, se suicide en 1945 après avoir vainement tenté d'alerter l'opinion mondiale.

« Comme des colonnes de basalte, les hommes sont encore debout, n'ayant pas la moindre place pour tomber ou pour s'incliner. Même dans la mort, on reconnaît encore les familles, se serrant les mains. On a peine à les séparer, en vidant les chambres pour le prochain chargement. On jette les corps bleus, humides de sueur et d'urine, les jambes pleines de crotte et de sang périodique. Deux douzaines de travailleurs s'occupent de contrôler les bouches, qu'ils ouvrent au moyen des crochets de fer. "Or à gauche, pas d'or à droite !" D'autres contrôlent anus et organes génitaux en cherchant monnaie, diamants, or, etc. Des dentistes arrachent au moyen de martels les dents d'or, ponts, couronnes. Au milieu d'eux le capitaine Wirth. Il est dans son élément, et me montrant une grande boîte de conserve, remplie de dents, il me dit : "Voyez vous-même le poids de l'or ! C'est seulement d'hier et d'avant-hier ! Vous ne vous imaginez pas ce que nous trouvons chaque jour, des dollars, des diamants, de l'or !" »

Source : Rapport GERSTEIN (1945), dans Léon POLIAKOV, *Bréviaire de la haine. Le IIIe Reich et les Juifs*, Paris, Calmann-Lévy, 1951, p. 223.

15 Naufrage de la civilisation

Le camp de Bergen-Belsen, en 1945.

janvier 1942, à la conférence de Wannsee. Sous un langage à peine codé, il s'agit, tout simplement, d'exterminer tous les Juifs d'Europe. Gigantesque entreprise : ils sont 11 millions. Mais le « génie » humain est inventif : après les exécutions en masse à la mitrailleuse, trop coûteuses et trop visibles, après les camions à gaz au « rendement » trop faible, viennent enfin les camps d'extermination, méthodiquement organisés autour d'immenses crématoriums comprenant chacun une salle de déshabillage (récupération systématique de tous les vêtements, souliers, bijoux, cheveux même des victimes), une chambre à gaz pour la mise à mort et une salle de fours crématoires pour l'élimination des cadavres 14. À partir du quai de débarquement où le train les amène, le cheminement des victimes est soigneusement planifié comme sur une chaîne de montage pour réduire au minimum le temps et le coût de l'opération. À Treblinka, en Pologne, un train entier de voyageurs (de 30 à 50 wagons) est éliminé en trois heures : de 12 000 à 15 000 victimes par jour, jour après jour...

Question lancinante : savait-on ? La réponse, sans doute possible, est : oui. Dans les villages autour des camps, où des trains passaient bondés d'humains dans des wagons à bestiaux et revenaient vides, on savait. À tous les échelons de la société allemande, où des dizaines de milliers de fonctionnaires faisaient marcher la machine à tuer, on savait, mais on avait renoncé à toute responsabilité individuelle. Aux plus hauts sommets des dirigeants alliés, on savait, car des évadés de l'enfer avaient décrit ce qui s'y passait. Ils avaient même demandé que le camp d'Auschwitz soit rasé sous un tapis de bombes, seul moyen d'arrêter l'incessant carnage. Ils ne furent pas entendus. La civilisation avait sombré 15.

Une guerre mondiale. En 1941, alors que l'attaque allemande a entraîné l'Union soviétique dans la guerre, l'attaque japonaise sur Pearl Harbor précipite l'entrée en guerre des États-Unis, qui sortent ainsi de leur isolationnisme pour ne plus y revenir. Avec les États-Unis, la « Grande Alliance » antifasciste (États-Unis – Grande-Bretagne – Union soviétique) bénéficie de ressources pratiquement illimitées et, dès lors, le vent tourne. En 1942 commence le reflux des puissances de l'Axe (Allemagne – Italie – Japon) et, avec le reflux, l'accroissement des destructions et des massacres. La folie guerrière dépasse les limites de l'entendement. Populations entières mises à mort, villes entières rasées : les crimes de guerre se multiplient dans le sillage des armées en déroute. Même les vainqueurs perdent parfois toute humanité : du 13 au 15 février 1945, l'aviation anglo-étasunienne bombarde la ville de Dresde pendant des heures, y faisant 35 000 morts (mais les évaluations varient considérablement). Cette ville, l'une des plus riches d'histoire et des plus belles d'Europe, n'avait aucune importance stratégique.

L'Allemagne capitule finalement sans condition le 7 mai 1945. Le Japon fait de même le 15 août, après l'éclatement au-dessus d'Hiroshima et de Nagasaki des deux premières bombes atomiques devant une humanité stupéfiée.

16 Hiroshima, 1945

Bilan. Le bilan humain et matériel est insoutenable. Plus de 50 millions de morts, dont 20 millions pour la seule Union soviétique ; aspect nouveau de la guerre : la moitié de ces victimes sont des civils. Des milliers de villes, des dizaines de milliers de ponts et d'infrastructures sont détruits. Le coût des dommages matériels dépasse les 2 000 milliards de dollars de l'époque, et pour opérer ces destructions, les belligérants ont dépensé plus de 1 100 milliards de dollars. Mais où étaient donc passés tous ces milliards apparemment inépuisables, pendant la crise ?

Plus lancinant encore est le bilan moral du conflit. Les bombardements systématiques de villes, les camps d'extermination, la sauvagerie quotidienne de la répression ont fait reculer les limites de la dégradation de la conscience humaine. Quelque chose semble s'être brisé ; à quoi donc l'Occident si fier de son génie peut-il désormais prétendre ? À Auschwitz, l'histoire humaine vient-elle de pivoter ? Peut-elle seulement se remettre en marche ?

Faisons le point

1. Décrivez les trois grandes rivalités qui sont à l'origine de la Première Guerre mondiale.
2. Montrez en quoi les traités de 1919-1920 portent en germe les origines de la Seconde.
3. Dressez un bilan de la Première Guerre mondiale quant à son impact sur la civilisation occidentale.
4. Décrivez les principaux aspects de la grande crise économique des années 1930.
5. Retracez les facteurs de la montée du fascisme et dégagez les aspects fondamentaux de son idéologie.
6. En quoi la Seconde Guerre mondiale diffère-t-elle fondamentalement de la Première, en dehors de ses aspects proprement militaires ?
7. Par quels moyens l'Allemagne nazie espérait-elle apporter ce qu'elle appelait une « solution finale au problème juif » ?
8. Dressez un bilan matériel, humain, économique et moral de la Seconde Guerre mondiale.

11.2 Un nouveau grand schisme

Au XIe siècle, la chrétienté médiévale s'était scindée en deux grands ensembles rivaux, l'un sous l'autorité du pape de Rome, l'autre sous celle du patriarche de Constantinople. On a appelé cette rupture le *Grand Schisme*. Un autre grand

17 Les premiers décrets du gouvernement bolchevique

Le décret sur la terre (26 octobre – 8 novembre 1917)

« 1. La propriété des propriétaires fonciers sur la terre est abolie immédiatement sans aucune indemnité.

2. Les domaines des propriétaires fonciers, ainsi que les terres des apanages, des monastères et de l'Église, avec tout leur cheptel mort et vif, toutes leurs constructions et dépendances, sont mis à la disposition des comités agraires de canton et des soviets des députés paysans de district, jusqu'à l'Assemblée constituante.

3. Tout dommage causé à la propriété confisquée, qui appartient dorénavant au peuple tout entier, est déclaré crime grave passible du tribunal révolutionnaire.

Les soviets des députés paysans de district prennent toutes les mesures nécessaires pour que l'ordre le plus strict soit observé au cours de l'expropriation des domaines des propriétaires fonciers. […]

5. Les terres des simples paysans et des simples cosaques ne sont pas confisquées. »

Le décret sur les nationalités (15 novembre 1917)

« 1. Égalité et souveraineté des peuples de Russie.

2. Droit des peuples de Russie de disposer d'eux-mêmes jusqu'à séparation et constitution d'un État indépendant.

3. Suppression de tous privilèges et limitations nationaux ou religieux.

4. Libre développement des minorités nationales et groupes ethniques habitant le territoire russe. »

Source : Robert FRANK, dir., *Histoire Ire A, B, S*, Paris, Belin, 1988, p. 121.

18 La révolution en danger

Carte : Territoires sous contrôle soviétique ; Pertes territoriales russes (traité de Brest-Litovsk) ; Tentatives d'indépendance ; Offensives des « Blancs » ; Offensives franco-britanniques ; Autres offensives. Flotte franco-britannique, Troupes franco-britanniques, Petrograd, Flotte anglaise, Moscou, Varsovie, Kiev, UKRAINE, Flotte franco-britannique, GÉORGIE.

schisme va, à partir de 1917, diviser la civilisation occidentale en deux grands systèmes rivaux, le capitalisme et le communisme.

11.2.1 La naissance de la Russie soviétique

Un colosse affaibli. Immense puissance territoriale à cheval sur l'Europe et l'Asie, la Russie était entrée en guerre en 1914 sans préparation adéquate et alors qu'elle était au bord de l'effondrement intérieur. Un développement industriel accéléré avait créé à la fois une bourgeoisie capitaliste assoiffée de liberté et un prolétariat surexploité, tandis que la vieille aristocratie régnait toujours sur des paysans misérables à peine libérés du servage et représentant encore 85 % de la population. Une première révolution, en 1905, avait lézardé l'édifice de l'autocratie tsariste, mais c'est l'entrée en guerre en 1914 qui amène l'implosion du régime : pendant que les nécessités de l'effort de guerre provoquent des disettes dans les villes, la gigantesque armée russe, désorganisée, mal équipée et mal commandée, se dissout peu à peu dans les défaites, les désertions et les mutineries.

Les révolutions de 1917. En février 1917 (mars selon le calendrier actuel, qui diffère du calendrier russe de l'époque), cinq jours d'émeutes à Petrograd (aujourd'hui Saint-Pétersbourg) viennent à bout du tsarisme. Alors, l'immense Empire russe bascule dans l'anarchie. Pendant que paysans et ouvriers chassent leurs maîtres et s'emparent des terres et des usines, un gouvernement provisoire de tendance libérale à l'occidentale se heurte à des *soviets*, de tendance socialiste plus ou moins radicale, rassemblant des délégués ouvriers, soldats et paysans. En octobre (novembre selon le calendrier actuel), le *soviet* de Petrograd, dirigé par Lénine, chasse le gouvernement provisoire et s'empare du pouvoir facilement, proclamant sur-le-champ l'abolition de la grande propriété foncière et l'émancipation des peuples de l'Empire russe **17**.

Mais les *soviets* victorieux s'étant eux-mêmes déchirés entre modérés et radicaux, ces derniers, appelés *bolcheviks* («majoritaires») et qui se réclament du marxisme (*voir p. 294*), prennent rapidement la direction des affaires. Ils créent immédiatement une redoutable police politique, la Tchéka, chargée d'éliminer les opposants, et font du Parti bolchevique, appelé désormais Parti communiste, le seul parti autorisé, dont le «rôle dirigeant» est confirmé par une nouvelle Constitution.

La guerre civile. Mais ce rôle dirigeant, affirmé sur papier, ne deviendra pas réalité sans une guerre civile et des interventions étrangères. Lénine doit d'abord sortir son pays de la guerre, ce qui est fait en 1918 par un traité désastreux (Brest-Litovsk) dans lequel l'Empire russe perd le quart de son territoire et le tiers de sa population. Le traité à peine signé, éclate une guerre civile confuse: le nouveau pouvoir soviétique doit affronter pêle-mêle des révolutionnaires antibolcheviques, des armées «blanches» fidèles au tsar, des minorités nationales insurgées et même des interventions étrangères (France, Grande-Bretagne, Pologne) **18**. Attaqués de tous côtés, les bolcheviks réussissent finalement, grâce à l'Armée rouge et aux divisions entre leurs adversaires, à reprendre possession de l'ensemble du territoire en 1921. L'année suivante, l'Empire russe reconstitué (sauf les régions perdues en 1918) devient l'Union des Républiques socialistes soviétiques (URSS) **19**, organisée sur des bases qui marquent une rupture fondamentale avec le capitalisme et la démocratie libérale dont se réclame la civilisation occidentale depuis la grande révolution atlantique.

Soviet
Lors des révolutions russes de 1905 et 1917, conseil de délégués élus représentant les ouvriers, les paysans et les soldats. Après 1917, parlement de l'Union soviétique.

Communisme
Idéologie préconisant le remplacement de la propriété privée par la propriété collective, à laquelle chacun participe selon ses capacités et de laquelle chacun reçoit selon ses besoins.

19 La formation de l'URSS

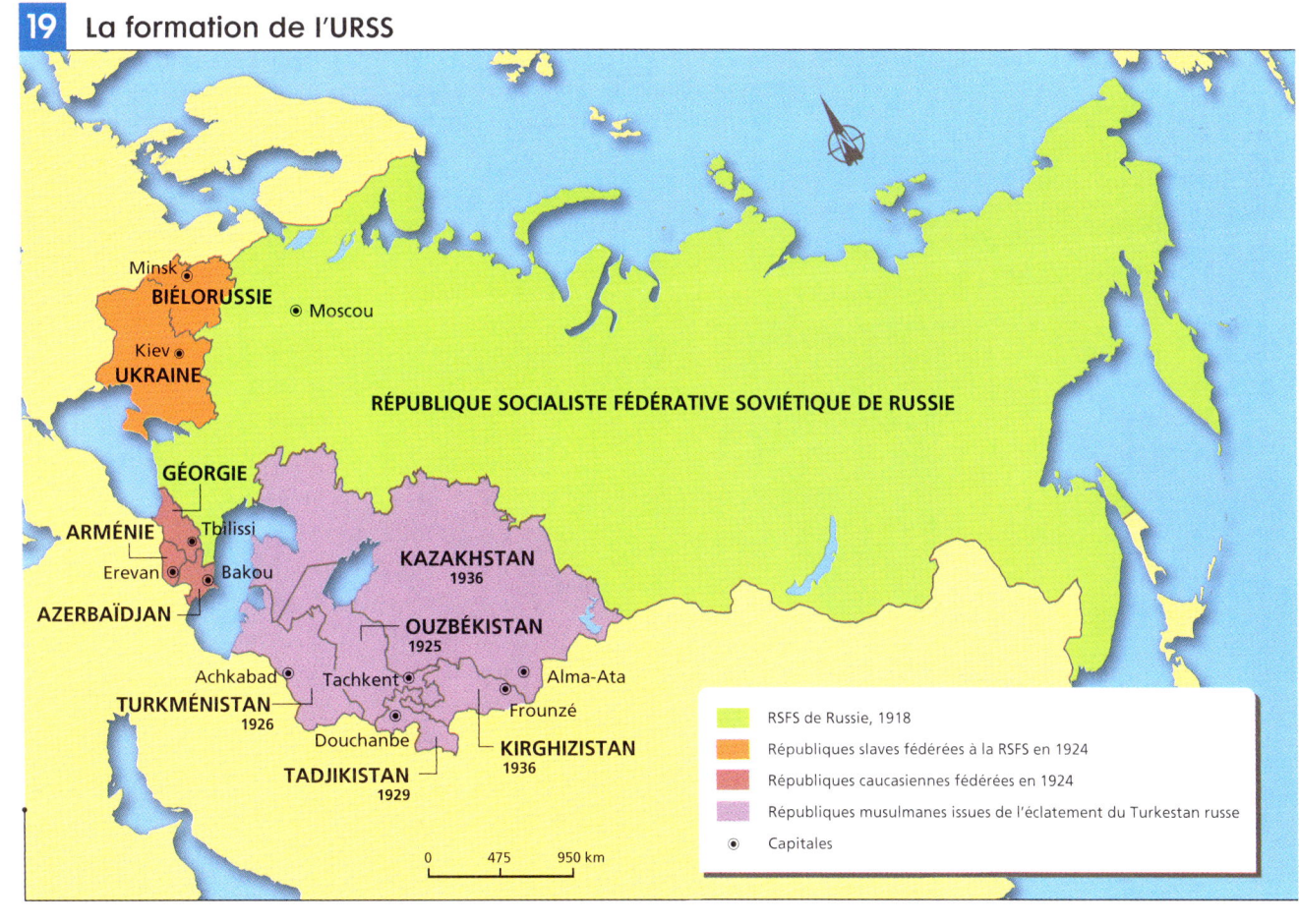

La grande crise de la civilisation occidentale

20 Alexandra Kollontaï (1872-1952)

PORTRAIT

Fille d'un général et femme d'un officier de l'armée du tsar, Alexandra Kollontaï se lance dans la propagande révolutionnaire auprès des travailleuses dès 1898. Après la révolution d'Octobre, elle est la première femme à entrer dans le gouvernement bolchevique, où elle tente de transcrire dans la réalité ses idées révolutionnaires sur le statut des femmes, le mariage et le divorce, l'amour libre et les enfants illégitimes. Elle devient l'une des âmes dirigeantes d'un groupe de dissidents à l'intérieur du Parti communiste, l'Opposition ouvrière, qui réclame des syndicats libres, dénonce l'autoritarisme de la direction centrale du parti et exige la démocratisation de ses structures. Le groupe ayant été condamné et requis de se disperser, Kollontaï échappe de justesse à l'exécution sur l'intervention personnelle de Lénine. Elle deviendra par la suite la première femme ambassadrice de l'histoire moderne et négociera l'armistice de 1944 entre l'URSS et la Finlande. Elle a publié de nombreux écrits.

L'impact. L'impact de la Révolution russe est énorme. D'ailleurs, ses dirigeants eux-mêmes ne la considèrent au départ que comme une étincelle pour déclencher la véritable révolution prolétarienne dans toute l'Europe. Dès 1918, des révolutions s'organisent en effet en Europe occidentale sur le modèle soviétique, à Berlin, à Munich, à Budapest, en même temps que se multiplient d'immenses grèves accompagnées d'occupations d'usines en France et en Italie. Mais tous ces mouvements sont finalement vaincus, et l'URSS reste, à ce moment-là, la seule incarnation vivante d'une tentative de réorganisation radicale de l'économie, de la société et de l'État sur la base des besoins et des aspirations des masses. Du moins est-ce ainsi que le proclament ses dirigeants et ses admirateurs. Et c'est un pays où l'émancipation des femmes ne se contente pas de vœux pieux, ainsi qu'en témoigne la carrière d'une Alexandra Kollontaï [20].

Le triomphe du communisme dans l'un des plus grands États du monde va servir à la fois de repoussoir aux régimes capitalistes inquiets et de puissant foyer d'attraction aux révolutionnaires du monde entier, qui seront prêts à fermer les yeux sur les monstruosités du régime bolchevique parce qu'il porte, croit-on, tous les espoirs de l'humanité.

21 Lénine et Staline

11.2.2 Le stalinisme

Après quelques années de flottement consécutives à la mort de Lénine (1924), son successeur Joseph Staline (1879-1953) prend le pouvoir en 1928 et instaure en Union soviétique un régime auquel son nom reste à jamais associé [21].

L'économie planifiée. Sur le plan économique, ce régime se caractérise par une innovation clé : la planification. Par idéologie marxiste autant que par nécessité concrète, les dirigeants soviétiques ne croient pas que le capitalisme soit en mesure de relever un empire à demi ruiné par tant d'années de guerres extérieure et interne, de famine, d'instabilité générale. Il s'agit de rattraper un retard de 50 ans sur les pays les plus avancés et de faire de l'URSS l'une des premières puissances du monde. Pour cela, l'État doit s'imposer à l'économie par l'étatisation des moyens de production, la collectivisation de

22 Des « éléments antisoviétiques »

« Un grand nombre d'anciens koulaks* et de criminels, déportés dans les régions éloignées de la Sibérie et du Grand Nord, puis revenus chez eux, sont impliqués aujourd'hui dans toute une série d'actions de diversion terroriste et d'activités antisoviétiques, aussi bien dans les kolkhozes* et les sovkhozes* que dans les transports et les entreprises. Le Comité central propose à tous les secrétaires des organisations régionales du Parti et à tous les représentants régionaux du NKVD* de recenser tous ces éléments antisoviétiques. Les plus actifs seront immédiatement arrêtés et fusillés [...]. Les autres, moins actifs, mais néanmoins antisoviétiques, seront internés et déportés. Le Comité central proposera dans un délai de cinq jours [...] la quantité de personnes à fusiller et à déporter. »

Télégramme de Staline envoyé le 2 juillet 1937 aux responsables du Parti au niveau des régions et des républiques

* Koulak : paysan aisé ayant des ouvriers agricoles salariés.
Kolkhoze : exploitation agricole coopérative.
Sovkhoze : exploitation agricole d'État.
NKVD : Commissariat du peuple aux affaires intérieures (police politique).

Source : Revue *L'histoire*, n° 169 (septembre 1993), p. 44.

---

l'agriculture et une planification centralisée donnant la priorité absolue à l'**industrie lourde**. Ainsi sont lancés, à partir de 1928, une série de plans quinquennaux (sur cinq ans) aux objectifs ambitieux : dès le premier plan, on vise une augmentation de 50 % de la production industrielle et même de 300 % pour l'industrie lourde. Malgré d'immenses difficultés, les objectifs globaux seront à peu près atteints et l'URSS sera devenue, en 1939, la troisième puissance industrielle du monde, après les États-Unis et l'Allemagne.

Industrie lourde
Secteur industriel axé sur la production de matières premières (acier, par exemple) et de machinerie lourde (locomotives ou machines-outils, par exemple).

Les coûts sociaux. Mais ce succès n'aura pas été atteint sans d'énormes coûts sociaux. Les plus touchés sont les paysans, auxquels on impose la collectivisation obligatoire des terres et du cheptel, considérée comme le moyen essentiel d'augmenter la productivité agricole afin de libérer des bras pour l'industrie. Les paysans s'opposent farouchement à l'opération, préférant abattre le bétail plutôt que de le remettre aux autorités. Celles-ci réagissent brutalement, aggravant encore la situation, ce qui entraîne une immense famine en 1932-1933. Les ouvriers sont légalement attachés à leur usine, comme jadis les serfs aux terres de leurs seigneurs. Le sacrifice conscient de l'industrie légère prive la population dans ses besoins essentiels de logement, de vêtements, de chauffage, dans des villes surpeuplées par l'afflux des paysans quittant les campagnes.

La terreur. Les tensions sociales et politiques engendrées par ces efforts et ces souffrances contribuent par ailleurs à l'instauration d'un régime de terreur policière et de dictature personnelle qui devient la marque indélébile du stalinisme 22. Maître à la fois du Parti communiste, seul autorisé, et de l'État soviétique, Staline se débarrasse brutalement de tous ses opposants, particulièrement les vieux compagnons de Lénine, par d'immenses purges qui frappent de tous côtés. Il règne par la terreur grâce à une police secrète (le NKVD) tentaculaire, qui devient même un rouage important de l'économie en rassemblant des millions de détenus dans ses camps de concentration (le goulag) où ils sont astreints aux travaux forcés dans des conditions épouvantables. Sans eux, les objectifs des plans quinquennaux n'auraient probablement pas pu être atteints. Cette terreur s'accompagne d'un culte de plus en plus délirant de la personnalité, Staline renouant ainsi avec l'image traditionnelle du tsar « père de son peuple » 23.

23 « Ô grand Staline »

« Notre amour, notre fidélité, notre force, notre cœur, notre héroïsme, notre vie — tout est à toi, prends-les, ô grand Staline, tout t'appartient, ô leader de la patrie. Commande à tes fils, ils sont capables de se déplacer en l'air et sous terre, dans l'eau et dans la stratosphère. Les humains de toutes les époques et de toutes les nations diront que ton nom est le plus glorieux, le plus fort, le plus sage, le plus beau de tous. Ton nom figure sur chaque usine, sur chaque machine, sur chaque lopin de terre, dans chaque cœur humain. Si ma femme bien-aimée met au monde un enfant, le premier mot que je lui apprendrai sera "Staline". »

Source : *Gazette rouge de Leningrad* (1935), dans Jean-Pierre VIVET, *Les mémoires de l'Europe*, t. VI, *L'Europe moderne, 1914-1972*, Paris, Laffont, 1973, p. 279.

11.2.3 La guerre froide

De l'isolement de l'Union soviétique à la Grande Alliance antifasciste.
La guerre froide entre les pays capitalistes et l'Empire soviéto-communiste est

24 L'Europe des blocs, 1955

Guerre froide
Nom donné à l'affrontement entre les États-Unis et leurs alliés, d'une part, et l'Union soviétique et ses alliés, d'autre part, au cours duquel les deux blocs ennemis ont évité de se retrouver face à face directement sur un champ de bataille (1947-1989).

aussi vieille que la révolution bolchevique elle-même. Dès 1918, les grandes puissances occidentales tentent sans succès d'intervenir contre le nouveau régime. Jusqu'au milieu des années 1930, le gouvernement soviétique demeure isolé sur le plan international, d'une part parce que ses dirigeants eux-mêmes se méfient des pays capitalistes et d'autre part parce que ces derniers, apeurés, veulent dresser un « cordon sanitaire » contre la contagion révolutionnaire.

La prise de pouvoir par Hitler provoque un certain rapprochement entre l'Union soviétique et les puissances occidentales, mais ce rapprochement, plein de réticences, s'écroule avec la signature du pacte germano-soviétique de 1939. C'est finalement l'invasion de l'URSS en 1941 qui va forcer les adversaires de l'Allemagne, par-delà leurs divergences idéologiques et leurs appétits territoriaux, à créer la Grande Alliance antifasciste qui va triompher en 1945.

De la Grande Alliance à la guerre froide. Mais l'alliance ne survivra pas à la victoire. Pendant qu'un bloc communiste s'organise autour de l'URSS avec les pays de l'Europe de l'Est libérés du nazisme par l'Armée rouge et, en 1949, l'immense Chine qui passe au communisme, un bloc capitaliste rassemble les pays occidentaux autour des États-Unis 24. L'Union soviétique ayant rattrapé son retard en armement nucléaire, ce qui promet à tous une « destruction mutuelle assurée » (*mutual assured destruction* ou MAD), les deux blocs vont toutefois éviter de se retrouver directement face à face sur un champ de bataille, et se contenter de conflits périphériques (Corée, Indochine) ou de crises diplomatiques (Berlin, Cuba). Parfois aiguës, ces crises tiennent le monde entier en haleine et l'amènent dangereusement près d'une troisième guerre mondiale avec la crise des missiles cubains en 1962. C'est ce qu'on appelle la **guerre froide**, dont le symbole douloureux et détesté demeure l'érection du mur de Berlin en 1961 25.

De la détente à la nouvelle guerre froide. La crise cubaine ayant mis en évidence les risques réels d'holocauste nucléaire rappelant, en pire, l'engrenage de 1914, les deux superpuissances vont s'efforcer d'instaurer un nouveau climat de « paix tiède ». Un grand traité de non-prolifération nucléaire est signé en 1968, la Chine populaire entre à l'Organisation des Nations unies (ONU) en 1971 après sa reconnaissance officielle par les États-Unis, et les deux grands s'engagent, par l'accord SALT I de 1972, à limiter leurs armements stratégiques.

Mais dès la fin des années 1970, une nouvelle poussée soviétique en Asie centrale (Afghanistan) et l'élection de Ronald Reagan à la présidence des États-Unis ravivent la guerre froide. La course aux armements reprend de plus belle et l'Europe se couvre de missiles, de part et d'autre de ce « rideau de fer » qui la divise obstinément depuis plus de 30 ans. Les États-Unis lancent leur projet de bouclier antimissile, qui pourrait briser l'équilibre de la terreur sur lequel a reposé l'édifice de la paix — ou de l'absence de guerre — internationale depuis 1945. D'autant que l'Union soviétique, cette fois, n'a plus les reins assez solides pour

25 Le mur de Berlin en 1966

soutenir ce gigantesque effort de surarmement, en plus d'être minée de l'intérieur par d'innombrables difficultés économiques et sociales (*voir section 11.2.5, p. 331*). Elle va donc déclarer forfait en 1989, entre autres par un geste d'éclat : le démantèlement du mur de Berlin, et abandonner aux États-Unis le rôle de première hyperpuissance mondiale avant de disparaître elle-même (*voir section 11.3.2, p. 335*), mettant ainsi un point final à la guerre froide.

11.2.4 Le monde capitaliste pendant la guerre froide

L'économie : de prospérité en crise. Dans le monde capitaliste, la Seconde Guerre mondiale ne sera pas suivie, comme la Première, par une profonde crise économique. C'est que les dirigeants ont mis en place des institutions capables d'éviter les dysfonctionnements de l'entre-deux-guerres. Les accords de Bretton Woods (1944) créent un nouveau système monétaire international, axé sur la primauté du dollar étasunien, qui devient la seule monnaie convertible en or. Le Fonds monétaire international (FMI) assurera la stabilité du système, tandis que la Banque internationale pour la reconstruction et le développement (BIRD), future Banque mondiale, verra à aider à la reconstruction des régions dévastées. Un accord général sur les tarifs douaniers et le commerce (GATT, selon l'acronyme anglais *General Agreement on Tariffs and Trade*), signé en 1947, vise à abaisser les barrières commerciales entre les pays.

Ainsi réorganisée, l'économie capitaliste va connaître l'une des plus longues périodes de prospérité de son histoire. Ce sont les « Trente Glorieuses », nom donné aux années 1945 à 1972. Elles prennent toutefois brusquement fin lorsque les États-Unis suppriment la convertibilité en or de leur dollar (1971), tandis que les pays arabes quadruplent le prix du pétrole (1973). Alors commence une crise inhabituelle, marquée à la fois par l'inflation et le chômage, phénomène nouveau auquel on donne le nom de *stagflation*. Les pays capitalistes réagissent par une déréglementation généralisée et d'énormes compressions dans les dépenses publiques, particulièrement dans les services sociaux, ce qui ne fait qu'accentuer les difficultés.

État providence
État qui se donne un rôle et des responsabilités de régulation économique et sociale afin d'assurer la protection des personnes contre les risques dus à la maladie, au chômage, à la pauvreté, à la vieillesse, au manque d'instruction, etc.

L'État providence. Ces compressions font d'autant plus mal que, dans tous les pays capitalistes bien qu'à des niveaux très différents, on a élaboré des politiques et des programmes destinés à redistribuer une partie de la richesse collective vers les moins nantis : assurance chômage, soins de santé, éducation publique, impôt progressif. C'est ce qu'on appelle l'État providence.

Les attaques contre ce système, et sa mise en pièces partielle, marquent les années 1980, alors que des gouvernements de droite prennent le pouvoir, entre autres en Grande-Bretagne (Margaret Thatcher) et aux États-Unis (Ronald Reagan).

La construction de l'Europe occidentale. Ravagée par la guerre, séparée des pays de l'Est par la politique des blocs et la guerre froide, l'Europe occidentale se lance néanmoins dès 1949 dans une reconstruction à marche forcée largement financée par les États-Unis, inquiets d'une répétition possible de la crise économique qui a suivi la Première Guerre mondiale et soucieux de prouver au monde la supériorité du capitalisme. C'est ainsi que le plan Marshall déverse sur l'Europe occidentale plus de 10 milliards de dollars — la plupart sous forme de dons —, les grandes bénéficiaires en étant la Grande-Bretagne, la France, l'Allemagne de l'Ouest et l'Italie 26. C'est pour répartir ces dons qu'est créée l'Organisation européenne de coopération économique, première institution européenne, qui deviendra en 1960 l'Organisation de coopération et de développement économiques (OCDE). Le traité de Rome (1957) crée la Communauté européenne, qui ouvre son Marché commun le 1er janvier 1959 avec six partenaires : la France, la République fédérale d'Allemagne (RFA), l'Italie et les pays du Benelux (Belgique, Pays-Bas, Luxembourg).

Cette première tentative d'intégration économique s'étant avérée un très grand succès, les adhésions se multiplient et l'Europe des Six devient l'Europe des Neuf en 1973, puis l'Europe des Douze en 1986 27, pendant que les institutions communautaires se développent avec un système monétaire européen (ECU) et un Parlement européen élu pour la première fois en 1979. En 1992, par le traité de Maastricht, la Communauté européenne devient l'Union européenne, créant une citoyenneté européenne qui donne à son détenteur les droits de résider, de voter et

26 Bilan de l'aide étasunienne à l'Europe, du 1er juillet 1945 au 30 juin 1952

Pays bénéficiaires	Plan Marshall (ERP*) (en millions de dollars)	Aide totale	
		Montant (en millions de dollars)	Pourcentage de dons
Royaume-Uni	2 675	6 364	30
France	2 060	4 480	55
Allemagne de l'Ouest (RFA)	1 174	3 630	96
Italie	1 034	2 390	86
Grèce	387	1 448	94
Pays-Bas	893	1 045	69
Autriche	492	933	98
Belgique et Luxembourg	537	734	77
Turquie	89	343	70
Norvège	199	270	63
Danemark	231	270	81
Irlande	139	146	12
Suède	103	109	80
Trieste	30	44	100
Portugal	33	42	21
Islande	17	25	76
Pays n'appartenant pas à l'OECE*			
Yougoslavie		485	89
Autres pays	167	4 129	90
Total	**10 260**	**26 887**	**68**

* ERP : *European Recovery Program*.
OECE : Organisation européenne de coopération économique (organisation chargée de répartir les crédits du Plan Marshall).

▶ Établissez la liste, par ordre décroissant, des cinq pays ayant reçu le plus de dons en valeur absolue. En quoi cette liste est-elle révélatrice des conditions de l'après-guerre ?

d'être élu, et de circuler librement dans les 12 pays membres. Au début de 2002, dans une opération à la fois gigantesque et symbolique, l'euro devient la monnaie unique dans 12 pays, redonnant à l'Europe occidentale une sorte d'unité comme elle n'en avait pas connue depuis la chute de l'Empire romain…

11.2.5 Le monde soviéto-communiste pendant la guerre froide

L'Union soviétique, de Staline à Khrouchtchev. Sortie victorieuse de la guerre, l'Union soviétique est néanmoins terriblement dévastée. Les plans quinquennaux s'attellent à la tâche de reconstruction sans l'aide de l'Occident, les dirigeants soviétiques ayant rejeté le plan Marshall afin d'assurer leur liberté de manœuvre et de prouver au monde la supériorité de leur système. Les derniers excès du stalinisme, de plus en plus paranoïaque, s'achèvent avec la mort de son fondateur en 1953. Nikita Khrouchtchev lui succède et amorce un véritable dégel, condamnant solennellement le stalinisme dans un «rapport secret» qui fait l'effet d'une bombe dans le monde entier 28. Il amorce des réformes dans toutes les directions: appareil du parti et de l'État, économie, code pénal, vie culturelle, relations internationales. Mais l'ampleur de ces réformes, de même que leur échec relatif, lui crée beaucoup d'ennemis, de sorte qu'il est écarté par la «vieille garde» en 1964. Dès lors, le régime soviétique retourne dans ses ornières, y compris un retour partiel au stalinisme, où il s'embourbera progressivement.

27 La construction de l'Europe occidentale

- 1957 (Europe des Six)
- Extension 1973 (Europe des Neuf)
- Extension 1981 (Europe des Dix)
- Extension 1986 (Europe des Douze)
- Extension 1990 (réunification de l'Allemagne)

L'Europe de l'Est entre satellisation et résistance. Très rapidement après la fin de la guerre, les pays d'Europe de l'Est libérés de l'Allemagne nazie par l'Armée rouge deviennent des **satellites** de l'URSS. En Allemagne de l'Est, en Pologne, en Tchécoslovaquie, en Hongrie, en Bulgarie, en Yougoslavie et jusqu'en Albanie s'installent des gouvernements prosoviétiques et des régimes inspirés plus ou moins du modèle stalinien. Mais cela ne se fait pas sans résistances. Les uns après les autres, les peuples se soulèvent contre le «grand frère»

Satellite
Situation d'un pays plus faible placé sous l'étroite dépendance économique, politique, sociale et culturelle d'un pays plus fort, par analogie avec un satellite gravitant autour d'un corps céleste. La satellisation est le processus qui aboutit à cette situation.

28 Nikita Khrouchtchev (1894-1971)

PORTRAIT

Petit-fils de serf, fils de mineur de charbon et lui-même ouvrier d'usine dès l'âge de 15 ans, Nikita Khrouchtchev aura été le seul authentique prolétaire à jamais parvenir à la tête du pouvoir soviétique. Il commence en 1918 sa carrière dans l'appareil du Parti communiste où, ardent partisan de Staline, il participe aux grandes purges des années 1930. Son arrivée au pouvoir, après la mort de Staline, secoue pourtant jusque dans ses fondements le régime hérité de son prédécesseur: spectaculaire dénonciation du stalinisme lors du fameux XXe Congrès du parti (1954), libération de millions de prisonniers politiques, réformes radicales dans l'appareil du parti, relative libéralisation de la vie intellectuelle, acceptation des «différentes voies vers le socialisme» et autonomie plus large accordée aux pays satellites, «coexistence pacifique» avec les pays capitalistes, etc. Acculé à la démission en 1964 par les tenants du *statu quo* que ses réformes bousculent, ce personnage truculent et haut en couleur passe les dernières années de sa vie dans un presque anonymat et l'annonce de son décès ne sera faite que 48 heures après l'événement.

La grande crise de la civilisation occidentale

communiste, qui réagit le plus souvent en envoyant ses chars réprimer les dissidents, comme en Hongrie en 1956 ou en Tchécoslovaquie en 1968. Le mouvement de contestation s'amplifie en 1980, lorsque les Polonais réussissent par leur ténacité à organiser le premier syndicat libre du monde communiste, et devient irrésistible après l'arrivée de Mikhaïl Gorbatchev aux commandes de l'Union soviétique. À partir de 1989, l'Empire soviétique en Europe de l'Est s'écroule comme un château de cartes.

Faisons le point

1. Retracez les origines de la Révolution russe et montrez comment le régime bolchevique en ressort vainqueur.
2. Dégagez les aspects essentiels du stalinisme sur les plans économique, social et politique.
3. Comment évoluent les rapports entre le monde capitaliste et le monde communiste, à partir de l'isolement du début jusqu'à la Grande Alliance, à la guerre froide, à la détente puis à la nouvelle guerre froide ?
4. Décrivez les grandes étapes de la construction de l'Europe occidentale jusqu'en 1990.
5. Comment évolue l'économie du monde capitaliste entre 1945 et 1990 ?
6. Comment évolue l'Union soviétique après la mort de Staline ?

11.3 De l'impérialisme européen à l'hégémonisme étasunien

Au moment où s'est ouvert le XXᵉ siècle, l'Europe dominait le monde. Un siècle plus tard, il ne reste pratiquement rien des empires coloniaux européens, l'Empire russe s'est désagrégé et les États-Unis sont le seul pays en mesure de s'assurer une hégémonie planétaire.

11.3.1 La fin des empires coloniaux

L'écroulement des empires coloniaux européens, érigés pièce à pièce depuis près d'un demi-millénaire et qui vont disparaître en une génération, constitue l'un des événements majeurs de la seconde moitié du XXᵉ siècle.

Culture vivrière
Culture de produits alimentaires principalement destinés à la population locale.

Les causes. Les origines lointaines de cette décolonisation sont à chercher dans le colonialisme lui-même, qui, en raison de son impact sur les sociétés colonisées, portait dès ses débuts les germes de sa propre destruction. Car en ruinant les **cultures vivrières** au profit de la monoculture axée sur les besoins des métropoles, en brisant l'artisanat local par l'invasion des produits industriels européens, en distendant les liens familiaux et tribaux traditionnels, le colonialisme a favorisé chez les colonisés l'émergence de forces sociales nouvelles qui vont finalement retourner contre l'Europe les idéaux mêmes dont elle se réclamait avec tant d'assurance. Rien n'est plus contradictoire, en effet, avec ces idéaux de liberté, d'égalité, de justice sociale et de droit des peuples que la relation coloniale, fondée sur l'exploitation, l'oppression et la dépendance. Les nouvelles élites qui lentement surgissent chez les colonisés vont lancer à la face de l'Europe les principes qu'elle-même leur a transmis dans ses écoles et ses universités.

Les deux guerres mondiales viennent accélérer cette évolution, surtout la seconde. D'abord, l'Europe y perd ses forces vives et en sort si affaiblie, et avec un prestige si meurtri, que sa domination ne peut tout simplement plus se maintenir. En Asie particulièrement, les Japonais se présentent non comme des conquérants, mais comme des libérateurs venus secouer le joug de l'homme blanc. Par ailleurs, les colonisés sont appelés à participer à ces conflits et ils exigent que ce sacrifice de leur sang soit reconnu de façon tangible, tout en ayant expérimenté sur le terrain l'égalité de tous devant la mort guerrière. Ils peuvent également invoquer, après les principes des traités de 1919-1920, les buts de guerre alliés énoncés en 1941 par la charte de l'Atlantique, qui affirme le droit de chaque peuple de choisir librement son gouvernement et la forme de son avenir. Après la guerre, la proclamation par l'ONU du droit des peuples à l'autodétermination **29** galvanise le mouvement anticolonial, tandis que les deux superpuissances, dans le cadre de la guerre froide, se proclament championnes des peuples opprimés.

Les étapes. La décolonisation commence en Asie, avec l'accession à l'indépendance de l'Union indienne et du Pakistan, détachés de l'Empire britannique des Indes (1947), et de l'Indonésie, qui ferme la grande aventure coloniale des Pays-Bas (1949). En Indochine française, la situation dégénère jusqu'à une longue guerre qui prend des dimensions internationales dans le contexte de la guerre froide, la Chine communiste appuyant les insurgés et les États-Unis fournissant à la France le plus clair du financement. Le 7 mai 1954, véritable coup de tonnerre dans l'histoire des relations de l'Occident avec le reste du monde : à Dien Bien Phu, une armée de colonisés remporte, pour la première fois, une victoire décisive

29 L'ONU et le droit des peuples

Déclaration sur l'octroi de l'indépendance aux pays et aux peuples coloniaux (1960)

« 1. La sujétion des peuples à une subjugation, à une domination et à une exploitation étrangères constitue un déni des droits fondamentaux de l'homme, est contraire à la charte des Nations Unies et compromet la cause de la paix et de la coopération mondiales.

2. Tous les peuples ont le droit de libre détermination ; en vertu de ce droit, ils déterminent librement leur statut politique et poursuivent librement leur développement économique, social et culturel.

3. Le manque de préparation dans les domaines politique, économique ou social ou dans celui de l'enseignement ne doit jamais être pris comme prétexte pour retarder l'indépendance.

4. Il sera mis fin à toute action armée et à toutes mesures de répression, de quelque sorte qu'elles soient, dirigées contre les peuples dépendants, pour permettre à ces peuples d'exercer pacifiquement et librement leur droit à l'indépendance complète, et l'intégrité de leur territoire national sera respectée.

5. Des mesures immédiates seront prises, dans les territoires sous tutelle, les territoires non autonomes et tous les autres territoires qui n'ont pas encore accédé à l'indépendance, pour transférer tous pouvoirs aux peuples de ces territoires, sans aucune condition ni réserve, conformément à leur volonté et à leurs vœux librement exprimés, sans aucune distinction de race, de croyance ou de couleur, afin de leur permettre de jouir d'une indépendance et d'une liberté complètes.

6. Toute tentative visant à détruire partiellement ou totalement l'unité nationale et l'intégrité territoriale d'un pays est incompatible avec les buts et les principes de la Charte des Nations Unies. »

Résolution 1514 de l'Assemblée générale de l'ONU, adoptée le 14 décembre 1960 (XVe session)

> Peut-on déceler quelque incohérence dans ce texte ? Cette résolution de l'Assemblée générale de l'ONU pourrait-elle s'appliquer au Québec ?

Source : « Les Nations unies et la décolonisation », dans *Nations unies*, [En ligne], www.un.org/fr/decolonization/ga_resolutions.shtml (Page consultée le 4 août 2011)

sur une armée européenne au terme d'une longue bataille en rase campagne. Cette défaite sonne le glas de l'impérialisme colonial.

À partir du milieu des années 1950, c'est surtout vers le continent africain que le mouvement de décolonisation se déploie, avec une quinzaine de colonies, principalement françaises, qui accèdent à l'indépendance dans la seule année 1960. Ici aussi, un cas de dérapage devient emblématique: l'Algérie, où les colons français, particulièrement nombreux, refusent obstinément de couper le lien avec la mère patrie. Déclenchée en 1954, la guerre d'Algérie dure sept longues années et suscite une profonde crise morale et politique en France, qui frôle même la guerre civile en 1958. L'Algérie devient enfin souveraine en 1962.

La naissance du tiers-monde. La seule accession à la souveraineté n'est toutefois pas la véritable décolonisation, ainsi que la plupart de ces États nouveaux vont en faire l'amère expérience. Car même après l'indépendance, les rapports économiques restent marqués du sceau de l'inégalité: les anciennes colonies demeurent productrices de matières premières exportées vers les pays industriels et consommatrices de produits finis importés de ces pays. Et les termes de cet échange inégal se détériorant constamment 30, les nouveaux pays ne peuvent survivre que par une aide de plus en plus massive des pays riches. Même cette aide, la plupart du temps liée à des achats dans le pays d'où elle provient, sert davantage à développer ce pays que celui auquel elle est destinée. Il y a donc un transfert net de ressources des pays pauvres vers les pays riches, et non l'inverse comme on le prétend trop souvent.

Sur le plan politique, ces nouveaux États ont tous adopté les frontières décrétées jadis par les conquérants européens au hasard de leurs conquêtes et qui correspondent le plus souvent fort mal aux réalités géographiques, historiques ou ethniques des régions concernées. Le départ subit des colonisateurs crée par ailleurs un vide politique et institutionnel difficile à combler à cause de la faiblesse même des élites, que la métropole a formées au compte-gouttes. D'ailleurs, imbues des principes et des valeurs de l'ancien colonisateur, ces élites indigènes vont, dans la plupart des cas, tenter d'instaurer dans leurs pays des modèles importés de l'Occident (parlementarisme, libéralisme, socialisme) qui collent mal aux réalités sociologiques locales.

Ainsi donc, sur les ruines des empires européens, naît le tiers-monde (par référence au tiers état de la société féodale), dont le sous-développement et l'approfondissement de ce sous-développement comptent assurément parmi les facteurs qui ont rendu possible, depuis 1945, la fantastique croissance des économies développées, tout en creusant, et non en réduisant, l'écart entre nations riches et nations pauvres.

30 Les termes de l'échange: un exemple

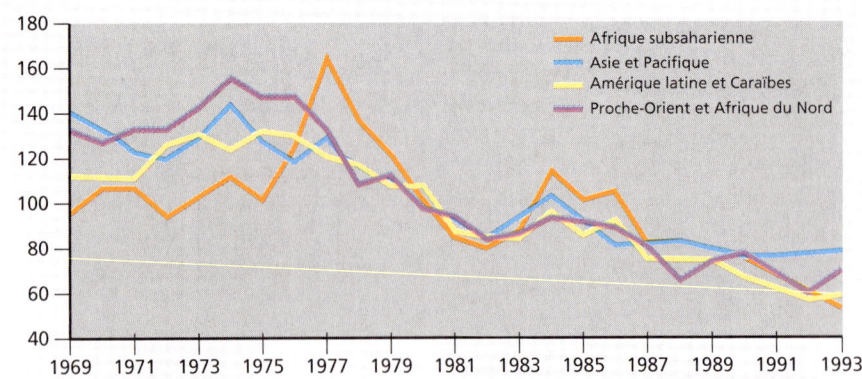

Termes nets de l'échange des produits agricoles, régions en développement (Indice 100 = 1979-1981)

Termes de l'échange: rapport de l'indice des prix à l'exportation sur l'indice des prix à l'importation. Quand les termes de l'échange se détériorent pour un pays, cela signifie concrètement qu'il doit exporter une quantité de plus en plus grande de ses produits pour se procurer une quantité constante de produits importés.
Sur ce graphique, par exemple, on peut établir que, en 1992, les exportations agricoles des pays du Proche-Orient et de l'Afrique du Nord ne leur permettaient plus, à quantité égale, d'importer que 45% (60/135) de ce qu'ils importaient en 1969.

Source: «La situation mondiale de l'alimentation et de l'agriculture 1995. Le commerce des produits agricoles – nouvelles tendances et évolution des structures», dans FAO, [En ligne], www.fao.org/docrep/v6800f/V6800F0i.htm#I (Page consultée le 31 juillet 2011)

11.3.2 L'effondrement de l'Empire soviéto-communiste

Il n'y a pas que les derniers empires coloniaux d'outre-mer qui disparaissent en cette fin de XXe siècle. Le vieil Empire russe, devenu soviétique, va lui aussi connaître une secousse sismique de grande ampleur qui va l'ébranler sur ses fondations et le laisser partiellement détruit.

L'implosion de l'URSS. Les réformes khrouchtchéviennes ayant été mises de côté par la chute de leur instigateur en 1964, il faudra attendre l'arrivée au pouvoir de Mikhaïl Gorbatchev en 1985 pour redresser une situation qui n'a fait que se dégrader entre-temps. Au nom de la *perestroïka* (restructuration) et de la *glasnost* (transparence), les réformes de Gorbatchev touchent jusqu'au cœur même du système soviétique, soit la propriété collective et la planification centralisée de l'économie, sans compter la doctrine du parti unique. Le bouleversement est tellement profond qu'il va finalement déboucher sur l'effondrement du communisme soviétique, la disparition de l'URSS et le démantèlement partiel de l'Empire russe.

La plupart des républiques de l'Union ayant proclamé leur indépendance entre 1989 et 1991, on replâtre en catastrophe la maison disloquée en créant une Communauté des États indépendants (CEI) où se déchaînent de très anciennes rivalités nationales occultées depuis plus d'un demi-siècle. Gorbatchev lui-même est emporté par le grand tourbillon qu'il a déclenché, et doit quitter le pouvoir après une tentative de coup d'État des nostalgiques du stalinisme (1991). Finalement, dans l'un des revirements les plus stupéfiants de notre époque, l'Union des républiques socialistes soviétiques cesse d'exister le 31 décembre 1991 **31**, tandis que le Parti communiste, celui de Lénine et de Staline, après 75 ans de pouvoir absolu, est déclaré hors-la-loi et ses biens sont saisis par l'État…

31 L'éclatement de l'URSS

32 La chute du mur de Berlin

Après l'éclatement de l'Union, la Fédération de Russie, qui est encore le plus vaste pays du monde, est elle-même au bord du chaos. Le passage brutal à l'économie de marché désorganise les circuits de production et de distribution et la misère se répand jusqu'à faire reculer de trois ans l'espérance de vie. Pendant que Petrograd, devenue entre-temps Leningrad, reprend son nom historique de Saint-Pétersbourg, une droite nationaliste, nostalgique de la grandeur passée, monte en force et porte au pouvoir un nouvel homme fort, Vladimir Poutine, qui réussit, de façon souvent brutale, à remettre le pays sur ses rails.

Le recul de l'Empire. Pendant ce temps, les anciens satellites ont tous été entraînés dans un tourbillon de réformes. Le mur de Berlin, symbole concret et honni de la guerre froide, a croulé sous les pressions, principalement, des Allemands de l'Est eux-mêmes **32**, ouvrant la voie à la réunification de l'Allemagne (1990). En Pologne, en Hongrie, en Bulgarie, en Roumanie, les régimes communistes sont renversés, parfois violemment, tandis que la Tchécoslovaquie, après une « révolution de velours », éclate en deux nouveaux États : la République tchèque et la Slovaquie (1993). Le pays n'aura pas duré 75 ans. Autre création des traités de 1919-1920, la Yougoslavie explose à son tour : la Serbie, la Slovénie, la Croatie, la Bosnie et la Macédoine naissent dans l'amertume et la tragédie (1992). Une terrible guerre ethnico-religieuse jette les uns contre les autres Serbes orthodoxes, Croates catholiques, Bosniaques et Albanais musulmans, pendant que les organisations internationales cafouillent. Les Balkans redeviennent, au tournant du XXIe siècle, la grande région d'instabilité qu'ils étaient au tournant du XXe en Europe.

33 L'Union européenne : les élargissements successifs

L'élargissement de l'Union européenne. Le recul de l'Empire soviéto-communiste va offrir à l'Europe des perspectives inattendues dans sa marche vers l'unité. Dès qu'ils ont recouvré leur liberté d'agir des mains du « grand frère soviétique », les ex-satellites d'Europe de l'Est se rapprochent de l'Europe occidentale et demandent leur adhésion à l'Union européenne, qui a succédé à la Communauté économique européenne en 1993 et qui s'élargit progressivement jusqu'à 27 membres en 2007 **33**. La porte est entrouverte également vers plusieurs autres pays, surtout dans les Balkans, et même vers la Turquie, avec laquelle des négociations difficiles sont déjà amorcées. Cette marche vers l'unité constitue peut-être la dernière chance de l'Europe de contrebalancer l'hyperpuissance étasunienne.

11.3.3 L'hégémonie mondiale des États-Unis

La fin de la guerre froide et l'effondrement du bloc soviéto-communiste placent les États-Unis comme première et seule hyperpuissance mondiale. Cela engendre un déséquilibre planétaire qui crée une certaine inquiétude pour la paix dans le monde. Car depuis 1945, c'était l'équilibre entre les grandes puissances, fût-ce « l'équilibre de la terreur », qui garantissait la paix. L'arrivée de George W. Bush à la Maison Blanche en 2000 signale en effet la montée en force d'un unilatéralisme qui est peut-être la forme nouvelle du très ancien isolationnisme dont les États-Unis n'étaient sortis, à vrai dire, que depuis à peine plus de 50 ans. Les États-Unis refusent d'adhérer à plusieurs ententes internationales, entre autres au protocole de Kyoto (sur la réduction des gaz à effet de serre), au Tribunal pénal international (pour juger des crimes de guerre et des crimes contre l'humanité) et à la Convention sur l'interdiction des mines antipersonnel. La mise à l'écart du Conseil de sécurité de l'ONU et le déclenchement d'une guerre préventive contre l'Irak, faussement accusé de développer des armes de destruction massive, marquent la volonté du géant étasunien, traumatisé par l'attaque sur le World Trade Center et le Pentagone le 11 septembre 2001, de poursuivre ses intérêts nationaux en dehors de toute contrainte.

Faisons le point

1. Précisez les causes, tant lointaines qu'immédiates, de la décolonisation.
2. Pourquoi l'accession à la souveraineté des anciennes colonies ne s'est-elle pas traduite pour elles par une réelle indépendance ?
3. Dans quelles circonstances l'Empire soviéto-communiste a-t-il été disloqué, entre l'implosion de l'URSS et le détachement de ses satellites européens ?
4. En quoi l'hégémonisme étasunien peut-il susciter quelque inquiétude pour la paix dans le monde ?

11.4 Art et culture en mutation

Une crise de civilisation, c'est aussi, et nécessairement, une crise de la culture prise dans son sens le plus large. Il ne saurait être question dans le cadre du présent ouvrage d'appréhender l'ensemble de l'immense foisonnement culturel et artistique du XXe siècle, dont il faut se limiter plutôt à donner quelques aperçus fragmentaires.

11.4.1 Médias et culture de masse

L'avènement d'une culture de masse est l'un des aspects les plus importants de la mutation culturelle de la civilisation occidentale au XXe siècle. Plusieurs facteurs y contribuent, parmi lesquels il faut donner une des premières places au développement des moyens de communication de masse (*mass media*).

Le cinéma. Inventé à la fin du XIXe siècle, le cinéma connaît dès le début une ascension foudroyante. Lancé en 1895 comme simple « divertissement de foire » avec quelques images silencieuses d'une locomotive entrant en gare, ce qui va devenir le septième art développe bientôt toutes les facettes, techniques autant qu'esthétiques, de ses possibilités, explorant tous les genres, ajoutant le son, puis la couleur, puis le relief, attirant dans ses salles obscures des foules fascinées, voire subjuguées, par ce puissant effet de réalité qui lui est propre. Jean-Luc Godard dira : « Le cinéma, c'est la réalité 24 fois par seconde. »

34 L'information à la radio

Le reporter Marcel Ouimet, de Radio-Canada, enregistre son reportage directement sur le champ de bataille, en Italie, le 11 novembre 1943.

Féminisme
Mouvement qui préconise l'accession des femmes à la pleine égalité avec les hommes dans tous les domaines : économique, politique, juridique, social, ecclésiastique, etc.

35 Cinéma et propagande

Affiche du film *Le Juif éternel*, Allemagne, 1940.

→ Remarquez l'association du Juif avec la cruauté, le communisme et la mendicité (feinte, d'ailleurs…).

Radio et télévision. Après la Première Guerre mondiale, la merveille c'est la radio, qui amène jusque dans l'intimité du foyer tout autant la voix des plus hauts dirigeants (le président Roosevelt, aux États-Unis, rassemble toute la nation autour de ses « causeries au coin du feu ») que la musique des plus grands orchestres, sans compter les nouvelles de dernière heure et les reportages en direct, parfois dramatiques (l'incendie du *Hindenburg*) 34. À partir des années 1950, la télévision prend la première place, sans toutefois tuer la radio malgré ce que certains prédisaient, accentuant la massification et l'homogénéisation de la culture.

Médias et propagande. Ces puissants moyens de diffusion vont évidemment être utilisés par les régimes totalitaires à des fins de propagande, poussée à des sommets de sinistre mémoire par le ministre de l'Information et de la Propagande de l'Allemagne nazie, Joseph Goebbels 35. Dans l'Allemagne des années 1930, toutes les villes sont quadrillées par des haut-parleurs qui diffusent à répétition le venin du régime sans qu'on puisse y échapper.

Informatique et internet. À la fin du XXe siècle, de nouvelles technologies de l'information et de la communication (NTIC) entrent en scène, avec l'explosion de l'informatique grand public et de l'internet, qui mettent à portée de doigts de fabuleuses quantités d'information et de non moins fabuleuses possibilités de diffusion, auxquelles nul humain n'avait jamais eu accès. La mobilisation instantanée de millions d'internautes, par-dessus les frontières, autour d'enjeux communs devient possible, favorisant le brassage des cultures. La révolution du « printemps arabe » de 2011 a incontestablement été favorisée par l'utilisation massive des réseaux sociaux comme Facebook et Twitter.

11.4.2 L'émancipation des femmes

L'impact de la Première Guerre mondiale. L'émancipation — toute relative — des femmes occidentales, du moins de certaines d'entre elles, est indissociable de la Première Guerre mondiale. La participation féminine à l'effort de guerre constitue en effet un tournant dans la longue marche vers l'égalité des sexes. Le départ des hommes pour le front amène les femmes à assumer un grand nombre de tâches nouvelles : soutiens de famille, ouvrières en usine d'armements, auxiliaires aux armées, conductrices de tramways… 36 Ne serait-ce que pour des raisons électoralistes, les dirigeants politiques doivent reconnaître cette réalité en étendant le droit de vote aux femmes de façon plus ou moins large. La fin du conflit, avec le retour des combattants dans leurs emplois, de même que l'avènement du fascisme, qui considère les femmes comme destinées exclusivement à servir leur mari, à donner des soldats à la nation, voire à assurer le repos du guerrier, entraîne toutefois une certaine régression dans le mouvement d'émancipation.

Après 1945. L'émancipation reprend de la vigueur après la Seconde Guerre, où, cette fois, le retour des femmes à leurs tâches traditionnelles est moins bien accepté. En 1949 paraît l'ouvrage fondateur du féminisme contemporain, *Le deuxième sexe*, de Simone de Beauvoir. L'auteure affirme avec force que les rôles sexuels traditionnels ne sont pas prescrits par la nature, mais par les lois, les coutumes et les préjugés d'une société patriarcale. La voie de l'émancipation des femmes passe à la fois par leur émancipation économique et par leur émancipation sexuelle. Cette émancipation sexuelle est puissamment aidée, à la fin des années 1950, par l'apparition de la pilule contraceptive, qui permet aux femmes une meilleure emprise sur leur fécondité et une libération de leur rôle exclusif de génitrices.

De nombreux mouvements **féministes** voient le jour dans tous les pays occidentaux et font pression sur les pouvoirs publics afin que soit inscrit dans la loi, mais aussi dans la réalité, le droit des femmes à l'égalité dans l'emploi, le salaire, le mariage et le divorce, leur droit aux moyens contraceptifs et à l'avortement, voire, dans certaines Églises, leur droit à la prêtrise et même à l'épiscopat. Malgré d'importantes avancées, l'objectif de l'égalité est encore loin d'être atteint, et chaque pas en avant demeure sans cesse menacé d'être annulé, ainsi qu'en témoignent les aléas du droit à l'avortement, souvent remis en cause après avoir été reconnu.

11.4.3 Contestation et contre-culture

Une société jeune. Les années 1960 et 1970 sont par excellence, en Occident, celles de la contestation de la jeunesse, fruit de nombreux facteurs. Le baby-boom accroît considérablement le poids relatif des jeunes dans la société. Cette jeunesse est élevée dans un climat de permissivité nouvelle issue, entre autres, des recherches en psychologie de l'enfance, qui bénéficie alors d'un véritable engouement. Le développement spectaculaire des médias, particulièrement la télévision, lui ouvre les portes du monde, tandis que s'allonge la durée de la scolarisation sans responsabilité familiale ni grand souci d'avenir en période de plein emploi. Les jeunes disposent à la fois des connaissances, de la liberté et du temps nécessaires pour remettre en question le monde qui les entoure — tout en en bénéficiant.

Né aux États-Unis, le mouvement hippie dénonce les valeurs chères à la société d'abondance : hyperconsommation, « succès » économique individuel, mariage monogamique et famille nucléaire, conformisme généralisé. Dénué de visées politiques à l'origine, le mouvement de contestation se politise en se diversifiant et organise, à côté d'immenses rassemblements au caractère plutôt festif (Woodstock, 1969), de grandes manifestations politiques parfois violentes dont l'année 1968 marque l'apogée.

1968. Cette année-là, d'un bout à l'autre de l'Occident et même au dehors, toute la jeunesse se mobilise contre un système politique et économique parfois qualifié — trop hâtivement faut-il le préciser — de fasciste 37. Les

36 La guerre et le travail des femmes

Des femmes au travail dans une usine de munitions à Verdun, au Québec, vers 1916-1918.

37 1968 : la révolte étudiante

« Les étudiants de Prague et de Varsovie veulent les libertés démocratiques et une économie de l'abondance dont le stalinisme et la bureaucratie collectiviste ont privé leur pays, et qui sont réalisées dans les régimes occidentaux. Les étudiants de Madrid, d'Istanbul, de Dakar, prennent la relève d'une opposition, parlementaire ou clandestine, qu'ils jugent molle et inefficace, pour animer une opposition politique, active et directe, à un gouvernement conservateur ou à une dictature. Ceux de Tokyo, de New York (Columbia), de Los Angeles (Berkeley) protestent d'abord contre la politique extérieure des États-Unis, principalement contre l'intervention armée au Viêt-nam. [...] Les étudiants de Belgrade exigent une véritable révolution socialiste dans un État où le socialisme se sclérose. Les étudiants allemands se révoltent non pas tant contre l'absence d'une contestation politique [...] que contre la morgue méprisante, l'autoritarisme hautain, l'exigence de respect, d'ordre et d'obéissance inconditionnelle qui furent jadis l'apanage de l'officier prussien et qui restent les caractéristiques des grands patrons de l'Université (et souvent aussi de l'industrie). En Italie, la visée est analogue : l'influence que l'Église catholique, religion d'État, exerce sur les pensées et les mœurs de la jeunesse intellectuelle, la discipline imposée par les professeurs, sont éprouvées comme des chapes de plomb sous lesquelles l'étudiant se sent étouffé et coupé de la vie. »

Source : EPISTEMON (pseudonyme de Didier ANZIEU), *Ces idées qui ont ébranlé la France : Nanterre, novembre 1967-juin 1968*, Paris, Fayard, 1968, p. 61-62. (Coll. « Le monde sans frontières »)

Surréalisme
Mouvement artistique et littéraire, né vers 1920, préconisant un art et une littérature basés sur l'importance du rêve, du hasard, des forces de l'instinct.

Dadaïsme
Mouvement créé en 1916 prônant le rejet absolu de toute la société et de l'art bourgeois, voire de l'art en tant que tel, principalement par la dérision et la provocation.

universités sont occupées, les cours suspendus, les professeurs houspillés, des batailles rangées mettent aux prises pendant plusieurs jours étudiants contestataires et forces de l'ordre. En France, où le mouvement étudiant entraîne une partie du mouvement ouvrier, même le gouvernement de Charles de Gaulle, ancien leader de la résistance contre l'Allemagne nazie, chancelle. Mai 68 restera longtemps la référence, vénérée par les uns, honnie par les autres, des aspirations et des rêves d'une jeunesse en quête de nouvelles valeurs et de nouvelles façons de vivre.

11.4.4 L'art, témoin de son temps

La rupture surréaliste. La grande crise de la civilisation occidentale ne peut évidemment pas ne pas se refléter dans l'art. C'est la rupture **surréaliste** de l'entre-deux-guerres qui marque de façon spectaculaire l'irruption de la crise de civilisation dans l'art. Elle est précédée par le **dadaïsme**, mouvement anticonformiste et anarchiste jusqu'au rejet de l'art lui-même, illustré par une sculpture de Marcel Duchamp qui n'est qu'un urinoir renversé… Les surréalistes conservent la volonté contestataire du dadaïsme, mais veulent la compléter par la construction d'une culture nouvelle fondée sur l'importance du subconscient, du rêve, en libérant l'univers intérieur de l'artiste « en l'absence de tout contrôle exercé par la raison ».

C'est dans le domaine des arts visuels que le surréalisme est le plus représenté, l'image se prêtant idéalement à la représentation des associations incongrues, des atmosphères oppressantes, des formes irréelles qui peuplent nos rêves ou nos cauchemars. La peinture surréaliste atteint ainsi des sommets avec Max Ernst, René Magritte et le plus universellement célèbre de tous, Salvador Dalí, dont les fameuses « montres molles » (*Persistance de la mémoire*) datent de 1931 **38**. Au cinéma, le surréalisme s'exprime surtout dans l'œuvre de Luis Buñuel (*Un chien andalou*, 1928), qui restera fidèle à l'inspiration surréaliste de bout en bout de son œuvre, jusqu'aux années 1980 (*Cet obscur objet du désir*, 1977).

38 *Persistance de la mémoire* (S. Dalí, 1931)

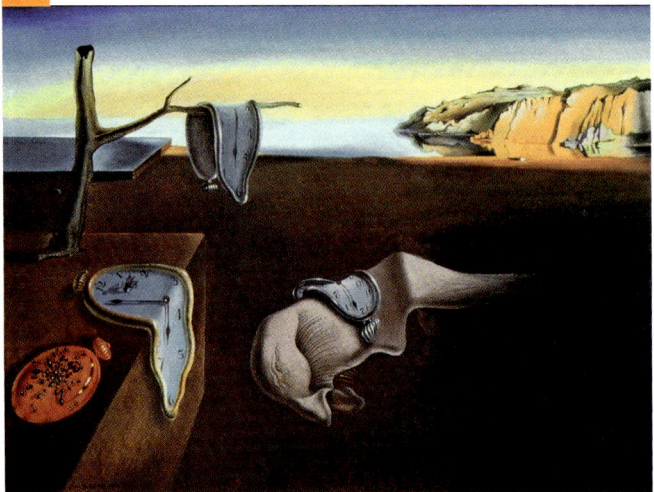

Museum of Modern Art, New York.

39 *Campbell's Tomato Juice Box* (A. Warhol, 1964)

Museum of Modern Art, New York.

Du modernisme au postmodernisme. Après 1945, l'art éclate de toutes parts dans une prolifération de mouvements et de tendances qui marquent la volonté des artistes d'échapper à toute norme — ou d'en créer de nouvelles. En réaction contre un art moderne jugé trop intellectuel et abstrait, le *pop art* (Andy Warhol, Roy Lichtenstein) propose un art résolument figuratif directement inspiré de la culture populaire et de la société de consommation : affiches publicitaires, emballages commerciaux, photos de stars, bandes dessinées **39**. Cette volonté de rendre l'art plus immédiatement compréhensible par le plus grand nombre débouche, d'une part, sur l'hyperréalisme, reproduction la plus fidèle possible des objets, des situations et des personnages de la vie quotidienne (Duane Hanson, George Segal), et, d'autre part, sur l'art de la rue

40 Le musée Guggenheim à Bilbao, en Espagne (F. Gehry, 1997)

(muralisme dans les villes) et le *land art*, l'art en pleine nature (Christo et Jeanne-Claude).

Dans l'architecture, c'est le fonctionnalisme qui domine la première moitié du XXe siècle : lignes épurées, géométrisme, adéquation parfaite entre la forme et la fonction du bâtiment, sans élément surajouté. Cette tendance ayant abouti trop souvent au gigantisme et à l'uniformisation dans de grands ensembles sans âme, une architecture dite *postmoderne* apparaît dans les années 1970. Elle se caractérise par son éclectisme, qui emprunte au vieux fonds historique (colonne, corniche) et réhabilite l'ornement tout en suscitant des créations totalement inventives, presque lyriques, dans des bâtiments dont la forme extérieure n'a plus beaucoup de rapport avec la fonction, en contradiction totale avec le fonctionnalisme **40**.

Faisons le point

1. Quel rôle le développement des médias joue-t-il dans l'avènement d'une culture de masse ?
2. Décrivez l'impact de la Première Guerre mondiale sur le mouvement d'émancipation des femmes.
3. Comment se développe ce mouvement après 1945 ?
4. Pourquoi les années 1960 et 1970 sont-elles par excellence celles de la contestation politique et sociale, et comment cette contestation se manifeste-t-elle ?
5. En quoi le surréalisme constitue-t-il une rupture dans l'art occidental ?
6. Dégagez quelques tendances du postmodernisme dans l'art.

CONCLUSION

Depuis 1914, la civilisation occidentale est bouleversée jusque dans ses fondements. Au sortir de ce « siècle de fureur », alors que d'aucuns évoquent trop rapidement une « guerre des civilisations », il resterait à tenter un bilan de cette civilisation qui a pesé comme aucune autre sur le destin de l'humanité.

TRAVAUX ET EXERCICES

SYNTHÈSE

Justifiez les affirmations suivantes en vous appuyant sur des arguments ou des exemples :

1. Le xxe siècle s'ouvre sur 30 années de bouleversements qui aboutissent à une crise de civilisation.
2. De 1917 à 1989, la civilisation occidentale se caractérise par sa division en deux blocs irréconciliables.
3. C'est dans la seconde moitié du xxe siècle que s'effondrent les empires coloniaux européens et que naît le tiers-monde.

ANALYSE – Comparer des interprétations d'historiens

L'analyse d'un corpus de sources variées ne permet pas toujours aux historiens d'arriver à une interprétation consensuelle des événements. De nombreux moments de l'histoire sont l'objet de controverses historiques. La Première Guerre mondiale, qui marque le xxe siècle par un déferlement de violence sans précédent donnant le ton à l'ensemble du siècle, illustre cette difficulté. Comment expliquer que des millions de soldats et de civils participent à cette guerre fratricide, et ce, pendant plus de quatre ans ? Deux explications opposent les historiens. Lisez les deux extraits ci-après, puis répondez aux questions qui suivent.

Extrait 1

« Les refus — il serait absurde de le nier — ont été nombreux et variés [...]. Mais leur poids ne l'emporte pas, dans la balance, sur celui des consentements, des consentements *maintenus*. La Grande Guerre est bien restée, jusqu'à la fin, la guerre de ce consentement. [...]

Pendant la Grande Guerre on a défendu — ou cru défendre — de grandes valeurs : celles de son pays, de sa région, de sa famille. [...]

La signification du combat résidait décidément dans une lutte entre civilisation et barbarie. » (Stéphane Audoin-Rouzeau et Annette Becker, *14-18, retrouver la Guerre*, Paris, Gallimard, 2000, p. 141, 160, 145.)

Extrait 2

« De très nombreux témoignages du temps de guerre contredisent la thèse du consentement. Ce n'est donc pas la thèse du consentement de millions d'Européens et d'Occidentaux entre 1914 et 1918 qu'il faut poser ; c'est celle de leur obéissance. [...] L'éducation et l'instruction [...] fondent aussi des patriotes obéissants. [...] Car si les hommes ont tenu [...] c'est avant tout parce que le plus souvent ils n'eurent pas le choix. » (Rémi Cazals et Frédéric Rousseau, *14-18, le cri d'une génération*, Toulouse, Privat, 2001, p. 143, 146.)

1. Quelle est l'idée principale de chacun de ces extraits ? Sur quel argument repose-t-elle ?
2. D'après vous, comment expliquer que les historiens arrivent à des thèses opposées ?

POUR ALLER PLUS LOIN

Ouvrages de référence

BERGER, Françoise, et Gilles FERRAGU. *Le xxe siècle : 1914-2001*, Paris, Hachette supérieur, 2009, 414 p. (Coll. « HU Histoire »)

FONTAINE, André. *La guerre froide, 1917-1991*, Paris, Éditions du Seuil, 2006, 572 p. (Coll. « Points Histoire », n° 353)

GENTILE, Emilio. *L'apocalypse de la modernité : la Grande Guerre et l'homme nouveau*, Paris, Aubier, 2010, 415 p. (Coll. « Collection historique »)

HOBSBAWM, Eric John. *L'âge des extrêmes : histoire du court xxe siècle*, Bruxelles/Paris, André Versaille Éditeur/Le monde diplomatique, 2008, 810 p.

MOSSE, George Lachmann. *De la Grande Guerre au totalitarisme : la brutalisation des sociétés européennes*, Paris, Hachette littératures, 2009, 291 p. (Coll. « Pluriel »)

Productions audiovisuelles

L'aveu, de Costa-Gavras, avec Y. Montand et S. Signoret, Fr./It., 1970, 139 min. — L'histoire vécue du ministre tchécoslovaque Artur London, victime des purges staliniennes au début des années 1950. Très bonne reconstitution historique.

Lawrence of Arabia, de David Lean, avec P. O'Toole et O. Sharif, G.-B., 1962, 216 min. — Le colonel britannique T.E. Lawrence et le jeu de la Grande-Bretagne dans la lutte des Arabes contre l'Empire ottoman lors de la Première Guerre mondiale. Images splendides, comédiens exceptionnels. Un chef-d'œuvre.

Paths of Glory, de Stanley Kubrick, avec K. Douglas et A. Menjou, É.-U., 1957, 88 min. — En 1917, un officier-avocat tente de défendre devant la cour martiale ses propres soldats qui se sont mutinés. Magnifique photographie en noir et blanc. Du grand Kubrick.

Reds, de Warren Beatty, avec W. Beatty et D. Keaton, É.-U., 1981, 194 min. — La Révolution russe vue par le journaliste et militant communiste étasunien John Reed. Très bonne reconstitution d'époque, avec la participation de témoins directs encore vivants. Comédiens charismatiques.

Schindler's List, de Steven Spielberg, avec L. Neeson et B. Kingsley, É.-U., 1993, 195 min. — L'histoire vécue de l'industriel allemand Oskar Schindler, qui a sauvé des Juifs de la chambre à gaz en les embauchant dans ses entreprises. Le film est malheureusement entaché d'une séquence pouvant faire croire à un spectateur non averti que les chambres à gaz n'étaient que des salles de douches.

Chapitre 12 — En guise de conclusion : éléments pour un bilan

PLAN

- 12.1 Mille ans d'histoire
- 12.2 Démocratie et liberté
- 12.3 Les droits de la personne
- 12.4 L'égalité entre les femmes et les hommes
- 12.5 Progrès et développement
- 12.6 Laïcité et religion
- 12.7 Science et technologie
- 12.8 L'Occident et le monde

Il peut être risqué, voire présomptueux, de tenter de faire un bilan d'une civilisation toujours bien vivante. C'est pourquoi nous nous contenterons, en conclusion de ce manuel, d'entrouvrir quelques avenues qui devraient faire partie d'un tel bilan.

12.1 Mille ans d'histoire

On peut affirmer que, telle que nous la connaissons aujourd'hui, la civilisation occidentale est née autour de l'an 1000, au moment où sont enfin fusionnés les principaux héritages que les millénaires précédents lui ont transmis : héritage gréco-romain, héritage judéo-chrétien, héritage germanique.

Dans ce monde de l'an 1000, pourtant, l'Occident apparaît comme bien peu « civilisé » en comparaison de ces grands foyers de civilisation que sont la Chine des Song ou l'Islam des Abbassides. L'Occident sort à peine de 500 longues années de turbulences marquées par le déferlement des peuples que l'on qualifiait de *barbares* et la chute de l'Empire romain, par l'installation de royaumes germaniques plus ou moins stables et, après une éphémère renaissance carolingienne, par de nouvelles vagues d'envahisseurs venus du Nord et de l'Est. Au moment où s'achève le premier millénaire de notre ère, l'Europe ravagée, pillée, apeurée, ne semble guère promise à un brillant avenir…

Mais le vent, subitement, va tourner. Le deuxième millénaire sera celui de l'Europe. On peut y déceler, entre autres, deux grandes lames de fond : à l'intérieur, la montée d'une toute nouvelle classe sociale, la bourgeoisie, jusqu'au statut de classe dominante ; à l'extérieur, la montée de l'Europe, puis de sa « fille » d'Amérique, comme puissance mondiale dominante.

Les deux mouvements prennent naissance dès le début du millénaire. Soumis aux invasions extérieures depuis cinq siècles, l'Occident, soudain, renverse la situation : il part à la reconquête de l'Espagne sur les Arabes, à celle des confins germano-slaves sur les Mongols, et même à celle de la lointaine Palestine sur les musulmans. À la même époque apparaît la bourgeoisie, classe nouvelle issue du renouveau commercial et qui s'en prend d'entrée de jeu à l'ordre féodal et à sa classe dirigeante, la noblesse [1] (*voir page suivante*).

Monarchie et bourgeoisie s'étant appuyées mutuellement dans cette lutte, l'époque dite des *Temps modernes* (du XVIᵉ au XVIIIᵉ siècle) voit l'instauration des

1 Commerce et bourgeoisie

Le marchand de sucre.
Illustration tirée d'un manuscrit allemand du XVe siècle.
BnF, Manuscrits, Latin 9333, fol. 89.

grandes monarchies centralisées qui brisent le morcellement féodal. Au même moment, les voyages d'exploration et les Grandes Découvertes permettent, d'une part, à la bourgeoisie de devenir la classe dominante sur le plan économique et financier et, d'autre part, à l'Europe de s'installer solidement à l'extérieur de son continent, particulièrement dans un «Nouveau Monde» qui lui offre un espace et des ressources presque illimités pour son développement.

La bourgeoisie, toutefois, ne se contentant pas de ses seuls succès économiques, aspire au pouvoir politique et y accède dans une «grande révolution atlantique», fondatrice de ces libertés démocratiques que l'Occident revendique comme un des traits fondamentaux de sa civilisation. Parallèlement à cette révolution sociale et politique, la révolution industrielle, tout en contribuant à parfaire la suprématie de la bourgeoisie comme classe sociale, donne à l'Occident une supériorité économique et technique écrasante sur toutes les autres civilisations du monde, lui permettant d'imposer sa domination, directe ou indirecte, sur l'ensemble du globe.

Malgré les apparences, entre autres la décolonisation, on peut considérer que le XXe siècle et le début du XXIe n'ont pas modifié de façon radicale cet état de choses. En dépit d'inévitables ajustements, la bourgeoisie n'a rien perdu de sa place dominante dans les sociétés occidentales et l'Occident n'a guère perdu de son ascendant sur le monde. L'Europe, bien sûr, a dû céder sa place hégémonique à deux superpuissances largement extra-européennes et finalement aux seuls États-Unis, mais ces derniers sont eux-mêmes fils de l'Europe, de sorte que la civilisation occidentale, elle, continue de laisser sa marque sur tous les continents, première civilisation de l'histoire à vocation — ou à prétention — universelle.

Mais quelle est cette marque, au juste? Non pas dans l'idéal, ni dans l'image que l'Occident s'en fait et qu'il affiche aux yeux du monde, mais dans la réalité des choses, là où les principes et les valeurs proclamés subissent chaque jour l'épreuve du réel?

12.2 Démocratie et liberté

S'il est une valeur à laquelle l'Occident proclame son attachement profond et dont il se fait le héraut, c'est bien, et tout d'abord, celle de la démocratie, fondée sur la liberté et la dignité du citoyen. Et il est indéniable qu'il y a là un trait distinctif de la civilisation occidentale, plongeant ses racines dans ses héritages tant gréco-romain que judéo-chrétien.

La Grèce antique, qui a mis l'Homme au centre de l'Univers et donné naissance à la démocratie athénienne, et la Rome antique, particulièrement à l'époque de la République, ont reconnu aux citoyens, définis il est vrai de façon très restrictive, une égalité de droits dans la Cité et même de devoirs envers celle-ci, et fait de ces citoyens les dépositaires ultimes de l'autorité politique. La religion chrétienne, poussant plus loin, fait de tous les hommes et de toutes les femmes des êtres égaux et libres, tous créés par Dieu, tous sauvés par le Christ et promis à la vie éternelle, mais aussi tous responsables de leur propre salut.

2 La démocratie représentative

Une séance du Parlement européen.

Cet héritage de liberté et d'égalité se manifeste déjà dans le mouvement communal des XIIe et XIIIe siècles, bien que les communes libérées du joug féodal se soient donné, la plupart du temps, des institutions plus proches d'une oligarchie de marchands que d'une véritable démocratie. La Grande Charte d'Angleterre, quant à elle, n'est guère plus qu'une entente entre les barons féodaux et le roi, mais elle contient des potentialités qui se révèleront fondamentales pour la suite des choses. C'est avec la grande révolution atlantique que le mouvement démocratique sera puissamment relancé. Peu à peu, à travers bien des vicissitudes, les États occidentaux se dotent de constitutions proclamant la souveraineté du peuple, la liberté individuelle et l'égalité entre les citoyens, et assurant à ces derniers, par des élections régulières, un rôle dans le choix des dirigeants et une représentation dans les organes du pouvoir politique **2**.

Au début du XXe siècle, toutefois, ces avancées sont encore bien imparfaites et leur aire de diffusion plutôt restreinte, limitée à quelques États du Nord-Ouest européen et de l'Amérique anglo-saxonne. Dans l'entre-deux-guerres, on assiste même à un recul massif des institutions démocratiques sous les coups de boutoir du fascisme, du communisme soviétique et de dictatures plus traditionnelles, qui couvrent presque toute l'Europe de leur chape de plomb. Il faudra attendre la défaite de l'Allemagne nazie pour voir l'Europe de l'Ouest renouer avec la démocratie, tandis qu'à l'Est s'installent ce qu'on appelle des *démocraties populaires* qui, derrière quelques rites électoraux auxquels personne ne croit, présentent toutes les caractéristiques du totalitarisme. Ce n'est pas avant la fin du XXe siècle, avec l'effondrement de l'Union soviétique, que les idéaux démocratiques vont connaître un début d'application sur les marches orientales de la civilisation occidentale.

Le bilan, donc, est historiquement plutôt mince. La grande période de la démocratie athénienne n'a pas duré deux siècles. Celle de la République romaine démocratique, guère plus. Les plus anciennes démocraties occidentales modernes (Grande-Bretagne, France, États-Unis) n'ont pas encore dépassé de beaucoup cette durée, tandis que les plus récentes sont nées il y a moins de 30 ans. Quelles que soient la grandeur et la noblesse de l'idéal démocratique, ou peut-être justement à cause d'elles, quelle que soit même la nécessité de cet idéal pour l'avenir de l'humanité, la civilisation occidentale n'a été porteuse de démocratie, dans la réalité des choses, que de façon exceptionnelle tout au long de son histoire. Cela ne veut pas dire que cet idéal ne mérite pas d'être poursuivi, bien au contraire.

12.3 Les droits de la personne

Inspirée par la civilisation grecque antique, la civilisation occidentale s'affirme comme foncièrement humaniste et fondée sur le respect des droits humains fondamentaux. Là encore, cette valeur noble entre toutes n'est pas advenue sans des siècles d'évolution et de luttes parfois violentes. Après l'esclavage antique — Aristote lui-même ne considérait-il pas l'esclave comme un instrument animé ? —, le servage médiéval constituait presque en sous-humains une portion non négligeable de la population. Le servage s'est perpétué, dans certaines régions de l'Europe, jusqu'au milieu du XIXe siècle. À l'époque des grandes découvertes, l'Occident très chrétien ira même jusqu'à rétablir, dans ses colonies, l'esclavage à l'antique, qui ne commencera à être lui aussi aboli qu'au milieu du XIXe siècle.

Pendant ce temps toutefois, la reconnaissance de droits humains fondamentaux et de la nécessité de les respecter progressait peu à peu : loi d'*habeas corpus* et *Bill of Rights* en Angleterre, Déclaration d'indépendance des États-Unis, Déclaration des droits de l'homme et du citoyen en France. Les droits de la personne se précisaient, depuis la célèbre trilogie « vie, liberté et poursuite du bonheur » de la Déclaration d'indépendance étasunienne jusqu'à la liste assez exhaustive de la Déclaration universelle des droits de l'homme proclamée par l'ONU en 1948 **3**. En matière de justice criminelle, où ces droits sont peut-être les plus cruciaux, étaient proclamés la présomption d'innocence, le caractère public des procès, le jugement par les pairs, l'interdiction de la torture et des châtiments inhumains ou dégradants, la non-rétroactivité de la loi (on ne peut être condamné pour un acte qui n'était pas illégal au moment où il a été accompli), principes considérés aujourd'hui comme formant la base essentielle de la reconnaissance et de la sauvegarde de la dignité humaine.

3 Déclaration universelle des droits de l'homme (1948)

« L'Assemblée générale proclame la présente Déclaration universelle des droits de l'homme comme l'idéal commun à atteindre par tous les peuples et toutes les nations, afin que tous les individus et tous les organes de la société, ayant cette Déclaration constamment à l'esprit, s'efforcent par l'enseignement et l'éducation de développer le respect de ces droits et libertés et d'en assurer, par des mesures progressives d'ordre national et international, la reconnaissance et l'application universelles et effectives, tant parmi les populations des États membres eux-mêmes que parmi celles des territoires placés sous leur juridiction.

Article premier : Tous les êtres humains naissent libres et égaux en dignité et en droits. Ils sont doués de raison et de conscience et doivent agir les uns envers les autres dans un esprit de fraternité. […]

Article 3 : Tout individu a droit à la vie, à la liberté et à la sûreté de sa personne.

Article 4 : Nul ne sera tenu en esclavage, ni en servitude. L'esclavage et la traite des esclaves sont interdits sous toutes leurs formes.

Article 5 : Nul ne sera soumis à la torture, ni à des peines ou traitements cruels, inhumains ou dégradants. […]

Article 9 : Nul ne peut être arbitrairement arrêté, détenu ou exilé.

Article 10 : Toute personne a droit, en pleine égalité, à ce que sa cause soit entendue équitablement et publiquement, par un tribunal indépendant et impartial, qui décidera, soit de ses droits et obligations, soit du bien-fondé de toute accusation en matière pénale dirigée contre elle.

Article 11 :

1. Toute personne accusée d'un acte délictueux est présumée innocente jusqu'à ce que sa culpabilité ait été légalement établie au cours d'un procès public où toutes les garanties nécessaires à sa défense lui auront été assurées.

2. Nul ne sera condamné pour des actions ou des omissions qui, au moment où elles auront été commises, ne constituaient pas un acte délictueux d'après le droit national ou international. De même, il ne sera infligé aucune peine plus forte que celle qui était applicable au moment où l'acte délictueux a été commis. […]

Article 13 :

1. Toute personne a droit de circuler librement et de choisir sa résidence à l'intérieur de l'État.

2. Toute personne a droit de quitter tout pays, y compris le sien, et de revenir dans son pays. […] »

Résolution 217 de l'Assemblée générale de l'ONU, adoptée le 10 décembre 1948 (183e séance plénière)

Source : « Déclaration universelle des droits de l'homme », dans *Nations unies*, [En ligne], www.un.org/fr/documents/udhr/ (Page consultée le 19 juillet 2011)

Mais ces avancées, récentes et parcellaires (la peine de mort est toujours en vigueur dans plusieurs pays occidentaux, notamment dans plusieurs États des États-Unis), sont fragiles et toujours menacées. Est-il besoin de rappeler ici que c'est bien l'Occident qui a perpétré les deux plus grands génocides de l'histoire, celui des Amérindiens et celui des Juifs européens ? Le nazisme, à coup sûr, a été un phénomène unique dans l'histoire universelle, mais peut-on en faire simplement une monstruosité détachée de toute espèce de lien avec la civilisation au sein de laquelle il a pris forme, et le rejeter comme un élément non pertinent dans un bilan de cette civilisation ?

Hors même ce cas heureusement isolé, on assiste régulièrement à l'érosion de droits fondamentaux en cas de situations considérées, à tort ou à raison, comme des menaces à l'ordre public. En particulier depuis les attentats du 11 septembre 2001 contre New York et Washington, on a vu une régression certaine dans le respect des droits de la personne en Occident, tant aux États-Unis et au Canada qu'en Europe, avec des lois d'exception qui instaurent les arrestations arbitraires, la détention indéfinie sans jugement, les procès secrets devant des tribunaux spéciaux, et même la torture, parfois présentée comme un mal nécessaire, voire comme une procédure normale, dans certains médias tant écrits qu'audiovisuels et informatiques.

La grandeur — et l'immense difficulté — de l'idéal des droits de la personne, c'est qu'on ne peut pas, sous peine de les détruire, les refuser même à ceux et celles qui précisément veulent les abolir, comme les fascistes dans l'entre-deux-guerres ou certains mouvements extrémistes aujourd'hui. L'Occident saura-t-il maintenir, contre toutes les dérives sécuritaires actuelles, ces droits pour lesquels tant de héros anonymes ont accepté de si lourds sacrifices, versé tant de leur sang, sur tellement de barricades, dans d'aussi nombreux pays, pendant de si longues années ?

12.4 L'égalité entre les femmes et les hommes

Un autre trait caractéristique de la civilisation occidentale actuelle est constitué par l'égalité entre les hommes et les femmes, ou du moins par la quête de cette égalité, puisque, là-dessus encore, la réalité n'est pas toujours conforme au discours.

Ici aussi, la marque est récente, plutôt mince et assez fragile. Dans l'Antiquité gréco-romaine, les femmes sont carrément exclues de la citoyenneté. Au Moyen Âge, malgré l'enseignement des Évangiles, certains théologiens se posent doctement la question de l'existence d'une âme chez les femmes, pour conclure positivement tout de même.

Au XVIe siècle, le protestantisme, en prônant le libre examen des Écritures, reconnaît sur ce point aux chrétiennes la pleine égalité avec les chrétiens. Ce n'est pas un hasard si le mouvement féministe apparaît, au XIXe siècle, dans des pays protestants. La grande révolution atlantique amène évidemment la remise en cause de la société patriarcale traditionnelle, et l'aspiration à la liberté et à l'égalité spécifiquement pour les femmes, « tiers état du tiers état », s'exprime haut et fort, bien que de façon très minoritaire, pendant la Révolution française. Mais dès 1804, le Code Napoléon (qui servira d'inspiration au Code civil du Québec) réduit de nouveau les femmes au statut de mineures.

Le mouvement féministe prend vraiment naissance au milieu du XIXe siècle, d'abord aux États-Unis lorsqu'un groupe de femmes et d'hommes proclament la

4 Déclaration de Seneca Falls (1848)

« [...] L'histoire de l'humanité est une histoire d'actes malveillants et préjudiciables et d'usurpations répétées des hommes envers les femmes, ayant pour objet immédiat l'établissement d'une tyrannie absolue sur elles. [...]

L'homme n'a jamais permis à la femme d'exercer son droit inaliénable au vote.

Il l'a contrainte à se soumettre aux lois, à la rédaction desquelles elle n'a pas pu participer [...].

Il lui a refusé ses droits, alors qu'ils ont été accordés aux hommes les plus ignorants et les plus misérables. [...]

Il l'a rendue, lorsqu'elle est mariée, civilement morte aux yeux de la loi.

Il l'a privée de tous droits en matière de propriété. [...]

Il lui a refusé les moyens d'obtenir une éducation correcte, toutes les facultés lui étant fermées.

Il l'autorise à l'Église aussi bien que dans l'administration, mais à des postes subalternes, fondant son exclusion du ministère sur l'autorité apostolique. [...]

Il s'est efforcé, par tous les moyens possibles, de détruire la confiance de la femme en ses propres pouvoirs, d'amoindrir son amour-propre et de diminuer sa volonté de manière à ce qu'elle veuille mener une vie abjecte et dépendante. [...]

RÉSOLUTIONS

Il a été décidé que toutes les lois, qui empêchent la femme d'occuper une place dans la société — comme sa conscience le lui dicte — ou qui la placent dans une position inférieure à celle de l'homme, sont contraires au grand précepte de la Nature et par conséquent n'ont aucune force ou autorité. [...]

Il a été décidé que les femmes de ce pays doivent être informées sur les lois sous lesquelles elles vivent, qu'elles ne devraient plus affirmer publiquement leur dégradation en se déclarant elles-mêmes satisfaites de leur situation actuelle, ni de leur ignorance en revendiquant qu'elles ont les droits qu'elles désirent. [...] »

Source : Renaud BELLAIS et al., dir., *La femme et l'industriel : travailleuses et ménagères en colère dans la révolution industrielle*, Paris, L'Harmattan, 2000, p. 77-80. (Coll. « Économie et innovation »)

Déclaration de Seneca Falls 4, dans laquelle on a vu l'équivalent féministe du *Manifeste du parti communiste*, paru la même année (1848). Les deux grandes idéologies, libéralisme et socialisme, proclamaient d'ailleurs le droit des femmes à l'égalité. Dans la pratique, toutefois, ce droit n'est à peu près pas appliqué, le simple droit de vote demeurant inaccessible, malgré la ténacité et les spectaculaires manifestations des suffragettes, dans la presque totalité des États dits *démocratiques*, jusqu'à la Première Guerre mondiale.

Grâce à leur participation à l'effort de guerre, les femmes obtiennent enfin le droit de vote dans plusieurs pays à l'occasion ou au sortir du conflit, première victoire décisive dans le long chemin de leur émancipation. Courte victoire, cependant : la montée du fascisme va marquer, dans certains pays, un recul des femmes vers leurs rôles traditionnels de génitrices, de femmes au foyer, voire de repos du guerrier. Ce n'est qu'en Union soviétique que peut alors se poursuivre la marche vers l'égalité des sexes.

Il faut donc attendre jusqu'au milieu du XXe siècle, après la Seconde Guerre mondiale, pour voir rebondir le mouvement d'émancipation, puissamment aidé par l'apparition de la pilule contraceptive à la fin des années 1950. Cette percée scientifique donne aux femmes une possibilité réelle de contrôle sur leur corps, et donc sur leur rôle de génitrices, modifiant de façon décisive leur place dans la société humaine.

Aujourd'hui, après tant de luttes, certains principes fondamentaux de l'égalité entre les sexes sont généralement acquis ou en voie de l'être en Occident : égalité économique (à travail égal, salaire égal), égalité sociale (accès à l'éducation, au marché du travail, au divorce), contrôle des femmes sur leur corps (accès aux moyens anticonceptionnels et à l'avortement), bien que l'on perçoive toujours, çà et là, des tentatives plus ou moins ouvertes de retour en arrière.

S'il est un apport de la civilisation occidentale à l'évolution de l'humanité qui doit se poursuivre, c'est bien celui qui reconnaît à une moitié de l'humanité, avec l'égalité, la totale dignité de sa condition humaine.

12.5 Progrès et développement

La civilisation occidentale se caractérise aussi par sa foi dans le progrès humain. C'est l'héritage judéo-chrétien qui entre ici en ligne de compte. Les anciens Grecs avaient une conception cyclique du Temps, fait d'éternels recommencements comme en témoignent plusieurs mythes et récits majeurs : Sisyphe, condamné à rouler perpétuellement un rocher jusqu'au haut d'une colline pour le voir chaque fois dégringoler vers le bas ; Prométhée enchaîné, dont un aigle vient chaque jour dévorer le foie qui se reconstitue sans cesse ; Pénélope, qui défait chaque nuit le morceau de tapisserie qu'elle a tissé pendant le jour...

La tradition judéo-chrétienne est tout autre : le Temps y est linéaire. L'Univers, créé par Dieu, a donc un début. Dès lors se déroule, à partir du péché originel et de l'expulsion du Paradis terrestre, la grande histoire du Salut, dans laquelle Dieu guide d'abord son peuple élu vers la Terre promise, puis envoie le Christ, son Fils, qui meurt pour racheter le péché originel et ressuscite avant de revenir, triomphant, sceller la fin du monde par le Jugement dernier. L'histoire humaine a donc un sens, c'est-à-dire à la fois une signification et une direction.

Au XVIIIe siècle, la philosophie des Lumières transforme cette vision spirituelle pour en faire l'idée du Progrès, c'est-à-dire de l'amélioration continuelle des conditions concrètes d'existence de l'humanité grâce aux lumières de la Raison appuyée sur la science. Cette idée du Progrès est rapidement confortée par l'éclosion de la révolution industrielle, qui semble donner enfin à l'humanité les moyens concrets de la transcrire dans le réel. S'ensuit une phénoménale transformation, d'abord en Occident, puis, par l'Occident, dans l'ensemble du monde, de conditions de vie qui ne s'étaient guère améliorées depuis des millénaires.

Avec la décolonisation et l'émergence du tiers-monde dans la seconde moitié du XXe siècle, l'idée de Progrès s'est muée en une idée peut-être plus concrète : le développement. Au vu des inégalités criantes que le colonialisme avait laissées dans son sillage, il s'agissait de lancer le tiers-monde sur la voie que l'Occident avait suivie. Il s'agissait aussi, pour l'Occident industrialisé où les besoins de base étaient comblés, d'assurer la croissance continue de ses capacités productives.

À l'heure des bilans, il faut bien voir le coût global et les limites de cette course au développement, et d'abord son inégalité. Car au développement accéléré d'une minorité correspond le sous-développement de l'immense majorité des humains. Grâce à sa supériorité technique, l'Occident a pu faire main basse sur la plupart des ressources de la planète et les faire servir d'abord à son propre développement, les régions périphériques étant réduites à une portion congrue, bien que réelle, de ses retombées.

Mais, surtout, l'Occident et le monde ont pris peu à peu conscience du fait que le seul développement matériel, en plus de n'être pas une panacée à tous les problèmes, entraîne des coûts sociaux et environnementaux qui pourraient en dépasser les bénéfices **5**. Ainsi est né le concept de *sustainable development*, traduit en français par l'expression « développement durable ». Un développement durable, c'est celui qui permet de laisser aux générations futures un environnement au moins aussi riche que celui que nous ont transmis les générations précédentes. De là découle, par exemple, le protocole de Kyoto (1997), qui, afin de stopper le réchauffement de la planète, prescrit aux pays industrialisés de réduire leurs émissions de gaz à effet de serre. Pourtant, même cette avancée, déjà bien timide, est sérieusement compromise, sabotée par la mauvaise volonté des gouvernements et la passivité de l'opinion publique, peu encline à sacrifier quelque peu son bien-être immédiat pour des avantages qui semblent assez lointains.

Encore ici, la civilisation occidentale, pour laquelle progrès et développement, couple indissociable, semblent une sorte d'absolu, est placée devant des choix fondamentaux qui conditionnent son avenir et même, dans un monde de plus en plus interdépendant, celui de l'humanité tout entière. Cette grande civilisation saura-t-elle assurer, à la fois, que développement rime avec progrès réel, que les bénéfices de ce développement seront répartis plus équitablement entre les humains et que le coin de planète dont elle est la dépositaire ne sera pas

5 La pollution atmosphérique

transmis aux générations futures dans un état tel que leur développement en sera irrémédiablement compromis ?

12.6 Laïcité et religion

La civilisation occidentale d'aujourd'hui est bâtie sur un idéal et des principes de laïcité, c'est-à-dire de distinction rigoureuse entre Église et État, entre religion et politique, entre sphère publique et sphère privée, la religion relevant essentiellement de cette dernière.

Cela, bien sûr, est encore plus récent que l'avènement de la démocratie et n'a pas été atteint sans des siècles de déchirements parfois sanglants : persécutions, bûchers, pogroms, croisades, guerres de religion qui n'ont rien à envier à d'autres djihads. Au Moyen Âge, la suprématie de l'Église sur l'État permettait au pape d'excommunier rois et empereurs, ce qui avait pour effet de délier leurs sujets de leur devoir d'allégeance. Avec l'éclatement de l'unité chrétienne par le protestantisme et l'émergence des États modernes, la suprématie de l'État sur l'Église permit aux rois d'imposer leur religion à leurs sujets, ce qui fit de la dissidence religieuse un crime politique. Les armées royales avaient remplacé les chevaliers croisés, mais religion et politique restaient toujours inextricablement mêlées.

Après de longs siècles d'intolérance et de sang versé, l'Occident s'oriente lentement vers la laïcisation à partir du XVIIIe siècle, sous l'influence de la philosophie des Lumières. Les religions d'État peu à peu perdent leur statut, la liberté des cultes est reconnue et les minorités religieuses échappent à la discrimination (l'émancipation des Juifs en France date de 1791). Mais cela ne va pas sans résistance : après la loi de séparation des Églises et de l'État de 1905, ce n'est qu'en 1946 que la République française se qualifiera officiellement de *laïque* dans sa Constitution. Au Québec, le système public d'éducation n'a été laïcisé complètement qu'au début du présent siècle.

6 Deux valeurs indissociables ?

En 2004, dans le cadre de la Journée internationale de la femme, des femmes défilent à Paris pour réclamer la laïcité, considérée comme facteur d'égalité.

Quelle que soit l'opinion, favorable ou défavorable, qu'on peut avoir face à cette réalité, on voit donc que la laïcité est, comme plusieurs autres aspects jugés fondamentaux de la civilisation occidentale, extrêmement récente dans son histoire, la règle ayant plutôt été « crois ou meurs » pendant de longs siècles. Et l'on ne peut s'empêcher de noter que cette laïcité est aujourd'hui remise en question de différents côtés, depuis la montée en force du fondamentalisme biblique, solidement installé jusqu'à la Maison-Blanche lors de la présidence de George W. Bush aux États-Unis (2001-2009), jusqu'aux tentatives de fondamentalistes musulmans de faire prévaloir la charia (loi islamique) sur le droit civil en plein Québec de 2011.

La civilisation occidentale saura-t-elle retenir les leçons de sa propre histoire, si souvent ensanglantée par les luttes et les haines religieuses, et maintenir contre vents et marées les libertés de conscience et de religion que seules la laïcité de l'État et la relégation du religieux à la sphère privée, bêtes noires de tous les intégrismes, sont en mesure d'assurer ?

12.7 Science et technologie

Héritière de la science grecque, qui lui a d'ailleurs été transmise au départ par les Arabes, la civilisation occidentale a lancé le monde dans l'ère de la science moderne avec la révolution galiléenne du XVIIe siècle, fruit de l'application des mathématiques à l'observation rigoureuse des phénomènes de la nature, considérés comme compréhensibles en eux-mêmes hors de tout recours à la divinité ou aux magies. Il y a là, à coup sûr, un apport décisif de l'Occident à l'évolution de l'humanité tout entière.

De la science est née la technologie. L'application de la science à toute espèce de procédé de production, qu'il s'agisse du montage automobile ou de la transmission de l'information, a provoqué, en deux ou trois siècles, plus de transformations dans la vie des humains que ceux-ci n'en avaient connu depuis leur apparition sur terre.

Jusqu'au début du XXe siècle, le bilan de cette entreprise s'est révélé largement positif, donnant somme toute raison à l'optimisme qu'avait déclenché la révolution scientifique. Le XXe siècle, avec ses deux guerres mondiales, ses camps d'extermination et ses bombes atomiques, devait toutefois assombrir tragiquement cet avenir radieux que la science et la technologie semblaient promettre. On s'est aperçu que, en se dotant des moyens de contrôler la nature, l'Occident s'était aussi doté des moyens de la détruire — espèce humaine comprise. Après la physique débouchant sur Hiroshima et la chimie sur le Zyklon B (le gaz d'Auschwitz), la biologie allait déboucher sur le clonage humain, le savant bienfaiteur de l'humanité se muant en un savant démiurge désireux de la « re-créer » après l'avoir détruite.

Nous savons maintenant que, à terme, aucun problème technique n'est insoluble, aucune connaissance scientifique n'est hors de portée **7**. L'immense problème qu'affronte désormais cette humanité qui peut tout faire, c'est de trouver un sens à ce qu'elle fait, c'est-à-dire une éthique. Toute percée scientifique ou technologique est-elle bonne et souhaitable, uniquement parce qu'elle est possible ? De la réponse à cette question dépend pour une bonne part l'avenir de notre civilisation — de toute civilisation.

12.8 L'Occident et le monde

Nulle tentative de bilan de la civilisation occidentale ne saurait passer sous silence ce qui, dans la perspective d'une histoire générale de l'humanité, constitue l'un de ses aspects les plus remarquables : le fait qu'elle ait imprégné, de façon plus ou moins marquée, toutes les autres civilisations qui lui étaient contemporaines.

Cela, évidemment, s'est surtout fait sur le mode conquérant : c'est d'abord par les armes que l'Occident s'est imposé aux civilisations de tous les continents. On peut certes déplorer cette réalité, mais on ne saurait la négliger sans occulter un pan essentiel à la compréhension du monde actuel. À la conquête a succédé l'exploitation, non seulement des ressources matérielles, mais aussi du capital humain. Conquête et exploitation ont parfois, comme en Amérique, donné naissance à des sociétés nouvelles, mais en détruisant des civilisations entières.

Sûr de son bon droit, stimulé par son prosélytisme religieux, confiant dans sa supériorité technique, l'Occident a brandi bien haut ce qu'il considérait comme ses valeurs civilisatrices, se donnant à lui-même une mission que, chaque jour,

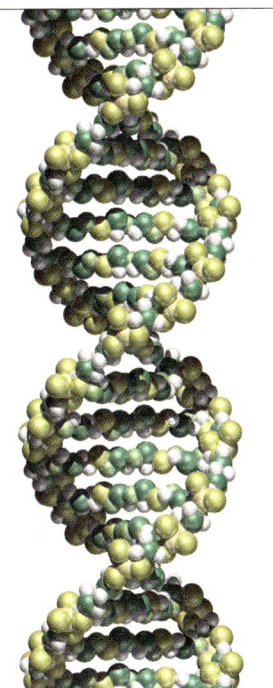

7 La double hélice de l'ADN

La découverte de la structure de l'ADN (James Watson et Francis Crick, 1953) est l'une des plus importantes de l'histoire, car elle ouvre la voie à des transformations radicales de tout être vivant.

ses actions niaient largement. Pour bien des peuples, et des peuples souvent de hautes civilisations, l'Occident des libertés a plutôt été celui de l'oppression; l'Occident de l'égalité, celui de l'esclavage; l'Occident du progrès, celui de la stagnation; l'Occident du développement, celui de l'appauvrissement. En les niant concrètement aux peuples asservis, l'Occident a lui-même dénaturé ses propres valeurs et perdu beaucoup de sa crédibilité et de son ascendant moral — si tant est qu'ils aient jamais existé.

Il est indéniable que la civilisation occidentale a beaucoup apporté au monde, pour le meilleur et pour le pire. Afin d'assurer que cet apport pourra se poursuivre, cette fois dans le respect de l'infinie diversité des peuples, des cultures, des civilisations qui constituent toute la richesse de l'expérience humaine, l'Occident saura-t-il, plutôt que de prétendre donner des leçons, voire de se présenter parfois comme l'aboutissement de l'humanité (la « fin de l'histoire »), s'attacher, avec autant de modestie que de confiance en soi, à témoigner, par ses paroles mais surtout par ses actes, des valeurs les plus nobles de son héritage, les seules pour lesquelles il mériterait de durer: contre l'intolérance et le repli sur soi, l'ouverture au grand large; contre l'ignorance satisfaite et le recours aux magies, la passion de savoir et l'inébranlable confiance dans notre aptitude à savoir; contre la résignation et la désespérance, la conviction qu'il est possible de changer la vie?

Glossaire

A

ACROPOLE
Butte servant de citadelle et de sanctuaire à de nombreuses cités grecques.

ADOUBEMENT
Cérémonie d'entrée dans la chevalerie.

AFFRANCHISSEMENT
Action de rendre libre un esclave.

ÂGE MOYEN À LA MORT
Âge moyen des gens qui décèdent dans une période et une société données.

AMPHORE
Vase généralement étroit et allongé, à deux anses, dans lequel on conservait le grain, le vin, l'huile ou d'autres aliments.

ANARCHISTE
Adepte d'une idéologie (l'anarchisme) rejetant l'autorité de l'État et cherchant à détruire tout pouvoir exerçant une contrainte sur l'individu.

ANATHÈME
Personne frappée d'excommunication pour cause d'hérésie; la sentence elle-même.

ANTISÉMITISME
Hostilité de type raciste dirigée contre les Juifs; idéologie qui considère les Juifs comme une race inférieure et dangereuse à la fois; mouvement visant à l'infériorisation des Juifs ou même à leur élimination physique.

ARC-BOUTANT
Maçonnerie en forme d'arc qui s'appuie sur un contrefort pour soutenir de l'extérieur un pilier subissant la poussée d'une voûte, de sorte que la poussée se transmet du pilier vers le contrefort.

ARCHEVÊQUE
Évêque placé à la tête des évêques d'une province ecclésiastique.[1]

ARCHONTE
Magistrat chargé de hautes fonctions, surtout en matière religieuse.

ARTS PLASTIQUES
Arts qui ont pour objet l'élaboration de formes et de volumes (peinture, sculpture, architecture).

ASCÉTISME
Genre de vie marqué par l'austérité, la frugalité, les privations.

ASSOLEMENT
Division des terres en portions (soles) consacrées à tour de rôle à des cultures différentes ou à la jachère.

ASTRONAUTIQUE
Science ayant pour objet la navigation spatiale.

AUMÔNE
Don charitable fait aux pauvres ou aux œuvres caritatives.

AUTARCIE
(du grec *autos*, « soi-même », et *arkein*, « commander ») État d'un ensemble économique qui n'a pas besoin de ressources extérieures pour suffire à ses besoins; économie fermée.

AUTORITARISME
Caractère d'un régime politique ou d'un gouvernement intransigeant, qui abuse volontiers de l'autorité.

B

BÉNÉFICE
Fonction ou dignité ecclésiastique fournissant des revenus à son titulaire.

BOURSE
Marché public où se rencontrent négociants, courtiers et autres pour suivre l'évolution des prix et conclure des transactions sur des marchandises ou des valeurs.

BULLE
Lettre portant une ordonnance du pape ou, par extension, de l'empereur du Saint Empire.

C

CAPITAL
Ensemble des moyens de production matériels et financiers (bâtiments, machines, argent, etc.) mis en œuvre dans la production de nouveaux biens ou de revenus.

CAPITALISME
Système économique caractérisé par la concentration du capital, la propriété privée des moyens de production et d'échange, la primauté de la recherche du profit. Le capitalisme commercial est celui qui se développe dans et par les activités d'échange. Le capital est l'ensemble des moyens de production matériels et financiers (bâtiments, machines, argent, etc.) mis en œuvre dans la production de nouveaux biens ou de revenus.

CAPITATION
Impôt « sur la tête », c'est-à-dire sur toute personne du seul fait qu'elle existe.

CAPITULAIRE
Décret royal dans l'Empire carolingien.

CASTE
Groupe social attaché à ses privilèges et fermé aux étrangers.

CAUDILLO
Mot espagnol désignant un chef politico-militaire à la tête d'un régime autoritaire.

CENS
Redevance payée au seigneur.

CENTRISTE
Se dit d'une position politique ou idéologique modérée, qui se situe entre deux extrêmes.

CÉSAROPAPISME
Système politico-religieux dans lequel le pouvoir civil et le pouvoir religieux sont réunis dans une seule autorité, celle de l'empereur.

CHAÎNE
Ensemble des fils disposés dans le sens de la longueur d'un tissu.

---

1. Source: « Archevêque », dans *CNRTL*, [En ligne], www.cnrtl.fr/definition/Archevêque (Page consultée le 7 septembre 2011)

CHAPITEAU
Partie élargie au haut d'une colonne.

CHARTE
Document écrit consignant des droits ou des privilèges accordés par une autorité et ayant force de loi.

CHEVALIER
À l'origine, Romain assez riche pour entretenir un cheval pendant la guerre. Les chevaliers forment donc la cavalerie romaine. Par la suite, ils forment, à côté des patriciens, une noblesse d'argent. Ne pas confondre avec les chevaliers du Moyen Âge.

CHEVAL-VAPEUR
Unité de puissance équivalant à 75 kilogrammètres par seconde, c'est-à-dire 736 watts environ.[2] (À titre de comparaison, le barrage Daniel-Johnson, au Québec, a une puissance de 2 660 mégawatts, soit environ 3,6 millions de chevaux-vapeur.)

CITÉ-ÉTAT
Agglomération urbaine entourée d'un territoire relativement petit, le tout formant une entité politique souveraine.

CLERC
Personne occupant une fonction et revêtue d'une certaine dignité dans l'Église.

CLERGÉ
Ensemble des personnes occupant des fonctions et revêtues d'une certaine dignité dans l'Église, et qui portent le nom générique de *clercs* (exemples : prêtre, évêque).

CODIFIÉ
Rassemblé en un recueil formant un ensemble complet dans le domaine de la justice.

COKE
Variété de charbon résultant de la distillation de la houille, utilisée dans le chauffage domestique et surtout dans l'industrie métallurgique.[3]

COLONIALISME
Système d'occupation et d'exploitation, par un État et à son profit, de territoires en dehors de son territoire national ; doctrine politique ou idéologie qui préconise un tel système.

COLONISATION
Installation de peuplement dans un territoire éloigné de son lieu d'origine, et mise en valeur de ce territoire.

COMMUNE
Association de bourgeois d'une ville cherchant à s'affranchir des servitudes féodales. Ville ainsi affranchie. N'a pas le même sens que dans l'expression *Chambre des communes*, qui désigne la chambre des députés élus dans un parlement de type britannique.

COMMUNISME
Idéologie préconisant le remplacement de la propriété privée par la propriété collective, à laquelle chacun participe selon ses capacités et de laquelle chacun reçoit selon ses besoins.

CONCILE
Assemblée des évêques qui décident de questions religieuses, en particulier de règles de doctrine applicables à tous les chrétiens.

CONCORDAT
Accord écrit (sorte de traité) entre le pape et l'autorité civile.

CONCUBINAGE
État d'un homme et d'une femme qui vivent en union libre, sans être mariés ensemble.

CONQUISTADOR
Mot espagnol signifiant *conquérant*, utilisé surtout pour les conquérants espagnols de l'Amérique.

CONSERVATISME
Position intellectuelle ou morale hostile à une évolution.

CONSTITUTION
Loi ou ensemble de principes et de lois qui déterminent le mode de gouvernement d'un État et définissent les droits essentiels de ses citoyens.

CONTEMPLATIF
Se dit d'un ordre religieux voué exclusivement ou prioritairement à la prière et à la méditation dans un établissement appelé *monastère* fermé au monde extérieur (« cloîtré »).

CONTREFORT
Ouvrage de maçonnerie servant d'appui à un autre ouvrage qui supporte une charge (par exemple, un mur qui supporte une voûte), de sorte que la charge se transmet du second ouvrage (le mur) au premier (le contrefort).

CONTRE-RÉFORME
Mouvement de restauration intérieure et de lutte contre le protestantisme entrepris par l'Église catholique romaine à partir du concile de Trente.

CORPORATION
Association d'artisans d'un même métier créée pour réglementer ce métier et défendre les intérêts de ses membres, et bénéficiant de certains privilèges en la matière.

CORVÉE
Travail obligatoire et gratuit effectué par le censitaire sur la réserve seigneuriale.

COSMOPOLITISME
Disposition à s'accommoder de cultures nationales variées, à vivre indifféremment dans tous les pays, à se considérer comme citoyen du monde (à cette époque, de l'Europe).

COSMOS
L'Univers, considéré comme un ensemble ordonné.[4]

COURTOIS
Se dit de l'amour en tant qu'il est soumis à un ensemble de normes réglant l'attitude de l'amant envers sa dame.[5]

CRÉOLE
Personne de race blanche, d'ascendance européenne, née dans les colonies.

CROISADE
Expédition militaire à dimension religieuse dirigée principalement contre les musulmans en vue de libérer les « lieux saints » de Palestine qu'ils occupent, mais parfois aussi contre des chrétiens hérétiques, qui rejettent les doctrines officielles de l'Église.

CROISSANCE NATURELLE
Accroissement de la population dû aux seuls facteurs de la natalité et de la mortalité,

---

2. Source : « Cheval-vapeur », dans *CNRTL*, [En ligne], www.cnrtl.fr/definition/cheval-vapeur (Page consultée le 7 septembre 2011)
3. Source : « Coke », dans *CNRTL*, [En ligne], www.cnrtl.fr/definition/coke (Page consultée le 7 septembre 2011)
4. Source : D'après « Cosmos », dans *CNRTL*, [En ligne], www.cnrtl.fr/definition/Cosmos (Page consultée le 7 septembre 2011)
5. Source : « Courtois, oise », dans *CNRTL*, [En ligne], www.cnrtl.fr/definition/Courtois (Page consultée le 7 septembre 2011)

sans égard aux mouvements externes (émigration, immigration).

CULTURE VIVRIÈRE
Culture de produits alimentaires principalement destinés à la population locale.

D

DADAÏSME
Mouvement créé en 1916 prônant le rejet absolu de toute la société et de l'art bourgeois, voire de l'art en tant que tel, principalement par la dérision et la provocation.

DÉCOLONISATION
Processus par lequel une colonie se libère de sa métropole et accède à la souveraineté. Le mot est surtout employé pour désigner le grand mouvement qui verra l'émancipation des colonies européennes d'Afrique et d'Asie dans la seconde moitié du XXe siècle.

DÉCRET IMPÉRIAL
Décision politique ou administrative prise par un empereur romain.

DÉMOCRATIE
(du grec *demos*, « peuple », et *kratos*, « puissance ») Système politique dans lequel la souveraineté appartient à l'ensemble des citoyens ; elle est directe quand les citoyens participent eux-mêmes à l'exercice du pouvoir, ou représentative s'ils le font par l'intermédiaire de députés élus.

DÉMOCRATIE PARLEMENTAIRE
Système de gouvernement dans lequel le pouvoir législatif relève d'une assemblée élue qui doit accorder sa confiance aux détenteurs du pouvoir exécutif. C'est le système en vigueur actuellement au Québec et au Canada, entre autres.

DÉMOGRAPHIE
État d'une population considérée sous l'angle quantitatif ; science qui étudie cet état et ses fluctuations.

DESPOTISME ÉCLAIRÉ
Régime politique dans lequel le chef de l'État est un roi héréditaire qui détient tous les pouvoirs et qui affirme vouloir implanter des réformes nécessaires au bien-être du peuple.

DICTATEUR
Dans la république romaine, magistrat extraordinaire investi, dans des circonstances critiques, de pouvoirs illimités pour un temps déterminé (en principe, six mois).

DÎME
Impôt prélevé par l'Église.

DIOCÈSE
Circonscription ecclésiastique placée sous l'autorité d'un évêque ou d'un archevêque.

DIRIGISME
Système économique dans lequel la direction des mécanismes économiques est assumée par l'État.

DRAP
Étoffe de laine. Ne pas confondre avec le sens actuel relatif à la literie.

DROIT DES PEUPLES À L'AUTODÉTERMINATION
Principe moral et de droit international selon lequel un peuple peut librement disposer de lui-même et choisir les institutions dans lesquelles il veut vivre, incluant un État souverain.

E

ÉGALITARISME
Doctrine prônant l'égalité absolue en matière politique, économique et sociale.

EMPIRISME
Méthode de recherche et d'acquisition de connaissances fondée uniquement sur l'expérience ; théorie philosophique d'après laquelle toutes nos connaissances viennent de nos sens.

ENCLOSURE
Grande exploitation agricole clôturée, formée du regroupement de multiples parcelles paysannes et de biens communaux.

ENLUMINURE
Illustration peinte à la main sur un manuscrit.

ÉPOPÉE
Récit poétique qui mêle la légende à l'histoire et dont le but est de célébrer des aventures héroïques.

ESPÉRANCE DE VIE
Estimation statistique du nombre d'années qu'un individu, dans une société donnée, peut espérer vivre, établie sur la base du taux de mortalité.

ÉTAT
Autorité politique souveraine, considérée comme une personne juridique et morale, à laquelle est soumis un groupement humain vivant sur un territoire donné.[6]

ÉTAT PROVIDENCE
État qui se donne un rôle et des responsabilités de régulation économique et sociale afin d'assurer la protection des personnes contre les risques dus à la maladie, au chômage, à la pauvreté, à la vieillesse, au manque d'instruction, etc.

ÉTATS GÉNÉRAUX
Réunion de représentants des trois ordres de la société : clergé, noblesse et tiers état, convoqués par le roi pour qu'ils le conseillent. Chaque ordre a sa propre assemblée.

EUCHARISTIE
Sacrement qui commémore et perpétue le dernier repas de Jésus avec ses disciples (dernière cène) et qui est au centre du rite chrétien.

EXCOMMUNICATION
Peine ecclésiastique par laquelle on est exclu de la communauté catholique.

EXÉCUTIF (POUVOIR)
Pouvoir d'État relatif à la mise en œuvre des lois votées par le pouvoir législatif.

EXÉGÈSE
Interprétation d'un texte dont le sens est obscur ou sujet à discussion.

F

FASCISME
Idéologie, mouvement et régime politique caractérisés, entre autres, par la dictature personnelle du chef d'État, le système du parti unique, la négation des droits fondamentaux, l'exaltation d'un nationalisme outrancier, le maintien des structures capitalistes et une adhésion relativement large des masses populaires.

---

6. Source : « État », dans *CNRTL*, [En ligne], www.cnrtl.fr/definition/État (Page consultée le 7 septembre 2011)

FÉDÉRAL, ALE
Se dit d'un système politique dans lequel les pouvoirs de l'État sont répartis entre deux niveaux de gouvernement, le gouvernement central ou fédéral et les gouvernements des provinces ou des États membres.

FÉMINISME
Mouvement qui préconise l'accession des femmes à la pleine égalité avec les hommes dans tous les domaines : économique, politique, juridique, social, ecclésiastique, etc.

FIEF
Domaine concédé par le suzerain à son vassal, en échange de certains services.

FORÇAT
Homme travaillant dans des conditions particulièrement pénibles.

FRISE
Bordure ornementale en forme de bande continue se déroulant sur le mur ou au-dessus des colonnes d'un temple.

FRONTON
Ornement triangulaire ou semi-circulaire surmontant l'entrée, une porte ou une fenêtre d'un édifice.

G

GABELLE
Taxe sur le sel. Le sel étant un moyen essentiel de conservation des aliments, cette taxe est particulièrement honnie et donne lieu à une énorme activité de contrebande par les « faux-sauniers », malgré de très lourdes peines (galère ou mort). Plusieurs faux-sauniers seront déportés en Nouvelle-France.

GALLICANISME
Théorie et pratique de l'Église catholique en France, considérée comme jouissant d'une certaine indépendance à l'égard de l'autorité du pape et soumise en partie à l'autorité du roi.

GENTRY
Noblesse terrienne non titrée en Angleterre.

GÉOCENTRISME
(du grec *gê*, « terre ») Théorie selon laquelle la Terre est au centre de l'Univers (si c'est le Soleil qui est placé au centre, on parle d'*héliocentrisme*).

GOLIATH
Dans le récit biblique (Livre de Samuel), géant philistin qui, ayant lancé à l'armée d'Israël le défi d'un combat singulier, est vaincu d'un lancer de pierre par le jeune berger David avec sa fronde.

GRANDES DÉCOUVERTES
Vaste mouvement qui amène les Européens à explorer et à découvrir des terres jusque-là inconnues d'eux et à y fonder des colonies, du XVe au XVIIIe siècle.

GRANDS (LES)
Ensemble des membres de la haute noblesse.

GRÉGEOIS (FEU)
Se dit d'un produit incendiaire fait de soufre, de poix et de salpêtre, qui brûlait même sur l'eau.

GUERRE FROIDE
Nom donné à l'affrontement entre les États-Unis et leurs alliés, d'une part, et l'Union soviétique et ses alliés, d'autre part, au cours duquel les deux blocs ennemis ont évité de se retrouver face à face directement sur un champ de bataille (1947-1989).

GUILDE
Association de marchands ou d'artisans.

GYNÉCÉE
Ensemble des appartements réservés aux femmes dans les maisons grecques.

H

HANSE
Association de marchands allemands, puis de villes allemandes au Moyen Âge.

HÉGÉMONIE
(du grec *hêgemôn*, « chef ») Pouvoir prépondérant, dominateur, d'un État ou d'une classe sociale sur d'autres.

HELLÉNISTIQUE
Se dit de la civilisation née du contact des Grecs avec le monde oriental.

HÉRÉSIE
Doctrine ou opinion condamnée par l'Église comme contrevenant au dogme catholique.

HUGUENOT
Nom donné aux protestants français d'obédience calviniste.

HUMANISME
Conception philosophique et morale qui exalte l'Homme et le place au centre de toutes choses, capable par lui-même de comprendre le monde qui l'entoure et apte à se développer et à progresser au contact des œuvres philosophiques, littéraires et artistiques ; mouvement prônant cette conception au temps de la Renaissance.

I

IDOLÂTRIE
Culte religieux rendu à la représentation d'une divinité comme si cette représentation était la divinité elle-même.

INDICE
Rapport entre des quantités ou des prix, illustrant leur évolution dans le temps (par exemple, indice de la production industrielle).

INDO-EUROPÉEN
Se dit d'un groupe de peuples habitant l'Europe et une partie de l'Asie et parlant des langues qui ont une origine commune.

INDUCTION
Méthode qui consiste à remonter des faits particuliers, des cas singuliers, à la loi, à la proposition générale.

INDULGENCE
Remise de peine et diminution du temps de purgatoire pour les péchés, accordée par l'Église. L'aumône n'est que l'un des moyens d'obtenir une indulgence.

INDUSTRIE À DOMICILE
Système de production de type industriel (division du travail et concentration du capital) dans lequel les ouvriers travaillent à leur domicile au profit d'un entrepreneur.

INDUSTRIE LOURDE
Secteur industriel axé sur la production de matières premières (acier, par exemple) et de machinerie lourde (locomotives ou machines-outils, par exemple).

INQUISITION
Tribunal institué par l'Église pour lutter contre les hérésies et la sorcellerie et qui compte sur l'appui du pouvoir civil pour donner suite à ses décisions ; procédure utilisée par ce tribunal.

INVESTITURE
Dans la féodalité, mise en possession d'un fief par le suzerain en faveur de son vassal. Par extension, mise en possession d'un pouvoir quelconque, civil ou religieux, par exemple un évêché.

ISOLATIONNISME
Politique extérieure marquée par la volonté de ne pas se mêler des rapports et des conflits entre pays étrangers.

J

JACQUERIE
Soulèvement des paysans français en 1358. Par extension, le mot *jacquerie* (avec une minuscule) désigne une révolte paysanne.

JUDICIAIRE (POUVOIR)
Pouvoir d'État relatif à l'interprétation des lois et à leur application dans les cas particuliers.

JURY
Groupe de citoyens « ordinaires » (généralement 12) appelés à prononcer le verdict (innocence ou culpabilité) dans un procès.

L

LAÏC, LAÏQUE
Tout croyant qui n'exerce aucune fonction dans l'Église.

LATIFUNDIUM
Très grande propriété agricole sous-exploitée par des méthodes archaïques (agriculture extensive à faibles rendements, quasi-absence de mécanisation, main-d'œuvre de journaliers surexploités).

LÉGION
Corps d'armée composé de l'infanterie et de la cavalerie et qui formait la structure de base des armées romaines.

LÉGISLATIF (POUVOIR)
Pouvoir d'État relatif à l'établissement, à la création, à la « fabrication » des lois.

LÉGITIMITÉ
État de ce qui est juridiquement fondé, reconnu par la loi, ou encore conforme à la justice, au droit naturel, à la raison ou à la morale. Un gouvernement est dit *légitime* s'il a obtenu le pouvoir dans les formes prévues par la loi ou s'il bénéficie d'un large appui populaire.

LETTRE DE CHANGE
Écrit par lequel une personne donne à son débiteur l'ordre de payer une certaine somme à une troisième personne, créancière de la première, à une échéance fixée. (On dit aussi une *traite*.)

LIBÉRALISME
En économie, doctrine selon laquelle les activités économiques doivent être régies par la seule loi de l'offre et de la demande, ou loi du marché, dont le mécanisme ne doit pas être perturbé par l'intervention de l'État.

LIBRE-ÉCHANGE
Système économique dans lequel les marchandises circulent librement entre les États, sans restriction ni droit de douane (s'oppose à *protectionnisme*).

LIBRE EXAMEN
Doctrine selon laquelle chaque chrétien peut interpréter librement les livres saints (la Bible), sans qu'une autorité extérieure vienne lui imposer une interprétation officielle.

LIMON
Terre entraînée par un cours d'eau et qui se dépose sur les rives.

LOI DE L'INERTIE
Loi physique selon laquelle tout corps se maintient dans son état (repos ou mouvement rectiligne uniforme) tant qu'une force ne s'exerce pas sur lui.

M

MACHINISME
Système technique de production reposant sur la généralisation de l'emploi des machines.

MAGISTRAT
Fonctionnaire public; la charge qu'il exerce est appelée *magistrature*. (Aujourd'hui, le terme désigne plutôt un juge.)

MARXISME
Interprétation du socialisme élaborée par Karl Marx et Friedrich Engels.

MAURE
Autochtone de l'Afrique du Nord, avant l'arrivée des Arabes. L'appellation dérive de *Maurétanie*, province romaine d'Afrique du Nord dans l'Antiquité.

MÉCÈNE
Personne fortunée qui, par goût des arts, aide les écrivains, les artistes.

MENTALITÉ
Ensemble des manières habituelles de penser et de croire et des dispositions psychiques et morales caractéristiques d'une collectivité.[7]

MERCANTILISME
Théorie et pratique de l'économie politique, basées sur la valeur intrinsèque de l'or, sur la primauté du commerce, sur le dirigisme et sur l'exploitation des colonies.

MERCENAIRE
Soldat professionnel à la solde d'un gouvernement étranger.

MESSIANISME
Attitude qui accorde à une idée, à un mouvement, voire à une personne, une mission libératrice exceptionnelle.

MÉTALLURGIE
Ensemble des procédés de fabrication des métaux.[8]

MÉTAPHYSICIEN
Personne qui se consacre à la métaphysique, c'est-à-dire à la recherche des causes premières de l'univers, des principes premiers de la connaissance.

MÉTIS, ISSE
Personne qui est issue de parents dont l'un est de race amérindienne et l'autre de race blanche.

MÉTROPOLE
(du grec *mêtêr*, « mère », et *polis*, « ville ») Dans le cadre colonial, État dont dépend une colonie.

MISSION
Établissement religieux en territoire non chrétien ayant pour but l'évangélisation de la population.

MONACHISME
Genre de vie pratiqué par les moines et les moniales, personnes consacrées à l'activité religieuse vivant à l'écart du monde en communauté dont ils s'engagent à suivre les règles, et qui font vœu de pauvreté, de chasteté et d'obéissance.

---

7. Source : « Mentalité », dans *CNRTL*, [En ligne], www.cnrtl.fr/definition/mentalité (Page consultée le 7 septembre 2011)
8. Source : « Métallurgie », dans *CNRTL*, [En ligne], www.cnrtl.fr/definition/métallurgie (Page consultée le 7 septembre 2011)

MONARCHIE
(du grec *monos*, « un seul », et *arkein*, « commander ») Système politique dans lequel l'autorité réside dans un seul individu, généralement un roi héréditaire (d'où le mot *monarque*).

MONARCHIE ABSOLUE
Régime politique dans lequel le chef de l'État est un roi héréditaire qui détient tous les pouvoirs, sans restriction et sans partage. Quand le roi se réclame d'un mandat reçu de Dieu, on parle de la monarchie absolue *de droit divin.*

MONARCHIE LIMITÉE
Régime politique dans lequel le chef de l'État est un roi héréditaire dont les pouvoirs sont limités par des institutions représentatives. On dit aussi *monarchie parlementaire.*

MONOCULTURE
Culture intensive d'un unique produit agricole.

MONOPOLE
1. Privilège exclusif que possède une personne (physique ou morale, par exemple un gouvernement) d'exercer certains pouvoirs, d'occuper certaines charges ou de fabriquer ou de vendre certains biens ou services (*cf. chapitre 5*).
2. Situation d'un marché sur lequel une seule entreprise contrôle la production ou l'échange de certains biens ou services (*cf. chapitre 8*).

MONOTHÉISME
Religion qui ne reconnaît l'existence que d'un seul dieu.

MOSAÏQUE
Décoration faite de petits morceaux (pierres, vitres, etc.) de différentes couleurs fixés dans un ciment.

N

NAZISME
Régime politique de type fasciste instauré par Adolf Hitler en Allemagne de 1933 à 1945 ; idéologie inspirant ce régime et mouvement prônant cette idéologie. Le mot *nazi* vient de la contraction de *national-socialisme* (en allemand *National-Sozialismus*).

NEW DEAL
(littéralement : nouvelle donne) Nom donné à l'ensemble des politiques mises en œuvre par le président Franklin D. Roosevelt pour faire face à la crise économique et sociale des années 1930 aux États-Unis.

NOBLESSE DE ROBE
Corps social constitué par les détenteurs de titres de noblesse conférés par la possession de certains offices, particulièrement dans le domaine de la justice.

O

OFFICE
Fonction permanente au service du roi, dont le titulaire a la propriété de sa charge.

OLIGARCHIE
(du grec *oligoï*, « quelques-uns », et *arkein*, « commander ») Système politique dans lequel le pouvoir appartient à un petit groupe de personnes ou de familles. Quand ce groupe est formé des plus riches, on parle de *ploutocratie* (du grec *ploutos*, « richesse », et *kratos*, « puissance »).

OLIGOPOLE
Situation d'un marché sur lequel un très petit nombre d'entreprises contrôlent la production ou l'échange de certains biens ou services.

ORACLE
Personne de statut religieux qui consulte une divinité et transmet ses réponses.

OST (SERVICE D')
Service militaire d'une durée limitée (de 40 à 60 jours par année) que doit un vassal à son suzerain.

P

PANGERMANISME
Doctrine et mouvement politique prônant la réunion de tous les peuples germaniques sous l'autorité de l'Allemagne.

PANSLAVISME
Doctrine et mouvement politique prônant la réunion de tous les peuples slaves sous l'autorité de la Russie.

PARLEMENT
En Angleterre, organe législatif formé de deux chambres : la Chambre des communes, formée de députés élus, et la Chambre des Lords, formée de nobles nommés par le roi. Dans la France monarchique, les Parlements — il y en a plusieurs — sont des organes judiciaires.

PARRICIDE
Meurtre du père ou de la mère.

PATRICIEN
Citoyen romain qui appartient par sa naissance à l'une des grandes familles considérées comme les fondatrices de la Cité.

PAUPÉRISATION
Appauvrissement absolu ou relatif d'une classe sociale, et généralement d'une classe disposant déjà de peu de richesse.

PERSPECTIVE
Art de représenter des objets sur une surface plane en donnant l'illusion de la profondeur.

PLÉBÉIEN
Citoyen romain n'appartenant pas à une famille patricienne.

PLÉBISCITE
Consultation directe du peuple sur une question qu'on lui soumet, avec une simple réponse par « oui » ou par « non » ; comme cette question implique souvent la confiance envers le chef de l'État ou du gouvernement, et que les dictateurs modernes ont souvent employé cette technique, on préfère aujourd'hui le mot *référendum.*

POLYTHÉISME
Religion qui reconnaît l'existence de plusieurs dieux.

PORTAIL
Grande porte.

PRODUCTIVITÉ
Rapport entre une quantité donnée de production et un ou plusieurs facteurs qui ont permis de l'obtenir, comme le travail, l'énergie, la machinerie ou la surface de terre mise en culture.

PROLÉTARIAT
Classe sociale formée des ouvriers industriels, qui n'ont aucune emprise sur les outils et les procédés de production, qui n'ont d'autre revenu que leur salaire et qui sont réduits au statut de simple force brute de travail soumise au jeu de l'offre et de la demande.

PROSODIE
Caractères quantitatifs et mélodiques des sons dans la poésie.

PROTECTORAT
Forme de domination dans laquelle un État plus puissant exerce son contrôle sur un autre sans détruire les structures politiques de ce dernier, lequel conserve officiellement sa personnalité juridique internationale.

PSAUME
L'un des poèmes qui constituent un livre de la Bible, le Livre des Psaumes; composition musicale sur le texte d'un psaume.

PUDDLAGE
Procédé consistant à épurer la fonte liquide dans un four pour la transformer en fer ou en acier.

PUGILAT
Combat entre boxeurs dont les mains sont entourées de courroies garnies de plomb, les cestes.

PURITAIN
Nom donné aux protestants anglais professant la doctrine de Calvin.

R

RAISON D'ÉTAT
Motif d'intérêt public réel ou supposé, invoqué pour justifier une action, même illégale ou injuste.

RÉFORMISTE
Qui cherche l'amélioration des conditions économiques, sociales ou politiques par la voie légale.

RENAISSANCE
Mouvement intellectuel, culturel et moral qui s'est développé en Europe du début du XVe à la fin du XVIe siècle, marqué par le retour aux idées, aux modèles et à l'art de l'Antiquité gréco-romaine.

RÉPUBLIQUE
Forme de gouvernement dans lequel les pouvoirs de l'État relèvent de différentes autorités et sont exercés, jusqu'au niveau le plus élevé (chef de l'État), par des personnes élues par les citoyens pour un temps limité.

RÉSERVE
Partie du domaine que le seigneur fait exploiter par les paysans pour entretenir sa famille et sa cour.

RESPONSABILITÉ MINISTÉRIELLE
Mécanisme constitutionnel selon lequel les ministres doivent bénéficier de la confiance des élus du peuple et rendre compte de leurs actes devant ces derniers, un vote de non-confiance entraînant automatiquement la démission du cabinet (gouvernement).

RÉVOLUTION INDUSTRIELLE
Dans son sens le plus général, cette expression désigne l'ensemble des phénomènes qui bouleversent tous les modes traditionnels de production et d'échange des biens et des services dans les pays occidentaux à partir de la fin du XVIIIe siècle, incluant des phénomènes qui s'y rattachent comme la révolution agricole et la révolution démographique.

RÉVOLUTIONNAIRE
Qui cherche l'amélioration des conditions économiques, sociales ou politiques par des moyens illégaux.

ROTATION DES CULTURES
Succession périodique sur une même parcelle de terre de plantes ayant des besoins différents, afin de ne pas épuiser le sol.[9]

S

SACERDOCE
Sacrement qui confère à celui qui le reçoit un rang supérieur au simple fidèle et des pouvoirs religieux spéciaux (remise des péchés, célébration de l'eucharistie). On dit aussi sacrement de l'Ordre.

SACREMENT
Rite religieux en usage dans les Églises chrétiennes, par exemple le baptême. Leur nombre varie aujourd'hui d'une Église à l'autre; le catholicisme en compte sept.

SATELLITE
Situation d'un pays plus faible placé sous l'étroite dépendance économique, politique, sociale et culturelle d'un pays plus fort, par analogie avec un satellite gravitant autour d'un corps céleste. La satellisation est le processus qui aboutit à cette situation.

SCHISME
Séparation, division, rupture dans une organisation.

SECTEUR PRIMAIRE
Secteur d'activité économique relatif aux matières premières (agriculture, pêche, forêt, mines, pétrole, etc.).

SECTEUR SECONDAIRE
Secteur d'activité économique relatif à la transformation des matières premières en produits finis ou semi-finis (acier, textile et vêtement, automobile, emballage, etc.).

SECTEUR TERTIAIRE
Secteur d'activité économique relatif à toutes les activités autres que celles des secteurs primaire et secondaire (commerce, transport, banque, services professionnels, etc.).

SÉCULARISER
Faire passer un bien de la propriété de l'Église à la propriété laïque, publique ou privée.

SÉLECTION NATURELLE
Processus par lequel les individus les mieux adaptés à leur environnement vivent plus longtemps que ceux qui le sont moins et transmettent leurs caractéristiques à une descendance plus nombreuse, contribuant ainsi à l'évolution de l'espèce.

SERF, SERVE
Personne en situation de demi-esclavage, privée de liberté personnelle et attachée à la terre.

SERVILE
Se dit d'un travail manuel ardu et peu valorisant.

SFUMATO
Effet vaporeux qui donne au tableau des contours imprécis.[10]

SIDÉRURGIE
Métallurgie de la fonte, de l'acier et des alliages ferreux.

SOCIALISME
Doctrine économique, sociale et politique rejetant le libéralisme et préconisant la primauté de l'intérêt général de la société sur les intérêts particuliers des individus, cette primauté devant être assurée par la propriété collective des moyens de production et la redistribution par l'État, sur une base égalitaire, de la richesse collective.

---

9. Source: «Rotation – Agriculture», dans *CNRTL*, [En ligne], www.cnrtl.fr/definition/rotation (Page consultée le 7 septembre 2011)

10. Source: «Sfumato», dans *CNRTL*, [En ligne], www.cnrtl.fr/definition/sfumato (Page consultée le 7 septembre 2011)

SOCIÉTÉ ANONYME, OU PAR ACTIONS
Association dont la propriété est représentée par des actions dont les détenteurs n'engagent que leur mise de fonds. La société anonyme (S.A.) est une personne morale dont le nom est sa raison sociale.

SOLE
Partie des terres labourables formant une unité consacrée à la même culture ou à la jachère.

SOUVERAIN, AINE
Se dit d'un État exerçant seul, à l'exclusion de toute autre autorité, son pouvoir sur un territoire donné, et qui possède la pleine capacité internationale.

SOVIET
Lors des révolutions russes de 1905 et 1917, conseil de délégués élus représentant les ouvriers, les paysans et les soldats. Après 1917, parlement de l'Union soviétique.

STRATÈGE
Magistrat chargé des questions militaires (d'où le mot *stratégie*).

SUBVERSIF, IVE
Caractère de ce qui menace de détruire l'ordre établi, de renverser les idées reçues ou les valeurs généralement acceptées.

SUFFRAGE
Vote dans une élection; on le qualifie d'*universel* si tous les citoyens ont le droit de vote; on le qualifie de *restreint* si le droit de vote est réservé à certains citoyens. Dans ce cas, si le droit de vote dépend d'un certain niveau de richesse, on parle de suffrage *censitaire*.

SUPRÉMATIE
Situation dominante en matière politique, religieuse, culturelle ou économique.

SURRÉALISME
Mouvement artistique et littéraire, né vers 1920, préconisant un art et une littérature basés sur l'importance du rêve, du hasard, des forces de l'instinct.

SUZERAIN
Dans la féodalité, seigneur lié à un seigneur moins puissant, appelé *vassal*, auquel il concède un fief en échange de sa fidélité et de divers services.

SYLLOGISME
Raisonnement rigoureux dont la conclusion découle nécessairement de deux prémisses mises en relation (exemple: tous les humains sont mortels; or, les Grecs sont des humains; donc, les Grecs sont mortels).

SYNAGOGUE
Édifice qui sert de lieu de culte, de réunion et d'enseignement religieux à une communauté juive.

SYNDICALISME D'AFFAIRES
Syndicalisme qui se consacre exclusivement à la défense des intérêts immédiats de ses membres dans leur lieu de travail par des négociations avec l'employeur.

T

TAILLE
Impôt direct personnel.

TALISMAN
Objet auquel on attribue des vertus magiques de protection, de pouvoir.

TAUX DE MORTALITÉ, TAUX DE NATALITÉ
Rapport entre le nombre des décès, ou des naissances, et la population totale dans une période donnée, généralement exprimé en *n* pour 1 000 (‰).

TAYLORISME
Méthode d'organisation scientifique du travail industriel fondée sur une répartition du procédé de production en éléments partiels et chronométrés éliminant les mouvements improductifs.[11]

THÉSAURISER
Amasser de l'argent pour se constituer un trésor.

TIERS ÉTAT
Dans la conception féodale de la société, divisée en trois états (ou ordres), le tiers état regroupe tous ceux et celles qui ne font pas partie du clergé (le premier état) ou de la noblesse (le deuxième état). Le mot état est ici pris au sens de situation sociale.

TRADE UNION
Appellation utilisée dans les pays anglo-saxons pour désigner un syndicat qui regroupe les ouvriers sur la base de leur spécialité.

TRAME
Ensemble des fils disposés perpendiculairement aux fils de la chaîne, entre lesquels ils passent pour former un tissu.

TRANSSUBSTANTIATION
Changement de la substance du pain et du vin en la substance du corps et du sang du Christ, le pain et le vin n'étant plus que des apparences.

TYMPAN
Espace compris entre le linteau (la pièce horizontale qui forme la partie supérieure d'une ouverture et soutient la maçonnerie) et l'arc d'un portail.

TYRANNIE
Système politique dans lequel le pouvoir est exercé de manière autoritaire, par un chef qui s'en est emparé par la force. (Le mot a pris un sens péjoratif qu'il n'avait pas dans la Grèce antique.)

U

UTOPISTE
Adepte de conceptions jugées, du moins par ses adversaires, comme ne tenant pas compte de la réalité présente.

V

VASSAL
Dans la féodalité, seigneur lié à un seigneur plus puissant, appelé *suzerain*, dont il reçoit un fief en échange de sa fidélité et de divers services.

VERBALISME
Utilisation des mots pour eux-mêmes, au détriment des idées.

VETO (DROIT DE)
Pouvoir constitutionnel d'empêcher l'entrée en vigueur d'une loi. On le qualifie d'*absolu* s'il n'a pas de limite dans le temps et ne peut être renversé, de *suspensif* dans le cas contraire.

VIELLE
Instrument de musique à cordes frottées par une roue à manivelle.

X

XÉNOPHOBIE
(du grec *xenos*, «étranger», et *phobos*, «crainte») Méfiance, haine envers les étrangers.

---

11. Source: Adapté de «Taylorisme», dans *CNRTL*, [En ligne], www.cnrtl.fr/definition/taylorisme (Page consultée le 7 septembre 2011)

Bibliographie

Ouvrages de référence – Atlas

Atlas historique, Paris, Perrin, 1999, 667 p.

BARRACLOUGH, Geoffrey, dir. *Le grand atlas de l'histoire mondiale*, Paris, A. Michel/Encyclopædia Universalis, 1985, 369 p.

DUBY, Georges, dir. *Atlas historique Duby*, Paris, Larousse, 2007, 352 p.

VIDAL-NAQUET, Pierre, dir. *Atlas historique – Histoire de l'Humanité de la préhistoire à nos jours*, Paris, Hachette, 1989, 339 p.

Ouvrages de référence – Dictionnaires

BURGUIÈRE, André, dir. *Dictionnaire des sciences historiques*, Paris, PUF, 1986, 693 p. (Coll. « Les grands dictionnaires »)

MOURRE, Michel. *Le petit Mourre : Dictionnaire d'histoire universelle*, Paris, Bordas, 2008, 1424 p.

Ouvrages de référence – Ouvrages de synthèse

ALDEBERT, Jacques, *et al*. *Histoire de l'Europe*, Paris, Hachette, 1992, 383 p.

BRAUDEL, Fernand. *Civilisation matérielle, économie et capitalisme*, t. I, *Les structures du quotidien*, Paris, A. Colin, 1986, 544 p.

BRAUDEL, Fernand. *Civilisation matérielle, économie et capitalisme*, t. II, *Les jeux de l'échange*, Paris, A. Colin, 1986, 600 p.

BRAUDEL, Fernand. *Civilisation matérielle, économie et capitalisme*, t. III, *Le temps du monde*, Paris, A. Colin, 1986, 607 p.

CARPENTIER, Jean, et François LEBRUN, dir. *Histoire de l'Europe*, Paris, Éditions du Seuil, 1992, 620 p. (Coll. « Points Histoire », n° 157)

DUBY, Georges, et Michelle PERROT. *Histoire des femmes en Occident*, t. I, *L'Antiquité*, Paris, Perrin, 2002, 736 p. (Coll. « Tempus »)

DUBY, Georges, et Michelle PERROT. *Histoire des femmes en Occident*, t. II, *Le Moyen Âge*, Paris, Perrin, 2002, 704 p. (Coll. « Tempus »)

DUBY, Georges, et Michelle PERROT. *Histoire des femmes en Occident*, t. III, XVIe-XVIIIe siècle, Paris, Perrin, 2002, 672 p. (Coll. « Tempus »)

DUBY, Georges, et Michelle PERROT. *Histoire des femmes en Occident*, t. IV, *Le XIXe siècle*, Paris, Perrin, 2002, 768 p. (Coll. « Tempus »)

DUBY, Georges, et Michelle PERROT. *Histoire des femmes en Occident*, t. V, *Le XXe siècle*, Paris, Perrin, 2002, 896 p. (Coll. « Tempus »)

DUCHÉ, Jean. *Histoire de l'Occident*, Paris, Laffont, 1999, 705 p.

DUROSELLE, Jean-Baptiste. *L'Europe – Histoire de ses peuples*, Paris, Perrin, 1990, 423 p.

MATHIEX, Jean, Daniel MOREAUX et Pierre MOUGENOT. *La civilisation européenne*, Paris, Bordas, 1994, 319 p. (Coll. « Les actuels »)

RÉMOND, René. *Introduction à l'histoire de notre temps*, t. I, *L'Ancien Régime et la Révolution : 1750-1815*, Paris, Éditions du Seuil, 1974, 226 p. (Coll. « Points Histoire »)

RÉMOND, René. *Introduction à l'histoire de notre temps*, t. II, *Le XIXe siècle : 1815-1914*, Paris, Éditions du Seuil, 1974, 256 p. (Coll. « Points Histoire »)

RÉMOND, René. *Introduction à l'histoire de notre temps*, t. III, *Le XXe siècle : de 1914 à nos jours*, Paris, Éditions du Seuil, 1974, 293 p. (Coll. « Points Histoire »)

WILLIS, Frank Roy. *Civilisation occidentale*, Montréal, Guérin, 1992, 2 t., 447 et 508 p.

Antiquité – Ouvrages généraux

AMIET, Pierre. *Les civilisations antiques du Proche-Orient*, Paris, PUF, 1985, 128 p. (Coll. « Que sais-je ? », n° 185)

AUBERGER, Janick. *Le monde gréco-romain*, Montréal, Boréal, 1996, 128 p. (Coll. « Boréal express », n° 13)

BASLEZ, Marie-Françoise. *Histoire politique du monde grec antique : des temps homériques à l'intégration dans le monde romain, deux mille ans d'« aventure grecque »*, Paris, A. Colin, 2004, 318 p. (Coll. « Fac Histoire »)

BERSTEIN, Serge, et Pierre MILZA. *Histoire de l'Europe*, t. I, *L'héritage antique*, Paris, Hatier, 1994, 227 p.

BOTTÉRO, Jean. *Initiation à l'Orient ancien, de Sumer à la Bible*, Paris, Éditions du Seuil, 1992, 358 p. (Coll. « Points Histoire », n° 170)

BRAUDEL, Fernand. *La Méditerranée, l'espace et l'histoire*, Paris, Flammarion, 1985, 223 p. (Coll. « Champs »)

BRULÉ, Pierre. *Périclès, l'apogée d'Athènes*, Paris, Gallimard, 1993, 160 p. (Coll. « Découvertes Gallimard. Histoire », n° 217)

CARCOPINO, Jérôme. *La vie quotidienne à Rome à l'apogée de l'Empire*, Paris, Hachette littératures, 2002, 348 p. (Coll. « Pluriel Histoire »)

DAUMAS, Françoise. *La civilisation de l'Égypte pharaonique*, Paris, Arthaud, 1965, 684 p. (Coll. « Les grandes civilisations », n° 4)

DURAND, Georges-Matthieu de. *Précis d'histoire grecque*, Paris, Éditions du Cerf, 1991, 258 p.

ENGEL, Jean-Marie. *L'Empire romain*, Paris, PUF, 1990, 128 p. (Coll. « Que sais-je ? », n° 1536)

FINLEY, Moses I. *L'invention de la politique : démocratie et politique en Grèce et dans la Rome républicaine*, Paris, Flammarion, 1994, 217 p. (Coll. « Champs Histoire »)

GRIMAL, Pierre. *Dictionnaire de la mythologie grecque et romaine*, Paris, PUF, 1999, 608 p.

GRIMAL, Pierre. *L'Empire romain*, Paris, LGF, 1993, 224 p. (Coll. « Le Livre de poche », n° 506)

HINARD, François, dir. *Histoire romaine*, t. I, *Des origines à Auguste*, Paris, Fayard, 2000, 1075 p.

HUMBERT, Michel. *Institutions politiques et sociales de l'Antiquité*, Paris, Dalloz, 1991, 384 p. (Coll. « Précis »)

MARGUERON, Jean, et Luc PFIRSCH. *Le Proche-Orient et l'Égypte antiques*, Paris, Hachette supérieur, 1996, 416 p. (Coll. « HU Histoire »)

MARTIN, Jean-Pierre, Alain CHAUVOT et Mireille CÉVEILLAC-GERVASONI. *Histoire romaine*, Paris, A. Colin, 2001, 464 p. (Coll. « U Histoire »)

MOATTI, Claude. *À la recherche de la Rome antique*, Paris, Gallimard, 1989, 192 p.

MOSSÉ, Claude. *La femme dans la Grèce antique*, Paris, A. Michel, 1983, 189 p. (Coll. « L'aventure humaine »)

MOSSÉ, Claude. *Politique et société en Grèce ancienne : le « modèle » athénien*, Paris, Aubier, 1995, 242 p. (Coll. « Collection historique »)

MOSSÉ, Claude, et al. *La Grèce ancienne*, Paris, Éditions du Seuil, 1986, 319 p. (Coll. « Points Histoire »)

ORRIEUX, Claude, et Pauline SCHMITT PANTEL. *Histoire grecque*, Paris, PUF, 1995, 499 p. (Coll. « Premier cycle »)

ROMILLY, Jacqueline de. *Pourquoi la Grèce ?*, Paris, LGF, 1994, 316 p. (Coll. « Le Livre de poche »)

VERNANT, Jean-Pierre. *Mythe et société en Grèce ancienne*, Paris, La Découverte, 2004, 316 p. (Coll. « La Découverte/Poche »)

VERNANT, Jean-Pierre, et Pierre VIDAL-NAQUET. *Travail et esclavage en Grèce ancienne*, Bruxelles, Éditions Complexe, 1988, 176 p. (Coll. « Historiques », n° 44)

Antiquité – Numéros spéciaux de revues d'histoire

« Le Golfe, 5 000 ans d'histoire », *Notre Histoire*, n° 80, juillet-août 1991, 98 p.

« Les mystères de l'Égypte », *L'Histoire*, n° 190, juillet-août 1995, 128 p.

« Naissance de l'homme », *Notre Histoire*, n° 91, juillet-août 1992, 74 p.

« Paix et guerre en Méditerranée, de l'aventure grecque au réveil de l'Islam », *L'Histoire*, n° 157, 1992, 138 p.

Moyen Âge – Ouvrages généraux

AUREL, Martin. *La noblesse en Occident (V^e-XVe siècle)*, Paris, A. Colin, 1996, 1993 p. (Coll. « Cursus Histoire »)

BOURASSIN, Emmanuel. *Pour comprendre le XVe siècle*, Paris, Tallandier, 1989, 265 p.

BRISSAUD, Alain. *Islam et chrétienté : treize siècles de cohabitation*, Paris, Laffont, 1991, 334 p.

COHAT, Yves. *Les Vikings, rois des mers*, Paris, Gallimard, 1987, 176 p. (Coll. « Découvertes Gallimard. Histoire »)

DUBY, Georges. *Le temps des cathédrales : l'art et la société, 980-1420*, Paris, Gallimard, 1976, 379 p. (Coll. « Bibliothèque des histoires »)

FAVIER, Jean. *De l'or et des épices. Naissance de l'homme d'affaires au Moyen Âge*, Paris, Hachette littératures, 1995, 482 p. (Coll. « Pluriel Histoire »)

FLORI, Jean. *Chevaliers et chevalerie au Moyen Âge*, Paris, Hachette, 1998, 307 p. (Coll. « Vie quotidienne »)

FOSSIER, Robert. *Le Moyen Âge*, t. I, *Les mondes nouveaux : 350-950*, Paris, A. Colin, 1983, 544 p.

FOSSIER, Robert. *Le Moyen Âge*, t. II, *L'éveil de l'Europe : 950-1250*, Paris, A. Colin, 1983, 539 p.

FOSSIER, Robert. *Le Moyen Âge*, t. III, *Le temps des crises : 1250-1520*, Paris, A. Colin, 1983, 543 p.

FOSSIER, Robert. *La société médiévale*, Paris, A. Colin, 1991, 463 p. (Coll. « U Histoire »)

GAGNEPAIN, Bernard. *Histoire de la musique au Moyen Âge*, Paris, Éditions du Seuil, 1996, 206 p. (Coll. « Solfèges »)

GOBRY, Ivan. *La civilisation médiévale*, Paris, Tallandier, 1999, 547 p. (Coll. « Approches »)

HÉBERT, Michel. *Le Moyen Âge*, Montréal, Boréal, 1996, 125 p. (Coll. « Boréal express », n° 14)

LE GOFF, Jacques. *L'homme médiéval*, Paris, Éditions du Seuil, 1989, 435 p. (Coll. « Univers historique »)

LE GOFF, Jacques. *Marchands et banquiers du Moyen Âge*, Paris, PUF, 2001, 128 p. (Coll. « Que sais-je ? », n° 699)

PACAUT, Marcel. *Les ordres monastiques et religieux au Moyen Âge*, Paris, Nathan, 1993, 242 p.

PAUL, Jacques. *Culture et vie intellectuelle dans l'Occident médiéval*, Paris, A. Colin, 1999, 240 p.

PERNOUD, Régine. *La femme au temps des cathédrales*, Paris, Stock, 1980, 300 p.

PERNOUD, Régine. *Pour en finir avec le Moyen Âge*, Paris, Éditions du Seuil, 1979, 158 p. (Coll. « Points Histoire », n° 38)

RICHÉ, Pierre, et Philippe LE MAÎTRE. *Les invasions barbares*, Paris, PUF, 1989, 128 p. (Coll. « Que sais-je ? », n° 556)

SOURDEL, Dominique. *Histoire des Arabes*, Paris, PUF, 1985, 128 p. (Coll. « Que sais-je ? », n° 1627)

TATE, Georges. *L'Orient des Croisades*, Paris, Gallimard, 1991, 192 p. (Coll. « Découvertes Gallimard. Histoire »)

Moyen Âge – Numéros spéciaux de revues d'histoire

« Arts et sciences au Moyen Âge », *Pour la science, dossier hors série*, janvier 1996, 129 p.

« Les Croisades », *Notre Histoire*, n° 20, février 1986, 74 p.

« L'Église et la guerre », *Notre Histoire*, n° 88, avril 1992, 74 p.

« Islam », *Notre Histoire*, n° 44, avril 1986, 96 p.

« Islam. Origines et héritages de la 2e religion du monde », *Historia spécial*, n° 62, décembre 1999, 97 p.

Temps modernes – Ouvrages généraux

ARASSE, Daniel. *Léonard de Vinci : le rythme du monde*, Paris, Hazan, 2003, 540 p.

ASTON, Margaret, dir. *Panorama de la Renaissance*, Paris, Chêne, 1998, 367 p.

AUGE, Jean-Louis, dir. *Images du nouveau monde en France*, Paris, La Martinière, 1995, 169 p.

BAUDEZ, Claude-François, et Pierre BECQUELIN. *Les Mayas*, Paris, Gallimard, 1984, 409 p. (Coll. « L'univers des formes »)

BEDOUELLE, Guy. *La réforme du catholicisme (1480-1620)*, Paris, Éditions du Cerf, 2002, 159 p. (Coll. « Histoire du christianisme »)

BÉLY, Lucien. *La société des princes : XVIe-XVIIIe siècle*, Paris, Fayard, 1999, 651 p. (Coll. « Nouvelles études historiques »)

BENNASSAR, Bartolomé, et Lucile BENNASSAR. *1492, un monde nouveau ?*, Paris, Perrin, 1991, 273 p.

BERNAND, Carmen. *Les Incas*, Paris, Gallimard, 1988, 192 p. (Coll. « Découvertes Gallimard. Histoire »)

BOURASSIN, Emmanuel. *Pour comprendre le siècle de la Renaissance*, Paris, Tallandier, 1990, 309 p.

BRAUDEL, Fernand. *Le modèle italien*, Paris, Flammarion, 1994, 220 p. (Coll. « Champs Histoire »)

BRAUDEL, Fernand, dir. *Le monde de Jacques Cartier : l'aventure au XVIe siècle*, Montréal, Libre Expression, 1984, 316 p.

BRION, Marcel. *Léonard de Vinci*, Paris, A. Michel, 1995, 495 p.

BURKE, Peter. *La Renaissance européenne*, Paris, Éditions du Seuil, 2002, 352 p. (Coll. « Points Histoire », n° 310)

CHARTIER, Roger. *Les origines culturelles de la Révolution française*, Paris, Éditions du Seuil, 2000, 304 p. (Coll. « Points Histoire », n° 268)

CHAUSSINAND-NOGARET, Guy. *Le citoyen des Lumières*, Bruxelles,

Éditions Complexe, 1994, 219 p. (Coll. « Historiques », n⁰ 91)

CLOULAS, Ivan. *La France de la Renaissance*, Paris, La Martinière, 1993, 195 p. (Coll. « Patrimoines »)

CORNETTE, Joël. *Chronique de la France moderne*, t. I, *Le XVIe siècle*, Paris, SEDES, 1995, 336 p.

CORVISIER, André. *Précis d'histoire moderne*, 4e éd., Paris, PUF, 1992, 520 p.

COTTRET, Monique. *Culture et politique dans la France des Lumières (1715-1792)*, Paris, A. Colin, 2002, 250 p. (Coll. « U »)

DARNTON, Robert. *L'aventure de l'Encyclopédie 1775-1800 : un best-seller au siècle des Lumières*, Paris, Éditions du Seuil, 1992, 631 p. (Coll. « Points Histoire », n⁰ 159)

DAUSSY, Hugues, Patrick GILLI et Michel NASSIET. *La Renaissance (vers 1470 – vers 1560)*, Paris, Belin, 2003, 335 p. (Coll. « Belin Sup. Histoire »)

DELUMEAU, Jean. *La civilisation de la Renaissance*, Paris, Arthaud, 1973, 720 p. (Coll. « Les grandes civilisations »)

DELUMEAU, Jean. *Une histoire de la Renaissance*, Paris, Perrin, 1999, 220 p.

DELUMEAU, Jean, et Thierry WANEGFFELEN. *Naissance et affirmation de la Réforme*, Paris, PUF, 2003, 450 p. (Coll. « Nouvelle Clio »)

DEYON, Pierre. *L'Europe du XVIIIe siècle*, Paris, Hachette, 2000, 160 p. (Coll. « Les fondamentaux »)

DRÉVILLON, Hervé. *Introduction à l'histoire culturelle de l'Ancien Régime, XVIe-XVIIIe siècle*, Paris, SEDES, 1997, 191 p. (Coll. « Campus Histoire »)

FAURE, Paul. *La Renaissance*, Paris, PUF, 1999, 128 p. (Coll. « Que sais-je ? », n⁰ 345)

FAVIER, Jean. *Les Grandes Découvertes, d'Alexandre à Magellan*, Paris, Fayard, 1991, 619 p.

GARIN, Eugenio, dir. *L'homme de la Renaissance*, Paris, Éditions du Seuil, 2002, 405 p. (Coll. « Points Histoire », n⁰ 311)

GARRISSON, Janine. *L'édit de Nantes et sa révocation : histoire d'une intolérance*, Paris, Éditions du Seuil, 1987, 309 p. (Coll. « Points Histoire », n⁰ 94)

GOUBERT, Pierre, et Daniel ROCHE. *Les Français et l'Ancien Régime*, t. I, *La société et l'État*, Paris, A. Colin, 2001, 384 p.

GOUBERT, Pierre, et Daniel ROCHE. *Les Français et l'Ancien Régime*, t. II, *Culture et société*, Paris, A. Colin, 2000, 392 p.

GRUZINSKI, Serge. *Le destin brisé de l'empire aztèque*, Paris, Gallimard, 1988, 192 p. (Coll. « Découvertes Gallimard », n⁰ 33)

HALE, John Rigby. *La civilisation de l'Europe à la Renaissance*, Paris, Perrin, 2003, 677 p. (Coll. « Tempus »)

HAMPSON, Norman. *Histoire de la pensée européenne*, t. IV, *Le siècle des Lumières*, Paris, Éditions du Seuil, 1972, 254 p. (Coll. « Points Histoire », n⁰ 7)

HUGHES, Anthony. *Michel-Ange*, Paris, Phaidon, 2002, 351 p.

HUGON, Alain. *Rivalités européennes et hégémonie mondiale : modèles politiques, conflits militaires et négociations diplomatiques, XVIe-XVIIIe siècle*, Paris, A. Colin, 2002, 201 p. (Coll. « Cursus Histoire »)

JESTAZ, Bertrand. *La Renaissance de l'architecture : de Brunelleschi à Palladio*, Paris, Gallimard, 1995, 160 p. (Coll. « Découvertes Gallimard »)

LAZARD, Madeleine. *Rabelais l'humaniste*, Paris, Hachette, 1993, 270 p.

MAHN-LOT, Marianne. *La conquête de l'Amérique espagnole*, Paris, PUF, 1996, 128 p. (Coll. « Que sais-je ? », n⁰ 1584)

MANDROU, Robert. *L'Europe absolutiste : raison et raison d'État, 1649-1775*, Paris, Fayard, 1995, 384 p.

MANDROU, Robert. *Histoire de la pensée européenne*, t. III, *Des humanistes aux hommes de science*, Paris, Éditions du Seuil, 1973, 244 p.

MIQUEL, Pierre. *Les guerres de religion*, Paris, Fayard, 1980, 596 p.

POULOT, Dominique. *Les Lumières*, Paris, PUF, 2000, 419 p. (Coll. « Premier cycle »)

ROCHE, Daniel. *La France des Lumières*, Paris, Fayard, 1993, 651 p.

SHAPIN, Steven, et Simon SCHAFFER. *Leviathan et la pompe à air : Hobbes et Boyle entre science et politique*, Paris, La Découverte, 1993, 457 p.

STAUFFER, Richard. *La Réforme : 1517-1564*, Paris, PUF, 2003, 128 p. (Coll. « Que sais-je ? », n⁰ 1376)

SUEUR, Hélène, *et al*. *L'ABCdaire de Michel-Ange*, Paris, Flammarion, 2003, 119 p. (Coll. « ABCdaire », n⁰ 167)

VECCE, Carlo. *Léonard de Vinci*, Paris, Flammarion, 2001, 400 p. (Coll. « Grandes biographies »)

VIGUERIE, Jean de. *Histoire et dictionnaire du temps des Lumières (1715-1789)*, Paris, Laffont, 1995, 1730 p. (Coll. « Bouquins »)

VILLIERS, Patrick, et Jean-Pierre DUTEIL. *L'Europe, la mer et les colonies, XVIIe-XVIIIe siècle*, Paris, Hachette supérieur, 1997, 255 p. (Coll. « Carré Histoire », n⁰ 37)

Temps modernes – Numéros spéciaux de revues d'histoire

« L'Amérique latine », *Notre Histoire*, n⁰ 83, novembre 1991, 65 p.

« Les Jésuites », *Notre Histoire*, n⁰ 77, avril 1991, 98 p.

Époque contemporaine – Ouvrages généraux

AGULHON, Maurice. *Nouvelle histoire de la France contemporaine*, t. VIII, *1848 ou L'apprentissage de la République : 1848-1852*, Paris, Éditions du Seuil, 2002, 328 p. (Coll. « Points Histoire », n⁰ 108)

AMBROSI, Christian. *L'apogée de l'Europe (1871-1918)*, Paris, A. Colin, 1996, 284 p.

ANCEAU, Éric. *Introduction au XIXe siècle*, t. I, *1815 à 1870*, Paris, Belin, 2003, 224 p. (Coll. « Atouts Histoire »)

APRILE, Sylvie. *La Révolution de 1848 en France et en Europe*, Paris, Éditions Sociales, 1998, 255 p.

ASSELAIN, Jean-Charles. *Précis d'histoire européenne : 19e-20e siècle*, Paris, A. Colin, 2000, 416 p.

BARTOLENA, Simona. *L'impressionnisme : les artistes et les œuvres qui ont transformé l'art moderne*, Paris, Solar, 2003, 190 p.

BELTRAN, Alain. *La fée électricité*, Paris, Gallimard, 1991, 160 p. (Coll. « Découvertes Gallimard. Sciences et techniques », n⁰ 122)

BELTRAN, Alain, et Pascal GRISET. *Histoire des techniques aux XIXe et XXe siècles*, Paris, A. Colin, 1990, 190 p. (Coll. « Cursus Histoire »)

BERNARD, Jean-Paul. *Les Rébellions de 1837-1838 : les patriotes du Bas-Canada dans la mémoire collective et chez les historiens*, Montréal, Boréal, 1983, 349 p. (Coll. « Boréal express »)

BERSTEIN, Serge. *Démocraties, régimes autoritaires et totalitarismes au XXe siècle : pour une histoire politique comparée du monde développé*, Paris, Hachette supérieur, 1999, 256 p. (Coll. « Carré Histoire », n⁰ 10)

BERSTEIN, Serge, et Pierre MILZA. *Histoire de l'Europe contemporaine : de l'héritage du XIXe siècle à l'Europe d'aujourd'hui*, Paris, Hatier, 2002, 447 p. (Coll. « Initial »)

BERTAUD, Jean-Paul. *Bonaparte prend le pouvoir, la République meurt-elle assassinée ? : 1799*, Bruxelles, Éditions Complexe, 2000, 216 p. (Coll. « La mémoire des siècles », n° 203)

BERTAUD, Jean-Paul. *Les causes de la Révolution française*, Paris, A. Colin, 1992, 127 p. (Coll. « Cursus Histoire »)

BERTAUD, Jean-Paul. *Napoléon, le monde et les Anglais : guerre des mots et des images*, Paris, Éditions Autrement, 2004, 289 p. (Coll. « Mémoires », n° 107)

BERTHO-LAVENIR, Catherine. *La démocratie et les médias au 20e siècle*, Paris, A. Colin, 2000, 288 p.

BOCQUILLON-FERRETTI, Marina. *L'impressionnisme*, Paris, PUF, 2004, 128 p. (Coll. « Que sais-je ? », n° 974)

BONIFACE, Pascal. *Le monde contemporain : grandes lignes de partage*, Paris, PUF, 2003, 256 p. (Coll. « Quadrige Manuels »)

BONIFACE, Pascal. *Les relations internationales depuis 1945*, Paris, Hachette, 1997, 160 p. (Coll. « Les fondamentaux », n° 91)

BOURGUINAT, Nicolas, et Benoît PELLISTRANDI. *Le 19e siècle en Europe*, Paris, A. Colin, 2003, 316 p. (Coll. « U Histoire »)

BOWLBY, John. *Charles Darwin : une nouvelle biographie*, Paris, PUF, 1995, 509 p. (Coll. « Perspectives critiques »)

BRAYARD, Florent. *La « solution finale de la question juive » : la technique, le temps et les catégories de la décision*, Paris, Fayard, 2004, 650 p.

BREUILLE, Jean-Philippe, dir. *L'art du XIXe siècle : dictionnaire de peinture et de sculpture*, Paris, Larousse, 1993, 777 p.

BREUILLE, Jean-Philippe, dir. *L'impressionnisme et la peinture de plein air 1860-1914*, Paris, Larousse, 1992, 412 p. (Coll. « Essentiels »)

CABANEL, Patrick. *La question nationale au XIXe siècle*, Paris, La Découverte, 1997, 121 p. (Coll. « Repères », n° 214)

CARLEY, Michael J. *1939, l'alliance de la dernière chance : une réinterprétation des origines de la Seconde Guerre mondiale*, Montréal, Les Presses de l'Université de Montréal, 2001, 362 p.

CARON, Jean-Claude. *La France de 1815 à 1848*, 2e éd., Paris, A. Colin, 2000, 194 p. (Coll. « Cursus Histoire »)

CARON, Jean-Claude, et Michel VERNUS. *L'Europe au XIXe siècle : des nations au nationalisme (1815-1914)*, Paris, A. Colin, 1996, 477 p. (Coll. « U Histoire »)

CHEVALIER, François. *L'Amérique latine de l'indépendance à nos jours*, Paris, PUF, 1993, 723 p. (Coll. « Nouvelle Clio »)

COCHET, François, et Gérard-Marie HENRY. *Les révolutions industrielles : processus historiques, développements économiques*, Paris, A. Colin, 1995, 381 p. (Coll. « U Économie »)

DEBOUZY, Marianne. *Le capitalisme « sauvage » aux États-Unis (1860-1900)*, Paris, Éditions du Seuil, 1991, 271 p. (Coll. « Points Histoire », n° 151)

DENIS, Ariel, et Isabelle JULIA. *Les peintres romantiques*, Paris, France Loisirs, 1996, 128 p.

DROZ, Bernard, et Anthony ROWLEY. *Histoire générale du XXe siècle*, t. I, *Déclins européens*, Paris, Éditions du Seuil, 1986, 370 p. (Coll. « Points Histoire »)

DROZ, Bernard, et Anthony ROWLEY. *Histoire générale du XXe siècle*, t. II, *La naissance du monde contemporain*, Paris, Éditions du Seuil, 1987, 517 p. (Coll. « Points Histoire »)

DROZ, Bernard, et Anthony ROWLEY. *Histoire générale du XXe siècle*, t. III, *Expansion et indépendance (1950-1973)*, Paris, Éditions du Seuil, 1986, 370 p. (Coll. « Points Histoire »)

DROZ, Bernard, et Anthony ROWLEY. *Histoire générale du XXe siècle*, t. IV, *Crises et mutations de 1973 à nos jours*, Paris, Éditions du Seuil, 1992, 527 p. (Coll. « Points Histoire »)

DUFOUR, Jean-Louis, et Maurice VAÏSSE. *La guerre au XXe siècle*, Paris, Hachette supérieur, 1993, 231 p. (Coll. « Carré Histoire », n° 22)

DUFRAISSE, Roger, et Michel KERAUTRET. *Nouvelle histoire de la France contemporaine*, t. V, *La France napoléonienne : aspects extérieurs, 1799-1815*, Paris, Éditions du Seuil, 1999, 334 p. (Coll. « Points Histoire », n° 105)

DURAND, Yves. *Les causes de la Deuxième Guerre mondiale*, Paris, A. Colin, 1992, 141 p. (Coll. « Cursus Histoire »)

FLEM, Lydia. *Freud et ses patients : la vie quotidienne*, Paris, Hachette littératures, 2002, 310 p. (Coll. « Pluriel Psychanalyse »)

FONTAINE, André. *La Guerre froide (1917-1991)*, Paris, Éditions du Seuil, 2006, 572 p. (Coll. « Points Histoire », n° 353)

FONTAINE, André. *Histoire de la « détente », 1962-1981 : un seul lit pour deux rêves*, Paris, Éditions du Seuil, 1984, 535 p. (Coll. « Points Histoire », n° 75)

FREDJ, Claire. *Histoire sociale du XIXe siècle*, Paris, Hachette, 2001, 192 p. (Coll. « Crescendo », n° 13)

GAILLARD, Jean-Michel, et Anthony ROWLEY. *Histoire du continent européen : 1850-2000*, Paris, Éditions du Seuil, 2001, 706 p. (Coll. « Points Histoire », n° 299)

GALLIANO, Richard. *Histoire des puissances européennes de 1815 à 1914*, Paris, Hachette, 2000, 192 p. (Coll. « Crescendo », n° 11)

GRYNBERG, Anne. *La Shoah : l'impossible oubli*, Paris, Gallimard, 1995, 176 p. (Coll. « Découvertes Gallimard. Histoire », n° 236)

GUILLAUME, Pierre. *Le monde colonial : XIXe-XXe siècle*, 2e éd., Paris, A. Colin, 1994, 282 p. (Coll. « U Histoire »)

GUSDORF, Georges. *Le romantisme*, t. I, *Le savoir romantique*, Paris, Payot, 1993, 895 p. (Coll. « Grande bibliothèque Payot »)

GUSDORF, Georges. *Le romantisme*, t. II, *L'homme et la nature*, Paris, Payot, 1993, 705 p. (Coll. « Grande bibliothèque Payot »)

HEFFER, Jean. *La fin du XXe siècle : de 1973 à nos jours*, Paris, Hachette supérieur, 2000, 320 p. (Coll. « HU Histoire »)

HEFFER, Jean, et Michel LAUNAY. *L'ère des deux grands, 1945-1973*, Paris, Hachette supérieur, 1992, 312 p. (Coll. « HU Histoire »)

HIRSCHMAN, Albert O. *Les passions et les intérêts : justifications politiques du capitalisme avant son apogée*, Paris, PUF, 2005, 135 p. (Coll. « Quadrige »)

HOBSBAWM, Eric John. *Les enjeux du XXIe siècle : entretien avec Antonio Polito*, Bruxelles, Éditions Complexe, 2000, 199 p. (Coll. « Questions à l'histoire »)

JESSENNE, Jean-Pierre, et Robert MUCHEMBLED. *Révolution et Empire, 1783-1815*, Paris, Hachette supérieur, 1993, 287 p. (Coll. « Carré Histoire », n° 19)

KASPI, André. *Les Américains*, t. I, *Naissance et essor des États-Unis (1607-1945)*, Paris, Éditions du Seuil, 2008, 378 p. (Coll. « Points Histoire », n° 89)

KASPI, André. *Les Américains*, t. II, *Les États-Unis de 1945 à nos jours*, Paris, Éditions du Seuil, 2008, 480 p. (Coll. « Points Histoire », n° 90)

LEJEUNE, Dominique. *Les causes de la Première Guerre mondiale*, Paris, A. Colin, 1992, 126 p. (Coll. « Cursus Histoire »)

MADDISON, Angus, et CENTRE DE DÉVELOPPEMENT DE L'OCDE. *L'économie mondiale : une perspective millénaire*, Paris, OCDE, 2001, 400 p. (Coll. « Études du centre de développement »)

MARTIN, Jean-Clément. *Contre-Révolution, Révolution et nation en France, 1789-1799*, Paris, Éditions du Seuil, 1998, 367 p. (Coll. « Points Histoire », n° 250)

MARX, Roland. *La révolution industrielle en Grande-Bretagne*, Paris, A. Colin, 1997, 335 p. (Coll. « U », n° 388)

MATHEY, François. *Les Impressionnistes et leur temps*, Paris, Hazan, 1992, 175 p.

MATHIEX, Jean, et Gérard VINCENT. *Aujourd'hui (de 1945 à 1989)*, t. I, *Généralités, la France, les pays socialistes, l'Amérique latine, l'Afrique*, Paris, Masson, 1990, 420 p. (Coll. « Histoire contemporaine générale »)

MATHIEX, Jean, et Gérard VINCENT. *Aujourd'hui (1945-1990)*, t. II, *Les États capitalistes, l'Europe, l'Asie, conclusions*, Paris, Masson, 1994, 450 p. (Coll. « Histoire contemporaine générale »)

MAYER, Arno J. *La « solution finale » dans l'histoire*, Paris, La Découverte, 2002, 574 p. (Coll. « La Découverte/Poche », n° 121)

MAYR, Ernst. *Darwin et la pensée moderne de l'évolution*, Paris, Odile Jacob, 1993, 248 p. (Coll. « Sciences »)

MILLINGTON, Barry. *Wagner : guide raisonné*, Paris, Fayard, 1996, 620 p.

NÉRÉ, Jacques. *Les crises économiques au XXe siècle*, Paris, A. Colin, 1989, 160 p. (Coll. « Cursus Histoire »)

PETITEAU, Natalie. *Napoléon, de la mythologie à l'histoire*, Paris, Éditions du Seuil, 2004, 458 p. (Coll. « Points Histoire », n° 338)

PHILLIPS-MATZ, Mary Jane. *Giuseppe Verdi*, Paris, Fayard, 1996, 1034 p. (Coll. « Bibliothèque des grands musiciens »)

PINOL, Jean-Luc. *Le monde des villes au XIXe siècle*, Paris, Hachette supérieur, 1991, 230 p. (Coll. « Carré Histoire », n° 7)

PRESSAC, Jean-Claude. *Les crématoires d'Auschwitz : la machinerie du meurtre de masse*, Paris, CNRS Éditions, 1993, 153 p. (Coll. « Histoire du 20e siècle »)

RIOUX, Jean-Pierre. *La révolution industrielle, 1780-1880*, Paris, Éditions du Seuil, 1989, 273 p. (Coll. « Points Histoire », n° 6)

ROJZMAN, Charles. *Freud : un humanisme de l'avenir*, Paris, Desclée de Brouwer, 1998, 103 p. (Coll. « Témoins d'humanité »)

ROUSSET, David. *L'univers concentrationnaire*, Paris, Hachette littératures, 1998, 190 p. (Coll. « Pluriel », n° 913)

RUGGIERI, Eve. *Beethoven : l'itinéraire sentimental*, Paris, J.C. Lattès, 1996, 284 p.

SALY, Pierre. *Nations et nationalismes en Europe, 1848-1914*, Paris, A. Colin, 1996, 287 p. (Coll. « U Histoire », n° 295)

SCHNEIDER, Marcel. *Wagner*, Paris, Éditions du Seuil, 1995, 222 p. (Coll. « Solfèges »)

SIMELON, Paul. *Hitler : comprendre une exception historique ?*, Paris, L'Harmattan, 2004, 156 p. (Coll. « Questions historiques »)

SOBOUL, Albert. *La civilisation et la Révolution française*, Paris, Arthaud, 1988, 471 p. (Coll. « Les grandes civilisations »)

SOLÉ, Jacques. *La révolution en questions*, Paris, Éditions du Seuil, 1988, 413 p. (Coll. « Points Histoire », n° 98)

SOULET, Jean-François. *L'Empire stalinien : l'URSS et les pays de l'Est depuis 1945*, Paris, LGF, 2000, 253 p. (Coll. « Le monde contemporain », n° 565)

SOULET, Jean-François, et Sylvaine GUINLE-LORINET. *Le monde depuis la fin des années soixante : précis d'histoire immédiate*, Paris, A. Colin, 1998, 360 p.

TACKETT, Timothy. *Par la volonté du peuple : comment les députés de 1789 sont devenus révolutionnaires*, Paris, A. Michel, 1997, 360 p. (Coll. « L'évolution de l'humanité »)

VAÏSSE, Maurice. *Les relations internationales depuis 1945*, Paris, A. Colin, 2004, 257 p. (Coll. « Cursus Histoire »)

VAYSSIÈRE, Pierre. *Les révolutions d'Amérique latine*, Paris, Éditions du Seuil, 1991, 409 p. (Coll. « Points Histoire », n° 150)

VERLEY, Patrick. *La révolution industrielle*, Paris, Gallimard, 1997, 543 p. (Coll. « Folio Histoire », n° 77)

VOVELLE, Michel. *Nouvelle histoire de la France contemporaine*, t. I, *La chute de la monarchie : 1787-1792*, Paris, Éditions du Seuil, 1999, 320 p. (Coll. « Points Histoire », n° 101)

WALLERSTEIN, Immanuel Maurice. *Le capitalisme historique*, Paris, La Découverte, 2002, 123 p. (Coll. « Repères. Thèses et débats », n° 29)

WINOCK, Michel, dir. *Le temps de la guerre froide : du rideau de fer à l'effondrement du communisme*, Paris, Éditions du Seuil, 1994, 474 p. (Coll. « Points Histoire », n° 187)

WORONOFF, Denis. *Nouvelle histoire de la France contemporaine*, t. III, *La république bourgeoise : de Thermidor à Brumaire, 1794-1799*, Paris, Éditions du Seuil, 2004, 256 p. (Coll. « Points Histoire », n° 103)

Époque contemporaine – Numéros spéciaux de revues d'histoire

« Auschwitz : la Solution finale », *Les Collections de l'Histoire*, n° 3, octobre 1998, 114 p.

« L'explosion des nationalismes », *L'Histoire*, n° 201, juillet-août 1996, 111 p.

« Résistants et collaborateurs, les Français dans les années noires », *L'Histoire*, n° 80, juillet 1985, 129 p.

« Le temps de la lutte des classes », *L'Histoire*, n° 195, janvier 1996, 122 p.

« Le temps des colonies », *L'Histoire*, n° 69, janvier 1984, 130 p.

Sources iconographiques

Introduction

doc. 7 : Andreas Jancso / Dreamstime.com ; doc. 8 : Boris Dmitrienkov / Dreamstime.com ; doc. 9 : Ferenz / Dreamstime.com ; doc. 10 : Ramessos / Wikimedia Commons ; doc. 12 : Ginasanders / Dreamstime.com ; doc. 13 : Ricardo Liberato / Wikimedia Commons ; doc. 14 : Gianni Dagli Orti / Corbis.

Chapitre 1

doc. 3 : photolibrary.com ; doc. 6 : Voloshky / Dreamstime.com ; doc. 8 : Hoberman Collection / Corbis ; doc. 9 : Vladislav Gurfinkel / Dreamstime.com ; doc. 10 : Ladislav Janicek / Corbis ; doc. 11 : Araldo de Luca / Corbis ; doc. 15 : Museo Provinciale Sigismondo Castromediano, Lecce, Italie / Gianni Dagli Orti / The Art Archive / Art Resource, NY ; doc. 21 : Museo Nazionale Palazzo Altemps, Rome / Gianni Dagli Orti / The Art Archive / Art Resource, NY ; doc. 22, 33 : Alinari Archives / The Image Works ; doc. 23 : Konrad Wothe / SuperStock ; doc. 24 (haut) : Réunion des musées nationaux / Art Resource, NY ; doc. 24 (bas), 32 : © The Trustees of the British Museum ; doc. 25 : Gianni Dagli Orti / photolibrary.com ; doc. 26 : The Art Archive / Corbis ; doc. 34 : Javarman / Dreamstime.com ; doc. 35 : Brent Wong / Dreamstime.com ; doc. 35-A : P. Narayan / photolibrary.com ; doc. 36 : Art Media / Heritage / The Image Works ; doc. 37 : Danilo Donadoni / SuperStock.

Chapitre 2

doc. 2 : Sphraner / Dreamstime.com ; doc. 8 : BeBa / Iberfoto / The Image Works ; doc. 10, 40 : Alessandro0770 / Dreamstime.com ; doc. 15 : Costa / Leemage ; doc. 16 : Diliff / Wikimedia Commons ; doc. 18 : Gamma-Rapho via Getty Images ; doc. 19 : James Kratz / Fotolia.com ; doc. 20 : Typhoonski / Dreamstime.com ; doc. 22 : Kleuske / Wikimedia Commons ; doc. 31 : Massimo Listri / Corbis ; doc. 33 : SGM / Age fotostock / photolibrary.com ; doc. 34 : Jpll / Dreamstime.com ; doc. 35 : Robsen / Fotolia.com ; doc. 35-A : Dickbauch / Wikimedia Commons ; doc. 36 : Marc Tellier ; doc. 37 : Musée archéologique, Naples / Gianni Dagli Orti / The Art Archive / Art Resource, NY ; doc. 38 : Collection privée ; doc. 39 : Araldo de Luca / Corbis.

Chapitre 3

doc. 1 : © Héli Rêve ; doc. 3, 21, 22, 28 : Bibliothèque nationale de France ; doc. 7 : Alvaro Leiva / photolibrary.com ; doc. 7-A : Megapress ; doc. 8 : Archiv Gerstenberg / ullstein bild / The Image Works ; doc. 11 : Pharaonic Village, Le Caire / Gianni Dagli Orti / The Art Archive / Art Resource, NY ; doc. 12 : World Illustrated / Photoshot ; doc. 16 : Bahn Mueller / photolibrary.com ; doc. 18 : World History Archive / Topfoto / The Image Works ; doc. 24 : Wojtek Buss / photolibrary.com ; doc. 26, 42, 45 : Marc Tellier ; doc. 30 : Snark / Art Resource, NY ; doc. 32 : Edwin Stranner / photolibrary.com ; doc. 34 : British Library / The Art Archive / Art Resource, NY ; doc. 43 : Fred de Noyelle / photolibrary.com ; doc. 44 : D'après Henri FOCILLON, *Art d'Occident : le Moyen Âge roman et gothique*, Paris, A. Colin, 1938, p. 143 ; doc. 46 : Ethel Davies / photolibrary.com ; doc. 47 : Florian Monheim / maXx images.com ; doc. 47-A : Stephanie Colvey ; doc. 49 : Typhoonski / Dreamstime.com ; doc. 50 : Woodmansterne / Topham / The Image Works ; doc. 54 : Erich Lessing / Art Resource, NY.

Chapitre 4

doc. 1 : Planet Art ; doc. 3 : The Gallery Collection / Corbis ; doc. 6 : Alinari Archives / The Image Works ; doc. 7 : Adam Jones / Getty Images ; doc. 8, 10, 14 : Wikimedia Commons ; doc. 9 : akg-images / Bildarchiv Monheim ; doc. 12 : Cosmo Condina / photolibrary.com ; doc. 13 : Michele Falzone / photolibrary.com ; doc. 14-A : Stephanie Colvey ; doc. 15 : Jean-Christophe Benoist ; doc. 16 : Yvan Travert / photolibrary.com ; doc. 17 : SuperStock / SuperStock ; doc. 19 : Iberfoto / The Image Works ; doc. 24 : Musée du Louvre, Paris / Gianni Dagli Orti / The Art Archive / Art Resource, NY ; doc. 28 : Musée des beaux-arts, Lausanne / Gianni Dagli Orti / The Art Archive / Art Resource, NY ; doc. 30 : Science Academy, Lisbonne / Gianni Dagli Orti / The Art Archive / Art Resource, NY ; doc. 40 : Scala / White Images / Art Resource, NY.

Chapitre 5

doc. 3 : Topham / The Image Works ; doc. 4 : © Musée des beaux-arts de Dijon / François Jay ; doc. 5 : akg-images ; doc. 7, 16, 17, 20 : Wikimedia Commons ; doc. 8 : Adam Woolfitt / photolibrary.com ; doc. 11 : Roger-Viollet / The Image Works ; doc. 13 : Index Stock / photolibrary.com ; doc. 13-A : Marvin E. Newman / Getty Images ; doc. 21 : Corbis ; doc. 23 : IAM / akg-images ; doc. 27 : Bibliothèque et Archives Canada / e000943111.

Chapitre 6

doc. 3, 10 : Collection privée / The Bridgeman Art Library International ; doc. 4 : Oxford Science Archive / HIP / The Image Works ; doc. 6, 25, 31 : Wikimedia Commons ; doc. 11 : Collection privée / Giraudon / The Bridgeman Art Library International ; doc. 15 : Musée Antoine Lécuyer, Saint-Quentin, France / Giraudon / The Bridgeman Art Library International ; doc. 18 : Musée national du château de Malmaison, Rueil-Malmaison, France / Giraudon / The Bridgeman Art Library International ; doc. 19 : Santa Maria del Popolo, Rome / Alinari / The Bridgeman Art Library International ; doc. 20 : Santo Tomé, Tolède / Giraudon / The Bridgeman Art Library International ; doc. 21 : Erich Lessing / Art Resource, NY ; doc. 22 : akg-images / Electa ; doc. 23 : Schwabe G / photolibrary.com ; doc. 24 : IAM / akg-images / World History Archive ; doc. 26, 27 : Francis G. Mayer / Corbis ; doc. 28 : Yale Center for British Art, Paul Mellon Collection, USA / The Bridgeman Art Library International ; doc. 29 : Musée du Louvre, Paris / Giraudon / The Bridgeman Art Library International ; doc. 30 : SuperStock / The Art Archive / Art Resource, NY.

Chapitre 7

doc. 2 : Wikimedia Commons ; doc. 7, 32 : Collection privée / Peter Newark American Pictures / The Bridgeman Art Library International ; doc. 10 : Collection Assemblée nationale ; doc.12 : Marc Tellier ; doc. 13 : Erich Lessing / Art Resource, NY ; doc. 16 : Musée de la ville de Paris, Musée Carnavalet, Paris / Giraudon / The Bridgeman Art Library International ; doc. 21 : Musée de la ville de Paris, Musée Carnavalet, Paris / The Bridgeman Art Library International ; doc. 28 : Musée du Prado, Madrid / The Bridgeman Art Library International ; doc. 33 : Sueddeutsche Zeitung Photo / The Image Works ; doc. 38 : Bibliothèque et Archives Canada / C-000393.

Chapitre 8

doc. 1 : NRM / Pictorial Collection / SSPL / The Image Works ; doc. 6 : Bridgeman Art Library, Londres / SuperStock ; doc. 10 (gauche) : Sterling & Francine Clark Art Institute, Williamstown, Massachusetts / The Bridgeman Art Library International ; doc. 10 (droite) : SSPL / Science Museum / The Image Works ; doc. 11 : Bettmann / Corbis ; doc. 12 : Getty Images ; doc. 15 : Musée McCord ; doc. 17 : Heritage Images / The Image Works ; doc. 18 : Louis Bachrach, Bachrach Studio.

Chapitre 9

doc. 1 : Library of Congress, Washington / John Gast ; doc. 4 : Collection Gr+MaKharbine Tapabor ; doc. 6 : Mary Evans Picture Library ; doc. 8 : Musée McCord ; doc. 9 : Lee / Leemage ; doc. 12 : Matzene, Chicago / Wikimedia Commons ; doc. 16 : Andrew J. Russell / Wikimedia Commons ; doc. 18 : Alexander Ross / Bibliothèque et Archives Canada / C-003693 ; doc. 20 : Bibliothèque et Archives Canada / C-037613.

Chapitre 10

doc. 1 : Museum of Fine Arts, Boston / Tompkins Collection / The Bridgeman Art Library International ; doc. 5, 8 : Collection privée / The Bridgeman Art Library International ; doc. 10 : IAM / akg-images ; doc. 11 : Musée du Louvre, Paris / The Bridgeman Art Library International ; doc. 13, 15, 17, 18, 19, 21, 24 : Wikimedia Commons ; doc. 14 : Musée du Louvre, Paris / Giraudon / The Bridgeman Art Library International ; doc. 16 : Wien Museum Karlsplatz, Vienne / The Bridgeman Art Library International ; doc. 20 : Musée de la ville de Paris, Musée Carnavalet, Paris / Archives Charmet / The Bridgeman Art Library International ; doc. 22 : Musée Marmottan Monet, Paris / Giraudon / The Bridgeman Art Library International ; doc. 23 : Réunion des musées nationaux / Art Resource, NY ; doc. 25 : Corbis ; doc. 27 : © Succession Pablo Picasso / SODRAC (2011). Photo : Corbis ; doc. 28 : Pinakothek der Moderne, Bayerische Staatsgemaeldesammlungen, Munich / Art Resource, NY ; doc. 29 : Victoria and Albert Museum, Londres / V&A Images / The Art Archive / Art Resource, NY ; doc. 30 : Jean-Pierre Lescourret / photolibrary.com.

Chapitre 11

doc. 2 : © Succession Pablo Picasso / SODRAC (2011). Photo : The Art Archive / Corbis ; doc. 5 : akg-images / ullstein bild ; doc. 8 : Archives de la Ville de Montréal / VM94, Z-1869-1 ; doc. 9 : Elias Goldensky ; doc. 12 : Stapleton Collection / Corbis ; doc. 15, 21 : akg-images ; doc. 16, 25, 28 : Bettmann / Corbis ; doc. 20 : akg-images / RIA Nowosti ; doc. 32 : AFP / Getty Images ; doc. 34 : © Société Radio-Canada ; doc. 35 : Topham / The Image Works ; doc. 36 : Canada, Ministère de la Défense nationale / Bibliothèque et Archives Canada / PA-024436 ; doc. 38 : © Salvador Dali, Fundació Gala-Salvador Dalí / SODRAC (2011). Photo : Museum of Modern Art, New York / The Bridgeman Art Library International ; doc. 39 : © The Andy Warhol Foundation for the Visual Arts, Inc. / SODRAC (2011). Photo : The Andy Warhol Foundation / Corbis ; doc. 40 : P. Narayan / photolibrary.com.

Chapitre 12

doc. 1 : Bibliothèque nationale de France ; doc. 2 : © European Union / EP ; doc. 5 : George Clerk / iStockphoto ; doc. 6 : Gamma-Rapho via Getty Images ; doc. 7 : Digital Art / Corbis.

Index

A

Abbaye de Cluny, 98
Abou Simbel (temple d'), 10
Absolutisme, 182, 201, 231, *voir aussi* Monarchie absolue
Achéens, 21
Achille, 39
Acropole, 22
Acte
    constitutionnel, 221, 241
    d'Union, 244
    de l'Amérique du Nord britannique, 282
    de Québec, 218
    de suprématie, 135
Adoubement, 99
Affranchissement, 30
Âge moyen à la mort, 252
Agriculture, 8-9, 91-92, 250, 255-256
Alexandre le Grand, 24-25
Aliénor d'Aquitaine, 109
Allemagne, 314-315, 321, *voir aussi* Prusse *et* Saint Empire romain germanique
    capitulation, 323
    guerre de Trente Ans, 140
    musique, 211-212
    nazisme, 318-319, 321
    réunification, 336
    révoltes paysannes, 138
    révolution industrielle, 262, 268-269
    rivalités européennes, 314-316
    unification et nationalisme, 279-280
Amérindiens, 154-156, 218
Amérique, 6-7
    espagnole, 146-147
    fédéralisme, 281-282
    française, 151-152
    latine, 148, 237-240
Amphore, 42
Anarchiste, 275
Anathème, 136
Angles, 77
Angleterre, *voir aussi* Grande-Bretagne
    classicisme dans l'art, 210
    coalition contre l'Empire napoléonien, 236
    colonisation de l'Amérique, 151-152
    conquête de la Nouvelle-France, 186
    Grandes Découvertes, 144
    guerre de Cent Ans, 112-113
    guerre de Sept Ans, 185-186
    guerre des Deux-Roses, 111, 174-175
    hégémonie, 184-185
    monarchie parlementaire, 174-177
    réforme protestante, 135-138
    révolution industrielle, 254-255, 268-269
Anglicanisme, 135-138
Anthropologie, 296
Anticolonialisme, 287
Antipacifisme, 319
Antisémitisme, 273
Antonins, 53
Arc de triomphe, 60
Arc-boutant, 104
Archevêque, 86
Archimède, 37
Architecture
    baroque, 208
    byzantine, 78
    de la Renaissance, 125-129
    gothique, 104-106
    grecque, 41-42
    moderne, 308
    postmoderne, 341
    romaine, 68-69
    romane, 103
Archonte, 27
Aristocratie, 89, 91, 181, 272
Aristote, 30, 36, 103, 194
Art
    abstrait, 306-307
    arabe, 81-82
    baroque, 206-208
    classique, 208-210
    cubisme, 306-307
    de la Grèce antique, 38-43
    de la Renaissance, 125-129
    du XVe siècle, 113
    fauvisme, 306
    futurisme italien, 306-307
    gothique, 104-106
    impressionniste, 304-305
    moderne, 290, 305
    nouveau, 308
    oratoire, 39-40
    postimpressionniste, 305
    réaliste, 303-304
    romain antique, 69-71
    roman, 103
    romantique, 298-299
    surréaliste, 340
Artisans, 95-96
Arts plastiques, 41
Ascétisme, 98
Asiento, 185
Assolement, 92
Astrologie, 11
Astronautique, 127
Athènes, 23-24, 26-28
Attila, 76
Auguste, 52-53
Aumône, 131
Autarcie, 87
Autoritarisme, 168
Autriche-Hongrie, 279-280
Averroès, 81
Avicenne, 81
Axe, 322
Aztèques, 154

B

Bach, Jean-Sébastien, 212
Bacon, Francis, 196
Balkans, 280
Balzac, Honoré de, 303
Banques, 94, 157, 261
Bartolomé de Las Casas, 148
Bas-Canada, 221, 241-245, 282
Baschet, Jérôme, 75
Bastille (prise de la), 226
Bataille
    d'Ayacucho, 239
    d'Issos, 25
    de Dien Bien Phu, 333
    de Las Navas de Tolosa, 109
    de Lépante, 168
    de Waterloo, 236
    des champs Catalauniques, 77
    des plaines d'Abraham, 185
Bateau à vapeur, 258
Beethoven, Ludwig van, 301-302
Bénéfice, 136
Berlioz, Hector, 301
Bible, 12-13
Bill of Rights, 176-177, 221
Biologie, 198, 294
Bismarck, Otto von, 279
Boccace, 112
Bolchévisme, 324
Boleyn, Anne, 135
Bolívar, Simón, 239
Bonaparte, Napoléon, 231
Boston Tea Party, 218
Boulè, 17, 27
Bourbons, 170-171
Bourgeoisie, 18, 96, 119, 158-159, 166, 231, 272-273, 293, 295, 343
Bourse, 156
Brahms, Johannes, 301
Brésil, 146
Bretons, 77
Bruegel, Pieter l'Ancien, 130-131, 190-191
Bulle, 132
Burgondes, 77
Bush, George Walker, 337
Byzance, *voir* Empire byzantin

C

Cabot, John, 144
Calendriers, 3
Calvin, Jean, 134-135
Calvinisme, 133-135, 176
Camps d'extermination, 322
Canaan, 12
Canada, 241-245, 282
Canadiens, 241
Canadiens-Français, 245, 282
Capétiens, 86, 108-109
Capital, 264
Capitalisme, 158, 264, 329-330
Capitation, 225
Capitulaire, 83
Carolingiens, 83-84
Cartier, Jacques, 144
Caste, 30
Cathédrales, 103-106
Catherine II de Russie, 182
Catholicisme, 133
Caudillo, 240
CEE, *voir* Communauté économique européenne
CEI, *voir* Communauté des États indépendants
Cens, 89
Centriste, 231
Cervantès, Miguel de, 124
César, Jules, 51
Césaropapisme, 66
Cézanne, Paul, 305
Chaîne (dans un tissu), 257
Chaîne de montage, 260
Chapiteau, 104
Charbon, 258, 268-269
Charlemagne, 83-84
Charles Ier, 175
Charles IV, 112
Charles Quint, 139, 157, 168, 183-184
Charte, 96
Chemin de fer, 258
Chevalier, 50

Cheval-vapeur, 250
Chimie, 198
Chine, 286
Choc microbien, 154
Christianisation
    des Amérindiens, 147-148
    des Slaves, 79
Christianisme, 62-66, 133, voir aussi Religion
    croisades, 79, 99-102
    naissance et diffusion, 62-66
    orthodoxe, 79
    réforme protestante, 135-138
Cicéron, Marcus Tullius, 55, 67
Cinéma, 337
Cité-État, 20, 22
Citoyen
    athénien, 27
    -soldat, 17, 30
Classe moyenne, 273
Classicisme, 208-210
Clemenceau, Georges, 287
Clerc, 99
Clergé, 91, 97
Clovis, 82
Cluny, abbaye de, 98
Code Justinien, 55
Codifié, 55
Coke, 258
Colbert, Jean-Baptiste, 150, 171
Colbertisme, 150
Colborne, John, 242
Colisée, 58
Colonialisme, 285-286
Colonies, 145
    anglaises, 151-152, 218-219
    espagnoles, 146-148, 238-240
    françaises, 149-151
    grecques, 5-6
    hollandaises, 148-149
    portugaises, 145-146, 238-240
Colonisation, 22-23, 145-149, 153
Comices, 49
Comité de salut public, 230, 234
Commerce, voir aussi Économie
    à l'ère industrielle, 255, 268-269
    au Moyen Âge, 93-94
    au XVIe siècle, 156-157
    de la fourrure, 149
    préindustriel, 251
    triangulaire, 147
Commonwealth, 176
Communauté des États indépendants (CEI), 335
Communauté économique européenne (CEE), 335
Commune, 96
Commune de Dreux, 96

Communisme, 325-326, 331-332
Concentration des entreprises, 260-261
Concile, 66
    de Constance, 115
    de Nicée, 66
    de Trente, 136-137
Concordat, 170
Concubinage, 131
Confédération canadienne, 281
Conquêtes
    arabes, 80
    hitlériennes, 321
    napoléoniennes, 235-236, 238
    révolutionnaires françaises, 234-235, 238
    romaines, 49-51
Conquistador, 146
Conservatisme, 168
Constantin, 65
Constantinople, 53, 78-79, 141
Constitution, 220-221, 227-229
Consulat, 232
Contemplatif, 182
Contrat social (Du), 202
Contre-culture, 339-340
Contrefort, 103
Contre-réforme, 136
Copernic, Nicolas, 124, 194-195
Coran, 80
Corporation, 95
Corvée, 88
Cosmologie, 196
Cosmopolitisme, 205
Cosmos, 196
Courbet, Gustave, 302-303
Courtois, 100
Créole, 238
Crise(s) économique(s)
    dans l'Ancien Régime, 225, 227, 236
    dans l'ère industrielle, 263
    de 1929-1939, 317-318
Croisades, 79, 99-102
Croissance économique, 164, 262-263
Croissance naturelle, 252
Croissant fertile, 9
Cromwell, Oliver, 176
Cronos, 32-33
Culture de masse, 337-338
Culture vivrière, 332
Curie, Marie, 298

D

Dadaïsme, 340
Dalí, Salvador, 340
Dante Alighieri, 124
Danube, 6

Darius, 23, 25
Darwin, Charles, 294-296
Darwinisme social, 296
Daumier, Honoré, 304
Déclaration
    d'indépendance des États-Unis, 219-220
    d'indépendance du Bas-Canada, 243
    de Seneca Falls, 348
    des droits de l'homme et du citoyen, 227, 229
    universelle des droits de l'homme, 346
Décolonisation, 240, 333-334
Décret impérial, 6
Delacroix, Eugène, 301
Démocratie, 25, 344-345
    étasunienne, 220-221
    athénienne, 17, 26-28
    libérale, 277-278
Démocratie parlementaire, 237
Démographie, 252-254
    à l'ère préindustrielle, 251
    de l'Amérique latine, 238
    en Espagne, 169
    en l'an 1000, 92
Descartes, René, 196, 197
Despotisme éclairé, 166, 182, 201
Développement, 264-265, 348-349
    durable, 349
Dickens, Charles, 303
Dictateur, 51
Dictature, 320
Diderot, Denis, 201, 205
Dîme, 225
Diocèse, 66
Dioclétien, 58
Directoire, 231
Dirigisme, 145
Division du travail, 264
Djihad, 80
Doriens, 21
Dostoïevski, Fedor, 303
Drap, 94
Droit de veto, 221
Droit des peuples à l'autodétermination, 316-317
Droit(s)
    civil, 202
    de la personne, 346-347
    de veto, 221
    divin, 167, 201, 232
    romain, 55-56
Dürer, Albrecht, 129
Durham, Lord (John George Lambton), 243
Durkheim, Émile, 296-297

E

Ecclésia, 17, 27-28
Économie, voir aussi Commerce
    à l'ère industrielle, 262-265, 268-269
    capitaliste, 329-330
    de la France prérévolutionnaire, 224-225
    lois du marché, 292
    marxiste, 294-295, 326
    mercantiliste, 145, 166, 238
    planifiée, 326
    socialiste, 293-294
Écriture, 10, 12, 23, 66, 79
Edison, Thomas Alva, 261
Édit
    de Fontainebleau, 172
    de Milan, 65
    de Nantes, 139-140
Édouard Ier, 111
Édouard III d'Angleterre, 89, 112
Égalitarisme, 176
Égalité femmes-hommes, 347-348
El Cano, Juan Sebastián, 144
El Greco (Domenico Theotokopoulos, dit), 207
Électricité, 260-261
Élisabeth Ire, 135
Empire
    arabe, 80-82
    britannique, 186
    byzantin, 77-79
    colonial, 145-149
    de Charlemagne, voir Charlemagne
    de Charles Quint, 183-184
    de Napoléon Ier, 232
    des Provinces-Unies, 180
    espagnol, 146-147
    hitlérien, 321
    hollandais, 148-149
    ottoman, 280
    portugais, 145-146
    romain, 52-54, voir aussi Rome
    romain d'Orient, 77-78
    romain germanique (saint), voir Saint Empire romain germanique
    russe, 280
    Second _, 236
Empirisme, 197
Enclosure, 256
Énergie, 250, 258-260
Engels, Friedrich, 295
Enluminure, 84
Épopée, 38
Érasme de Rotterdam, 124
Ératosthène, 37
Eschyle, 40

Esclavage, 346
   aux États-Unis, 222, 281
   dans le monde grec, 17, 29
   selon Aristote, 30
Espagne
   empire, 146-147
   Grandes Découvertes, 143-144
   hégémonie, 183
   monarchie absolue, 167-169
   reconquête, 108-109, 168
Espérance de vie, 252
État, 54
   bourgeois, 178-179
   centralisé, 187
   moderne, 55, 162-185
   notion romaine d'_, 54-55
État providence, 330
États généraux, 170, 225-226
États-Unis
   ascension démographique, 286
   grande dépression, 317
   guerre de Sécession, 281-282
   hégémonie, 336-337
   indépendance, 219-220
   naissance, 218
   révolution industrielle, 262, 268-269
   Seconde Guerre mondiale, 322
Eucharistie, 135
Euclide, 37
Euripide, 40
Europe, 6
   conquérante, 270, 283-286
   de l'Est, 331, 332
   émigration vers le Nouveau Monde, 283
   napoléonienne, 235
   nazie, 321
   occidentale, 330-331
Évangiles, 62-64
Excommunication, 132
Exécutif (pouvoir), 221
Exégèse, 136

F

Famine, 112, 252
Fascisme, 318-319
Fédéral, ale, 178
Fédéralisme, 178-179, 281-282
Féminisme, 277, 338-339
Femmes, 347-348
   athéniennes, 17, 28-29
   au Moyen Âge, 95-96
   émancipation, 338-339
   situation juridique au XIXe siècle, 276
Féodalité, 87-91
Fief, 90

Flaubert, Gustave, 303
Foi vassalique, 89-90
Forçat, 29
Forum, 47
France
   classicisme, 209
   colonisation de l'Amérique, 149-151
   conquêtes napoléoniennes, 234-235
   Grandes Découvertes, 144
   guerre de Cent Ans, 112-113
   naissance, 86
   prérévolutionnaire, 224-225
   Révolution française, 223-233
Francie, voir Royaume des Francs
François Ferdinand d'Autriche, 315
Franklin, Benjamin, 220
Frédéric II le Grand, 182, 186
Freud, Sigmund, 297
Frise, 41
Fronton, 41

G

Gabelle, 225
Galilée (Galileo Galilei), 194-195
Gallicanisme, 165
Gaudí, Antoni, 308-309
Gauguin, Paul, 290
Génocide des Juifs, 321-322
Gentry, 135, 255
Géocentrisme, 194
Glorieuse Révolution, 176-177, 202
Goliath, 23
Gorbatchev, Mikhaïl, 332, 335
Goujon, Jean, 129
Goulag, 327
Gouvernement révolutionnaire, 229-230
Goya, Francisco de, 300
Grand Siècle, 193, 291
Grande Alliance antifasciste, 327-328
Grande-Bretagne, 218, voir aussi Angleterre
   Première Guerre mondiale, 314-315
   réformes, 237
   Seconde Guerre mondiale, 321-322
   syndicalisme, 275
Grande Charte, 110-111
Grande dépression, 317-318
Grande Guerre, voir Première Guerre mondiale
Grandes Découvertes, 141-144
Grands (les), 165
Grèce antique
   archaïque, 22
   arts, 38-43
   classique, 23
   géographie, 20

hellénistique, 25
héritage linguistique, 31-32
mythologie, 32-34
philosophie, 36
politique, 26-31
science, 37
Grégeois (feu), 79
Grégoire IX, 102
Guerre froide, 328-332
Guerre(s)
   civile anglaise, 175-176
   civile russe, 325
   d'Amérique, 223
   de Cent Ans, 112-113
   de l'Indépendance, 220
   de la Conquête, 185
   de libération, 234
   de pillage, 234
   de religion, 138-140, 168
   de Sécession, 281
   de Sept Ans, 185-186
   de Trente Ans, 140
   de Troie, 38-39
   des Deux-Roses, 111, 174-175
   du Péloponnèse, 24
   féodale, 91
   médiques, 23
   mondiale (Première), 314-318
   mondiale (Seconde), 320-323
   saintes, voir Croisades
Guilde, 92
Guillaume d'Aquitaine, 98
Guillaume de Normandie, 109
Guillaume III d'Orange, 176
Gynécée, 28

H

Habeas Corpus, 177
Habsbourg, 111, 181
Haïti, 239
Hals, Franz, 207
Hanse, 94
Harvey, William, 198
Haut-Canada, 221-242
Hégémonie, 23, 183-184
   de l'Angleterre, 184-185
   des États-Unis, 336-337
Héliée, 17, 27
Héliocentrisme, 194
Hellénistique, 25
Henri IV de France, 139, 170
Henri VII Tudor, 111, 175
Henri VIII, 135, 175
Hérésie, 178
Hérodote, 38
Hiéroglyphes, 10
Hilotes, 30
Hippocrate, 37

Hiroshima, 323
Histoire, 1-2
Hohenzollern, 181
Holbein, Hans le Jeune, 129
Homère, 20, 38
Hommage, 89-90
Homo sapiens, 8
Horace, 67
Hugo, Victor, 300
Huguenot, 139, 172
Humanisme, 123-124
   de la Renaissance, 122-125
   et religion, 131
   grec, 38
   médiéval, 103
Hume, David, 177
Huns, 76

I

Idéologie, 292-294
Idolâtrie, 131
Imprimerie, 123, 204-205
Indice, 263
Indo-européen, 21
Induction, 197
Indulgence, 131-132
Industrialisation, 254-262
Industrie à domicile, 251
Industrie lourde, 327
Innocent III, 98
Inquisition, 99, 137
Internet, 338
Invasions
   germaniques, 54, 76-77
   normandes, sarrasines et hongroises, 85-86
Investiture, 91
Invincible Armada, 185
Islam, 79-81
Isolationnisme, 321
Italie
   architecture, 208
   fascisme, 318-319
   humanisme, 123
   littérature, 122, 124
   musique, 211-212, 302
   peinture, 211
   renaissance artistique, 125-126
   unification, 279

J

Jacquerie, 114
Jacques Ier Stuart, 175
Jacques II, 176
Jean sans Terre, 110
Jeanne d'Arc, 113
Jérusalem, 100-101

Jésuites, 137-138
Jésus de Nazareth, 62-63
Jeux olympiques grecs, 34-35
Judaïsme, 13, 63
Judiciaire (pouvoir), 221
Juifs (génocide des), 321-322
Jury, 177
Justice, 165
Justinien, 77-79
Juvénal, 67

K

Kandinsky, Wassily, 307
Kepler, Johannes, 194
Khrouchtchev, Nikita, 331
Kollontaï, Alexandra, 326
Krach de 1929, 317

L

La Tour, Georges de, 207
Lactance, 65
Laïc, laïque, 97
Laïcité, 350-351
Land art, 341
Langues nationales, 124
Latifundium, 240
Latin, 66-67, 123-124
Latinum, 48
Le Bernin (Gian Lorenzo Bernini, dit), 208
Le Caravage (Michelangelo Merisi, dit), 207
Le Lorrain (Claude Gellée, dit), 207
Légion, 60
Législatif (pouvoir), 220
Législation sociale, 275-276
Légitimité, 232
Lénine (Vladimir Ilitch Oulianov), 326
Lettre de change, 156
Libéralisme, 203, 292-293
Liberté, 202, 344, 345
Libre-échange, 244
Libre examen, 132
Limes, 53
Limon, 9
Lincoln, Abraham, 281
Littérature
 grecque, 38-39
 humaniste, 126-127
 philosophique, 204
 réaliste, 303
 romaine, 67
 romantique, 300
Locke, John, 201
Loi de l'inertie, 127
Loi des suspects, 231
Lombards, 77

Lorris, Guillaume de, 101
Louis le Pieux, 84
Louis XIII, 170
Louis XIV, 167, 170-174
Louis XV, 152, 167, 170, 174
Louis XVI, 224-226
Louis XVIII, 233
Loyalistes, 221
Loyola, Ignace de, 137-138
Lumières, 200-205
Luther, Martin, 132, 138
Luthérianisme, 132-133

M

Macédoine, Philippe de, 20
Machinisme, 257
Magellan, Ferdinand de, 144
Magistrat, 27
Magyars, 86
Mahomet, 80
Maisonneuve, Paul de Chomedey de, 150
Malthus, Thomas Robert, 254
Malthusianisme, 254
Manet, Édouard, 303
Marc Aurèle, 68
Marchands, 93-95
Marie II, 176
Marie-Antoinette d'Autriche, 225
Martial, 67
Marx, Karl, 294
Marxisme, 294-295
Massacre de la Saint-Barthélemy, 139
Mathématique, 198
 égyptienne, 10
Matthieu (évangile de), 62
Maure, 109, 168
Mécanisme, 194
Mécène, 125
Médias de masse, 337-338
Médicis, 126
Méditerranée, 5-6, 12
Mentalité, 255
Mercantilisme, 145, 166, 238
Mercenaire, 164
Messianisme, 294-295
Métallurgie, 251
Métaphysicien, 200
Métèques, 29
Méthode scientifique, 2, 196-197
Métis, isse, 238
Métissage, 154
Métropole, 145
Michel-Ange (Michelangelo Buonarroti), 128-129
Mission, 139
Modernité, 163

Monachisme, 98
Monarchie, 25, 344
 de Juillet, 236
 féodale, 108-112
 limitée, 177, 236
 parlementaire anglaise, 174-177
Monarchie absolue, 166-174, voir aussi Absolutisme
 espagnole, 167-169
 française, 170-174
Monarchie limitée, 166
Mondialisation des échanges, 261
Monet, Claude, 305
Monnaie, 23, 94, 164
Monoculture, 240
Monopole, 164, 261
Monothéisme, 12
Montaigne, Michel de, 124, 155
Montesquieu (Charles-Louis de Secondat), 201-202
Monteverdi, Claudio, 211
Montgolfière, 199
More, Thomas, 124
Mosaïque, 70
Mouvement
 communal, 96, 119
 féministe, 277
 syndical, 274-276
Mozart, Wolfgang Amadeus, 212-213
Mur de Berlin, 328-329, 336
Musique
 chant grégorien, 107
 classique, 210-211
 médiévale, 107
 moderne, 306-307
 opéra, 211
 polyphonique, 107
 romantique, 301-302
Mussolini, Benito, 318-319
Mycéniens, 21
Mythologie grecque, 32-34

N

Napoléon Ier, 232-233, 235
Napoléon III, 236
Nationalisme, 278-280
Nazisme, 318
New Deal, 318
New York, 152
Newton, Isaac, 195-196
Nil, 9
Noblesse, 89, 91
Noblesse de robe, 170
Nouveau Monde, 149-154
Nouveau Testament, 63
Nouvelle-France, 149-151, 185

O

Octave, 52
Œdipe, 33
Office, 158
Oligarchie, 25
Oligopole, 261
Olympe, 32
ONU, voir Organisation des Nations unies
Opéra, 211
Oracle, 29
Organisation des Nations unies (ONU), 333
Organisation scientifique du travail, 260
Orphée, 33-34
Ost (service d'), 91
Ostrogoths, 77
Otton Ier, 86, 111
Ouvriers, 272-274
Owen, Robert, 276

P

Paganisme, 66
Paix de Westphalie, 140
Palladio, Andrea, 127
Pandore, 33
Pangermanisme, 280
Pankhurst, Emmeline, 278
Panslavisme, 280
Panthéon, 69
Papauté, 98, 115, 126-127, 175
Parcellisation des terres, 88, 250
Parlement, 111, 175-176
Parricide, 33
Parthénon, 23, 41
Pascal, Blaise, 196
Patricien, 49
Patriotes, 242
Paul de Tarse, 63-64
Paul III, 148
Paupérisation, 274
Pax romana, 56
Pays-Bas, voir aussi Provinces-Unies
 révolte paysanne, 140, 191
 sous la domination espagnole, 178
Paysans, 88, 92, 114
Pearl Harbor, 322
Peinture
 baroque, 207
 cubiste, 306
 de la Renaissance, 127-128, 190
 expressionniste, 306
 fauviste, 306
 grecque, 42

impressionniste, 304-305
moderne, 305-306
réaliste, 304
romaine, 70
romantique, 300-301
Pénélope, 34
Pépin le Bref, 83
Perestroïka, 335
Périclès, 23, 27
Périèques, 17, 30
Perse, 23
Persécution
des chrétiens, 64-65
des Juifs, 113
des païens, 66
Perspective, 125
Peste, 112-113, 176
Phéniciens, 12
Philippe de Macédoine, 24
Philippe II d'Espagne, 168-169, 191
Philippe le Bel, 114
Philippe Pot, 113
Philippe VI de France, 89
Philosophie
cartésienne, 197
des Lumières, 200-205
dialectique, 103
dualiste (esprit-matière), 197
grecque, 36
idéaliste, 36
logique formelle, 36
propagandiste, 200-201
stoïcisme, 68
Photographie, 304
Picasso, Pablo, 306-307, 313
Pierre l'Ermite, 100
Plan Marshall, 330
Plantagenêt, 109
Platon, 36-37
Plébéien, 49
Plébiscite, 232
Plutarque, 31, 51
Polythéisme, 12
Pop art, 340
Portail, 104
Portugal
empire, 145-146
Grandes Découvertes, 143
Postmodernisme, 340
Prédestination, 135
Préhistoire, 8-9
Première Guerre mondiale, 314-318
Printemps des peuples, 236
Production artisanale, 250
Productivité, 250
Progrès, 200, 348-349
Prolétariat, 294
Prométhée, 32-33
Propagande, 338

Prosodie, 107
Protectionnisme, 261
Protectorat, 285
Protestantisme, voir Réforme protestante
Protocole de Kyoto, 349
Proudhon, Pierre Joseph, 293
Provinces-Unies, 178-180, voir aussi Pays-Bas
Prusse, 181-182, 186, voir aussi Allemagne et Saint Empire romain germanique
Psaume, 135
Psychanalyse, 297
Ptolémée, 194
Puddlage, 258
Pugilat, 35
Puritain, 145, 151, 176
Pyramides de Gizeh, 10
Pythagore, 37

Q

Quakers, 152
Québec, 185, 221-222

R

Rabelais, 122
Racisme, 286, 319-320
Radio, 338
Raison d'État, 140
Rapport Durham, 244
Réalisme, 303-304
Réforme
anglicane, 175, voir aussi Anglicanisme
calviniste, voir Calvinisme
luthérienne, voir Luthérianisme
monastique, 98
protestante, 114-115, 130-140
Réformiste, 275
Régime
républicain, 202
seigneurial, 87-88
vassalique, 89
Religion, voir aussi Christianisme
au Moyen Âge, 97-100
d'État, 165-166
et humanisme, 124, 131
et laïcité, 350-351
guerres de, 138-140
Islam, 79-80
monachisme, 98
puritanisme, 151
tolérance, 179
Rembrandt Van Rijn, 207
Renaissance, 121-129
artistique, 125-129

carolingienne, 84
italienne, 125-128
République, 49
des Provinces-Unies, 178-180
proclamation de la, 229
Seconde _, 236
Réserve seigneuriale, 87
Responsabilité ministérielle, 244
Restauration
de l'Ancien Régime, 236
de la monarchie des Stuarts, 176
Révolte
des Gueux, 178, 191
des Patriotes, 242-243
étudiante, 339
Révolution
agricole (en Angleterre), 255-256
agricole (XIe siècle), 91-92
américaine, 218, 222, 242
atlantique, 216-217, 344
de 1848, 236-237
démographique, 253
des transports, 258
française, 223-233
galiléenne, 194-195
Glorieuse _, 176-177, 202
industrielle, 248-265, 268-269, 274
néolithique, 8-9
puritaine, 175-176
romantique, 298-299
russe, 324-326
scientifique, 192-200
scientifique (seconde), 298
Révolution industrielle, 248-265, 268-269, 274
Révolutionnaire, 275
Ricardo, David, 292
Richelieu, Armand Jean du Plessis, 170
Robespierre, Maximilien de, 228, 230
Rodin, Auguste, 308
Roi-Soleil (Louis XIV, dit le), 170-174
Romanov, 181
Romantisme, 298-299
Rome, 47, 49, 57-60, 76, voir aussi Empire romain
Roosevelt, Franklin Delano, 318
Rotation des cultures, 255-256
Rousseau, Jean-Jacques, 183, 202-203
Route de galions, 147
Routes romaines, 60-61
Royaume(s)
d'Angleterre, 109
d'Espagne, 109

de France, 108
des Francs, 82-83
germaniques, 77-78
Royaume-Uni, 177
Russie, 181-182, voir aussi Union des Républiques socialistes soviétiques (URSS)
soviétique, 324-325

S

Sacerdoce, 133
Sacrement, 64
Saint Empire romain germanique, 86, 98, 111-112, 181-182, 235, voir aussi Allemagne et Prusse
Saint-Barthélemy (massacre de la), 139
Salariat, 292
Sappho, 29
Satellite, 331
Savants, 199
Saxons, 77
Schisme, 79
d'Occident, voir Réforme protestante
d'Orient, 79
de l'Amérique anglaise, 220
Schubert, Franz, 301
Science(s), 351
arabe, 82
au XIXe siècle, 294, 298
chimie, 198
de la Grèce antique, 37
et politique, 199
grecque, 37
humaines, 296-297
humaniste, 124
mathématique, 198
moderne, 192-200
physiques, 198, 297-298
Scolastique, 196
Scots, 77
Sculpture
baroque, 208
de la Grèce antique, 42
du XVe siècle, 113
moderne, 307
romaine, 70-71
Second Empire, 236
Seconde Guerre mondiale, 320-323
Seconde République, 236
Secteur primaire, 263
Secteur secondaire, 263
Secteur tertiaire, 263
Séculariser, 133
Seigneurie, 86-87
Seigneurs, 88
Sélection naturelle, 295-296
Sénat, 49

Index **371**

Sénèque, 58
Séparation des pouvoirs, 202, 221
Serf, serve, 89
Serment d'Hippocrate, 37
Servile, 30
Sfumato, 127
Shakespeare, William, 124
Sidérurgie, 258
Sisyphe, 34
Smith, Adam, 203
Socialisme, 293-294
Société anonyme, ou par actions, 264
Sociologie, 296-297
Socrate, 36
Sole, 88
Solution finale, 321-322
Sophistes, 39-40
Sophocle, 40
Sous-développement, 264-265
Souverain, aine, 220
Soviet, 324-325
Sparte, 17, 30-31
Staline, Joseph, 326-327, 331
Stalinisme, 326-327, 331-332
Stoïcisme, 68
Stratège, 27
Stuarts, 175-176
Subversif, ive, 293
Suffrage, 221
Suffragette, 277
Sumériens, 10
Suprématie, 24
Surréalisme, 340
Suzerain, 89
Syllogisme, 36
Synagogue, 63
Syndicalisme, 274-276
Syndicalisme d'affaires, 275

T

Tacite, 52, 65, 67
Taille, 89
Talisman, 131
Talon, Jean, 150
Taux de mortalité, de natalité, 253
Taxation, 164
Taylor, Frederick Winslow, 260
Taylorisme, 260-261
Techniques et technologie
    agriculture, 92-93
    informatique, 338
    machine à vapeur, 257-258
    métallurgie, 251
    navigation, 142
Télévision, 338
Temple de Jérusalem, destruction du, 64
Terreur
    révolutionnaire, 202, 230-231
    stalinienne, 327
Textile, 256
Théâtre
    grec, 40
    romain, 58-59, 67
Théodoric, 77
Théodose, 66
Théologie, 103
Théorie
    de l'évolution, 294-296
    de la relativité, 298
    économique, 203
Thermes, 58, 60
Thésauriser, 145
Thomas d'Aquin, 103
Thucydide, 27, 38
Tiers état, 224
Tiers-monde, 334
Timgad, ville de, 59
Tite-Live, 67
Tolérance religieuse, 179
Tolstoï, Léon, 303
Trade union, 275
Traite des Noirs, 147
Traité
    d'Utrecht, 184-185
    de Maastricht, 330
    de Paris, 153, 186, 218
    de Rastadt, 184
    de Rome, 330
    de Tordesillas, 145, 184
    de Verdun, 84-85
    de Versailles (1783), 220
    de Versailles (1918), 316
Trame, 257
Transport
    préindustriel, 251
    révolution du, 258
Transsubstantiation, 65, 136, 176
Trente Glorieuses, 329
Trois ordres, 90-91
Tudor, 174-175
Turner, Joseph Mallord William, 304-305
Tympan, 104
Tyrannie, 25

U

Ulysse, 20
Union des Républiques socialistes soviétiques (URSS), 325-329, 332, 335-336, voir aussi Russie
Union européenne, 330, 336
Universités médiévales, 102-103
Urbanisation, 274
URSS, voir Union des Républiques socialistes soviétiques
Utopiste, 275

V

Vallée du Saint-Laurent, 241
Van Gogh, Vincent, 306
Vandales, 77
Vassal, 90
Vélasquez, Diego, 207
Verbalisme, 103
Vermeer, Johannes, 207
Versailles, 171, 173, 209
Vésale, André, 124
Vespucci, Amerigo, 144
Veto (droit de), 221
Via Appia, 61
Vielle, 100
Vikings, 86
Ville
    industrielle, 274
    médiévale, 95-97, 119
    romaine, 59
Vinci, Léonard de, 124, 127
Virgile, 67
Vivaldi, Antonio, 211
Vladimir de Kiev, 79
Voltaire, François Marie Arouet, 201, 204

W

Wagner, Richard, 302-303
Warhol, Andy, 340
Watt, James, 257
Watteau, Antoine, 207
Weber, Max, 296-297
Wedgwood, Josiah, 273
Westphalie, paix de, 140
Wisigoths, 76-77

X

Xénophobie, 273

Y

Yahvé, 12-13

Z

Zeus, 32-33